# LENIN
## ROBERT SERVICE

# LENIN
## ROBERT SERVICE

Tradução de
EDUARDO FRANCISCO ALVES

5ª edição

EDITORA RECORD
RIO DE JANEIRO • SÃO PAULO
2025

CIP-BRASIL. CATALOGAÇÃO NA PUBLICAÇÃO
SINDICATO NACIONAL DOS EDITORES DE LIVROS, RJ

S513L
5ª ed.

Service, Robert
Lenin: a biografia definitiva / Robert Service; tradução Eduardo Francisco Alves. – 5ª ed. – Rio de Janeiro: Record, 2025.
714 p.; 23 cm.

Tradução de: Lenin: a biography
Inclui bibliografia, índice e glossário
ISBN 978-85-01-11203-3

1. Lenin, Vladimir Ilitch, 1870-1924. 2. Chefes de Estado – União Soviética – Biografia. 3. Revolucionários – Rússia – Biografia. 4. Rússia – Política e governo – 1894-1917. 5. União Soviética – Política e governo – 1917-1936. I. Título.

17-44407

CDD: 947.084
CDU: 94(47+57)

Copyright © Robert Service, 2000

Título original em inglês: Lenin: a biography

Todos os direitos reservados. Proibida a reprodução, armazenamento ou transmissão de partes deste livro, através de quaisquer meios, sem prévia autorização por escrito.

Texto revisado segundo o Acordo Ortográfico da Língua Portuguesa de 1990.

Direitos exclusivos de publicação em língua portuguesa para o Brasil adquiridos pela
EDITORA RECORD LTDA.
Rua Argentina, 171 – 20921-380 – Rio de Janeiro, RJ – Tel.: (21) 2585-2000, que se reserva a propriedade literária desta tradução.

Impresso no Brasil

ISBN 978-85-01-11203-3

Seja um leitor preferencial Record.
Cadastre-se no site www.record.com.br e receba informações sobre nossos lançamentos e nossas promoções.

Atendimento e venda direta ao leitor:
sac@record.com.br

Para minha família

# Sumário

*Prefácio* — 11
*Nota do autor sobre a transliteração e os calendários* — 13
*Nota do tradutor sobre as mesmas questões, na versão brasileira* — 15
*Glossário de nomes de Lenin e de sua família* — 17
*Mapas* — 19
*Introdução* — 25

### Parte I: Aparece o rebelde

1. Os Ulyanov e os Blank — 41
2. Infância em Simbirsk
   1870-1885 — 63
3. Mortes na família
   1886-1887 — 81
4. O cultivo da mente
   1887-1888 — 99
5. Caminhos para a revolução
   1889-1893 — 115
6. São Petersburgo
   1893-1895 — 135
7. Rumo à Itália siberiana
   1895-1900 — 155

## Parte II: Lenin e o Partido

8.  Uma organização de revolucionários     183
    1900–1902

9.  "Fogo sagrado"     205
    1902–1904

10. A Rússia, de longe e de perto     229
    1905–1907

11. A segunda emigração     251
    1908–1911

12. Quase na Rússia!     273
    1912–1914

13. Lutando para perder     299
    1914–1915

14. Aguentando firme     315
    1915–1916

## Parte III: Tomando o poder

15. Numa terra estranha     337
    fevereiro a abril de 1917

16. O *cockpit* russo     359
    maio a julho de 1917

17. Poder pronto para ser tomado     381
    julho a outubro de 1917

18. A Revolução de Outubro     407
    outubro a dezembro de 1917

19. Ditadura sitiada     427
    inverno de 1917–1918

| | | |
|---|---|---|
| 20. | Brest-Litovsk<br>janeiro a maio de 1918 | 445 |
| 21. | Sob a mira das armas<br>maio a agosto de 1918 | 467 |

### Parte IV: Defesa da revolução

| | | |
|---|---|---|
| 22. | Líder da guerra<br>1918–1919 | 487 |
| 23. | Expandindo a revolução<br>abril de 1919 a abril de 1920 | 509 |
| 24. | Derrota no Ocidente<br>1920 | 529 |
| 25. | A Nova Política Econômica<br>janeiro a junho de 1921 | 547 |
| 26. | Uma questão de sobrevivência<br>julho de 1921 a julho de 1922 | 565 |
| 27. | Brigando até o fim<br>setembro a dezembro de 1922 | 585 |
| 28. | Morte na Casa Grande<br>1923–1924 | 601 |

*Lenin: A vida póstera* — 621
*Notas* — 637
*Bibliografia seleta* — 669
*Índice* — 681

# Prefácio

O primeiro esboço deste livro foi lido por Adele Biagi, David Godwin, Heather Godwin, Martyn Rady, Arfon Rees e Tanya Stobbs, e John Klier leu o primeiro capítulo. Suas sugestões proporcionaram melhoramentos muito bem-vindos. Diversas dicas úteis foram oferecidas também por Philip Cavendish, Myszka Davies, Norman Davies, Bill Fishman, Julian Graffy, Riitta Heino, John Klier, Richard Ramage, Arfon Rees, Kay Schiller e Faith Wigzell. Gostaria também de agradecer a John Screen e Lesley Pitman, da Biblioteca da Escola de Estudos Eslavos e Europeus Ocidentais, de Londres, e a Jackie Willcox, da Biblioteca do St. Antony's Russian Centre, em Oxford, por terem me ajudado a introduzir material importante nas minhas pilhas de trabalho. David King generosamente me apresentou as maravilhas de sua coleção pessoal de fotografias e cartazes soviéticos, e sou-lhe imensamente grato por sua permissão para usar algumas aqui. Tenho uma dívida especial também para com a equipe do Centro Russo para a Conservação e Estudo de Documentos da História Contemporânea, especialmente Kirill Anderson, Larissa Rogovaya, Yelena Kirillova, Irina Seleznova e Larissa Malashenko; e a Vladimir Kozlov, do Arquivo Estatal da Federação Russa. Entre os colegas historiadores russos que me deram ideias úteis para pesquisa incluem--se Gennadi Bordyugov, Vladimir Buldakov, Oleg Khlevniuk, Vladimir Kozlov e Andrei Sakharov.

Lenin é um tema de grande ressonância política e emocional na Rússia, e sou grato pelo estímulo que recebi de amigos russos para empreender esta biografia. Tenho consciência de que, como estrangeiro, posso estar caminhando em áreas sensíveis, talvez até com botas em mau estado. Mas, aí, talvez seja isso que uma biografia de Lenin exija.

Durante vários anos, a caminho do trabalho, no centro de Londres, eu costumava passar de bicicleta por prédios onde Lenin viveu e trabalhou em edição ou em pesquisa. Um dos caminhos levava-me através de Highbury (onde os editores de *Iskra* recebiam sua correspondência da Rússia), e, continuando, pelo bairro de St. Pancras (onde Lenin morou em 1900), atravessando a Gray's Inn Road (com seus pubs, onde Lenin bebia com camaradas de Partido em 1905) e seguindo por Tavistock Place (onde morou durante alguns meses, em 1908). Isso reforçou uma sensação de que meu tema não era exatamente tão exótico quanto às vezes parecia. Mas, evidentemente, é na Rússia que se deve tentar obter uma perspectiva mais plena de sua vida e sua época. O Kremlin, a Praça Vermelha e o Instituto Smolny são construções que precisam ser visitadas, a fim de se adquirir um senso de tempo e lugar. Tentei, nos capítulos seguintes, transmitir também um senso de personalidade. Nesse sentido, foi um prazer conhecer e passar uma tarde com Viktoria Nikolaievna Ulyanova, uma das poucas pessoas vivas que conheceram os membros da família Ulyanov mencionados neste livro. Sua generosidade de espírito — uma característica não partilhada por Lenin, tio do marido dela — demonstra que nem tudo que aconteceu na Rússia no começo do século XX era absolutamente inevitável.

Finalmente, quero agradecer a minha família — minha mulher, Adele, e nossos tumultuosos descendentes, Emma, Owain, Hugo e Francesca — por discutir o conteúdo do livro. Cada um deles leu trechos alentados e ajudou na edição de texto. Eles exibiram a mesma atitude daqueles milhões de cidadãos soviéticos que, embora reconhecendo o imenso significado histórico de Lenin, se interessaram por suas fraquezas particulares e — ocasionalmente — cômicas. Tentei escrever um livro que unisse aspectos particulares e públicos. Antes da abertura dos arquivos de Moscou, nos anos 1990, uma biografia deste tipo era impossível. E espero que os capítulos forneçam material para minha família, bem como para os leitores de um modo geral, continuar a resolver as duradouras perguntas sobre a carreira e o impacto de Lenin.

Robert Service
*Oxford, maio de 1999*

# Nota do autor sobre a transliteração e os calendários

O sistema de transliteração empregado neste livro é uma simplificação do sistema desenvolvido pela Biblioteca do Congresso dos EUA. A primeira diferença é o abandono tanto do sinal diacrítico quanto do assim chamado *i* sibilante ou africado. A segunda é que o som *iê* é expresso aqui explicitamente. De uma maneira geral, segui as versões russas para os nomes próprios russos, mas alguns parecem exóticos demais nos alfabetos ocidentais. *Aleksandr Ulyanov*, por exemplo, aparece, portanto, como *Alexander Ulyanov*. O calendário juliano foi mantido na Rússia até janeiro de 1918, quando o governo de Lenin introduziu a versão gregoriana. Salvo indicação em contrário, as datas mencionadas neste livro correspondem ao calendário particular em uso oficial na ocasião.

# Nota do tradutor sobre as mesmas questões, na versão brasileira

Adotei os mesmos critérios já expostos pelo autor, com as seguintes diferenças dignas de nota: sempre que uma formulação, como um encontro consonantal incomum, visa a transmitir uma determinada sonoridade, mas que só pode ter significado para leitores de língua inglesa, eu a substituí por uma formulação que traduzisse perfeitamente o mesmo som para o leitor brasileiro. Por exemplo, em inglês, a transliteração *zh* expressa o som de *j*, como em Nadezhda, que sempre grafei como Nadejda. Eventualmente, conservei o *sh*, porque hoje em dia é muito divulgado o seu uso para transmitir o som de *x*. Sempre que o *y* era desnecessário, preferi o *i*, a não ser quando ajudava a pronúncia, deslocando* a sílaba tônica; por isso, fica o y em Olya (*Ólia* e não *Olía*). Mantive, também, encontros como o *kh*, sempre que este (pelo mesmo motivo de fechar o som) ajuda a pronúncia correta, deslocando a tônica para a vogal que lhe fica adjacente, como em Bukharin (*Bukárin*). O caso mais óbvio do livro levaria o leitor a perguntar: mas por que Lenin é *Lênin* e não *Lenín*? Aí já é a tendência, o pendor ou a vocação da língua, o que dificilmente se explica. Quanto ao calendário, o critério adotado pelo autor pareceu-me mais do que suficientemente bom.

---

* Tal deslocamento, habitual na passagem do latim clássico para o latim vulgar, é denominado hiperbibasmo por sístole; por vezes, serve para transformar uma sílaba ou vogal longa em breve, deslocando-se a tonicidade para a sílaba anterior.

# Glossário de nomes de Lenin e de sua família

## Lenin

**Ilich** — Apelido respeitoso de Lenin, usado principalmente no Partido;

**Lenin** — O mais famoso dos 160 pseudônimos que ele utilizava;

**V. I.** — Lenin. Versão abreviada de Vladimir Ilich;

**Vladimir Ilich** — Nome de batismo e patronímico de Lenin;

**Vladimir Ilich Ulyanov** — Nome de Lenin em seu batizado;

**Volodya** — Diminutivo do primeiro nome de Lenin.

## Sua família imediata

**Alexander Ilich (Ulyanov)** — Primeiro nome e patronímico do irmão mais velho de Lenin;

**Anna Ilinichna (Ulyanova)** — Primeiro nome e patronímico da irmã mais velha de Lenin;

**Anyuta** — Diminutivo do primeiro nome de Anna Ilinichna Ulyanova, irmã mais velha de Lenin;

**Dmitri Ilich (Ulyanov)** — Primeiro nome e patronímico do irmão caçula de Lenin;

**Ilya Nikolaievich** — Primeiro nome e patronímico do pai de Lenin;

**Manyasha** — Diminutivo do nome de batismo de Maria Ilinichna (Ulyanova);

**Maria Alexandrovna (Ulyanova)** — Primeiro nome e patronímico da mãe de Lenin;

**Maria Ilinichna (Ulyanova)** — Primeiro nome e patronímico de uma das irmãs caçulas de Lenin;

**Mitya** — Diminutivo do primeiro nome de Dmitri Ilich Ulyanov, irmão caçula de Lenin;

**Nadejda Konstantinovna (Krupskaya)** — Primeiro nome e patronímico da esposa de Lenin, a Krupskaya;

**Nadya** — Diminutivo do primeiro nome da Krupskaya;

**Olga Ilinichna (Ulyanova)** — Primeiro nome e patronímico de uma das irmãs caçulas de Lenin;

**Olya** — Diminutivo do nome de batismo de Olga Ilinichna Ulyanova;

**Sasha** — Diminutivo do nome de batismo de Alexander Ilich Ulyanov, irmão mais velho de Lenin.

# Mapas

1. Os primeiros anos de Lenin: Volga, São Petersburgo, Sibéria, 1870 a 1900.
2. O carrossel da emigração europeia, 1900 a 1917.
3. Retorno de Zurique a Petrogrado, 27 de março a 3 de abril de 1917.
4. As viagens se reduzem, maio de 1917 a janeiro de 1924.

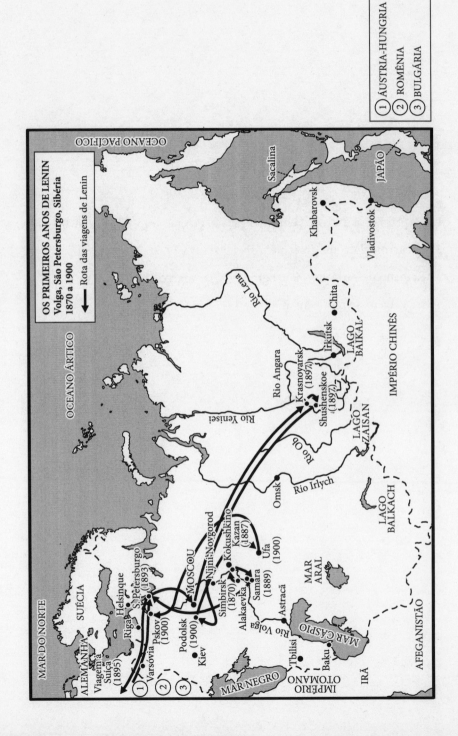

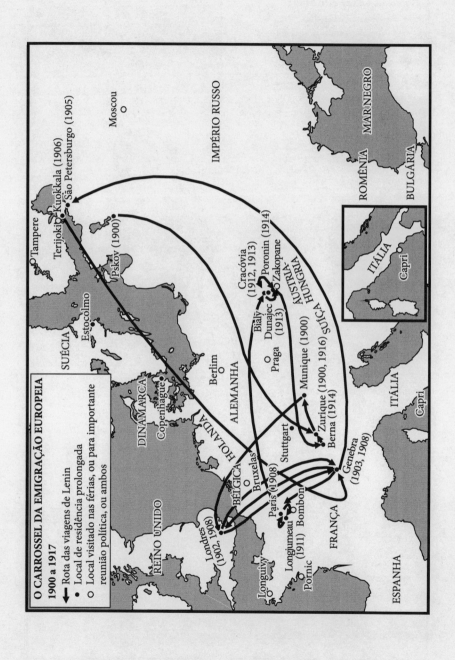

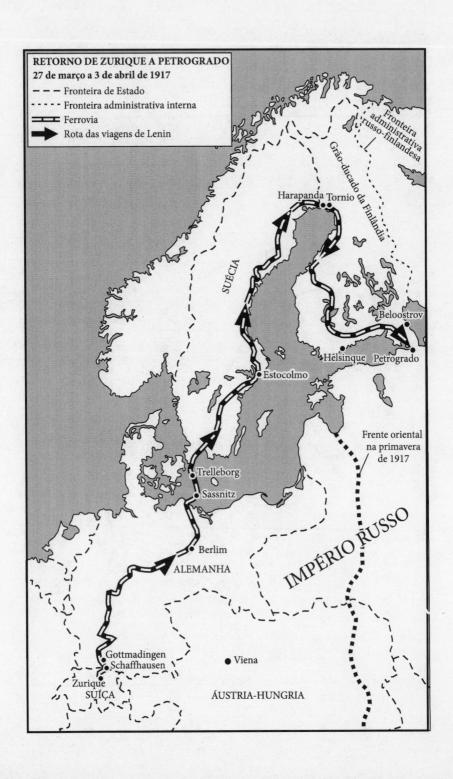

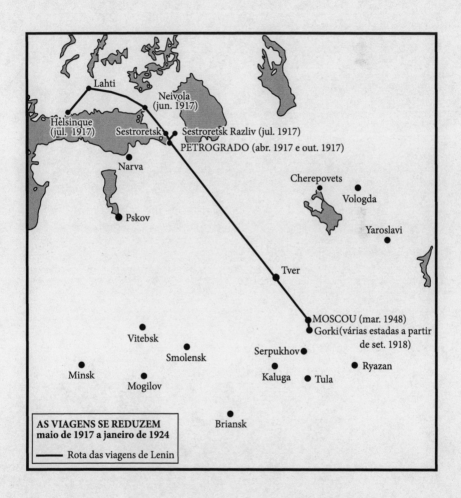

# Introdução

Lenin foi uma figura excepcional. Fundou uma facção comunista, os bolcheviques, a qual transformou num partido que fez a Revolução de Outubro de 1917. Era proclamado o primeiro Estado socialista do mundo. Esse Estado — centro territorial do que acabou virando a URSS — sobreviveu contra tudo e todos. Lenin e a liderança comunista retiraram a Rússia da Primeira Guerra Mundial e ganharam a guerra civil. Fundando a Internacional Comunista, deixaram sua marca na política de todo o continente. A URSS era um farol para os socialistas de extrema esquerda de todo o mundo e um rochedo perigoso para socialistas conservadores, liberais e outros. A interpretação de Lenin sobre doutrinas de Marx e Engels tornou-se as sagradas escrituras para comunistas e, quando ele morreu, foi designada como marxismo-leninismo. Após a Segunda Guerra Mundial, o modelo comunista — o Estado de partido único, monopólio ideológico, niilismo legal, ateísmo militante, terror estatal e eliminação de todas as instituições de autoridade rivais — foi transferido para a Europa Oriental, a China, o Sudeste da Ásia e, eventualmente, os países do Caribe e da África. O comunismo foi dissolvido na Europa Oriental em 1989 e na URSS no final de 1991. Mas ninguém exerceu maior impacto sobre o desenvolvimento e o estabelecimento da ordem comunista do que Lenin.

Isso nunca poderia ter acontecido se Lenin não tivesse passado o começo da vida numa sociedade extraordinária em um período ímpar de seu desenvolvimento. Crescendo no império russo do final do século XIX, ele e outros de sua geração foram pegos num vórtice de mudança histórica. O potencial do maior país do mundo só começava a ser explorado. As antigas restrições culturais e sociais estavam sendo solapadas. Aumentavam os contatos internacionais, e as realizações culturais e científicas faziam do império russo uma maravilha para o mundo.

A transformação, no entanto, encontrava-se em um estado preliminar, e a maior parte dos russos educados sentia-se consternada com a lentidão do progresso em seu país. Muitos achavam que a Rússia era demasiadamente vasta, variegada e presa à tradição para poder mudar. Um argumento válido. E eram 80 mil quilômetros das terras polonesas a oeste do império, até Vladivostok, na costa do Pacífico. Do mar Branco, descendo até as fronteiras persa e otomana, eram mais de 30 mil. As estradas eram precárias, e os rios congelavam durante os longos meses de inverno. A rede ferroviária era rudimentar. A Ferrovia Transiberiana fora iniciada em 1891 e só completada em 1903. Havia problemas em todas as fronteiras. A oeste ficava a ameaça da Alemanha e do império austro-húngaro. Ao sul, havia tensões com os otomanos — e a guerra prorrompeu em 1876. A leste, a Rússia temia que outras potências saqueassem a China. O poder japonês também estava em ascensão. As forças armadas russas, havia muito tempo, perderam sua fama de invencibilidade. Na Guerra da Crimeia de 1854–56 uma força expedicionária limitada de ingleses e franceses esteve perto da vitória sobre a defesa russa. Os russos tiveram mais sucesso contra os turcos, mas não havia lugar para complacência. O poder internacional dos Romanov já não tinha mais o peso que conquistara nas relações globais após a retirada de Napoleão de Moscou, em 1812.

A sociedade russa não estava preparada para mudanças. A Rússia havia "perdido" o Renascimento e, em grande medida, o Esclarecimento.* O tsar reformista, Pedro, o Grande, havia fortalecido o feudalismo,

---

* Há alguma controvérsia quanto à denominação deste movimento em português. Tradicionalmente *Enlightenment* em inglês, partindo das *Lumières* francesas, há quem defenda (e ferrenhamente) a tradução Iluminismo, alegando (acho eu que um tanto simploriamente) que iluminação é aquilo que fazem os postes de luz na rua. Considerando que Iluminismo é a arte medieval de decorar manuscritos com iluminuras, parece-me fora de dúvida que o sentido real é Esclarecimento (no sentido de educar, tornar mais claras as ideias), forma que prefiro. (*N. do T.*)

no início do século XVIII, forçando os camponeses a estarem presos a seus amos, donos de terras. Os padrões educacionais eram horrorosos. As normas legais eram ignoradas. A pobreza era espantosa. O Estado policial dos Romanov proibiu os partidos políticos, os sindicatos e os protestos públicos, e a arbitrariedade administrativa se espalhava por toda parte.

O imperador Alexandre II tentou empurrar o país para a modernidade em 1861, libertando os camponeses da compulsória servidão pessoal à nobreza rural, medida que se fez seguir de uma série de mudanças nas instituições judiciais, militares e educacionais. Mas permaneceu um abismo gigantesco entre ricos e pobres. A família Yusupov, lendariamente rica, tinha propriedades por todo o país — terras equivalentes a um pequeno país europeu —, criados, pinturas dos grandes mestres, roupas luxuosas, e suas refeições vinham de trem da Alemanha. No outro extremo do espectro, ficavam os lares dos russos pobres. A maioria dos camponeses vivia em sua aldeia natal e raramente se aventurava a sair dela. Todos usavam sapatos de fibra vegetal ou alpargatas e um blusão comprido, deixavam a barba crescer e temiam a Deus de uma forma tradicional não associada ao estudo bíblico. Os camponeses eram altamente crédulos e não faziam a menor ideia das questões mais amplas da vida pública. Explorados como recurso humano por uma sucessão de tsares, estavam sujeitos a uma legislação discriminatória, incluindo até o castigo da chibata. A indignação contra as autoridades e as elites ricas era aguda. Por todo o país, havia outros grupos que se opunham à estrutura social. Os chamados "Velhos Crentes" haviam fugido da reforma do ritual da Igreja no século VII. Havia também variados tipos de sectários. A Sibéria, com áreas esparsamente habitadas onde a polícia mal penetrava, era usada como depósito de condenados, tal como a Austrália fora usada pelos ingleses.

O descontentamento crescia não só no interior da Rússia, mas também nas regiões "fronteiriças". A Polônia tinha sido dividida entre a Rússia, a Prússia e a Áustria no século XVIII, e os polacos sob domínio dos Romanov se rebelaram em 1830 e 1863. Os finlandeses viviam aborrecidos e desprezavam os russos. As montanhas do Cáucaso estiveram em rebelião durante os últimos anos do século XIX. Até os ucranianos, que raramente deram muitos problemas aos tsares, estavam ficando inquietos. Não era um império tranquilo.

O potencial do país, no entanto, era enorme. Matérias-primas existiam numa abundância sem rival. O império russo tinha carvão, ferro, diamantes, ouro e petróleo. Possuía vastos espaços onde era possível cultivar grãos. Havia oportunidades de importar capital estrangeiro para intensificar seu impulso industrial. Sua elite governante era renovada em suas ideias pelos contatos com países estrangeiros e, cada vez mais, a opinião oficial favorecia uma tentativa rápida de alcançar as realizações dos países industriais avançados do Ocidente. A Rússia e suas terras fronteiriças tinham uma cultura elevada cada vez mais exuberante. Os romancistas russos Tolstoi, Dostoievski e Turgueniev estavam abalando a Europa. Cientistas russos, liderados por Mendeleiev, eram aclamados. Os compositores russos Rimski-Korsakov e Tchaikovski tinham fama continental e, embora os pintores russos ainda não fossem conhecidos no exterior, eram expoentes magníficos de sua arte. Por todo o império russo, observava-se progresso na educação. E havia uma classe média de profissionais liberais, em franca expansão, que lutava por construir instituições e práticas sociais independentes da administração do Estado. Formavam-se agências locais de autogoverno, e a escolarização se estendia para os filhos e as filhas dos pobres, especialmente nas cidades. A arquitetura, o vestuário e o comportamento popular estavam passando por mudanças. Até a burocracia tsarista estava cada vez menos dominada pela nobreza tradicional do que um dia havia sido característico.

Era uma transformação turbulenta. As paixões políticas se acirravam, conforme ideologias rivais eram atacadas e defendidas. Os críticos menos tolerantes do *status quo* apelavam para a violência contra um Estado imperial que, durante séculos, praticara a repressão à sociedade. Os socialistas rurais (*narodniks*), em particular, vinham fazendo propaganda desde os anos 1860, e alguns deles se envolveram em tentativas de assassinato. Também existiam grupos políticos e liberais. Mas, a partir dos anos 1880, foi o marxismo que se tornou a mais proeminente ideologia de ataque à monarquia Romanov. Era uma corrida contra o tempo. O sistema tsarista seria capaz de conservar sua energia e autoridade por um período suficiente para modernizar a sociedade e a economia? Os revolucionários se acomodariam às realidades cambiantes e evitariam os excessos da política violenta? E o sistema tsarista faria concessões para propiciar esses acontecimentos?

Lenin era um dos muitos intelectuais que exigiam uma revolução. Para ele, a estrutura política e econômica era ofensiva; sentia repugnância pela hierarquia social. As oportunidades de desenvolvimento consensual na Rússia, para ele, nada queriam dizer. Odiava os Romanov e a Velha Rússia. Queria uma Nova Rússia, uma Rússia europeia, uma Rússia ocidentalizada. Sua particular admiração pela Alemanha era enorme. Mas a aprovação de Lenin ao "Ocidente" era seletiva. Admirava Marx, o movimento marxista alemão e a indústria e a tecnologia alemãs contemporâneas. Mas queria que o Ocidente mudasse também. Precisava haver uma revolução socialista europeia que varresse, de uma vez por todas, a ordem capitalista. Estava determinado, ao mesmo tempo, a liquidar aqueles fenômenos que, na Rússia e em outras partes, lhe parecessem retrógrados e opressivos. Lenin pertencia a um tipo particular dentro de sua geração em seu país. Ele acreditava no Esclarecimento, no progresso, na ciência e na revolução. Em cada instância, oferecia sua própria interpretação. Nada conseguia abalar sua confiança em que tinha as ideias certas.

Não foram só suas próprias ações que lhe deram importância prática. O meio ambiente foi muitíssimo significativo. O fato de que companheiros bolcheviques tinham sua mesma visão política significava que existia um partido para a revolução total, mesmo quando ele esteve geograficamente isolado ou fisicamente incapacitado. Sem o zelo e o pragmatismo do Partido, Lenin teria sido uma nulidade política. Também o ajudou muito o antagonismo, difundido entre intelectuais, operários e outros grupos sociais da Rússia, ao tsarismo e a muitos aspectos do capitalismo. E a natureza peculiar da Rússia — suas tensões políticas, sua fragilidade administrativa, suas divisões internas nacionais e sociais, sua violenta cultura popular — jogava a seu favor. A crise final da monarquia Romanov foi induzida pela Primeira Guerra Mundial. A luta na frente oriental provocou um desastre, conforme os transportes, a administração e a economia começaram a implodir. Portanto, não pode haver dúvidas de que a sorte esteve ao lado dos bolcheviques em 1917–18. Se os alemães tivessem ganhado a Primeira Guerra Mundial em 1918, os planos militares do Kaiser eram se voltar contra a Rússia. O governo de Lenin teria sido estrangulado no berço. Sem todos esses fatores contando a seu favor, Lenin teria sido um pequeno figurante, fazendo apenas uma ponta no palco da história do século XX.

É claro que se tem escrito sobre ele com frequência. Mas só recentemente foi possível ter acesso a um material decisivo sobre sua vida e carreira. Importantes coleções documentais foram publicadas sob o governo de Mikhail Gorbachev. E então, em 1991, quando a URSS desabava, Boris Yeltsin concedeu acesso direto aos próprios arquivos centrais do Partido. Durante aqueles anos, eu estava escrevendo uma trilogia sobre a política de Lenin, tentando explicar a relação entre sua atividade prática e suas doutrinas dentro da estrutura de um partido revolucionário que fundou o primeiro Estado socialista do mundo.

A análise que apresentei — tanto então como agora — difere em modos básicos de outras obras sobre Lenin. O contraste mais óbvio é com sucessivas versões oficiais soviéticas e com variadas versões trotskistas, que o representam como um pensador, político e humanitário imaculado.[1] Mas também existem livros que, apesar de não o elogiarem, concedem-lhe o benefício de muitíssimas dúvidas. Embora eu não participe da convicção de Neil Harding de que Lenin ponderava suas ideias completa e exclusivamente a partir de princípios marxistas e que suas ações derivam inteiramente da doutrina "ortodoxa",[2] é igualmente difícil concordar com a ideia de Rolf Theen, de que Lenin secretamente derivava todas as suas ideias fundamentais de revolucionários russos não marxistas.[3] Os capítulos que se seguem discordam também da afirmação de Marcel Liebman de que Lenin se esforçou para minimizar o autoritarismo em seu partido e no Estado soviético (bem como da afirmação nas obras geralmente úteis de Alexander Rabinowitch de que o partido bolchevique tinha uma organização altamente democrática em 1917).[4] Nem, em minha opinião, há provas para apoiar a sugestão de Moshe Lewin e Stephen Cohen de que, pouco antes de morrer, Lenin tentou reformar o comunismo a fim de eliminar sua associação com ditadura, a guerra de classe e o terror.[5]

O engajamento ideológico de Lenin continua a ser um pomo de discórdia. E. H. Carr o encarava como um político que, conforme os anos iam passando, estava mais interessado em erigir as instituições do Estado do que em forçar sua revolução.⁶ Sobre a política exterior, Adam Ulam afirmou que exportar a revolução não era mais um objetivo primordial para Lenin poucos meses após a tomada comunista do poder, e Orlando Figes levou isso ao extremo ao sugerir que Lenin ordenara a invasão da Polônia, em 1920, por motivos puramente defensivos.⁷ Os capítulos seguintes afirmam que a ideologia leninista é crucial para compreender as origens e as consequências da Revolução de Outubro.

Muito se escreveu, também, sobre a personalidade de Lenin. Mas Richard Pipes, com certeza, está errado ao retratar Lenin no poder como meramente um psicopata para quem as ideias pouco contavam, e cuja motivação fundamental era dominar e matar.⁸ Este livro, da mesma forma, discorda de Alexander Soljenítsin e Dmitri Volkogonov, os quais afirmam que Lenin e o leninismo eram totalmente estranhos às tradições russas;⁹ contesta também a argumentação antissemita de Vladimir Soloukhin de que a ideologia de Lenin era, em grande parte, um produto do elemento judeu em sua ascendência.¹⁰ Um retrato um tanto menos demoníaco de Lenin surge na obra de Ralph Carter Elwood, Dietrich Geyer, Leopold Haimson, John Keep e Leonard Schapiro.¹¹ Mas, nas duas últimas décadas, foi sugerido, muito especialmente por Sheila Fitzpatrick e Ronald Suny, que o modo de explicar Lenin é, de qualquer maneira, não concentrar a atenção nele, mas olhar os fenômenos mais amplos no Estado e na sociedade tanto da Rússia imperial como da União Soviética.¹² Minhas próprias primeiras obras destacavam as pressões políticas e organizacionais que impeliram Lenin a fazer o que fez ou que, em algumas instâncias, o impediram de fazer o que queria.¹³ Até mesmo Alfred Meyer e Martin Malia, cujos textos indicam convincentemente a importância da ideologia, subestimam os obstáculos no caminho da completa liberdade de autoexpressão de Lenin.¹⁴ Portanto, com certeza, existe uma necessidade de observar Lenin no contexto de seu tempo. Mas, num juízo derradeiro — como espero demonstrar —, seu impacto pessoal sobre os acontecimentos de sua época e posteriores foi decisivo.

O objetivo não é só fornecer uma análise diferente das outras análises sérias disponíveis. É também meu desejo proporcionar algo que, até então, era impossível conseguir: uma biografia. O Lenin da história foi oculto de nós pelo Estado soviético. Documentos e memórias que não confirmavam a imagem oficial contemporânea foram todos mantidos ocultos. As primeiras revelações sob Gorbachev foram memórias de parentes de Lenin e de membros do partido bolchevique. Também foram publicados alguns dos registros do Politburo sobre o período revolucionário. O resultado foi uma grande ampliação de nosso conhecimento sobre Lenin, mas sempre houve o problema de que os historiadores não tinham permissão de acesso aos arquivos a fim de ler as coisas por si próprios. Isso mudou em 1991. (Tive a sorte de estar em Moscou no dia em que o arquivo central do Partido foi "aberto" após o abortado golpe de Estado contra Gorbachev e pude fazer uso da nova liberdade histórica.) Pouco a pouco, mas firmemente, as pastas foram sendo liberadas. As minutas do Politburo, do Comitê Central, da Assembleia e do Congresso tornaram-se acessíveis em sua forma original. Até mesmo material da campanha de Lenin para derrubar Stalin, em 1923, pôde ser examinado. Em consequência, Lenin, como político, tornou-se uma figura mais compreensível.

Isso já era suficiente estímulo para dar uma nova olhada em Lenin. O que tornou o projeto irresistível foi o acesso mais recente concedido aos arquivos da correspondência e das memórias de sua família. Suspeitas antigas mostraram-se corretas. Até mesmo a versão das memórias da mulher de Lenin, que apareceu sob Gorbachev, revelou ter sido sujeita a cortes politicamente motivados. E, então, os relatos de suas irmãs, irmão, médicos, guarda-costas e enfermeiras foram liberados para exame. Finalmente, tornava-se viável uma biografia no amplo sentido do termo.

Este livro parte da premissa de que Lenin, o revolucionário, e Lenin, o homem, são inexplicáveis sem referência recíproca. Sua formação étnica mista não era sem significado. Mas a ideia de que isso, em si mesmo, era suficiente para fazer dele "antirrusso" ou "cruel" é implausível. O problema com relação a sua família é que seus membros eram elementos marginais buscando incorporação na ordem oficial imperial — objetivo que não conseguiram alcançar. Tal como em outras famílias assim, os pais forçaram muito seus rebentos para que atingissem o sucesso educacional. Os filhos viam-se sujeitos a uma pesada pressão; nem todos sobreviveram incólumes. Lenin foi um dos que conseguiram, mas sua compulsão a trabalhar intensamente e a cumprir prazos permaneceu com ele até sua doença final. O conteúdo de sua educação também deixou sua marca. O que não havia sido previamente compreendido é que a escolaridade de Lenin envolveu estudos profundos, porém estreitos. O efeito foi o de que sua mente ficou exposta a outras influências, incluindo ideias revolucionárias em particular. A educação de Lenin capacitou-o a ler línguas estrangeiras e a respeitar a ciência, mas também o deixou aberto às atrações de qualquer ideologia que parecesse dar sentido à sociedade em que vivia.

Ele foi um hábil repressor da exteriorização de emoções. Agiu calmamente mesmo após o trauma que sofreu quando seu irmão mais velho, Alexander, foi enforcado; e, depois, encontraria constante satisfação no trabalho ao lado da esposa. Mas as coisas não foram sempre um mar tranquilo. Podemos ver com algum detalhe como outras mulheres o tentaram e que uma delas, Inessa Armand, conquistou-lhe o coração por algum tempo. Mas, de um modo geral, foi um manipulador de mulheres. Buscando garantir a ajuda delas, ele as jogava umas contra as outras — e isso significava deixar sua esposa Nadejda Krupskaya à mercê de suas irmãs menos que amigáveis. Essas mulheres proporcionavam-lhe um apoio constante na organização cotidiana. Nem sempre Krupskaya caía sob seus encantos, mas, na maioria das vezes, caía. Em particular, ela voltou para seu lado quando ele ficou mortalmente enfermo, em 1922. Lenin era um pouco hipocondríaco e, se não tivesse podido contar com a simpatia ativa de sua família, possivelmente teria explodido. Havia sempre a possibilidade de uma explosão: Lenin era uma bomba-relógio humana. Suas influências intelectuais o impeliram à revolução, e sua fúria interior tornava esse impulso frenético. Lenin tinha mais paixão pela ruína do que amor pelo proletariado.

Sua personalidade está intimamente ligada ao tipo de político que ele se tornou. Suas explosões de raiva eram lendárias em todo o Partido, antes de 1917; pouco antes de sua morte, tornaram-se tão agudas que foram levantadas sérias questões sobre seu equilíbrio mental e até sua sanidade. Mas, em geral, ele se continha e canalizava sua fúria para uma forma controlada de agressão. Foi um guerreiro político. Isso nunca foi segredo, mas a intensidade de seu estilo militante agora pode ser vista mais claramente. Mesmo nos momentos de recuo, como quando apresentou a Nova Política Econômica em 1921, era descontrolado em suas declarações e propostas. É verdade que ele, após consultar seus colegas e conhecidos, moderava suas ideias. Mas permaneceu leal a certas compreensões-chave. Sua ocasional contenção vinha de um homem que queria lutar com empenho, mas enxergava a vantagem de um recuo parcial e temporário. Quando seu poder era ameaçado, modificava seus planos de ação, às vezes de maneira drástica. Mas, desde sua formulação, no início dos anos 1890, até sua morte, em 1924, houve pouca mudança em seu pensamento básico. Era capaz de morar durante anos numa determinada localidade — fosse Londres, Zurique ou Moscou — sem conseguir tirar conclusões sobre seus arredores, o que ocorria com facilidade a outros sem seus preconceitos empedernidos. Viveu e morreu leninista. Em seus pressupostos básicos sobre política, Lenin não foi um camaleão.

As influências sobre ele não foram apenas marxistas. Soubemos que, durante algum tempo, ele foi influenciado pelos terroristas agrário-socialistas russos do final do século XIX. De fato, não há qualquer necessidade de escolher entre marxismo e populismo, como se fossem polaridades: as duas tendências de pensamento se superpunham maciçamente. Mas houve outras influências menos familiares. As leituras infantis de Lenin, de *A cabana do pai Tomás* em diante, tiveram um efeito duradouro. Da mesma forma, a literatura russa e alguns de seus autores preferidos, como Gleb Uspenski, que escreveu contos sobre o campesinato russo, fortaleceram o seu ceticismo sobre o lado mais agradável das atitudes camponesas contemporâneas. No final da vida, recolheu mais ideias de outros autores, como Maquiavel e Darwin. Também assimilou ideias de conhecimentos casuais, mesmo que acontecesse de serem hostis ao marxismo. Assim, a figura do padre Gapon, sacerdote ortodoxo e crítico da ordem dos Romanov, exerceu um impacto significativo. O marxismo era o ingrediente básico do pensamento de Lenin, mas ele tirou muito de sua solidez da combinação com outros ingredientes.

Se, por um lado, Lenin se mantinha preso a suas pressuposições básicas, por outro, sentia-se livre para mudar de estratégia mesmo quando isso causava forte aborrecimento a seus colegas. Em algumas questões, ele os ignorava por completo. Agradavam-lhe as discussões sobre a Revolução de Outubro, o Tratado de Brest-Litovsk e a Nova Política Econômica. Mas era também um chefe de partido que deixava seus associados discutir uns com os outros, para desviar as críticas de si próprio. Era quase um tribunal de apelação por si só. Somente Lenin era respeitado por todas as seções do partido bolchevique, e seu estilo patriarcal fortaleceu seu domínio, pelo menos enquanto gozou de uma saúde razoável. Também soube manipular o partido com *finesse,* conseguindo parecer radical mesmo quando estava recomendando moderação. Lenin sabia ser evasivo; também sabia como menosprezar uma discussão secundária na busca do objetivo supremo do momento. Mais do que a maioria dos políticos, ele, além do mais, sabia falar em diversos registros ao mesmo tempo. Se, por um lado, usava terminologia marxista, também conseguia desenvolver slogans populares. Os congressos do Partido eram sempre vitórias para ele. Tinha o dom da liderança implacável e, no entanto, inspiradora. Firmemente, e com constância, foi aprendendo a ampliar o âmbito de suas técnicas políticas. Jamais perdeu seu estilo professoral nem sua estranha forma de enunciação das palavras. Mas a força de sua personalidade e seu compromisso ideológico reforçavam a mensagem, e aprendeu a confiar nos próprios instintos.

Não obstante, não era infinitamente adaptativo. A personalidade austera de Lenin tinha uma contrapartida em sua abordagem tacanha da política. Precisou fazer um grande esforço para tornar-se um razoável orador público. Era um homem da palavra impressa, leitor e redator fanático. Na verdade, os mais eficazes expoentes das técnicas políticas do século XX, em 1917, eram o *premier* antibolchevique Alexander Kerenski e o companheiro bolchevique de Lenin, Leon Trotski.

E a ideia comum de que Lenin sempre foi uma figura amplamente conhecida é bobagem. Poucos conheciam o seu aspecto, quando ele voltou à Rússia, em 1917. Seus textos só eram familiares a marxistas bem informados. Em 1917, nem o *Pravda* nem os outros jornais publicavam sua imagem visual. Mesmo na guerra civil, ele teve dificuldade para ser reconhecido pelo público em geral. Foi só após ser encetada a Nova Política Econômica, em 1921, que se tornou famoso de um modo mais abrangente.

Isso é importante para uma consideração de seu impacto político. Lenin esteve muitas vezes ausente de momentos decisivos na história de seu partido e de seu governo. No exílio siberiano e na emigração europeia, com frequência foi retirado do centro da ação; em 1917, só pôde voltar depois de abril, e então, em julho, fugiu para a Finlândia até o início de outubro. Além do mais, viu-se recorrentemente incapacitado por doença grave. Agora, podemos ver que a saúde lhe vinha faltando desde o início da vida adulta. Úlceras, enxaqueca, insônia, erisipela e ataques cardíacos, tanto fracos como graves, o vinham derrubando. Teve de deixar muito trabalho administrativo nas mãos de outros e, para sua consternação, seus principais colegas mostraram que, sem ele, eram capazes de gerir o Estado de forma bastante adequada.

Não obstante, Lenin de fato fez história. Nas *Teses de abril*, de 1917, esboçou uma estratégia para o Partido tomar o poder. Em outubro insistia em dizer que o poder devia ser tomado. Em 1918, rechaçou uma invasão alemã da Rússia conseguindo que fosse assinado um tratado em separado em Brest-Litovsk. Em 1921, introduziu a Nova Política Econômica e salvou o Estado soviético de ser engolido pela rebelião popular. Se Lenin não tivesse feito campanha por essas mudanças estratégicas, a URSS nunca se haveria estabelecido e consolidado.

Nem tudo que Lenin fez foi cuidadosamente concebido. Em particular, não soube prever bem o que estava fazendo quando estabeleceu o Estado de partido único centralizado. Uma das coisas mais malignas do século XX foi criada mais por medidas improvisadas do que por um planejamento grandioso. E, no entanto, essa criação esteve longe de ser um completo acidente. Mesmo em seus momentos de maior improvisação, Lenin pensava e agia de acordo com suas antigas pressuposições básicas. Gostava do que fizera em sua carreira. Tinha orgulho de suas doutrinas, seu Partido e sua revolução. E sua influência não se limitou aos eventos ocorridos durante a sua vida. Seu legado institucional foi imenso. Lenin formou o Sovnarkom e desmanchou a Assembleia Constituinte. Criou a Cheka. Convocou a Internacional Comunista. O que foi mais básico: exerceu impacto sobre pressuposições. Eliminou a preocupação com a ética. Justificou a ditadura e o terror. Aplaudiu a vanguarda política e a necessidade de liderança firme. E convenceu seu Partido de que o seu marxismo era puro e incorporava a única política correta. Em estratégia, as instituições e pressuposições de Lenin exerceram um impacto duradouro sobre o socialismo de extrema esquerda, para o seu país e para o mundo.

# Parte I

# Aparece o rebelde

"Eu gostaria de me levantar da sepultura daqui a uns cem anos e dar uma olhada em como as pessoas estarão vivendo então."

Dr. Alexander Blank, avô de Lenin

## 1. Os Ulyanov e os Blank

Em 10 de abril de 1870, o rio Volga — o rasgo natural dominante da cidade provinciana de Simbirsk, no sudoeste da Rússia, e maior rio da Europa — mostrava os primeiros sinais da primavera. A temperatura havia subido até os 5º C. O largo campo de gelo que atravessava o canal entre as margens do rio começava a se elevar e a rachar. A primavera estava chegando, e a tão esperada mudança da estação provocava empolgação em todas as casas de Simbirsk, exceto em uma na rua Streletskaya, onde um menino estava nascendo. Seus pais, Ilya e Maria Ulyanov, já tinham dois filhos, e a família inteira assistiu a seu batismo alguns dias depois, na Catedral de São Nicolau, onde o padre espargiu água sobre sua cabeça e o batizou como Vladimir Ilich Ulyanov. Os padrinhos foram Arseni Belokrysenko, contador no serviço público do Império e parceiro de xadrez de Ilya, e Natalya Aunovskaya, mãe viúva de um dos colegas de Ilya.[1] Após o batismo, Ilya Ulyanov foi a São Petersburgo para assistir a uma conferência pedagógica e deixou Maria Alexandrovna se recuperando do parto com a ajuda da nova ama da família, Varvara Sarbatova. A vida na casa da rua Streletskaya voltou à normalidade.[2]

Vladimir Ilich Ulyanov entrou para os livros de História como Lenin, o principal pseudônimo que usava no movimento revolucionário russo. Foi também como Lenin que deu seu nome a um conjunto de doutrinas, o marxismo-leninismo. No entanto, quando sua cidade natal teve o nome mudado para homenageá-lo, em 1924, não passou a se chamar Leninsk, mas Ulyanovsk. E Ulyanovsk permanece até o dia de hoje.

No século XIX, havia uma ideia amplamente difundida de que lugares como Simbirsk eram locais sonolentos e de que movimento e empreendimento limitavam-se a São Petersburgo. Os viajantes estrangeiros tinham essa impressão. Muitos observadores russos — incluindo tsares, ministros e intelectuais — pensavam assim também. A natureza estática do modo de vida provinciano russo fazia parte da sabedoria convencional. Presumia-se que quanto mais longe uma cidade ficasse da capital, mais sonolento seria seu cenário urbano. Na verdade, as cidades das províncias russas eram tudo, menos sossegadas. Simbirsk, um porto do Volga a 1.600 quilômetros da capital, era movimentada com a luta de seus habitantes a fim de ganhar dinheiro suficiente para sobreviver. Em seu ponto mais alto, a cidade se elevava a 1.500 metros acima do nível da água. Mas a maior parte da cidade era baixa e comprida, estendendo-se por 18 quilômetros ao longo da margem do rio. Os cais eram os pontos principais por onde os bens entravam ou saíam da cidade. A pesca era uma importante fonte de emprego urbano; o esturjão era a pesca principal. Simbirsk ficava ao longo da rota da Rússia Central até o mar Cáspio. Os bateleiros, que eram os *burlaki*, imortalizados na *Canção dos barqueiros do Volga*, impulsionavam as barcaças pesadas e de fundo chato rio acima e abaixo. Mal se pode dizer que houvesse alguma atividade fabril em grande escala. Umas poucas fábricas de roupa e a antiga destilaria de Simbirsk eram até onde ia o desenvolvimento industrial da província. Embora o comércio com o império otomano e com a Pérsia estivesse crescendo, Simbirsk não era um centro econômico do nível de São Petersburgo e Moscou. Nada de metalúrgicas nem de qualquer presença industrial estrangeira significativa. As construções eram principalmente de madeira, e havia muito poucos sinais do *panaché* arquitetônico das capitais imperiais.

A agricultura camponesa era outro esteio da atividade econômica. Os camponeses vendiam seus produtos a atravessadores que tinham seus negócios estabelecidos em Simbirsk e nas outras cidades. O principal cultivo era o centeio. Batata, trigo, aveia e cevada também eram cultivados. Em 1861, ocorrera um forte abalo no modo tradicional de tratar os camponeses da província, quando o imperador Alexandre II proclamou uma Lei de Emancipação, libertando-os do controle pessoal exercido pela nobreza latifundiária. Mas a colonização da terra era particularmente desvantajosa para o campesinato de Simbirsk. O solo, na região do Volga, era tão fértil quanto qualquer outro na Rússia, e os nobres latifundiários se esforçavam para que apenas uma pequena proporção desse solo ficasse em mãos daqueles. E, assim, dificilmente os camponeses poderiam viver somente da agricultura. Muitos ganhavam a vida por meio de artesanatos variados. A província de Simbirsk era coberta de florestas, e o trabalho em madeira era um ofício e um negócio comuns. Carroças, rodas, trenós, pás e até utensílios domésticos eram bens de madeira, de produção local. Os mercados eram vivazes e coloridos, e o maior deles era o Mercado Sbornaya, em Simbirsk, onde era possível comprar qualquer coisa fabricada na província.

De longe, a maior proporção de habitantes da província de Simbirsk — 88% — era de membros da Igreja Ortodoxa Russa (e a proporção subia para 97% quando se tratava da própria cidade de Simbirsk). Dois por cento eram classificados como "sectários" russos de vários tipos. Essa era a designação oficial para os cristãos russos que não aceitavam a autoridade da Igreja Ortodoxa; entre eles, incluíam-se os chamados Velhos Crentes, que haviam rejeitado as reformas na liturgia e no ritual impostas pelo tsar Alexei, em meados do século XVII. Na província, também havia cristãos cuja fé derivava de fontes estrangeiras. Entre eles, luteranos e católicos. Havia também cerca de quatrocentos habitantes judeus. Mas o segundo maior grupo, logo após os cristãos ortodoxos, eram os muçulmanos, que constituíam nove por cento da população. Moravam principalmente nas aldeias da província de Simbirsk e eram variados em sua composição étnica; a maior parte deles era de mordovianos, chuvaches ou tártaros. Estavam ali havia séculos e eram, em geral, desprezados pelos russos como sendo seus inferiores coloniais. A importante Catedral de São Nicolau, no coração de Simbirsk, era uma lembrança arquitetônica de que os tsares da velha Moscóvia* não apoiariam qualquer ameaça ao domínio russo na região do Volga.

E, no entanto, as autoridades centrais em São Petersburgo tiveram graves problemas para manter seu domínio sobre toda a região do Volga, e esses problemas não foram causados exclusivamente por não russos. Os

---

* O antigo principado de Moscou. (*N. do T.*)

camponeses cristãos ortodoxos da província de Simbirsk haviam desempenhado um papel nas grandes revoltas contra os detentores do trono por Stenka Razin, em 1670-71, e Yemelyan Pugachev, em 1773-75. Consequentemente, tomou-se o cuidado de manter uma guarnição armada e equipada em Simbirsk, e a burocracia civil administrava a província no estilo autoritário característico do tsarismo. O governador da província, pessoalmente indicado pelo imperador, recebia o poder de fazer praticamente qualquer coisa que julgasse adequada a fim de impor a ordem.

Após a Lei de Emancipação, o imperador Alexandre II introduziu uma reforma na administração local, pela qual conselhos provincianos — *zemstva* — eram eleitos para se encarregar de escolas, estradas, hospitais e instalações sanitárias. Uma medida limitada, mas que marcou uma importante ruptura com o passado. No entanto, a província de Simbirsk era conhecida pelo tradicionalismo de sua elite social; era um dos chamados "ninhos da nobreza". Todavia, até em Simbirsk havia entusiasmo entre os nobres latifundiários para aproveitar as novas oportunidades de autogestão. O *zemstvo* era uma colmeia de iniciativas movimentadas. A cidade tinha o seu próprio jornal, na forma do *Noticiário Provinciano de Simbirsk*, desde 1838 e, em 1876, o *zemstvo* provinciano deu início a sua própria publicação. A rede escolar também recebeu atenção. Os fundos para isso foram alocados de São Petersburgo. Por volta do final do século XIX, havia 944 escolas de variados tipos por toda a província. O pináculo desse sistema educacional era o Simbirsk Klassik Gimnazia (ou liceu, ou ginásio), que aceitava alunos de até 17 anos. Embora a Simbirsk faltasse uma universidade, a Universidade Imperial de Kazan ficava a apenas 190 quilômetros ao norte.

Os habitantes de Simbirsk tinham realizações culturais a seu crédito. Um dos maiores historiadores da Rússia, Nicolai Karamzin, falecido em 1826, viera da província. Da mesma forma, o escritor Ivan Goncharov, cujo romance *Oblomov* — publicado em fascículos nos anos 1850 — tornara-se um clássico literário europeu. Reconhecidamente, Simbirsk não era um centro de efervescência cultural e intelectual. A Biblioteca Pública Karamzin não tinha um estoque muito sortido e grande, e as livrarias eram poucas; lá, não existia círculo literário. Mas aqueles indivíduos que aspiravam a um papel na vida pública não ficavam incapacitados por terem sido criados ali. Pode até ter sido uma vantagem para eles. Muitos dos escritores, pensadores e políticos russos mais originais vieram de um meio provinciano. Esses intelectuais tiveram um benefício ao passar seus primeiros anos fora da atmosfera cultural claustrofóbica de São Petersburgo. Desenvolveram suas ideias sozinhos ou dentro de um grupo pequeno, protetor, estimulante, sem que a originalidade e a confiança lhes fossem arrancadas. Com frequência, eram eles a atacar o conhecimento convencional da época os inovadores do país — e não haveria pensador e político revolucionário mais inovador do que o homem que começara a vida em Simbirsk como Vladimir Ulyanov.

A família Ulyanov mudou-se para Simbirsk no outono de 1869, poucos meses antes do nascimento de Vladimir. O pai, cujo nome completo era Ilya Nikolaievich Ulyanov, havia sido nomeado inspetor das Escolas Populares da província. Trouxe sua esposa grávida, Maria Alexandrovna Ulyanova, e seus dois filhos, Alexander e Anna, para a casa que alugariam da família Pribylovski, na rua Streletskaya.[3] O posto de Ilya fora criado como parte do plano do governo para uma rápida expansão da escolaridade em meados dos anos 1860. Imediatamente se tornou uma figura ilustre nos negócios da cidade e província de Simbirsk.

Ilya e Maria Ulyanov tinham uma formação heterogênea. As autoridades soviéticas tentariam manter em segredo o fato de que Maria era de linhagem em parte judaica. Seu avô paterno, Moshko Blank, era um judeu comerciante de vinho e bebidas em Starokonstantinov, na província de Volynia, na fronteira ocidental do Império russo. Starokonstantinov era uma cidade pequena, e, na maioria, seus habitantes eram judeus. Moshko vivia em constantes conflitos com seus vizinhos, incluindo seu filho, Abel. Ele levou Abel aos tribunais, por agressão verbal e física.[4] Mas o resultado surpreendeu. O juiz não acreditou em Moshko e o condenou a pagar uma indenização, não o filho. Em 1803, o próprio Moshko foi processado, quando seus vizinhos judeus moveram uma ação contra ele, acusando-o de roubar feno. Dois anos depois, foi acusado de vender vodca destilada ilegalmente. Em ambos os casos, foi considerado inocente. Mas, em 1808, sua sorte acabou, e ele passou vários meses na prisão por uma denúncia de incêndio criminoso. Acabou que se viu mais uma vez livre de culpa, e mudou-se com a família para a capital da província, Jitomir.

No entanto, não esquecera a humilhação sofrida em Starokonstantinov. Em 1824, apelou para uma revisão judicial do caso de incêndio criminoso e conseguiu que as famílias que o haviam processado fossem obrigadas a pagar uma indenização. Moshko não era um homem com quem se pudesse brincar. Era uma característica que viria a ser partilhada por um de seus descendentes.[5]

Moshko Blank não era um judeu praticante. Seus pais não o haviam criado segundo a fé judaica, e ele não mandou seus próprios filhos para a escola judaica local. Pela tradição, deveriam ter ido para o *heder* de Starokonstantinov para aprender hebraico e estudar a Torá. Em vez disso, Moshko os matriculou na nova escola estatal do distrito, onde seriam ensinados em russo. Quando a mulher de Moshko morreu, ele rompeu as ligações que restavam com a fé de seus ancestrais. Procurou o padre local e foi batizado como cristão ortodoxo.[6]

Talvez Mosho Blank tenha passado por uma experiência espiritual, mas pode ter tido um motivo mais material. A conversão ao cristianismo eliminaria obstáculos ao seu avanço social e econômico. Poucos judeus viveram no Império russo até as três partilhas de 1772-95, quando Áustria, Prússia e Rússia dividiram a Polônia entre si. O resultado foi que os tsares passaram a ter um grande número de súditos judeus. Catarina, a Grande, temia a impopularidade, caso permitisse que cruzassem a fronteira ocidental, uma vez que a hostilidade religiosa e econômica para com os judeus era comum aos russos de todas as classes. Ela, então, emitiu um decreto, confinando-os a uma Reserva de Povoamento na região fronteiriça ocidental. Só uma proporção muito pequena de judeus ricos tinha permissão de viver fora da Reserva, e os judeus não podiam ascender à nobreza. A saída, para um judeu ambicioso e não praticante, era buscar a conversão ao cristianismo ortodoxo. Qualquer ex-judeu assim era automaticamente registrado como russo e via-se aliviado da carga da legislação discriminatória. Moshko Blank deve, sem dúvida, ter se sentido incomumente estorvado por seu status judeu, uma vez que, segundo ele mesmo disse, não tinha qualquer filiação religiosa ou educacional com o judaísmo.

No entanto, poucos apóstatas se comportaram tão agressivamente para com seus antigos correligionários como Moshko Blank, que escreveu ao

Ministério do Interior sugerindo restrições adicionais contra os judeus. Ele propôs que os judeus fossem proibidos de vender comida não Kosher (que eles próprios não podiam comer) e de empregar os serviços de cristãos no *sabbath* judaico (quando os judeus não podiam realizar qualquer trabalho). Insistiu particularmente para que os hassídicos, a seita judaica fervorosa e mística, fossem proibidos de promover reuniões. A militância de Moshko foi extraordinária. Conclamou o Ministério do Interior a proibir os judeus em geral de rezar pela vinda do Messias e a obrigá-los a rezar pela saúde do imperador e de sua família.[7] Em suma, Moshko Blank era um antissemita. Essa questão merece ênfase. Diversos autores contemporâneos na Rússia afirmaram que a formação judaica de Lenin predeterminava suas ideias e comportamento. Os autores em questão tendem a ter opiniões antissemitas.[8] Mas, ao tentar seguir uma agenda nacionalista russa, dando ênfase às ligações judaicas de Lenin, evadem o fato simples de que Moshko Blank era um inimigo do judaísmo e de que nenhum aspecto específico de formação judaica deles permaneceu importante para seus filhos.[9]

Os filhos de Moshko, Abel e Saul, copiavam-no em seu desejo de desfazer seus laços judeus. De fato, sofreram a conversão ao cristianismo antes do pai, que os mandou para estudar na Academia Médico-Cirúrgica de São Petersburgo. Evidentemente, Moshko não guardou rancor contra Abel pelo violento conflito que os levou a se enfrentarem no tribunal em Jitomir. Abel e Saul estavam escolhendo uma carreira, medicina, atraente para muitos que aspiravam a subir da base da sociedade imperial. As "profissões liberais" ofereciam um caminho para a preeminência pública, por meio de competência técnica. Abel e Saul estudaram com afinco para se tornar médicos em São Petersburgo. Em 1820, após manifestarem publicamente seu desejo de ser cristãos, receberam o batismo na Catedral Samson, no bairro Vyborg, de São Petersburgo. Como era convencional, foram acompanhados por nobres russos que haviam concordado em ser seus padrinhos. Abel e Saul receberam nomes cristãos: Abel tornou-se Dmitri, enquanto Saul passou a se chamar Alexander. Um dos padrinhos foi o senador Dmitri Baranov, que realizou uma inspeção da província de Volynia para o governo imperial em 1820 e que ajudava ativamente jovens judeus que se convertiam ao cristianismo.[10]

Os irmãos Blank se formaram médicos. Na formatura, em 1824, Alexander (Saul) Blank iniciou a prática médica na província de Smolensk. A partir daí, parece ter progredido sozinho na carreira. Se manteve contato com o pai, há pouco sinal disso nos registros oficiais. Alexander era muito independente. E isso valia até na sua atitude para com os estudos. Enquanto estudava os manuais recomendados na Academia Médico-Cirúrgica de São Petersburgo, também estudava técnicas médicas não ortodoxas.[11]

Alexander Blank casou-se com uma cristã, Anna Grosschopf, em 1829. Anna era uma luterana de São Petersburgo. Tinha ascendência alemã e sueca: seu pai, Johann Grosschopf, era um tabelião cuja família vinha de Lübeck, enquanto a mãe, Anna Estedt, era de formação sueca. De qualquer forma, ambos os genitores de Anna Grosschopf residiam, havia muito tempo, em São Petersburgo.[12] Foi lá que ela conheceu e desposou Alexander Blank. Uma vez que seu noivo se tornara cristão ortodoxo russo, ela devia, pela lei imperial, adotar a fé de Alexander como pré-requisito ao casamento. Passou pelas formalidades, mas o fato de que viria a criar as filhas como luteranas mostra que não abandonou realmente sua fé original. Também se manteve leal a uma série de costumes ainda não adotados pela maioria dos russos. Os alemães, no Natal, arrumavam em casa um pinheiro decorado. Esse foi um costume que Anna passou a seus filhos e netos, que o encaravam como caracteristicamente "alemão".[13] Alexander Blank e Anna Grosschopf estavam se assimilando a uma identidade nacional russa, mas não levaram esse processo ao ponto extremo possível. Anna, em particular, guardou vestígios de seu passado ancestral; e Alexander, ao mesmo tempo que relegava ao esquecimento seu passado judeu, não insistia para que a esposa renegasse sua própria herança.

Ao continuar fiel ao luteranismo, Anna estava infringindo a lei. Mas, na prática, as autoridades estatais só raramente forçavam cristãos ortodoxos a permanecer estritamente dentro dos limites da ortodoxia, e Alexander e Anna puderam continuar concentrados em se estabelecer na sociedade russa. Alexander, como médico, tinha uma carreira decente, mas nada espetacular. Passou de cargo em cargo em São Petersburgo e nas províncias. Mas sua carreira não foi sem problemas. Em Perm, bateu de frente com seus superiores e perdeu o emprego. Sua apelação contra esse tratamento não funcionou, mas acabou conseguindo ser nomeado inspetor médico dos hospitais em Zlatoust e recuperou sua reputação. Com este último posto, automaticamente se tornou "conselheiro de Estado" e nobre hereditário.[14]

Mas a saúde de Anna era frágil, e ela morreu, antes dos 40, em 1838; deixou seis filhos. Havia um filho, Dmitri, e cinco filhas: Anna, Lyubov, Yekaterina, Maria (mãe de Lenin) e Sofia. Alexander Blank não tinha como enfrentar isso sozinho. Procurou ajuda junto à família da esposa, e uma de suas cunhadas, Yekaterina, concordou em tomar o lugar dela na criação das crianças. Yekaterina von Essen — nascida Grosschopf — era viúva. Alexander Blank tinha vários motivos para ficar satisfeito com a cunhada. Ela não só assumiu responsabilidade pelos sobrinhos, como também dispunha de um legado substancial e estava disposta a ajudar na compra da propriedade de Kokushkino, 23 quilômetros a nordeste da velha cidade de Kazan, no Volga (onde ela vivera com o então falecido marido Konstantin).[15] O último motivo é um tanto menos digno. Aparentemente, Alexander Blank e Yekaterina von Essen estavam vivendo juntos como marido e mulher após a morte de Anna Blank. Alexander requereu a licença para casar-se com ela sem divulgar às autoridades que Yekaterina era irmã de sua falecida esposa. Esse casamento era ilegal, como ele devia saber, e o requerimento foi indeferido. Mas Alexander e Yekaterina não interromperam sua ligação; permaneceram sob o mesmo teto até a morte de Yekaterina, em 1863.[16]

A família Blank residia em Kokushkino em 1848, e Alexander Blank, tendo se aposentado de seu trabalho como médico em Penza, no ano anterior, tornou-se proprietário de terras com controle pessoal sobre a vida de quarenta camponeses e suas famílias. Kokushkino tinha uma substancial mansão com dois andares e um andar mezanino. Haveria bastante lugar para todos os Blank. O menino Dmitri entrou para o Kazan Klassik Gimnazia, mas as cinco moças foram educadas no lar. A tia Yekaterina supervisionava tanto os estudos acadêmicos formais como o aprendizado musical, especialmente do piano; seus esforços foram suplementados com a contratação de professores que vinham de Kazan até a propriedade de Kokushkino. As meninas cresceram com conhecimento de russo, alemão, francês e inglês. Tia Yekaterina era uma espécie de feitora muito exigente, mas suas sobrinhas viriam a agradecer o benefício educacional que receberam dela.

Quanto a Alexander Blank, tinha um interesse apaixonado por higiene, dieta e vestuário, e escreveu uma pequena brochura sobre as vantagens da "balneologia".[17] Tratava-se de uma moda médica que incluía envolver pacientes em cobertas úmidas; a ideia era que ficar cercado de água ajudava a prevenir os males à saúde. Blank aplicou esse método em sua jovem família. Não gostava de ficar indicando remédios, a não ser em circunstâncias excepcionais, e insistia numa dieta simples: as meninas não podiam tomar chá ou café, exceto quando essas bebidas lhes eram servidas em visitas aos vizinhos. As crianças Blank precisavam usar roupas com os colarinhos abertos e mangas curtas, até mesmo no inverno.[18] Tinham motivo para achar, na vida adulta, que haviam recebido uma criação idiossincrática.[19] É verdade que seu pai também tinha senso de humor, mas suas brincadeiras, quase sempre, eram feitas à custa de alguém. No primeiro de abril, por exemplo, andava pela casa pregando peças. Em certa ocasião, enganou todo mundo, servindo neve seca e solta [a chamada "neve poeirenta"] nos pratos de jantar.[20] Mas, geralmente, ele e tia Yekaterina erraram por excesso de autoridade. Embora as meninas amassem o pai e a tia, sentiam mais do que um pouco de temor por eles.

O pequeno Dmitri era intensamente infeliz. Em 1850, pouco depois da mudança para Kokushkino, enquanto ainda estudava, tentou cometer suicídio.[21] O que, de fato, o afligia ainda não se sabe. Pode ser que a morte da mãe o tenha deixado desequilibrado ou que algo o perturbasse em suas relações com o pai. Talvez se sentisse sob excessiva pressão de expectativas ou por parte de sua família ou de seus preceptores. Ou talvez fosse simplesmente vítima de algum mal psicológico.

No entanto, a vida, para as crianças Blank, no geral era bem mais agradável do que para os camponeses da propriedade Kokushkino. Quando a Lei de Emancipação os libertou dos laços pessoais com o recém--chegado dr. Blank, eles se recusaram a aceitar a máxima área de terra disponível, uma vez que isso acarretaria ter de concordar em pagar-lhe uma compensação. Em vez disso, optaram pelo plano segundo o qual receberiam uma quantidade mínima de terra, mas sem ter de pagar nada. Nas propriedades vizinhas, os camponeses haviam aceitado a quantidade máxima em oferta, e o dr. Blank, um homem alto e magro, com olhos escuros, pediu a seus camponeses que reconsiderassem. Preveniu-os de que mergulhariam na penúria se insistissem em sua decisão. Mas não confiaram nele. Provavelmente acreditaram nos boatos infundados que circulavam entre os camponeses descontentes de que a terra toda iria ser transferida, sem qualquer ônus, para aqueles que a cultivavam pessoalmente. Viriam a lamentar essa decisão. Mas, então, já seria tarde demais: os Blank não concordaram em deixar que eles voltassem ao acordo original. A difícil condição da agricultura russa no século XIX era um tópico compreendido bem de perto pelos membros da família Blank — e eles não assumiam uma abordagem indulgente.

Maria Alexandrovna Blank nascera em São Petersburgo, em 1835. Seu marido, Ilya Nikolaievich Ulyanov, viera ao mundo quatro anos antes. Ilya pertencera a uma família comercial de Astracã, onde o rio Volga deságua no mar Cáspio. Era o caçula de quatro filhos; seu irmão se chamava Vassili, e suas irmãs eram Maria e Fedosya. O pai deles, Nikolai Ulyanov, era alfaiate.[22] Historiadores oficiais soviéticos afirmavam que os Ulyanov viviam em circunstâncias difíceis; mas nada há que o comprove. Nikolai Ulyanov morava numa casa de pedra com uma superestrutura de madeira, e seu negócio prosperava.

Embora os antecedentes étnicos e religiosos da família não sejam completamente claros, Nikolai provavelmente descendia de camponeses que chegaram a Astracã vindos da província de Nijni Novgorod, do alto Volga, no século XVIII. Originalmente, seu nome, ao que parece, não era Ulyanov, mas Ulyanin; tal mudança de ortografia era comum naquele tempo. A possibilidade de que tenham vindo da vizinha Nijni Novgorod, uma das maiores cidades da Rússia, deu origem à sugestão de que eles eram russos. É bem possível que fossem. Mas a província de Nijni Novgorod, tal como várias províncias da região do Volga, era habitada por uma diversidade de grupos étnicos, e não se pode excluir a possibilidade de que os Ulyanov pertencessem a um dos grupos étnicos nativos conquistados pelos tsares russos no século XVI. Assim, os Ulyanov podem ter sido chuvaches ou mordovianos. Ainda mais obscura é sua filiação religiosa. Se eram russos, devem ter sido cristãos ortodoxos; mas é igualmente concebível que pertencessem a uma ou outra das seitas cristãs locais. Se chuvaches ou mordovianos, podem ter sido pagãos ou muçulmanos, ou até cristãos convertidos. O que está acima de dúvida é que Nikolai Ulyanov — avô de Lenin — criou sua família como cristãos ortodoxos russos e fez com que fossem educados em escolas russas.[23]

Também ficou alguma incerteza sobre a identidade de sua avó de Astracã. Até o primeiro nome dela é problemático. De acordo com algumas fontes, era Alexandra, enquanto outras a dão como Anna. Não pode ser descartado que ela era russa de nascimento. Mas, com certeza, Maria, irmã de Lenin, estava convencida de que seus ancestrais de Astracã tinham um ingrediente tártaro em sua genealogia; e Maria podia ter em mente a avó, quando se referiu a isso. A maioria dos autores a considera uma calmique, mas é concebível que fosse uma quirguiz. Os calmiques eram um povo, na maior parte budista, vivendo nas regiões do extremo sul do império russo. Seus ancestrais eram as tribos nômades que haviam invadido as terras russas no século XIII, como a horda mongol. A maior parte dos calmiques e quirguiz que viviam em Astracã era de pobres; alguns, até escravos. Só uns poucos ascenderam à condição de comerciantes urbanos. Eram malvistos e menosprezados pelas autoridades russas como "asiáticos".

Não obstante, a possibilidade de que ela fosse russa não deve ser posta de lado, já que os registros são bastante escassos e imprecisos. Continuam a existir mistérios. Mas gerações posteriores da família acreditam que um elemento não russo ("tártaro", no dizer de Anna Ilinichna Ulyanova) entrou na sua ancestralidade em Astracã, e é difícil acreditar que eles tenham inventado isso.[24] Alexandra era mais moça que Nikolai Ulyanov, que postergara casar-se até a meia-idade. De fato, ele, ao que se conta, comprou sua esposa de uma preeminente família de mercadores de Astracã. Isso deu força à especulação de que ela havia sido convertida ao cristianismo ortodoxo. Mas, na verdade, uma nuvem de desconhecimento cobre a questão. Outro exemplo de conjectura é ainda mais peculiar. É o de que Nikolai Ulyanov já partilhava um sobrenome com sua noiva,

Alexandra. Aventou-se a suspeita de que Nikolai e Alexandra tivessem um parentesco de sangue, e até bem próximo. Nada foi provado e, na ausência de documentos, provavelmente nunca o será. A única conclusão aceitável é a de que Lenin não podia pretender uma linhagem totalmente russa pelo lado do pai; de fato, é possível, mas de modo algum é certo que lhe faltasse "sangue" russo em ambos os lados da família.

E, no entanto, Nikolai e Alexandra, quaisquer que tenham sido suas origens, criaram sua família na cultura russa, na fé cristã ortodoxa e mandaram os meninos para escolas russas.[25] A família Ulyanov estava aproveitando as oportunidades de se estabelecer na baixa classe média da sociedade de Astracã. Sua ambição sobreviveu à morte de Nikolai, aos 75 anos, em 1838. O filho mais velho, Vassili, que nunca se casou, levou a sério suas responsabilidades de família, e pagou para que seu irmão Ilya — treze anos mais moço que ele — entrasse para o Gimnazia de Astracã e seguisse para a Universidade Imperial de Kazan, onde se formou em Matemática, em 1854. Após se formar, Ilya ocupou uma sucessão de cargos de ensino. Seu primeiro posto levou-o a Penza, onde trabalhou no Instituto da Pequena Nobreza. Foi onde ele conheceu Maria Alexandrovna Blank, que estava hospedada com sua irmã, Anna, esposa do diretor do instituto, I. D. Veretennikov.[26]

O casamento de Ilya Nikolaievich Ulyanov e Maria Alexandrovna Blank foi celebrado em Penza, em agosto de 1863. Tinham em comum muitos interesses e uma atitude geral para com a vida. Em particular, uma paixão comum por educação. Isso os uniu, apesar dos muitos contrastes em suas formações. Ilya filiou-se ao cristianismo ortodoxo, enquanto Maria era uma luterana não muito convicta. Ilya tinha uma base asiática, enquanto a de Maria era norte-europeia. Ilya era um homem do Volga. Passou sua vida inteira perto desse grande rio: em Astracã, Kazan, Penza, Nijni Novgorod e, finalmente, Simbirsk. Maria passou seus primeiros anos em São Petersburgo e na área ocidental do império russo. Enquanto os Ulyanov só recentemente haviam ficado mais à vontade em termos materiais, os Blank sempre o foram. Ilya era universitário formado; Maria fora educada somente em casa. Nenhuma dessas diferenças importava para eles. O que contava era seu empenho na educação. Quanto a isso, Maria era tão zelosa quanto Ilya; também estudou para ser professora, mesmo não tendo passado a ensinar numa escola. A educação era o foco central de suas vidas. Os Blank haviam sido criados assim. Não somente Maria, mas também duas de suas irmãs se casaram com professores que ascenderam na hierarquia da administração educacional. Ilya e Maria eram unidos por seu zelo e empenho, que transmitiram com sucesso à nova geração.

Ilya tinha interesses intelectuais fora da escolaridade. Era fascinado por meteorologia e publicou artigos eruditos baseados em suas observações científicas. Seus estudos na Universidade Imperial de Kazan lhe haviam aguçado o apetite intelectual. Registrava os ventos, a chuva, o sol e a umidade. Ilya Ulyanov era dedicado, como seus filhos também seriam, à investigação racional de seu meio ambiente. Para Ilya, o objeto de atenção era o clima; para seus rebentos, seria a política do império russo.

Embora Ilya fosse academicamente talentoso, Maria o superava em, pelo menos, um aspecto. Quando falava alemão, ele tinha problemas com seus *rr,* como se estivesse falando francês. (De fato, tinha o mesmo problema com a língua russa.) Os resultados deviam parecer cômicos aos ouvidos de seus alunos, na escola. Em certa ocasião, por exemplo, perguntou a alguns deles qual era a palavra alemã para "muito". Um aluno respondeu "sekhr", com o som aspirado pesado da língua russa, em vez de *sehr.* Mas, quando Ilya tentou corrigi-lo, a emenda não ficou muito melhor: "sehl." Ilya fingiu não notar que a classe ria de sua pronúncia.[27] E, no entanto, simultaneamente, dizia a todo mundo que estava sempre em busca de padrões elevados. Seus padrões eram aplicados não só aos alunos, mas também aos professores. Nunca deixou de censurar qualquer um de seus *protegés* que não se mostrasse à altura de algum desafio. Mas os que obtinham sucesso o encaravam com admiração e respeito, e sentiam orgulho de ser chamados ulyanovitas (*ulyanovtsy*). As realizações de Ilya proporcionavam a ele e sua família preeminência e status em Simbirsk. Saíra-se bem para a província.

Seu sucesso foi possível graças à eficiência de sua esposa no comando do lar dos Ulyanov. Ilya deixava para ela até o encargo de comprar-lhe seus ternos.[28] Embora fosse filho de alfaiate, Ilya não gostava de se incomodar experimentando roupas. Sua preocupação era com seu trabalho, e tudo mais era subordinado a isso. Em casa, Maria desfrutava de sua total confiança, e Ilya recebia dela um apoio irrestrito. Levavam uma existência consideravelmente isolada. Ilya gostava da ocasional partida de xadrez e de uíste.* Mas ele, para isso, só contava com o velho funcionário público e contador Arseni Belokrysenko — padrinho de seu filho Vladimir — como parceiro de xadrez;[29] e ele só jogava uíste com os professores da cidade.[30] Maria Alexandrovna era ainda mais afastada da sociedade local. Poucos amigos frequentavam a casa da família na rua Streletskaya, mas ela raramente retribuía alguma visita. Ilya e Maria viajavam pela região do Volga no verão. Suas viagens, no entanto, eram sempre para encontrar membros de um lado ou outro de sua família. No caso de Ilya, elas o levavam a Astracã; no de Maria, a seus parentes em Stavropol e Kokushkino. Assim, os Ulyanov pouquíssimas vezes se aventuravam fora do *milieu* proporcionado pela atividade profissional ou pela família. Nessa medida, eles permaneceram, apesar dos triunfos manifestos de Ilya, à margem da elite provinciana.

Parece que não ligavam muito para essa sua reclusão. Seu desejo não era tanto subir na hierarquia social da velha Rússia quanto ajudar a construir uma nova Rússia. Concentravam sua esperança na carreira de Ilya e na educação de seus filhos e suas filhas. Os Ulyanov tiveram oito filhos em rápida sucessão. Primeiro veio Anna, em 1864. Então, dois anos depois, chegou Alexander. A esses seguiram-se Vladimir, em 1870, Olga, em 1871, Dmitri, em 1874, e Maria, em 1878. Esses não foram os únicos filhos do casal. Tinha havido também uma primeira Olga, em 1868, e um Nikolai, em 1873, que morreram, ambos, ainda bebês. Isso não era incomum naquele tempo, quando os tratamentos de saúde eram rudimentares, pelos padrões do século XX. De qualquer modo, essas mortes não desestimularam os Ulyanov de continuar a ampliar sua família.

Ilya não era muito falante e com frequência se fechava em seu estúdio quando estava em casa. Mostrava entusiasmo ao conversar sobre educação e vivia para o seu trabalho. Não aspirava aos elogios dos outros e se mostrava bastante avaro nos elogios às outras pessoas quando faziam um bom trabalho. De fato, tanto Ilya como Maria não eram chegados a demonstrações emocionais. Era preciso algo totalmente extraordinário para fazê-los exibir seus sentimentos — quando a primeira Olga

---

* Tradicional jogo de cartas, parecido com o bridge. (*N. do T.*)

morreu ainda bebê, Ilya soluçou até não poder mais.³¹ Mas Ilya e Maria eram, no mais, indivíduos pacatos, sossegados. Quando jovens adultos, já pareciam de meia-idade. Ilya era tímido e envergonhado quanto a sua calvície prematura e tentava disfarçá-la escovando para a frente o que lhe restava de cabelo. No entanto, sua fervorosa ambição, como uma espécie de missionário cultural, era inconfundível; e ele e sua esposa, Maria — cuja calma interior era extraordinária —, formavam um casal que impressionava a todos por sua devoção à ilustração cultural.³²

O serviço de Ilya como inspetor de Escolas Populares não era algo que pudesse desempenhar do seu estúdio na rua Streletskaya, de Simbirsk. Já no último ano de sua vida, havia 444 escolas primárias e mais de 20 mil alunos na província de Simbirsk.³³ Ele precisava viajar por uma área de mais de 250 quilômetros quadrados, e era frequente ter de afastar-se durante semanas seguidas. Ilya foi nomeado inspetor apenas oito anos após a Lei de Emancipação de 1861; seu trabalho, nos primeiros anos, consistia menos na inspetoria de padrões pedagógicos do que em supervisionar a construção de prédios adequados em locações apropriadas. Isso exigia muita iniciativa. Tanto em cidades como em aldeias, ele precisava garantir que as coisas estivessem sendo feitas num nível correto de eficiência e segurança. Da primavera ao início do outono, Ilya tomava uma tarantasse para visitar as escolas provincianas. A tarantasse não era o veículo puxado a cavalos mais confortável que existia na época, uma vez que não tinha molas para servir de suspensão. Mas era resistente, e as estradas na província de Simbirsk eram primitivas. De qualquer forma, as coisas ficavam melhores para Ilya no inverno, quando podia viajar de trenó. Independentemente da estação, no entanto, a energia que precisou despender no início e no meio de sua carreira foi extraordinária.

Os Ulyanov passavam seus verões na casa dos Blank em Kokushkino. Antes de Vladimir nascer, também fizeram uma viagem com seus filhos, Anna e Alexander, para visitar os parentes dos Ulyanov que ainda sobreviviam em Astracã. A mãe de Ilya, Alexandra, e um irmão mais velho ainda estavam vivos. Anna Ulyanova nunca se esquecera das exageradas demonstrações de afeto feitas a ela e a seu irmão Alexander. Era tão diferente daquilo a que ela estava acostumada em casa. Sua mãe, Maria, no entanto, desaprovava. Como tantas vezes acontece nas famílias, aplicava um regime de austeridade emocional a seus filhos, mesmo achando que seus próprios pais haviam sido excessivamente severos com ela e suas irmãs. Maria Alexandrovna também achava que seus filhos estavam sendo "estragados" por seus parentes de Astracã.[34] A viagem a Astracã não se repetiu e, quando os Ulyanov visitavam parentes, a partir de então, eram sempre os da família de Maria Alexandrovna.[35] O dr. Blank ficou encantado em conhecer seu novo neto, Vladimir, que foi levado a Kokushkino com o restante da família no início do verão de 1870. O velho dr. Blank não estava em casa quando o grupo chegou e teve de subir as escadas para encontrar Maria Alexandrovna. Ela o esperou orgulhosamente no patamar com o bebê nos braços. Seu pai passou a fazer um exame médico em Vladimir e a perguntar sobre seu desenvolvimento.[36]

Mas Vladimir não viria a ter qualquer lembrança do avô porque, em 17 de junho, o dr. Blank morreu subitamente. A propriedade de Kokushkino passou à posse conjunta das filhas do velho, que a conservaram como um lugar para suas famílias poderem relaxar juntas nos meses de verão. Entre suas diversões, não se incluíam as obrigações de trabalhos manuais. Julho era o tempo em que a colheita era armazenada e quando os camponeses de Kokushkino trabalhavam mais pesadamente e se esfalfavam nos campos, onde lhes eram trazidas comida e bebida ao meio-dia; à noite, cantava-se a música folclórica com entusiasmo. Esse ambiente era familiar aos Ulyanov visitantes, mas dele não tomavam parte. Estavam em férias. Estavam fugindo aos cuidados de sua existência urbana, mas recusavam-se a romantizar seu ambiente rural. A vida camponesa, para eles, não tinha muito apelo — e a desconfiança demonstrada pelos servos recém-emancipados para com o dr. Blank não pode ter ajudado muito as coisas.

Nesse meio-tempo, Ilya Ulyanov ascendera ainda um pouco mais na sociedade. Em julho de 1874 foi promovido de inspetor a diretor das Escolas Populares da província de Simbirsk. Automaticamente, ele, com isso, emulava o dr. Blank e tornava-se "conselheiro de Estado" e nobre hereditário, com o direito de ser chamado de "Sua Excelência". As ausências de Ilya continuaram a ser frequentes e prolongadas, mas Maria era mais do que capaz de lidar com essa situação. Tal como outras famílias de classe média do período, os Ulyanov empregavam uma cozinheira para aliviar a carga de Maria, e a babá Sarbatova, que passou a cuidar das crianças, a partir de 1870. Trabalhadores eram contratados, também, quando a neve precisava ser retirada e a lenha cortada. Os Ulyanov eram iguais a qualquer outra família de classe média.

Ilya e Maria eram também súditos leais de Alexandre II e engajados nas reformas iniciadas com a Lei de Emancipação de 1861. Durante a Guerra Turco-Russa de 1877–78, Ilya, patrioticamente, recolheu contribuições voluntárias para o tratamento de soldados feridos.[37] Em compensação, aceitou, com orgulho, variadas recompensas, incluindo a Ordem de Stanislav (Primeira Classe), em janeiro de 1887, conferidas em consideração a suas realizações profissionais. Ilya e Maria evitavam ter contato com qualquer pessoa que causasse problemas às autoridades, mas fizeram uma exceção quanto ao dr. Alexander Kadyan, cujas opiniões políticas subversivas o levaram a um exílio administrativo em Simbirsk. Isso significava que ele era obrigado a permanecer dentro dos limites da cidade e ficar sob supervisão policial. Ilya e Maria travaram conhecimento com ele e lhe pediram para ser seu médico de família. O relacionamento, no entanto, permaneceu estritamente profissional, e os Ulyanov escrupulosamente se recusavam a discutir com ele questões públicas. Durante os anos 1860, Ilya e Maria agiram na pressuposição de que uma linha de reformas oficiais seria seguida permanentemente no império russo e desestimulavam os filhos a demonstrar qualquer simpatia por ideias revolucionárias.

Se seus pais eram tão leais a seu soberano imperial, como podem ter exercido tanta influência no desenvolvimento do maior revolucionário do mundo? Essa pergunta é fácil de ser respondida. Qualquer memória substancial aponta na mesma direção. Os pais de Lenin e sua criação moldaram sua personalidade, e Ilya e Maria tiveram uma profunda e duradoura influência sobre cada um dos seus filhos. Deram a eles um modelo de dedicação. Trabalhavam duro e atribuíam um valor elevado à vida da mente. Aos filhos, transmitiram uma ardorosa ambição de sucesso. Ilya e Maria estavam meio dentro e meio fora da elite provinciana de Simbirsk. Naquela época, muitos indivíduos capazes e instruídos ascendiam às fileiras da pequena nobreza. O império russo estava na montante. Mudanças sociais em ampla escala ainda ocorriam. Teria sido surpreendente se, em tal sociedade, os Ulyanov tivessem sofrido assimilação completa em uma única geração. Fizeram um avanço maciço, mas ainda não haviam "chegado lá". Esse status transicional não importava muito para Ilya e Maria na época. Sabiam lidar com as tensões.

Não foram fatores sociais, mas nacionais e étnicos, que provocaram controvérsia. Os nacionalistas russos sempre afirmaram que a ideologia de Lenin era diretamente atribuível ao fato de que ele se tratava de alguém que tinha pouco sangue russo correndo em suas veias. O ingrediente judeu em sua linhagem é o objeto de atenção particular. Tal comentário é, em si mesmo, bastante xenofóbico, pois a etnia não é um fenômeno exclusivamente biológico; é também produzido e reproduzido por mecanismos de linguagem, educação e relações sociais e econômicas. O importante a respeito de Ilya e Maria Ulyanov é que eles pensavam, falavam e agiam como russos — e seus filhos também. Suas origens étnicas mal os afetavam em sua vida cotidiana.

De fato, e de acordo com Anna Ilinichna, ela só ficou sabendo da origem judia do dr. Blank em 1897, quando já estava com 33 anos. Isso aconteceu no decorrer de uma viagem à Suíça. Anna Ilinichna usava o sobrenome da mãe em viagens ao exterior,[38] e os estudantes suíços que conheceu perguntaram-lhe se ela era judia. Ficou surpresa de saber que quase todos os Blank suíços eram judeus. Anna pediu informações, possivelmente a sua mãe, e ficou sabendo que o avô delas, o dr. Blank, era de origem judia. Muitos anos depois, na verdade, após a morte de Lenin, Anna Ilinichna ficou sabendo também, por uma amiga, que uma taça de prata que pertencera aos pais do dr. Blank era de um tipo usado em festas religiosas judaicas.[39] Nem Anna nem suas irmãs ficaram desconcertadas com sua descoberta. Tampouco fizeram publicidade dela. Já sabiam que sua linhagem não era inteiramente russa, e talvez tenham acrescentado o ingrediente judeu à lista já existente. Pode ser que também tenha havido certo grau de cautela. O antissemitismo era muito difundido no império russo, e as jovens Ulyanov não devem ter visto motivo algum para se expor a problemas desnecessários na sociedade.

E, no entanto, Lenin, perto do fim da vida, viu vantagens em ter havido uma diversidade cultural em sua herança russa. Encarava os judeus como uma "raça" especialmente talentosa (ou *plemya*, como ele dizia à moda russa, tão convencional) e se orgulhava do ingrediente judeu em sua linhagem. Como observou sua irmã Anna, ativistas judeus constituíam cerca de metade do número de revolucionários nas regiões mais ao sul do império russo. Segundo o escritor Maksim Górki, Lenin comparava os russos desfavoravelmente aos judeus: "Lamento por aquelas pessoas que são inteligentes. Não temos muitas pessoas inteligentes. Somos um povo predominantemente talentoso, mas temos uma mentalidade preguiçosa. Um russo brilhante é quase sempre judeu ou uma pessoa com uma mistura de sangue judeu."[40] Não obstante, essa não era uma questão que ocupasse o primeiro plano de sua atenção. Talvez ele só tenha se dado conta dela depois que Anna Ilinichna começou a fazer suas investigações. Lenin, basicamente, pensava em si mesmo como um russo.

De fato, era menos o aspecto judaico do que o aspecto germânico da formação de sua mãe que continuava a exercer influência sobre a família. Maria Alexandrovna fazia suas devoções na Igreja Luterana local, enquanto seu marido comparecia aos serviços ortodoxos, tal como ela gostava de comemorar o Natal à moda alemã, enfeitando um pinheiro dentro de casa;[41] e Lenin viria a marcar da mesma maneira a temporada, sempre que ele e a esposa tinham crianças entre seus convidados.

Os costumes natalinos alemães não eram o único elemento persistente na linhagem étnica da família. Havia também o forte ímpeto das culturas alemã e judia no sentido da educação e dos grandes feitos públicos. Os Blank tiveram bastante disso; e Ilya Ulyanov, vindo de uma origem não russa e aspirando a uma carreira elevada no império russo, reforçou o ímpeto: sabia que venceria por seus próprios méritos e suas próprias qualificações ou não venceria em absoluto. Maria e Ilya eram semelhantes na busca de tratamento justo para os súditos do império russo que não eram russos. Nisso eles divergiam daqueles muitos de ascendência russa que adquiriram pronunciada antipatia para com não russos que relutavam em se assimilar a uma identidade nacional russa. Assim, Ilya estava determinado a que não russos devessem receber educação em sua língua natal. Era pragmático, tanto quanto um homem de princípios. Sabia como seria difícil, de outro modo, induzir os chuvaches a mandar os filhos para suas escolas, e, por isso, insistia que as crianças chuvaches na província de Simbirsk deveriam ser ensinadas não em russo, mas em chuvache. Esse melindre com outros grupos nacionais e étnicos foi passado para as crianças Ulyanov, algo que afligiu a mente de Lenin até o fim de sua vida.

Com isso, então, os Ulyanov eram russos de um tipo particular. Eram russos novos porque vinham de uma linhagem étnica diversa, mas tinham se tornado russos. Embora Maria Alexandrovna mostrasse traços de suas origens alemãs, ela havia, em geral, assimilado uma identidade russa. Ilya Nikolaievich também deixava de lado seu passado. Tanto Ilya como Maria tinham em si a ambição que costuma ser encontrada desproporcionalmente entre pessoas fazendo carreira no meio de uma sociedade com uma maioria nacional diferente. Vivendo à margem do Volga entre russos, os Ulyanov eram um pouco como imigrantes de primeira geração. Tinham um formidável empenho em vencer, e esse empenho foi passado adiante a sua prole. Além do mais, se mostravam seletivos quanto aos aspectos da cultura russa com os quais se identificavam. A "Velha Rússia" — a Rússia dos camponeses, dos costumes de aldeia, da embriaguez, da ignorância, do governo arbitrário, da deferência social e do privilégio hereditário — em nada os atraía. Ilya e Maria queriam ver-se livres dessas antiquíssimas tradições. Associavam-se com a modernidade e queriam que a Rússia se tornasse mais afim com os países do Ocidente. Tinham a esperança de que as reformas dos anos 1860 transformassem a sociedade. Os Ulyanov acreditavam em Progresso, Esclarecimento, Ordem, Limpeza, Obediência, Hierarquia e Meticulosidade.

Sentiam-se, portanto, atraídos por tendências na Rússia contemporânea que enfatizavam o contato com a Europa. Todas as pessoas "progressistas" queriam aprender francês e alemão. Tal como outros nobres, os Ulyanov, às vezes, escorregavam do russo para o francês;[42] talvez, em contraste com uma geração anterior de russos assim, eles meramente quisessem se comunicar sem que os criados soubessem o que estavam dizendo. Mas sua capacidade linguística era, não obstante, considerável, como também suas inclinações musicais. Nem todos os lares de Simbirsk se interessavam pelas óperas de Richard Wagner.⁴³ Os Ulyanov, além de tudo, liam sobre os mais recentes desenvolvimentos artísticos, filosóficos e científicos da Europa. Ilya e Maria Ulyanov eram russos "cultos"; eram patriotas. Queriam construir uma sociedade "moderna", "europeia", "ocidental" e "esclarecida". Lenin foi bem filho de seus pais.

## 2. Infância em Simbirsk

1870–1885

Que tipo de criança, então, foi Volodya? Até recentemente, havia muito pouca informação para alguém ter certeza da resposta. Não é que não existissem memórias. Ao contrário: a família de Volodya deixou um copioso registro, e suas irmãs, Anna e Maria, escreveram incessantemente sobre ele. Mas só o material publicado um ou dois anos após sua morte em 1924 é franco a respeito de qualquer coisa que seja mesmo levemente uma crítica a ele. A censura agiu rápido no apoio ao culto de Lenin, e as memórias foram severamente alteradas pela liderança do partido central antes de ser impressas. Só agora podemos examinar os esboços originais. A partir desse material, surge a imagem de um menino enérgico, brilhante e encantador, mas também arrogante, nem sempre muito gentil.

Anna, irmã de Volodya, seis anos mais velha, registrou o impacto que ele causava quando bebê:[1]

> Ele era o terceiro filho, e muito barulhento — um gritador de olhinhos avelã, felizes e combativos. Começou a andar quase ao mesmo tempo que sua irmã, Olya [isto é, Olga], que era um ano e meio mais moça que ele. Ela começou a caminhar muito cedo e sem ser notada pelos que a cercavam. Volodya, em contraste, aprendeu a caminhar tarde; se sua irmã tropeçava inaudivelmente (ou "embaralhava os pés", como dizia a babá) e levantava-se sozinha, apoiando as mãos no chão, ele inevitavelmente ficava batendo com a cabeça, provocando um alvoroço desesperado pela casa.

A estrutura de madeira da casa transformava-a numa câmara de eco, e os assoalhos e as paredes ressoavam enquanto o baixinho ficava batendo com a cabeça no carpete — ou até nas próprias tábuas do assoalho. Sua mãe, Maria Alexandrovna, tinha dúvidas sobre se ele não acabaria mentalmente retardado. A parteira que ajudara em seu nascimento deu sua opinião: "Ele vai acabar sendo ou muito inteligente, ou muito burro." Na época, isso não tranquilizou muito Maria Alexandrovna, e ela mais tarde recordaria quanto tinha temido pelo seu pequeno Volodya.[2]

A família não podia ir além dos palpites quanto à razão pela qual ele batia com a cabeça, e chegou à conclusão de que tinha alguma coisa a ver com sua conformação física. Volodya, quando bebê, tinha pernas curtas, fracas, e uma cabeça grande. Estava sempre caindo no chão, aparentemente por ser pesado na parte superior do corpo. Uma vez tendo caído, acreditavam, ele se balançava a fim de tomar impulso para erguer-se, e batia com a cabeça de pura frustração.[3]

Isso não explicava por que continuava a ser tão barulhento, mesmo depois que aprendeu a caminhar. Nunca parou de fazer escândalo e, segundo Anna, foi turbulento e exigente durante toda a infância.[4] Foi muito mais destrutivo do que os outros filhos dos Ulyanov. Quando os pais lhe deram um cavalinho de papel machê em seu aniversário, seu instinto foi esgueirar-se até um canto levando o brinquedo e arrancar-lhe as pernas, torcendo-as. Anna ficou observando, enquanto se escondia atrás de uma porta. Alguns minutos depois, ele foi encontrado, bem contente, com o cavalinho a seu lado, feito em pedaços. Além disso, Volodya nem sempre foi agradável com seus irmãos. Aos 3 anos, sapateou sobre a coleção de cartazes de teatro que o irmão mais velho, Sasha, havia disposto cuidadosamente sobre o carpete. Destruiu vários deles antes que sua mãe conseguisse arrancá-lo dali. Uns dois anos depois, agarrou a régua preferida de Anna e partiu-a no meio.[5] A essa altura, já tinha idade suficiente para entender que fizera algo gravemente errado naquela família ordeira. Havia, em seu comportamento, um aspecto malicioso, de que o restante da família não gostava nada.

Mas também tinha muito charme e era sempre perdoado pela babá, Varvara Sarbatova. Quando se comportava mal, ele se acusava bem depressa. Isso, pelo menos, em certa medida, reconfortava sua mãe: "É bom que jamais faça nada às escondidas."⁶ Aos 8, pôs à prova esse argumento. Foi quando, pela primeira vez, teve permissão para viajar de barco a vapor até Kazan, para visitar sua tia Anna Veretennikova (nascida Blank), na companhia de sua irmã, Anna, e de seu irmão, Alexander. Foi uma grande ocasião para ele, que teve dificuldade para conter as lágrimas enquanto acenava para a mãe, despedindo-se dela no cais de Simbirsk. Em Kazan, divertiu-se como nos velhos tempos com seus primos Veretennikov e partiu para algumas brincadeiras pesadas. Infelizmente, no processo, arrebentou um vaso de vidro. Tia Anna ouviu a comoção, entrou correndo na sala e interrogou todo mundo sobre o incidente. Volodya, no entanto, ficou calado e não admitiu o que havia feito. Três meses depois desse acontecimento, já de volta a Simbirsk, sua mãe encontrou-o soluçando sobre o travesseiro, tarde da noite. Ao subir até seu quarto, ele despejou sobre ela: "Eu enganei a tia Anya [diminutivo de Anna]. Disse que não tinha sido eu que quebrei o vaso, quando fui eu que o quebrei."⁷

Volodya era um menino atarracado, de altura moderada, com cabelos castanho-claros cacheados que, na adolescência, ficaram de um ruivo claro. Ainda tinha pernas curtas e uma cabeça desproporcionalmente grande. Embora gozasse, em geral, de boa saúde, havia preocupação com uma tendência a entortar o olho esquerdo. A mãe levou-o a Kazan, para ser examinado pelo oftalmologista, professor Adamyuk, que declarou o defeito irremediável, e que ele teria de se haver exclusivamente com o olho direito.⁸ Bem mais tarde, em 1922, Lenin soube que recebeu um diagnóstico errado. Na verdade, o que tinha no olho esquerdo não passava de miopia,⁹ e o fato de Adamyuk não lhe ter receitado óculos resultou em seu hábito — muito notado quando se tornou um político famoso — de apertar os olhos quando conversava com as pessoas. Seus irmãos e suas irmãs sofreram de problemas bem mais graves. Quando Sasha adoeceu gravemente, com uma inflamação estomacal, Maria Alexandrovna prostrou-se de joelhos diante da imagem que ficava no canto da sala de estar e chamou sua filha, Anna: "Reze pelo Sasha."¹⁰ Sasha se recuperou da doença, mas outros Ulyanov, incluindo Volodya, sofreram com o próprio estômago. Parece ter havido uma predisposição genética na família, possivelmente herdada do lado dos Blank.

No entanto, na maior parte do tempo, gozavam de boa saúde, eram ativos e cheios de disposição. As crianças eram estimuladas a fazer muito exercício. Seu pai, Ilya Nikolaievich, saía para passear com eles ao longo do promontório à margem do Volga, no norte da cidade. Também comprava assinaturas ou bilhetes de temporada para a família ir se banhar nas praias próximas.[11] Porém, na maior parte do tempo, deixavam as crianças fazer o que bem quisessem fora de casa. Um intervalo de quatorze anos separava a mais velha da mais moça — Anna e Maria. Isso significava que as crianças menores quase tratavam as outras como adultos. Mas Volodya era diferente. Às vezes, ele e as crianças mais jovens eram deixados aos cuidados de Sasha e Anna, que obedeciam e faziam valer as regras estabelecidas por seus pais. Volodya amava e admirava Sasha, mas, mesmo assim, ele se valia da oportunidade para fazer travessuras. Em certa ocasião, entrou correndo em casa usando suas galochas enlameadas. O chão e o carpete ficaram imundos, e Anna e Sasha, horrorizados. Essas extravagâncias o destacavam de seus irmãos.[12]

As crianças se uniram aos pares para ter companheirismo. Sasha e Anna, os dois mais velhos, se juntavam; aí vinha a dupla do barulho, Volodya e Olga; e o terceiro par era formado por Dmitri e Maria. A proximidade de Sasha e Anna durou além da adolescência; continuaram se vendo muito quando foram estudar em São Petersburgo. Volodya e Olga também eram alegres companheiros; ninguém conseguia se lembrar deles jamais se separando. A harmonia dos dois provavelmente resultava, pelo menos em parte, do fato de que Olga, que tinha uma natureza gentil, fazia o que Volodya mandava e, como a irmã mais velha, Anna, recordou, "ele gostava de dar ordens [*komandovat*]".[13] Volodya e Olga corriam pelo amplo jardim e brincavam no trapézio que Ilya Nikolaievich comprara depois que a família assistiu a um circo itinerante em Simbirsk. Em dias mais tranquilos, Volodya e Olga podiam pegar os instrumentos de jogar croqué. Mas sempre saía um bate-boca. Gertruda Nazareva, amiga da mãe deles, viria a escrever: "Durante todo o dia dava para se ouvir Olga cantando, pulando, girando ou brincando com Volodya que, acho, causava mais aborrecimento a qualquer dos outros do que a sua mãe e sua irmã mais velha."[14]

De mais a mais, ele nem sequer era um delinquente; era apenas a criança mais endiabrada de uma família extraordinariamente ordeira. Raramente se achava necessário algum castigo. Ilya Nikolaievich tinha um temperamento irascível e seus filhos temiam sua desaprovação, mesmo quando seu trabalho o levava a fazer longas viagens pela província de Simbirsk. Nessas ocasiões, Maria Alexandrovna castigava qualquer criança malcomportada, mandando-a ficar sentada em uma cadeira do estúdio de Ilya Nikolaievich. Esta ficou conhecida na família como "a cadeira negra". E a família nunca esqueceu um episódio em que Volodya, após alguma travessura, foi despachado para a cadeira, e sua mãe só se lembrou dele horas depois. Por mais travesso que ele fosse, Volodya não ousou sair da cadeira nem emitiu um som enquanto ela não voltou ao estúdio.[15]

E, assim, a vida seguiu em frente. O crescente número de filhos levou os pais Ulyanov a procurar uma casa maior e, no verão de 1878, quando Ilya foi nomeado diretor das Escolas Populares da Província, se mudaram para o número 48 da rua Moscou. Esse foi o lugar que Volodya viria a se lembrar como o seu lar em Simbirsk. A rua Moscou ficava perto do ponto central da cidade, uma de suas maiores ruas e de mais prestígio, pois nela estava a residência oficial do comandante da guarnição do exército de Simbirsk. (Mesmo assim, não tinha calçada e os pedestres precisavam caminhar sobre pranchas de madeira, caso quisessem evitar as poças de lama, nos dias de chuva.) A catedral ortodoxa, o Ginásio Clássico de Simbirsk e a Biblioteca Pública Karamzin ficavam todos a curta distância. A localização era conveniente para a família inteira, inclusive para Maria Alexandrovna, que podia frequentar a Igreja Luterana a apenas umas poucas casas da sua. Mas a maior atração para os Ulyanov era a própria casa. Ilya dispunha de um estúdio espaçoso no andar térreo; Maria também tinha seu próprio aposento. No andar inferior, havia cinco aposentos amplos e uma cozinha, bem como bastante espaço nos quartos das crianças no primeiro andar. O jardim era amplo; grandes árvores adornavam o gramado, e a família empregou um hortelão para cultivar os frutos e vegetais de que precisavam. Como todas as famílias de profissionais liberais da classe média, os Ulyanov tinham empregados.

Quando se estabeleceram em sua nova residência, ficaram conhecidos pelas pessoas de seu círculo de amizades como "a bela família". Ilya era estimado por suas realizações na administração educacional, e Maria, respeitada por suas realizações musicais e linguísticas. As crianças, sem exceção, saíam-se bem na escola e eram notadas por seu bom comportamento em casa e na cidade. Era motivo de espanto local que nenhum deles se aventurasse pela horta do terreno. Nenhuma flor nem legume, jamais foi pisoteado, nenhum galho de árvore partido. Era uma questão de honra que nenhuma criança Ulyanov, nem mesmo o explosivo Volodya, se comportasse mal em público. Qualquer incidente dessa espécie seria causa de comentários locais. Por exemplo, os vizinhos ficaram surpresos no inverno quando os filhos dos Ulyanov, como as crianças de todas as outras famílias de Simbirsk, atiraram bolas de neve contra os pedestres, através da cerca do jardim.[16]

Não ficavam afastados de outros meninos e meninas porque Ilya Nikolaievich e Maria Alexandrovna complementavam sua renda aceitando inquilinos. Como a família Persiyanov, que ocupou aposentos no mezanino.[17] Vyacheslav Persiyanov estava no mesmo ano escolar de Vladimir Ulyanov. E também Nikolai Nefedev, cuja mãe morrera e cujo pai pedira ao casal Ulyanov que deixasse seu filho morar com eles enquanto frequentava a escola. O pedido foi aceito, e acharam espaço para ele numa casa de banhos convertida em quarto, no fundo do jardim.[18] Vladimir brincava muito com Nikolai Nefedev. Mas, em geral, os filhos dos Ulyanov buscavam seus companheiros mais chegados entre a família. As crianças haviam sido criadas para saber resolver seus problemas na vida, e cada qual apoiava os esforços dos outros. Talvez os estreitos laços familiares tornassem mais difícil para as crianças formar relacionamentos profundos fora da família. Dos seis, somente quatro chegaram à idade adulta. Destes, Maria nunca se casou e parece ter sido celibatária; e embora tanto Anna quanto Dmitri tenham se casado, só contraíram núpcias quando já estavam avançados na casa dos 20 anos: ninguém tinha pressa em deixar o lar Ulyanov. Vladimir, apesar de ter se casado com 20 e tantos anos, o fez em circunstâncias que tornam improvável que tenha se unido em matrimônio como resultado de uma entrega apaixonada.

O calor estável da vida em família, no entanto, não impediu Vladimir de ser antissocial para com seus irmãos. Havia sempre um toque de malícia em sua personalidade. Assim, embora ele se desse bem com seu irmão caçula, Dmitri, às vezes o provocava para valer. Vladimir costumava dizer que Dmitri sabia "chorar a pedidos". Dmitri negava isso, mas, atormentado mais um pouco por Vladimir, prorrompia em lágrimas. E, então, Vladimir declarava que Dmitri, de fato, chorava a pedidos.[19]

Tal comportamento aborrecia os pais e as crianças mais velhas, particularmente Alexander. No entanto, ainda era popular com eles, não se achava que suas falhas ultrapassassem suas virtudes, e sua irmã Olga continuava a acreditar que ele não podia errar. Suas proezas educacionais eram motivo de orgulho para a família. As melhores escolas de Simbirsk eram o Ginásio Clássico para os meninos, e o Ginásio Marinskaya, para as meninas. Era obrigatória uma prova de admissão, e só alunos muito capazes garantiam uma vaga. Os filhos dos Ulyanov eram brilhantes e tinham sido preparados para a prova, e a posição de seu pai no sistema educacional o isentava de pagar os convencionais 30 rublos por ano para cada filho. Maria Alexandrovna estudava com eles para que passassem no exame. Estudou com um filho de cada vez e usou métodos novos, em voga, de estímulos fônicos e *flashcards*, a fim de ensiná-los a ler.[20] Também contrataram os serviços de explicadores em meio expediente, escolhidos principalmente entre os jovens professores preparados por Ilya Nikolaievich. Vários deles iam à casa dos Ulyanov, incluindo Vasili Kalashnikov, Ivan Nikolaiev e Vera Prushakevich.[21] A expectativa dos pais quanto às realizações dos filhos era intensa, e começar cedo a saber ler e contar era reconhecido como o meio mais eficaz de incrementar o eventual sucesso educacional dos filhos.

A filha mais velha, Anna, buscou alívio da pressão das expectativas dos pais:[22]

> Fui eu que, um ano depois, com frequência implorava a mamãe com lágrimas amargas para que me tirasse do Ginásio, garantindo-lhe que poderia conseguir melhores resultados em casa; e às vezes implorava sua permissão para faltar à aula, sentando-me para trabalhar com considerável empenho. Eu pressentia, muito dolorosamente, que papai encararia como uma manifestação de preguiça. Achava que isso era injusto, mas não conseguia explicá-lo inteligentemente, nem ousava tocar no assunto com papai.

Anna era uma menina inteligente, que havia sido promovida para a classe um ano à frente de sua idade. Mas não conseguiu lidar com o volume de trabalho de casa, e estava sofrendo muito com dores de cabeça e insônia.

Não ousando mencionar nada disso ao pai, pediu à mãe que negociasse com o pai para que ela conseguisse estudar sozinha em casa. Mas ele se mostrou irredutível.²³ Anna era leal demais para acusar o pai de ser insensível; fez o oposto e censurou-se por ser uma garota "irascível, caprichosa".²⁴ No entanto, persistiu um sentimento de rancor e de indignação. Ela achava que o pai podia ter sido um pouco mais indulgente com os filhos quando se saíam bem. Se Ilya Nikolaievich gostava de uma de suas dissertações, costumava mencionar à esposa, não à própria Anna. O principal educador de Simbirsk era um péssimo psicólogo. O ocasional toque de louvor, Anna concluiu, não teria passado despercebido.²⁵ Não surpreende que tenha crescido com uma tendência a entrar em pânico quando enfrentava provas escolares de qualquer tipo. O mesmo acontecia com Maria, sua irmã caçula. Ambas eram moças inteligentes e decididas, mas Maria passou seus primeiros anos de adulta começando um curso após o outro, sem nunca terminá-los. Anna tinha uma ideia muito clara de que ambas haviam sido forçadas demais, quando moças, e que não haviam conseguido a confiança que parecia vir naturalmente a seus irmãos Alexander e Vladimir.

Vladimir, com certeza, era brilhante e confiante. A sucessão de explicadores particulares preparou-o durante uns dois anos e, no verão de 1879, aos 9 anos, fez as várias provas para o Ginásio Clássico de Simbirsk. No outono, entrou para a sua primeira turma, que consistia em trinta meninos.²⁶ Em sua túnica azul-escura, com o colarinho militar de pontas viradas para cima, e nove botões de latão dourado, parecia igualzinho aos outros. Foi o segundo filho dos Ulyanov a entrar para aquela escola: Alexander já estudava lá, e foi o primeiro aluno de sua turma.

O tipo de educação que Vladimir Ulyanov recebeu não atraiu muita atenção. Mas, de fato, foi de grande significado para seu posterior desenvolvimento. O Ministério do Esclarecimento Popular estipulava estatutos para todos os ginásios russos em 1871. O currículo e o calendário foram estabelecidos em São Petersburgo. Introduziu-se uma classe preparatória de forma que todos os alunos pudessem começar com oportunidades mais ou menos iguais de completar com sucesso sua educação. Daí em diante, a partir dos 9 anos, esperava-se que cada menino recebesse mais oito anos de escolarização. Na classe preparatória, dava-se atenção aos rudimentos educacionais contemporâneos. De 22 horas semanais, seis eram dedicadas à língua russa, seis à caligrafia, seis à matemática e às ciências e quatro à religião. Outros temas entravam no currículo, assim que os meninos passavam para o primeiro ano completo do ginásio. Das 24 horas do primeiro ano, oito eram dedicadas ao latim, cinco à matemática e à física, quatro ao russo e quatro ao francês, três à caligrafia, duas à geografia e duas à religião. O alemão era introduzido no segundo ano, história e grego antigos no terceiro ano. A caligrafia era abandonada após o primeiro ano, e a geografia, após o quarto ano. Esse equilíbrio de disciplinas era, em geral, mantido até o oitavo e último ano.[27] Latim e grego constituíam metade do calendário do sexto ao oitavo ano. O Ministério do Esclarecimento Popular via os clássicos como fornecendo os ideais de crença, verdade, paciência, tolerância e coragem; encarava os autores antigos como promotores da lealdade aos interesses da dinastia Romanov. Como no restante da Europa, a norma era capacitar os alunos para traduzir as obras de Homero, Heródoto, Tucídides, Xenofonte, Lívio, Horácio e Cícero. Estimulava-se a curiosidade intelectual. A versão precisa dos autores para o russo era o que se exigia, e as classes mais velhas aprendiam a transformar hexâmetros gregos e latinos em versos russos.

Mal se estudava a literatura russa; quase todos os grandes poetas e romancistas do país — Pushkin, Lermontov, Gogol, Turgueniev, Leon Tolstoi e Dostoievski — eram perseguidos pela censura do Estado por transmitir ideias subversivas do sistema político contemporâneo. No restrito tempo concedido pelo Ministério do Esclarecimento Popular, exigia-se dos alunos que decorassem diversos poemas. A seleção incluía não apenas figuras "politicamente corretas", como Krylov, Jukovski e Koltsov, mas também até mesmo Pushkin e Lermontov. A valorização e a admiração da qualidade artística eram menos importantes para os professores do que incutir orgulho patriótico e fidelidade à monarquia. Pranchas imensas de poesia tinham de ser gravadas na memória e testadas ao final do ano escolar. Era uma praxe absurda. A fim de poder passar da quarta para a quinta série do ginásio, Vladimir Ulyanov e seus colegas tiveram de aprender a recitar mais de cem poemas, incluindo 45 fábulas de Krylov e 31 dos poemas de Pushkin. Não causa espanto que apenas metade da turma tenha passado na prova oral do final do ano, fato que lhes permitiria seguir para a quinta série. Vladimir foi um dos alunos que conseguiram.[28]

Embora os alunos estudassem francês e alemão, o governo se esforçava para eliminar neles o potencial de absorver ideias revolucionárias. A gramática deixava de fora a literatura. Nenhum ginásio russo ensinava Voltaire, Rousseau ou Goethe, e o diretor Fiodor Kerenski — por uma extraordinária ironia da história, pai de Alexander Kerenski, que viria a liderar o governo provisório, em 1917, derrubado por Lenin e os bolcheviques — proibiu seus alunos de usar a Biblioteca Pública de Karamzin, onde poderiam tomar emprestadas obras de literatura desaprovadas. Kerenski estava seguindo as linhas de orientação do governo. O Ministério do Esclarecimento Popular, querendo isolar os alunos dos ginásios do mundo contemporâneo, reduziu a física, a química e a biologia a uma presença mínima no currículo (e as obras de Mendeleiev, o químico mundialmente famoso, foram retiradas das bibliotecas). O governo também estipulou que os alunos dos ginásios deveriam comparecer regularmente aos serviços da Igreja Ortodoxa russa. A disciplina era imposta com rigor. Como outros diretores do período, Fiodor Kerenski empregava espancamentos, detenções, deveres extras, uma moralização pesada e, como era praxe em todas as escolas tsaristas, os professores estimulavam os alunos a delatar seus colegas delinquentes.[29]

Tal escolarização era desagradável para a maior parte dos alunos: a disciplina irritante e, às vezes, brutal, a carga de trabalho imensa e o currículo totalmente afastado da vida cotidiana. Embora nenhuma das piores sanções disciplinares tivesse sido aplicada a Vladimir, é difícil acreditar que sua experiência na escola não tenha deixado qualquer marca negativa em seu consciente. A interferência direta e pesada do Estado no Ginásio Clássico de Simbirsk tinha um aspecto de trapaça, e poucos alunos brilhantes devem ter deixado de chegar à conclusão de que, se as escolas eram dirigidas de forma tão burocrática, também deviam sê-lo as outras instituições do Estado. Vladimir deve ter notado o contraste entre seus estudos em casa e o regime escolar. Sob a tutela da mãe, seu trabalho acadêmico deve ter sido mais agradável; o fato de que muitos colegas abandonaram o ginásio por causa das exigências excessivas deve ter lhe dado pelo menos uma ideia rudimentar de que nem tudo estava bem.[30] No entanto, ao contrário do que havia feito na mesma idade do irmão mais velho, Sasha, Vladimir não se rebelou. Somente uma vez, quando foi surpreendido imitando seu incompetente professor de francês, Adolf Por, ele se viu em apuros.[31] Mas seu pai o fez prometer que nunca mais voltaria a sair da linha, e Vladimir retornou a seus hábitos de obediência.

Sua atitude geral, no entanto, era positiva, e ele teve um excepcional progresso acadêmico. O diretor Kerenski mostrava-se satisfeito com o adolescente, concedendo-lhe não apenas notas 5, como também 5+s em seus boletins escolares; estava tão impressionado que, de acordo com Anna Ilinichna, "perdoou-lhe certos atos de indisciplina que não teria perdoado tão facilmente em outros". Ela acrescentou: "É claro que, aqui, houve a influência de sua boa atitude para com Ilya Nikolaievich e a família inteira."[32] A única pessoa a expressar dúvidas sobre Vladimir foi, de fato, seu pai, que se preocupava que o sucesso acadêmico lhe estava vindo fácil demais e que ele poderia não reconhecer a necessidade de ser industrioso.[33]

A obediência de Vladimir não deve surpreender — e não só por causa da pressão das expectativas dos pais. Os ginásios eram um caminho para os escalões mais elevados do Estado e da sociedade imperial. Vladimir Ulyanov, uma vez que atingisse a maturidade, obteria automaticamente o status de nobre. Mas até mesmo os Ulyanov precisavam melhorar suas oportunidades, e uma educação dessa qualidade era uma garantia disso. O trabalho prévio que fizera com a mãe e os explicadores em casa significava que o currículo já estava a seu alcance. Acostumara-se a ser diligente. Imediatamente, tornou-se o melhor aluno da turma. Os boletins anuais atribuíam-lhe os cinco pontos inteiros em disciplina após matéria. Nunca tirou menos do que isso, exceto em uma matéria isolada: lógica. Sem dúvida, ajudou um pouco ser filho do diretor de Escolas Populares da Província de Simbirsk. Em um cenário em que os contatos pessoais desempenhavam um papel tão importante na carreira de qualquer um, poucos professores iam querer ofender Ilya Ulyanov. Mas o diretor Kerenski não precisou escrever uma narrativa ficcional. Vladimir Ulyanov, como seu irmão Alexander, era um aluno autenticamente brilhante. Vladimir via com naturalidade ter de esforçar-se muito na escola. O trabalho era um dever de família, e o dever, um prazer.

Em geral, comportava-se com discrição fora das aulas, mas era notado por seu sarcasmo e, quando um colega começou a quebrar seus lápis, Vladimir agarrou-o pelo colarinho e o forçou a parar.[34] Não sendo ele próprio um encrenqueiro e brigão, via-se em apuros com uma reação física direta. Ninguém intimidava Vladimir por muito tempo. Era forte e atarracado, e não se incomodava em compartilhar seus conhecimentos quando outros não conseguiam entender as lições. Mas não tinha amigos íntimos no ginásio.[35] Vladimir continuava com seu trabalho, deixava todo mundo em paz e esperava ser deixado em paz. Era um pouco solitário.

Enquanto isso, sua educação prezava a atenção ao significado preciso das palavras; os anos passados analisando verbos latinos e traduzindo versos iâmbicos gregos deixaram sua marca. A meticulosidade de Lenin, o escritor-revolucionário, deve tanto à herança literária de Atenas e Roma quanto a Karl Marx e Friedrich Engels. Pode até ser que primeiro tenha aprendido com os oradores Demóstenes e Cícero a como discernir uma rachadura no muro dos argumentos de um oponente e abri-la à força — e talvez as histórias de heroísmo na poesia épica de Homero e a prosa de Xenofonte e Lívio o tenham predisposto a atribuir um valor elevado à potencialidade do papel do líder individual. E alguém que tenha feito um estudo apurado dos historiadores Heródoto e Tucídides não pode deixar de ser influenciado pela insistência deles em sondar sob a superfície dos eventos em busca de suas causas básicas ocultas. Mas tudo isso é especulação. Vladimir Ulyanov mostrou-se relutante em revelar muita coisa sobre o início de sua vida. O pouco que sabemos de sua reação aos clássicos vem de seus parentes. Sua irmã Anna, por exemplo, escreveu que seu gosto pelo latim era tal que ele proporcionou a ela — que era seis anos mais velha — exercício nos elementos mais difíceis da gramática.[36]

Assim, durante todo o resto de sua vida, citou frases dos autores antigos, embora a maioria de seus leitores não tenha tido a vantagem de sua educação. Isso não era só um pouco de exibicionismo: era o comportamento inconsciente de ex-classicistas em toda parte na Europa contemporânea. Em anos posteriores, não haveria tempo para o latim e o grego. Mas então, de repente, em 1914, no deflagrar da Primeira

Grande Guerra, sentiu a compulsão de retomar sua pesquisa filosófica e (conforme veremos) incluir Aristóteles entre os autores que estudou.

No entanto, a educação do ginásio era tão importante no que ela deixava de fazer quanto no que efetivamente fazia aos alunos. Em sua tentativa de desviar a atenção dos agudos problemas públicos, havia um espaço livre a ser preenchido por ideias que não agradavam às autoridades oficiais. O fato de que um estudo abrangente das humanidades era impedido aos alunos os expunha às atrações de filosofias que incorriam na desaprovação oficial do governo. O diretor Kerenski tentara manter um monopólio sobre as ideias disponíveis a seus alunos, determinando que eles precisavam de sua permissão para utilizar as bibliotecas públicas. Mas esse esforço foi contraprodutivo. Rapazes e moças inteligentes, ao reagirem contra o conteúdo de sua escolaridade, costumavam identificar qualquer proposição oposta às ideias oficialmente aprovadas como sendo inerentemente dignas de sua dedicação. Se o tsar pensava de uma maneira, então a verdade devia estar na maneira oposta. Ilya Nikolaievich, numa exceção, recusou-se a apoiar o diretor; sempre havia considerado o currículo do ginásio muito limitado e mandara seus filhos para ginásios principalmente porque ofereciam um caminho para a entrada em universidades. Se, por um lado, não apoiava leituras abertamente subversivas, permitiu que seu filho, Alexander, fizesse uma assinatura do influente *Diário Histórico*.[37]

O próprio Ilya Nikolaievich não só acompanhava as mais recentes discussões sobre pedagogia, como também tinha uma grande biblioteca geral em seu estúdio. Ele e Maria Alexandrovna cultivavam hábitos típicos da maioria dos russos instruídos e se mantinham em dia com as grandes obras da literatura contemporânea — Maria Alexandrovna gostava particularmente do poeta romântico Lermontov (que escrevia à maneira de Lord Byron). Ilya Nikolaievich comunicava seus entusiasmos culturais por meios tanto visuais como acadêmicos. Por exemplo, levou Vladimir e dois colegas de sala em uma viagem na pequena carruagem da família aos arredores de Simbirsk, até o lugar descrito pelo escritor Ivan Goncharov em seu romance *O precipício*. Lá, em Kindyakovka, puderam erguer os olhos para o alto do precipício descrito no romance e tentaram desajeitadamente, firmando-se com os pés e as mãos, subir por suas paredes.³⁸ Outros autores, também, eram lidos e discutidos em família. Assim, os filhos dos Ulyanov leram os romances deles de Nikolai Gogol e Ivan Turgueniev. Caracteristicamente, criaram um jogo competitivo a partir do que liam. À noite, quando não tinham mais nada para fazer, tentavam adivinhar o nome do autor de um excerto de um poema ou romance. Eram um grupo estudioso até em seus momentos de diversão.³⁹

A política não invadiu o início de vida de Vladimir Ulyanov de forma direta. Ele viu os prisioneiros de guerra turcos alinhados na rua Moscou durante a deflagração da guerra russo-turca de 1877-78, e seu pai fez uma coleta para a Cruz Vermelha enquanto as hostilidades se desenvolviam. Mas o casal Ulyanov tendia a evitar a discussão política direta. Pelo menos, foi o que fizeram até 1º de março de 1881. Foi nesse dia — fatídico para a história russa subsequente — que terroristas assassinaram o imperador Alexandre II. Haviam ocorrido diversas conspirações contra sua vida nos anos recentes. Mas a organização Vontade do Povo, formada em 1879, se mostrou mais competente do que sua predecessora e foi, em parte, em relação a sua atividade violenta, que Alexandre II começara a considerar a possibilidade de autorizar uma assembleia nacional consultiva. Mas a Vontade do Povo não queria meramente uma monarquia reformada. Queria a morte do imperador, o que finalmente conseguiu com uma bomba arremessada para baixo de uma carruagem que o levava até o Palácio de Inverno, em São Petersburgo.

Vladimir Ulyanov tinha apenas 10 anos quando a família assistiu ao serviço fúnebre do falecido imperador na Catedral de Simbirsk em 16 de março. Todos os dignitários locais, incluindo o governador da província, compareceram à cerimônia. Ilya e Maria ficaram estarrecidos com o assassinato. Não eram simpatizantes dos revolucionários e detestavam o derramamento de sangue. Ambos consideravam que Alexandre II tinha desempenhado um papel útil empurrando a Rússia pela estrada rumo às reformas, mesmo tendo retrocedido um pouco nos anos 1870. Em particular, havia podado e acertado os direitos dos organismos administrativos provincianos (os *zemstva*); também restringira o sistema de tribunal do júri, depois que a terrorista socialista Vera Zasulich, que fora presa ao tentar assassinar o governador-geral de São Petersburgo, Feodor Trepov, escapou de uma condenação no devido processo. No entanto, uma agenda de reformas permaneceu ativa até o fim da vida de Alexandre II. De fato, sob a pressão da campanha terrorista, começou a pensar em sancionar uma assembleia nacional consultiva, como um meio de arregimentar apoio para o trono. Seu assassinato teve o efeito de convencer seu filho e herdeiro, Alexandre III, a abandonar qualquer reforma adicional. Encarava com grande suspeita quaisquer medidas inovadoras; sua ênfase, até morrer, em 1894, foi nos conceitos tradicionais da ordem.

Vladimir Ulyanov presumivelmente participou da aversão de seus pais ao ato terrorista. Mas, como outras crianças, dificilmente ele terá ficado preocupado com pensamentos sobre política, uma vez que a comoção angustiada pela morte e pelo funeral do imperador havia se dissipado. Sua precocidade era como aluno e não como teórico revolucionário.

Mesmo assim, os temas políticos não ficaram inteiramente ausentes de sua jovem vida. Os filhos dos Ulyanov aprenderam com seu irmão Alexander como fazer soldadinhos de brinquedo a partir de papel e como organizar batalhas de brincadeira. Alexander fez seus bonecos com os uniformes dos soldados do Risorgimento italiano, de Garibaldi. Anna e Olga escolheram as forças espanholas que lutavam para libertar seu país da invasão napoleônica. Vladimir escolheu o Exército da União de Abraham Lincoln, que combateu o sul escravagista na Guerra Civil Norte--Americana.[40] O primo deles, Nikolai Veretennikov, viria a objetar que Vladimir tinha bonecos do exército "inglês" contemporâneo. Mas Dmitri Ulyanov, irmão caçula de Vladimir, repudiou essa versão. Dmitri foi, de uma maneira geral, um cronista preciso e há ainda mais motivo para se acreditar nele por causa de um segundo elemento político conhecido no início da vida de Vladimir. Seu livro preferido, antes de passar para os clássicos da literatura russa, era nada menos que *A cabana do pai Tomás*, de Harriet Beecher Stowe. Essa história da tentativa de um escravo negro fugir às crueldades de uma fazenda de algodão no sul norte-americano recebeu lugar de honra em seu quarto.[41] Tais escolhas não podem ter sido coincidência. Os filhos dos Ulyanov foram criados em um ambiente cultural que favorecia a liberdade nacional, política e social.

No entanto, é surpreendente que o livro mais querido de Vladimir descrevesse não a Rússia, mas os Estados Unidos. Isso estava de acordo com o desejo de seus pais de manter a si próprios e seus filhos longe de discussões perigosas sobre a vida pública russa. Se foi esse o caso, eram um pouco ingênuos. *A cabana do pai Tomás* continha ideias de significado universal; seu estilo sentimental comunicava ideias de dignidade humana universal. Quando tentamos remontar às origens da perspectiva de Vladimir, costumamos observar o que ele lia no final da adolescência e início da vida adulta. Concentramo-nos em Chernyshevski, Marx, Plekhanov e Kautsky. Mas precisamos lembrar que, antes de esses autores alemães e russos terem deixado marca em sua consciência, uma mulher norte-americana — Harriet Beecher Stowe — já havia influenciado sua jovem mente.

Vladimir era um menino cheio de vivacidade. Uma vez concluídas a escola e outras obrigações acadêmicas, adorava sair para o ar livre. Aos 9 ou 10 anos de idade, desistiu de tocar piano. Sua mãe ficou decepcionada; ela própria era uma pianista séria e ensinou sua filha, Anna, em um nível alto o suficiente para tocar as principais obras clássicas, bem como as óperas de Richard Wagner.[42] Mas Maria Alexandrovna — ao menos dessa vez — cedeu à vontade de Vladimir, talvez porque ele tivesse deveres de casa demais para fazer. No entanto, o restante da família não achava que esse fosse o motivo. Sua irmã, Maria, deduziu que seu irmão achava o piano uma atividade muito feminina para ele.[43] Esse pequeno evento é também digno de nota como um primeiro sinal da capacidade clínica de Vladimir resolver o que valia a pena fazer e abrir mão de tudo mais, e também revela a falta de atrativo da atividade artística para ele. Na verdade, foi um pintor hábil. Um cartão-postal que fez para um amigo, e que ainda existe, foi pintado em cores vivas; e, em particular, nem uma gota de tinta derramada se encontra onde não deveria estar: Vladimir já era, então, um perfeccionista quanto a qualquer coisa que pretendesse mostrar aos outros. O cartão-postal tinha uma daquelas mensagens codificadas, onde as figuras pintadas de peles-vermelhas, árvores e alguém se afogando significavam alguma coisa reconhecível para o destinatário.[44] Também aprendeu, com a mãe, como escrever uma carta com tinta invisível feita com o uso de leite — o que viria a se mostrar especialmente útil em 1895, quando precisou mandar clandestinamente mensagens da Casa de Detenção Preliminar de São Petersburgo.[45]

Vladimir, diferentemente de seus irmãos, não tinha hobbies. A carpintaria não lhe interessava. A filatelia e outros tipos de coleção tampouco.

Durante o verão, praticamente nunca deixava o jardim da família. Ele e Nikolai Nefedev estavam sempre aprontando travessuras. Agachados entre as árvores frutíferas e as bétulas, montavam armadilhas para pegar chapins-azuis. Faltava-lhes a perícia necessária, e acabaram comprando pássaros de certo sr. Lapshin, que morava nos Jardins Alexander, em Simbirsk. Lapshin também lhes vendeu mecanismos de armadilhas mais eficientes, e no inverno capturaram cinco ou seis pássaros. Na primavera seguinte, Volodya determinou que fossem libertados. O jovem Nefedev convenceu-o a ficar com um pequeno pintassilgo.[46]

Em outra ocasião, as coisas tomaram um rumo desagradável. Nicolai Nefedev e Volodya tinham o hábito de nadar nos baixios do rio Sviyaga, no centro de Simbirsk. Vendo outros garotos pescando da ponte Vodovozny, foram para casa fazer suas redes, com a ideia de pegar seus próprios peixes. Tolamente, seguiram o conselho de outro menino e começaram a pescar num fosso das redondezas, perto da destilaria da cidade. Embora a água não fosse muito funda, era coberta por limo verde que a tornava indistinguível do charco logo ao lado. Volodya, tentando pegar rãs, perdeu o equilíbrio, tropeçou e caiu dentro do charco. Tanto ele como Nikolai soltaram um grito agudo. Um operário saiu correndo da destilaria para socorrê-los mas, a essa altura, Volodya já estava atolado até a cintura e correndo grave perigo. O operário anônimo seguiu a vau até onde ele estava, arrastou-o para fora e pousou-o na margem. Sabendo que ficaria em apuros quando sua mãe descobrisse, Volodya tentou recompor-se antes de voltar para casa. Mas foi inútil. Inevitavelmente, ela notou o rosto e as roupas enlameados, e o resultado foi uma proibição cabal de voltar a pescar.[47]

Ainda havia muita coisa para Volodya fazer fora de casa. Gostava de patinar no gelo nos rios Sviyaga e Volga; isso ainda era permitido. Também se divertia distraindo o pequeno Dmitri e Maria. Suas brincadeiras de esconde-esconde com eles eram muito apreciadas. Nesse meio-tempo, Volodya ficava de olho em seu irmão, Alexander, e tentava imitá-lo. Havia uma piada familiar segundo a qual sua primeira pergunta, sempre que ficava em dúvida sobre alguma coisa, era o que Alexander faria em circunstâncias semelhantes. Até comia o que achava que Alexander aprovaria. Isso era mais do que um desejo normal de imitação.

Alexander era o orgulho da família. É difícil evitar o pensamento de que entremeado aos tendões da confiança espreitava um traço de insegurança até no jovem Volodya.

O que fica claro, acima de qualquer dúvida, é que sua personalidade foi, em grande medida, moldada por suas experiências de adolescente. Frequentara e saíra-se bem em uma escola onde eram feitas as mais elevadas exigências em relação a um currículo muito restrito. Apareceu — e isso provavelmente teria acontecido de qualquer forma em tal família — como um jovem extraordinariamente ambicioso e determinado. Sua escolaridade foi limitada, mas também teve profundidade, fato que lhe deu, por toda a vida, a confiança para enfrentar qualquer problema intelectual com que se defrontasse. A maleabilidade mental exigida para o estudo dos clássicos nunca o deixaria, tampouco a crença na importância da palavra escrita — e especialmente da palavra impressa. Ao mesmo tempo, Vladimir Ulyanov teve acesso a ideias e emoções que o predispuseram a questionar a natureza da sociedade em que vivia. Tirou isso, principalmente, de livros. A "outra Rússia", a Rússia de barqueiros, camponeses, padres do interior e operários de fábricas, era-lhe desconhecida, exceto pelo que seu pai contava ou pelos romances de Gogol, Turgueniev e Tolstoi.

Sua oposição intelectual ao *status quo* ainda estava por aparecer. Era malicioso e ferino, mas essas qualidades não se expressavam em um ponto de vista político. Para um menino de sua idade, isso não era incomum, embora não fosse inteiramente inédito meninos de ginásio adotando ideias de revolução. Aos olhos de seu diretor, Vladimir era um exemplo de dedicação acadêmica. Vinha do tipo de família que cultivava um espírito de industriosidade e esperança confiante; e tinha ido para uma escola que lhe dava a oportunidade de seguir para a universidade e, daí, para uma carreira de distinção pública. Até então, não havia motivo para prever que iria adotar uma ideologia marcadamente diversa da de seu pai, Ilya, que tinha suas decepções com o regime, mas esquivava-se a qualquer conversa de rebelião. Vladimir parecia determinado a conseguir todos os galardões que seu pai havia conseguido, e mais.

## 3. Mortes na família

1886-1887

Até 1886, quando Vladimir Ulyanov fez 16 anos, não havia problemas aparentes. Seus pais continuavam se aperfeiçoando. Moravam numa ampla casa na cidade, na rua Moscou, e Ilya ascendera ao cargo de diretor de Escolas Populares para a Província de Simbirsk. O casal Ulyanov tinha seis filhos, que pareciam estar no limiar de carreiras excelentes.

A situação, no entanto, não era tão agradável quanto parecia. Relatos posteriores deixaram de lado indícios, constantes das memórias publicadas, de que Ilya Ulyanov foi uma figura local controvertida para os habitantes mais conservadores e poderosos da província. Em 1880, completou 25 anos de serviço e, embora estivesse com apenas 49 anos, suas condições de emprego o obrigavam a requerer formalmente uma extensão de seu contrato. Acabou que lhe foi concedido um ano extra e, depois, mais cinco anos.[1] A situação piorou devido à posição assumida por Ilya no debate russo contemporâneo sobre escolarização. Vinham sendo feitas queixas de que, como outros educadores de sua geração, dava muito pouca atenção à instrução religiosa nas escolas. Ilya, de fato, cumpria o currículo, o que incluía o ensino da fé cristã. Mas não aprovava que a própria Igreja Ortodoxa tivesse permissão para citar regras às escolas, e não gostou da mudança na política governamental no sentido da construção de escolas dominicais. Ilya incorreu em hostilidade pela posição que tomou. Em 1884, o arcipreste A. I. Baratynski atacou-o no jornal local *Notícias da Província de Simbirsk*.[2] Nada disso pode ter melhorado sua capacidade de lidar com seus cada vez mais frequentes ataques de mal-estar. Estava desanimado e já não acreditava mais que seria capaz de trabalhar até a idade normal de aposentadoria.³

Sempre se sentia mais feliz quando podia sair e percorrer a província de Simbirsk. A última dessas visitas que fez foi ao distrito de Syzran, a 160 quilômetros de distância, em meados de dezembro de 1885.⁴ Sua filha mais velha, Anna, foi de São Petersburgo — onde estava estudando para professora nos novos Cursos Superiores para Mulheres — ao encontro dele em Syzran. Pai e filha retornaram para encontrar o restante da família preparando-se para o Natal. Ainda tinha de redigir seu relatório anual sobre a educação na província, e boa parte de seu tempo foi gasta numa tentativa febril de terminá-lo antes das festividades.⁵

Era típico da família que Alexander, que, em 1883, havia entrado para a Universidade de São Petersburgo, na Faculdade de Matemática e Física, não tenha se sentido obrigado a ir passar o feriado em casa. Já era um estudante promissor. Alexander explicou que teria de fazer uma prova de zoologia em meados de dezembro e, mais uma, de química orgânica, em meados de janeiro. Em sua carta aos pais, não expressou a menor lástima por sua ausência.⁶ Alexander sabia que os pais tinham a esperança de que se tornasse professor universitário⁷ e aprovariam seu desejo de evitar interromper os estudos. Na verdade, levaria vários dias para chegar de São Petersburgo a Simbirsk. O sistema ferroviário ainda não havia sido estendido até Simbirsk e, no inverno, não podia valer-se do barco a vapor que descia o congelado rio Volga.⁸ Não teria conseguido estudar muito durante a viagem. Enquanto isso, na casa dos Ulyanov, o Natal era organizado por Maria Alexandrovna. Os quatro filhos caçulas — Vladimir, Olga, Dmitri e Maria — haviam terminado o semestre na escola. Um pinheiro foi colocado na sala de estar, e cartões foram pintados e enviados; os presentes, preparados. No dia de Natal, a família foi à Catedral de São Nicolau, em Simbirsk.

Ilya Ulyanov, entretanto, não parecia bem. Em 10 de janeiro de 1886, tossia muito. No dia seguinte, quando os Ulyanov receberam visitantes para o chá da tarde, ele não participou. A família achou que estivesse sofrendo de algum mal-estar estomacal temporário, e Anna Ilinichna conversou despreocupadamente sobre seus planos de voltar a fazer o curso para professora em São Petersburgo. O próprio Ilya estava determinado a retomar seus deveres administrativos quando as festividades acabassem. Lá fora, fazia frio; havia neve no chão. Ilya recusou-se a reduzir seu ritmo de trabalho. Em 12 de janeiro, embora ainda se sentisse muito mal, tomou providências para ser visitado, em Simbirsk, por um de seus inspetores, V. M. Stralkovski. Trabalharam juntos até 2 horas da tarde. Ilya Ulyanov, entretanto, não participou do almoço após a partida de Stralkovski. Tivera outra recaída. Enquanto a família estava à mesa, apareceu no portal e olhou para todos. Eles viriam a se lembrar desse momento como uma ocasião em que tentou dar um último adeus à família. Ilya não fez qualquer comentário direto nesse sentido, limitando-se a voltar para seu estúdio.[9]

Sua esposa foi procurá-lo depois do almoço, e ele já tremia violentamente. Ela chamou o dr. Legcher e, às 17 horas, chamou Anna e Vladimir para que fossem ver o pai. A essa altura, ele já agonizava. Foi sacudido por dois estremecimentos e, então, com a mesma rapidez, ficou em silêncio. Antes de o dr. Legcher chegar, Ilya Nikolaievich morreu. Estava com apenas 53 anos de idade. Embora não tenha havido autópsia, Legcher acreditava que a causa da morte deveu-se a uma hemorragia cerebral.[10]

Vladimir, na ausência de Alexander, desempenhou um papel de alguma responsabilidade para a família. Enquanto sua mãe e sua irmã mais velha cuidavam do corpo e transmitiam a notícia a parentes e conhecidos, enviaram-no, na carruagem da família, para buscar seu irmão Dmitri, que estava na casa de um amigo. Isso não significou um sinal de que Vladimir estivesse assumindo a responsabilidade pela família. Tal mito foi de inspiração dos sovietes, e sempre ridículo; na verdade, sua mãe e sua irmã, Anna, ficaram à frente das principais providências domésticas. Vladimir podia ter sido dispensado da tarefa de pegar o pequeno Dmitri, e o fato de ter sido mandado de carruagem era sinal do status ainda bastante subordinado e juvenil de Vladimir. A prioridade era providenciar o enterro, organizar as finanças da família e, de um modo geral, planejar o futuro para os filhos dos Ulyanov. Vladimir estava prestes a fazer 16 anos. Sua mãe e sua irmã não estavam sendo condescendentes com ele: tentavam protegê-lo.

Uma das primeiras necessidades de Maria Alexandrovna foi escrever ao Ministério do Esclarecimento Popular, em 14 de janeiro de 1886, pedindo a liberação do devido pagamento da pensão de Ilya. Segundo os termos da pensão de seu falecido marido, ela teria direito a 100 rublos para si própria, por mês, e mais 25 para cada um de seus filhos, enquanto fossem menores de idade. Isso excluía Anna e Alexander. Maria Alexandrovna tinha direito, no total, a 200 rublos por mês, uma soma que diminuía à medida que seus filhos mais jovens fossem atingindo a maioridade.[11]

O enterro de Ilya Ulyanov foi no dia seguinte. A morte súbita de um admirado dignitário local chocou professores e administradores educacionais. Às vezes, as pessoas se referiam àqueles que haviam sido promovidos por ele como "ulyanovitas"; era respeitado pelo benefício cultural que trouxera ao cargo de diretor de Escolas Populares. Ilya Ulyanov, por sua atividade e seu exemplo, foi importante e teve influência. Os alunos das escolas prepararam coroas de flores e saíram obituários na imprensa de Simbirsk. O principal portador do caixão, com 15 anos de idade, foi seu segundo filho, Vladimir; era tradicional que os caixões fossem transportados pelos parentes do sexo masculino. Os outros portadores foram amigos e colegas mais íntimos de Ilya. A congregação, pois, seguiu até o Mosteiro Pokrovski, em Simbirsk, onde os restos mortais de Ilya Ulyanov foram enterrados no cemitério junto ao muro que dava para o sul. À sua viúva foi oferecida a posse da medalha de Stanislav, primeira classe, concedida a seu falecido marido alguns dias antes, mas ela a recusou. Preferia lembrar-se dele de uma forma mais simples e providenciou para que uma lápide modesta e sem enfeites fosse colocada sobre seu túmulo.[12]

Anna, sua filha mais velha, até considerou a ideia de abandonar seu curso de formação de professora, a fim de ajudar na direção da família. Outra possibilidade era que alunas amigas mandassem suas anotações de aula para ela, em Simbirsk, de forma que pudesse voltar para fazer as provas, no outono de 1886. Maria Alexandrovna não quis sequer ouvir falar a respeito. Mandou que Anna voltasse a São Petersburgo para concluir seus estudos. Ela partiu em março.¹³ Enquanto isso, num esforço para estabilizar suas finanças, Maria Alexandrovna rearrumou os aposentos da casa, de forma que a família ocupasse apenas a metade voltada para o rio Sviyaga. A outra metade foi alugada, primeiro a um médico, depois a um advogado.¹⁴

Um dos problemas de Maria Alexandrovna era o comportamento de Vladimir. Embora seu pai tivesse trabalhado com frequência longe da rua Moscou, sua própria existência havia funcionado como um freio sobre o modo como Vladimir falava com a mãe. Ilya não fora um pai a que se pudesse desobedecer, e a mera possibilidade de desaprovação paterna costumava ser suficiente inibição ao desrespeito. Tudo isso mudou após a morte de Ilya. Vladimir tornou-se atrevido com a mãe. A situação ainda piorou na residência do irmão mais velho em São Petersburgo: não havia alguém em casa cuja desaprovação temesse. Quando Alexander chegou, para as férias de verão, Vladimir nem se importou que ele testemunhasse seu mau comportamento, o que enfureceu o irmão. Após um contratempo entre Vladimir e a mãe, enquanto ele e Alexander jogavam uma partida de xadrez, o irmão mais velho declarou, calma mas firmemente: "Volodya, ou você vai imediatamente fazer o que mamãe está mandando, ou, então, não jogo mais com você." A resistência de Vladimir desabou. Mas continuou, mais sossegadamente, a se afirmar, mais do que o restante da família achava correto.¹⁵

Anna e Alexander conversaram sobre isso após a morte do pai, enquanto tentavam organizar suas emoções. O padrão de relacionamentos na família havia sido destroçado por essa perda, e os dois filhos mais velhos dos Ulyanov — agora com 20 e poucos anos — também precisavam se conciliar com o fato de que seu irmão, Vladimir, entrava no final da adolescência. Anna fez a pergunta diretamente a Alexander: "Que acha do nosso Volodya?" Sua resposta foi negativa: "Sem dúvida, uma pessoa muito capaz, mas a gente não consegue se dar bem." De fato, quando escreveu suas memórias, Anna não estava segura de que se lembrava das palavras exatas, e se perguntara se Alexander não teria falado mais energicamente, dizendo que "nós não nos damos bem de jeito algum".¹⁶

Era o lado dominador do irmão que Alexander não conseguia suportar, especialmente quando era atrevido com a mãe viúva. Mas esse julgamento sobre Vladimir, que muitos historiadores endossaram avidamente, é duro demais. Ainda era um colegial. Seu pai havia morrido de forma súbita, e, como é natural, ele fora gravemente afetado pela experiência. Vladimir ainda não havia superado o choque. Qualquer jovem de 15 anos, nessas circunstâncias, em particular um jovem acostumado ao apoio direto dos irmãos mais velhos, teria de demonstrar algum grau de reação desagradável. O fato de ele não ficar para lá e para cá lamentando sua infelicidade não significava que conseguisse evitar a desolação. Pelo contrário, Vladimir ficou profundamente perturbado e voltou-se para dentro de si mesmo; o menino jovial de antes havia desaparecido. Os livros eram o seu consolo, e devorou muitos clássicos da literatura russa. Seu gosto passou de Gogol para Turgueniev. O interesse por caricaturas gogolianas da vida contemporânea havia desaparecido. Agora, Vladimir Ulyanov preferia as descrições firmes e sensíveis da vida provinciana oferecidas por Turgueniev. Nos seus romances, a mensagem pública do autor estava longe de ser evidente por si mesma. Seus leitores achavam que ele, de alguma forma, queria mudança no regime. Mas era um liberal, um conservador impaciente ou até mesmo um revolucionário?

Não se sabe como Vladimir Ulyanov interpretava as obras de seu romancista preferido. Suas observações perto do fim da vida não eram necessariamente uma reflexão sincera sobre o que ele havia pensado em sua adolescência. Mas é provável que houvesse alguma semelhança. Ser um Ulyanov era visar à melhoria educacional, a uma melhoria realisticamente possível, se ao menos o imperador consentisse. Vladimir, em sua vida adulta, escolheria situações, nos romances, que corroborassem sua interpretação marxista da realidade russa. Na prosa de Turgueniev havia profusão de nobres latifundiários irresponsáveis e bem-intencionados, mas intelectuais incapazes, e Lenin usou-os em seus próprios textos para denunciar a sociedade imperial. Turgueniev talvez também tenha exercido alguma influência através de sua ênfase em que nem todas as conversas poderiam mudar o mundo. Ação é que era o necessário. Poucos dos personagens de Turgueniev se mostravam capazes de ação, mas se, por um lado, o romancista os lamentava devido a circunstâncias que tinham pouca oportunidade de mudar, por outro, Lenin cresceu para vir a ridicularizá-los.

A história da família Ulyanov até 1886 fornece diversos exemplos de seus membros dedicando-se a atividades que contribuíram para melhorar a vida no império russo. Os antepassados mais respeitados de Vladimir foram médicos e professores. Mas não foram médicos e professores que curavam e ensinavam pouco, como no caso dos romances de Turgueniev ou nas peças de Anton Chekhov da virada do século. Eram profissionais práticos. Podia-se ler Turgueniev de outras maneiras. Por exemplo, por manifestar-se como um defensor da gentileza ou como a encarnação de uma dúvida, semelhante a Hamlet, ele também pode ser encarado como um artista da palavra, mais interessado na maneira da exposição do que na substância de seu próprio pensamento. Contudo, para Vladimir Ulyanov, Turgueniev foi um brilhante pintor dos defeitos da sociedade imperial que precisavam de correção.

Enquanto Vladimir começava a se fazer perguntas básicas sobre a vida na Rússia, seu irmão Alexander, na distante São Petersburgo, já era um inimigo da monarquia Romanov. O choque da morte do pai levou muitas semanas para passar, e diversas pessoas estavam preocupadas com que pudesse cometer suicídio. Mas subestimavam a determinação do jovem em continuar com sua pesquisa sobre a biologia dos vermes aneliformes. E sua dissertação a respeito, uma vez apresentada às autoridades universitárias, recebeu a aprovação dos professores, e também uma medalha de ouro. Sua mãe ficou encantada, embora o pensamento de que Ilya Nikolaievich não participaria de sua felicidade levou-a a prorromper em lágrimas.

Em suas cartas para casa, Alexander conversava sobre o preço dos aluguéis, a comida horrível e as senhorias desagradáveis. Ao contrário de Anna, no entanto, não pretendia largar os estudos devido à preocupação com a viuvez da mãe, mas sim consolidar sua base para uma carreira de sucesso. No entanto, estava preocupado com sua crescente repulsa às condições políticas do império russo. Havia odiado o regime irritante do Ginásio Clássico de Simbirsk. Também perdera a fé religiosa, por volta dos 16 anos de idade. Sua pureza de propósitos era tal que seu pai fizera uma exceção e o absolvera da exigência de assistir aos serviços da igreja nos domingos. Seu espírito de contestação intelectual persistiu em São Petersburgo. Por volta de 1886, começava a concordar com os de sua geração que pediam uma mudança de alto a baixo da estrutura política e social russa. Transformou-se num simpatizante dos revolucionários. O próprio resultado temido por Ilya Ulyanov se realizava. Alexander Ulyanov, rompendo com o exemplo do pai, achava ser impossível, na Rússia, um desenvolvimento pacífico e evolucionário da sociedade.

Um grande número de estudantes universitários tinha a mesma atitude. Nos anos 1880, havia apenas oito universidades no império russo, e a de maior prestígio era a de São Petersburgo. As outras ficavam em Moscou, Kiev, Yurev, Kharkov, Varsóvia, Kazan e Novorossiysk. Os funcionários de direção tratavam os estudantes como um mal necessário e suspeitavam deles como pessoas extremamente propensas a ideias subversivas. Os Ministérios do Interior e da Educação recusavam-se a relaxar o rígido controle que exerciam sobre eles. Não havia bolsas para os alunos pobres e muitos deles mal sobreviviam à rigidez de seus cursos, aceitando empregos assalariados, a fim de pagar casa e comida. Mas essas preocupações não existiam para Alexander Ulyanov. Contanto que relatasse como gastava seu dinheiro, receberia exatamente o que pedia. Porém, de maneira geral, Alexander ficava irritado com a severa disciplina acadêmica, como qualquer colega. Havia regulamentos para tudo, desde o currículo e os livros indicados até comportamento, vestuário e moradia. Qualquer coisa que pudesse pôr rapazes e moças em contato com filosofias de liberalismo, de socialismo, de ateísmo ou, de fato, com qualquer tipo de desafio ou de contestação do *status quo* institucional era erradicada.

Ao atingir sua posição de revolucionário, Alexander mencionou sua frustração com os obstáculos atravessados no caminho do desenvolvimento da pesquisa científica na Rússia. Sua hostilidade geral à monarquia, portanto, era induzida por experiência pessoal. Achava que o regime era obscurantista com respeito à ciência; nunca esqueceu que as ciências haviam sido desestimuladas em sua educação ginasiana. Expandiu essa vivência particular numa rejeição abrangente do regime e tudo que ele representava.

A Universidade de São Petersburgo, como todas as grandes instituições do império russo, era um ponto privilegiado para a observação do poder e majestade da monarquia. Estabelecida pelos tsares na ilha Vassilievski, ficava apenas a uma curta distância da ponte que cruzava o rio Neva, levando ao Palácio de Inverno. Da universidade, podia-se vislumbrar a imponente estátua do imperador Pedro, o Grande, perto da Catedral de Santo Isaac. O cavalo de Pedro parecia a ponto de atirar-se, com seu cavaleiro, nas águas do rio. O simbolismo da determinação monárquica de governar a sociedade conforme lhe desse na veneta, de subjugar a natureza e de fazer da Rússia uma potência respeitada ao longo de todo o norte da Europa era inequívoco. Também visível da Universidade de São Petersburgo ficava o Palácio de Inverno dos tsares, incluindo o do imperador atual, Alexandre III. A construção onde vivia e de onde governava estendia-se ao longo da margem ao sul da Catedral de Santo Isaac e tinha em frente um vasto espaço semicircular que proporcionava aos visitantes uma ampla visão de um frontispício neoclássico com enormes segmentos sustentados por pilares. A magnificência de granito do Palácio de Inverno era conhecida pelo continente. Em frente ao palácio, atravessando-se o Neva, ficava a Fortaleza de Pedro e Paulo, onde eram tradicionalmente encarcerados os rebeldes contra os Romanov.

A própria São Petersburgo havia sido criada por ordem de Pedro, o Grande; nenhuma aldeia existia no local antes de ele ter optado por transferir sua sede de governo de Moscou. Charcos foram drenados. Instituições e residências foram construídas. Moscou perdeu seu status de capital. Centenas de milhares de camponeses morreram no programa de obras comandado pelo imperador Pedro, perecendo de exaustão, desnutrição e doenças. Era impossível viver na zona central da cidade sem ficar consciente do poder do Estado imperial. E Alexander Ulyanov era um observador sagaz de seu ambiente.

Era comum, na época, que as faculdades de ciências naturais e de engenharia atraíssem jovens que sentiam aversão pela monarquia. O que havia de diferente em Alexander e seus amigos era sua disposição em adotar uma ideologia de oposição violenta. Já antes da morte do pai, mantinha contato com amigos que acreditavam em instigar uma transformação revolucionária geral através do assassinato do imperador Alexandre III. De início, apenas conversava com eles; mas, com constância e firmeza, eles minaram sua relutância em tornar-se um participante de seu grupo conspiratório. Os líderes eram Orest Govorukhin e Piotr Shevyrov.

Alexander era um recruta útil para eles. Seu caráter era tal que, uma vez convencido de que algo era moralmente desejável, mantinha-se firme em seu objetivo contra todo e qualquer obstáculo; e tinha a vantagem inestimável de ser um cientista, com um conhecimento prático de química: queriam que ele fizesse a nitroglicerina para a bomba com que planejavam matar o imperador. Também era importante a facilidade de Alexander com a linguagem. Queriam sua ajuda na produção de propaganda explicando os objetivos políticos do grupo. No final de 1886, finalmente resolveu tentar a sorte com eles. Alexander Ulyanov, aos 20 anos, pretendia ser um regicida.

Qual era a justificativa racional do grupo? A ideologia dominante dos revolucionários russos era o socialismo — ou, em alguns casos, o anarquismo. Eram conhecidos como *narodnikis* (traduzível como "populistas", *grosso modo*). Os líderes e ativistas dos vários grupos clandestinos tinham suas disputas, mas em geral concordaram que os costumes camponeses de bem-estar comunal, responsabilidade coletiva e cooperação no trabalho e no lazer deviam ser os fundamentos da "boa" sociedade. Consequentemente, essa geração de revolucionários pode ser encarada como defensores de uma ideologia agrária; queriam que a transformação da sociedade começasse no campo. Mas também tinham uma agenda mais ampla. Acreditaram no "povo" e queriam conquistar, para sua causa, a nascente classe operária, bem como os camponeses. Não tinham tempo para a ideia de que a Rússia poderia estar em melhor situação sem a indústria; eram muito hostis, também, os privilegiar à intenção de os russos sobre as outras nações do império russo, e teriam sido partidários entusiásticos da Internacional Socialista, fundada em 1889 na Europa. Os socialistas agrários russos visavam a capacitar a Rússia a evitar totalmente o capitalismo. Queriam estabelecer uma sociedade que concretizasse o socialismo e desse fim a toda tirania e exploração.[17]

A terrível vingança do filho e herdeiro de Alexandre II, Alexandre III, teve inúmeras consequências. Em particular, desestimulou muitos revolucionários a prosseguir com uma estratégia política que priorizava a campanha para matar a família imperial. Até o grupo de Govorukhin crescer, em 1886, não houve qualquer empreendimento sério desse tipo em cinco anos.

Outra sequência de fatos seria de igual importância. Muitos revolucionários concluíram que os socialistas agrários tinham sido profundamente mal orientados no modo como pensavam em transformar o Estado e a sociedade do império russo. Uma revisão de estratégia foi exigida mais enfaticamente por Georgi Plekhanov, que afirmava que o futuro da revolução não estava realisticamente no camponês, na comuna agrária e no campo. Plekhanov era um apóstata do socialismo agrário. Para ele, a caçada aos ativistas revolucionários após a morte de Alexandre II era derrota mais que suficiente. Insistia em dizer que o sucesso não podia mais ser alcançado, a não ser que os grupos clandestinos reconhecessem que a Rússia sofria uma transformação econômica e social. Ferrovias estavam sendo assentadas para ligar todas as principais cidades. Fábricas, financiadas e construídas. Minas estavam sendo escavadas. O investimento estrangeiro era atraído para o país, em busca de lucros rápidos e elevados disponíveis em uma economia rica em recursos naturais e em mão de obra barata, voluntária e complacente. Já não era mais viável, escreveu Plekhanov, sonhar em transformar a Rússia numa sociedade socialista sem que ela primeiro passasse pelo estágio de desenvolvimento capitalista. O capitalismo, declarou, já havia chegado — e o fizera com toda a força.

Isso levou Plekhanov, que fugira para a Suíça em 1880, a proclamar que os revolucionários na Rússia deviam colocar sua fé na classe operária urbana, em formas contemporâneas de atividade industrial, em unidades sociais e econômicas de grande escala. Como antigo líder da Redistribuição Negra, continuava um defensor da mudança política por meio da revolução. Em 1883, ele e seus amigos, Vera Zasulich, Lev Deich e Pavel Axelrod, formaram o Grupo de Emancipação do Trabalho — e declararam que só o marxismo oferecia uma chave para se entender e transformar a Rússia. Prévias tendências revolucionárias, incluindo seu próprio compromisso anterior com o socialismo agrário, foram rejeitadas pelo Grupo de Emancipação do Trabalho com base num sentimentalismo não científico. O futuro, para os socialistas do império russo, o Grupo insistia em dizer, estava com o marxismo.[18]

Essas sutilezas têm mais gravidade política agora, em retrospecto, do que pareciam ter na época. As diferenças são mais de grau do que de qualidade, pois os socialistas agrários não se davam esse nome. Em geral, se designavam simplesmente como "revolucionários". Mais tarde, ficaram conhecidos como *narodniks,* pois sempre afirmaram estar agindo em nome do "povo", diferentemente das autoridades governantes. O mais frequente era que se referissem a si próprios como partidários desse ou daquele grupo revolucionário, tal como Terra e Liberdade, Redistribuição Negra e Vontade do Povo. Se praticamente todos esses socialistas, por um lado, viam virtudes nas ideias e práticas do povo, por outro, estavam longe de repudiar a necessidade de industrialização da Rússia. Também descobriram, por amarga experiência, que os operários eram mais sensíveis a invocações revolucionárias do que os camponeses. Quando uma onda de estudantes, em 1874, foi para o campo a fim de fazer propaganda revolucionária, muitos deles foram entregues ao Ministério do Interior por camponeses atônitos. A maioria desses socialistas encarava Karl Marx e Friedrich Engels como atraentes exponenciais da causa econômica e social pelo socialismo. Não é coincidência que a primeira tradução de *O capital,* de Marx, para uma língua estrangeira tenha sido feita por um populista russo, Nikolai Danielson, em 1872.

Mas o Grupo de Emancipação do Trabalho de Plekhanov desafiou essa atitude eclética à definição da forma de socialismo mais desejável. Plekhanov queria que os revolucionários na Rússia negassem, de uma vez por todas, que as tradições do campesinato tivessem alguma coisa positiva a oferecer. Os remanescentes das organizações populistas que haviam sobrevivido às caçadas policiais depois de 1881 ficaram pasmos com isso e condenaram Plekhanov como um desinformado traidor do movimento revolucionário. Polêmicas acerbas se alternaram em 1883-86.

A pequena organização em que Alexander Ulyanov ingressou em meados de 1886 teve, como primeiro de seus propósitos, matar o imperador Alexandre III e, como segundo, resolver a ruptura entre as duas tendências revolucionárias rivais. Por esse motivo, minutaram uma declaração de objetivos que coincidiam claramente com os objetivos dos novos marxistas russos — e Alexander Ulyanov recebeu a incumbência da elaboração literária final. Vários pontos foram preparados para agradar aos marxistas. Acima de tudo, Alexander Ulyanov escreveu sobre "leis" científicas. Também pediu uma assembleia eleitoral para o país inteiro — Plekhanov havia repetidamente feito o mesmo pedido.

Não mencionou o campesinato. Alexander Ulyanov insistiu em dizer que todos os setores oprimidos da sociedade tinham igual interesse na remoção da monarquia. Verdade, ciência, liberdade e justiça: eram todos ideais do movimento revolucionário no império russo. Alexander Ulyanov estava em boa posição para prever quais objetivos seriam atraentes para os marxistas, pois ele próprio recentemente usara sua facilidade na língua alemã a fim de traduzir para o russo algumas das obras de Marx. Os membros de sua organização, preparados para explorar uma crise política decorrente da eliminação do imperador, desejavam ter tantos defensores ativos nas ruas quanto fosse possível.

Havia um resquício de teatralidade em seus métodos primitivos. Suas atividades seguiam aniversários da história revolucionária. Em novembro, antes de Alexander Ulyanov juntar-se a eles, organizaram uma manifestação estudantil comemorando a vida do escritor antimonarquista Nikolai Dobrolyubov. O grupo previu que sua próxima iniciativa envolveria não uma manifestação que, por sua própria natureza, significava que outros estudantes precisariam ser alertados, mas um atentado contra a vida do imperador. A data escolhida era tetricamente simbólica: 1º de março de 1887, sexto aniversário do assassinato do imperador Alexandre II.

No entanto, nada saiu direito para os conspiradores. Um deles já estava nos últimos estágios da tuberculose, outro deixou o país na última hora. Os membros do grupo, não obstante, seguiram em frente com sua atividade, mas a sorte estava com as autoridades. Dois membros foram capturados em circunstâncias suspeitas, e a tentativa de explodir o imperador teve de ser abandonada. A Okhrana, a polícia secreta do governo, interrogou os presos e conseguiu prender virtualmente todos os membros do grupo, um por um. Alexander Ulyanov estava entre eles. A Okhrana prendeu também amigos e parentes dos acusados, e, portanto, Anna Ulyanova foi igualmente encarcerada, apesar de não ter exercido papel algum na conspiração. Os interrogatórios revelaram tudo que a polícia precisava saber, e, quando Alexander descobriu, tomou uma decisão excepcionalmente corajosa. Primeiro, determinou-se a assumir a culpa até por aspectos da conspiração que não o envolviam. Segundo, decidiu-se por usar seu julgamento como uma oportunidade de disseminar as ideias básicas dos revolucionários, oportunidade que lhe era negada na imprensa legal, por causa da censura oficial. Essa decisão, ele sabia, provavelmente lhe custaria a vida.

Ainda sofrendo com a perda do marido, Maria Alexandrovna estava estupefata com o que havia acontecido. Ainda mais atônita ficou Anna, a irmã mais velha de Alexander. Que diabos, perguntava, andara acontecendo? Suas palavras expressavam a profundidade de emoções havia muito caladas: "Não há no mundo ninguém melhor ou mais bondoso do que você. E não sou só eu que digo isso, como irmã; quem quer que o tenha conhecido dirá o mesmo, meu querido pequeno sol no céu, impossível de se olhar."[19] Anna foi solta, mas posta sob vigilância policial até 1892.

A mãe de Alexander, a princípio, não se convencia de que o filho andara planejando o regicídio. Escreveu imediatamente ao próprio imperador suplicando que Alexander fosse libertado. Mentiu em favor dele, afirmando que sempre fora "religioso". Mas que mãe não teria dito isso, ainda mais para salvar o filho de ser enforcado? No Ministério do Interior, reconheceu-se que a imprensa poderia abraçar a causa de Maria Alexandrovna, a não ser que ela própria visse os elementos da confissão de seu filho. Rompendo com os precedentes, teve permissão para ir a São Petersburgo e falar com o prisioneiro. Alexander nada fingiu. Era culpado do crime mais hediondo sob a lei imperial, e o admitia. A esperança de sua mãe era que ele fizesse o que os demais de seu grupo estavam fazendo, expressando remorso e suplicando misericórdia. Sensatamente achava que ele poderia garantir para si uma sentença de trabalhos forçados. Se isso acontecesse, pretendia levar os filhos mais moços dos Ulyanov — presumivelmente também Vladimir — à Sibéria, para ajudar Alexander a cumprir sua pena. Maria Alexandrovna apoiaria seu filho mais velho, não importasse como.

Quando mãe e filho se encontraram, na Fortaleza de Pedro e Paulo, Alexander caiu de joelhos e implorou-lhe seu perdão. Mas recusou-se a pleitear um indulto. O imperador prestou atenção aos trâmites do processo e estava cônscio de que Alexander Ulyanov ampliava conscientemente o grau de sua responsabilidade pela tentativa de assassinato, mas não via motivo para comutar a sentença de pena de morte dada pelo tribunal. Não apenas Ulyanov mas também V. D. Generalov, P. I. Andreyushkin,

V. S. Osipanov e P. Y. Shevyrov foram postos na prisão de Shlisselburg e, ao amanhecer do dia 8 de maio de 1887, foram tirados de suas celas e enforcados.

A mãe de Alexander voltara para Simbirsk: não havia absolutamente mais nada que pudesse fazer por ele. Após a morte do marido e a execução do filho mais velho, parecia ter enlouquecido e considerava a hipótese de suicídio. Na sua ausência de São Petersburgo, Anna Veretennikova, a tia das crianças, viera de Kazan para cuidar delas. A professora Vera Kashkadamova também visitou a casa da rua Moscou. Todos os filhos dos Ulyanov estavam em profundo estado de choque. As duas filhas mais velhas pareciam especialmente aflitas. Anna Ilinichna perdera o irmão que adorava, mas conseguiu ocultar suas emoções. Olga Ilinichna, no entanto, atirou-se ao chão, soluçando. Então, saltou de pé e começou a gritar ameaças contra o imperador, que se recusara a poupar a vida de Alexander. Tia Anna ficou horrorizada. Mas, então, Olga também controlou-se e esforçou-se para não deixar que a mãe visse sua angústia. Maria Alexandrovna começou a recompor-se. Já não pensava mais em suicidar-se. Quando sua filha caçula, a pequena Maria, pulou em seu colo na sua volta de São Petersburgo, entendeu que havia tomado a decisão certa. Os Ulyanov estavam determinados a sobreviver.[20]

Suportaram não só as perdas, mas também o ostracismo social. Vera Kashkadamova era um dos pouquíssimos amigos da família que ainda falavam com eles. A respeitável Simbirsk — seus médicos, professores, administradores e oficiais do exército — demonstrava sua repugnância por qualquer família capaz de criar um regicida. Quando Olga foi para o ginásio, professoras e colegas se recusaram a manter qualquer contato com ela. A sociedade local estava fechando suas portas à família. A maior parte das pessoas estava horrorizada com o complô para assassinar o imperador. Em 1881, a família Ulyanov comparecera ao serviço fúnebre na catedral em honra de Alexandre II. Mas um membro da mesma família agora se envolvera numa conspiração assassina, e os Ulyanov estavam sendo tratados como párias.

O autêntico significado dessa terrível experiência jamais foi reconhecido. A questão é que os Ulyanov nunca foram exatamente a mesma coisa que a maioria das outras famílias nobres de Simbirsk. Ilya Nikolaevich era um recém-chegado ao status de um título hereditário. Em uma única geração, através de seus próprios esforços profissionais, galgara com dificuldade a escala social e entrara para a nobreza. A massa dos nobres da província de Simbirsk desfrutava desse status havia várias gerações, e havia pouco contato entre eles e a família Ulyanov. O esnobismo era generalizado. Ilya e Maria haviam tentado superar essa dificuldade principalmente a ignorando e seguindo em frente com suas vidas. A pressão sobre os filhos para se sair bem na escola e conseguir habilitações formais era característica de pais que tinham vindo das margens e queriam integrar a família à sociedade imperial. Essa esperança fora despedaçada pela temerária filiação de Alexander a um grupo de terroristas. Estavam de volta ao setor marginal da sociedade, e todos os filhos — de Anna até a pequena Maria — punham a culpa de sua exclusão social no imperador e seus ministros. Não conseguiam pensar em Alexander sem rancor do tsarismo.

Vladimir Ulyanov conseguiu reprimir suas emoções mais eficazmente que suas irmãs Anna e Olga. A mágoa existia, mas ele a enterrou. Há uma história segundo a qual Vladimir, ao saber da execução de Alexander, reagiu não como um membro da família, mas como um revolucionário em formação. Segundo Maria Ilinichna, ele concluiu que a falência estratégica do terrorismo socialista agrário havia sido provada. "Não", diz-se que ele falou, na presença dela, "não devemos seguir esse caminho." Isso foi tomado pelos marxistas-leninistas — e não só por eles — como prova da íntegra decisão de Vladimir, aos 16 anos, de repudiar o socialismo agrário. É difícil imaginar história menos plausível, mesmo considerando que gerações de estudiosos a aceitaram. Maria Ilinichna escreveu suas memórias depois da morte de Lenin, quando era obrigatório retratar sua carreira como algo monolítico, e o próprio Lenin como infalível, até quando rapaz. A utilidade de seu testemunho é dúbia de qualquer maneira, uma vez que tinha apenas 8 anos quando Alexander foi enforcado. Desafia a credibilidade que fosse capaz de relembrar as palavras exatas de uma declaração cuja ressonância ideológica nada teria significado para ela na infância.

Mais plausível é a narrativa feita por Vera Kashkadamova, ocasional professora particular deles. Estava impressionada com a disponibilidade de Vladimir em jogar loto e brincar de charadas com seus irmãos mais novos, a fim de distraí-los de sua dor. O tópico de Alexander surgia inevitavelmente nas conversas e, segundo Kashkadamova, Vladimir não expressava qualquer opinião que o distanciasse do irmão mais velho. Pelo contrário, ela se lembrava do seguinte comentário: "Isso deve significar que tinha de agir assim; não podia agir de qualquer outra maneira."[21]

Essa é, com certeza, a voz autêntica de Vladimir Ulyanov. Nos poucos anos após a morte do irmão, Vladimir entrou para grupos dedicados às ideias de terroristas socialistas agrários. Isso é inexplicável, caso ele de fato já tivesse optado por um marxismo do tipo que rejeitava aquilo que seu irmão havia defendido. Mesmo assim, a narrativa de Kashkadamova não demonstra que Vladimir estivesse tão impressionado pelo precedente de Alexander a ponto de instantaneamente ter adotado suas ideias. Não há, na verdade, motivo algum para pensar que Vladimir tivesse ideias fixas a respeito de qualquer coisa. Mais provavelmente, estava só começando a entender o mundo das ideias revolucionárias. É provável também que sentisse uma simpatia instintiva, mas ainda pouco nítida, pelas escolhas do irmão. Tinham suas discordâncias, e nos últimos tempos não vinham tendo um bom relacionamento, mas isso não impediu a onda de identificação póstuma de Vladimir com ele. E pode até ter aumentado a inundação. A frase lembrada por Kashkadamova — "ele não podia agir de nenhuma outra maneira" — é provavelmente o melhor sinal de que Vladimir sentia-se levado a descobrir por que seu admirado irmão mais velho agiu como agiu. O desaparecimento de Alexander teve a consequência de cristalizar os pensamentos de um rapaz brilhante na postura de um ativista revolucionário.

## 4. O cultivo da mente

### 1887-1888

O senso de dever da família era tal que Vladimir e Olga Ulyanov continuaram a se preparar para os exames de fim de ano do seu ginásio, ao longo dos meses da prisão e execução de Alexander. A tenacidade desses dois jovens foi extraordinária. Embora Simbirsk ainda não estivesse em qualquer linha de estrada de ferro, o governo providenciou que todos soubessem do crime e do castigo de Alexander Ulyanov. As autoridades municipais também colaram cartazes sobre o acontecimento, que foi tema de um artigo em uma edição especial do *Notícias da Província de Simbirsk,* dois dias depois que ele foi enforcado.[1]

Foi nesses dias que Vladimir fez a primeira de suas provas finais no Ginásio Clássico de Simbirsk. Os exames começaram em 5 de maio de 1887 e duraram um mês. A concentração de Vladimir foi impecável, mesmo estando ele e o restante da família arrostados pelas notícias terríveis de São Petersburgo. Seu desempenho acadêmico foi muito impressionante; de fato, naquelas circunstâncias, seu desempenho foi quase sobre-humano. Conseguiu tirar 5, a nota máxima possível, em todas as dez matérias das provas.[2] Vladimir saiu-se como o primeiro de sua turma de 29 examinandos e estava habilitado para receber a medalha de ouro do ginásio, como seu irmão já havia recebido. Sua irmã, Olga, teve o mesmo resultado no Ginásio Marinskaya de Simbirsk.[3] A concessão dessas medalhas tornou-se uma questão delicada, após o escândalo da tentativa de Alexander Ulyanov de assassinar o imperador. Mas os dois ginásios estavam suficientemente isolados de pressão política para que Vladimir e Olga pudessem receber seus prêmios.

Kerenski escreveu uma referência de apoio a Vladimir:

> Extremamente talentoso, consistentemente interessado e preciso, Ulyanov, em todas as turmas, foi o primeiro aluno e, no final de seu curso, recebeu a medalha de ouro, como o mais merecedor, em desempenho, desenvolvimento e comportamento. Nem no ginásio, nem fora dele, surgiu qualquer ocasião em que Ulyanov, por palavras ou ações, tenha atraído uma opinião desaprovadora por parte das autoridades dirigentes ou dos professores do ginásio. Seus pais sempre supervisionaram cuidadosamente a educação e o desenvolvimento moral de Ulyanov e, a partir de 1886, após a morte de seu pai, isso envolveu também a mãe, que concentrou seus cuidados e suas preocupações na criação de seus filhos. A religião e a disciplina racional estão nos fundamentos da educação.
>
> Os bons frutos da criação doméstica estavam óbvios no excelente comportamento de Ulyanov. Olhando com mais atenção para a vida doméstica e o caráter de Ulyanov, não posso deixar de observar seu isolamento excessivo e seu autodistanciamento de relações até mesmo com seus conhecidos — e, fora do ginásio, até com colegas que eram a ilustre nata da escola — e, de um modo geral, sua insociabilidade. A mãe de Ulyanov não pretende deixar o filho fora de sua supervisão durante o tempo inteiro de sua educação na universidade.

Qual era o propósito de Kerenski em seu último parágrafo? Talvez estivesse se resguardando profissionalmente contra a possibilidade de que o menino viesse a se envolver em manifestos estudantis universitários. Mas provavelmente Kerenski estava apenas dizendo a verdade, e seu aluno era bastante antissocial. Vladimir nunca fora muito gregário, e os que o conheceram enquanto seu irmão Alexander estava no cárcere observaram que se tornara muito deprimido e inamistoso.

Maria Alexandrovna precisava pensar rápido. Sua primeira decisão foi vender a casa da rua Moscou e mudar-se para a província de Kazan.

Isso era sensato. Em Simbirsk, os Ulyanov teriam de enfrentar o ostracismo social incessante, enquanto Maria Alexandrovna podia contar com que sua família seria bem recebida em Kokushkino. O dr. Blank havia acrescentado uma ala à mansão de Kokushkino, especificamente para que suas filhas pudessem trazer suas famílias nas visitas, e deixou a propriedade conjuntamente para suas cinco filhas quando morreu, em 1870. Assim, os Ulyanov tinham a renda de uma participação no lucro obtido dos camponeses que arrendavam a terra. Até 1887, Maria Alexandrovna deixara a cargo de Anna Veretennikova e Lyubov Ardasheva, suas irmãs, o cuidado de seus interesses em Kokushkino.[4] Maria Alexandrovna, apressadamente, alertou as irmãs de que precisava mudar para a propriedade. Assim que responderam positivamente, vendeu a casa da rua Moscou — aconteceu de o comprador ser o chefe de polícia de Simbirsk — e só voltaria à cidade quando seu filho Dmitri lá assumisse um cargo médico, em 1905.

As crianças enfrentaram a perda do irmão sem mencioná-la. Tinham sido criados desse modo. Passaram-se anos até que a mais velha, Anna Ilinichna, conseguisse conversar com alguém sobre Alexander e, mesmo assim, conversou só com a mãe, e nunca com os irmãos ou a irmã.[5] A tensão íntima era terrível. A mãe pediu a Anna que desse a Maria, a irmã caçula, alguma ajuda acadêmica. Mas Maria, temerosa, rejeitou a oferta:[6]

> Minha irmã estava me preparando, na época, para a prova da segunda série do ginásio. Tendo sofrido recentemente o trauma cruel da morte trágica de um irmão que endeusava, estava muito nervosa. Isso às vezes se manifestava também no decorrer de seu trabalho comigo, o que significava um tormento para nós duas. Lembro-me de como o rosto de Vladimir Ilich ficava sombrio quando escutava uma dessas explosões, e ele dizia, como se fosse para si mesmo: "Não é assim que se faz."

O próprio Vladimir sabia ser abrupto. Quando a pequena Maria, orgulhosamente, mostrou-lhe um bloco de notas que tinha feito, ele lhe disse que era inaceitável costurar páginas em branco com linha preta e obrigou-a a refazer a operação.⁷ Mas, pelo menos, ele não a atormentava emocionalmente — e ela, por seu lado, gostava de agradá-lo.

Ele ainda precisava decidir em que universidade entrar e em que curso se formar. Não fosse pela notoriedade do irmão, teria ido para a Universidade de São Petersburgo, mas disseram a Maria Alexandrovna que isso não receberia aprovação oficial. Consequentemente, Vladimir procurou entrar para a Universidade Imperial de Kazan, onde seu falecido pai havia estudado. A escolha do curso em que se formar causou certa surpresa. Quando Vladimir declarou que planejava estudar direito, seus amigos não conseguiram entender. Naquele tempo, eram as ciências naturais que atraíam os estudantes russos mais capazes (como Alexander Ulyanov). Os professores de Vladimir, percebendo seu excepcional aproveitamento em latim e grego, teriam preferido que ele estudasse na Faculdade Filológica. Mas Vladimir insistiu em estudar direito. Ao contrário de Alexander, nunca achou a biologia e outras ciências atraentes. Mas por que, com seu interesse pela literatura, não entrava para a Faculdade Filológica? A resposta continua obscura. Mas talvez tenha julgado que seria mais fácil fazer carreira como advogado independente do que como palestrante, no ensino superior, dependendo de um salário do Estado.

Sua mãe, Maria Alexandrovna, esperava tê-lo deixado livre da política e outros perigos. Conseguira até fazê-lo parar de fumar cigarros. Seu principal argumento fora o de que sua condição física iria decair se continuasse a fumar e que ele, quando criança, já não gozara da melhor saúde possível. Ele a ignorou por completo. E então, no desespero, ela argumentou que, uma vez que ele não contava com renda independente, não tinha o direito de desperdiçar os fundos da família com tabaco. Ele cedeu, e nunca mais pôs um cigarro na boca.⁸ Maria Alexandrovna ficou satisfeita não só com isso, mas também pelo gosto que Volodya tomou pelos esportes rurais em Kokushkino. Ia caçar com espingarda na mata, esquiar nas trilhas do campo e com frequência levava Dmitri em sua companhia.⁹

Mas as aparências eram enganosas. Alexander Ulyanov deixara para trás livros e artigos que teriam chocado seu pai. Os principais eram obras de Nikolai Chernyshevski. Quando Vladimir falava sobre o episódio, mais tarde, reconhecia que Chernyshevski "revolvera repetidas vezes a sua mente, como um arado". Vladimir estava numa idade em que era suscetível a uma influência profunda das leituras que empreendia. Tinha a facilidade técnica de um rigoroso aprendizado linguístico, mas, até então, não acalentava crenças. Sua fé cristã descambou aos 16 anos. Sua mente era como um motor sem a barra de direção: era potencialmente muito possante, mas ficaria sem rumo enquanto não decidisse o que achava do mundo. Nem o pai nem o irmão estavam vivos para orientá-lo, e ele não via mais seus professores. Vladimir voltou-se para as estantes, em busca de inspiração. Abriu mão de sua paixão pelo latim e de tudo que tirasse o foco de sua autoeducação política.[10] Essa não seria a última vez que se negava um prazer. Em anos futuros, abriria mão do xadrez, de Beethoven e dos patins para se concentrar nas incumbências revolucionárias logo pertinentes.

Chernyshevski era um estranho escritor para exercer tal impacto. Sua prosa era como uma moita de urtigas. Uma verbosidade esparramada era coberta de construções densamente abafadas, e parecia imune aos modelos oferecidos pelos grandes romancistas russos de meados do século XIX. Mas não foi o estilo que atraiu Vladimir para Chernyshevski. De qualquer forma, as estruturas frasais de Chernyshevski, com suas sentenças alongadas e moitas de orações subordinadas, eram facilmente recebidas por alunos do ginásio, com seu domínio do latim.

A admiração de Vladimir era considerável. Em 1864, o Ministério do Interior baniu Chernyshevski, como oponente irreconciliável da autocracia Romanov, para um campo de trabalhos forçados na Sibéria Oriental (e somente em 1889, já muito doente, foi-lhe permitido voltar a sua cidade natal de Saratov, no Volga). O império russo era tão vasto, que não era necessário deportar subversivos do país: podiam ser mantidos numa cidade distante e, com isso, impedidos de fomentar desordem do exterior. Chernyshevski recusou-se a retratar suas opiniões. Em geral, considera-se que ele foi um socialista revolucionário agrário, mas ele, não obstante, não foi um idealizador do campesinato. Nem esposou a vida rural. Queria que o desenvolvimento cultural fosse acelerado em seu país e defendia a industrialização. Pedia um sistema político democrático baseado em eleições por sufrágio universal. Apoiava os direitos femininos. Opunha-se à legislação discriminatória atingindo as nações não russas e os grupos étnicos. Advogava a criação de uma sociedade sem classes e descrevia a monarquia imperial como bárbara, parasitária e obsoleta.

De fato, Chernyshevski via-se como alguém que oferecia uma visão de um futuro russo congruente com as obras de pensadores socialistas do restante da Europa; lia fluentemente em alemão e francês, e era um leitor entusiasta de Karl Marx, porém estava muito longe de achar que a Rússia tinha sempre algo que aprender com a Alemanha sem ensinar nada em troca. Manteve uma correspondência irregular com Marx, que começou a aprender a língua russa, a fim de familiarizar-se com os textos de Chernyshevski sobre a questão agrária no império russo. Para um jovem como Vladimir Ulyanov, que se sentia à vontade explorando a cultura europeia, Chernyshevski encarnava um modelo intelectual.

Vladimir Ulyanov era atraído por Chernyshevski tanto emocional quanto racionalmente. Ficou tão impressionado com o exemplo heroico de um homem que sofreu servidão penal na Sibéria em nome de ideais políticos que conseguiu uma fotografia de seu ídolo, e sempre a levava em sua carteira. O livro que penetrou profundamente em sua consciência foi a obra *O que se há de fazer?*. Um romance construído estropiadamente e escrito prosaicamente, mas que oferece um retrato de um grupo de militantes socialistas. A solidariedade de uns para com os outros e seu engajamento político, sua dedicação à melhoria autoeducacional, e sua irreconciliável hostilidade para com o tsarismo cativaram Vladimir Ulyanov. O personagem principal era puro de espírito e dotado com a aura do líder incontestado. É razoável imaginar que Vladimir Ulyanov identificava-se muito de perto com ele. Nem todos os jovens intelectuais em formação ficavam igualmente impressionados pelo livro de Chernyshevski, e seu estilo e sua estrutura canhestros tornaram-no objeto de alguma ironia. Mas Vladimir Ulyanov não queria saber disso. *O que se há de fazer?*, de Chernyshevski, ajudou-o a definir a direção de sua vida, e ele era um ardente protetor da reputação de Chernyshevski.

Com tudo isso, então, Vladimir Ulyanov tinha os mesmos pensamentos de seu irmão. No espaço de um ano, adotou a visão do mundo e as aspirações de um revolucionário. Na medida em que visava a aprofundar sua compreensão da política e da sociedade, queria fazê-lo na universidade, mas não aos pés de seus professores universitários. Antes mesmo de entrar para a Universidade Imperial de Kazan, já procurava confusão.

A garantia da mãe de que iria viver perto do filho foi um fator importante para conseguir matriculá-lo, como também o foram os fundos de que ela dispunha. Os filhos dos Ulyanov ainda vivos — Anna, Vladimir, Olga, Dmitri e Maria — gostavam de afirmar que todo o subsídio que recebiam de Maria Alexandrovna era na forma da pensão de seu falecido pai. Isso era bobagem. Até mesmo os dados financeiros publicados demonstram o contrário. O testamento de Ilya Ulyanov deixou os 2 mil rublos no Banco Público da Cidade de Simbirsk para sua esposa e seus filhos.[11] Essa não era uma quantia insubstancial, sendo um quarto do que a família teve de pagar em 1889 pela propriedade comprada pela mãe das crianças em Alakaevka. A venda da casa dos Ulyanov na rua Moscou em Simbirsk, no verão de 1887, rendeu mais 6 mil rublos para a família.[12] Havia também a parte de Maria Alexandrovna na renda da propriedade de Kokushkino, mais as somas que o dr. Blank deixou para ela na conta bancária. (A terra que herdou em Kokushkino foi originalmente avaliada em 3 mil rublos.)[13] Para rematar tudo, havia o legado de Vassily, irmão e benfeitor de Ilya Ulyanov, que morrera em 1878, aos 60 anos. A família Ulyanov não ficou privada de dinheiro disponível.

A lei russa de heranças deu a Vladimir direito a uma parte do capital de seu pai. Existe um registro disso, em relação aos 2 mil rublos acima mencionados, no Banco Público da Cidade de Simbirsk. O Tribunal Distrital determinou a seguinte divisão do legado de Ilya. Um quarto — apenas um quarto — iria para a viúva de Ilya. Um oitavo para cada uma das duas filhas, que ainda não haviam chegado à maioridade, Olga e Maria. Mas um sexto ia para cada um dos três filhos, Alexander, Vladimir e Dmitri: os meninos tinham vantagem legal sobre suas irmãs.

Mais tarde, Lenin seria criticado por viver confortavelmente de capital privado ao mesmo tempo que se proclamava destruidor do capitalismo. Há nisso alguma substância. Mas menos na crítica de que tinha um estilo de vida suntuoso: um gerenciamento financeiro cauteloso era a marca de Maria Alexandrovna. No final de agosto de 1887 — com o início do ano universitário — ela alugou acomodações temporárias em Kazan, a fim de procurar um apartamento térreo adequado. Sua irmã, Lyubov Ardasheva, viúva desde 1870, morava no sobrado da mesma casa com seus filhos Alexander e Vladimir. Os filhos das duas mulheres já haviam passado verões anteriores juntos em Kokushkino e gostavam da companhia uns dos outros. Kazan pôs fim à solidão sofrida em Simbirsk (e, na verdade, em Kokushkino, uma vez que lá tampouco raramente viam algum vizinho).[14] Mas não podiam ficar muito tempo no apartamento: precisavam de uma residência maior. Após um mês, Maria Alexandrovna encontrou o que estava procurando e mudou-se com a família para a rua do Novo Comissariado.[15] Dmitri e Maria foram para o ginásio de Kazan, e Vladimir começou a assistir a palestras na Universidade Imperial de Kazan. As refeições eram feitas em casa. Maria Alexandrovna esperava estabelecer a família em algo próximo da normalidade que desfrutavam antes de 1886.

Kazan, no entanto, não era a cidade tranquila que ela havia credulamente imaginado. Fora um dos espaços contenciosos entre os russos e os tártaros no século XV, e os livros de história da Rússia nunca deixaram de registrar que a vitória de Ivan, o Terrível, sobre os tártaros em Kazan, 1552, e em Astracã, 1556, abriu caminho para a expansão imperial russa para o sul e para o leste. A cidade conservou sua importância estratégica nos séculos subsequentes. O comércio era sua seiva vital. Encarapitada num ângulo do rio Volga, Karan era um importante entreposto para mercadorias que necessitavam de transporte adicional por ferrovia para Moscou e São Petersburgo. Era raro existir uma rua sem a sua igreja. Kazan era uma gema da arquitetura russa. O triunfalismo histórico não foi a única causa disso. As autoridades oficiais também haviam construído igrejas magníficas porque se preocupavam com a importância de Kazan como o maior centro de fé não cristã no império. Os muçulmanos constituíam um décimo da população da cidade. O Islã tinha, lá, suas várias instituições, incluindo imprensa em caracteres arábicos. A composição étnica era igualmente preocupante para São Petersburgo. Os tártaros representavam 31% dos habitantes da província — e havia também basquires e chuvaches. O Ministério do Interior, consequentemente, não corria riscos quanto às questões da cidade. Governadores sucessivos ficaram famosos por suas abordagens abrasivas e militares da administração civil. Às vezes, era como se Kazan fosse tratada como uma colônia longínqua que precisava de uma exibição de brutalidade para se manter em ordem.

As tensões na cidade como um todo eram evidentes em sua universidade, embora dificilmente houvesse nela alunos tártaros. Em 1884, as autoridades centrais na capital apertaram as regras para o comportamento dos estudantes, que se ofenderam tanto em Kazan como em outros centros. Houve manifestações contra o reitor. A Universidade de Kazan vivia à beira da desordem pública, e a reação do reitor era sempre endurecer a disciplina. Mas isso, por sua vez, irritava os sentimentos dos estudantes. Em 1885, foram introduzidos os uniformes compulsórios, de forma a facilitar a vigilância policial. Era proibido aos estudantes formar associações que não tivessem prévia aprovação das autoridades. Regulamentos mesquinhos sobre o tipo de saudação devido por eles a seus administradores e pedagogos só fizeram piorar a situação. O Ministério do Esclarecimento Popular nomeou novos professores, e as denúncias anônimas de alunos delinquentes eram estimuladas. Foi proposto até que tais alunos deveriam ser transferidos para batalhões militares disciplinatórios. A sugestão foi rejeitada, mas o fato de chegar a ter sido feita foi um sinal da situação de suspeita e temor entre governo e estudantes.

As únicas associações permitidas pelo Ministério do Esclarecimento Popular eram as chamadas *zemlyachestva*, grupos de estudantes baseados na origem geográfica; tinham aprovação oficial porque davam um senso de companheirismo e estabilidade a jovens que estavam longe de casa pela primeira vez. Não era um organismo social peculiar a estudantes. Operários itinerantes e caixeiros-viajantes as formavam; significavam apenas um exemplo de como a Rússia era cheia de tradições, sotaques, dietas, dialetos e credos religiosos locais. As *zemlyachestva* ajudavam os russos a lidar com a novidade e a insegurança. Imediatamente ao entrar para a Universidade de Kazan, Vladimir Ulyanov entrou para a *zemlyachestva* de Simbirsk-Samara, a fim de aproveitar a orientação prática e as instalações de lazer que proporcionava.

As *zemlyachestva* também funcionavam como uma organização para que os estudantes debatessem entre si. O ano acadêmico estava fadado a ser turbulento. O enforcamento de Alexander Ulyanov e seus colegas ainda causava rancor, e houve imediatamente a discussão sobre protestos que deveriam ser feitos em todas as universidades. Kazan não foi exceção, e a *zemlyachestva* de Simbirsk-Samara tentou fazer o seu papel. Os distúrbios já haviam começado em Moscou. Em cada cidade, havia ressentimentos a ser manifestados, e o inspetor N. G. Potapov relatou ao reitor N. A. Kremlov, da Universidade de Kazan, que seus próprios informantes entre os universitários o haviam prevenido para esperar problemas.[16] As emoções estavam tão atiçadas, que os alunos discutiram secretamente se marcavam ou não um ataque físico a Potapov. Em 4 de dezembro, ocorreu a irrupção. Era um dia de frio cortante de inverno. Havia neve no chão, mas o sol brilhava intensamente. Por volta do meio-dia, uma multidão de estudantes começou a se reunir nos prédios da universidade. Potapov tentou dispersá-los: "Senhores, para onde vão, aonde? Não vão!" No entanto, foi empurrado para fora do caminho.[17] Entre a turba estava Vladimir Ulyanov, estudante do primeiro ano. Os estudantes entoavam slogans exigindo, para a universidade, autonomia do Estado e liberação dos aspectos desagradáveis da regulamentação do corpo docente. A demissão de Potapov era um objetivo imediato.

O reitor Kremlov pediu a alguns professores que intermediassem em seu nome, mas os estudantes se mostraram indiferentes. No fundo de suas mentes, no entanto, estavam cientes de que o reitor, em última instância, chamaria soldados armados para dispersar a reunião. Cerca de noventa dos estudantes reunidos estavam tão enraivecidos que decidiram, na hora, abandonar seus passes estudantis especiais na sala como sinal de que não queriam mais pertencer à universidade. A decisão foi tomada no calor do momento. Esses alunos sabiam que, assim que o pessoal administrativo recolhesse os passes, o reitor não teria escolha, a não ser expulsá-los.[18]

Foram instigadas batidas policiais por toda a cidade. Estudantes eram parados nas ruas. A universidade foi fechada até segunda ordem e só foi reaberta em fevereiro de 1888. Houve consultas entre a administração de Kazan e suas autoridades superiores em São Petersburgo. Um batalhão de soldados foi distribuído em unidades em pontos apropriados por toda a cidade. Vladimir voltou para casa, na rua do Novo Comissariado, para sua mãe perturbada e para sua ainda mais perturbada antiga babá, Varvara Sarbatova.[19] O que Maria Alexandrovna podia fazer para impedir seu segundo filho de afundar ainda mais em confusões? A "bela família", como o obituário de Ilya havia caracterizado os Ulyanov em Simbirsk, não servia de modelo para gente respeitável. Seu potencial para carreiras brilhantes e regulares não se realizaria. No decorrer da noite de 4-5 de dezembro, a polícia apareceu para buscar Vladimir, como fizera no caso de outros estudantes de Kazan. Presos, foi-lhes perguntado onde mais gostariam de viver. Não lhes seria permitido permanecer em Kazan. Maria Alexandrovna pensou na solução óbvia: apelaria ao Ministério do Interior por uma permissão para voltar a Kokushkino com seus filhos.

Por ora, a família teve de esperar as decisões do reitor, anunciadas em 6 de dezembro de 1887. Trinta e nove estudantes foram expulsos da Universidade de Kazan, e Vladimir Ulyanov estava entre eles. Só dois outros estudantes cursavam, como ele, o primeiro ano.[20] Sua licença de residência em Kazan foi retirada e, em 7 de dezembro, ele foi "exilado" para Kokushkino.

A capacidade da mãe em conduzir seus filhos estava se acabando. Ainda conseguiria exercer um grande controle por meio da necessidade deles por seu apoio financeiro; mas, geralmente, ela lhes dava o que pediam. Um instrumento mais sutil foi o fato de que o governo imperial fez concessões a Vladimir Ulyanov se sua mãe servisse como uma espécie de fiadora de seu bom comportamento. Assim, pôde voltar a Kokushkino com a condição de que ela morasse lá com ele. Mas nem isso lhe deu muito poder sobre o filho. Queria mais ficar com ele do que ele queria estar com ela. Maria Alexandrovna deve ter se sentido desiludida com Vladimir, mesmo não tendo expressado esse sentimento — e não há prova alguma de que ela, algum dia, o tenha censurado. Coloca-se a questão de por que ela se conteve tanto. Por que ela foi conivente em sua má conduta? Um motivo parecia ser que Ilya tinha funcionado como o disciplinador da família, o papel paterno habitual nas famílias russas contemporâneas. Outro motivo pode muito bem ser que ela inteligentemente concluiu que nada poderia ter tirado Alexander de sua rota de autodestruição — e, portanto, por que presumiria que pequenas proibições feitas a Vladimir seriam mais eficazes?

Tinha muito o que aguentar. A expulsão de Vladimir desintegrou o restante da família. Dmitri, morando em Kazan e indo ao Ginásio Clássico de lá, não podia voltar com a família para Kokushkino, então teria de encontrar alojamento na escola. O mesmo aconteceu com sua irmã,

Maria; e até Anna, que havia sido levada para morar em Kokushkino, seria afetada, caso o Ministério do Interior resolvesse banir da província de Kazan o mais velho dos filhos de sua mãe ainda vivo.

Ele voltou para casa em 4 de dezembro de 1887 para uma mãe que não mais o controlava. Durante sua residência em Kazan, já havia entrado em contato com ativistas revolucionários. A cidade era um lugar de exílio usado pelo governo central para dispor de seus inimigos — e, nesse período, havia dezenas de pessoas assim, sob vigilância policial. Não era demasiado difícil para o irmão de um revolucionário executado descobrir quem era os simpatizantes revolucionários locais e como participar de suas discussões. O grupo que atraiu Vladimir Ulyanov era liderado por Lazar Bogoraz, um socialista agrário defensor do terrorismo. As ideias exatas de Bogoraz são um tanto obscuras. Mas, sem dúvida, queria o fim da monarquia e defendia a transformação social e econômica do país; e parece ter tido a esperança, tal como Alexander Ulyanov, de minimizar as incipientes divisões dentro do movimento revolucionário clandestino. Vladimir estava no primeiro estágio de desenvolver suas ideias sobre a política da revolução. Era natural para ele começar aprendendo o que podia de pessoas que eram afins com seu irmão e, de fato, suficientemente sérias em seu engajamento político para manter contato com grupos semelhantes em São Petersburgo e outros centros.

Na verdade, não tivesse sido pelo tumulto na Universidade de Kazan, Vladimir teria ficado mais profundamente envolvido em uma conspiração revolucionária naquela cidade. Sua expulsão sumária livrou-o de envolver-se em atividades que lhe teriam rendido uma sentença muito mais severa.[21]

Maria Alexandrovna estava disposta a apoiar seus filhos, independentemente de suas atividades extramuros, mas não conseguia deixar de se afligir. Anna Ilinichna escreveu a um amigo: "Estamos agora muito perturbados quanto ao destino de Volodya. Será, é claro, muito difícil para mamãe soltá-lo em qualquer outro lugar, mas não há como segurá-lo no campo."[22] Sua mãe e sua irmã mais velha concordavam em uma coisa: ele tinha de se formar numa universidade. De alguma forma, seria preciso obter permissão para ele voltar ao sistema educacional. Conversaram com ele a respeito, e Vladimir lhes falou de seu desejo de ir para uma universidade estrangeira. Isso era financeiramente possível para a família; mas Maria Alexandrovna não quis sequer ouvir falar no assunto. Em 9 de maio de 1888, ele, portanto, escreveu ao Ministério do Esclarecimento Público solicitando sua readmissão na Universidade Imperial de Kazan.[23] Concomitantemente, sua mãe escreveu, em termos semelhantes, ao diretor do Departamento de Polícia. Ambos os pedidos foram recusados. Em setembro, pediu permissão para deixar a Rússia, a fim de estudar no exterior.[24] Mais uma vez, o pedido foi recusado. A polícia fazia objeção a sua "participação ativa na organização de círculos revolucionários entre a juventude estudantil de Kazan".[25] O Ministério do Interior gostava de manter os inimigos do regime não somente longe de São Petersburgo e Moscou, mas também afastados de países estrangeiros.

No entanto, demonstrou-se alguma indulgência com os Ulyanov. O Ministério do Interior, sob os tsares, não era nem de perto tão sistematicamente opressor quanto seria a força policial criada por Lenin no final de 1917. Em setembro de 1888, a família obteve permissão para restabelecer residência em Kazan. Vladimir não tinha sido apaziguado pela experiência. Cheio de audácia, mandou uma carta para ninguém menos que Nikolai Chernyshevski, exilado em Saratov.[26] Uma vez de volta a Kazan, ainda por cima, procurou os ativistas revolucionários locais. Um círculo clandestino organizado por N. E. Fedoseiev funcionava na cidade, e Vladimir Ulyanov entrou para ele.[27]

Fedoseiev estava a caminho de declarar-se marxista, mas tais círculos ainda não estavam convictos quanto a identificar-se inteiramente com o Grupo de Emancipação do Trabalho, de Georgi Plekhanov, na Suíça. Em particular, Fedoseiev — em forte contraste com Plekhanov — não se encantou com a perspectiva do desaparecimento do campesinato nas mãos do agressivo desenvolvimento capitalista. Fedoseiev achava que havia uma oportunidade de que uma ampla classe de fazendeiros de pequena escala pudesse sobreviver — e, sem dúvida, sua simpatia residual pelo socialismo agrário significava que recebia bem essa possibilidade, por motivos morais.[28] Vladimir Ulyanov foi positivamente atraído pela pura dedicação intelectual de Fedoseiev, que providenciou para que seu círculo mantivesse frequentes discussões sobre aspectos capitais das tendências econômicas, sociais e políticas. Esse foi um período de intenso esforço mental. O jovem Vladimir, liberado de qualquer obrigação de estudar para formar-se na universidade, lia furiosamente por sua própria conta. Usando a ampla biblioteca do irmão e montando a sua, levava em consideração autores que estavam no centro das discussões culturais europeias nos anos 1880. Entre eles, David Ricardo, Charles Darwin, Henry Buckle, Karl Marx e Friedrich Engels. *O capital*, de Marx, era um tópico de interesse crucial.

Vladimir Ulyanov queria educar-se num plano mais abrangente do que havia sido estimulado no Ginásio Clássico de Simbirsk ou na Universidade Imperial de Kazan. Presumia que não poderia levar-se a sério nesse projeto, a não ser que tivesse convincentes fundamentos intelectuais. Ao mesmo tempo, não estava totalmente mergulhado na política. Com seu primo, Alexander Ardashev, visitou um clube de xadrez em Kazan. Também foi a récitas de óperas com sua irmã, Olga, e seu irmão, Dmitri. Seu fascínio pelo xadrez era tal que disputava partidas pelo correio com Andrei Khardin, advogado de Samara.[29] Não era um feito desprezível, uma vez que Khardin tinha talento suficiente para ser levado a sério por M. I. Chigorin, o enxadrista mundialmente famoso.[30]

A estada dos Ulyanov em Kazan, no entanto, já não agradava mais à mãe da família; ela estava sem dúvida achando que poderia orientar Vladimir para longe dos perigos da política se o afastasse de seus amigos revolucionários locais. Precisava descobrir algum outro lugar para viver. Houve ajuda disponível. Anna Ilinichna atraíra um admirador na pessoa de Mark Yelizarov, que conhecera como amigo de Alexander Ilich na Universidade de São Petersburgo. Yelizarov negociou a compra de uma nova propriedade em nome dos Ulyanov. Procurou, não perto de Kokushkino, mas em sua província natal de Samara, onde seu irmão — um agricultor bem-sucedido — cultivava 60 hectares.[31] Yelizarov conseguiu uma opção para uma casa e terreno de propriedade de Konstantin Sibiryakov, magnata do ouro siberiano. A província de Samara fica mais ao sul, descendo-se o Volga, entre Simbirsk e Astracã. Sibiryakov comprara não apenas uma, mas diversas propriedades rurais, após fazer fortuna com as minas de ouro na Sibéria. Mas era um industrial com consciência política e social. Tinha opiniões esquerdistas, simpatizante do socialismo agrário, e também acreditava nos métodos modernos: introduzira a mais recente tecnologia agrícola em suas terras, na província de Samara.³²

Os baixos preços agrícolas nos anos 1880 tornaram difícil para ele ter lucro e, por isso, decidiu vender tudo. Sua preferência era por compradores que, como ele próprio, ficavam à esquerda do espectro político. O resultado foi que Sibiryakov vendeu suas várias propriedades a um preço baixo a novos proprietários que queriam modernizar a agricultura sem diminuir o padrão de vida do campesinato local. Alguns desses proprietários eram socialistas agrários, como Alexander Preobrajenski. Havia também seguidores de Tolstoi na localidade, cristãos e pacifistas. Os novos proprietários, independentemente de sua orientação específica, aborreciam-se porque o governo não tinha interesse em melhorar a vida dos camponeses. Sibiryakov recebeu de braços abertos os Ulyanov como potenciais compradores de uma propriedade em Alakaevka; e, depois de ter acertado com Yelizarov, a propriedade foi paga com os vários legados sob o controle de Maria Alexandrovna.³³

Mas as aspirações políticas de Vladimir continuaram. Repetidas vezes visitou o grupo de Fedoseiev e também procurou M. P. Chetvergova, o veterano terrorista do Liberdade do Povo, então, morando em Kazan. Em sua leitura de livros e em suas variadas conversações, assimilava tudo que podia sobre os esforços de revolucionários russos para se livrar da dinastia Romanov. Chernyshevski já o havia cativado. Outros revolucionários, também, se tornaram chegados a Vladimir. Importantes terroristas socialistas agrários, tais como Stepan Khalturin e Ippolit Myshkin, foram, para ele, heróis durante toda a vida.³⁴ Ficaria não menos apaixonado pelo romancista francês Émile Zola, que, em 1898, faria uma arrebatadora defesa literária de Alfred Dreyfus, o infeliz oficial judeu das forças armadas francesas. A fotografia de Zola também ficava na carteira de Vladimir. Nem seria inteiramente impróprio especular que Vladimir tinha tanto seus ódios profundos como amores. A execução de seu irmão deixou-lhe um rancor permanente contra a dinastia Romanov; e os problemas de sua família, após a tentativa de assassinato de 1887, devem ter aumentado seu sentimento de que as respeitáveis classes sociais média e alta — a aristocracia, a nobreza latifundiária, o mercantilismo urbano — não mereciam qualquer respeito. A imagem convencional de

Vladimir como uma figura friamente calculista é apenas parte da verdade. Ele era também um jovem de intensas emoções, e os amores e ódios em suas opiniões sobre política eram sentimentos autênticos e apaixonados.

Para Vladimir, então, o império russo não era meramente lento demais em sua transformação social. Igualmente importante é que ele era opressivo. Era o bastião da Europa contra o Progresso; seus soldados tinham intervindo diretamente em defesa dos velhos regimes ameaçados por revoluções em 1848. O tsarismo, Vladimir insistia em dizer, tinha de ser derrubado. Mal podia conter sua raiva e, embora suas ideias revolucionárias ainda não estivessem formadas, o engajamento revolucionário já estava firme.

## 5. Caminhos para a revolução

1889-1893

Em 3 de maio de 1889, a família Ulyanov despediu-se de seus parentes Veretennikov e Ardashev na província de Kazan e embarcou no vapor à roda que fazia a rota, descendo o Volga até Samara. O embarcadouro ficava a mais de 6 quilômetros de Kazan. O Volga corre para o sul, rumo ao mar Cáspio, de forma lenta e serpeante, e o capitão da barca tinha de evitar os baixios e as ilhotas que atravessavam o canal do rio. O vapor precisava de dois dias para percorrer os 480 quilômetros entre Kazan e Samara. Os Ulyanov poderiam ter gostado mais da viagem, se não tivessem de parar na metade do caminho, em Simbirsk. Seriam redespertadas lembranças tristes de Ilya Nikolaievich e Alexander Ilich. Felizmente, o vapor pararia durante apenas 2 horas, deixando os passageiros com bilhetes para Simbirsk e pegando outros. Não obstante, os membros da família Ulyanov iriam inevitavelmente recordar o passado. Jamais poderiam esquecer Simbirsk, e muita gente na Rússia jamais esqueceria que a família Ulyanov incluía um rapaz que tentara assassinar o imperador Alexandre III. O irmão caçula desse rapaz um dia conquistaria sua própria notoriedade.

Chegando a Samara, a família tomou carruagens até sua propriedade, em Alakaevka, 56 quilômetros a leste da cidade. Maria Alexandrovna a comprara no escuro, confiando na recomendação de Mark Yelizarov. Alakaevka era realmente linda com sua grande casa de madeira e seu cenário esplendoroso. Florestas e colinas ficavam à distância de uma caminhada; havia também um lago onde mesmo o pescador mais inexperiente teria sucesso.¹ O escritor Gleb Uspenski imortalizou o distrito em contos adorados pelos leitores russos, incluindo Vladimir Ulyanov. De fato, Uspenski morara em uma das propriedades de Sibiryakov no final dos anos 1870; sua esposa lecionara em uma escola que Sibiryakov lá construíra. Sibiryakov foi o patrono financeiro de suas obras;² reconhecia o autor como um brilhante retratista da paisagem e dos habitantes locais. Também expunha as dificuldades enfrentadas pelos camponeses pobres lidando com dívidas, escassez de terras e os policiais. Mas, diferentemente de muitos romancistas contemporâneos, não idealizava o campesinato. Via como cada aldeia era dividida por conflitos a respeito de terra e dinheiro. Ele denunciava a inclinação dos camponeses à embriaguez e à violência, e a intolerância com forasteiros.³ Tudo isso o tornava impopular com muitos socialistas contemporâneos, mas não com Vladimir Ulyanov. Em anos posteriores, Ulyanov e outros marxistas russos se tornaram notórios por seus ataques agressivos às atitudes e práticas dos camponeses. Geralmente, fazia-se remontar a análise deles a Karl Marx e Friedrich Engels. No que toca à precisão, deve-se reconhecer que os contos de Gleb Uspenski contribuíram para o desenvolvimento intelectual de Vladimir Ulyanov.

Foi um período de mudança para a família. Enquanto os fixava em Alakaevka, Maria Alexandrovna convenceu seu filho, Vladimir, a cuidar da propriedade. Seus primos Ardashev — Alexander e Vladimir — haviam supervisionado a propriedade em Kokushkino, e Maria Alexandrovna queria que seu filho sobrevivente mais velho fizesse o mesmo pela nova propriedade adquirida.⁴

A princípio, fez o que lhe pediram, saindo para conversar com os camponeses e fazendo planos para o gerenciamento da propriedade. Enquanto isso, Anna Ilinichna ficava em casa, estudando para ser professora e ajudando na direção do lar. Olga trabalhava mais duro do que os demais. Após deixar o ginásio, dava a impressão de querer estudar 24 horas por dia. Sua ambição era matricular-se no curso de medicina na Universidade de Helsingfors (Helsinque), que — diferentemente das outras universidades no império russo — permitia que mulheres se formassem.⁵ Os filhos menores, Dmitri e Maria, entraram para os ginásios de Samara. Dmitri também esperava estudar medicina na universidade após terminar o curso na escola. A mãe estava satisfeita com toda essa determinação. Queria muito desviar seus filhos do envolvimento político, especialmente Anna e Vladimir, que já haviam entrado em conflito com as autoridades.

No entanto, Vladimir era sempre um gerente agrícola muito pouco convincente. Camponeses pobres e rancorosos moravam em Alakaevka; essa era a realidade por toda a região do Volga, especialmente entre os camponeses da província de Samara. Os nobres latifundiários locais haviam encarado a Lei de Emancipação de 1861 como uma oportunidade para conservar o máximo de terras e livrar-se das mínimas obrigações para com seus servos. O resultado foi uma "fome de terra" entre os lares camponeses. Estes tinham um provérbio tradicional para seus senhorios: "Nós somos seus, mas a terra é de Deus." Os camponeses russos achavam que a ordem social no campo era antinatural. Consideravam que somente aquelas pessoas que trabalhavam fisicamente na terra deveriam ter o direito de se beneficiar de sua produção. Essa atitude prevalecia até nas propriedades que tinham pertencido ao benevolente Konstantin Sibiryakov. Seus diversos sucessores na propriedade da terra não tinham mais probabilidade de aplacar o rancor camponês e, em poucos anos, todos haviam abandonado a atividade agrícola e vendido tudo. A maioria desses proprietários acreditara que poderia transformar suas aldeias em comunidades socialistas. Mas os camponeses foram afrontosamente não prestativos para com eles. O rancor pela classe média proprietária nunca foi eliminado.[6]

Havia uma única exceção a esse êxodo dos novos donos de terras. Foi Alexander Preobrajenski que acreditou, até a hora de sua morte, que o socialismo poderia ser criado na Rússia em aldeias de camponeses. Travando conhecimento com a família Ulyanov, tornou-se amigo de Vladimir. Mas não havia convergência de mentalidades; Vladimir já estava concluindo que o socialismo na Rússia precisaria se basear em outra classe social que não a camponesa, e ele encarava Preobrajenski como um romântico simpático, mas mal orientado.[7]

Como fazendeiro, Vladimir limitou-se a cumprir com a obediência filial. À agricultura ele preferia — se é que preferia alguma coisa — ensinar, e divulgou sua disponibilidade como explicador para os colegiais locais;⁸ mas não seguiu sequer essa atividade como uma autêntica prioridade. Arar, semear, capinar eram de ainda menor interesse. Não sabia praticamente nada de agricultura, e não fez qualquer esforço para aprender. Sua paixão se limitava a ideias revolucionárias, e ele rapidamente abandonou suas atividades como gerente da propriedade. Os camponeses, por sua parte, perceberam a oportunidade oferecida pela chegada de uma família profissional liberal de classe média urbana. Começaram as trapaças habituais. Eles também roubavam. O gado dos Ulyanov era um alvo fácil: primeiro um cavalo "desapareceu"; em seguida, uma vaca — e, quando sumiu uma segunda vaca, Maria Alexandrovna desistiu de tentar estimular o filho a assumir responsabilidade gerencial. Em vez disso, arrendou sua propriedade em Alakaevka aos camponeses, com exceção da casa da família.⁹ Ela acabou vendendo suas terras a um dos camponeses locais mais ricos, um tal de Danilin e, a partir daí, a família perdeu qualquer interesse por agricultura. Isso pode ter sido a salvação dos Ulyanov, uma vez que, no tumulto revolucionário de 1905-6, Danilin foi assassinado pelos camponeses de Alakaevka, que o detestavam tanto como detestavam os nobres latifundiários que ele substituíra.¹⁰ Se Vladimir Ulyanov houvesse ficado como capataz da propriedade, poderia ter sofrido o mesmo destino.

Tudo isso vai de encontro à noção amplamente defendida de que as ideias que teve depois baseavam-se em sua experiência habitual e próxima com os camponeses da província de Samara. A maior parte do tempo, em Alakaevka, ele estava estudando, caminhando ou caçando; não conhecia nenhuma família camponesa, o que não o perturbava. De fato, Vladimir planejava deixar o que chamava de "aquelas águas paradas provincianas" de Alakaevka assim que o Ministério do Interior suspendesse as restrições a suas atividades. Embora tenha passado lá cinco verões sucessivos, não tinha a menor intenção de permanecer por mais tempo do que fosse obrigado.¹¹ A mãe já não mandava mais nele. Quando tinha atitudes rudes, ela dizia: "Ah, Volodya, Volodya, isso é maneira de se comportar?"¹² Mas ela precisava confiar na astúcia e na persuasão; ordens já não funcionavam mais.

Nesse meio-tempo, Vladimir se distraía. Dava longos passeios pelas colinas que cercavam a propriedade. Pescava um pouco no lago, ou sozinho, ou na companhia de um de seus irmãos. Com Olga Ilinichna, continuou lendo os contos de Gleb Uspenski sobre a região; irmão e irmã passavam muito tempo juntos, até ela partir rumo a São Petersburgo, para incrementar sua educação, no outono de 1890.[13] Mas ele também ficava feliz de poder estar sozinho. Seu maior prazer era dedicar-se a seus livros. Detestava perder tempo e sabia ser francamente antissocial se sentisse que seus estudos estavam sendo indevidamente interrompidos. Quando sua mãe esperava visitas a Alakaevka que ele ainda não conhecesse, trancava-se para não ser visto e continuava com sua leitura.[14] Como exceção, permitia que sua irmã, Maria, se sentasse a seu lado, para que a ajudasse com seu dever de casa.[15] Ela havia transferido seu afeto do falecido pai para o mais velho Ulyanov sobrevivente. Mas Vladimir era um feitor severo. Verificava no dia seguinte se ela havia decorado o que ele dissera ou se havia se limitado a anotar o seu ditado.

Estava agindo como seu próprio pai, Ilya, agira com ele. Concentrando-se atentamente em sua autoinstrução, estava de novo copiando o exemplo paterno. Mas o marxismo, e não a pedagogia, era a preocupação de Vladimir. Dominava tanto a sua vida que começou a traduzir para o russo o *Manifesto comunista*.[16] Também se esforçou para conseguir aprender a ler em inglês. Durante os muitos anos vindouros, esse esforço foi para ele um meio de distração. Seus estudos como linguista o estimularam a encarar uma hora passada examinando um dicionário de língua estrangeira como uma das delícias de sua vida. Vladimir estava tentando, como outros de sua geração, resolver por si próprio como o movimento revolucionário deveria tentar reconstruir o império russo. Para esse propósito, não seria suficiente em si mesmo ler Marx e Engels ou folhear os mais recentes livros interessantes em alemão, francês e inglês. Sua obrigação era estudar as tendências atuais na economia imperial russa para discernir o que isso revelava sobre as possibilidades políticas e sociais.

Um rapaz de 19 anos e menos livresco poderia ter travado conhecimento com seus camponeses. Mas a transformação de Vladimir num revolucionário veio mais através de volumes sobre o campesinato do que de experiência direta e constante. Queria continuar os estudos no exterior, mas, em junho de 1889, as autoridades oficiais mais uma vez recusaram seu pedido de licença para viajar. No entanto, no mês seguinte, pode ter refletido sobre sua boa sorte por não morar mais em Kazan, quando a polícia prendeu os membros do círculo revolucionário de Fedoseiev.

A essa altura, Maria Alexandrovna já havia aceitado que Vladimir jamais seria fazendeiro e decidiu mudar-se com a família para Samara. Saíram de Alakaevka em 5 de setembro de 1889 e acabaram fixando residência em uma casa alugada na rua Voskresenskaya. Vladimir ficou encantado; procurou imediatamente a biblioteca pública e os assistentes políticos locais. Os críticos da ordem política e social tsarista frequentavam as mesmas bibliotecas, livrarias e cafeterias. Receberam muito bem uma pessoa da inteligência e energia de Vladimir, e ele, por sua vez, ficou satisfeito por vir a conhecer Alexei Sklyarenko, que encabeçava um dos círculos de discussão mais sérios. As sessões aconteciam sempre no apartamento de dois quartos de Sklyarenko, enquanto Ulyanov, que morava com a mãe, percebia que não poderia oferecer a residência da família para semelhante propósito. O círculo era dedicado à exploração de ideias, e Ulyanov lia em voz alta os ensaios sobre história econômica da Rússia que havia esboçado.[17] Como ex-ginasianos, insistiam para que o grupo estudasse de uma forma muito acadêmica. Só depois de enfrentar cultura geral, história e economia é que eles se permitiriam passar a examinar a teoria socialista.[18] A partir de então, convidaram socialistas de todas as correntes, vindos do restante da Rússia, a fim de palestrar para eles; e uma das figuras contemporâneas mais ativas no terrorismo russo, M. V. Sabunaiev, os visitara em dezembro de 1889 (após permanecer algum tempo com o grupo de Bogoraz, em Kazan).[19]

Eles queriam mudar o mundo para beneficiar as classes sociais inferiores e, no entanto, seu grupo não fez qualquer tentativa de entrar em contato com operários de indústrias ou camponeses. Eram estudantes dedicando-se ao estudo de tópicos que estavam ausentes dos roteiros dos cursos de seus antigos colégios e universidades. O próprio Sklyarenko estava profissionalmente familiarizado com camponeses, na medida em que seu emprego como funcionário público exigia que fizesse viagens ao campo para sindicâncias. Mas, de um modo geral, o grupo acreditava que as estatísticas econômicas oficiais proporcionavam a base mais confiável para que os membros decidissem o que fazer quanto à Rússia contemporânea. Ulyanov, em particular, concentrava-se em instruir-se como teórico.[20] Achava que livros, e não pessoas, forneciam as respostas. E, assim, o grupo limitava-se a sair à noite em Samara, colando anúncios revolucionários nos muros — e Sklyarenko impressionou Ulyanov com sua habilidade para provocar verbalmente as autoridades. Mas a principal atividade era a inatividade: o autopreparo intelectual coletivo.

Que ideias o grupo apoiava? Sklyarenko era um socialista agrário com respeito pelos terroristas. Vladimir Ulyanov ficara encantado em conhecer Sabunaiev, o visitante defensor do terrorismo; e, em 1891, ele aproveitou a oportunidade de conhecer mais um simpatizante do terrorismo, Maria Golubeva, exilada para Samara, no outono de 1891. Eles se conheceram por intermédio de sua amizade com ainda outro desses terroristas, Nikolai Dolgov, que morava na cidade e forneceu o endereço da família do falecido Alexander Ulyanov. Vladimir Ulyanov, também, já havia impressionado o veterano ativista Dolgov, com suas atitudes antitsaristas: "Sim, de fato, em tudo: tanto no vestir, quanto no se portar e no conversar — bem, numa palavra, em tudo." Golubeva tentou, sem sucesso, conquistá-lo para as doutrinas do terrorismo agrário. Fracassou; mas notou, entretanto, que diversas doutrinas, especialmente aquelas sobre a "tomada do poder", nunca representavam problema para ele. A discordância básica devia-se à crença dela no potencial revolucionário do "povo". Vladimir Ulyanov, a essa altura, havia rejeitado a possibilidade de fazer-se a revolução sem uma concentração na luta de classes. Ele insistia na necessidade de se contar com classes sociais específicas; e, para ele, isso só podia significar a primazia da classe operária na formação de uma sociedade socialista.[21]

Ele continuou conhecendo socialmente ex-partidários e correligionários do Liberdade do Povo. Um deles foi Apolon Shukht, dez anos mais velho do que ele, que se mudara para Samara após cumprir pena de exílio na Sibéria. A amizade entre eles foi tal que, quando sua filha, Asya, nasceu em 1893, o sr. e a sra. Shukht convidaram Vladimir Ulyanov para ser o padrinho.[22] Isso, a propósito, era ainda mais um indício do modo como ele conservava muitas das conveniências e convenções externas da vida russa contemporânea, ao mesmo tempo que tramava para derrubá-las numa revolução sangrenta. De qualquer modo, a amizade íntima com um ex-ativista do Liberdade do Povo não o impediu de buscar um caminho diferente para a formação de uma sociedade socialista na Rússia. O ódio ao tsarismo era comum a eles, e Ulyanov ficou ao mesmo tempo fascinado e consternado com o conto "Pavilhão n° 6", de Anton Chekhov, sobre uma sadia figura pública encarcerada por ordem da Okhrana: "Quando acabei de ler esse conto, na noite passada, estava autenticamente enojado. Não consegui mais ficar em meu quarto, levantei-me e saí. Tinha o tipo de sensação como se eu mesmo houvesse sido trancado no Pavilhão n° 6."[23]

Tanto Ulyanov como Sklyarenko continuaram estudando obras contemporâneas sobre a economia imperial russa. Sklyarenko estava interessado no significado da produção industrial em pequena escala — em oficinas artesanais — para o crescimento econômico russo, e Ulyanov ficou muito satisfeito com suas periódicas discussões. Mas ele se conteve em diversos outros assuntos. Opunha-se à recusa de Sklyarenko a ter uma visão distanciada sobre o desenvolvimento econômico capitalista. Sklyarenko não conseguia aceitar a "necessidade histórica" do desaparecimento do campesinato; e, alinhado com não poucos outros ativistas revolucionários de sua geração, tentou pensar em modos de preservar uma ampla classe social de pequenos latifundiários após a esperada revolução contra a monarquia. Entre os companheiros de Ulyanov também havia os que queriam dar prioridade à promoção do socialismo não tanto entre os operários, mas entre os camponeses. O principal proponente disso era Alexander Preobrajenski, que ainda estava tentando construir sua colônia socialista agrícola perto de Alakaevka.[24] Ulyanov discutiu tanto com Sklyarenko quanto com Preobrajenski. O capitalismo, segundo ele, seguiria o caminho marcado por Marx e Engels na Grã-Bretanha e previsto para a Rússia por Plekhanov. Não havia espaço para sentimentos piegas. Havia apenas leis férreas de desenvolvimento econômico. A Rússia tinha tomado a estrada capitalista e não podia deixar de seguir as demandas da economia de mercado contemporânea.

Assim, o campesinato, como classe, estava destinado a se dividir em dois segmentos distintos e antagônicos: uma classe média rural ("burguesa") e uma classe operária rural ("proletariado"). Durante os meses de inverno, Ulyanov esforçou-se para ampliar seu conhecimento de textos marxistas básicos: *O capital* e *A pobreza da filosofia*, de Marx; *Anti- -Dühring* e *A condição de classe operária na Inglaterra*, de Engels; *Nossas discordâncias*, de Plekhanov. Durante todo esse tempo, confirmava sua intuição de que o futuro da Rússia estava na indústria, na urbanização e na organização social em grande escala. Questões morais, para ele, eram uma irrelevância. De Marx, já havia tirado uma filosofia da história que enfatizava que as ideias convencionais na sociedade eram sempre armadas pelas classes dominantes em seu interesse próprio. A moralidade era, consequentemente, um derivativo da luta de classe. Todo valor político, social e cultural tinha apenas um significado "relativo". Não existia um "bem absoluto"; o único guia para a ação era o critério: isso facilita o progresso mais rápido e eficiente, por intermédio dos necessários estágios, rumo à criação de uma sociedade comunista?[25]

Seus companheiros Alexei Sklyarenko e Isaak Lalayants ficaram boquiabertos com esse repúdio ao sentimento na política. Haviam se tornado ativistas revolucionários em parte porque queriam servir "ao povo". Eles próprios não eram operários ou camponeses, e achavam que o dever de um intelectual russo era beneficiar os elementos oprimidos e rebaixados na sociedade. Eram membros típicos da *intelligentsia* acometida de consciência. O que perceberam em seu camarada recém-chegado foi uma pessoa que revelava, em sua rejeição de conceitos, essa consciência, além de compaixão e caridade.

Foi só mais tarde que sua rispidez ganhou importância em suas mentes. Na época, ficaram desconcertados, mas não mais que isso. E sentiam-se à vontade com ele como camarada. Pela primeira vez, Vladimir era um membro permanente de um grupo voluntário de seus contemporâneos, e agradou-se deles, tanto quanto eles se agradaram de Vladimir. Quando ele apresentava seus pareceres, com seus gráficos e quadros escrupulosamente traçados, ficavam simplesmente felizes por uma figura tão brilhante estar surgindo em seu meio. Vladimir poderia ter se exibido academicamente à custa deles, mas esse não era o seu estilo. Participava com entusiasmo de suas incursões sociais. Todos eles gostavam das viagens além das cercanias de Samara. Podiam conversar e discutir sem se preocupar em ser surpreendidos pela polícia, e se divertir enquanto o faziam. Evidentemente, achavam que o tempo estava do lado deles. Com toda certeza, a estrutura existente de Estado e sociedade não podia durar muito mais! Independentemente do que os dividisse, concordavam quanto à podridão do *status quo*. Estavam determinados a derrubar a monarquia Romanov. Sklyarenko era tão arrebatado em seu engajamento que atirou um tinteiro num guarda durante seu último interrogatório na prisão de Samara.

Vladimir Ulyanov limitava suas escapadas a uma ocasional navegação solitária do Volga. Isso o levava quilômetros rio abaixo, até chegar ao rio Usa, e depois de volta, subindo o Volga. Essa viagem podia fazê-lo afastar-se da família por três ou quatro dias seguidos, e não sem o perigo de ventos e correntes imprevisíveis. Mas descobriu que o exercício físico e o esplendor do Volga e do campo eliminavam seus sentimentos de frustração por ter de ficar com a mãe em Samara.

Nesse meio-tempo, em suas relações com as autoridades, ele se comportava com uma primorosa civilidade. E isso não só porque era fiel a um código de conduta cavalheiresco (exceto quando em controvérsia com companheiros revolucionários); era também por uma recusa a correr riscos desnecessários. No entanto, o fogo interior era tão forte em Ulyanov quanto em Sklyarenko, muito provavelmente ainda mais forte. Sentia um ódio visceral pelo mais leve sinal de ilegalidade ou corrupção na Rússia contemporânea, e jamais se sujeitava a aceitar uma coisa dessas, em especial quando se via pessoalmente afetado. A hierarquia social existente, só a conseguia tolerar de forma temporária. De muito bom grado, tirava vantagem de seu próprio status de nobre até que uma ocasião tal como a planejada revolução inaugurou uma ordem inteiramente nova. Assim, quando sua família desocupou a propriedade em Alakaevka, eles confiaram seus assuntos financeiros a um intendente chamado Krushvit, cuja função era recolher os aluguéis dos camponeses locais. Os Ulyanov viviam dessa renda; e Vladimir não teve dificuldades, enquanto viveu sob um sistema econômico capitalista, de tornar mais fáceis suas condições materiais de acordo com as regras do capitalismo.

Mas qualquer infração de seus direitos legais provocava uma fúria a um tal grau que deixava estarrecidos seus amigos e parentes. Numa incursão a Syzran, perto de sua Simbirsk natal, ele e seu cunhado, Mark

Yelizarov, contrataram os serviços de um barqueiro para atravessá-los pelo rio Volga. Com essa atitude, infringiram o monopólio informal de um rico comerciante de Syzran, um sujeito chamado Arefev, proprietário de uma balsa a vapor. Quando Ulyanov e Yelizarov estavam a meio caminho, Arefev mandou sua balsa bloquear-lhes a passagem e pô-los a bordo. Antes de ceder à força, Ulyanov declarou ao capitão da balsa: "Não faz a menor diferença que Arefev tenha arrendado a travessia do rio; isso é problema dele, não nosso, e de modo algum dá a ele ou a você o direito de agir ilegalmente no Volga e deter as pessoas à força."[26] Ulyanov, meticulosamente, anotou o nome do capitão e de seus companheiros para posterior arbitragem, enquanto Arefev se pavoneava em triunfo. Seu irmão mais tarde registrou que "qualquer outra pessoa teria se acalmado, por inércia ou indolência 'russa'". Mas Vladimir Ulyanov não deixaria de lado uma questão dessas. Ao voltar a Samara, fez uma queixa formal, por escrito, às autoridades. Samara ficava a quase 100 quilômetros de Syzran, e Arefev explorou sua própria posição em Szyran para atrasar o processo legal. E houve duas audiências sem resultado.

Maria Alexandrovna tentou convencer o filho a recuar: "Deixe para lá esse comerciante! Eles vão adiar o caso de novo e você terá de viajar para lá à toa. Além disso, devia ter em mente que eles estão cheios de você!" Com alguma justificativa, ela achava que Vladimir se deixava irritar muito com as coisas. Mas ele não sabia ouvir um "não". Tomou o primeiro trem da manhã para assistir à terceira audiência e finalmente conseguiu sua vingança. O comerciante Arefev, para surpresa geral, foi condenado a um mês de prisão.[27]

O crescente conhecimento de Vladimir sobre a legislação imperial e sua personalidade ajudaram muito. Assim que a família mudou-se para Samara, reiniciou seus requerimentos para tornar-se estudante universitário. Sua carta ao ministro do Esclarecimento Popular começava da seguinte maneira: "No decorrer de dois anos, desde que terminei meu curso no ginásio, tive ampla oportunidade de me convencer da enorme dificuldade, senão impossibilidade, de alguém que não recebeu uma educação especial conseguir uma ocupação." Já desesperado por não conseguir permissão para estudar de modo normal dentro de uma universidade imperial russa, pediu permissão para fazer as provas de jurisprudência como aluno externo.[28] Sua mãe reforçou esse apelo com sua própria carta; e, em 12 de junho de 1890, tendo por fim recebido a permissão necessária, começou o processo de matrícula na Universidade de São Petersburgo.[29] Acostumado com o estudo particular, não teve dificuldade com essas providências. Também tinha dinheiro para encomendar os livros necessários. Até a ocasião em que pudesse visitar São Petersburgo, podia conseguir que outros membros da família, como Olga Ilinichna, percorressem as livrarias para ele; e seu primo Vladimir Ardashev orientou-o quanto ao que ele precisaria ler para se formar.[30]

Essas eram as vantagens de fazer parte de uma família afluente e muito unida, vantagens de que não dispunha a maioria dos revolucionários contemporâneos. Por fim, os filhos e filhas de Maria Alexandrovna estavam firmando-se sobre seus próprios pés, após os reveses dos anos recentes. Olga Ilinichna via frustrar-se seu desejo de estudar medicina na Universidade de Helsingfors; aprendera sueco para atender as exigências para ser admitida, mas não quis aprender finlandês e, por isso, não pôde ser aceita para a formatura.[31] Em vez disso, em 1890, partiu para assistir aos Cursos Superiores Femininos em São Petersburgo e formou-se professora. Vários de seus primos, entre eles Veretennikov, Ardashev e Zalejski, estudavam na capital, e ela os via com razoável frequência.[32] Não havia o menor indício de Olga estar envolvida em atividades revolucionárias (embora suas amigas, Apollonaria Yakubova e Zinaida Nevzorova, logo viessem a se tornar ativistas marxistas).[33] Maria Alexandrovna podia sentir-se cada vez mais relaxada, conforme Dmitri e Maria continuavam o trabalho em seus ginásios; e Anna desposou seu noivo, Mark Yelizarov, em julho de 1889, tendo Vladimir como uma das testemunhas legais.[34] Quanto a Vladimir, a mãe sabia que ele se prepararia adequadamente para os exames na Universidade de São Petersburgo.

Sua capacidade para a rápida assimilação de dados era tão extraordinária que, em março de 1891, estava pronto para ir à capital a fim de prestar o primeiro estágio de seus exames. Alugou um cômodo pacato num prédio junto ao rio Neva. Vladimir e Olga viam-se muito. Embora Olga fosse sua caçula, ela e a mãe se correspondiam regularmente falando sobre ele. "Parece-me, mamãe", escreveu ela, em 8 de abril, que você não tem motivo algum para se preocupar que ele esteja arruinando a própria saúde. Primeiro, que Volodia é a encarnação do bom senso; segundo, que os exames são muito fáceis. Ele já fez os de duas matérias e tirou cinco nos dois. No sábado (ele teve uma prova na sexta) tirou uma folga: pela manhã caminhou até a avenida Nevski e, depois do almoço, veio me ver e fomos os dois passear pelas margens do Neva — ficamos olhando um barco quebra-gelo e, em seguida, ele foi até os Peskovski.

Ele não vai deixar de dormir à noite, uma vez que isso seria completamente desnecessário: um cérebro não pode funcionar 24 horas sem parar; portanto, esse descanso é necessário. Ele almoça bem todos os dias — consequentemente está se mantendo sempre em atividade [*progaulivaetsya*].[35]

Esse pequeno excerto mostra a atenção dada a Vladimir pelo restante da família — ou, ao menos, pelas mulheres. Era paparicado como mais ninguém. Mais se esperava dele, e mais era oferecido para apoiá-lo.

Não fora "estragado" no sentido de ter sido cumulado de presentes ou de poder comportar-se regularmente de forma indisciplinada. Mas, embora não fosse filho único, fora cercado pelo que se poderia chamar de estímulo calorosamente expectante. A mãe dava-lhe uma atenção incessante, e as irmãs Anna, Olga e — mais tarde — Maria prestavam-lhe qualquer ajuda que ele pedisse. Vladimir aprendera a usar a interação emocional de sua família. Essa foi uma habilidade que teve efeito sobre sua posterior vida política. Isso lhe daria a presunção geral de que as outras pessoas teriam de atender as suas vontades. Assim, ele parecia um "líder natural". Mas também limitava sua percepção das dificuldades que provocava. Estava tão acostumado a ter seus anseios satisfeitos que, se fosse contrariado de alguma maneira, seria bem provável que tivesse um ataque de raiva. Detestava totalmente ser frustrado. Quando jovem, tardiamente se tornou uma espécie de criança estragada pelos cuidados de quatro mulheres.

Uma dessas mulheres, Olga, não ficaria com ele por muito mais tempo. Insatisfeita com seu curso de formação para professora, planejava ir para o estrangeiro estudar medicina, como sempre quis.[36] No final de abril de 1891, adoeceu em São Petersburgo e foi internada no Hospital Alexander. Dessa vez, era Vladimir que se comunicava com a mãe. Seu telegrama dizia o seguinte: "Olya [diminutivo de Olga] está no hospital com febre tifoide, e o tratamento de enfermagem é muito bom, os médicos têm esperança de um resultado favorável." Por ora, não sentiu necessidade de que Maria Alexandrovna deixasse Samara. Mas o estado de Olga piorou com o aparecimento de uma infecção dermatológica febril, comumente conhecida como fogo de santo antão, fogo de santo antônio ou, ainda, "fogo sagrado" [que vem a ser o pênfigo foliáceo]. No início de maio, ele mandou mais um telegrama para Samara: "Olya piorou. Não seria melhor se mamãe viajasse amanhã?"[37] Maria Alexandrovna comprou passagens de trem para Moscou, e de lá para São Petersburgo. Mas chegou tarde demais. Olga morreu em 8 de maio de 1891, dia que, por terrível coincidência, era aniversário da execução, em 1887, de Alexander, seu irmão mais velho. Tinha apenas 19 anos e fora colega de brincadeiras de Vladimir na primeira infância. O corpo de Olga foi enterrado no cemitério luterano de Volkovo, nos arredores ao sul de São Petersburgo. Após o funeral, Maria Alexandrovna voltou depressa a Simbirsk para cuidar do restante da família.

Ela infringira a lei, ao escolher o cemitério de Volkovo. Qualquer pessoa batizada como cristã ortodoxa era proibida de passar para outra fé ou denominação, e isso valia tanto para a vida como para a morte. Olga fora batizada por um padre ortodoxo, e deveria ter sido enterrada por outro. As autoridades oficiais estatais raramente intervinham para impedir ou castigar a desobediência, mas a insistência de Maria Alexandrovna em ter a filha enterrada por um pastor luterano era certamente um sinal do status socialmente marginal que caracterizava os Ulyanov. Ela não se preocupava mais com o que pensavam a seu respeito na alta sociedade. O ostracismo enfrentado pela família desde o enforcamento de Alexander Ulyanov não lhe deixou quaisquer ilusões, e ela queria orientar sua vida do modo com que se sentisse mais à vontade. Não que tivesse crenças religiosas particularmente fortes. Era mais uma questão de querer que fosse feita a sua vontade. Seu filho, Vladimir, abandonara inteiramente a religião por volta dos 16 anos e, como devoto das ideias revolucionárias russas, era ateu. Para ele, não fazia a menor diferença que o cemitério fosse luterano ou ortodoxo. Encarava sua função como sendo simplesmente a de tomar as providências do enterro o menos estressantes possível para sua mãe.

Embora tivesse muita consideração por ela, não fez grande exibição de seus sentimentos. Os Ulyanov tinham sido criados assim. O autocontrole era uma virtude de família. Mas ele só a exibia quando se defrontava com alguém que o desafiava. Essa era uma situação diferente que exigia que segurasse suas emoções com rédea curta.

Vladimir acompanhou a mãe de volta a Samara, e só voltou à capital quando do segundo estágio de seus exames, em setembro. Os dois estágios implicavam uma prova escrita e treze provas orais de matérias que incluíam não apenas processos jurídicos, mas também Direito Eclesiástico e Direito Policial.[38]

Seus biógrafos posteriores não mencionaram essas matérias. Presume-se que fosse politicamente incorreto mencionar que o inimigo do Estado policial dos Romanov e fundador do primeiro Estado ateu tivesse escolhido estudar Direito Eclesiástico e Direito Policial. Não obstante, Vladimir teve enorme sucesso, recebendo as notas mais altas que eram possíveis em cada uma das duas matérias. Foi o único estudante em seu ano que conseguiu isso. Seus examinadores recomendaram que devia receber um diploma de primeira classe da Universidade Imperial de São Petersburgo, e voltou a Samara em 12 de novembro de 1891 com as qualificações necessárias para começar a trabalhar como advogado. Foi ainda mais uma instância das coisas esquisitas que ocorriam na vida pública tsarista. O jovem que o próprio Estado habilitara a exercer a advocacia ainda era, ele próprio, objeto de vigilância secreta da polícia sob o pretexto de que estaria trabalhando para subverter a ordem legal do Estado.

Ele providenciou para começar no escritório de advocacia de Andrei Khardin, com quem havia jogado xadrez pelo correio, três anos antes. Desde a mudança para Samara, os Ulyanov e os Khardin sentiram-se atraídos uns pelos outros. Olga e uma das filhas de Andrei Khardin foram amigas e trocaram correspondência quando Olga esteve em São Petersburgo.[39] A situação tinha um matiz político. As autoridades de São Petersburgo encaravam o advogado Andrei Khardin como uma figura de "confiabilidade duvidosa", à luz de suas opiniões políticas, e ele também estava sendo mantido sob vigilância.[40] Era a escolha natural para Vladimir Ulyanov, enquanto este completava cinco anos de estágio. Ulyanov começou como advogado estagiário em 30 de janeiro de 1892.

Em Samara, reencontrou seus camaradas do grupo marxista fundado por Alexei Sklyarenko. O trabalho como advogado estagiário nunca iria interferir no seu envolvimento revolucionário. Aquele era um momento de tremenda crise para a sociedade da região do Volga. Em 1891-92, a região foi atingida por um surto de escassez e fome coletiva; logo a seguir, vieram a cólera e o tifo. As principais vítimas eram os pobres da região rural. Segundo estimativas confiáveis, pereceram cerca de 400 mil súditos de Alexandre III. A maioria dos críticos do governo imperial pressupunha que os principais culpados eram os ministros de governo. O romancista Leon Tolstoi foi paladino de uma campanha de mitigação da fome, que levantou uma grande soma em dinheiro para prover a região de alimentos básicos. No exterior, as reportagens sobre os camponeses moribundos tornavam a dinastia Romanov mais impopular do que nunca. Era amplamente afirmado que, não fosse pelos pesados impostos diretos cobrados aos camponeses, o surto de fome nunca teria ocorrido. Na verdade, isso era provavelmente injusto. A receita pública sempre contou mais com os impostos sobre o consumo do que com a taxação direta e, consequentemente, não faria sentido o Ministério da Fazenda ter deliberadamente empobrecido o campesinato em busca do crescimento industrial. Ao contrário, o orçamento do governo central dependia essencialmente da contínua capacidade dos camponeses e das outras pessoas de comprar vodca, sal e outros produtos tributáveis. Não se discute que havia milhões de camponeses terrivelmente pobres. E que a dureza fiscal do governo tenha produzido isso é uma explicação menos provável do que as condições anormais do clima e práticas agrícolas retrógradas.

Mas a maioria dos radicais russos não dava ao governo o benefício da dúvida. Encaravam o surto de fome como um indício chocante da inépcia do regime; afirmavam também que o país inteiro tinha sido desacreditado por toda a Europa. Eram inadequadas as distribuições de comida. Os hospitais eram imundos e em número reduzido. A burocracia civil era extremamente lenta. Os marxistas, fossem liberais ou socialistas agrários, concordavam que o interior podre do tsarismo tinha sido revelado e que, a curto prazo, os oponentes do regime deveriam ajudar as organizações voluntárias que buscavam aliviar a fome generalizada.

Vladimir Ulyanov posicionou-se contra o resto da *intelligentsia;* não apoiava sequer a formação de organismos para a mitigação da fome, a fim de usá-los para difundir a propaganda revolucionária.[41] Seu coração se endurecera. Praticamente sozinho entre os revolucionários não só de Samara, mas, de fato, também de todo o império, afirmava que o surto de fome fora produto da industrialização capitalista. Seu distanciamento emocional surpreendia até os membros da família. Sua irmã, Anna Ilinichna, percorria a cidade para ajudar doentes, dando-lhes remédios e orientação. Vladimir Ilich recusava-se a ir com ela.[42] Isso tudo deixava Maria Ilinichna confusa; não conseguia conciliar a posição do irmão com sua adesão a uma ideologia que pretendia servir aos pobres e aos oprimidos. Em uma rara crítica implícita a ele, escreveu a seguinte comparação entre os irmãos, Alexander e Vladimir: "Mas [Vladimir Ilich], me parece, tem uma natureza diferente da de Alexander Ilich, por mais ligados que fossem um ao outro. Vladimir Ilich não tinha aquela qualidade de autossacrifício, mesmo tendo dedicado toda a vida integralmente à causa da classe operária."[43]

Nada podia abalar a crença de Vladimir Ulyanov em que o empobrecimento maciço era inevitável. Os camponeses sempre haviam pagado um preço terrível pelo crescimento industrial — e assim seria na Rússia do final do século XIX. Para Ulyanov, o capitalismo estava fadado, por sua própria natureza, a prejudicar a maioria das pessoas e a matar muitas delas: causaria danos retardando o desenvolvimento do capitalismo e, portanto, o eventual progresso ulterior rumo ao socialismo. Assim, o surto de fome, segundo Ulyanov, "desempenhou o papel de um fator progressista", e recusou-se terminantemente a apoiar os esforços para a distribuição de comida.[44] Sua falta de piedade era excepcional. Vivia na própria região, as províncias do Volga, onde a fome grassava. Os corpos dos camponeses eram achados largados nas ruas. Ulyanov, no entanto, uma vez formada sua análise intelectual, não se deixava dobrar pelo sentimentalismo. Não era apenas uma testemunha dos horrores da fome em massa: era um participante dela. Sua família recebia renda da província de Samara, mas, ainda assim, insistia que os Krushvit, que cuidavam da propriedade para eles, pagassem exatamente o que fora combinado; e isso significava que os camponeses teriam que pagar aos Krushvit integralmente, independentemente das circunstâncias.[45]

Essa atitude demonstra que, por mais que tenha sido influenciado pelas ideias do socialismo agrário russo, nunca sentia piedade pelos camponeses. Nisso combinava com seu distante mentor, Georgi Plekhanov. Ulyanov seguia Plekhanov em sua interpretação básica do marxismo, e Plekhanov se tornava um ídolo para ele. Para Ulyanov, a interpretação de Plekhanov sobre obras de Karl Marx e Friedrich Engels era sem paralelos. De fato, havia muita controvérsia entre os revolucionários do império russo quanto a se Plekhanov havia entendido as coisas direito. Em 1881, Vera Zasulich, a terrorista do socialismo agrário, escreveu ao próprio Marx, perguntando se acreditava que o plano de desenvolvimento social que esboçara para os Estados capitalistas avançados era necessariamente aplicável à Rússia agrária. Em muitas de suas obras, Marx havia analisado como o estágio capitalista brotava das entranhas do feudalismo. Previra que os processos internos do capitalismo engendrariam crise após crise, o que, por sua vez, induziria a classe operária empobrecida, equipada pelo próprio capitalismo com habilidades educacionais e organizacionais, a tomar o poder. Assim, o movimento de feudalismo a capitalismo e a socialismo era não só desejável, era inevitável. Mas, perguntou Vera Zasulich, essa sequência de estágios estava predestinada a ter efeito em todos os países? Não poderia haver oportunidade para um país amplamente pré-capitalista, como a Rússia, de evitar por completo o capitalismo e adotar o socialismo?

A resposta que recebeu de Marx foi agradável. Longe de afirmar que *O capital* oferecia um modelo para todos os países, acatava que a economia agrária e as tradições comunais camponesas da Rússia poderiam permitir-lhe ter uma transformação socialista sem industrialização capitalista. Assim, parecia coonestar a estratégia dos socialistas agrários russos. De fato, ele e Engels eram conhecidos por admirar os terroristas antitsaristas e por desprezar os autointitulados marxistas, tais como Plekhanov, como sendo livrescos e covardes.

Assim, a controvérsia russa sobre capitalismo entre os socialistas agrários e os "marxistas" aparentemente estimulou Marx a ficar do lado dos socialistas agrários. Mas Marx não era assim tão inequívoco quanto Zasulich afirmava. Sobre a possibilidade de uma revolução socialista ser baseada nos aspectos igualitários da comuna rural camponesa, especificara que isso não seria absolutamente praticável, a não ser que houvesse tomadas do poder concorrentes por parte de partidos socialistas nos países capitalistas avançados do Ocidente. Essa era uma ressalva muito ampla. Além de tudo, Plekhanov insistia em que Marx e Engels deviam reconhecer que o capitalismo havia chegado à Rússia. O aumento da atividade em fábricas, minas e bancos era um fato incontestável, como atestariam todas as estatísticas oficiais. A própria Zasulich era uma das principais convertidas a Plekhanov e ajudou-o a fundar, na Suíça, o Grupo de Emancipação do Trabalho. Marx morreu em 1883 e, assim, a atenção de Plekhanov concentrou-se em Engels. Mas Engels não cedeu imediatamente a Plekhanov. Somente em 1892, três anos antes de sua morte, Engels admitiria que Plekhanov e a geração de marxistas russos — incluindo o ainda obscuro escritor de Samara, Vladimir Ulyanov — podiam estar certos ao rejeitar o socialismo agrário de seus antepassados. O Grupo de Emancipação do Trabalho abriu o precedente para que os marxistas russos tratassem a correspondência Marx-Zasulich como um episódio lamentável, mas temporário. O futuro, insistia Plekhanov, estava em se aplicar *O capital* à Rússia.

Vladimir Ulyanov concordava e dedicou-se a tornar-se um revolucionário. Em 1892, ele pegou só quatorze casos como advogado, sendo um deles o julgamento da acusação contra Arefev, seu atormentador pessoal. Essa não era uma carga de trabalho pesada, mesmo levando em conta seu brando ataque de febre tifoide no decorrer do ano.[46] A carga tornou-se ainda mais branda em 1893: de janeiro a agosto, cuidou de apenas meia dúzia de casos.[47] A maior parte de seus clientes se compunha dos elementos mais pobres da sociedade,[48] mas estava longe de ser um advogado filantropo ativista. Continuava a viver dos legados da família; sabia que sua mãe nunca insistiria para que ganhasse a própria vida. Seu verdadeiro trabalho, tal como ele encarava, era compreender as realidades econômicas e as oportunidades políticas do império russo e inserir suas conclusões em um debate público mais amplo por toda a Rússia.

Para esse fim, já estava engajado numa animada correspondência com Nikolai Fedoreiev, amigo dos seus tempos em Kazan. Fedoreiev foi a primeira pessoa que conheceu capaz de testá-lo intelectualmente. O tópico que os absorvia era de crucial importância: como lidar com os camponeses, uma vez derrubados os Romanov e estabelecidas uma república democrática e uma economia capitalista. Fedoreiev, ao contrário de Ulyanov, não recomendava que os camponeses devessem ser submissos sem dó nem piedade aos caprichos e às incertezas do mercado. Em vez disso, sugeria que uma classe bem ampla de lavradores pequenos proprietários era compatível com o desenvolvimento, a médio prazo, do capitalismo. Havia marxistas também em Samara, os quais acreditavam que Ulyanov não tinha levado em devida conta a composição social e econômica do império russo. Piotr Maslov, três anos mais velho que Ulyanov, ampliou a análise de Fedoreiev, contrapondo que o desenvolvimento capitalista russo estava sendo atrapalhado pela pesada tributação imposta ao campesinato pelo governo. O resultado, segundo Maslov, era que só os camponeses mais ricos podiam ampliar seu poder de compra e, com isso, permitir que a Rússia se emparelhasse industrialmente com as potências capitalistas avançadas. Objeções morais e jurídicas aglutinavam-se em suas objeções à orientação básica do capitalismo ocidental.

Contudo, Ulyanov queria estender suas asas. No verão de 1893, seu irmão Dmitri deixou o ginásio de Samara. Tomou-se a decisão de que a família como um todo deveria mudar-se para Moscou. O tempo de exílio de Anna terminara no ano anterior, e Maria Alexandrovna, de qualquer modo, queria mudar-se para uma metrópole. A propriedade de Alakaevka ainda estava sendo dirigida pelos Krushvit, dando um lucro substancial. Assim, a família alugou acomodações em Moscou. Os caçulas Dmitri Ilich e Maria Ilinichna ainda precisavam de ajuda para completar os estudos superiores, e Maria Alexandrovna queria estar perto deles quando isso acontecesse. Mas, no processo, perdia o comando sobre Vladimir, que planejava fazer seu nome nos salões intelectuais de São Petersburgo.

## 6. São Petersburgo

1893-1895

Vladimir Ulyanov despediu-se de casa em 20 de agosto de 1893, com destino a São Petersburgo. Sua jornada começou com a longa viagem de vapor subindo o Volga até Nijni Novgorod, onde parou, hospedando-se no Hotel Nikanorov. Pela primeira vez, podia viajar pelo país sem ter de se explicar para a mãe. Podia preencher o tempo como quisesse.

Nijni Novgorod fica na confluência dos rios Volga e Oka. A cidade havia experimentado um crescimento da produção industrial nos últimos anos do século XIX, mas ainda era mais conhecida como importante porto fluvial, e todos os anos abrigava a maior feira do país, de meados de julho até o início de setembro. A Grande Feira atraía camponeses e comerciantes russos, bem como os mascates muçulmanos que viviam nas províncias do Volga. Meio milhão de visitantes lotavam as ruas para examinar as cabines e barracas, que rangiam sob o peso de praticamente tudo, de ferramentas mecânicas a facas elaboradas e cestos de sapatos de feltro a cintos de couro. Nos meses de verão, tudo era ruído e movimento. Os mercadores não se davam o trabalho de trazer amostras de suas mercadorias; carregavam seus estoques inteiros nas costas ou no lombo de vacas, cavalos ou camelos. Os camponeses do interior mais longínquo, se vinham pela primeira vez, mal conseguiam acreditar nos próprios olhos. Para eles, as enormes bancadas, a bolsa de cereais e a estação ferroviária eram exóticos além de seus sonhos.

Ao mesmo tempo, esses camponeses calçando alpargatas e vestindo macacões rústicos compunham um espetáculo bizarro para os visitantes que só conheciam São Petersburgo e seus habitantes. Nijni Novgorod juntava a Rússia antiga e a moderna.

No entanto, se Ulyanov alguma vez deu um giro pela Grande Feira, nunca o mencionou. Confessadamente, era raro descrever tais eventos em sua correspondência, preferindo amassar a azáfama e o colorido da Rússia como uma polpa de dados econômicos abstratos; mas é bastante possível que tenha deixado passar a oportunidade de examinar as cabines e as barracas. Em Nijni Novgorod, procurou companheiros marxistas. Entre eles estavam Pavel Skvortsov e Sergei Mickiewicz.[1] Ulyanov tinha amigos em comum com eles: Skvortsov havia ensinado a Fedoseiev os rudimentos do marxismo, em Kazan, antes de Ulyanov ter chegado,[2] e Ulyanov foi aplaudido por entrar em contato com revolucionários que igualmente se preocupavam com livros e análises sistemáticas. Ficavam reunidos até tarde da noite, discutindo política. No dia seguinte, tomava o trem para a cidade de Vladimir. Lá, seu objetivo era encontrar Nikolai Fedoseiev, com quem fizera amizade em Kazan, e pedir a opinião dele sobre seus textos.[3] Infelizmente, Fedoseiev não estava apenas no exílio, mas na prisão, e o encontro não pôde acontecer. Ulyanov partiu para Moscou, onde ficou com parentes e trabalhou na grande biblioteca do Museu Rumyantsev, antes de tomar o trem para o norte. Chegou a São Petersburgo em 31 de agosto.[4]

A capital, para ele, representava a Nova Rússia. Achava que não havia esperança para o país a não ser que o progresso industrial e o educacional pudessem ser preservados — e São Petersburgo estava na vanguarda desse movimento. Odiava a Velha Rússia. Poucos anos depois, reprovou sua irmã, Anna, por escolher Moscou como residência: "Mas você, com certeza, concorda que Moscou é uma cidade imunda? É um lugar horroroso para se estar, um lugar horroroso para a publicação de livros — e por que é que você não a abandona? Fiquei realmente furioso quando Mark me informou que você se opunha a mudar de residência para São Petersburgo."[5]

O que o atraía especialmente para a capital não eram suas centenas de milhares de operários, mas o pequeno grupo de jovens autores marxistas que publicavam textos sobre a economia e a sociedade russas. Em décadas anteriores, houve lá muitos autores políticos que apresentaram uma crítica do tsarismo, como Alexander Herzen, Nikolai Chernyshevski, Mikhail Bakunin, Piotr Lavrov e Nikolai Mikhailovski, mas tiveram muita dificuldade para colaborar entre si, e mais dificuldade ainda para publicar suas obras pela imprensa legal. O mesmo não ocorreu com a geração de autores de Vladimir Ulyanov. Um bom número deles esteve em atividade na capital, e mais notadamente Piotr Struve, Mikhail Tugan--Baranovski (um amigo de Sasha Ulyanov) e Sergei Bulgakov. Outros, como Piotr Maslov, logo se uniriam a eles. Eram competentes na análise das estatísticas oficiais sobre as tendências sociais e econômicas — e, na Rússia, esses números apareciam em profusão. Tais autores eram treinados em toda a gama de política, economia, sociologia e filosofia. Liam as principais obras contemporâneas em línguas estrangeiras e esforçavam-se para aplicar as mais recentes ideias ao império russo; foram a primeira geração intelectual sem um senso de inferioridade para com os grandes poetas e romancistas que haviam surgido na Rússia desde os anos 1820: Pushkin, Lermontov, Turgueniev, Dostoievski e Tolstoi. Os jovens da última década do século XIX achavam que coubera a eles apresentar as respostas definitivas às perguntas sobre o futuro da Rússia.

Ulyanov encontrou um quarto para alugar na rua Yamskaya. Era o único inquilino. O quarto era limpo, e a porta, forrada, dando para o corredor; significava que a jovem família da senhoria não iria incomodá-lo. A rua Yamskaya ficava convenientemente situada apenas a um quarto de hora a pé da biblioteca pública do Estado. Assim que se fixou em suas acomodações, foi prestar seus respeitos junto ao túmulo de sua irmã, Olga, no cemitério de Volkovo, e garantiu à mãe, por carta, que a cruz e as flores estavam no lugar certo. Em um pós-escrito, mencionou que estava ficando sem dinheiro. Ainda recebia seus pagamentos integrais de Samara. (Não que representassem muita coisa, porque não estava com um trabalho regular.) Perguntou à mãe se sua tia Anna Veretennikova havia mandado para os Ulyanov a parte que lhes cabia no aluguel da propriedade de Kokushkino e se os Krushvit, também, estavam pagando em dia.[6]

Vladimir Ulyanov buscava promover a revolução e, no processo, viver com conforto. Em 3 de setembro, tomou a precaução de registrar-se como assistente do advogado Mikhail Volkenshtein. Uma carta de recomendação de Andrei Khardin precedera Ulyanov e ele tomou providências para estabelecer-se como advogado metropolitano. Mesmo assim, escreveria à mãe que sua primeira apresentação no tribunal era iminente; tal apresentação nunca ocorreu. Seu trabalho jurídico não foi além do ocasional conselho informal a amigos e companheiros. De fato, a única vez que ele e Volkenshtein trabalharam juntos foi quando Volkenshtein tentou libertá-lo sob fiança, em 1896.[7] Na realidade, Ulyanov estava preocupado com a revolução e encarava isso como algo que exigia dele ler e escrever sobre o desenvolvimento econômico russo. As livrarias de São Petersburgo eram mais sortidas que as de Samara; também tinha acesso à literatura política impressa clandestinamente. Ulyanov buscava tudo de Marx e Engels que estivesse disponível. Obras que não conseguia obter em São Petersburgo, incluindo o terceiro volume de *O capital*, de Marx, pedia que seus irmãos, Dmitri e Maria, as encontrassem em Moscou.[8] O apetite de Vladimir por esse tipo de literatura era insaciável.

O primeiro artigo da sua própria lavra intitulou-se "Novas tendências econômicas da vida camponesa", e era dedicado a uma interpretação marxista dos dados quantitativos sobre o campesinato do sul da Rússia, levantados pelo economista V. E. Postnikov em um livro considerado, na ocasião, o centro de intensa discussão pública. Enviou um exemplar para Piotr Maslov em Samara e pediu-lhe que o passasse adiante a Fedoseiev. A confiança de Ulyanov crescia depressa. Mas ainda devia pôr seu talento à prova, na opinião de companheiros comentaristas econômicos. A reação de Fedoseiev a seu artigo era importante para ele. Queria que Maslov, também, fizesse "uma análise e uma crítica tão detalhadas quanto possível". A essa altura já sofrera sua primeira decepção literária. O *Pensamento Russo,* prestigiado jornal de São Petersburgo, que se fazia notar pela cobertura das questões públicas, rejeitou-o. Pensou em divulgá-lo como um panfleto isolado,[9] mas essa ideia também deu em nada.

Refletindo a respeito, achou que seu fracasso não era de surpreender. O jornal havia publicado recentemente um artigo de V. P. Vorontsov sobre o mesmíssimo livro de Postnikov, e Ulyanov ponderou consigo mesmo que a perspectiva política liberal de Vorontsov sempre estaria propensa a agradar a um jornal liberal como o *Pensamento Russo*. Explicou a outros que havia suavizado as conclusões em busca de publicação, mas isso jamais bastaria para aplacar a hostilidade do editor.[10] É duvidoso, no entanto, que somente isso tenha impedido a publicação. De qualquer forma, havia outros jornais importantes que poderia ter procurado, incluindo alguns que se dispunham a publicar artigos de marxistas. Os pensadores marxistas dos anos 1890 tinham uma eminência intelectual reconhecida até por seus oponentes. O problema para Vladimir Ulyanov não era tanto a rivalidade com Vorontsov quanto o poder de convicção dos argumentos do artigo. Ulyanov tentou demonstrar que os dados de Postnikov confirmavam que o capitalismo já era o aspecto dominante da economia rural russa e que o campesinato estava sendo rapidamente diluído em duas classes sociais antagônicas: — uma classe média dona de terras e um proletariado agrícola. Zombava da contínua interferência atribuída por Vorontsov à comuna rural camponesa. Para Ulyanov, a comuna não podia mais, de forma prática, restringir a expansão econômica dos lares camponeses ricos à custa da maioria de lares empobrecidos.[11]

Essa era uma crítica tão seletiva dos dados de Postnikov que o *Pensamento Russo* podia muito bem ter rejeitado o artigo ainda que o jornal participasse da orientação política de Ulyanov. Mas Ulyanov não quis dar a menor atenção a tal crítica. Achava que já fizera concessão suficiente, atenuando sua linguagem. Sua hostilidade a Vorontsov era intensa, e não é difícil entender por quê. Vorontsov era uma figura pública com inclinações socialista-agrárias. Mas nem mesmo em particular propugnava uma revolução contra a monarquia; conformou-se em fazer campanha pelo relaxamento da tensão econômica e social dentro do quadro da ordem política existente. Não era isso que mais aborrecia Ulyanov. Sua raiva voltava-se contra a argumentação de Vorontsov — e Ulyanov havia explicado isso em reuniões clandestinas de marxistas em Samara e São Petersburgo — de que o capitalismo russo permaneceria sempre em um desenvolvimento tolhido. Vorontsov indicava a pesada tributação sobre o campesinato como o principal motivo. Portanto, afirmava, o mercado doméstico continuaria frágil, e o campesinato só poderia esperar um perpétuo empobrecimento.[12]

Ulyanov irritava-se ainda mais pelo fato de que vários marxistas ponderados participavam do ponto de vista econômico de Vorontsov sobre a questão. Maslov, acreditando nas necessidades de revolução, estava convencido, no entanto, de que a pobreza no campo era tão difundida que o desenvolvimento capitalista não passaria do estágio incipiente. Tais ideias também viriam a ser encontradas entre os marxistas de São Petersburgo. Ulyanov entrou em contato com um grupo deles que se reunia na casa de Stepan Radchenko e incluía estudantes do Instituto de Tecnologia. Havia uma noite de discussões no final do mês e um jovem e brilhante engenheiro, chamado Leonid Krasin, apresentou o artigo "A questão dos mercados". Ulyanov era um implacável membro da plateia,[13] e possuía uma destreza verbal que faltava aos demais. Também era extraordinariamente beligerante. Em todas essas discussões, seus companheiros marxistas aprenderam a ter cuidado com ele. Em fevereiro de 1894, houve outra reunião. Dessa vez foi no apartamento do engenheiro Robert Klasson. No entanto, Ulyanov mais uma vez exibiu seu fervor revolucionário. Não gostava de uma discussão a que faltasse um senso de compromisso político prático, e criticava seus amigos por isso. Ficaram chocados diante de tamanha intemperança. Tal como ele, estavam tentando discernir o padrão do atual desenvolvimento econômico. Mas Ulyanov queria mais do que isso: exigia que o grupo examinasse a melhor maneira de derrubar a ordem imperial.

Um dos participantes era a ativista marxista Nadejda Konstantinovna Krupskaya. Ela detectou "algo de mal e seco" em seu sorriso quando alguém sugeriu que o grupo deveria formar um "comitê de alfabetização" para os operários da indústria local. Ulyanov perguntou como essas propostas poderiam ajudar a causa revolucionária. Jamais alguém havia falado com eles dessa forma, e Krupskaya recordaria: "Klasson apareceu; estava muito aborrecido, e disse, torcendo a própria barba: 'Bem, o diabo sabe do que ele está falando!' 'O que você quer dizer?', respondeu Korobko. 'Ele tem razão: que espécie de revolucionários nós somos?'"[14] Klasson e Korobko sentiram-se corrigidos e criticados. Pela primeira vez alguém lhes indicara que revoluções não aconteciam sozinhas.

Se o próprio Ulyanov estava numa posição legítima para criticar os outros, no entanto, é uma questão discutível. Embora propugnasse uma abordagem prática para a luta revolucionária, ainda lhe faltava reunir-se com um número qualquer de operários de fábricas. Ele via as fábricas e os escritórios comerciais de São Petersburgo apenas a partir do lado de fora. Vivia de rendimentos, como um capitalista de classe média. E, ao contrário de seus camaradas engenheiros, faltava-lhe formação profissional que pudesse colocá-lo em contato com a Rússia industrial que começava a existir. Nem percebia qualquer necessidade de mudar seu estilo de vida. Ainda achava que o modo mais eficaz de fomentar as perspectivas de revolução em seu país era envolver-se em controvérsias econômicas e políticas com outros intelectuais de classe média. Se, por um lado, ele gostava de desancar Krasin, Klasson e Korobko, por outro, reconhecia que dificilmente poderiam ser considerados os pensadores notáveis de sua geração. Não era arrogante para com eles, mas não tinha qualquer intenção de continuar a ser um modesto membro do grupo. Apesar de seu contratempo com o *Pensamento Russo,* manteve a determinação de exercer um amplo impacto sobre os debates públicos bem informados. Afinal de contas, foi por isso que ele, para início de conversa, viajara para São Petersburgo.

Por sorte, Klasson tinha ligações para atrair Piotr Struve e Mikhail Tugan-Baranovski a seu apartamento, no final de fevereiro de 1894.[15] Ulyanov estava finalmente trocando ideias com pensadores de seu próprio nível intelectual. Os três — Struve, Tugan-Baranovski e Ulyanov — atacavam questões básicas sobre o futuro da Rússia. Struve estava a ponto de ganhar fama com seu livro *Observações críticas sobre a questão do desenvolvimento econômico da Rússia* e Tugan-Baranovski viria a publicar *A fábrica russa*. Tal como Ulyanov, esmiuçavam os mais recentes dados econômicos. Tinham meios independentes e eram convertidos ao marxismo. Ulyanov tinha a esperança de conseguir fazer chegar suas próprias obras à imprensa legítima.

Mas o novo amigo deixava Struve e Tugan-Baranovski desconcertados. Ulyanov nunca estivera no exterior, nem testemunhara o nível mais elevado de desenvolvimento econômico na Grã-Bretanha, França e Bélgica. Isso não era culpa dele. O Ministério do Interior recusara todos os seus pedidos para viajar ao exterior. Mesmo assim, Struve e Tugan-Baranovski acharam que Ulyanov sofrera intelectualmente com esse isolamento. Em particular, disseram-lhe, precisava abandonar a absurda e exagerada avaliação do grande desenvolvimento capitalista que ocorrera no império russo. Sua abordagem era esquemática demais. A eles, também parecia que Ulyanov não estava excessivamente ávido por provar aos marxistas que era inteiramente "ortodoxo" em sua interpretação do marxismo. Struve e Tugan-Baranovski queriam usar o marxismo como um meio de explicar a verdade sobre as tendências econômicas russas, mas não como um credo inquestionável; achavam que Ulyanov estava excessivamente aflito pela lealdade a Marx, independentemente de se Marx estava certo ou errado. Ele se recusava a aceitar que se pudesse achar a falha mais superficial em *O capital*. Era um "crente" secular.

E, ao mesmo tempo, achavam que possuía em abundância a tradição terrorista russa. Em sua própria família, Alexander fora um terrorista praticante; Anna e até o jovem Dmitri simpatizavam com os terroristas.[16] O próprio Vladimir continuou a ser amigável com os antigos ativistas do Liberdade do Povo. Podia criticar o socialismo agrário, mas não procurava se afastar das pessoas que defendiam sua variante prática mais extrema. E, assim, ele lhes parecia uma extraordinária mistura de influências — e presumiam que a residência mais demorada em São Petersburgo e em uma ou duas cidades estrangeiras era necessária para Ulyanov amadurecer de uma forma normal.

Havia um óbvio paradoxo. Vladimir Ulyanov fora criado como um russo europeu. Era um leitor fluente dos clássicos alemães e franceses, e aprendera sozinho a ler em inglês. Era um brilhante estudante dos clássicos. Seus pais, ao mesmo tempo que criavam a família para ter orgulho da cultura russa, não haviam transmitido ideias nacionalistas. Como é que tal menino pôde acabar sendo tão "russo", em comparação com muitos jovens russos que tinham muito menos acesso às correntes contemporâneas do pensamento europeu? Struve e Tugan-Baranovski estavam certamente corretos ao dizer que a inexperiência de Ulyanov em relação à Europa era uma grande parte da resposta. Mas superestimaram a probabilidade de ele ajustar suas ideias em reação a uma viagem ao exterior. Já havia formado sua opinião. Desse período em diante, pelo menos até ter detido o poder por um ou dois anos, ele insistiria em ver a Rússia como econômica e socialmente mais avançada do que de fato era. E isso não era tudo. Também começaria a afirmar que as políticas que recomendava para a própria Rússia deviam ser aplicadas ao restante da Europa. A europeização da Rússia era um primeiro passo rumo à russianização da Europa.

Outra área de divisão entre eles era o abismo de status entre Strove e o aristocrata de Petersburgo. Ulyanov e o *parvenu*.* Quando Anna Ilinichna escreveu a Strove, em 1899, Strove, que ainda professava o marxismo, em nome do irmão, dirigiu-se a ele formalmente como "Gracioso Senhor";[17] não era assim que os ativistas revolucionários costumavam se comunicar entre si. Os Ulyanov vinham subindo a escada da sociedade imperial, mas não tinham amigos entre a elevada nobreza hereditária e, após a execução de Alexander Ulyanov, não havia a menor chance de que viessem a ter. O respeito formal de Anna para com Strove era exatamente um sinal disso. Não que Vladimir se importasse com a posição da família. Nunca ligou para cair nas boas graças da Velha Rússia. Ao contrário da irmã, não disfarçava suas emoções. Conversava com Strove em seus próprios termos, e Strove e Tugan-Baranovski estavam horrorizados com o que achavam ser a crueza de suas ideias. Mas Vladimir Ulyanov não ligava para isso. Até desconcertava o grupo Radchenko-Klasson, cujos membros eram de meios da classe média mais afins aos seus próprios. Ulyanov não seria, eles se perguntavam, um pouco "vermelho" demais?[18] A seus olhos, o marxismo dele guardava um excesso de aspectos mais violentos do terrorismo socialista-agrário russo.

Tentou garantir-lhes que estava comprometido com o marxismo "científico" e que deixara para trás sua fase socialista-agrária. Mas, entre seus heróis, incluíam-se precisamente aqueles a que o grupo Radchenko-Klasson se opunha. Ulyanov manifestava interesse pelas obras de Piotr Tkachev, o qual afirmava que Engels, após a morte de Marx, fora insuficientemente "marxista", uma vez que seu *Anti- -Dühring* apresentava uma análise excessivamente determinista da história mundial. Tkachev acreditava em vontade revolucionária, organização conspiratória e violência política, e considerava esses dogmas congruentes com o marxismo. Louvando a ditadura, declarou que, se algum dia os revolucionários chegassem ao poder, precisariam disseminar o terror, em massa, contra padres, policiais e proprietários.

---

\* Novo-rico. Algo como emergente social; em francês, no original. (*N. do T.*)

Mais particularmente, admirava Sergei Nechaiev. Este era, para ele, um herói extraordinário. Nechaiev fora o notório arquiconspirador do socialismo agrário russo que, no interesse de unir seus adeptos a sua causa comum, ordenou o assassinato de um deles. O julgamento dos adeptos de Nechaiev em 1871 contribuiu muito para alienar a opinião da classe média sobre o nascente movimento revolucionário, e Fiodor Dostoievski pôs sua versão do episódio no centro de seu romance *Os possessos*.* Os ativistas da organização Liberdade do Povo repudiavam o autoengrandecimento criminoso e amoral de Nechaiev.

Vladimir Ulyanov, no entanto, achava que o nome de Nechaiev devia ser homenageado. Raciocinava da seguinte forma: "Ele tinha um talento especial como organizador e conspirador, bem como a habilidade de envolver seus pensamentos em formulações surpreendentes." Certa vez, perguntaram a Nechaiev quem, na casa governante dos Romanov, deveria ser liquidado. A resposta foi: "A casa Romanov inteira!" Ulyanov repetia a frase, considerando-a um simples lance de gênio.[19] Assim, Ulyanov, o marxista, não excluía de seu panteão ídolos não marxistas. As tradições dos socialistas agrários russos, especialmente dos defensores da ditadura, exerceram sobre ele um impacto profundo e duradouro.

Também sentia um ódio visceral de cada acessório da ordem política tsarista. Detestava toda a família Romanov, a aristocracia, o clero, a polícia e o alto comando. Odiava a classe média mercantil e a classe média industrial e financeira emergente. Seu empenho em esmagar esses acessórios por métodos violentos era algo que tinha em comum com Zaichnevski, Tkachev e Nechaiev. Na verdade, nem todos os terroristas que admirava haviam se sentido desse modo. De fato, Alexander, o irmão terrorista de Vladimir Ulyanov, não renegara conceitos de moralidade ou os objetivos de eleições parlamentares. O que foi, então, que fez Vladimir Ulyanov reagir entusiasticamente à retórica e ao arrazoado de terror e ditadura? A resposta mais óbvia é o destino desse mesmo irmão mais velho. O imperador Alexandre III tinha o poder de comutar a pena de morte de Alexander Ulyanov. Mas Alexander Ulyanov foi enforcado.

---

* *Biesi* [Os demônios], conhecido como *Os possessos* a partir da versão francesa, *Les possedés*. (*N. do T.*)

Isso teria sido suficiente para virar qualquer irmão caçula contra "a casa Romanov", mesmo sendo inegável a cumplicidade de Alexander Ulyanov na conspiração para o assassinato de 1887. Além de tudo, o destino de seu irmão Alexander estava fadado a inclinar Vladimir para as invocações sanguinárias de Zaichnevski, Tkachev e Nechaiev.

Essa, no entanto, não é a história inteira. A família de Vladimir sempre ansiou por uma Rússia transformada. Os Ulyanov sentiam certo distanciamento da cultura imperial oficial — e não só por conta dos elementos não russos em sua genealogia. Eles queriam uma Rússia "culta", "civilizada". Queriam o final dos privilégios. Muita coisa no começo da vida de Vladimir já havia minado sua inibição de virar a Rússia de cabeça para baixo. Sua educação surtira um efeito semelhante. O currículo do ginásio insistiu num aperfeiçoamento linguístico técnico dissociado da vida russa cotidiana. Seu estudo universitário foi igualmente abstrato. Os propósitos do governo eram-lhe transmitidos na forma de regulamentos irritantes. Não acreditava ter algo a perder destruindo seu Estado e a sociedade.

Ao mesmo tempo, Vladimir Ulyanov era um indivíduo complexo que não tinha abandonado a esperança de reconhecimento geral como ensaísta sobre economia e sociedade. Embora Struve e Tugan-Baranovski continuassem constrangidos com ele, Ulyanov recusava-se a modificar suas análises. Enfrentara seu teste intelectual mais severo até aquela data e não se sentira derrotado. Sua confiança crescia de outros modos também. As prévias separações da mãe e da família tinham sido de curta duração, de forma que a mudança para São Petersburgo marcou uma ruptura psicológica. Praticamente perdera seu aspecto jovial. Vladimir herdara a aparência física do pai, e um aspecto disso causava-lhe alguma irritação: a calvície precoce. Discutiu com sua irmã, Maria Ilinichna, se poderia haver um meio de reverter o processo. Provavelmente estava brincando. Mas mantinha a barba e o que restava do cabelo perfeitamente aparados. De fato, odiava a aparência desleixada — e advertia os membros da família que não mantinham os botões da roupa bem costurados e os sapatos bem conservados.[20]

No entanto, não era um dândi. Ao mesmo tempo que queria estar sempre bem arrumado, não gostava de sair para comprar roupas; pedia que outros fizessem isso para ele — ou então usava suas roupas até que um de seus parentes ficasse suficientemente exasperado a ponto de comprar-lhe um terno novo ou um novo par de sapatos.

As principais mulheres de sua vida ainda eram a mãe e as irmãs e, de São Petersburgo, mantinha contato regular com elas por carta. Visitava-as na casa de veraneio que haviam alugado perto da estação ferroviária de Lyublino, no sul de Moscou. Os membros da família Ulyanov eram bons em apoiar uns aos outros. Em uma de suas idas a Lyublino, Volodya aprendeu a andar de bicicleta, sob a orientação de Dmitri.[21] Ele próprio estimulou Maria em seus objetivos educacionais de dois anos, em Moscou, em 1896. As coisas não tinham sido fáceis para Maria Ilinichna. Fora-lhe recusada a admissão aos Cursos Superiores para Mulheres de São Petersburgo, frequentados anteriormente por Anna Ilinichna.[22] Não era tão brilhante como seus excepcionais irmãos mais velhos, mas provavelmente o motivo para sua rejeição foi mais político do que acadêmico. E estava pagando um preço por ter irmãos e uma irmã criadores de caso para o regime imperial. Ela continuou lutando, no entanto, e Vladimir manteve-se em contato e a estimulou a concluir sua educação no exterior.

Enquanto isso, seu interesse por membros do sexo oposto crescia; muitos anos depois, referiu-se a ter corrido atrás de uma ou duas moças. Acreditava-se amplamente no boato de que a bela Apollonaria Yakubova atraíra sua atenção e tornara-se sua queridinha. Com certeza fez uma viagem de volta a Nijni Novgorod, em janeiro de 1894, e encontrou-se com ela; e, em 1897, segundo pistas deixadas por sua irmã, Anna, continuou a existir um sentimento entre eles, pelo menos por parte de Apollonaria. A verdade pode nunca vir a ser conhecida. No entanto, segundo todos dizem, não deixava os assuntos do coração atrapalharem os assuntos públicos — e continuaria a ser o caso, mesmo durante seu envolvimento com Inessa Armand antes da Primeira Guerra Mundial.

Nem as manias de infância haviam desaparecido. Os lápis ainda eram mantidos (impiedosamente) apontados, e a escrivaninha continuava cuidadosamente arrumada; ele a limpava diariamente. Quando recebia cartas com espaços em branco, recortava-os e guardava as partes não utilizadas. Era cuidadoso com seu dinheiro e preveniu Dmitri para não se deixar enganar pelos vendedores nas livrarias. Sempre redigia os artigos em sua caligrafia caprichada. Não se interessava pela negligência "boêmia" de seus companheiros revolucionários. Havia apenas um aspecto de sua vida pessoal a que não dispensava o devido cuidado: a saúde. Não se podia responsabilizá-lo pela febre tifoide que teve quando rapaz. Mas era menos do que cuidadoso em relação a outros problemas. Vladimir sentia terríveis dores crônicas no estômago e na cabeça, e não conseguia dormir à noite. Médicos diagnosticaram "catarro" da membrana estomacal. Hoje em dia, essa condição seria chamada de úlcera. Seu irmão, Sasha, sofrera de problemas semelhantes quando criança. Anna Ilinichna também teve o mesmo "catarro" aos 19 anos, e a mãe deles também teve dificuldades com o estômago.[23]

Ao que tudo indica, havia uma suscetibilidade genética a graves problemas gástricos. Mas o meio ambiente também tinha seu impacto. Quase sempre lhe ocorriam doenças estomacais naqueles períodos da vida em que ele não conseguia manter um horário regular de refeições e uma dieta bem equilibrada; e qualquer tensão psicológica decorrente de querelas políticas piorava muito os problemas.[24]

E, no entanto, em política, se mostrava menos inibido do que qualquer marxista contemporâneo na Rússia. Seus desentendimentos verbais com Struve e Tugan-Baranovski não o desestimulavam e, no final de 1894, escreveu uma alentada resenha do livro *Observações críticas,* de Struve, que tivera uma tiragem de 2 mil exemplares. Ulyanov continuava esperando publicar uma grande obra sua, mas o radicalismo político de seus conteúdos induziu-o a adotar o pseudônimo de K. Tulin. Ele referia-se ao "sr. Struve" — o próprio uso do "sr." uma expressão de afronta entre os marxistas — como um pequeno burguês. Acima de tudo, declarou que a natureza "burguesa" da economia russa contemporânea estabelecera-se havia muito e que o capitalismo já se havia consolidado:[25]

> Será realmente apenas "nos anos recentes?" Isso não recebeu plena expressão nos anos 1860? E não dominou o inteiro decorrer desses mesmos anos? O pequeno burguês [sr. Struve] está tentando

suavizar as coisas, representando as características burguesas de toda a época de reforma [após 1861] como um tipo de distração ou moda temporária.

O contraste entre Ulyanov e Struve só poderia ser insinuado numa publicação legal. Consistia na sugestão de Struve de que o fim do capitalismo poderia ocorrer pacificamente e até mesmo sem muito conflito entre as classes sociais. Ulyanov fizera objeção a isso num panfleto que escreveu e reproduziu num mimeógrafo a álcool. Struve, segundo Ulyanov, havia erroneamente negligenciado a necessidade para os marxistas de sempre defender a causa da "luta de classes" e os métodos violentos de revolução.[26] Embora não dissesse isso abertamente no novo artigo, deixava-o fortemente implícito. E os censores do Ministério do Interior entenderam muito bem. Apreenderam o livro antes mesmo de ser posto à venda. Em 1895, quase uma centena dos exemplares ainda existentes foram queimados. Mais uma vez, Ulyanov vira-se frustrado em sua tentativa de tornar-se um autor amplamente lido.

No entanto, ainda tinha esperança num futuro maior. Sempre quis viajar ao exterior, e agora tinha o incentivo adicional da possibilidade de fazer contato diretamente com Georgi Plekhanov e seu Grupo de Emancipação do Trabalho. Em 15 de março de 1895, para sua surpresa, abriu-se-lhe a oportunidade quando o Ministério do Interior, por fim, e por nenhum motivo em particular, retirou a recusa de conceder-lhe um passaporte.[27] Preparou-se apressadamente para uma viagem à Suíça e embalou, junto com as roupas, materiais sobre a economia imperial russa. Em 24 de abril, partiu de São Petersburgo para Moscou com seu amigo de Samara, Isaak Lalayants, recém-libertado da prisão. No dia seguinte, sozinho, tomou o trem rumo ao Ocidente, até a fronteira russa, cruzando as terras da monarquia Habsburgo.[28]

Vladimir Ulyanov recebeu instruções da mãe de que escrevesse para Moscou durante sua viagem e ele, obedientemente, mandou-lhe um cartão-postal de Salzburgo:[29]

> Já estou viajando "por partes estrangeiras" há dois dias e treinando o idioma: mas isso não vai muito bem; entendo os alemães com

a maior dificuldade ou, eu devia dizer, *não os entendo absolutamente*. Se vou até o condutor com alguma pergunta, não o entendo quando ele responde. Ele repete a resposta, ainda mais alto. Como continuo não entendendo, ele se zanga e se afasta. Apesar de fiasco tão vergonhoso, não fico desanimado e sigo estropiando a língua alemã com bastante entusiasmo.

Atravessando para a Suíça, ficou extasiado com os Alpes e os lagos, e verificou a possibilidade de alugar uma casa de veraneio e de contratar uma empregada. Relatou, no entanto, que as empregadas ganhavam até 30 francos por mês e também tinham de ser alimentadas — e que esperavam comer bem![30] Essa era a reação de um homem que, não importa a sua política, esperava gastar o mínimo com empregados. Estava mais disposto a gastar dinheiro com sua própria saúde e, como seu estômago continuasse a incomodá-lo, pagou uma consulta com um caro médico especialista suíço. As recomendações que faz a Ulyanov tinham a ver principalmente com a dieta. Disse-lhe que comesse regularmente, evitasse alimentos oleosos e bebesse muita água mineral.[31]

Da Suíça, fez uma viagem à França, onde alugou um apartamento em Paris. Voltando a Zurique, encontrou um lugar afastado da cidade, junto ao lago e em meio ao verde. De lá, por fim, seguiu para Berlim, onde nadou muito e visitou a Königliche Bibliothek.[32] Sempre que o dinheiro começava a escassear, a mãe o socorria. Era notório na família pela relutância em dar presentes. Escreveu a ela logo antes de deixar Berlim, oferecendo-se para comprar um livro de anatomia para seu irmão Dmitri. Mas o que poderia levar para sua irmã, Maria? "Sinto", acrescentou, "que deveria comprar um monte de tolices."[33] Dificilmente poderiam ser interpretadas como as palavras de um sentimental. No entanto, ao menos dessa vez, comprou um presente para ela. Maria nunca revelou o que foi, mas adorava o irmão, e ficou tão agradecida que nunca esqueceu esse singular ato de generosidade. Subsequentemente, os únicos presentes que recebeu de Ulyanov foram exemplares dos livros que ele escreveu.

Em contraste, Vladimir Ulyanov era altamente emocional quanto a sua política. Entre seus objetivos em ir ao exterior estava o de conseguir uma reunião com seu ídolo, Georgi Plekhanov. Sua primeira tarefa, em maio de 1895, foi descobri-lo em Genebra. Eles se deram muito bem. Finalmente, Plekhanov tinha algum testemunho de seus seguidores em São Petersburgo. O pequeno Grupo de Emancipação do Trabalho foi estimulado, pela visita de Ulyanov, a considerar modos de expandir sua influência e discutiu um plano para fundar um jornal de teoria socialista, *Robotnik*. Ulyanov seguira de Genebra para Zurique a fim de planejar novas disposições com um companheiro de Plekhanov, Pavel Axelrod. Sua fé marxista era inabalável. Quando esteve em Paris, procurou o genro de Marx, Paul Lafargue; e, em Berlim, conversou com o preeminente social-democrata alemão Wilhelm Liebknecht. Pode-se razoavelmente supor que teria ido prestar homenagem diretamente a Friedrich Engels, se Engels não houvesse morrido em 1895. Ulyanov, um homem tímido na expressão de seus sentimentos, não obstante confessou ser apaixonado (*vlyublonnot'*) por Karl Marx e Georgi Plekhanov. Esse jovem revolucionário heterossexual ficava mais excitado com ideologia — e seus principais expoentes — do que com mulheres.

Vivia para a política. De volta a São Petersburgo, em 29 de setembro, trouxe as boas-novas dos contatos que fizera. No caminho, deu uma parada em Vilnius, Moscou e Orekhovo-Zuervo. Em cada um desses lugares, estabeleceu ligações com marxistas locais. Viajou com uma mala de couro amarelo, de fundo falso, que encomendou a um artesão na Mansteinstrasse, em Berlim; e contrabandeou bastante literatura clandestina para seus camaradas.[34] Mas a travessia da fronteira não foi tão bem-sucedida quanto pareceu na época. Os funcionários da alfândega conheciam sua identidade e, com toda certeza, evitaram revistá-lo, a fim de permitir que a Okhrana o seguisse de volta a São Petersburgo e descobrisse o nome dos seus demais camaradas.[35] Para Ulyanov, pessoalmente, a viagem foi uma realização memorável. Havia a perspectiva de organização numa escala mais elevada do que círculos clandestinos de discussão, em Kazan, Samara ou São Petersburgo. Esperava que a conexão com a Suíça facilitasse a formação de uma rede de simpatizantes políticos por todo o império russo.

Mas a perspectiva continuava a ser basicamente literária: a colaboração entre os camaradas de Ulyanov e o Grupo de Emancipação do Trabalho iria se concentrar na produção do jornal *Robotnik*. A palavra *robotnik* (ou "operário") marcava a orientação do grupo para o movimento do trabalho industrial na Rússia. E, no entanto, nem Ulyanov nem qualquer de seus camaradas tinham planos de se reunir com operários. Os marxistas de São Petersburgo eram intelectuais sinceros, aplicados nos estudos, mas viviam em total isolamento do "proletariado" urbano, que descreviam como a futura vanguarda da revolução contra a monarquia Romanov. Era uma questão de tempo até que um de seus camaradas ficasse frustrado com a passividade política deles. Na verdade, foi alguém de fora que os provocou à ação — o jovem marxista Yuli Martov, recém-chegado de Vilnius a São Petersburgo. Entusiástico e muito despachado, Martov formou seu próprio grupo de discussão antes de travar conhecimento com Ulyanov e seus companheiros; rapidamente, destacou que a obrigação dos revolucionários era não meramente pensar e discutir, ou sequer publicar, mas também agir. Martov expôs um modo de operação que daria aos cultos marxistas de São Petersburgo a oportunidade de influenciar o nascente movimento trabalhista.

Martov, que era judeu, afirmava que os socialistas judeus deveriam unir-se às organizações socialistas gerais do império russo. Ele se opunha à ideia de formar um partido exclusivamente judeu. Era muito inteligente e já havia adquirido um conhecimento formidável dos textos de Marx e Engels. Ninguém do grupo de Ulyanov conseguia escrever tão rápido quanto Martov, a não ser o próprio Ulyanov. Os dois imediatamente se deram bem. A amizade era tão estreita porque eles estavam de acordo quanto aos fundamentos de sua visão do mundo. Mas outro fator era provavelmente o contraste de suas personalidades. Enquanto Ulyanov era arrumado e contido, Martov — pelo menos em particular — tinha um lado caótico, esfuziante. Como acontece tantas vezes entre amigos, eles se admiravam por suas diferenças.

A experiência de Martov dava-lhe uma vantagem nos debates travados em São Petersburgo após sua chegada, em outubro de 1895. Os marxistas tinham um maior número de grupos e adeptos. Mais a propósito, haviam feito proselitismo entre os operários da indústria, na maioria judeus, e formaram seus próprios grupos novos. Logo surgiu o problema, no entanto, de que os operários que atraíam tendiam a afastar-se da classe operária, assim que recebiam educação, nas mãos de ativistas marxistas. O mentor de Martov, Alexander Kremer, tinha a resposta para isso. Em seu panfleto *Sobre a agitação,* Kremer afirmou a necessidade de que os marxistas mantivessem seus círculos de estudos, mas também de incluir a agitação, em seu país, de operários de fábricas locais entre suas tarefas imediatas. Sua hipótese era que o marxismo se difundiria mais ampla e rapidamente por meio de uma liderança prática de greves industriais devidas a queixas dos operários do que por laboriosas exposições de *O capital.* Enquanto a fraternidade Radchenko-Klasson-Ulyanov pesquisava estatísticas econômicas agrárias, Kremer e Martov se engajaram em conflitos industriais entre proprietários e forças de trabalho que envolviam dezenas de milhares de operários. Mortov colocou a questão de que o "Programa de Vilnius" deveria ser adotado pelos grupos marxistas de São Petersburgo.[36]

Diversos membros desses grupos — os chamados mais velhos (*stariki*) — não se convenceram com Martov, e parece que Ulyanov estava entre eles. Para Ulyanov, uma grande parte do atrativo do marxismo fora sua ênfase na erudição e na ciência. Insistia em que os marxistas tinham algo a ensinar à classe operária e que, se é que se queria que a revolução tivesse sucesso, deveria haver uma ampla disseminação das doutrinas marxistas. Sua solenidade intelectual tornava muito apropriado chamá-lo de mais velho. Na verdade, como seu amigo Alexander Potresov viria a recordar, seu apelido era "O Velho":[37]

> Mas ele só era jovem pelo documento de identidade. Frente a frente, ninguém lhe daria menos de 35 ou 40 anos. O rosto pálido, a calvície que tomava toda a sua cabeça, exceto por alguns fios esparsos em torno das têmporas, a barbinha rala e avermelhada, os olhos apertados que lançavam às pessoas um olhar manhoso por baixo das sobrancelhas, a voz velha e áspera... Foi por bom motivo que, na União de Luta de São Petersburgo, na época, a célula básica do futuro partido, aquele jovem em idade era chamado de "O Velho", e costumávamos brincar que Lenin, até quando criança, provavelmente era careca e "velho".

Mas Mortov e os moços (*molodye*) tiveram vantagem nas negociações conjuntas. Formou-se uma União de Luta pela Emancipação da Classe

Operária, e foi eleito um comitê de cinco indivíduos. A carga da atividade marxista passou do debate do círculo intelectual de discussão para a agitação econômica e política entre operários da indústria.

Vladimir Ulyanov, apesar de suas desconfianças iniciais, acompanhou os novos tempos. Em novembro de 1895, escreveu um prospecto fazendo um apelo aos quinhentos operários têxteis grevistas da Fábrica Thornton, em São Petersburgo.[38] Visitou líderes grevistas e entregou mais de 40 rublos para liberação de operários presos pela polícia. Alinhado com a nova política da União de Luta, escreveu um alentado opúsculo sobre a legislação em vigor quanto às multas aplicadas aos operários pelos donos das fábricas. Foi impresso com auxílio de um acordo com partidários petersburguenses do Liberdade do Povo, e trazia uma falsa declaração sobre seu lugar de publicação (Kherson, no sul da Ucrânia) e sobre a permissão oficial obtida dos censores. Foram impressos 3 mil exemplares. Vladimir Ulyanov, o teórico "vermelho" de ação da mais extremada natureza, estava finalmente se envolvendo em atividade política fora dos limites dos instruídos círculos de discussão.

## 7. Rumo à Itália siberiana

### 1895-1900

Finalmente, o Ministério do Interior resolveu cuidar da questão das organizações marxistas russas. Vladimir Ulyanov e seus camaradas haviam escapado à prisão porque a Okhrana achava-os estudiosos demais para causar grandes problemas. A ascensão do movimento trabalhista russo pôs fim a essa indulgência oficial. A União de Luta pela Emancipação da Classe Operária tinha de ser detida. Ulyanov não teve qualquer pressentimento da mudança na política policial. Em 5 de dezembro de 1895, escreveu à mãe em tom tagarela, dizendo que seu primo Dmitri Ardashev, a essa altura tabelião estabelecido, o convidara a pegar um caso jurídico em nome de sua firma. Procurou outro primo, o dr. Alexander Zalenjki, na cidade, mas Zalenjki não estava disponível. A vida continuou normalmente; o único problema que Ulyanov encontrava era o barulho feito por seus vizinhos, que tocavam alto suas balalaicas: jamais conseguira tolerar barulho alheio enquanto tentava ler ou escrever.[1]

Foi um choque desagradável para ele quando, em 9 de dezembro, a polícia apareceu no apartamento e levou-o preso. Seu amigo Yuli Martov foi detido um mês depois. A essa altura, Ulyanov havia sido colocado na cela nº 193 da Casa de Detenção Preliminar. Uma vez que esse não era seu primeiro delito, sabia que sua intenção era improvável, como acontecera em Kazan, em 1887. O primeiro interrogatório de Ulyanov ocorreu em 21 de dezembro. O auxiliar Dobrovolski apresentou as perguntas de maneira escrupulosa, evitando qualquer pressão física ou psicológica. Ulyanov, que havia estudado para ser advogado, apresentou com facilidade aquiescência formal às autoridade sem, no entanto, divulgar-lhes qualquer informação. Construiu suas frases com precisão: "Não reconheço a culpa de pertencer ao partido social-democrata nem a qualquer partido. Não é do meu conhecimento a existência, no momento atual, de qualquer partido antigovernamental."[2] Em sentido estrito, estava certo. De fato, não havia sido criado um partido social--democrata. Ulyanov queria muito formar exatamente um partido assim; mas ainda não tinha conseguido. O confronto entre o auxiliar Dobrovolski e o prisioneiro da cela nº 193 foi breve e não se mostrou desagradável. Ulyanov encarou sua temporada na Casa de Detenção Preliminar como uma licença de descanso político. Continuou em seu tratado sobre o desenvolvimento econômico russo (que saiu em 1899 como o título *O desenvolvimento do capitalismo na Rússia*). Podia ler praticamente qualquer livro legalmente publicado e brincou com sua irmã, Anna Ilinichna: "Estou em melhor situação do que os outros cidadãos do império russo: não posso ser preso!"[3] Também tomou a precaução de combinar um código para comunicar-se com Nadejda Krupskaya, no caso de ser preso. Havia se preparado muito direitinho.[4]

Anna Ilinichna e a mãe haviam se mudado de Moscou para São Petersburgo. Vladimir tinha várias coisas de que fazia questão: lápis de boa qualidade, alimentos e roupa branca. Principalmente os lápis. Sua família exagerou nas provisões de comida, e ele reclamou que a porção de um único dia era tão grande quanto um dos bolos de Páscoa descritos em *Oblomov,* o romance cômico de Ivan Goncharov.[5] Vladimir lembrou aos parentes a dieta receitada para seu problema de estômago. Conseguiram garrafas de água mineral e até um tubo de lavagem intestinal para ele, depois de o médico ter recomendado limpezas intestinais regulares.[6] Vladimir emagreceu e sua compleição ficou meio amarelada;[7] mas também aumentou sua massa muscular, por meio de ginásticas e flexões. Seu irmão Dmitri recordou:[8]

Vladimir Ilich contou que, na prisão preliminar, sempre lavava o chão da cela, uma vez que era uma boa forma de ginástica. E, portanto, ele agia como um faxineiro de verdade — com as mãos nas costas, começava a dançar para lá e para cá na cela, com um esfregão ou um pedaço de palha de aço sob os pés. "Boa ginástica, e você até consegue suar um pouquinho..."

Sentir-se fisicamente exausto era desagradável para a maioria dos revolucionários daquela geração, mas não para Vladimir Ilich.

Enquanto esteve na Casa de Detenção Preliminar, esboçou o programa de um partido marxista.[9] Escreveu-o em "tinta de leite" invisível, que só podia ser lida quando o papel era aquecido e suspenso sobre uma fonte de luz. Exclamou para sua irmã: "Não há estratagema que não possa ser descoberto!"[10] O tratamento de Vladimir Ilich na prisão tem seu lado risível. Quando ele e Anna Ilinichna conversavam através das grades da cela, usavam várias palavras russas de origem alemã ou francesa. Um guarda os interrompeu, pressupondo que estivessem falando uma língua estrangeira, a fim de se envolver em atividade subversiva.[11] Irmão e irmã tiveram de adotar um vocabulário mais simples para evitar mais problemas. E por mais que Vladimir Ilich gostasse de usar o tempo para continuar a escrever, ficava frustrado por sua impossibilidade de participar dos debates entre os marxistas russos. Escrevia num vácuo político.

Também sentia falta do contato com as mulheres? No começo de sua vida, não há sinal de que teve namoradas, mas isso pode ser resultado de sentimentos pudicos de seus parentes ao escrever suas memórias sobre ele. Não obstante, é notável que nenhuma mulher tenha se apresentado nos anos 1920 alegando ter sido cortejada por Vladimir Ilich em sua adolescência. Mas essa ausência pode ter sido resultado do desestímulo oficial a qualquer narrativa que o descrevesse em outros termos que não os da hagiografia política. Talvez, no entanto, estivesse, de qualquer forma, perturbado demais pela morte do pai e do irmão para se envolver com mulheres de fora da família, durante vários anos. Talvez, também, tivesse de deixar sua casa e ir para São Petersburgo para poder explorar esse novo lado de suas emoções. Duas participantes da União de Luta, com certeza, sentiram-se atraídas por ele. Eram elas: Apollonaria Alexandrovna

Yakubova e Nadejda Konstantinovna Krupskaya, que planejaram, ambas, atraí-lo, ficando na esquina que era observável pelos prisioneiros que faziam sua caminhada diária fora da Casa de Detenção Preliminar. Yakubova não conseguiu estar presente quando foi feita a tentativa e, embora Krupskaya tenha ficado em posição durante várias horas, não conseguiu avistar Vladimir. Tentativas subsequentes não tiveram maior sucesso, mas Krupskaya e Yakubova pelo menos tentaram. Não puderam continuar com a experiência por muito tempo, porque ambas foram presas pela Okhrana, em agosto de 1896.

Em 29 de janeiro de 1897, as autoridades condenaram quase todos os membros da União de Luta, que tinham sido presos, a três anos de "exílio administrativo" na Sibéria oriental. Esse era um castigo russo que implicava um condenado ser mandado, sem recurso aos tribunais e seus júris, não para a prisão, mas para um local de banimento designado. Foi desenvolvido um sistema gradual de banimento. Quanto mais perigoso o condenado, mais distante o local de exílio. A permissão para que condenados individuais morassem em casas particulares, assumissem empregos remunerados e fizessem viagens a cidades próximas era concedida de acordo com uma avaliação de risco feita pelo Ministério do Interior. Os oficiais locais na Sibéria tinham grande autoridade residual. Os condenados sabiam que as condições de seu exílio podiam ser pioradas caso não se comportassem.

Outro receio era que prisioneiros fossem mandados em transporte fornecido pelo governo ou mesmo que tivessem de fazer a viagem a pé, junto a outros prisioneiros atados por grilhões. Arrastando-se pela neve e sustentados por rações inadequadas, às vezes esses condenados morriam antes de chegar a seus destinos. A alternativa era conseguir aprovação para pagar pela viagem à Sibéria e viajar com conforto. Vladimir Ulyanov fez essa petição com sucesso e, em 14 de fevereiro, com outros membros da União de Luta, recebeu o direito a três dias fora da prisão, a fim de fazer os preparativos para a viagem. Houve uma sessão de planejamento na casa da família Mortov.[12]

Concordaram em passar seu tempo de exílio sem tentar fugir.[13] No entanto, questões políticas os dividiam. A ligação da União de Luta com operários industriais antitsaristas era um desejo em comum; mas havia discordância quanto ao papel que deveria ser desempenhado no movimento político marxista por esses operários. O experiente marxista Stepan Radchenko, um ex-adepto do Liberdade do Povo e um fundador da União, com definidas inclinações pró-terroristas, afirmou que nenhum operário poderia sair-se melhor do que um intelectual culto e comprometido. Sua facção ficou conhecida como os Veteranos. Outros se mostraram contrários. K. M. Taktharov e Apollonaria Yakubova — os chamados Moços — queriam que marxistas da classe operária tivessem mais oportunidades de dirigir as várias organizações do marxismo russo. A intelectualidade de Vladimir Ulyanov o atraía mais para Radchenko do que para Takhtarov e Yakubova. Mas, ao contrário de Radchenko, não era absolutamente contrário a que a classe operária assumisse o movimento marxista. De fato, queria que os operários assumissem tal autoridade, mas insistia em que precisavam ter um fundamento intelectual básico antes de fazê-lo. Essa sua opinião particular, que o diferenciava tanto dos Veteranos como dos Moços, faria uma reaparição interessante quando "a questão operária" voltasse a ser levantada após a virada do século.[14]

Mas tudo isso estava no futuro. Na ocasião, o Departamento de Polícia ponderava o requerimento das mães de Ulyanov e Mortov para que seus filhos pudessem viajar à Sibéria por sua própria conta. A permissão oficial foi concedida. Maria Alexandrovna podia pagar facilmente a tarifa do trem e, educadamente, recusou o oferecimento de um subsídio da editora e simpatizante marxista Alexandra Kalnukova.[15]

Ulyanov ficou um pouco constrangido porque a vários de seus companheiros presos faltavam os mesmos recursos de sua família. Mas venceu a tentação de viajar com eles; nem nessa ocasião, nem depois deixou que o sentimento de camaradagem atrapalhasse seu conforto material. Em 17 de fevereiro, partiu para Moscou no primeiro estágio de sua viagem. Sua mãe o acompanhou e fez uma petição às autoridades no sentido de que, em vista de seus problemas de saúde, seu filho, Vladimir, tivesse permissão para passar alguns dias no apartamento da família em Moscou, antes de seguir para a Sibéria.[16] Finalmente deixou Moscou, em 23 de fevereiro, após alguns dias estudando na biblioteca do Museu Rumjantsev. Mas não estava, mentalmente, em sua melhor forma, uma vez que "sofria dos nervos", o que o perturbaria até sua morte. Tal como suas irmãs, Anna e Maria, bem como também seus pais,[17] era altamente tenso. Ataques de instabilidade emocional com frequência ocorriam quando se encontrava à beira do desconhecido. O exílio era um momento de virada em sua vida. Durante anos, não teve qualquer intenção séria de ser advogado em tempo integral. Mas sua detenção e condenação o puseram para sempre no livro negro das autoridades. Agora, dificilmente poderia assumir sua profissão, mesmo se quisesse.[18]

Contou à mãe seus sentimentos; o ato de comunicação parece tê-lo ajudado a passar por seus ataques de nervos. Assinava as cartas às irmãs com um perfunctório "Aperto-lhe as mãos. Seu, V. U."; mas, quando escrevia a sua "querida Mamãe", costumava acrescentar: "Mando-lhe um beijão."[19] Não pode haver dúvida de que realmente amava a mãe; uma vez disse, a respeito dela: "Mamãe... vocês sabem, é simplesmente uma santa."[20] Mas deliberadamente aproveitava ao máximo essa santidade: as constantes referências a seu estado de saúde deixavam-no sempre em primeiro plano na atenção da família.

A perspectiva do exílio era pior do que a realidade acabou se mostrando, mas antes de deixar Moscou não foi informado — de fato, as autoridades ainda não haviam decidido — exatamente onde na Sibéria ele deveria ficar. Embora em geral fosse calmo, continuou a ter momentos de extrema tensão. Na estação Kursk, em Moscou, ele se despediu do irmão, Dmitri. A mãe, as irmãs Anna e Maria e o cunhado Mark tomaram o trem e o acompanharam rumo ao sul, até Tula.[21] Em Tula, a Ferrovia Transiberiana desviava para leste, e foi lá que disse adeus à família e seguiu viagem até Krasnoyarsk, na Sibéria Central. De súbito, ficou inteiramente agitado. Surgira um problema na plataforma, em Tula, quando se verificou que havia passageiros demais para o trem, o que Ulyanov recusou-se a aceitar, embora tivesse tido sorte em pelo menos conseguir permissão para usar uma ferrovia. Caminhou pela plataforma e desancou o primeiro funcionário que encontrou. Demonstrou toda a confiança de um nobre hereditário e advogado em exercício, insistindo para que as autoridades cumprissem suas obrigações e engatassem um vagão adicional ao trem.[22] A queixa foi passada ao chefe da estação e, após um alvoroço de negociações, prevaleceu a vontade do revolucionário condenado. A repressora administração tsarista era capaz de indulgências de uma forma que foi ausente por completo no período soviético sob Lenin. Os passageiros prosseguiram confortavelmente até Krasnoyarsk.

Alguns dias depois, chegaram a Krasnoyarsk, no centro da Sibéria, onde Ulyanov ficou detido durante dois meses inteiros, porque o rio Yenisei mantinha-se congelado até a primavera. Ulyanov aproveitou a oportunidade para ir ao dentista da cidade, e arrancou um dente; também visitou a famosa biblioteca do destilador de vodca e bibliógrafo Gennadi Yudin.[23] É um eloquente testemunho sobre o crescente desencanto dos empresários da classe média com a monarquia Romanov o fato de que Yudin entregou ao jovem marxista a direção de sua biblioteca.[24] Nesse meio-tempo, Ulyanov escreveu ao governador-geral de Irkutsk, citando seus problemas de saúde e pedindo para ficar em Kramoyarsk durante os três anos de sua sentença.[25] Não esperava realmente uma resposta positiva e propôs o distrito de Minusinsk como uma segunda escolha. A região era conhecida entre os revolucionários como a "Itália siberiana" devido a seu clima agradável. Se ele pudesse ir para Minusinsk ou algum povoado próximo, não teria grande dificuldade para cumprir seu tempo de sentença com conforto. A camaradagem prevalecia entre os simpatizantes da revolução, independentemente de sua orientação política específica. Assim, o médico e socialista agrário Vladimir Krutovski, que arrazoava contra os marxistas em favor de se manter a comuna agrária camponesa, ajudou Ulyanov, o marxista, a conseguir um atestado de seus problemas estomacais.[26]

Em abril de 1897, Ulyanov ficou sabendo que deveria ser enviado para o vilarejo lacustre de Shushenskoe, no distrito de Minusinsk, da província de Yenisei.[27] Encantado, testou sua capacidade de escrever um poema sobre "Shu-shu-shu" ou "Shu-sha", como ele chamava Shushenskoe, antes mesmo de ver o lugar. A primeira linha dizia o seguinte: "Em Shusha, nos contrafortes do monte Sayan..."[28] Mas a inspiração o deixou nesse primeiro ponto e ele abandonou a tentativa. De qualquer maneira, a expressividade poética não era mesmo o seu estilo. Era um homem apaixonado, mas suas emoções eram sublimadas em ambições de luta de classes, análises econômicas e ideologia marxista, e se expressavam numa prosa pesada, maçante. Continuava amando a literatura e, no entanto, cada vez mais a usava como uma fonte empírica para suas ideias políticas. Não permitia que ela o afastasse de seus objetivos. Desconfiava das exuberâncias da imaginação. Sabia o que queria fazer em política e recusava-se a se deixar distrair.

Mas Vladimir Ulyanov com certeza esperava ansiosamente por "Susha". A viagem desde Krasnoyarsk seria uma aventura agradável, implicando quatro dias de barco a vapor rumo ao sul, pelo rio Yenisei, de Krasnoyarsk até Minusinsk. Esta era uma capital distrital com 15 mil habitantes, e de onde seriam tomadas as principais decisões com respeito às condições de exílio de Ulyanov. Já estava bem longe da supervisão direta das autoridades ministeriais de São Petersburgo. Em 30 de abril de 1897, assim que a navegação tornou-se viável, depois que se acalmaram as impetuosas torrentes da primavera, zarpou no vapor *S. Nicholas*.[29] Estava em companhia agradável. Viajavam com ele Gleb Krjijanovski e V. V. Starkov, amigos da União de Luta de São Petersburgo. Também tinham apresentado petições devido a problemas de saúde e foram destacados para uma aldeia perto de Shushenskoe. Compraram bilhetes para uma cabine no navio e, do meio do precipitado Yenisei, admiravam a vista de montanhas e bosques. Chegando a Minusinsk, os três camaradas fizeram um requerimento formal para receber o estipêndio mensal de 8 rublos a que cada um tinha direito. Isso bastava para as necessidades rudimentares de um indivíduo: comida, roupas e o aluguel de acomodações. Então alugaram uma carruagem e cavalos para empreender o último estágio da viagem. Para Ulyanov, significava um trajeto de quase 70 quilômetros até seu destino.

A aldeia de Shushenskoe tinha mais de mil habitantes e administração própria. O correio da Rússia era entregue nas quintas e segundas-feiras e, numa emergência, a família Ulyanov podia mandar um telegrama para Minusinsk.[30] O rio Shusk atravessava as cercanias da cidade. Havia bosques na vizinhança, e Ulyanov ia banhar-se numa pequena enseada do grande rio Yenisei, a menos de 2 quilômetros de sua casa. Podia olhar pela janela e ver os picos nevados da serra de Sayan. A comida era barata e nutritiva, e Ulyanov não precisou mais beber as garrafas de água mineral que levara por recomendação médica. Logo escrevia à mãe: "Todo mundo achou que eu engordei neste verão, fiquei bronzeado e agora estou igualzinho a um siberiano. Isso é o que eu chamo de efeito da caça e da vida no campo!"³¹

Martov foi mandado para Turukhansk, logo ao sul do Círculo Ártico, provavelmente porque as autoridades sabiam que era judeu. Turukhansk era extremamente fria durante o longo inverno, e o correio só lhe seria entregue durante nove meses por ano. O isolamento e as discussões entre os camaradas eram problemas que iriam pôr à prova a capacidade de tolerância de Martov. Ulyanov sentia muito sua falta. Martov tinha uma frivolidade estimulante, e Ulyanov já havia resolvido que queria trabalhar em estreita cooperação com ele — e, à parte qualquer outra coisa, Martov gostava de traduzir e de ensinar canções revolucionárias aos outros: no exílio, seria divertido estarem juntos. Em vez disso, Martov tinha de aturar com serenidade as piores condições de exílio. As dificuldades físicas não eram o único problema para os exilados. Isolados da sociedade normal na Rússia, vários deles ficavam preocupados com suas próprias dissensões políticas e invejas pessoais. O bate-boca às vezes ficava intoleravelmente intenso. O correspondente de Ulyanov, Nikolai Fedoseiev, que fora despachado da prisão de Vladimir para Verkholensk, no nordeste da Sibéria, em 1897, não conseguiu suportar as difamações feitas contra ele por alguns companheiros e matou-se com um tiro.³²

O lado obscuro do banimento siberiano não afetou Ulyanov, e foi em Shushenskoe que, pela primeira vez, se vislumbraram suas habilidades de líder. Embora tenha se esforçado a fim de conseguir as condições mais confortáveis para si próprio, não esqueceu as situações difíceis em que se encontravam seus camaradas, e fez o que podia por eles, escrevendo cartas de apoio moral e estímulo a Martov, Fedoseiev e outros. Ulyanov também regularizou sua vida em relação a mulheres. Ao menos, é assim que as coisas pareciam em sua carta ao Departamento de Polícia de São Petersburgo, em 8 de janeiro de 1898, na qual pleiteava permissão para que sua "noiva", Nadejda Krupskaya, se mudasse para Shushenskoe.³³ A permissão era praticamente automática, mesmo Krupskaya tendo sido condenada ao exílio em Ufa, uma cidade que ficava entre o rio Volga e os montes Urais. Conforme Vladimir informou à mãe, o plano era usar o planejado noivado como um meio de conseguir transferi-la para a Sibéria Central. Os diversos ativistas queriam cumprir suas sentenças próximos uns dos outros.

Levanta-se a questão sobre se isso não seria muito mais do que mero cálculo político. Foi a própria Nadejda Konstantinovna que sugeriu passar-se por sua noiva quando ele foi para o exílio siberiano. Segundo Anna Ilinichna, Vladimir recusou.³⁴ Ao menos a princípio. Mais tarde — talvez no final de 1897 —, mudou de ideia e ficou noivo dela. No entanto, não era a única mulher com quem ele tinha amizade. Por exemplo, ele e Apollonaria Yakubova (ou Kubochka, como a chamava) tinham manifestado interesse um pelo outro. Quando saiu caminhando da Casa de Detenção em São Petersburgo, Yakubova "veio correndo e beijou-o, rindo e chorando ao mesmo tempo".³⁵ Yakubova era uma bela mulher e uma revolucionária empenhada, e Vladimir Ilich pode tê-la preferido a Nadejda Konstantinovna como sua companheira. Há uma sugestão disso em uma seção publicada das memórias de Anna Ilinichna. Depois que Yakubova o deixou, ele declarou "com grande ternura: 'Si-i-im, Kuboshka!'"³⁶ Com toda certeza, não há qualquer indício nas memórias de Anna Ilinichna de que Vladimir Ilich se sentia atraído por Nadejda Konstantinovna. Mas Anna costumava ser maldosa a respeito de Nadejda e talvez estivesse distorcendo o relativo apelo das duas camaradas femininas de Lenin.

Os motivos de Ulyanov para resolver casar-se não são inteiramente claros. Quando escreveu à mãe, em 10 de dezembro de 1897, deixou implícito que Nadejda Konstantinovna definitivamente não havia optado por requerer juntar-se a ele em seu local de exílio.³⁷ Maria Ilinichna, muitos anos depois, fez uma narrativa fria: "Ela fez seu pedido para juntar-se a V. I. [Ulyanov] como sua noiva, e eles tinham de se casar, senão N. K. [Krupskaya] teria sido rapidamente mandada de volta à província de Ufa, onde fora originalmente condenada a permanecer no exílio."³⁸ Maria Ilinichna, como sua irmã mais velha, menosprezava a atração entre Vladimir e sua futura noiva. Nem mesmo Maria, no entanto, negava que houvesse afeição envolvida também.

Diversas narrativas mostram um deleite quase lúbrico no fato de que a relação fosse tão morna no início; usam isso para sugerir que Lenin era emocionalmente inerte. Mas provas que se tornaram recentemente disponíveis mostram que isso é reflexo do preconceito cultural. A questão é que o amor romântico, em que um homem e uma mulher se apaixonam perdidamente, não era uma condição a que Vladimir e Nadejda aspiravam. Ambos escreveram pouco sobre seus sentimentos um pelo outro; mas, após a morte de Vladimir, Nadejda escreveu, em 1927, uma carta furiosa a Vladimir Sorin, historiador do partido bolchevique, sobre o tipo de relacionamento que desfrutava de aprovação entre os revolucionários marxistas da geração deles. Ela se opunha energicamente à sugestão de Sorin de que tais revolucionários "apaixonavam-se de maneira irremediável uns pelos outros". Conscientemente rejeitavam a atitude burguesa contemporânea para com os assuntos do coração e visavam a construir um novo modo de vida — e supunham que seus próprios relacionamentos deviam se concentrar no trabalho em colaboração pela causa revolucionária. Para eles, a ideia de uma união marital permanente tinha conotações desagradáveis: religião, interesse econômico e a sujeição da mulher ao marido. Os marxistas russos, como Nadejda destacou, tinham mais avidez do que seus equivalentes no restante da Europa por formar parcerias informais pelo bem maior da causa. Eram influenciados pela comuna revolucionária descrita em *O que se há de fazer?*, de Nikolai Chernyshovski, e pela filosofia antiburguesa de Dmitri Pisarev.[39] Krupskaya não descreveu explicitamente os sentimentos entre ela e Lenin, mas a insinuação é inconfundível: os dois se gostavam e sentiam afeição suficiente, e achavam que, pelo futuro previsível, podiam trabalhar juntos.

Nadejda Konstantinovna, ainda por cima, era fisicamente atraente, embora ninguém pudesse afirmar tratar-se de uma beldade. Seu rosto tinha um belo formato. Ela era alguns centímetros mais alta que Vladimir e um ano mais velha. Usava roupas bastante sem graça; seu cabelo era penteado de forma muito simples. Apresentava-se como uma típica professora primária contemporânea (se não houvesse se tornado ativista marxista, provavelmente teria sido sua carreira). Sua família tinha status de gente fina, mas não vivia em situação tão boa quanto os Ulyanov. O pai de Nadejda Konstantinovna enfrentara problemas como oficial do exército imperial: fora julgado insuficientemente severo com os dissidentes poloneses após a rebelião de 1863 e destituído de seu posto de comando. Depois disso, pegou os empregos que apareciam, incluindo trabalhar como agente de seguros. A mãe de Nadejda Konstantinovna escrevia livros infantis, a fim de complementar a renda incerta da família.[40] Os três mudavam-se com frequência de um lugar para outro, mas os pais sempre buscavam garantir que a filha frequentasse o ginásio local. Nadejda aprendeu a enfrentar as circunstâncias adversas e a manter-se animada mesmo assim. Cresceu para tornar-se uma mulher séria; aos 18 anos, escreveu ao romancista Leon Tolstoi, pedindo para trabalhar em seu projeto de tradução de clássicos estrangeiros.[41]

Chegando a São Petersburgo, no entanto, uniu-se a estudantes que rejeitavam Tolstoi por seu pacifismo e seu cristianismo e, com constância, ela também se voltou para as ideias de revolução marxista. Tinha pouco interesse de lazer fora da literatura russa e do aprendizado de línguas estrangeiras. Ela se dedicou a tornar-se revolucionária. Mais do que qualquer outra coisa, foi isso que atraiu Ulyanov. "Ele jamais conseguiria ter amado uma mulher", recordou, "de cujas opiniões discordasse e que não fosse uma camarada em seu ofício."[42] Ainda por cima, havia trabalhado em meio a gente trabalhadora comum, em muito maior medida do que ele. Nas escolas dominicais e em classes noturnas, ministrara cursos de leitura e escrita, bem como de marxismo, e demonstrava certo domínio da teoria pedagógica contemporânea. Era também uma pessoa de muito tato. Vladimir tinha um temperamento difícil e explosivo, e gostava de que sua vontade prevalecesse sobre a das outras pessoas, e quem viesse a se tornar sua esposa precisava ser paciente. Nadejda, de acordo com quase todos que escreveram a seu respeito, gozava dessas qualidades em abundância.

Vladimir não foi o único Ulyanov a sofrer nas mãos do Ministério do Interior. Dmitri, expulso da Universidade de Moscou, em 1890, por se envolver no movimento revolucionário, foi preso e banido para Tula. Em seguida, as autoridades prenderam a irmã de Vladimir, Maria, por atividades revolucionárias, e baniram-na para Nijni Novgorod.[43] A mãe, Maria Alexandrovna, dividia seu tempo ente Tula e Nijni Novgorod. Logo conseguiu permissão para que Dmitri cumprisse sua sentença na casa recém-alugada pela família, na cidadezinha de Podolsk, na Ferrovia de Kursk, quarenta quilômetros ao sul de Moscou, onde a filha, Maria, acabou juntando-se a eles.[44]

A mudança para Podolsk, na primavera de 1898, foi ocasionada pelo fato de que Mark Yelizarov, marido de Anna Ilinichna, tinha um cargo no departamento de contabilidade da Ferrovia de Kursk e precisava morar no local — e seu cargo tinha a vantagem de oferecer viagem grátis não só para ele, mas também para sua esposa e sua sogra.⁴⁵ Em torno de Podolsk, com seus 4 mil habitantes, havia florestas e lagos. Era um lugar maravilhoso, onde Maria Alexandrovna tinha a esperança de estabilizar-se mentalmente. Seus "nervos" vinham lhe causando problemas, e buscou a ajuda de um especialista médico. Também vinha sofrendo de um problema no estômago. Uma das perguntas do médico foi se havia sofrido "perturbações espirituais" recentes. Difícil imaginar questionário com maior falta de sensibilidade. O marido de Maria Alexandrovna morrera prematuramente. Seu filho mais velho fora enforcado. Três outros filhos tinham sido presos, e um deles — Vladimir — vivia exilado na longínqua Sibéria Oriental. Havia muito parara de sonhar que sua família seguiria o caminho normal de suas carreiras profissionais. Cada ano parecia trazer novos problemas para os Ulyanov. Não surpreende que Maria Alexandrovna mostrasse sinais de extrema tensão.

Nesse meio-tempo, Nadejda Krupskaya pedia permissão para ir até Shushenskoe. Antes de partir para o exílio, não parecia bem. Seu codinome entre os revolucionários era "Peixe". Essa dificilmente era uma designação lisonjeira para alguém e, no caso dela, provavelmente se referia ao incipiente abaulamento de seus olhos como resultado de bócio, causado pela doença de Graves.* Entre os sintomas encontra-se a tendência de o pescoço inchar e de os olhos se tornarem protuberantes. Anna Ilinichna, avistando Nadejda antes de sua partida para a Sibéria, disse, com cruel acuidade, que ela se parecia um pouco com um arenque.⁴⁶

Nadejda já havia negociado a publicação de *Estudos e artigos econômicos*, de seu noivo, e conseguira uma encomenda para que ele traduzisse trabalhos de Sidney e Beatrice Webb sobre o sindicalismo inglês. Os editores, explicou a Maria Alexandrovna, disseram que "mesmo que Volodya tenha pouco conhecimento de inglês, não havia problema, uma vez que era possível usar a tradução alemã, somente comparando-a com o livro [original] inglês". Nadejda percebeu que Volodya necessitava ter por perto alguém que o ajudasse a se organizar. Por exemplo, precisava de dinheiro; mas foi preciso que Nadejda conseguisse a encomenda de tradução do livro dos Webb. Também tomou todas as providências para que ela própria e sua mãe, Yelizaveta Vasilevna Krupskaya, deixassem Moscou pela Ferrovia Transiberiana. Roupas, livros, dinheiro, formu-

---

* Um tipo autoimune de hipertireoidismo. (*N. do T.*)

lários oficiais e comida, tudo isso precisou ser posto em ordem antes de partirem. E, então, fizeram a longa viagem de trem, vapor e carruagem para encontrar Volodya. Ao chegar a Shushenskoe, em maio de 1898, ainda por cima, tentou fazer com que ele manifestasse novos interesses. Gostava de sair à cata de cogumelos; em princípio, Volodya foi contra, mas logo tal busca tornou-se uma obsessão para ele. "Não se consegue arrancá-lo do bosque", Nadejda contou à mãe dele. "Estamos planejando fazer uma horta para o ano que vem. Volodya já contratou alguém para preparar os canteiros de legumes."[47]

No entanto, foi principalmente Nadya, como ele a chamava, que precisou se adaptar a Volodya. Entre suas obrigações, estava a compra dos vários livros e jornais de que ele precisava para concluir seu trabalho. Ela também precisou se acostumar à paixão dele por caminhadas. Se, por um lado, ela gostava de ficar sentada a sua escrivaninha aos domingos, ele costumava ir dar um passeio. Nadya condicionou-se para acompanhá-lo.[48] E, em particular, precisou aprender a como lidar com a família dele. Anna Ilinichna se mostrou abertamente indignada com a intromissão de outra mulher na família; reprovava a cunhada por escrever cartas frívolas e levantou rudemente a suspeita de que Nadya estava deixando que Volodya censurasse as cartas antes de despachá-las. Nadya admitiu que mostrava a ele a correspondência, mas afirmou que isso era normal entre marido e mulher. Quando Anna, então, se queixou de que às vezes deixava de dizer que Nadya lhe pedira para transmitir seus respeitosos cumprimentos e votos de felicidade, Nadya replicou que isso era só porque Volodya tomava como certo que os Ulyanov sabiam que ela constantemente lhes desejava felicidades.[49] Com paciência quase sobre-humana, Nadya recusou-se a comentar sobre a omissão de Anna em implicar o próprio Volodya em qualquer falha de boas maneiras.

Com isso, estava adotando um papel de subordinação ao marido. Percebendo que a tranquilidade dele dependia de sua capacidade de manter relações minimamente decentes com Anna, conteve a língua. Teria de voltar a fazê-lo muitas vezes no futuro, uma vez que já partilhava da reverência mostrada para com ele por Anna Ilinichna e Maria Ilinichna. As três mulheres achavam-no uma pessoa com um potencial intelectual e político ímpar. Queriam ajudá-lo e servi-lo — e ele ficava muito satisfeito de estimulá-las nesse sentido.

Em Shushenskoe, Volodya já estava vivendo com algum conforto e havia feito preparativos para a chegada de suas futuras esposa e sogra, alugando uma casa mais ampla do que a primeira e contratando uma empregada de 15 anos. Separou para si mesmo um estúdio, onde pôs sua grande coleção de livros conforme iam chegando da Rússia, em pacotes. Também mantinha um álbum com fotografias de seus heróis. Entre eles, estavam os prisioneiros políticos mandados para colônias penais de trabalhos forçados na Sibéria, um destino de que ele próprio havia escapado. Continuou em particular a venerar a memória de Chernyshevski e, agora, tinha não uma, mas duas fotos dele em seu álbum.[50] Embora Volodya Ulyanov professasse sua rejeição ao sentimentalismo em política, tinha uma ligação claramente emocional com certas figuras políticas e com a vocação revolucionária. Nem tudo nesse homem se ajustava à impressão que tentava passar. Como muitas outras pessoas, ele precisava de heróis e de ter disponível uma recordação visual deles. Até agora, nenhum de seus heróis o decepcionara, mas viria a mostrar-se traumático para ele, no futuro, quando algum deles, de alguma forma, o desiludia.

Também tinha em mente questões práticas. Soubera, de Moscou, que sua mãe queria vender a propriedade de Kokushkino em Samara. Ninguém da família Ulyanov estava morando lá agora, e a prisão e o exílio de Volodya tornaram sensato para Maria Alexandrovna procurar obter a liquidez de seus bens de valor. Ela resolveu alugar uma casa. Normalmente, teria pedido a ajuda do filho, Volodya, uma vez que estudara Direito. Mas, por sorte, Mark Yelizarov, o marido de Anna Ilinichna, tinha experiência profissional como agente de seguros e aconselhou-as a tentar vender Kokushkino a um preço vantajoso. Enquanto cuidava desse negócio para seus parentes, Mark demonstrou sua solicitude aos sentimentos de Volodya, cumprindo a formalidade de passar-lhe, por ser o filho homem mais velho, os detalhes da transação proposta; também queria mandar para Volodya o cão da propriedade de Kokushkino, quando o negócio estivesse enfim concluído, mas Volodya, educadamente, recusou: já havia adquirido seu próprio *setter* irlandês, Jenka, na Sibéria — e, de qualquer maneira, seria uma extravagância mandar um cachorro desacompanhado do Volga para o meio da Sibéria.[51]

No entanto, Volodya não se negava o estilo de vida do cavalheiro do campo. Assim, aceitou, feliz, o presente de seu irmão, Dmitri, uma espingarda belga de cano duplo.[52] Caçar lebres, coelhos e raposas tornou-se uma paixão, além de ir até o rio Yenisei para pescar. No inverno, patinava, e Nadya achou-o muito exibido no gelo, com seus "saltos espanhóis", e seu estilo de andar empertigado e se pavoneando "feito uma galinha". Mas admirava seu vigor físico. Quando Vladimir reuniu-se a Krjijanovski, um homem bem maior, às vezes disputavam uma luta livre. Ambos estavam entre o pequeno número de ativistas revolucionários que se interessavam pela boa forma física. Seus "nervos" relaxaram durante sua estada na Sibéria, e os problemas de estômago desapareceram. O ar puro e a dieta mais saudável reanimaram os membros da União de Luta que haviam "cavado" sua residência no distrito de Minusinsk. A "Itália siberiana" era tudo por que haviam esperado.

Havia, é claro, lados desagradáveis no exílio, mesmo nesse ambicionado distrito. Os detidos tinham de pedir permissão para se visitar. Ocasionalmente, precisavam mandar buscar na Rússia artigos de vestuário que não podiam ser obtidos localmente. Assim, Volodya pediu à mãe que mandasse para o verão um chapéu de palha de boa qualidade e um casaco de couro para o inverno. Lápis Hardmuth n$^{\circ}$ 16 foram objeto de mais um pedido. (Gastou rapidamente os primeiros que recebeu.) No entanto, inconveniências materiais não eram o principal problema. Muito mais irritantes eram os insetos locais. O mosquito leste-siberiano se mostrara espantosamente agressivo. Depois que preparou uma rede para cobrir a cabeça, os mosquitos simplesmente atacavam suas mãos durante a noite. Volodya pediu que lhe mandassem luvas de pelica: "Gleb [Krjijanovski] me garante que os mosquitos locais picam através das luvas, mas não acredito nele. É claro que é preciso escolher o tipo de luva adequado — não para bailes, mas para mosquitos."[53] Infelizmente, o registro histórico não nos diz quem estava certo, se Ulyanov ou Krjijanovski, em sua acalorada discussão sobre as propensões à perfuração de luvas do mosquito leste-siberiano.

Logo após a chegada de Nadya a Sushenskoe, começaram os preparativos para as bodas. Volodya apreciava o ambiente mais sereno que Nadya e sua mãe proporcionavam. Fazia algum esforço para ficar em termos amigáveis com Yelizaveta Vasilevna e a cumprimentava por sua culinária.⁵⁴ Inadvertidamente, porém, expressou sua satisfação com um ganso que ela havia assado e destacou a magreza da carne. Yelizaveta Vasilevna ficou chateada, uma vez que a ave na travessa não era um ganso, mas um capão silvestre. Mas, talvez, refletindo, tenha reconhecido que ele estava tentando ser agradável.

Conforme se aproximava o dia das bodas, chegou uma carta de Anna Ilinichna. Ela pedia que fossem mandados convites para a família Ulyanov. Vladimir ficou exasperado.⁵⁵

> Anyuta [diminutivo de Anna] pergunta quando vai ser o casamento e quem "estamos convidando"!? Ela está pondo o carro à frente dos bois! Só para começar, Nadejda Konstantinovna precisa chegar aqui e, aí, a administração precisa dar permissão para o casamento — estamos completamente sem direitos como pessoas. É isso que "convites" significam por aqui!

Negou não ser hospitaleiro, afirmando querer que os Ulyanov viajassem para Shushenskoe para a cerimônia.⁵⁶ Embora concordasse com a preocupação expressa pela mãe de Nadya, Yelizaveta Vasilevna, de que a viagem poderia mostrar-se cansativa demais para sua mãe, ele, por sua própria parte, sugeriu que esse poderia não ser o caso se ela comprasse pelo menos uma passagem de trem de segunda classe.⁵⁷ Obviamente, estava se distanciando de uma tentativa direta de dissuadir sua mãe de vir. Isso foi em junho de 1898. No mesmo mês, pediu permissão formalmente às autoridades de Estado para desposar sua noiva. Oskari Engberg, um finlandês companheiro de exílio, confeccionara para o casal duas alianças de cobre. Em 10 de julho de 1898, foram casados pelo padre Orest, na Igreja de Pedro e Paulo, na aldeia.⁵⁸

A desculpa de Volodya para a pressa era que as autoridades, de outra maneira, mandariam Nadya para o exílio na província de Ufa. Realmente, não queria uma grande cerimônia de família, mas visava a se ajeitar em seus próprios termos. Deixava que sua nova mulher escrevesse as cartas para a família, e suas palavras diplomáticas e amigáveis o liberavam dessa obrigação. A pobre Nadya não tinha uma tarefa fácil. Os Ulyanov deixaram bem claro que o dever dela era dar à luz um Ulyanov da próxima geração. Ela respondeu a uma carta de sua sogra, mal completados oito meses do casamento, afirmando: "No que diz respeito à minha saúde, estou perfeitamente bem, mas, no que diz respeito à chegada de um passarinho, infelizmente as coisas vão mal; não há qualquer sinal de um passarinho planejando chegar."[59] O "passarinho" era a esperada gravidez. Nadya e Volodya sempre quiseram ter filhos, e foi Nadya quem informou a seus próprios parentes sobre a falta de progresso nesse aspecto de sua vida conjugal. Estava, desde o princípio, aceitando um papel de submissão. Esperava-se que desse à luz, e Volodya não fez nada para atenuar sua sensação de culpa ou protegê-la de exigências implícitas da família Ulyanov.

O desejo premente de Volodya era escrever e publicar livros. Estava esboçando *O desenvolvimento do capitalismo na Rússia*. Em agosto de 1898, concluiu o texto, com suas referências a mais de quinhentos livros e artigos. Pediu a seus coexilados em Minusinsk que fizessem críticas aos capítulos; ainda não tinha aquela sua confiança posterior que lhe permitiria apresentar seus livros ao mundo sem esse tipo de avaliação.

O problema é que ele não era ainda um autor bem estabelecido. De fato, até levou em consideração a ideia de preparar o livro para publicação independente. Piotr Struve sugeriu-lhe dividir o texto e publicá-lo na forma de artigos de jornal. Mas Ulyanov queria fazer uma última tentativa de conseguir um contrato com um editor comercial. Seu pensamento voltou-se para M. I. Vodovozova.[60] Sua pequena editora de São Petersburgo tinha a tradição de publicar literatura marxista. Volodya pediu a Anna Ilinichna que verificasse as possibilidades. Estabeleceu condições para a negociação, mas, ao mesmo tempo que estimulava a irmã a obter o máximo de direitos autorais, admitia que "não há motivo para ter pressa no recebimento do dinheiro".[61] Sua maior preocupação era que o livro deveria ser decentemente produzido com uma tipologia nítida, tabelas estatísticas bem arrumadas e sem erros de impressão. Expressou o desejo, também, de que a publicação deveria ser rápida, e a tiragem, grande. Foi assinado um acordo de que 2.400 exemplares seriam impressos na primeira edição e que Vodovozova garantiria direitos suficientes para comprar a literatura especializada de que precisava, na livraria de Alexandra Kalmikova, em São Petersburgo.

Publicou O *desenvolvimento do capitalismo na Rússia* sob o pseudônimo de Vladimir Ilin, já que era um conhecido revolucionário, e queria evitar problemas com a censura oficial. A erudição era considerável; o comentário político direto foi limitado ao mínimo necessário, e tinha um estilo austero. Contudo, "Vladimir Ilin" pretendia que o livro fosse uma provocação. Montara uma argumentação que era radical em sua interpretação, e sabia disso. Ao mesmo tempo, esperava que o livro afirmasse seu status como importante especialista em tendências econômicas contemporâneas. Sobre teoria política e filosofia marxista, confessou sua falta de instrução; e admitiu, por exemplo, que ainda lhe faltava ler Immanuel Kant.[62] Mas, sobre economia, achava que já entendia do assunto.

O conteúdo do livro cobria a economia imperial por inteiro. Vale a pena examinar seu argumento, pelo menos porque o usou para justificar grande parte de sua orientação política posterior. Repetia em geral dogmas de Georgi Plekhanov. Entretanto, deu-lhes uma tendência peculiar. Plekhanov havia afirmado que diversas tendências entre os camponeses em melhor situação indicavam que o capitalismo estava em ascensão: o aluguel e a compra de terras; a contratação de trabalhadores; e a introdução de equipamento agrícola atualizado. Ulyanov foi ainda mais longe. Não se limitou a afirmar que o capitalismo no campo já se encontrava em avançado estágio de desenvolvimento. Também alegou que os camponeses em melhor situação — que rotulou de burguesia rural — eram tão eficazes como fazendeiros que sua necessidade de maquinaria, fertilizantes e outros produtos do gênero podia proporcionar, e de fato proporcionava, o principal mercado para companhias industriais em todo o império russo. Por sua vez, o setor manufatureiro da indústria estava estimulando a produção no setor de mineração — e isso forçosamente exigia o apoio do setor financeiro. Os transportes e as comunicações tinham de crescer para fazer face a essas demandas.

De acordo com Ulyanov, o setor agrícola da economia não devia ser encarado como um componente auxiliar, mas como o próprio motor do desenvolvimento capitalista russo.

Havia ramificações sociais em sua análise. Em particular, a categoria secular do "campesinato" não podia mais ser aplicada "cientificamente". Os camponeses, em sua maioria, haviam se tornado "proletários", que não tinham terra nem equipamento, embora existissem com a venda de seu trabalho em um mercado capitalista. Uma pequena maioria do campesinato era rica — e Ulyanov os designava como burgueses, como capitalistas rurais, como *kulaks* (ou "punhos", porque retinham suas respectivas aldeias de punhos cerrados). Um grupo intermediário, os *serednyaks,* estava a ponto de ser distribuído entre o vasto proletariado e os poucos, mas ainda dominantes, *kulaks.* Assim, as ideias socialista-agrárias de solidariedade e igualitarismo dos camponeses eram conversa-fiada. A perspectiva imediata do império russo era a consolidação de um capitalismo já fortalecido nas cidades e no campo.

Havia, enfiado nessa análise, um ataque colateral às teorias econômicas não marxistas correntes na Rússia. Ulyanov achava que havia demonstrado, no exemplo, que a posse das colônias ultramarinas não era um pré-requisito do desenvolvimento capitalista. Também que esse desenvolvimento não dependia crucialmente do investimento e do empresariado estrangeiros. A Rússia, declarou, estava gerando sua própria transformação na base de seus próprios recursos. Além do mais, sua exposição apoiava-se na necessidade de levar em conta as concentrações regionais de desenvolvimento capitalista: Petersburgo e Varsóvia tinham metalurgia; a área de Moscou tinha fábricas têxteis; a bacia do Don tinha minas de carvão; Baku tinha petróleo. Ao mesmo tempo que continuavam a existir regiões atrasadas, havia muitas regiões de desenvolvimento econômico altamente eficaz, o que logo provocaria a transformação da Rússia tradicional em um país capaz de rivalizar com o Ocidente capitalista avançado. Ulyanov ridicularizava os comentaristas econômicos que afirmavam que o progresso material russo encaminhava-se para um beco sem saída. A Rússia, tendo dado os primeiros passos na estrada capitalista, seguiria por ela de forma certeira, inteiramente de acordo com as leis do desenvolvimento econômico.

*O desenvolvimento do capitalismo na Rússia,* no entanto, apesar de toda a sua peculiaridade, foi um *tour de force*. Ulyanov teve a capacidade de levar sua análise à mais extrema conclusão e de alimentá-la exclusivamente com dados que a corroboravam. Para os que pensavam sobre política, era evidente seu objetivo. Se a Rússia já era um país capitalista, então já estava mais do que na hora de remover a monarquia Romanov. Um país capitalista precisava de democracia política e direitos civis gerais. O tsarismo era obsoleto. Além disso, a condição avançada do capitalismo russo significava que não seria muito tempo após a "revolução democrático-burguesa" contra os Romanov que uma segunda revolução, ainda mais profunda, poderia ser tentada: a revolução socialista. Ulyanov levara a público um tratado econômico que, esperava, atrairia milhares de convertidos para a causa marxista na Rússia.

Um de seus propósitos era demonstrar que os marxistas russos poderiam partilhar do sonho socialista europeu. O que estava sendo feito na Alemanha de então, ele se convenceu, poderia ser posteriormente empreendido na Rússia. Mesmo no exílio, portanto, examinava os jornais em busca de informações sobre a Alemanha. Após a morte de Engels, em 1895, o herói de Ulyanov no Partido Social-Democrata alemão era o teórico Karl Kautsky. Tal como Ulyanov, Kautsky escreveu não só sobre economia, mas também sobre política e filosofia. Levava uma "teoria" muito a sério. Almejava um socialismo com "fundamentos científicos". Queria conhecimento sistemático e política sistemática, e via a si próprio como o defensor póstumo do legado de Marx e Engels. Kautsky era um homem ao estilo de Ulyanov. Este se interessava em particular pela (e animava-se na) defesa de Marx e Engels, contra a tentativa de Eduard Bernstein, que fora colaborador do próprio Engels, de "rever" certos conceitos-chaves do marxismo. Bernstein negava que a sociedade capitalista avançada estivesse dividida principalmente entre duas classes sociais, a burguesia e o proletariado. Não simpatizava com a revolução, preferindo evolução e reformas pacíficas, e acreditava que o socialismo seria impossível de construir, se isso dependesse do capitalismo primeiro levar a economia à ruína. Tanto para Kautsky como para Ulyanov, o revisionismo de Bernstein era uma traição aos dogmas do marxismo.[63]

Ulyanov ficou consternado por esse revisionismo não se limitar à Alemanha. Também estava acontecendo na Rússia. No verão de 1899, um documento escrito por dois emigrantes marxistas russos, S. N. Prokopovich e Yekaterina Kuskova, foi entregue em Minusinsk por Anna Ilinichna, para avaliação de seu irmão. Num aparte casual, referiu-se ao documento como o "Credo". Prokopovich e Kuskova, valendo-se da experiência do movimento trabalhista na Europa Ocidental, argumentavam que operários russos — os pobres e mal-educados operários da Rússia — não deviam ser estimulados a envolver-se em política revolucionária, mas deviam concentrar seus esforços na melhoria imediata de suas condições de trabalho e de vida. Plekhanov e seu Grupo de Emancipação do Trabalho ficaram pasmos com o documento, que rejeitava não somente o papel de liderança da classe operária na queda da monarquia Romanov, mas até na política como um todo. Plekhanov denunciou Prokopovich e Kuskova como renegados do marxismo. Ulyanov foi ainda mais feroz. A designação oficiosa de Anna Ilinichna para o documento, como o "Credo", fazia-o parecer mais importante do que realmente era — e ela lamentou o caso que, inadvertidamente, criara.[64] Enquanto isso, seu irmão convocou a Shushenskoe dezesseis membros exilados da União de Luta de São Petersburgo e conseguiu que aprovassem um repúdio ponto a ponto de tudo que o "Credo" defendia.

A revolta de Ulyanov com o revisionismo levou até sua irmã Anna a se perguntar se ele não poderia ter perdido o senso de proporção. Uma vez tendo terminado o texto de *O desenvolvimento do capitalismo*, ansiava por voltar ao confronto revolucionário ativo. Os três anos de seu exílio deveriam terminar no início de 1900. Nesse meio-tempo, publicou cinco resenhas em 1899, em jornais conceituados de São Petersburgo, incluindo uma sobre *A questão agrária*, de Kautsky. Seu ataque a Bernstein também foi impresso. Contribuiu com um artigo erudito sobre "Teoria da realização" no exemplar nº 8 do periódico *Scientific Review*. O autor de Shushenskoe estava se tornando gradualmente uma figura pública. Seus anos no exílio haviam lhe permitido expandir seu âmbito cultural.

Estudava Marx, Engels e Kautsky. Observara pensadores econômicos ocidentais não socialistas, como Hobson, List e Sigmundi. Passara a vista na filosofia kantiana (e rapidamente a rejeitou, com a justificativa de que ela rejeitava o ponto de vista materialista do marxismo). Continuara lendo os textos dos socialistas agrários e passara a ridicularizá-los em qualquer ocasião possível; e também a vituperar qualquer marxista que ousasse propor correções relevantes à versão do marxismo elaborada por Plekhanov.

No entanto, tinha de esperar as disposições do Ministério do Interior. Nadya ainda não cumprira todo o seu tempo de exílio e teria de seguir para Ufa (que era o lugar originalmente designado, em seu caso). Nem ficou claro que restrições o Ministério poderia impor à liberdade de residência de Ulyanov. Achou a tensão difícil de suportar; seus "nervos" começavam a pregar-lhe peças, e ele parou de alimentar-se de forma saudável.[65] Em Shushenskoe, passava a maior parte do tempo fazendo muito exercício e adquiriu uma compleição corada e saudável. Vinha, no entanto, empalidecendo e emagrecendo.

Em 19 de janeiro de 1900, foi finalmente informado de que iria deixar a Sibéria. Acondicionaram seus livros — somando cerca de 300 quilos — num grande baú. O que mais os preocupou foi o primeiro estágio da viagem, até Achinsk. A viagem de Shushenskoe teria de ser empreendida numa carruagem descoberta, em temperaturas que podiam com facilidade descer a muitos graus abaixo de zero [cerca de -35ºC]. O fato de que a mãe de Nadya já estivesse tossindo muito era um motivo de preocupação.[66] Mas ninguém pensou em adiar a viagem até o período de clima mais clemente da primavera. Em 29 de janeiro, partiram, da melhor maneira que puderam. Foi quando Volodya soube que estava impedido de morar em São Petersburgo, Moscou ou qualquer cidade com uma universidade e uma grande área industrial. Nadya e ele iam se separar pelo tempo que ainda durasse a sentença dela. Se, por um lado, viera para apoiá-lo em Shushenskoe, por outro, ele não tinha a intenção de retribuir a atenção em Ufa, 110 quilômetros a leste de Moscou. Sua preocupação era com a revolução, não com um romance, e escolheu Pskov, a 270 quilômetros, de trem, de São Petersburgo, como seu lugar de exílio.[67] Quis ficar um ou dois dias em Ufa para se certificar de que a esposa e a sogra estariam adequadamente estabelecidas, antes de seguir viagem.

Seu destino era Podolsk, no campo, ao sul de Moscou, onde sua família o aguardava. A mãe e a irmã mais velha ficaram chocadas com sua aparência física:[68]

> Primeiro, houve a impressão de desilusão com sua aparência externa: magro e com uma barba que ele deixara crescer longa, ele subiu a escada. Mamãe foi quem se sentiu mais desiludida. "Como é possível", ela exclamou, "que você tenha escrito dizendo que tinha se equilibrado e entrado em forma no exílio?"
>
> Acabou que meu irmão realmente se equilibrara melhor no exílio, mas havia "desistido" nas últimas semanas.

Em seu trigésimo ano de vida, estava alcançando novos picos de sucesso e reconhecimento. O *Dicionário enciclopédico Brockhaus-Efron*, publicado em São Petersburgo em 1900, incluía um breve verbete sobre ele como economista. Estava subindo depressa. Ainda não era Lenin, no sentido literal, porque ainda não havia usado esse pseudônimo em particular. Mas, em outros, já era Lenin. Mostrava-se ardorosamente marxista. Conservou um respeito duradouro pela tradição terrorista russa. Era um homem de letras, e sua perspectiva revolucionária fundamentava-se mais sobre o estudo livresco do que sobre um conhecimento direto da classe operária russa. Mas sua confiança no marxismo era total. Ela brotava de convicção intelectual. E também era conforme a necessidades e aspirações que se haviam criado nele antes mesmo de ler Marx, Engels e Plekhanov. Seus pais eram comprometidos com o Progresso, o Racionalismo e o Esclarecimento e com a realização de uma Rússia nova, "europeia". Não alcançaram uma plena aceitação social; e, quando Alexander Ulyanov foi condenado por terrorismo, passaram a ser tratados como párias. Essa experiência deixou uma marca profunda em Vladimir Ulyanov. Tendo sido rejeitado pelos expoentes da Velha Rússia, que identificava com uma repressão "asiática", "medieval" e ignorante, ansiava por vingar-se desempenhando seu papel — cada vez mais um papel de liderança — na construção da revolução.

Quando criança, lutara para impor sua vontade. Precisava de ajuda, e usou a família e sua jovem esposa como um meio crucial de obter apoio. Não era o homem em melhor forma no mundo; e, embora não apresentasse qualquer sinal exterior de indecisão, sofria gravemente dos nervos e de outras moléstias. Era colérico e explosivo. Era meticuloso, autodisciplinado e decidido. Era horrivelmente incompassivo; sua capacidade de ignorar os sofrimentos imediatos da humanidade já estava altamente desenvolvida. No entanto, bem lá no fundo, tinha suas próprias e profundas ligações emocionais, não com pessoas com quem vivia, mas com pessoas que haviam moldado suas opiniões políticas: Marx, Alexander Ulyanov, Chernyshevski e os terroristas socialistas russos. Tinha suas próprias ideias peculiares. Porém, agressivamente, as apresentava como a mais pura ortodoxia. Ainda precisava amadurecer como líder político. Mas já era um líder. Estava determinado a não perder mais tempo em fazer avançar a causa da Revolução.

# Parte II

# Lenin e o Partido

O que posso lhe dizer sobre nossa vida e nossa existência? Nada de especial. Todos nós; ou seja, eu própria, Nadya e meu genro estamos com boa saúde e cheios de trabalho até o pescoço.

Yelizaveta Vasilevna Krupskaya

## 8. Uma organização de revolucionários

### 1900-1902

Depois da Sibéria, o caminho de Vladimir Ilich Ulyanov para a revolução não passava por São Petersburgo ou Pskov, mas por Zurique, Munique e Londres. Na Rússia, era um homem marcado, ciente de que o Ministério do Interior mantinha os antigos líderes da União de Luta sob vigilância e que as cartas enviadas pelo correio normal provavelmente seriam abertas. Ulyanov voltou a solicitar permissão para viajar ao exterior. O Ministério obviamente decidira que ele representaria um problema menor no exterior e, em 5 de maio, deu-lhe o ambicionado passaporte.[1] Deixou a Rússia na segunda semana de julho, ansiando encontrar-se com Plekhanov em Zurique.

Anteriormente, a polícia já lhe tinha permitido visitar Nadya em Ufa. Maria Alexandrovna e sua irmã o acompanharam de Moscou até lá, no trem e no vapor, e foi nessa viagem que Anna e Volodya tiveram uma detalhada discussão sobre a genealogia de sua família, em particular sobre o fato de os Blank das primeiras gerações terem sido judeus. Não ficou claro quando Volodya tomou conhecimento de sua genealogia. Provavelmente já sabia dos elementos "batavos" — como Anna se referiu a eles[2] — do lado do pai. Mas, se de fato foi em 1897 que Anna descobriu sobre os elementos judeus do lado da mãe, é bem possível que Volodya, exilado na Sibéria nesse ano, tenha sido informado durante a viagem no vapor até Ufa. Talvez nunca se venha a conhecer a verdadeira data em que teve a informação; mas quanto à atitude para com a genealogia da família não existe uma dúvida séria. Volodya tinha os judeus em alta estima e disse isso a Anna. Não conseguia pensar num camarada melhor do que Martov. Tinha certeza, também, de que o motivo pelo qual as regiões do sul do império russo tiveram mais atividade revolucionária do que Moscou era a presença de uma grande população judaica.[3] Talvez tenha sido também nessa ocasião que criticou o "caráter russo débil e frouxo", e declarou que uma mistura étnica era uma clara vantagem para uma sociedade.[4]

Em Ufa, Maria Alexandrovna e Anna Ilinichna, acompanhadas por Volodya, conheceram a mãe de Nadya no apartamento que ocupavam na esquina da rua da Prisão com a rua da Polícia. Volodya brincou que esse era um endereço muito adequado para Nadya. As famílias não se deram tão bem como ela esperava. Mais tarde, Nadya lamentou que a família do marido não tenha ficado mais tempo. Ela se culpou por se deixar distrair por seu próprio trabalho em Ufa: precisava se dedicar a dar algumas aulas particulares a fim de pagar suas despesas e as de sua mãe — e também passou a escrever artigos sobre teoria educacional para jornais.[5]

A essa altura, a mente de Volodya estava concentrada em providências para tornar-se emigrante político, e a ele pouco importava que tensões existissem entre sua esposa e sua mãe e irmã. Suas únicas preocupações eram de natureza prática. Acompanhando a mãe de volta a Podolsk, precisou ter certeza de que os assuntos dela estavam em ordem. Andara doente enquanto ele estava na Sibéria e havia pouco fora infernizada pelos "nervos". A visão de seu filho, animado e muito satisfeito, alegrou-a. Em Podolsk, ele se divertiu muito, saindo para caminhar e nadar um pouco no lago Pakhra. A amplidão dos campos, os bosques de bétulas e os cogumelos tornavam aquele o lugar mais bonito onde já vivera. Mas já havia feito sua escolha, e de qualquer forma não poderia ter permanecido em Podolsk, mesmo que quisesse; e, em vez de voltar a Pskov, onde as autoridades oficiais haviam concordado que poderia ser seu local de residência, comprou uma passagem ferroviária internacional e tomou um trem de Moscou para Smolensk. Visitou os marxistas locais, ao longo do caminho, antes de seguir para Varsóvia, na Polônia "russa". A cada parada, no caminho, a Okhrana o vigiava sem que ele soubesse.[6] Os vários grupos revolucionários no império russo subestimavam a eficiência da vigilância oficial. Vladimir Ulyanov não se deixou inibir. Queria, e iria garantir, partir para a ação revolucionária.

Foi bem recebido no Grupo de Liberação do Trabalho, na Suíça. Chegando à Hofbanplatz, em Zurique, teve um encontro com Pavel Axelrod. Um gostava da companhia do outro, mas Ulyanov percebeu que surgia um embaraço sempre que discutia o projeto que trouxera da Rússia para criação de um jornal marxista. O Grupo de Liberação do Trabalho de Plekhanov saíra-se de forma magnífica, Ulyanov achava, produzindo livros e panfletos. No entanto, era necessário algo mais, caso se quisesse derrubar a monarquia Romanov. Um jornal tinha de ser fundado e um partido político precisava ser formado. Em Minsk, passos foram dados nessa direção, em março de 1898, quando nove ativistas marxistas se reuniram naquilo que chamaram de Primeiro Congresso do Partido Trabalhista Social-Democrata russo. Seu Manifesto, encomendado a ninguém menos que Piotr Struve, previa que deveria haver uma revolução contra a monarquia Romanov, liderada pela classe operária e que resultasse no estabelecimento de uma república democrática. Oito dos nove participantes do Congresso, ou seja, todos, menos um, foram presos dentro de poucas semanas. Um partido operante ainda estava por ser criado.

O Primeiro Congresso apoiara amplamente a linha recomendada por Plekhanov para os marxistas russos. Mas o marxismo no império russo era extremamente variado. Não havia qualquer garantia de que Plekhanov, apesar de sua eminência entre os marxistas, dominaria as discussões de programa político, se e quando fosse realizado um segundo Congresso. Alguns marxistas russos, por exemplo, queriam a retomada imediata de uma campanha terrorista. Outros preferiam que os marxistas estimulassem os operários a se concentrar em campanhas não políticas dentro dos sindicatos. Outros, ainda, desejavam que a classe média e não os operários executasse a revolução antitsarista na Rússia. O marxismo russo sempre esteve em contínua mudança. Na opinião urgente de Ulyanov, esse era um bom motivo para se fundar um jornal o quanto antes. Um jornal poderia ser usado para coordenar a convocação de um segundo Congresso e garantir o triunfo da linha plekhanovita no Partido Trabalhista Social-Democrata russo que ainda precisava ser criado.

Outro impulso a esse progresso foi dado pelo surgimento, por volta da virada do século, de sérios grupamentos políticos rivais. Ao longo dos anos 1890, os marxistas foram predominantes no debate político e econômico entre os críticos da monarquia Romanov. Os adeptos das ideias de Liberdade do Povo ainda sobreviventes estavam ineficazmente recolhidos em pequenos círculos, como aqueles a que Vladimir Ulyanov havia pertencido em Kazan e Samara. Não tinham grande influência numa discussão pública mais ampla. Além do mais, os liberais não dispunham de uma organização formal, embora tivessem oportunidades de ser publicados em jornais. Contudo, a hegemonia marxista estava sendo minada. Viktor Chernov fundou o Partido Revolucionário Socialista em 1901, que ressuscitou a velha premissa socialista-agrária de que a futura sociedade socialista seria construída com mais eficiência se recorresse às práticas cooperativas e igualitárias do campesinato. Até os liberais da Rússia, ao mesmo tempo que ainda não formavam um partido político, faziam reuniões para propagar suas ideias, e não tardaria para que Piotr Struve chegasse a eles e ajudasse a montar a organização de Liberação que foi subsequentemente a base do Partido dos Democratas Constitucionais.

Ulyanov afirmou que o tempo não estava do lado dos marxistas e que um jornal partidário, devidamente financiado, era uma necessidade premente. Um argumento óbvio a ser defendido, mas Lenin via a necessidade urgente de expô-lo. Nesse caso, Ele podia contar com seu novo amigo, Alexander Potresov, que havia contatado Alexandra Kalmikova em São Petersburgo. Kalmikova era a livreira que fornecera livros a Ulyanov na Sibéria. Não tocava com dificuldades seu comércio com ativistas revolucionários e, uma vez que Potresov falou-lhe do plano de Ulyanov em fundar um jornal marxista, prontamente concordou em subsidiar seus primeiros números. Enquanto isso, Ulyanov pensava seriamente sobre outras questões práticas. O jornal tinha de ser sediado em uma cidade de rotas alternativas de comunicação rápida com os principais centros industriais do império russo. A Suíça era distante demais. Munique, no sul da Alemanha, seria uma melhor escolha. Deveria haver um conselho editorial. Ulyanov e seus jovens amigos Alexander Potresov e Yuli Martov tinham de participar desse conselho. E, da mesma forma, os líderes veteranos Georgi Plekhanov, Pavel Axelrod e Vera Zasulich.

Plekhanov via problemas nisso. Axelrod não era o melhor dos redatores ou editores; tinha planejado seu trabalho sobrevivendo como *émigré*\* e, junto com sua mulher, estabelecera um pequeno negócio fabricando *kefir* (uma espécie de leite fermentado russo). Porém Axelrod respeitava o talento de Ulyanov. E Zasulich também. Apesar de sua famosa belicosidade — dera um tiro no governador-geral de São Petersburgo, F. F. Trepov, em 1878 —, era uma pessoa doce e tinha um comportamento maternal para com a geração mais jovem de marxistas. Até Plekhanov, em seus momentos mais calmos, admitia que a ideia de um jornal marxista fazia muito sentido. Mas, se era para haver um jornal, Plekhanov queria controlá-lo. Sentia que Vladimir Ulyanov era um líder em ascensão que poderia, em breve, desafiar-lhe a supremacia entre os *émigrés* marxistas.

Axelrod prevenira Ulyanov para que lidasse com diplomacia com Plekhanov e, inicialmente, Ulyanov aquiesceu. Sentia uma vinculação apaixonada com Plekhanov, de quem, sabia, havia obtido tanto. Quando Nadejda Konstantinovna discutia "amor" na vida de seu marido, referia-se tanto a uma parceria intelectual quanto a um amplo relacionamento entre um homem e uma mulher.[7] Mas a mal disfarçada exigência de Plekhanov de um despotismo pessoal era inaceitável. Por algum tempo, Ulyanov e Potresov pensaram em desistir e voltar à Rússia para tentar a sorte em organizações marxistas clandestinas. Plekhanov os havia tratado como "carreiristas". Zasulich propôs a concessão de um meio-termo, segundo o qual Plekhanov teria dois votos em qualquer discordância no conselho editorial. Ulyanov e Potresov concordaram.[8] Voltando para casa de balsa, atravessando o lago, reconheceram que haviam cedido sem nenhum bom motivo. No fundo do coração, eles — Ulyanov, Martov e Potresov — esperavam ser os verdadeiros editores, enquanto Plekhanov e seus participantes deveriam ser meros adjuntos. Ulyanov admitia isso no *aide-mémoire*\*\* que escreveu em papel de carta adquirido no Wiener Grand-Café, de Steinde.[9] Portanto, na verdade, o convite a Plekhanov não foi uma proposta autêntica de colaboração em nível igual. Ulyanov e os *émigrés* recém-chegados eram seus rivais, e sabiam disso.[10]

---

\* Exilado político, em francês no original. (*N. do T.*)
\*\* Lembrete; em francês no original. (*N. do T.*)

E, portanto, Potresov e Ulyanov resolveram sediar o jornal em Munique. Potresov estava revoltado por ter sido tratado como "carreirista". Ulyanov sentia-se da mesma forma:[11]

> Aguentei essas acusações em sua totalidade. De um só golpe isso também apagou meu sentimento de "estar apaixonado" por Plekhanov, e me ofendi e me amargurei a um ponto inacreditável. Nunca, nunca em minha vida me relacionei com uma pessoa em particular com tão genuíno respeito e reverência, *vénération*; não me comportei diante de alguém com tal "mansidão" — e nunca, antes, levei um pontapé tão forte no traseiro.

Eles se sentiam humilhados. Plekhanov os tratara não só como "carreiristas", mas como "crianças", como "peões" num jogo de xadrez, "moleques tolos" e "escravos". O objeto de sua devoção injuriara seu "amor". Ulyanov considerou aquela saga toda "uma coisa indigna".

E confiou isso a Axelrod (que "meio que se solidarizou" com ele) e a Zasulich (cuja desolação foi tal que levou os outros a acharem que ela podia vir a cometer o suicídio); e, para um homem tão formal e cerimonioso, essa revelação de seus sentimentos — sentimentos não meramente políticos, mas profundamente emocionais com um subtom quase sexual — era uma coisa extraordinária. Nada existe de semelhante em qualquer outra coisa que tenha chegado até nós. Nem mesmo as suas remanescentes cartas de amor a Inessa Armand são tão intemperadas. O fato de que um confronto com Plekhanov tenha produzido essa reação mostra que a bússola de sua vida estava orientada para o mundo das ideias intelectuais e do avanço revolucionário. Mal conseguia acreditar que havia entrado em atrito com um de seus dois ídolos vivos. (O outro era Kautsky; Lenin só viria a indispor-se com ele em 1914.) Sua alentada narrativa tinha um subtexto não declarado: Lenin particularmente ainda se perguntava se ele próprio não teria sido o culpado; ainda não tinha em plena medida a autoconfiança de sua maturidade. Por isso, sua versão escrita dos eventos referia-se continuamente a emoções semelhantes sentidas independentemente por Potresov. Com certeza estava tentando se convencer de que a culpa deve ter sido de Plekhanov, já que Potresov sentia-se da mesma maneira.

Ulyanov não era de todo sem culpa. Lendo nas entrelinhas de sua narrativa, podemos detectar que presumia que a geração mais jovem dirigiria o jornal. Plekhanov era arrogante e vaidoso, mas tinha alguma razão ao achar provável que Ulyanov tentasse suplantá-lo como o líder marxista russo. Não sendo introspectivo, Ulyanov provavelmente tinha isso de forma expressa em sua própria mente. No entanto, seu comportamento contava a verdadeira história. De qualquer maneira, aprendeu o que quis dessa experiência. O ídolo acabou sendo a encarnação da insinceridade, da trapaça e da intriga. Plekhanov tinha de ser rejeitado como mentor incontestável. Nunca mais Ulyanov entraria de guarda abaixada, quanto a seus sentimentos, num relacionamento político. Numa referência à história bíblica de Davi e Golias, anotou a amarga conclusão: "E a juventude, inspirada pelo amor, recebe do objeto de seu amor o mandamento amargo: é essencial relacionar-se com qualquer um 'sem sentimentalidade', é essencial ter sempre uma pedra na funda."[12]

Era nessa base de desilusão que estava disposto a voltar e tratar com Plekhanov em 15 de agosto. Plekhanov mais uma vez tentou vencer Ulyanov com uma exibição histérica. No auge de seu desempenho, gritou, com voz estridente, que ia se retirar completamente da vida pública. Ulyanov e Potresov ouviram impassíveis; tinham um acordo a propor a Plekhanov, e ele acabaria por ter de ouvi-los. Quando o fez, sua confiança extinguiu-se. O acordo foi feito nos termos ditados por Ulyanov e Petrosov. A proposta deles era que os seis editores em perspectiva publicassem uma coletânea de seus artigos, como um meio de descobrir se podiam trabalhar juntos. Só então continuariam com o projeto de fundação do jornal. Plekhanov concordou. Foi evitada uma batalha campal, Ulyanov e Potresov haviam ganhado a guerra. Em 15 de agosto de 1900, partiram de Zurique para Munique.

A viagem levou vários dias, porque tinham de ir primeiro a Nuremberg e negociar com conhecidos no Partido Social-Democrata alemão. Precisavam encontrar uma casa editora amistosa, com tipógrafos alfabetizados na língua russa. Era preciso montar uma rede de distribuição. Era também preciso garantir o apoio financeiro prometido por Alexandra Kalmykova através da mediação de Struve. Finalmente Ulyanov podia se concentrar nesse grande projeto. Havia planejado algo que teria um efeito prático além de qualquer coisa que a União de Luta de São Petersburgo pudesse ter sonhado. A ideia tinha sido dele, e dele também era a responsabilidade por fazê-la funcionar.

Também estava sozinho em outro sentido. A correspondência com a família, que antes não exigia grandes precauções, tinha de ser conduzida com base na premissa de que qualquer carta poderia ser interceptada na fronteira russa. Isso não tivera importância quando estava no exterior, em 1895. Mas importava em 1900, quando montava um jornal que teria ligação com grupos políticos clandestinos no império russo. Quando escrevia à mãe, de Munique, registrava seu endereço como sendo de Paris, e pedia-lhe que enviasse suas próprias cartas para Herr Franz Modrácêk, em "Smêcky, Praga, Áustria [sic]".[13] Garantia a ela que dispunha de roupa de cama e até mesmo dinheiro suficientes. Prometeu "passar a tomar suas águas de forma a curar-se de um modo mais correto".[14] O problema do estômago voltara, e não vinha tomando a água mineral que fora receitada. Suas cartas eram cheias desse tipo de detalhes. Contou a Maria Alexandrovna que não tinha alcançado um padrão suficientemente alto de expressão oral em alemão, e que tomara aulas de conversação com um tcheco residente, para aperfeiçoa-se.[15] Para os fins de conspiração, também fingia ter se mudado para Praga: embora Franz Modrácêk não fosse um personagem fictício, com certeza morava em Munique.[16]

O que Maria Alexandrovna pensava de tudo isso? Podia simplesmente sentir-se aliviada porque o filho estava fora do alcance da Okhrana. Ele não era o mais assíduo dos correspondentes, mas mantinha-se em contato. Gostava de saber o que as irmãs e o irmão estavam fazendo e dar-lhes conselhos. Os Ulyanov gostavam de dar conselhos sobre as vidas e os problemas uns dos outros[17] — e Vladimir era mais direto que os demais. No entanto, não estava triste, com saudades de casa, embora levasse uma existência "bem solitária" na ausência de Nadya.[18]

Munique, evidentemente, não era a Rússia; não conseguia se acostumar a um inverno sem neve densa e a temperatura lembrava-lhe "certos outonos muito fracos".[19] Mas, de resto, estava contente. O novo jornal — que viria a se chamar *Iskra* ("A Fagulha", ou "A Faísca") — tinha composição, edição de texto e revisão de provas muito eficientes. No final de dezembro, foi impresso o primeiro número. (Os primeiros tipógrafos ficavam em Leipzig, a 550 quilômetros de distância, no norte da Alemanha.[20] Muito distante para a necessidade de ter todo mundo em Munique por motivo de geocomunicações.) O estilo era escolasticamente marxista. Os leitores tinham não só de ser altamente alfabetizados, como também precisavam ter um sólido conhecimento dos debates socialistas internacionais contemporâneos. Só foram publicadas umas poucas centenas de exemplares, e levaria semanas para transportá--los, por variados serviços postais, através das fronteiras alemã, austríaca e turca. Em 1901, haveria apenas uma dúzia de exemplares. Os leitores--alvo eram ativistas revolucionários que já professavam o marxismo, e *Iskra*, na verdade, era menos um jornal do que um periódico em forma de jornal, projetado para funcionar no lugar de um comitê central partidário. Mas era um começo. O próximo passo seria consolidar *Iskra* e empregá-lo como um órgão de propaganda para a realização de um segundo Congresso do partido. Apesar das estafantes exigências técnicas do trabalho editorial, Ulyanov encarou essa tarefa mais ampla. Na sua opinião, em primeiríssimo lugar deveria haver uma concordância sobre como o partido devia ser organizado, e ele lançou-se à tarefa de compor um livreto a esse respeito.

Em 1º de abril de 1901, sua esposa, Nadya, chegou da Rússia. Quando se reuniram, ele não parecia muito satisfeito. Embora ela tivesse lhe mandado um recado por escrito sobre seu plano de viagem, não estava na Hofbahnhof [estação central ferroviária] de Munique para recebê-la. Após esperar um pouco, ela tomou um coche de aluguel para ir até o prédio de Herr Franz Modrácêk. Infelizmente, Modrácêk mostrou ser um tcheco com um fraco domínio do alemão. Somente após uma longa conversação Nadya extraiu dele sentido suficiente para descobrir que seu marido usava o pseudônimo de Herr Rittmeyer. Ela voltou à estação para guardar as malas no bagageiro e, de lá, tomou um bonde até o endereço, que acabou se revelando um depósito de cerveja. Quando perguntou, no depósito, por Herr Rittmeyer, o proprietário respondeu: "Sou eu!" Nadya, a essa altura já bem deprimida, exclamou: "Não, é o meu marido!" A mulher de Rittmeyer, ouvindo isso, interveio: "Ah, essa deve ser a esposa de Herr Meyer. Ele está esperando a mulher, que vem da Sibéria."

Frau Rittmeyer levou Nadya aos aposentos de "Herr Meyer" e deixou o casal sozinho. Nadya não se conteve: "Droga! Que se dane: você não podia me escrever, dizendo onde estava?" Defensivamente, Vladimir explicou que mandara diversas cartas, mas que deviam ter sido interceptadas. Recuperou-se a paz conjugal. Nadya estabeleceu-se no papel de organizadora da correspondência do *Iskra*; sem dúvida, sua recente experiência convenceu Lenin de que precisava de um especialista nessa função. Em maio de 1901, além de tudo, a mãe de Nadya viajou para a Alemanha. Isso aliviou Nadya de grande parte do trabalho doméstico (e sua mãe também ajudava a preparar as cartas codificadas).[21] Não que Lenin fosse inútil para essas tarefas. Tirava a poeira dos livros. Prendia botões de volta nas roupas. Engraxava os sapatos. Tirava manchas dos ternos com benzina. Conservava a bicicleta como se fosse um "instrumento cirúrgico".[22] Mas essas eram tarefas relacionadas aos cuidados pessoais. As mulheres, como era normal naquela época, faziam tudo o mais em casa. Nem mesmo revolucionários, como Lenin, consideravam injusta a divisão de funções; e Nadya, ao mesmo tempo que defendia o feminismo, não deixava que isso interferisse em seu casamento.

Os dois, no entanto, também se divertiam. Iam ao teatro e a concertos em Munique e em outras cidades. Liam literatura russa. Lenin era um apaixonado admirador de Richard Wagner (um favorito da família Ulyanov). Ia assistir a récitas de suas óperas como um ouvinte assíduo; não conseguia ficar sentado passivamente e se deixar levar pela música: às vezes, o esforço o perturbava emocionalmente a tal ponto, que se retirava após o primeiro ato.[23] O componente romântico de sua personalidade cultural e intelectual — um componente que tentava esconder sob um exterior de pretensão científica — revelava-se nessas ocasiões. Mas, mesmo entre os bolcheviques, eram raros os que houvessem testemunhado momentos assim.

Durante o dia de trabalho, Ulyanov continuava escrevendo seu livreto. O título que escolheu, *O que se há de fazer?*, fora tirado do romance do mesmo nome, de Chernyshevski. Tal como Chernyshevski descrevera como ativistas revolucionários poderiam formar um grupo comunal revolucionário, nos anos 1860, Ulyanov pretendia esboçar o modo de organizar um partido político clandestino no ambiente desfavorável do tsarismo após a virada do século. Para seu editor, procurou J. H. W. Dietz, de Stuttgart. A brochura seria vendida por 1 rublo russo ou 2 marcos alemães. A fim de confundir qualquer agente da Okhrana, o nome do autor não apareceria como Vladimir Ulyanov nem mesmo como Vladimir Ilin, mas como N. Lenin. Usara esse pseudônimo recentemente em cartas para Plekhanov, e era natural que voltasse a usá-lo. Em Munique, na ocasião, morava num confortável apartamento na Siegfriedstrasse, em Schwabing, um bairro de classe média, sob o pseudônimo Iordan K. Iordanov, um advogado búlgaro. O que há num nome? Muita especulação pseudopsicológica concentrou-se na escolha de "Lenin" por Ulyanov como um pseudônimo. Teria sido inspirado por Lena, um rio siberiano? Ou Lena era o nome de alguma antiga namoradinha? Ou será que foi porque a raiz etimológica eslava de Leni indica preguiça e Vladimir Ulyanov, como um monge medieval penitente, numa camisola de cilício, queria lembrar-se constantemente de que era preciso esforço?

Tal especulação só merece risinhos e que sigamos em frente. Com certeza, Vladimir Ulyanov iria se divertir. A questão é a seguinte: os revolucionários russos usavam dúzias de pseudônimos. O modo como ficavam conhecidos para os historiadores dependia de muitos fatores. Só importava especialmente quais pseudônimos estavam usando quando acontecia um evento de maior importância em suas carreiras. Vladimir Ulyanov não entrou para os livros de História por viver tranquilamente como Iordan K. Iordanov em Schwabing, ou então estaríamos falando de marxismo-iordanovismo, e não de marxismo-leninismo.

Nem sequer ganhou fama como V. Ilin, autor de *O desenvolvimento do capitalismo na Rússia*; as poucas resenhas foram deprimentemente categóricas e negativas. Não aceitou isso com serenidade. Um crítico foi o escritor populista M. Engelgardt.[24] O provável motivo pelo qual Ulyanov não publicou uma réplica a Engelgardt foi simplesmente que este não era marxista, e Ulyanov não queria desperdiçar tempo com ele. Menos fácil de ignorar foi a resenha do companheiro marxista Pavel Skvortsov, a quem ficara conhecendo em Nijni Novgorod, em 1893. Skvortsov arrasou a análise do livro, especialmente sua premissa fundamental de que os vários setores da economia imperial se harmonizavam por completo e que não ocorreria uma crise econômica.[25] Ora, havia algo nessa crítica.

Ulyanov estava tão firmemente disposto a demonstrar as reais e potenciais realizações do desenvolvimento capitalista russo que dera pouca atenção aos vários obstáculos. Em outras obras, é claro, ficara perfeitamente satisfeito em destacar a suscetibilidade de todas as economias capitalistas, a uma situação de crise recorrente, incluindo aquela economia capitalista que estava se desenvolvendo na Rússia. Portanto, exigiu e recebeu o direito de resposta,[26] mas nem seu livro nem sua defesa dele conseguiram conquistar a imaginação do público leitor. Nem mesmo a maioria dos marxistas lhe deu muita atenção.

E, assim, foi *O que se há de fazer?* que tornou Vladimir Ulyanov objeto de atenção dos marxistas do império russo. Assinara o livreto como N. Lenin, e foi principalmente como Lenin que todo mundo o conheceu a partir de então. (Não que ele tenha parado de inventar e usar pseudônimos, até 1917.) *O que se há de fazer?*, no sentido mais direto, fez o nome de Lenin. Não tanto porque fosse um importante exemplar de teoria política inovadora, mas antes porque causou enorme controvérsia entre sua restrita esfera de leitores. Na opinião de Ulyanov, tratava-se meramente de uma afirmação de "marxismo ortodoxo" sobre questões de organização partidária. Não foi totalmente direto a esse respeito. Enquanto escrevia *O que se há de fazer?*, encontrava-se num ânimo febril; isso era sempre sinal de que estava lançando um arriscado desafio a alguma convenção fortemente arraigada. Ulyanov pretendia irritar, provocar e instigar. Mas não estava totalmente consciente de seus propósitos. E, portanto, foi surpreendido pela escala da controvérsia que causou — e o próprio fato de que essa controvérsia acabou levando a um partido comunista e à Revolução de Outubro de 1917 significa que esse livreto se tornou um dos clássicos políticos do século XX.

Ulyanov (ou Lenin, como agora já podemos chamá-lo) apresentou diversos postulados óbvios sobre organização partidária interna. Queria um partido clandestino. Mas de que outra forma poderia ser, se era preciso evitar a Okhrana? Queria um partido disciplinado e centralizado. Mas de que outra forma poderia algum partido sobreviver na Rússia dos Romanov? Queria um partido voltado para ideologia e estratégia fundamentais. E como poderia ser de outra forma, se cada partido tinha que se diferençar dos novos partidos? É verdade que esses postulados não eram universais entre marxistas russos. Os chamados "Economistas" entre eles nunca se interessavam pelo projeto de formar um partido e induzir a classe operária a liderar a revolução contra os Romanov. Mas a maioria dos marxistas já se mostrava a favor dos postulados. Se se achava um partido necessário, praticamente todo mundo concordava que deveria operar clandestinamente e reconhecer a necessidade de disciplina, centralismo e unidade ideológica. Lenin salpicou seus capítulos com citações de Marx, Engels e Kautsky, e afirmou que suas recomendações para o Partido Trabalhista Social-Democrata russo, se, por um lado, levavam em conta as condições políticas do império russo, por outro, ainda se mantinham dentro dos limites do marxismo europeu convencional.

Por que, então, o livreto provocou tamanha tempestade? Um motivo foi a própria preocupação que Lenin tinha com a "questão organizacional". Para muitos marxistas, isso fazia lembrar desagradavelmente as tradições dos socialistas agrários dos anos 1860 e 1870, obcecados por questões de controle e disciplina internos — o que de pouco lhes havia adiantado. De fato, o fracasso desses socialistas agrários deu um exemplo negativo que, nos anos 1880 e 1890, fez voltar muitos simpatizantes revolucionários para o tipo de marxismo defendido por Plekhanov. Os marxistas ficavam desconfiados com a insistência de Lenin em reabrir a discussão sobre "a questão organizacional".

Lenin havia aumentado as preocupações deles com vários de seus *obiter dieta* [ditos casuais, coisas ditas de passagem]. Só para começar, usou o título de um romance do socialista agrário Nikolai Chernyshevski. E então, no texto, passou a elogiar as técnicas organizacionais desenvolvidas pelo Partido Terra e Liberdade, fundado em 1876. Enalteceu os líderes terroristas do Terra e Liberdade: P. A. Alexeiev, I. N. Myshkin, S. N. Khalturin e A. I. Jeliabov. Lenin incluiu Piotr Tkachev também numa linguagem de aprovação, declarando que "a tentativa de tomar o poder conforme preparada pelo sermão de Tkachev, e realizada por meio de um terror realmente 'aterrorizante', era magnífica".[27] O que só tornou as coisas piores para a reputação de Lenin foi o fato de que a observação sobre Tkachev vinha numa seção do texto em que argumentava contra o marxista L. Nadejdin, o qual queria retomar uma campanha de assassinatos de funcionários tsaristas tomados isoladamente. Lenin contrastou Nadejnin desfavoravelmente com Tkachev e glorificou o "terror em massa" defendido por Tkachev para inaugurar um Estado revolucionário. Para os oponentes do *Iskra*, esse era mais um indício de que as tradições malignas de meados do século XIX haviam ressurgido despercebidamente no corpo do marxismo russo. A eles, Lenin parecia um terrorista socialista-agrário disfarçado de marxista.

Nem eles gostaram da ressonância de suas observações sobre a desejável forma organizacional do partido. Sua ênfase na necessidade de *konspirativnost* parece sugerir não só atividade política clandestina, "subterrânea", mas ainda conspiração pura e simples. Os marxistas convencionalmente supunham que revoluções acontecem por meio de luta de classes e movimentos de massa, e Lenin, no entanto, ao que tudo indicava, queria reverter a uma facção ou panelinha de conspiradores altamente dissimulados. Essa panelinha, concluíram, estava sujeita a uma disciplina ultracentralista e aviltante. O primeiro capítulo era um prolongado ataque à "liberdade de crítica" no partido. Lenin não fazia segredo do fato de que não era um absoluto democrata. A prioridade era por disciplina e unidade — e, para esse propósito, explicou posteriormente, em sua versão das regras do Partido, que todos os que não estivessem dispostos a operar ativamente sob a direção de uma das organizações do partido oficialmente reconhecidas deveriam ter a filiação negada.

Para a acusação de que não era diferente dos terroristas socialista-agrários, Lenin tinha várias respostas. Afirmava que, nas circunstâncias políticas da Rússia, seria um suicídio para o partido fazer das eleições e da discussão públicas um fetiche. Isso não era uma questão de fazer passar para o Partido contrabando não marxista. Era simplesmente bom senso. Seu segundo argumento era que aprovava a democracia interna do Partido Social-Democrata alemão e, quando a Rússia tivesse um ambiente político mais livre, era de esperar — pelo menos deixou isso implícito — que os marxistas russos copiassem procedimentos dos social-democratas alemães. E ninguém poderia negar que Lenin, em outros aspectos de seu pensamento, opunha-se às ideias socialista-agrárias. Zombava das ideias de formar uma sociedade socialista sobre o modelo da comuna camponesa. Ridicularizava a possibilidade de que o desenvolvimento econômico capitalista pudesse ser evitado. Escarnecia de figuras moralizantes do socialismo, como Nikolai Mikhailovich, e louvava o modo "científico" de pensar sobre a sociedade praticado por Marx e Engels. E Lenin enfatizava que a classe operária deveria ser a vanguarda da ofensiva revolucionária contra a monarquia Romanov. Sem a disposição de os operários da indústria irem para as ruas, afirmou, o movimento revolucionário não poderia obter sucesso.

A defesa de *O que se há de fazer?* diminuiu as preocupações de alguns de seus companheiros do *Iskra,* incluindo Plekhanov, sobre seu conteúdo. E houve tentativas de historiadores de confirmar que Lenin era um marxista tão ortodoxo quanto era possível se encontrar. Essa foi a linha seguida pelos eruditos soviéticos, mas que também atraiu um apoio influente de autores estrangeiros.[28] No entanto, a argumentação inteira é falha. O marxismo não tinha uma ortodoxia definível. Marx foi um autor evasivo demais para ter deixado um legado bem definido. Seus seguidores lutaram por reconhecimento como intérpretes autênticos de suas "doutrinas", e entre eles estava Lenin. Havia presumido que podia usar abertamente certas ideias e práticas socialista-agrárias russas, adaptando o marxismo às circunstâncias específicas do império russo. Mas quando eclodiu a controvérsia sobre *O que se há de fazer?* parou de admitir essa dúvida em público. Precisava ter cautela, caso quisesse confirmar suas credenciais "ortodoxas" — e particularmente precisava ser cuidadoso se algum dia quisesse apresentar-se com novas propostas controvertidas para o partido.

Em qualquer caso, nem todos os admiradores do *Iskra* se preocupavam com esses requintes. Muitos deles achavam que a confusão havia distraído injustamente a atenção de Lenin do impulso prático e do empenho revolucionário. Algumas de suas frases eram especialmente atraentes. Por exemplo, declarou: "Deem-nos uma organização de revolucionários e viraremos a Rússia de cabeça para baixo!" E assim continuava. Festejou e lisonjeou seus companheiros ativistas. Conseguia transmitir-lhes a ideia de que, a despeito das dificuldades pelas quais pudessem estar passando, ele os compreendia e, ainda assim, esperava que produzissem resultados maravilhosos. "Milagres", afirmou, estavam ao alcance dos marxistas russos. Racionalidade demais não era grande coisa: "Temos de sonhar!"

Essa era uma linguagem de exortação que nenhum marxista ainda havia usado no império russo. Não brotava de um grande estilista da linguagem, e a dele nunca se tornaria melíflua. Mas nem ele nem seus seguidores se importavam com isso. Sua gramática e sintaxe desgraciosas levavam os ativistas a acharem que eram afins com ele. Para eles, a retórica abrasiva era a manifestação de uma beligerância necessária e realista. Palavras delicadas e argumentos elegantes não eram as exigências mais importantes para a derrubada da monarquia Romanov. Lenin e seus seguidores queriam que a política tivesse uma sólida base intelectual mas se por um lado o intelecto era importante para eles, a ação — ação revolucionária sem concessões — tinha igual significado. E as rudes formulações verbais de Lenin se mostravam bastante atraentes. E daí se chamava os processos democráticos de "brinquedo prejudicial"? Havia trabalhado em organizações políticas clandestinas no império russo e sabia do que estava falando. Se sua abordagem polêmica envolvia uma apresentação imoderada de argumentos propostos por seus oponentes mais moderados, que importância tinha isso? Lenin sabia como estabelecer contato com as partes da ideologia, da propaganda e especialmente das esperanças e dos medos que nenhum outro líder marxista ainda havia alcançado.

    O aspecto magnífico do livreto, para os leitores que não eram hostis a ele, era seu hino à liderança. *O que se há de fazer?* é amplamente mal compreendido como tendo proposto uma detalhada planta de técnicas para se dirigir um partido político clandestino. Longe disso: mal se pode dizer que exista um conselho prático no texto, do princípio ao fim (e, mesmo em sua obra seguinte, *Carta a um camarada sobre nossos deveres organizacionais*, o nível de detalhe é surpreendentemente pequeno). Mas havia penetrado uma necessidade mais profunda entre as muitas daquelas marxistas operando no império russo, com sua insistência em dizer que o grande dever em política era abrir o caminho. Os líderes do partido central deviam ir à frente dos grupos locais. Os grupos locais deviam ir à frente da classe operária. Esta devia ir à frente dos outros grupos de descontentes e oprimidos da sociedade imperial. Se tudo isso fosse alcançado, nada haveria que pudesse salvar a monarquia Romanov. Não é de admirar que o livreto de Lenin tenha exercido uma influência tão formativa nos contornos do leninismo e tenha sobrevivido no tempo ao ambiente peculiar de sua redação, em 1901-2. Era uma obra de sua época, mas suas pressuposições e atitudes fundamentais exerceram um impacto sobre as decisões tomadas pelo Partido Comunista russo naquele período muito diferente após a Revolução de Outubro de 1917.

*O que se há de fazer?* foi escrito entre abril de 1901 e fevereiro de 1902 e publicado por Dietz em março. Lenin costumava ser rápido na composição de suas obras; não era frequente levar tantos meses para escrever 50 mil palavras. Conhecia a natureza controvertida de sua obra. Tratou de ficar longe de Martov, seu amigo mais íntimo, enquanto o compunha. O senso de urgência de Lenin era prontamente observável. Simplesmente não conseguia manter uma conversação sem fechar os punhos para pegar as pontas do colete e puxá-las para baixo, ajustando-o no corpo. Seus companheiros adotaram esse maneirismo como se fosse deles próprios.[29]

Cada vez mais atraía não tanto companheiros quanto seguidores. Reunia-se com eles individualmente para trocar ideias e buscar opiniões e conselhos. Havia, de fato, já o início de competição entre eles por sua atenção, e Nadejda Konstantinovna impedia-o de ser incomodado por pessoas que não quisesse receber. Lenin queria manter suas discussões em caráter confidencial. Quando pressionado a revelar com quem andara conversando e como obtivera determinada informação, tinha uma resposta fixa: "De quem eu soube disso? Uma andorinha me contou!"[30] Esses seguidores tinham de se conformar com um comportamento meio esquisito por parte de Lenin. Apareciam em seu apartamento a qualquer hora e eram informados de que não estava em casa, mesmo quando, na realidade, estava. Em geral, estava apenas conversando com mais alguém. Nadejda Konstantinovna era perita em apaziguar os sentimentos de visitantes decepcionados, enfatizando que "Vladimir Ilich lhe quer muito bem".[31] Lenin tinha uma vida muito ocupada e esperava que seus seguidores respeitassem a necessidade de restringir-lhes o acesso. Era amigável, mas somente até certo ponto. Não era como o restante dos *émigrés*. Não era o tipo de pessoa que seus camaradas dessem tapinhas no ombro em sinal de amizade: sempre mantinha distância entre si e seus seguidores.[32]

Outro motivo para a lentidão em concluir *O que se há de fazer?* foi seu envolvimento em outras tarefas políticas. Ajudava a editar o *Iskra*; também estava envolvido em coescrever uma minuta de programa partidário a tempo para um segundo Congresso do Partido. Esse trabalho consumia muito tempo e era irritante. Uma vez feitas as pazes com Plekhanov, em

1900, ele o estimulou a escrever uma minuta de programa; mas, diante das dificuldades criadas por ele, Lenin ficou frustrado. O próprio Lenin havia esboçado tal documento em Shushenskoe, e cada seguidor do *Iskra* queria que o jornal adotasse algum tipo de minuta, uma vez que teria de haver um debate sobre a questão no futuro Congresso. Mas Plekhanov concentrava sua energia em obras que visavam a refutar as opiniões econômicas e filosóficas de Struve, que estava passando do marxismo para o liberalismo. Não havia prova mais clara da incapacidade de Plekhanov para liderar o partido, Lenin concluiu. Mas ainda tinha de ser Plekhanov, o fundador do marxismo russo, que fez o primeiro esboço principal e, com isso, deu-lhe o selo de legitimidade.

Tendo Lenin o vencido pelo cansaço, Plekhanov apareceu com sua tentativa de minuta no dia do Ano-Novo em 1900. Os editores do *Iskra*, que concordaram em dar-se uma semana para estudá-lo e propor modificações, se reuniriam no apartamento de Lenin em Schwabing. Plekhanov estava ficando agitado não apenas porque teria que deslocar-se da Suíça, mas também, com certeza, porque percebia que se aproximava o momento em que seria obrigado a pagar pelo tratamento arrogante que dispensara aos mais jovens. Se assim foi, estava certo, Ulyanov passou dias tentando encontrar falhas na minuta de Plekhanov, e Plekhanov implicara que a classe operária constituía a maioria da população imperial. A linguagem de Plekhanov era fraca: ele dizia "descontentamento" quando poderia dizer "indignação". Isso simplesmente não servia, e Lenin mandou Plekhanov de volta para a Suíça com a incumbência de sair-se melhor da próxima vez. O relacionamento aluno-professor inclinava-se na direção oposta.[33] Concordaram em continuar emendando a minuta pelo correio. Lenin escreveu seu próprio material, responsabilizando-se por novos trechos sobre operários industriais e a questão agrária. Entre Munique e Genebra, atiraram cartas zangadas um no outro, feito balas de revólver.

Esse negócio todo exigiu muito de Lenin. Havia censurado Plekhanov por elaborar uma mera declaração de princípios e não o programa adequado a um partido político combativo.[34] Plekhanov conseguiu vingar-se quando Lenin apresentou seus acréscimos e emendas. Lenin opôs-se "ao tom deliberadamente ofensivo dos comentários".[35]

O autor dos comentários lembra-me um cocheiro que acha que dirigir bem requer as puxadas mais frequentes e robustas nas rédeas dos cavalos. Eu, é claro, não passo de "um cavalo", apenas um dos muitos cavalos sendo manobrados pelo cocheiro Plekhanov; mas pode acontecer de mesmo o cavalo trazido sob a mais pesada brida atirar ao chão um cocheiro excessivamente entusiasmado.

Mas acabaram por chegar ao destino. Em 1º de junho de 1902, o *Iskra* pôde finalmente publicar, no nº 21, a minuta de programa do Partido com que ambos concordaram.

Várias exigências de Lenin foram incorporadas à minuta. A mais decisiva foi sua insistência em que se deveria fazer menção direta à "ditadura do proletariado". Essa expressão, inventada por Marx, referia-se ao início do segundo estágio do futuro processo revolucionário. O primeiro estágio seria a derrubada da monarquia Romanov e o começo de uma "república democrático-burguesa". Os operários desempenhariam o papel principal nesse estágio, mas não colheriam os benefícios da economia capitalista que, simultaneamente, seria fortalecida. O segundo estágio envolveria a tomada do poder pelo "proletariado" — e isso inauguraria a ordem socialista na Rússia. Seguindo Marx, Plekhanov havia incluído essa expressão em seu primeiro rascunho, mas, por causa de um desentendimento com Lenin, ele então a retirara. Lenin, beligerantemente, exigiu sua reinstauração e Plekhanov aquiesceu; essa era uma imposição do rival que podia de boa vontade aceitar. Concordaram em que, quando chegasse o momento de instituir o socialismo, não deveria haver garantias de direitos civis para as antigas classes dominantes. Os eventos subsequentes mostrariam que o conceito de ditadura de Lenin era consideravelmente mais violento e arbitrário do que Plekhanov poderia imaginar em 1902. Mas, por enquanto, estavam de acordo — ou achavam que estavam.

Outras mudanças também foram significativas. Lenin conseguiu que Plekhanov afirmasse, contra o seu melhor juízo, que o capitalismo já "era o modo de produção predominante na economia imperial russa".[36] Tratava-se de uma importante concessão em palavras; mas a implicação prática era que Lenin, insistindo em que a Rússia tinha uma economia capitalista avançada, estava abrindo a porta para um movimento possível em direção ao socialismo com mais rapidez do que outros, como Plekhanov, aprovariam. Lenin viria a usar esse reconhecimento exatamente para esse propósito, em 1917. Ideologia é importante.

Nem foi esse o único exemplo de uma invenção significativa engendrada por Lenin. Outra foi a sua proposta de que o Partido deveria fazer campanha pela restituição da terra de cultivo perdida pelos camponeses pela Lei de Emancipação de 1861. Isso deveria ocorrer assim que a monarquia Romanov fosse derrubada. Não estava propondo que toda a terra fosse para os camponeses, mas somente as partes perdidas, que somavam cerca de 4% do que possuíam antes de sua emancipação. O objetivo de Lenin era aumentar a atração do partido para os camponeses. Não podia, de acordo com a sabedoria marxista convencional, propor a passagem da terra toda para as mãos dos camponeses, cujos métodos agrícolas eram considerados muito retrógrados. Consequentemente, queria oferecer-lhes uma migalha que os atraísse para o lado do Partido Trabalhista Social-Democrata russo. Riram dele, por causa disso. O Partido Revolucionário Socialista, de Chernov, queria que toda a terra fosse expropriada dos senhores rurais tradicionais e dos não tão tradicionais agricultores. Dificilmente os marxistas poderiam competir com os Revolucionários Socialistas. Mas Lenin queria fazer pelo menos um lance pelo apoio dos camponeses. Era um improvisador; trabalhava tanto por instinto quanto por doutrina. Seu projeto agrário se mostrava pouco convincente em seus próprios termos, mas sua busca intuitiva era compreensível. Queria que o partido, quando finalmente viesse a existir, levasse em conta o fato de que 85% do império russo constituía-se de camponeses.

Foi alvo de uma saraivada de insultos por essa manobra. Por que, perguntaram-lhe, Lenin, o doutrinador, se comportava de forma tão superficial com a questão agrária? E quantos camponeses, sabendo que o Partido Revolucionário Socialista, de Chernov, pretendia que toda a terra fosse revertida para eles, optariam pela promessa de Lenin de faixas de terra isoladas? Ao mesmo tempo, o desejo de Lenin de curvar-se à opinião camponesa não seria mais um sinal de que não era realmente marxista, mas essencialmente um socialista agrário? Assim, aconteceu que, enquanto o grupo do *Iskra* preparava o terreno para o segundo Congresso do Partido, não era Plekhanov, mas Lenin, que atraía a maior parte da atenção. No pequeno mundo do marxismo organizado russo, ele se tornou a figura que todo mundo ou amava, ou detestava. Dificilmente deixava alguém neutro a seu respeito.

Sua manipulação dos acertos para o Congresso intensificou essa dualidade de atitude. Os "agentes" do *Iskra* — gostava de usar essa palavra — não eram conhecidos por sua imparcialidade para o Congresso: sua irmã Maria, seu irmão Dmitri e seu velho amigo Gleb Krjijanovski estavam entre eles. Lenin gostava de usar ativistas de comprovada lealdade pessoal.[37] Tentando garantir que os projetos do grupo *Iskra* dominassem os trabalhos no Congresso, esforçou-se para manter o número dos não partidários do jornal reduzido ao mínimo possível. Quando os agentes faziam a viagem de ida e volta à Rússia, além de tudo levavam *O que se há de fazer?* e o esboço do programa do Partido. Essa atividade reforçava a impressão de que o grupo do *Iskra* era composto de valorosos líderes partidários. Plekhanov, Lenin e Martov — independentemente de suas fraquezas, que os companheiros próximos conheciam — pareciam não ter alguém que se lhes igualasse. Seus agentes eram organizadores implacáveis, e todos estavam dispostos a sacrificar a liberdade em defesa do partido e de sua campanha para conquistar as "massas" operárias para a causa do marxismo e da revolução social. Muitos deles já encaravam Lenin como seu líder. Com ele, achavam, a faísca acenderia o fogo.

## 9. "Fogo sagrado"

1902-1904

Lenin e seus amigos do conselho editorial estavam ficando ansiosos com a atenção da polícia bávara e resolveram transferir a base do *Iskra* de Munique. Precisavam de um lugar onde ninguém se preocupasse com a presença de marxistas estrangeiros. A alternativa óbvia era a Suíça, mas as altercações com Plekhanov ainda estavam vívidas na mente de todos, e os editores mais jovens pesquisaram outras opções. Foi tomada a decisão de fazer-se uma tentativa em Londres. A Polícia Metropolitana era famosa por não se deixar perturbar com revolucionários nem mesmo com os poucos britânicos desse tipo que lhe chegavam à atenção. A rede postal era eficiente, e as instalações culturais — bibliotecas, museus e galerias de arte — eram tão boas quanto as de qualquer outra cidade europeia.

E assim Lenin e Nadejda Konstantinovna fizeram as malas para deixar Munique e após breves estadas em Colônia e Liège chegaram, viajando de balsa e de trem, à Estação Victoria, de Londres, em abril de 1902. De acordo com um plano elaborado, tomaram um cabriolé de aluguel até o bairro de St. Pancras, onde um conjunto de aposentos havia sido alugado para eles por Nikolai Alexeiev, emigrante e patrono do *Iskra*. O apartamento ficava no nº 30 da Holford Square, ao sul de Pentonville Road. Martov, Potresov e Zasulich, nesse meio-tempo, ocuparam aposentos em frente à Gray's Inn Road, na Gidmouth Street. O próprio Alexeiev morava na base da colina da Holford Square, na Frederick Street. Todos ficavam a umas poucas centenas de metros uns dos outros. Era uma disposição conveniente, uma vez que Alexeiev negociava para que o *Iskra* usasse a impressora de prensa plana da Twentieth Century Press, no 37a em Clarkenwell Green, no final da Farringdon Road. Também nas proximidades ficava o museu Britânico, na Great Russell Street. Os contatos britânicos de Lenin conseguiram-lhe uma carta de recomendação de I. V. Mitchell, secretário da Federação Geral de Sindicatos, o que lhe permitiu registrar-se como frequentador para estudar no museu, sob o pseudônimo de dr. Jacob Dichter. Na maioria dos dias úteis, dava um pulo no apartamento da Sidmonth Street para tratar de algum negócio com Martov, seguindo então até o Museu Britânico para fazer suas pesquisas sob a vasta abóbada de vidro do salão de leitura à mesa L 13. Sempre que se aproximava a data de publicação do jornal, visitava também as instalações gráficas em Clerkenwell Green.

A atividade política de Lenin ocorre dentro do triângulo de prédios de terraços georgianos de Halford Square, Great Russell Street e Clerkenwell Green. Ele e seus companheiros editores estavam satisfeitos com as cercanias; haviam se mudado para a Inglaterra não para trabalhar com o movimento trabalhista britânico, mas para se concentrar em sua própria propaganda. Para esse fim, as áreas de St. Pancras e Bloomsbury eram ideais. Lenin passou a gostar de Londres, alinhando-a com Genebra como sua cidade europeia preferida. (Em contraste, achava Moscou um lugar "horroroso".)[1] Em Londres, estava a salvo da Okhrana. Tinha imediato acesso a grandes bibliotecas, a uma gráfica confiável e a uma eficiente rede de comunicações. E também podia aproveitar suas horas de lazer. Lenin e Nadja visitavam Hyde Park Corner nas manhãs de domingo para ouvir os oradores ao ar livre. Também se divertiam subindo nos ônibus para ver os bairros das periferias do andar superior do veículo e admirar a paisagem verdejante.

Mas nem tudo era do agrado de Lenin. Sentia-se afrontado pelo *ménage*\* na Sidmouth Street que depreciava como uma "comuna". Esse era um uso revelador da linguagem. Lenin, o marxista — adepto da necessidade e inevitabilidade de uma sociedade comunista — sentia repulsa

---

\* Arranjo de vida, vida doméstica, em francês no original. (*N. do T.*)

pela ideia de um estilo de vida coletivista. Para ele, "comuna" era um palavrão; preferia o léxico de ordem, organização e obediência. Os hábitos boêmios de seus companheiros editores do *Iskra*, achava, demonstravam os piores aspectos da *intelligentsia* do Leste Europeu![2]

> Acima de tudo ele amava a ordem, que imperava em seu escritório e em seu quarto — e estes em forte contraste com os de Martov, por exemplo. Nos de Martov havia sempre a mais caótica desordem: pontas de cigarro e cinzas por toda parte, e o açúcar misturado com tabaco, de forma que os visitantes, quando Martov servia chá, ficavam cheios de melindres para se servir de açúcar. A situação era a mesma no quarto de Vera Zasulich.

Esse tipo de comportamento relaxado era proibido no alto da colina, no nº 30 da Halford Square. Lenin não chegou exatamente a proibir cigarros no apartamento, mas, se os visitantes os acendiam, franzia o cenho significativamente e abria as janelas, independentemente do tempo que estivesse fazendo. E nem a neve o impedia disso.

Se, por um lado, Lenin julgava Martov e Zasulich, por outro, seu próprio estilo de vida era questionado por sua senhoria em Holford Square. A terrível sra. Yeo esperava que ele se adequasse aos costumes locais, pondo cortinas no apartamento, e reclamou com "o dr. e a sra. Richter" até cederem.[3] Vladimir e Nadya não acharam graça nenhuma. Já se sentiam aborrecidos por ter de descer ao porão a fim de buscar carvão para o fogo e água para cozinhar.[4] Não gostavam da comida inglesa. Rabada ensopada, essa delícia culinária, desagradava tanto Lenin que deixou sua dieta sob responsabilidade de Nadya — que admitia ela própria não ser a melhor das cozinheiras — e da mãe dela. O ensopado inglês, os bolos ingleses e o peixe frito inglês não eram as únicas coisas a aborrecê-los. Visitando a Igreja das Sete Irmãs, 12 quilômetros a nordeste da Holford Square, encontraram socialistas ingleses rezando ao Senhor. Lenin achava que um socialismo autêntico tinha de implicar necessariamente o ateísmo. Quando se tornou marxista, Lenin achou que havia escolhido o caminho da Ciência e do progresso, e que socialismo cristão era uma contradição em termos. Dificilmente poderia encontrar algo de bom que dizer sobre os socialistas da Inglaterra — ou, na verdade, sobre os ingleses em geral.

Encontrou um inglês chamado Henry Rayment para ajudá-lo a dominar a língua local. Apesar de haver traduzido um livro dos Webb, Lenin não havia adquirido fluência escrita ou oral na língua inglesa — e achou os londrinos mais difíceis de acompanhar do que os irlandeses residentes.[5] (Existe uma sugestão, não confirmada, de que Lenin falava com um sotaque irlandês.) Na companhia de Rayment, compareceu a reuniões políticas no East End, onde conheceram judeus imigrantes do império russo. Quando Rayment mostrou-se desconcertado com seus hábitos asiáticos, Lenin achou que a surpresa de seu explicador da língua era ainda mais uma prova de que os ingleses eram um "povo fechado".[6] É possível que seu contato com os judeus russos do East End, muitos dos quais eram abertos às ideias do socialismo internacional, tenha restaurado sua fé na "revolução socialista europeia"; e, em março de 1902, fez um discurso para o segmento judaico da Federação Social-Democrata no New Alexandra Hall.[7]

No entanto, a seu próprio modo, ele era igualmente "fechado".[8] Ergueu uma pequena Rússia em torno de si próprio, em St. Pancras e Bloomsbury. Certo dia, no outono de 1902, de manhã bem cedo, bateram à sua porta, em Halford Square. O visitante era Leon Trotski, que havia fugido da Sibéria e queria associar-se aos editores do *Iskra,* na Inglaterra. Trotski logo se tornaria tão famoso quanto Lenin, na Revolução de Outubro de 1917, mas ainda precisava firmar-se como líder marxista. Estava louco de vontade de conhecer Lenin, mas este continuava acamado e, sendo uma pessoa de mesmos hábitos, recusou-se a ir para a sala de estar enquanto não houvesse terminado suas abluções e se preparado para o dia. Foi Nadejda Konstantinovna que teve de pagar o taxista *cockney*\* e servir a Trotski uma xícara de café — e não o chá que a sra. Yeo, a inglesa tradicionalista, teria preparado para uma visita.[9] Ele e Trotski tornaram-se rapidamente amigos, e Lenin despendeu algum tempo levando-o a conhecer pontos turísticos. Os dois ficaram tão próximos que Lenin propôs o nome de Trotski, que tinha dotes literários, como sétimo

---

\* Dialeto e sotaque do East End de Londres. Significa "caipira, suburbano" no sentido mais pejorativo possível da expressão. (*N. do T.*)

membro do conselho editorial do *Iskra*. Plekhanov opôs-se a isso. A seus olhos, Trotski não passava de um "discípulo de Lenin" e sua incorporação ao conselho equivaleria a dar a Lenin o direito de um voto adicional.[10]

O mau humor voltou às reuniões do conselho do *Iskra*, conforme o Segundo Congresso do Partido se aproxima. Em abril de 1903, foi decidido mudar a base de *Iskra* de Londres para Genebra; isso significava que Lenin e Plekhanov iriam voltar a se encontrar. A mudança foi iniciativa de Martov, que reconheceu o problema causado pela distância a que Plekhanov vinha sendo mantido. Martov acreditava que Genebra ofereceria uma oportunidade de uma abordagem das coisas com mais camaradagem.[11]

Lenin foi o único voto contra a mudança. Lembrava a todos que Plekhanov sempre criara casos e por isso o *Iskra* tivera de se estabelecer fora da Suíça. Mas ninguém lhe quis dar ouvidos, talvez porque fosse o roto rindo do esfarrapado. Lenin entrou em desespero. "O diabo é testemunha", ele exclamou para Nadya, "de que ninguém tem a coragem de contradizer Plekhanov!"[12] Seus "nervos" começaram a pregar-lhe peças mais uma vez, e as providências para a transferência foram concluídas. E, então, apareceram sintomas físicos, na forma de inflamação no peito e nos terminais nervosos, e ele entrou em estado febril. Nadya consultou um manual médico e concluiu que ele devia estar com inflamação do nervo ciático. Ela, em seguida, consultou o colega marxista russo e morador de St. Pancras, K. M. Takhtarov, que estudara Medicina durante alguns anos. Takhtarov concordou com o diagnóstico, e Nadya comprou um pouco de iodo para aplicar no corpo do marido. O diagnóstico estava completamente errado, e o iodo mergulhou Lenin num "tormento de dor". Anos depois, afirmou-se oficialmente que Lenin não dispunha de um guinéu para pagar uma consulta com um médico inglês.[13] Mas ele nunca economizou em despesas com atendimento médico. A explicação mais provável é que Lenin e a esposa estavam entrando em pânico e não tiveram a presença de espírito de questionar a competência de Takhtarov.

No final de abril de 1903, deixaram Londres e mudaram-se para a Suíça, onde Lenin teve de passar mais uma quinzena de cama. Mas, a essa altura, já se havia chegado a um diagnóstico correto. Lenin estava sofrendo de "fogo sagrado", também conhecido como fogo de santo antão, erisipela ou pênfigo. É uma grave infecção contagiosa da pele e do tecido subjacente, e pode vir a ser fatal. Hoje em dia, pode ser curada com o uso de antibióticos. No entanto, os médicos, na virada do século, só poderiam aconselhar seus pacientes a permanecer várias semanas de repouso, até a doença desaparecer. Foi o que aconteceu com Lenin.[14]

Enquanto isso, Plekhanov e Lenin tiveram de encontrar meios de trabalhar juntos. As disposições para o Congresso estavam nas mãos de Lenin e dos vários agentes do *Iskra,* viajando de ida e volta à Rússia, e uma das coisas que Lenin detestava em sair de Londres era o recomeço do descaso com sua própria atividade. Em março de 1902, havia sido formado um Comitê Organizacional para o Congresso. Foi esse comitê que estipulou as regras sobre quais organismos no império russo e na Europa tinham o direito de enviar delegados. Plekhanov examinava atentamente a atividade de Lenin. Felizmente, no entanto, concluiu que Lenin prestara um ótimo serviço ao *Iskra.* Plekhanov e Lenin concordavam quanto à necessidade de reprimir qualquer referência que pudesse ser exercida sobre o Congresso ou pela ampla Bund [confederação] judaica (que se mostrava contrária à ideia de um partido altamente centralizado), ou pelo jornal *Causa Operária,* de Genebra (que não aprovava intelectuais decidindo em nome da classe operária). Lenin era implacável em descobrir pretextos para ceder lugares no Congresso a correligionários do *Iskra,* ao mesmo tempo que limitava os lugares concedidos a seus oponentes. Plekhanov dava continuamente a Lenin a liberdade de operação que ele queria.

Os métodos de Lenin podem ser saboreados numa carta a um agente do *Iskra:*[15]

> Estou realmente, realmente encantado que você logo tenha passado adiante a questão do Comitê Organizacional e o tenha concluído com uma composição de seis membros... Tenha uma abordagem mais rigorosa da Bund! No exterior, escreva tão rigorosamente quanto possível, também (para a Bund e para o *Causa Operária),* reduzindo a função da operação no exterior a um nível tão mínimo que signifique que ela não pode, de modo algum, ter qualquer importância. O lado técnico do Congresso você pode com certeza deixar a cargo de delegados especiais em seu nome e a seus próprios *agentes* especiais: não confie essa atribuição a *mais ninguém*

e não se esqueça de que o participante *émigré* mediano é inútil em conspiração.

Aqui estava um manipulador consumado ensinando as manhas do ofício a seu aprendiz.

O local escolhido para o Congresso foi a capital belga, Bruxelas. Antes de partir, Lenin tirou férias na Bretanha, com a mãe e a irmã Anna. Estranhamente, não levou Nadejda Konstantinovna. Não ficou claro exatamente por que ela permaneceu em Londres. Ela fizera um esforço com a família dele, apesar da frieza de Anna Ilinichna em particular; provavelmente tinha muitas providências práticas a tomar antes da reunião do Congresso; seu tempo era consumido pela chegada diária de cartas do império russo, que era preciso decodificar. A mãe de Lenin, no entanto, não achou isso uma explicação adequada e fez referência aos "variados pretextos" apresentados pela nora.[16] Sua família mantinha a frieza para com sua esposa, e ele recusou-se a tomar partido. Como de costume, ele estava fazendo o que queria. Nessa ocasião, era-lhe conveniente ver a mãe na Bretanha, e não se importou de deixar a mulher em Londres. Através de suas ações, estava deixando claro que, se ela queria viver com ele, tinha de lidar com seus parentes, mesmo que não estivessem sendo especialmente agradáveis com ela. Lenin era o cônjuge dominante no casamento e sabia que Nadejda Krupskaya continuaria a cumprir com seus deveres políticos, apesar desse comportamento por parte dele.

De qualquer modo, Lenin queria ver a mãe. Enchia suas cartas para ela com conselhos sobre trens, hotéis e bagagem, e dizia-lhe o quanto sentia saudades de sua região natal: "Seria bom estar no Volga no verão. Como foi esplêndido navegar por ele com você e Anyuta [Anna], na primavera de 1900! Bem, se não posso ir até o Volga, o pessoal do Volga terá de vir para cá. E há lugares ótimos aqui, embora de um tipo diferente." Lenin amava sinceramente sua mãe. Mas, ao partir para a Bretanha, também tentava fugir às disputas no Partido, que estavam acabando com seus nervos.[17] Foi o que confessou a um Plekhanov indiferente a seus sentimentos: precisava muito de uma folga antes dos já esperados rigores do Congresso.

Da Bretanha, Lenin seguiu de trem diretamente para a Bélgica (onde Nadejda Konstantinovna iria a seu encontro). A Suíça não foi considerada conveniente, porque a grande colônia de *émigrés* marxistas não queria chamar atenção das autoridades oficiais. Acharam apartamentos em Bruxelas onde os delegados poderiam ficar durante o que possivelmente seriam sessões demoradas. O Congresso começou em 17 de julho. O Comitê Organizacional, no entanto, imediatamente teve problemas com a polícia belga, depois que a Okhrana, de São Petersburgo, passou-lhes informações sobre os violentos propósitos revolucionários de diversos dos participantes. O Congresso transferiu-se apressadamente para o outro lado do Canal da Mancha, voltando a Londres. Lá, os vários contatos pessoais do conselho do *Iskra* ajudaram a procurar novas acomodações. Quando o Congresso foi reiniciado, cinco dias depois, em 29 de julho, os delegados se reuniram no endereço improvável da Igreja da Irmandade, uma capela congregacionalista, dirigida por um socialista dedicado, o reverendo F. R. Swann — em Southgate Road, no norte de Londres.[18] Lenin teve de dominar sua aversão por ver socialistas reunindo-se num local cristão. De qualquer forma, os delegados ficaram nervosos quanto à segurança e transferiram as sessões que restavam para o English Club, na Charlotte Street.

Discursos raivosos dominaram o Congresso. As manipulações de Lenin foram destacadas como pretexto para censura, e Vladimir Asimov, membro da Bund, pediu a Plekhanov que o desautorizasse. Mas Plekhanov se recusou. "Napoleão", declarou, "tinha uma paixão por fazer seus marechais se divorciarem de suas esposas; alguns cederam a ele nessa questão, embora amassem suas esposas. O camarada Akimov parece-se com Napoleão, neste ponto: deseja, a qualquer custo, divorciar-me de Lenin."[19] Tal como Lenin certa vez havia professado ter estado apaixonado por Plekhanov, este agora sugeria que existia uma espécie de casamento entre eles. Estavam se expressando em ignorância da obra de Sigmund Freud. Inconscientemente, estavam dando um sinal dos fenômenos que, na maior parte do tempo, provocavam neles a maior paixão. Viviam para suas ideias e para a realização política dessas ideias.

Plekhanov, evidentemente, não foi sincero quanto a sua dedicação ao "casamento". Antes do Congresso, costumava se enfurecer com seu jovem consorte. Mas o Congresso não foi alertado para isso, e a ata dos seus organizadores — Lenin inclusive — foi aprovada. Os trabalhos continuariam a ser altamente litigiosos. Os detalhes eram arcanos ao extremo, exceto para aficcionados. Lenin não era o único a separar cada questão prática como se fosse uma bomba de grande significado doutrinário, esperando para explodir. Nada era trivial demais para que os marxistas examinassem do ponto de vista de seus princípios filosóficos. Mas, na realidade, o diabo estava nos detalhes. Até mesmo a questão aparentemente mundana da posição da Bund judaica dentro do Partido Trabalhista Social-Democrata russo era dinamite. Um motivo para isso era óbvio. Os delegados da Bund representavam milhares de membros nas regiões fronteiriças ocidentais e nenhuma outra região do império russo podia igualar isso. A Bund argumentava que a alocação de apenas cinco assentos para ela, dos 43 do Congresso, era uma injustiça grosseira. Mas os outros delegados rejeitaram o argumento sumariamente. A Bund, então, exigiu ampla autonomia para si própria no Partido como um todo. Mas também isso era controverso. A Bund recrutava seus membros numa base especificamente étnica, e o Congresso não queria abrir exceção para nenhum grupo étnico em particular.

O segundo motivo era que vários membros do grupo do *Iskra* tinham um antecedente judaico: Axelrod, Martov e Trotski. O bisavô judeu de Lenin, o velho Moshko Blank, vivera na região onde a Bund agora era ativa. Axelrod e os demais haviam se voltado contra tudo que fosse judaico. Haviam se tornado marxistas para fugir a suas origens étnicas e religiosas, e rejeitavam toda ideia de judeus marxistas, como os da Bund, dando prioridade a trabalhar exclusivamente entre judeus. Os membros da Bund, por seu lado, farejaram certo grau de antissemitismo no Congresso e consideravam os judeus renegados os piores infratores. Contudo, a Bund estava se esforçando sem necessidade, e suas exigências organizacionais não tiveram o apoio de qualquer delegado, a não ser os dela própria.

Seguiu-se uma discussão sobre o programa do Partido. Lenin foi para a tribuna e, para surpresa geral — eles ainda não o conheciam —, mostrou *finesse* na tentativa de conquistar os indecisos. Admitiu os seus excessos polêmicos. Referindo-se ao livreto *O que se há de fazer?*, afirmou: "Hoje em dia, nós todos sabemos que os 'economistas' puxaram a brasa para a sua sardinha. Para endireitar as coisas, tive de empurrá-la de volta, e foi isso que eu fiz." Não se tratou exatamente de um pedido de desculpas, mas não foi a consumada arrogância que os críticos do *Iskra* haviam sido levados a antever. Tudo correu calmo para Lenin e Plekhanov: a minuta do programa do Partido, com sua ênfase na "ditadura do proletariado", foi aceita. A principal discordância girou em torno das ideias de Lenin quanto à questão agrária. Mas o grupo do *Iskra* ficou firme, e a minuta foi ratificada. Deve ter sido tentador para Plekhanov deixar Lenin ser derrotado naquelas cláusulas do programa do Partido que antes os haviam dividido. Mas trato era trato. Se era preciso controlar o Congresso, o grupo do *Iskra* tinha de ficar unido. E, na maioria das sessões, foi precisamente o que fizeram.

Uma dificuldade foi causada pelas regras do Partido. Propostas rivais foram apresentadas por Lenin e Martov, coeditores do *Iskra*. Martov havia refreado o espírito imperioso de Lenin em Munique, Londres e Genebra. Por uma questão de respeito próprio, tinha de enfrentá-lo no Congresso. Martov queria um grupo de Regras do Partido para conter o espírito implacável de Lenin e dos que se comportavam como ele.

A regra específica que levou as coisas a um ponto de crise dizia respeito às qualificações para filiação. As distinções verbais entre Lenin e Martov eram microscópicas. Lenin queria que um membro do Partido fosse alguém que "reconhecesse o programa e o apoiasse por meios materiais e por participação pessoal em uma das organizações do Partido". Para Martov, isso não passava de um excesso autoritário. Eram necessárias qualificações mais simples e acessíveis, e Martov sugeriu que um membro do Partido devia ser alguém "que reconhecesse o programa e o apoiasse por meios materiais além de uma assistência pessoal constante, sob a direção de uma das organizações do Partido".[20] As palavras de Martov sobre operar "sob a direção" eram, pela maioria dos critérios, mais autoritárias do que as palavras originais de Lenin. Mas as sutilezas de linguagem não tinham qualquer importância para Martov e Lenin, e os historiadores gastaram tinta com o contraste semântico. O que realmente importava para eles era a essência da questão. Martov queria um partido com membros que tivessem espaço para se expressar, independentemente da liderança central; para Lenin, a necessidade era de liderança, liderança e mais liderança — e qualquer outra coisa, pelo menos por enquanto, devia estar subordinada a essa necessidade.

Lenin foi derrotado, por 28 votos a 22. Ficou desconcertado, mas recuperou-se. A combatividade era da sua natureza e da de seu setor no grupo do *Iskra*. Adoravam ser descritos como os "durões". Fazer barreira a seus oponentes no Congresso estava se tornando normal, e alguns deles levaram seu machismo ainda mais longe. Alexander Shotman ameaçou bater "pesado" num colega que desertara para o setor de Martov. Lenin segurou Shotman e disse-lhe que somente "idiotas usam os punhos numa polêmica".[21] Não obstante, o Partido Trabalhista Social-Democrata russo adquirira um aspecto de banditismo. Lenin expressou a questão muito abertamente a um de seus correligionários por volta dessa época, embora com a habitual dificuldade para enunciar suas consoantes: "Política é um nebócio sujio!" Sujo ou não, a política era a sua profissão, e ele já era muito bom nela.

Lenin foi admirado por seus companheiros "durões" pela própria antipatia e aspereza de seu comportamento no Congresso. No entanto, a divisão interna do grupo do *Iskra* deixou seus planos para a futura liderança do partido em total confusão. Lenin tinha seu próprio programa de ação, e o revelara confidencialmente a Martov. O objetivo de Lenin era reduzir o conselho do *Iskra,* que deveria tornar-se o jornal oficial do partido central, de seis membros para três. As baixas nessa mudança seriam Axelrod, Potresov e Zasulich. Tal manobra, como Martov deve ter previsto, daria a ele e a Lenin predomínio sobre Plekhanov em qualquer discordância no conselho. Mas a visão de Lenin, comportando-se com tamanha beligerância no Congresso, abalou a fé que Martov tinha nele. O problema era que Martov, sempre um estrategista imperfeito, afastara-se tarde demais. Lenin tomara a precaução de garantir a Plekhanov que o motivo para aquela dispensa deveu-se à fraca utilidade deles no passado. Quando o Congresso discutiu os organismos do partido central, os aliados de Lenin cerraram fileiras para denunciar Martov como hipócrita por tentar criticar as propostas dele: "Ele sabia! E não protestou!"[22]

Martov errara sua jogada. Na época em que tudo isso estava sendo discutido, a composição do Congresso sofrera alteração. Os cinco da Bund e os "economistas" haviam se retirado em protesto. Esses delegados, caso tivessem permanecido, teriam apoiado Martov contra Lenin. Se Lenin tivesse ficado em tal situação, teria feito um acordo para manter correligionários potenciais em plenário. Martov não era tão astuto. Lenin sabia defender seus argumentos num Congresso cuja balança política pendera em seu favor. As ovelhas haviam sido deixadas num aprisco desguarnecido com o lobo às portas.

Em seguida, os "durões" forçaram a mão para tornar reais conceitos de centralismo, disciplina e ativismo. No topo do Partido, deveria haver um conselho partidário. Esse conselho controlaria uma junta editorial do *Iskra* composta de três pessoas e um comitê central igualmente de três pessoas. A votação nessa estrutura e em sua composição pessoal resultou em vitória para Lenin e Plekhanov. Agindo juntos, eles conseguiram dirigir o Partido; e nenhum dos dois se preocupava com que o preço de seu triunfo tivesse sido o êxodo da Bund judaica, bem como de outros grupos. Por esse motivo, Lenin rebatizou seus "durões" como os "majoritários" (*bol'sheviki* ou bolcheviques). Estava sempre um passo à frente de seus adversários. Quando havia uma questão política crucial sendo debatida, superava qualquer um em inventividade tática e verbal. Perdera para Martov na questão das regras do Partido; em tal situação, se ele fosse Martov, teria imaginado um nome triunfal para seus seguidores. Ele deixou passar a oportunidade. O que se seguiu foi pior ainda. Martov aceitou a autodescrição dos leninistas como bolcheviques e passou a chamar seu próprio grupo de "os minoritários" (*men'sheviki* ou mencheviques). Quando o Congresso preencheu as vagas no Comitê Central e no conselho do *Iskra,* a inépcia tática de Martov ficou patente.

A maioria, agora, estava nas mãos de correligionários de Lenin e Plekhanov. O Comitê Central compunha-se, inicialmente, de Gleb Krjijanovski, V. A. Noskov e F. V. Lengmik; e o conselho do *Iskra* conservou apenas Lenin, Plekhanov e Martov, de sua composição anterior. O resultado ostensivo foi a criação definitiva do Partido Trabalhista Social-Democrata russo, com regras e um programa partidários fixos.

Essa situação, no entanto, não prevaleceu por muito tempo. Plekhanov, revertendo a suas anteriores suspeitas de Lenin, viria a lamentar tê-lo apoiado no Congresso. O Partido Trabalhista Social-Democrata russo, com cuja criação ele sonhara durante duas décadas, estava nascendo como gêmeos siameses que precisavam ser divididos. Sua depressão — poder-se-ia dizer depressão "pós-parto" — foi tal, que ele confessou ter tido pensamentos suicidas. Plekhanov e Lenin não haviam parado de discutir, desde que Lenin chegara do exterior, em 1900. E Plekhanov perdeu o controle na assembleia da Liga Estrangeira da Social-Democracia Revolucionária russa, em Genebra, em outubro de 1903. A Liga tinha sido reconhecida pelo Congresso como o organismo coordenador oficial de todas as dúzias de *émigrés* membros do Partido na Suíça, na França e na Inglaterra. Suas sessões em Genebra foram a primeira ocasião em que os emigrantes puderam respirar, depois do cisma no Congresso. Martov agarrou o touro pelos chifres, fazendo um ataque pessoal a Lenin. No decorrer de um discurso alentado, revelou que Lenin fora falso ao formar uma aliança com Plekhanov. Diante do Congresso, Lenin disse a Martov: "Então, não vê que, se você e eu ficarmos unidos, deixaremos Plekhanov permanentemente em minoria e que não haverá nada que ele possa fazer a respeito?"

Lenin levantou-se e foi até a porta, batendo-a com força às suas costas. Plekhanov, que vinha ouvindo impassível, anunciou que estava disposto a se retirar do *Iskra*, a fim de acabar com o confronto de facções. Lenin sentiu-se tão desarmado que apresentou sua própria demissão, do *Iskra* e do conselho do Partido. Lenin, que estava sendo feito o rei do Partido, baniu a si próprio da corte. Seus bolcheviques tornaram-se a minoria. Ele se esquecera de "guardar uma pedra na funda". Pela primeira e última vez, recuava de uma posição de poder. Logo se arrependeu de sua ação, e o remorso transformou-se em raiva, conforme Plekhanov foi cada vez mais se alinhando com Martov e os mencheviques.[23]

No entanto, ainda havia uma pedra escondida na funda. Lenin esforçou-se intensamente para informar aos agentes do *Iskra* como, em sua opinião, haviam usado de astúcia para induzi-lo à derrota. Escreveu sua história unilateral e parcial da disputa interna do Partido e a publicou em maio de 1904 na brochura *Um passo à frente, dois passos para trás*. Seu velho companheiro na União de Luta de São Petersburgo, e no exílio siberiano, Gleb Krjijanovski, era membro do recém-eleito Comitê Central. Quando Krjijanovski chegou da Rússia, em 2 de novembro de 1903,

Lenin fez o simples pedido de que ele o puxasse para o Comitê Central; Krjijanovski aceitou, encantado. Nem ele, nem Lenin, nem qualquer de seus camaradas mais chegados tinha talento para procedimentos democráticos. Se Lenin fora enganado, a trapaça precisava ser revertida, Lenin havia recobrado o fôlego. Dessa ocasião em diante, transformou seus métodos oblíquos e desonestos numa arte política. Nunca perdeu o interesse em aperfeiçoá-la. Tendo saído diretamente do conselho do Partido, insistiria em voltar para ele como um dos representantes do Comitê Central.

Escreveu sua defesa em *Um passo à frente* em detalhes obsessivos. Seu aprendizado no ginásio como cotejador de dados veio a calhar; do mesmo modo, sua compreensão, como advogado, das oportunidades oferecidas pelas regras do Partido. Não dava a mínima para a democracia, mas estava determinado a mostrar como seus adversários haviam infringido os procedimentos democráticos. Tendo se sentido enganado, reuniu todos os argumentos disponíveis com que havia sido enganado. Lenin, o crítico da sensibilidade moral na análise econômica e social, deixava à mostra seu próprio senso de ofensa moral.

Não obstante, seu estilo em política o colocava sob forte tensão e, com a liberação dos arquivos sobre sua situação de saúde, podemos ver hoje como ele esteve perto do colapso nervoso. Conforme insistia em dizer aos amigos, não era "uma máquina".[24] Na primavera de 1903, já havia sofrido de fogo de santo antão e, embora não tenham sido suas tensões mentais responsáveis pela doença, elas não o ajudaram a se recuperar rapidamente. Conforme testemunhou Nadejda Konstantinovna, seus "nervos" haviam se distendido até quase o ponto de arrebentar, antes do Segundo Congresso do Partido. Depois, eles finalmente arrebentaram, e Lenin teve noites de insônia terríveis e dias de uma enxaqueca insuportável. O homem de ferro do Partido Trabalhista Social-Democrata Russo às vezes voltaria para casa, no nº 10 do Chemin du Foyer, em Genebra, após um dia de trabalho na Bibliothèque Publique et Universitaire, ou na Societé de Lecture, num estado de prostração. Se seu recorrente estado de doença só começara a afetá-lo em 1903-4, pode haver razão para se achar que os problemas entre facções do Partido provocaram isso. Mas os problemas de saúde já se mostravam evidentes havia anos. A única diferença era que, agora, estavam mais agudos e mais frequentes do que antes. Lenin estava determinado a resolver tudo e consultou os manuais mais recentes. Também procurou os melhores médicos suíços. Seu problema estomacal foi examinado por um importante especialista, e ele recebeu uma receita que foi um pouco eficaz, pelo menos durante algum tempo.[25]

Ele disse à irmã, Maria Ilinichna, que havia perdido a receita.[26] Isso é algo curioso para uma pessoa tão meticulosa. Talvez não quisesse deixar Maria preocupada com seu estado geral, especialmente se tivesse contado ao especialista sobre outros aspectos do seu mal-estar físico — insônia, enxaqueca e fadiga — e sobre a morte de seu pai, de um ataque cardíaco provocado por arteriosclerose cerebral. Lenin saiu da consulta muito preocupado. O especialista lhe dissera que o estômago não era o problema principal. Quando Lenin lhe pediu que explicasse, a resposta foi lacônica: "É o cérebro."[27] Lenin não contou a ninguém o que o especialista quis dizer com isso. Mas é provável que a conclusão a que o médico chegara propusesse dois diagnósticos: um seria o de que Lenin estava sofrendo de "neurastenia", o outro, que herdara as características físicas que haviam matado seu pai.

Neurastenia era um diagnóstico em moda, desde o final do século XIX, para pacientes que se queixavam de dores de cabeça, úlceras, insônia e exaustão. Os sintomas, achava-se, provinham do ritmo febril da sociedade urbana contemporânea. A causa radical talvez se devesse a uma exaustão do sistema nervoso. O remédio convencional, desde que a neurastenia fora "inventada" como doença, era um completo abandono do trabalho mental árduo. Acreditava-se que isso era ainda mais importante do que a adoção de alguma dieta em particular. Em anos posteriores também alguns dos médicos de Lenin diagnosticaram que ele sofria de neurastenia e sempre lhe diziam para reduzir o ritmo de seus compromissos políticos. Raros especialistas hoje em dia aceitariam sequer a existência de uma doença específica de neurastenia ou que os variados sintomas de Lenin fossem resultado de algum problema com seu sistema nervoso central. Mas a neurastenia estava em moda na virada do século, e Lenin parecia se encaixar no paradigma dos manuais. No entanto, ainda que o especialista houvesse ignorado essa possibilidade e, em vez disso, sugerisse que Lenin tinha uma enfermidade vascular cerebral, o regime de tratamento teria sido o mesmo: a permanente e drástica redução de sua carga de trabalho.

Infelizmente, diminuir seu envolvimento nos assuntos públicos lhe teria causado grande perturbação. A política era a sua vida. Ele acedeu à necessidade de tirar férias prolongadas, mas isso não exigia mudança alguma no seu estilo de vida, uma vez que estava acostumado a passar o verão em Kokushkino. De resto, não fez qualquer mudança séria no modo como tocava a vida. Seu comportamento levava seus médicos ao desespero.

Ao que tudo indica, havia uma conexão entre períodos de controvérsia política e acessos de males estomacais, insônia e dor de cabeça. Mas qual era a natureza dessa conexão? Sua saúde o deixava agitado; sua atividade política o deixava agitado. Seu estilo político e seu estado de saúde prejudicavam um ao outro. A situação era exacerbada por sua crescente convicção de que ele era um homem com um destino. A revolução precisava acontecer, depressa e em profundidade, e Lenin pretendia ser seu líder. Achava que era a pessoa que havia sido chamada para doutrinar e guiar o movimento político antitsarista. Após sua rusga com Plekhanov, não encarava um marxista russo como seu igual em potencial intelectual e político. Isso tudo aumentava sua tensão íntima. Ainda não havia se acostumado a ficar isolado, e o fato de que um amigo como Gleb Krjijanovski dera-lhe as costas, em 1904, o deprimia. Se não tivesse uma crença inabalável em que sua causa era correta e justificada, poderia até não ter aguentado nos primeiros anos de emigração, enquanto se firmava na liderança do Partido. Ele "sabia" que estava certo e não recuaria diante de críticas.

Mesmo a fé em si próprio poderia não ter sido suficiente para ele sobreviver, no entanto, se não tivesse podido contar com a família, cujo apoio era constante. Sua mãe, as irmãs e o irmão davam-lhe a impressão de que ele nunca errava, e foi raro Nadejda Konstantinovna contradizê-lo no decorrer de seu longo casamento. Possuía uma firme estrutura de vida cotidiana. A maioria de seus anos como imigrante foi passada em locais que achava agradáveis. Paris, onde morou em 1908–12, foi a exceção; nunca morreu de amores pela capital francesa. Munique, Londres e Genebra eram as cidades onde ele adorava ficar.

Lenin levava a vida em seus próprios termos. O menino de ouro, em casa e no ginásio, conservou esse status na vida adulta. Sua cultura livresca, seu regime de exercícios regulares, sua disposição a dar conselhos sobre assuntos que iam da política aos cuidados médicos, passando pela filosofia, todos esses aspectos foram tratados como provas de seu gênio. Lenin insistia no silêncio absoluto enquanto estava trabalhando, e sua intolerância para com as distrações era tal que não permitia nem a si próprio fazer um ruído enquanto trabalhava. Nadejda Konstantinovna registra que costumava andar em seu escritório na ponta dos pés, para não interromper o fio do pensamento; o gato, quando se via sozinho, era um ratinho.[28] Lenin precisava ter tudo em ordem — fosse a sequência de lápis sobre sua escrivaninha ou as estratégias políticas e econômicas do Partido Trabalhista Social-Democrata russo — para conseguir sentir-se à vontade. Não havia mais ninguém a quem ele respondesse. Isso pode parecer estranho para um político que se referia a Marx e Engels como figuras de autoridade, mas o paradoxo é só aparente: Lenin achava que somente ele sabia ler as obras deles corretamente, embora não tenha dito ou escrito isso de forma expressa antes da Primeira Guerra Mundial.

A família tomava parte na política a seu lado. Assim que Nadejda Konstantinovna mostrou-se uma organizadora eficiente, Lenin delegou a ela funções cruciais de correspondência do Partido. Seus parentes consanguíneos também eram importantes. Dmitri Ilich Ulyanov trabalhou como agente do *Iskra* em 1900–02, e foi delegado no Segundo Congresso do Partido. Anna Ilinichna levava mensagens entre a Europa e a Rússia; e tanto ela como sua irmã caçula, Maria, fizeram o mesmo em anos posteriores. A versão do marxismo preferida por Anna, Dmitri e Maria era um reflexo da dele. Foram todos presos juntos, bem como Antonina, a esposa de Dmitri, em janeiro de 1904;[29] e quando algum deles tinha complicações com o Ministério do Interior russo, a mãe, pacientemente, os acompanhava no exílio administrativo.

A assistência emocional e política que Lenin recebeu dos parentes, durante seu isolamento pessoal em 1903–4, foi de importância crucial. Ele nunca duvidou de que sua causa fosse justa e correta. Mas seu estilo como ativista ainda estava amadurecendo, e seus "nervos" eram uma irritação crônica. Se ele não tivesse podido se recolher para um ambiente acolhedor, sua carreira não teria prosperado tanto. Para homens como Nikolai Valentinov, não importava se o comportamento de Lenin em disputas internas partidárias tinha sido limpo conforme as regras do Partido. Valentinov encarava-o como um líder ativo e irredutível. Ele e outros mais gostavam das frases agressivas de Lenin sobre virar a Rússia de cabeça para baixo. E não se preocupavam com suas afinidades socialista-agrárias. Sabiam que ele admirava o diário *Alarme* do notório Piotr Tkachev e as declarações do ainda mais notório Sergei Nechaiev (cuja cumplicidade num assassinato levou as autoridades suíças a fazer uma exceção legal e extraditá-lo para São Petersburgo). Lenin recomendou a seus companheiros que lessem todo esse material e tirassem lições dele.[30] Praticamente todo marxista russo admirou a geração mais velha de socialistas-agrários em algum nível. Também tinham muito respeito pelos jacobinos na Revolução Francesa. De fato, todos os membros mais jovens do conselho editorial do *Iskra* pelo menos um dia aprovaram o terrorismo.

E, o que é mais importante, os admiradores marxistas de Lenin não podiam deixar de dar valor a sua devoção em fazer uma revolução e seu espírito prático como chefe partidário. E ele era um chefe com o sentido do bem comum. Quando Valentinov chegou a Genebra, sem dinheiro, Lenin o ajudou em seu emprego de meio expediente como vendedor ambulante. Valentinov conseguiu o emprego, mas não podia dar conta dele sozinho. Lenin deu uma mãozinha empurrando a carrocinha — e Valentinov nunca esqueceu o favor; tampouco outros marxistas chegados do império russo. Muitas vezes era Lenin que, agindo a partir de informação transmitida por Nadejda Konstantinovna, ia recebê-los na chegada do trem a Genebra. Lenin se dava o trabalho de entrevistá-los, tomando conhecimento de suas circunstâncias pessoais e da situação política em sua terra. Lenin fora criado cercado de livros em lares amplos, confortáveis, mas também estava crescendo "para fora" como pessoa, e não era arrogante demais para executar tarefas laboriosas. O orgulho declarado fora anátema na família Ulyanov e quando alguma coisa precisava ser feita, tinha de se fazer o que fosse preciso na consecução de qualquer causa importante. Para seu pai, a causa foi o Esclarecimento; para Lenin, era a Revolução, e o Esclarecimento através da Revolução.

Lenin teve menos adeptos do que havia esperado após sua vitória no Segundo Congresso do Partido. Quando os emigrantes do Partido

Trabalhista Social-Democrata russo se dividiram em duas facções, os bolcheviques e os mencheviques, os ativistas no império russo ficaram horrorizados com as notícias: poucos comitês e grupos estavam dispostos a trilhar o caminho do cisma. A teoria de Marx, conforme exposta por Marx e Engels, era que uma única classe — o proletariado — assumiria a tarefa de introduzir o comunismo. Os marxistas russos ficaram estupefatos pelo movimento marxista ter-se dividido em duas organizações separadas. Só uns poucos grupos — tais como os marxistas de extrema esquerda em São Petersburgo — seguiram em frente com os métodos e políticas divisórios de Lenin.

Ele havia sido privado até da solidariedade dos antigos amigos. Sempre o acharam incomumente esquentado, mas, agora, diversos companheiros achavam que perdera qualquer senso de proporção. Entre esses estava Gleb Krjijanovski, que odiava a prolongada guerra de facções. Dias depois de puxar Lenin para o Comitê Central, Krjijanovski tentou, contra a vontade de Lenin, reconciliar as duas facções. Ofereceu-se para retirar um correligionário de Lenin, L. Galperin, do conselho do Partido e levar alguns dos mencheviques de Martov para o Comitê Central. Lenin ficou furioso, mas Krjijanovski falou-lhe abertamente: como podia imaginar ser correto insistir em triunfo faccional incondicional, quando praticamente todo mundo, incluindo seus próprios correligionários, achava que era incorreto? Krjijanovski dissera tudo, menos que era egocêntrico e irreconciliável — e Krjijanovski continuou enfurecendo-se de indignação sobre essa conversa, após a Revolução de Outubro de 1917.[31] Foram feitas imprecações sem fim contra Lenin. Krjijanovski e Noskov estavam perdendo a paciência e, em fevereiro de 1904, escreveram a ele formalmente, em nome do Comitê Central: "Imploramos que o Velho desista da rixa e comece a trabalhar. Estamos à espera de volantes, panfletos e todos os tipos de aconselhamento — que são o melhor meio de acalmar os nervos e reagir às injúrias."[32]

As duas frases mostram como havia evoluído a relação entre Lenin e seus iguais nacionais. Ele era o Velho, o organizador veterano. Era o fornecedor vital de conselhos. Era o incomparável escritor-ativista. E tinha de ser tratado diplomaticamente; a ele não se podia dizer o que fazer, somente implorar — sua posição de superioridade estava acima de discussão. Mas isso não impediu os membros do Comitê Central de chamarem a sua atenção para a excessiva preocupação com questões de autoridade interna no Partido, à custa da execução de seus papéis vitais em favor do Partido. Lenin estava excessivamente levando as coisas para o lado pessoal, e ninguém se surpreendeu ao saber que ele estava novamente sofrendo dos "nervos". Segundo Krjijanovski e Noskov, a solução para os problemas do Partido estava em Lenin concordar em se corrigir.

Mas Lenin, deploravelmente, lembrou ao Comitê Central que "não era uma máquina", e não poderia esquecer os insultos de Plekhanov e Martov.[33] O Comitê Central, no entanto, não lhe demonstrou qualquer solidariedade. Embora, na primavera de 1904, todos os seus oito membros fossem bolcheviques, só uns dois deles ficaram do lado de Lenin. O restante do Comitê Central achava que o melhor lugar para ele não era a Suíça, mas a Rússia, onde eles próprios estavam em operação. Em maio de 1904, Noskov chegou a Genebra e, falando em nome do Comitê Central, ordenou a Lenin que obedecesse à disciplina do Partido. Noskov particularmente o proibiu de fazer campanha pela convocação de um terceiro Congresso do Partido. O Comitê Central queria consertar o racha no Partido e um Congresso, se realizado em futuro próximo, só iria agravar as animosidades. Noskov visava a deter a publicação do agressivo panfleto antimenchevique *Um passo à frente, dois passos para trás*, mas não tinha toda a confiança necessária para executar sua missão. Chegou-se a um acordo, com a permissão de que o panfleto fosse publicado e do reconhecimento de Lenin e Noskov como correpresentantes do Comitê Central no exterior. Lenin havia pessoalmente demonstrado ser um duro negociador. Em termos formais, Noskov havia se rendido, e Lenin podia continuar tal como antes.

Isso exigiu muito de Lenin. Ele achou humilhante ter de tratar com Noskov; e o fato de Noskov achar que estava fazendo um favor ao Partido só tornava a situação mais difícil. Lenin se convencera de que a causa revolucionária inteira estava sendo mal conduzida.[34]

> O Partido na realidade fora dilacerado; as regras, transformadas em papel para o lixo; haviam cuspido na organização. Somente idiotas ingênuos podiam ainda não ver isso. Mas para quem quer que o tenha entendido devia estar claro que a pressão exercida pelos

defensores de Martov [ele usa o termo "martovitas"] precisava ser respondida com pressão de verdade (e não com lamúrias baratas sobre paz, e assim por diante). E a aplicação da pressão exige o uso de todas as forças.

Segundo essa análise, ele não ia arredar pé. Sua força de vontade era extraordinária, e ele a utilizava para superar suas próprias dúvidas intelectuais (por poucas que fossem) e as críticas políticas de outros (que eram muitas).

Na primeira metade de junho de 1904, Lenin e Nadya resolveram descansar da guerra interna do Partido. No início daquele ano, andara passeando de bicicleta em Genebra e batera na traseira de um bonde. Machucara muito o rosto e durante semanas teve de andar com ele todo enfaixado. Seus outros males, do estômago e da cabeça, também vinham se intensificando, e as sequelas do fogo de santo antão ainda se faziam sentir. Precisava muito de umas férias. E ele e Nadya abriram mão de seus aposentos alugados em Genebra e dirigiram-se para as montanhas, com mochilas nas costas e um exemplar do guia *Baedecker* da Suíça nas mãos. Levaram também Maria Essen: dos dois membros do Comitê Central, ela era a única que ainda apoiava Lenin. Os três bolcheviques juraram evitar falar de política, "tanto quanto fosse possível". Era a viagem perfeita. A Suíça era bem organizada para montanhistas a passeio. A Associação dos Hoteleiros desenvolvera um sistema pelo qual um visitante poderia mandar um telegrama a fim de reservar um quarto para a noite seguinte, e o *Baedecker* afirmava que um hotel ou pousada realmente ruim "raramente era encontrado". A rede telegráfica era a mais densa do mundo. Assim, os três poderiam fazer bastante exercício revigorante e ao mesmo tempo estar seguros de contar com cama e mesa de boa qualidade.

Primeiro, seguiram de vapor até Montreux e visitaram o castelo de Chillon. Caminharam muito. O empenho de Lenin em forçar-se a seus limites concentrou-se, só por um pouco de tempo, na recreação; e estimulava suas companheiras — a esposa e Maria Essen — a acompanhar seu ritmo quando eles se esfalfavam subindo as trilhas das montanhas. No final de julho, ficaram, por algum tempo, numa *pension* junto ao lago de Bré. Foram férias muito longas.

Somente em 2 de setembro voltariam a Genebra.[35] Lá, alguns dias depois, alugaram um apartamento no 91 da Rue de Caronge. Essa era uma rua de casas de cômodos, altas e simples, com lojas e cafés nos andares térreos e camadas de moradias particulares acima deles; e ficava no âmago da área preferida pelos emigrantes políticos da cidade. As ruas em torno da Rue de Caronge eram uma pequena Rússia de classe média. Para Lenin, era como estar de volta à pátria. Voltara das férias mais longas de sua vida adulta revigorado para a luta. Sem elas, muito possivelmente teria sofrido um colapso nervoso. Só isso explica o risco que assumiu correr agora em sua posição política. Partiu sabendo que Noskov, em sua ausência, poderia miná-lo ainda mais no Comitê Central. Tomara a precaução de transferir seus poderes para amigos de confiança, mas nenhum deles tinha o seu talento para resistir ao irresistível. Noskov, ainda por cima, encarava com arrependimento o acordo com Lenin. Em julho de 1904, conseguiu trabalho na Rússia e, por meio de uma mistura de persuasão e aliciamento, converteu o Comitê Central à sua política de reunir bolcheviques e mencheviques. Para esse fim, foi preparada uma declaração, e Lenin sofreu uma reprimenda por não ter produzido uma sequência de panfletos. O Comitê Central, liderado pelos bolcheviques, confrontava o líder bolchevique.

Quando foi informado disso, Lenin — seu bem-estar físico e mental já recuperados — convocou uma reunião dos poucos *émigrés* seus correligionários que ainda restavam e providenciou para que viajassem pela Rússia, e formou um chamado Bureau de Comitês da Maioria, com o propósito de convocar um terceiro Congresso do Partido. O esteio financeiro tornou-se viável por meio dos esforços do jovem e brilhante escritor marxista Alexander Bogdanov. Lenin nem sempre demonstrou simpatia por Bogdanov — para usar palavras delicadas. Se Bogdanov deixasse de escrever uma carta a tempo, Lenin sentia a liberdade de xingá-lo por ser "tão suíno". Lenin, porém, procurava se controlar. Conseguia entender que era necessário um relacionamento amigável com Bogdanov, caso quisesse ter acesso ao dinheiro e ao apoio pessoal de que precisaria a fim de se reimpor. Com Bogdanov e Anatoli Lunacharski, portanto, providenciou a publicação de um jornal rival do *Iskra*. Seu nome seria *Vperod* ("Avante"). O primeiro número saiu em

22 de dezembro de 1904. Para consternação de Noskov, ainda por cima, a seção leninista dos bolcheviques era capaz de recrutar muitos simpatizantes no império russo. Havia muitos marxistas que tinham lido *O que se há de fazer?* e ainda se mostravam dispostos a apoiar Lenin, como potencial líder do Partido.

Assim, a guerra civil no Partido continuou acirrada. Lenin montara uma organização paralela que agiria para ele como força de combate contra os mencheviques e, de fato, contra quaisquer bolcheviques que lhe fizessem oposição no campo de batalha. Foi nesse estado de ânimo que a liderança *émigré* do Partido Trabalhista Social-Democrata russo recebeu o Ano-Novo em 1905.

## 10. A Rússia, de longe e de perto

### 1905-1907

Nem sempre há pessoas extraordinárias por perto para aproveitar uma situação política extraordinária. Muitos observadores, tempos antes, haviam previsto uma crise revolucionária no império russo. Partidos clandestinos trabalhavam por uma mudança do regime, e todos eles odiavam os Romanov; e Lenin tinha muitos motivos, tanto na ideologia como no histórico familiar, para querer derrubar a dinastia Romanov.

Havia rancores imensos na sociedade imperial. A Okhrana patrulhava o problema com os limitados recursos humanos e financeiros de que dispunha; o império russo era, de fato, um Estado policial em formação. Mas não era um Estado que achava fácil manter seu povo sob controle. Colheitas fracas no novo século haviam deixado os camponeses nervosos. Os operários, como sempre, indignavam-se com a ausência de organizações por meio das quais pudessem defender suas posições junto aos empregadores. Diversos grupos nacionais, especialmente os poloneses, tinham uma oportunidade de confrontar o governo imperial russo. E estava em operação toda uma série de grupamentos políticos clandestinos. Não somente o Partido Trabalhista Social-Democrata russo, mas também o Partido Revolucionário Socialista se esforçava para minar o regime. Os Revolucionários Socialistas conseguiram assassinar o ministro do Interior, V. K. Pleve, no verão de 1904. Até os liberais estavam se tornando ativistas. Sob a liderança de Piotr Struve, que a essa altura havia rompido com o marxismo, formou-se uma União de Libertação, cujo principal modo de desafio era realizar banquetes públicos para facilitar o pronunciamento de discursos que obliquamente atacavam a monarquia. O imperador, Nicolau II, que subira ao trono em 1894, estava sendo atacado de praticamente todos os lados.

O que tornava as coisas piores era o fato de que a Rússia insensatamente entrou em guerra com o Japão em 1904, em defesa de seus interesses na zona do Pacífico. Amplas forças de infantaria foram enviadas, seguindo pela Ferrovia Transiberiana, e a frota do mar Báltico teve que dar a volta ao mundo para confrontar a marinha japonesa. Durante os últimos meses do ano, correram notícias de que uma catástrofe estava a caminho. Soldados estavam sendo mandados para Port Arthur, no Extremo Oriente. Os mantimentos eram escassos; a disciplina, fraca; e a liderança política e militar, execrável. Enquanto isso, a frota do mar Báltico, atravessando o mar do Norte, abriu fogo contra uma traineira inglesa, confundindo-a com uma belonave japonesa, quase começando uma guerra com o Reino Unido. O desastre e a farsa se misturavam em igual proporção. O imperador e sua corte estavam caindo em descrédito público universal.

Mas, então, em 9 de janeiro de 1905, uma procissão pacífica de homens, mulheres e crianças aconteceu em São Petersburgo. Seu destino era o Palácio de Inverno dos tsares e seu objetivo era apresentar a Nicolau II uma petição para que fossem concedidos direitos civis universais, incluindo algum grau de representação política democrática. Era domingo. Os manifestantes estavam usando suas melhores roupas. O ânimo era firme, mas festivo. À frente da procissão caminhava o sacerdote da Igreja ortodoxa, padre Georgi Gapon. A campanha da petição fora organizada por ele por intermédio da Assembleia de Operários das Fábricas e Usinas da Cidade de São Petersburgo; sua ideia, naquele domingo fatídico, era apresentar um grupo de pedidos redigido em linguagem deferente ao imperador Nicolau II em pessoa. A Assembleia era um sindicato operado sob a rigorosa supervisão do Ministério do Interior, em um projeto iniciado no império russo por instigação de Sergei Zabatov, chefe de polícia de Moscou. Gapon agiu como intermediário, mas cada vez mais foi tomando o lado dos operários contra as autoridades.

Quando se aproximavam do Palácio de Inverno, os manifestantes receberam ordem de se dispersar, mas a ignoraram e continuaram sua marcha. Os soldados à frente do palácio, na ausência do imperador, estavam começando a entrar em pânico, e seus oficiais comandantes resolveram abrir fogo contra a multidão. Morreram dezenas de manifestantes inocentes. Em vez de contenção, o resultado foi violência e confusão generalizadas. Por toda parte, na Rússia, houve greves e manifestações e em todo canto punham a culpa na dinastia.

As notícias da crise revolucionária russa chegaram a Genebra 24 horas depois do "Domingo Sangrento". Entre os primeiros bolcheviques na cidade a ler os jornais estavam Anatoli Lunacharski e sua esposa, que correram ao apartamento de Lenin na Rue David Dufour, em 10 de janeiro. Houve júbilo, apesar da informação de que gente inocente havia sido fuzilada em frente ao Palácio de Inverno. Para Lenin, a questão era que o tsarismo encontrava-se à beira de um precipício; o trono de Ivan, o Terrível, e de Pedro, o Grande, estava começando a balançar. Juntos, os Lenin e os Lunacharski caminharam até o café dirigido por Panteleimon e Olga Lepeshinski, no 93 da Rue de Caronge. Esse era o mais importante centro social para os marxistas russos, um lugar onde podiam comer com pouco dinheiro e conversar sobre política e organização partidária durante quanto tempo quisessem. Os Lepeshinski eram veteranos marxistas que tocavam seu negócio sem a esperança de grandes lucros. O que ofereciam era tanto um serviço como uma operação comercial. As mesas estavam sempre atulhadas de xícaras de café, vasilhas de mingau e pratos de salame ou pastéis de repolho, e havia sempre diversos grupos revolucionários batendo papo. Naquele dia em particular, no entanto, o café ficou lotado bem depressa. Os emigrantes tinham farejado a possibilidade de revolução.

Mas o que se havia de fazer? De fato, o que os emigrantes, que dependiam dos jornalistas suíços para obter informações sobre a Rússia, estavam em posição de fazer? Haviam sido surpreendidos pelos acontecimentos em São Petersburgo e não lhes era fácil calcular qual a melhor maneira de prosseguir. Quase todos chegaram à decisão de aguardar o desenrolar dos próximos acontecimentos. Em vez de voltarem imediatamente à Rússia, tentaram planejar uma estratégia para seus seguidores.

Sem a experiência direta das circunstâncias rapidamente cambiantes em São Petersburgo, analisaram e prognosticaram as coisas à luz de suas ruminações doutrinárias prévias. E não se deixaram constranger por isso. A pressuposição que esses intelectuais revolucionários fizeram para poder agir e trabalhar foi que suas doutrinas anteriores proporcionariam a espinha dorsal de estratégia prática para seus seguidores no império russo.

Lenin certamente levou tempo para entender a necessidade de uma reconsideração estratégica fundamental. Sua reação inicial ao "Domingo Sangrento" foi afirmar e reafirmar que a prioridade para os bolcheviques era conservar uma identidade organizacional separada dos mencheviques. Em dezembro de 1904, ele havia arengado para cada membro do Bureau de Comitês da Maioria que a reconciliação com o atual conselho editorial do *Iskra* era impossível — e reclamou que o companheiro bolchevique Noskov o enganara enquanto ele e Nadya estavam de férias. De fato, fez o que qualquer *gentleman* de sua época, fosse fidalgo rural ou oficial do exército, teria feito em tais circunstâncias: formalmente, cortou quaisquer relações pessoais com Noskov.[1] O problema era que o Comitê Central, incluindo alguns dos que defendiam Lenin, não aceitava seu julgamento e calmamente tomou as providências para a convocação do Terceiro Congresso do Partido, que reuniria bolcheviques e mencheviques. Com certeza, achou Lenin, o "Domingo Sangrento" daria fim a uma semelhante estupidez, e os bolcheviques reconheceriam seu dever de defender o bolchevismo como o único genuíno caminho revolucionário? Mas até mesmo seu amigo Sergei Gusev, membro do Comitê Central, voltou-se contra ele. Lenin vociferou contra todos por carta. Eram uns "formalistas desgraçados". Ele não se importava se todos passassem para o lado de Martov. Representavam uma vergonha para o bolchevismo! Nada de concessões!

Nadejda Konstantinovna precisou codificar essa correspondência, e talvez tenha sido ela a destacar os efeitos contraproducentes do tom de Lenin. Ou talvez Lenin voltara à razão sozinho e tenha visto que se descartasse seus bolcheviques não lhe restaria qualquer grupo revolucionário. Seus únicos defensores, a não ser que pudesse contar com Sergei Gusev e outros camaradas como ele, seriam sua própria esposa, seu irmão e suas duas irmãs; e até mesmo Lenin sabia que os Ulyanov, por mais obstinados que se mostrassem, estavam em número bem reduzido para virar a Rússia de pernas para o ar.

Mesmo assim, continuou a afirmar que um racha permanente com os mencheviques era crucial:[2]

> Seja por uma disciplina realmente férrea, nós uniremos todos que queiram travar guerra e, por meio deste pequeno porém forte Partido, esmagaremos o monstro decadente do novo *Iskra* e seus elementos desarmônicos; ou, então, demonstraremos, por nosso comportamento, que merecemos perecer como desprezíveis formalistas.

Isso ainda era ofensivo, mas não a ponto de deixar os líderes bolcheviques seriamente ressentidos. É mais possível que tenham ficado boquiabertos com a impertinência surreal de suas palavras. Numa época em que centenas de russos e japoneses estavam morrendo no conflito no Extremo Oriente, Lenin falava tranquilamente de "guerra" no Partido. Com toda certeza, devem ter considerado um escândalo sua descrição dos mencheviques, um grupo minúsculo e empenhado, como monstruosos. Também devem ter ficado perplexos com sua insistência em dizer que o dever revolucionário exigia que apoiassem politicamente a causa japonesa. Essa era uma primeiríssima versão da posição que ele viria a tomar quanto à Primeira Guerra Mundial; para Lenin, qualquer potência estrangeira atacando a Rússia merecia o apoio dos marxistas russos (e habitualmente retratava tal potência como sendo menos reacionária que o Estado tsarista). Qualquer coisa para derrubar os Romanov! E não era estranho que, quando um em cada dois marxistas se concentrava em derrubar a dinastia Romanov, Lenin achasse que a tarefa mais urgente era o fechamento do *Iskra*, na distante Suíça? O que se podia achar de seu comportamento senão que ele, enfim, havia ficado mentalmente desequilibrado? Talvez tenham começado a se perguntar se não teriam cometido um erro ao ficar ao seu lado contra Martov, em 1903.

E, assim, o Comitê Central, de liderança bolchevique, foi em frente com um congresso de unificação do Partido. Foram levados convites a praticamente todos os comitês importantes no império russo. A sede deveria ser Londres, e Lenin, furioso, fez Nadya comprar passagens para a viagem no trem noturno que cruzava a França, partindo de Genebra. Dias depois, após chegar à estação de Charing Cross, eles se instalaram no 16 de Percy Circus, em St. Pancras. O Congresso iria se realizar em abril, e a fúria de Lenin pouco a pouco se dissipou. Plekhanov, Martov e outros líderes do *Iskra* estavam se recusando a, ao menos, viajar para Londres. Argumentavam, com certa justificativa, que o Comitê Central não tinha sido imparcial em seu exame da validade dos mandatos dos delegados e convocaram mencheviques para comparecer à reunião deles próprios, em Genebra. Consequentemente, para quase todos os fins, o chamado Terceiro Congresso do Partido, em Londres, era um Congresso bolchevique, mesmo o Comitê Central tendo convencido pelo menos um punhado de mencheviques a viajar para Londres e participar. Lenin era um homem de sorte, o que ele sabia muito bem; era como um médico brilhante, mas invisível. Queria um congresso bolchevique. E foi o que conseguiu. E já não sentia mais necessidade de sair perambulando enfurecido por Bloomsbury por causa do grupo do *Iskra*.

Em vez disso, tinha a oportunidade de explicar suas ideias sobre estratégia a ativistas que saíram da Rússia em viagem para aprender diretamente o que estava acontecendo em São Petersburgo e nas províncias. Aqui, manteve sua posição. Uma de suas forças era sua capacidade para transmitir pensamentos, clara e penetrantemente, pelo menos a pessoas que partilhavam a maioria de suas pressuposições básicas. Poucos bolcheviques tinham esse talento tanto quanto ele; talvez o único líder rival, Alexander Bogdanov, tivesse a mesma categoria como expositor. Lenin adorava congressos. Gostava de se reunir com delegados. Gostava de trocar ideias com delegados da classe operária. Com Nikolai Alexeiev, ajudava os delegados com endereços de acomodações temporárias baratas e com dicas sobre a província inglesa.[3] (O fato de que, para ouvidos britânicos, enunciasse seu "r" como um francês não o impedia.) E, às vezes, ao entardecer, caminhava com os delegados até um pequeno pub alemão, no alto da Gray's Inn Road, para tomar uma cerveja e conversar sobre os trabalhos — e vários deles recordariam quanta inspiração Lenin tirou, nesse período, das ideias dos terroristas socialista-agrários russos do século XIX e das práticas terroristas dos jacobinos na Revolução Francesa, em 1792-94.

Foi encontrado um salão com o preço acessível para o Congresso, que começou em 12 de abril de 1905; o desejo de discrição era tal que até hoje ainda não sabemos o nome do local. Lenin, cuja reputação entre os bolcheviques na Rússia e no exterior andara muito abalada nos últimos meses, de repente reafirmou seu domínio. Presidiu a maioria das sessões e manipulou a agenda para seus próprios fins. Finalmente, buscando explicitar como fazer a revolução, apresentou um conjunto de slogans que eletrizaram a plateia: "insurreição armada", "um governo provisório revolucionário", "terror em massa", "a expropriação das terras dos fidalgos".[4] Cada slogan obtinha aprovação eufórica. Os trabalhos não foram publicados na época. De outra forma, provavelmente não teria falado tão entusiasticamente sobre ditadura e terror. Mas, entre seus próprios bolcheviques, não sentia qualquer inibição, e é impressionante como seu público não achava nada censurável em suas observações. Os bolcheviques eram um grupo impiedoso. Esperavam fazer uma revolução e ter de combater forças contrarrevolucionárias, e não viam por que deveriam abrir mão dos métodos violentos desenvolvidos por Robespierre e seus confederados na Revolução Francesa. Os bolcheviques eram obstinados e confiantes. Se desempenhassem seu esperado papel vital na derrubada do governo imperial russo, presumiam, seriam indispensáveis na missão de garantir os lucros econômicos e positivos; seu objetivo tinha de ser entrar para a subsequente administração revolucionária. Lenin exporia ideias que expressavam suas mais profundas inclinações.

Mas nem todo mundo podia compreender como os novos slogans se adequavam ao discernimento comum inicial do marxismo russo. Alguns perguntavam como um partido marxista podia aspirar a entrar para um governo cujo propósito era consolidar uma economia capitalista. E, se a nobreza fundiária devia ser expropriada, onde a reforma agrária deveria parar? O delegado M. K. Vladimirov questionou se o Partido deveria parar à beira de medidas especificamente socialistas — como a introdução de fazendas coletivas. Lenin não se abalou. Revidou imediatamente com sua injunção: "Jamais parar!"[5]

Quando os mencheviques souberam das contribuições de Lenin, declararam-no um autêntico renegado do marxismo. Ele admirava Tkachev e louvava o terror. Queria entregar a terra toda aos camponeses. Violência e ditadura eram uma fixação. Lenin tentou evitar que as críticas fugissem ao controle, escrevendo ainda outro panfleto, *Duas táticas da social-democracia russa na revolução democrática,* que ainda estava escrevendo durante o Congresso. Seu propósito era não apenas justificar seus novos slogans radicais, mas também incutir um pouco de bom senso organizacional nos companheiros bolcheviques. Observou, por exemplo, que eles demoravam, na Rússia, a fundar sindicatos e outras organizações para a classe operária. Lenin estava furioso com eles, insistindo em um fim para a preocupação com métodos clandestinos de dirigir o Partido. Tentava torná-los um pouco menos "leninistas"! Agora, para espanto geral, buscava formar um Partido amplo, de entrada franca. Para ele, não havia sobressaltos envolvidos nisso. *O que se há de fazer?* era um tratado para a sua época e situação; seu tema universal focava na necessidade de liderança, mas não oferecia qualquer receita detalhada permanente para as modalidades de organização partidária. Agora, disse Lenin, existia uma real oportunidade revolucionária — e o Partido precisava mudar o modo como operava. Caso contrário, a revolução deixaria o Partido bem para trás.

Lenin não estava mudando suas pressuposições, mas só suas propostas práticas, à luz da mudança na situação política. Existia uma oportunidade revolucionária, e o Partido decididamente tinha de aproveitá-la. O Partido Trabalhista Social-Democrata russo tinha sido criado precisamente para esse fim. Ele estava preparando seu Partido — ou antes, sua seção nele — para reconhecer e aproveitar essa oportunidade. Era uma panela de pressão sobre o fogo, com a tampa prestes a explodir.

Sua campanha mostra ao mesmo tempo o quanto e quão pouco percorreu o caminho até tornar-se um líder da revolução. O Congresso entendia suas insuficiências. Foi por isso que, contra todas suas objeções, decidiu-se limitar a influência dos emigrantes sobre o Partido. Em particular, o Comitê Central e o jornal do partido central, agora conhecido como *Proletari,* deveriam ir para o império russo. Lenin estava sendo avisado de que, se queria liderar os bolcheviques, teria de operar não em

Genebra, mas em São Petersburgo. Havia mais de seis meses ignorava esse aviso. Nada — nem mesmo uma decisão do Congresso — o induziria a voltar à Rússia, caso não fosse garantido que estaria livre do perigo de ser preso. Assim, Lenin era mais um teórico, e um retórico da revolução, do que um líder. Conservava sua crença totalmente irrealista de que poderia dirigir a atividade bolchevista na Rússia por meio de cartas enviadas da Suíça. Não conseguiu compreender a imprevisibilidade vulcânica das forças que estavam sendo liberadas. Lera sobre a Revolução Francesa, as Revoluções de 1848 e sobre a Comuna de Paris, de 1871. Mas o que aprendera de seus livros fora sobre os "interesses de classe" das forças políticas em confronto. Como Marx, esforçara-se para se concentrar na lógica interna da evolução dos acontecimentos. Mas, ao mesmo tempo, negligenciara o caos de cada um desses grandes eventos históricos, vivido pelas pessoas que tomaram parte nele.

Lenin, no entanto, não era complacente. Em Genebra, sentiu a necessidade de adquirir um senso mais vívido do que estava acontecendo em São Petersburgo, mesmo com sua recusa em deslocar-se para lá. Semanas depois do "Domingo Sangrento", conheceu o fugitivo padre Gapon. Outros marxistas estavam evitando o padre ortodoxo russo, mas Lenin conversou com ele demoradamente. Eles até trocaram exemplares de livros que haviam escrito; essa não era a reação habitual de Lenin, a não ser que tivesse ficado impressionado com a pessoa. Os dois se entenderam desde o começo.

E, assim, Lenin o recebeu de braços abertos na Rue de Caronge. Conforme foram discutindo a atual marcha dos acontecimentos, Gapon, filho de camponeses — carismático, ríspido, barbudo e hostil tanto ao imperador quanto à hierarquia da Igreja ortodoxa —, cativou-o como alguém que tinha uma profunda compreensão dos sentimentos dos russos comuns.[6] Era até bom que Gapon não fosse terrorista, nem membro do Partido; sabia de coisas que escapavam aos emigrantes. Ex-legalista tsarista, Gapon só se converteu à revolução depois do massacre diante do Palácio de Inverno. Podia conversar sobre o preparo do feno, favelas e escolas dominicais — assuntos, todos, em que o conhecimento de Lenin era deficiente. Lenin também ficou interessado pelo slogan de Gapon, "Toda a Terra para o Povo". Obviamente, isso ultrapassava muito a exigência de Lenin de que as faixas de terra confiscadas fossem devolvidas aos camponeses, mas Gapon insistia em dizer que seu próprio radicalismo era justificado. Somente Deus, disse o padre, era o dono único da terra, e os camponeses deviam ser ajudados a arrendá-la. Desnecessário acrescentar que Lenin rejeitava a proposta por seu invólucro religioso.[7] Mas Lenin absorveu inspiração dela em termos políticos. Ficou ainda mais impressionado quando Gapon mostrou-lhe sua carta aberta aos partidos socialistas da Rússia, conclamando-os a chegar a um acordo e preparar a derrubada armada do tsarismo. Ali estava um homem de batina que compreendia os deveres práticos da revolução. Lenin, o ateu militante, referiu-se aprovadoramente à proposta de Gapon no jornal bolchevique *Vperod*.[8]

Lenin estava evoluindo como político. Era marxista, embora um marxista inspirado pelas primeiras gerações de pensadores socialistas russos; um revolucionário erudito profundamente comprometido com o aperfeiçoamento da humanidade, herança da filosofia das Luzes, ou do Esclarecimento. Mas ele era também cada vez mais capaz de assimilar ideias de outras fontes. Embora se expressasse no léxico do marxismo, precisava encontrar ajuda para meditar sua estratégia fora da fraternidade marxista.

Seus programas políticos, embora se desviassem das políticas marxistas convencionais, mantinham-se fiéis ao axioma de que a grande marcha para o socialismo ocorreria em dois estágios distintos: primeiro uma revolução "democrático-burguesa", e, depois, uma socialista. Mas também havia nítidas excentricidades em sua argumentação. *Duas táticas da social-democracia russa,* por exemplo, insistia em que nos liberais e nos outros partidos de classe média não se podia confiar para sequer aquela primeira revolução. Ainda mais estranho era o projeto de uma "ditadura do proletariado e dos camponeses democrático-revolucionária provisória". Lenin anunciou que tal ditadura exerceria um forte apelo sobre as classes sociais inferiores. Contudo, os mencheviques retorquiram que Lenin descartara o conceito dos dois estágios. Eles corretamente sugeriram que, se a ditadura ia ser enormemente popular, a burguesia jamais conseguiria substituí-la. Também contestaram a alegação de Lenin de que um regime ditatorial era o meio mais eficaz de introduzir direitos civis universais e economia de mercado. Seu projeto inteiro era uma mixórdia contraditória. Lenin, no entanto, não se dignou a responder a esses ataques; havia convencido seus seguidores bolcheviques e não estava disposto a expor as falhas de sua argumentação num debate público geral. Isso também tinha a vantagem de permitir-lhe continuar a acreditar que permanecera dentro do perímetro do marxismo convencional.

De fato, Lenin estava tentado a expor uma estratégia de um único estágio e esboçou um artigo chamado "Retrato do governo provisório revolucionário", no qual ele lançava ideias para "uma revolução ininterrupta". Mas, então, teve dúvidas e não entregou seu artigo para publicação. Nem todos os marxistas estavam preocupados em zombar das convenções. Inspirado pelas ideias do marxista alemão Alexander Helphand-Parvus, Trotski propôs, de forma inequívoca, que os partidos socialistas deveriam tomar o poder, estabelecer um "governo de operários", e não se abrir à substituição por liberais. Trotski queria não só pregar, mas também exercer liderança revolucionária. De volta à Rússia no verão, juntou-se aos operários grevistas de São Petersburgo.

Durante o verão, os problemas do governo imperial se agravaram. As notícias do Extremo Oriente eram terríveis. As forças russas de infantaria haviam sido derrubadas na Batalha do Mikden, em fevereiro, e a Marinha, tendo circundado o globo, foi aniquilada em Tsushima, em maio. O conde Witte,* convocado da aposentadoria pelo imperador, conseguiu negociar com os japoneses termos de paz surpreendentemente favoráveis, mas o senso de humilhação nacional foi generalizado. Da mesma forma, o espírito de revolta. Em cidade após cidade, houve greves e, em maio, aconteceu um fenômeno inédito: o soviete. A palavra, que significa conselho em russo, passou a significar um organismo de classes sociais inferiores, eleito, e que assumia o poder de governo local. Aconteceu primeiro em Ivanov-Voznesensk, mas rapidamente se espalhou por outras partes. Operários sem muita deliberação anterior haviam organizado administrações alternativas embrionárias. Trotski tornou-se vice-presidente do Soviete de Petersburgo em setembro. Os partidos políticos clandestinos vieram a público, e até os liberais, finalmente, for-

---

* Sergei Iulevitch, político russo, ministro das Finanças, morto em 1915. (*N. do T.*)

maram um partido político: o Partido dos Democratas Constitucionais (ou *kadets*). Os sindicatos proliferaram. A censura quase caiu. A polícia estava tímida demais para intervir. Os camponeses começaram a tirar madeira dos bosques dos proprietários de terras e a levar seu gado para pastar nas terras da pequena nobreza. Polacos e georgianos tornaram seus países ingovernáveis a partir da capital russa. O tsarismo corria perigo mortal.

Essa crise inteira ocorreu na ausência de Lenin. Outros bolcheviques o censuraram por isso e, em setembro, foi firmemente convocado por seu camarada Alexander Bogdanov a voltar à pátria de imediato. Bogdanov também era intelectual; além de um prolífico autor e um teórico. Mas também estava ansioso por ação. De fato, foi o apelo de Lenin à ação em *O que se há de fazer?* que havia transformado Bogdanov num bolchevique. Simplesmente não conseguia entender por que Lenin não queria correr o risco de voltar à Rússia, e lhe disse isso em russo claro. Mas Lenin continuava irredutível. Nunca jogara com sua segurança pessoal ou se engajara em meros arroubos e demonstrações revolucionários. Sua atividade na emigração, com seus debates intelectuais, suas publicações e sua pesquisa de bibliotecas, continuava a satisfazê-lo. Ninguém que fosse a um encontro com ele na Rue de Caronge suspeitaria que aquele tipo estudioso, arrumadamente vestido, pretendia, como propósito básico de sua vida, transformar a política e a sociedade mundiais. Acreditava que os líderes revolucionários deveriam fornecer orientação doutrinária e programas políticos práticos, e se manter livres do encarceramento. Portanto, não teve dificuldade para deixar de lado a queixa de Alexander Bogdanov.

O que mudou sua atitude foram as notícias, chegadas de São Petersburgo, de que o regime estava finalmente promovendo reformas sérias. Em 17 de outubro de 1905, o imperador Nicolau II divulgou um manifesto, prometendo tornar efetivos os direitos civis universais, bem como convocar uma Duma\* de Estado. Lenin imediatamente se sentiu tranquilizado. A Okhrana, pensou, não estaria mais à sua procura pelas

---

\* Do russo *duma* (palavra de origem germânica, vinda do godo *doms*, significando juízo, julgamento). Identificava uma espécie de assembleia legislativa com função de conselho de Estado; um conselho eleitoral. (*N. do T.*)

ruas. Ou, pelo menos, podia ter essa esperança. Na primeira semana de novembro, tomou um trem em Genebra e começou a viagem que atravessaria a Alemanha. Os preparativos de Nadejda Konstantinovna foram meticulosos. Da Alemanha, ela e Lenin atravessaram até a capital sueca, Estocolmo, onde companheiros bolcheviques tinham preparado documentos falsos para eles. Passagens de balsa foram canceladas para ambos, e eles tomaram o vapor que atravessava o Báltico, indo de Estocolmo até Helsinque. Pela primeira vez em cinco anos, Lenin pisava em solo dominado pelo imperador russo. Deixando Helsinque, Lenin e Nadya embarcaram em outro trem, para São Petersburgo. Era uma viagem de cerca de 4.500 quilômetros, e cruzaram a fronteira administrativa russo-finlandesa em Beloostrov. Quando saltaram na Estação Ferroviária, em 8 de novembro, foram discretamente recebidos pelo bolchevique Nikolai Buronin, que os levou para ver o primeiro de vários apartamentos onde se instalariam durante as semanas seguintes.[9]

A princípio, Lenin e Nadejda Konstantinovna registraram-se legalmente como residentes; esperavam operar abertamente, mas abandonaram essa ilusão no dia seguinte, quando a Okhrana cercou a área com agentes sem qualquer talento para se disfarçar. Daí em diante, receberam o apoio de companheiros bolcheviques, alojando-os numa sucessão de esconderijos seguros. No entanto, Lenin sentiu-se confiante o suficiente para visitar a mãe e a irmã, Anna, que moravam no vilarejo e parada ferroviária de Sablino, nas cercanias de São Petersburgo. Também mantinha contatos regulares com bolcheviques que estavam trabalhando em sovietes, sindicatos e outras organizações. Por todo esse período ele passou engolindo impressões sobre a Rússia em revolução. Mas passava a maior parte do seu tempo disponível à sua maneira tradicional. Escrevia artigos de jornal e panfletos, e participava de discussões interessantes em comitês partidários. Ocasionalmente, ainda por cima, fazia discursos em congressos, conferências e outras reuniões partidárias do gênero. De novembro de 1905 até o verão de 1906, residiu em São Petersburgo, com a esporádica visita à Finlândia, a Moscou e — em abril de 1906 — a Estocolmo para o Quarto Congresso do Partido. Seu propósito, como sempre, era orientar e controlar sua facção bolchevique, e maximizar a influência dela sobre o Partido Trabalhista Social-Democrata. Não era, e não queria ser, o tribuno do povo.

Não gostava, portanto, de fazer discursos inflamados em reuniões públicas como os que vinham tornando Trotski famoso. Tentou apenas uma vez, em 1905-6. Foi numa reunião do Partido com a presença de todos, em maio de 1906, na Casa do Povo. Representou para ele uma experiência que o pôs à prova. Estava excepcionalmente nervoso antes de subir à plataforma e ser apresentado à plateia como o "camarada Kamov". Não precisava ter se preocupado. Uma vez na plataforma, lidou muito bem com a situação. Apertando os olhos e segurando a lapela do casaco, inclinou-se para a frente e fixou o olhar no público. E, então, soltou seus slogans. Todos saíram impressionados com a profunda crença em que esses slogans eram o único meio de acelerar a marcha rumo ao socialismo na Rússia. Lentamente, Lenin ia adquirindo as técnicas da política pública do século XX.

A comparação com Trotski não era inteiramente justa. A ascensão e a queda do Soviete de Petersburgo, onde Trotski fez seus discursos, haviam acontecido bem antes da chegada de Lenin. Daí em diante, todos os políticos revolucionários, e não apenas Lenin, concentraram-se em resolver as questões de seus respectivos partidos. Essa era, para Lenin, uma tarefa colossal, porque seus bolcheviques continuavam a desprezar os sovietes e a exagerar as vantagens da conspiração política. Lenin afirmou que já havia passado o tempo para os bolcheviques formarem um partido de massa, participarem das várias outras organizações públicas e organizarem a revolução. Quando suas recomendações foram aceitas, mas somente com relutância, reagiu sugerindo a necessidade de que o Partido Trabalhista Social-Democrata russo recebesse uma transfusão de sangue novo. Lenin pouco se importava se os recrutas já eram marxistas. A prioridade era atrair ativistas radicais da classe operária, loucos para entrar em ação. E Lenin queria que eles tivessem completa liberdade de expressar sua impaciência. Operários da indústria, dentro e fora do Partido, declarou, deveriam tomar a revolução em suas próprias mãos.

Não deveriam ser limitados por seus partidos. A classe operária devia agir como a vanguarda de todas as forças hostis ao Estado imperial russo.

Ele era o tipo de pessoa que se deixava levar por essas questões. Havia deplorado repetidas vezes o fato de a Comuna de Paris, de 1871, ter deixado de recorrer à repressão; em 1905, no entanto, não só confirmou sua crença nos métodos violentos, como também lhes deu uma especificidade com um perfil mais sanguinário do que qualquer um acharia imaginável. Exibia o que era virtualmente uma sede de violência. Se, por um lado, ele pessoalmente não tinha qualquer ambição de matar, mutilar ou nem sequer testemunhar qualquer barbaridade, por outro, sentia um prazer cruel em recomendar tal violência.

Esse prazer era intenso, pouco antes de voltar à Rússia. Assim, escreveu o seguinte apelo a membros do Comitê de Combate ligado ao Comitê Central bolchevique: "Aqui, o necessário é energia furiosa sobre energia. Vejo com horror, pelo amor de Deus, com verdadeiro horror que se vem falando sobre bombas *há mais de um ano* e, no entanto, nem uma única bomba foi feita!" A solução de Lenin era fornecer armas a destacamentos de operários e estudantes, e deixá-los seguir em frente na atividade revolucionária, independentemente de saber se pertenciam ao Partido Trabalhista Social-Democrata russo. Os destacamentos deveriam matar espiões, explodir delegacias de polícia, roubar bancos e confiscar os recursos de que precisassem para uma insurreição armada.[10] Sua imaginação funcionava descontroladamente. Quando se chegasse a conflitos de rua, sugeriu, os destacamentos deveriam arrancar pedras do calçamento ou preparar chaleiras de água fervendo, e correr ao alto dos prédios para atacar soldados mandados contra eles. Outra proposta era ter uma reserva de ácido para atirar nos policiais.[11] Táticas não só alarmantes, como também pouco práticas. Se usadas, teriam aumentado a disposição de soldados e policiais para reprimir a rebelião. Lenin estava expressando uma fúria que vinha bem do fundo de si mesmo. Ele próprio não teve de lidar com bombas, chaleiras e ácidos. Mas, inconscientemente, sentia satisfação em pôr no papel suas ideias a respeito dessas coisas.

Não se preocupava que os outros pudessem ficar consternados com sua abordagem:

É evidente que qualquer extremismo é ruim; tudo bom e útil, quando levado a um extremo, pode tornar-se, e até, além de certo limite, não terá como evitar ser, um mal prejudicial. O terror miúdo e trivial, descoordenado e sem planejamento, quando levado a um extremo, só pode desintegrar forças e desperdiçá-las. Isso é verdade e naturalmente não pode ser esquecido. Mas, por outro lado, não deve absolutamente ser esquecido que o slogan da insurreição *já foi dado,* a insurreição já *teve início.*

O desmoronamento da lógica, aqui, foi significativo. Tendo começado com uma justificativa para não chegar a um "extremo", Lenin terminava abruptamente com uma afirmação de que o levante armado estava a caminho.

Em um mês, no entanto, havia se acalmado. Seus companheiros bolcheviques em Moscou estavam agindo precisamente com o empenho que ele queria. E, no entanto, o Levante de Moscou, que haviam organizado em coordenação com os outros partidos políticos do Soviete local, foi um desastre. A luta começou em meados de dezembro de 1905, concentrou-se no bairro industrial de Presnya, e a coragem dos rebeldes era indiscutível. Mas não representavam perigo para os mesmos soldados que recentemente haviam fechado o Soviete de Petersburgo no Instituto Tecnológico. O Levante foi implacavelmente esmagado. Tentativas superotimistas de insurreição, concluiu Lenin, não deveriam mais ser permitidas. Ele também queria convencer os bolcheviques a tirar plena vantagem do Manifesto de Outubro, do imperador. Deveria haver eleições, no início de 1906, para uma assembleia representativa eleita: a Duma do Estado. Havia severos limites ao novo parlamentarismo russo. Em particular, o imperador detinha o direito de dispensar a Duma e governar por decreto. Mas Lenin afirmou que o Partido Trabalhista Social-Democrata russo deveria apresentar seus próprios candidatos e usar a Duma como uma oportunidade para disseminação de propaganda partidária.

Essa era uma batalha que ele não tinha como vencer. Em meados de dezembro de 1905, foi derrotado na conferência bolchevique realizada na cidade finlandesa de Tampere, 480 quilômetros a noroeste de São Petersburgo. Mas persistiu em sua mudança estratégica, mesmo que rompesse nitidamente com tudo que vinha dizendo desde o Segundo Congresso do Partido, em 1903. Ele até tolerou reconciliação com os mencheviques. Durante dois anos foi um artigo de sua fé de cruzado que o menchevismo era uma heresia, um conjunto de propostas organizacionais e estratégicas que desafiavam abertamente os princípios marxistas. Quando seus seguidores questionaram sua hostilidade à conciliação, ele lhes mostrou seu profundo desprezo. Aos olhos de Lenin, os "Bolcheviques Conciliadores" eram pouco melhores que os mencheviques.

E, no entanto, agora Lenin queria reunificação com os mencheviques. Seus cálculos não eram difíceis de decifrar: não tinha como controlar a política bolchevique. Para compensar os fanáticos em sua própria facção, necessitava, portanto, de mencheviques, cuja maioria queria que o Partido participasse dos sovietes e fizesse campanha nas eleições para a Duma do Estado. Levou essa hipótese em consideração, apesar do abismo que o separava do menchevismo. Lenin defendia uma "ditadura do proletariado e do campesinato democrática, revolucionária e provisória", para uma aliança de classe entre operários e camponeses, para o repúdio das classes médias e para o terror em massa. Os mencheviques, em contraste, insistiam em que a revolução "democrático-burguesa" precisava ser liderada pelas classes médias e que essa revolução deveria imediatamente implementar direitos civis universais. Seria preciso todo o seu encanto e sua persuasão para voltar a unir os bolcheviques e os mencheviques. Mas Lenin sempre demonstrou uma abundante autoconfiança. Sem anunciar expressamente sua mudança de posição, fez tudo o que pôde para capacitar as duas facções a se unir no Quarto Congresso do Partido. Sua prioridade imediata mais importante era conseguir que o Congresso sancionasse a participação nas atividades políticas legais com que o governo imperial se sentira obrigado a concordar. Para Lenin, que sabia manobrar sinuosamente, isso não era uma incumbência exagerada.

O Congresso foi organizado para acontecer em Estocolmo. À medida que seus delegados partiram para cruzar o mar Báltico rumo à capital sueca, em abril, Lenin entabulou negociações com líderes mencheviques. Os mencheviques tinham uma pequena maioria sobre os bolcheviques entre os delegados do Congresso e, sem dúvida, venceriam os principais debates. Isso teve o efeito de liberar Lenin para dizer o que quisesse sobre um grande âmbito de programas políticos, inclusive os que eram diametralmente opostos ao menchevismo. Lenin gostava de ser agressivo. Refinando seu projeto para a expropriação da pequena nobreza fundiária, em favor do campesinato, conclamava a "nacionalização da terra" pela "ditadura revolucionária provisória". Os mencheviques também tinham ampliado suas exigências sobre a questão agrária e conclamaram a "municipalização da terra"; afirmaram que, com isso, evitariam a burocracia centralizada que o plano de Lenin implicava. Lenin havia distraidamente presumido que seria uma tarefa administrativa simples para o regime revolucionário garantir que os camponeses, que ganhariam o uso da terra a um custo muito barato, adotariam técnicas agrícolas eficientes. Mas tanto os mencheviques como muitos dos críticos de Lenin entre os bolcheviques replicaram que essa seria uma tarefa de complexidade gigantesca. Na verdade, Lenin lamentavelmente subestimou os perigos da degeneração burocrática.

Lenin foi derrotado quanto à política agrária no Congresso, e suas outras iniciativas também sofreram reveses. Os mencheviques levantaram a muito constrangedora questão da cumplicidade da liderança faccional bolchevique na organização de roubos a bancos no império russo. Isso foi um crescente escândalo no Partido Trabalhista Social-Democrata russo. Para os mencheviques, tais roubos eram um método intolerável de financiar o Partido, e a sanção secreta de Lenin a eles foi uma desonra. Plekhanov acrescentou seu peso às críticas, repetindo que a estratégia de revolução de Lenin — especialmente seu desejo de uma aliança de classe com o campesinato — era reminiscente dos socialistas agrários russos. Para Lenin, foi um momento desagradável. Seu autocontrole foi exigido até o limite, porque a liderança faccional bolchevique simultaneamente o havia convidado, o defensor da participação nas eleições para a Duma, a apresentar a argumentação em favor de boicotá-las. Ele formulou seu discurso sobre essa questão com uma imprecisão atípica, que era o máximo que podia fazer para indicar sua inquietação com a política da facção bolchevique. Mas quando, ao final do Congresso, os mencheviques inesperadamente apresentaram uma proposta de entrar na campanha eleitoral ainda em curso em uma região do império russo, ou seja, no Cáucaso, ele rebelou-se e votou contra a maioria de seus companheiros bolcheviques. A proposta menchevique foi aceita. Pelo menos nessa questão ele teve certo grande prazer.

O novo Comitê Central do Partido reunificado incluía sete mencheviques e apenas três bolcheviques. O nome de Lenin não constava. Estava sendo prevenido pelos delegados bolcheviques, seus companheiros, de que suas ideias não eram do agrado deles: suas políticas quanto à Duma e a nacionalização da terra os desagradavam especialmente. Como consequência, seu estado de espírito, quando tomou a balsa de volta de Estocolmo, ficou sombrio e carregado. Seus nervos estavam abalados.

Mas o estado de espírito rapidamente se desanuviou. A facção bolchevique visava a manter seu aparato organizacional separado do restante do Partido e fundou um Centro Bolchevique secreto. Lenin foi reconduzido à liderança, ao lado de Bogdanov e de Leonid Krasin. Nessa posição, poderia desfazer as decisões do Congresso de que discordasse e, nisso, contava com a calorosa colaboração de Bogdanov. Os dois se deram melhor durante anos e resolveram que eles e suas esposas deveriam fixar residência juntos. Temiam as atenções da Okhrana, à medida que o governo imperial buscava firmar seu controle. Começaram a procurar, e essa procura os levou a Vaasa, uma grande *dacha* de dois andares em Kuokkala, no grão-ducado da Finlândia. Kuokkala ficava a menos de 60 quilômetros de São Petersburgo; apenas a 8 quilômetros da existente fronteira administrativa russo-finlandesa, em Beloostrov, e tinha uma estação na ferrovia entre São Petersburgo e Helsinque. Lenin e seus amigos estavam optando pela segurança. A Finlândia não parecia tão segura quanto a Suíça, mas tinha um autogoverno limitado, mesmo sob os tsares. Sua fronteira não tinha um significado apenas formal. Os viajantes precisavam mostrar seus passaportes e deixar a polícia examinar suas bagagens. Os finlandeses tinham sua própria moeda e seus próprios selos postais, e eram tão diferentes dos russos que proibiam as pessoas de comprar álcool em locais públicos, a não ser acompanhando uma refeição. Os portos finlandeses recebiam regularmente balsas de Hull, Lübeck, Stettin e Estocolmo; era possível, numa emergência, partir para a Europa Central e Ocidental sem ter de voltar à Rússia.

Assim, a Finlândia estava sujeita ao controle sem exatamente ficar no exterior — e os socialistas finlandeses detestavam tanto o tsarismo que estavam dispostos a apoiar praticamente qualquer uma de suas vítimas. Foi lá que o Centro Bolchevique resolveu estabelecer sua base. Lenin, Nadya, Bogdanov e sua mulher, Natalya, poderiam continuar a escrever a respeito, a organizar e a observar o panorama político a uma distância segura. Pouco antes de partir para a Finlândia, Lenin visitou a *dacha* alugada por sua mãe em Sablino. A partir de 20 de agosto de 1906, estava em Kuokkala, e lá permaneceu até o final de novembro de 1907. De resto, só se aventurou a sair brevemente para conferências e congressos importantes. Compareceu a reuniões nas cidades finlandesas de Tampere, Terijoki e Viipuri; viajou também a Londres, para o Quinto Congresso do Partido, e a Stuttgart, para o Congresso Internacional Socialista. Mas não se aventurou a voltar à Rússia. Mal sabia ele que não voltaria a ver São Petersburgo durante quase uma década.

Do começo ao fim, o Quinto Congresso do Partido foi desagregado por rixas. Lenin não tinha mais necessidade de manter relações decentes com os mencheviques, uma vez que já haviam preenchido a função de ajudá-lo a conseguir que os bolcheviques apresentassem candidatos às eleições da Duma do Estado. Retribuiu afirmando, antes de o Congresso ser inaugurado, em abril de 1907, que eles haviam prostituído seus princípios marxistas. Retrucaram com denúncias de insinceridade. Ele falara em favor da reunificação do Partido, mas havia criado um Centro Bolchevique separado, e mantinha os fundos longe das mãos dos mencheviques. Durante o Congresso, explodiram discussões entre as duas facções: a propósito do campesinato, do liberalismo russo e até de filosofia. Mas Lenin teve um Congresso muito bem-sucedido. Foi ajudado pelo fato de que os vários partidos marxistas das regiões fronteiriças do império russo compareceram. Os poloneses, liderados por Rosa Luxemburgo e Leo Jogiches, tiveram um significado considerável e inclinaram-se a favorecer o julgamento estratégico de Lenin de que o Partido devia preferir os outros partidos socialistas, incluindo os dos camponeses, aos *kadets*, como aliados. O menchevismo ficou frustrado. Da mesma forma os bolcheviques, como Bogdanov, que continuava aborrecido com a participação na Duma do Estado. Parlamentando tanto com letônios e lituanos quanto com polacos, Lenin conseguiu garantir diversas posições que lhe seriam muito úteis em anos futuros.

Mesmo assim, não foi eleito para o Comitê Central. Por diversas razões, foi criticado pelo Congresso. A questão da cumplicidade bolchevique em roubos armados voltou a ser levantada. Lenin e os bolcheviques foram condenados por suas "tendências anarquistas", e afirmou-se que não deveriam mais ocorrer assaltos a bancos. Mas, a essa altura, Lenin não se importava. Não estava mais tão interessado em manobras entre os bolcheviques e os mencheviques quanto em garantir sua hegemonia sobre a facção bolchevique. E aguardava, de bom ânimo, o Congresso em Stuttgart da Segunda Internacional Socialista. Sua satisfação não teve limites quando, em parte como resultado de seus esforços, a Internacional endureceu sua declaração de hostilidade ao militarismo e imperialismo, com o apoio do Partido Social-Democrata alemão. Quando Rosa Luxemburgo o preveniu de que os alemães estariam menos comprometidos, na prática, com o antimilitarismo e o anti-imperialismo do que ele pensava, Lenin a dispensou como uma faccionalista obsessiva, mas, em 1914, viria a lamentar ter tomado essa decisão.

Os quinze meses nos isolados aposentos de madeira de Vaasa representaram um período de crise para os revolucionários russos. Lenin observava a situação de longe, conforme o tsarismo intensificava seu domínio. Para sua consternação, as eleições para a Primeira Duma do Estado foram ignoradas pelos bolcheviques. Não obstante, os camponeses votaram em candidatos que defendiam a transferência, para eles, de terras agrícolas. Os liberais, liderados pelos *kadets*, continuaram a se opor às limitações impostas pela Lei Básica aos poderes da Duma. A Primeira Duma do Estado acabou sendo um viveiro de oposição à monarquia Romanov. A essa altura, Nicolau II julgou ter o melhor dos novos partidos políticos; dispersou a Duma e convocou novas eleições. Os *kadets* debandaram para Viipuri, na Finlândia, e conclamaram os russos a reter impostos e recrutas enquanto o governo imperial não mostrasse respeito pelos representantes eleitos do povo.

No entanto, a Segunda Duma também rendeu uma assembleia que se recusou a chegar a um acordo com o imperador. Nicolau II, por sua vez, nunca voltou a ter respeito pelos liberais; restaram-lhe algumas esperanças pelo partido conservador de Guchkov e pelos chamados outubristas, que sempre quiseram fazer as limitadas reformas constitucionais funcionarem da melhor maneira possível, mas logo passou a desconfiar de Guchkov também. O homem com que ele mais contava era Piotr Stolypin, seu ministro do Interior, que usava o laço da forca para reprimir a rebelião rural. A "gravata" de Stolypin, como o nó corrediço passou a ser conhecido, submeteu o campo à obediência. A ordem voltou às cidades e às aldeias. Stolypin sabia que a coerção de Estado não ia salvar a dinastia e introduziu uma série de medidas para conservar o Estado tsarista. Tornando-se presidente do Conselho de Ministros, estava determinado a remodelar a Duma, dando nova redação à lei eleitoral e concedendo maior peso parlamentar à pequena nobreza fundiária. Também começou a introduzir uma reforma agrária visando, aos poucos, a retirar das aldeias a comuna fundiária, e substituí-la por uma ampla classe de agricultores resistentes e independentes. Para Lenin, isso era prova da incapacidade do governo imperial de conciliar-se com o capitalismo contemporâneo. As medidas de Stolypin no campo estavam tomando o "caminho prussiano", em vez do "norte-americano". Com essa atitude, os senhores de terras da pequena nobreza continuavam em posições de autoridade e dominavam o campo, tal como na Prússia. A possibilidade de abrir a agricultura para os que simplesmente queriam trabalhar a terra — tal como acontecera no oeste norte-americano no século XIX — havia sido perdida. Agora, somente a revolução poderia modernizar a economia russa.

Lenin discutiu tudo isso com Bogdanov em Vaasa. Ele era — fácil — a força intelectual mais brilhante do bolchevismo. O único pensador, na facção, cujas capacidades mentais superavam as de Lenin. Bogdanov nunca concordou com o autoritarismo personificado nas ideias de Lenin. Em Vaasa, conversavam muito. Era muito difícil para eles evitar um ao outro: Bogdanov morava no sobrado e passava pela casa dos Ulyanov sempre que saía para o jardim. Cada vez mais entravam em desavença sobre teoria política, cultura e filosofia. E discutiam o projeto político imediato: Lenin queria participação nas eleições para a Duma, Bogdanov opunha-se veementemente a isso. De bons companheiros na luta contra os mencheviques, eles se tornaram rivais pela liderança do bolchevismo.

## 11. A segunda emigração

### 1908–1911

Lenin esperava continuar abrigado no grão-ducado da Finlândia. Embora achasse que a "reação" política duraria vários anos, não pretendia mudar-se de Kuokkala.¹ A situação, no entanto, estava se tornando inflamável. Piotr Stalykin, presidente do Conselho de Ministros, tentou dar um golpe constitucional, em favor de Nicolau II, em junho de 1907. Este envolveu a dissolução da Segunda Duma e a introdução de regras eleitorais visando à criação de uma Terceira Duma, naquele mesmo ano, com mais lugares e maior influência em favor da pequena nobreza fundiária. Nesse meio-tempo, a Okhrana redobrou seus esforços para capturar os líderes revolucionários. Ativistas bolcheviques fizeram viagens demais a Kuokkala para a polícia imperial não ter consciência da localização geral do Centro Bolchevique.

Certo dia, no final de novembro, chegou uma mensagem para os membros do Centro de que havia policiais dando batidas nas vizinhanças. Lenin fez as malas imediatamente e partiu em direção a Helsinque, a 380 quilômetros de distância. Sua posição era de que o comandante tinha de sobreviver, mesmo que os oficiais fossem capturados. Nadya, zelosamente, ficou para trás, na *dacha*, com Alexander e Natalya Bogdanov e Iosif Dubrovinski. Estes passaram o tempo preparando a mudança do Centro Bolchevique para o exterior e queimando as pastas de arquivo do Partido que não pudessem ser transportadas. Nadya, preocupada com a possibilidade de a polícia suspeitar de pilhas de cinzas recentes, providenciou para que fossem enterradas às pressas. Outras pastas foram entregues a marxistas finlandeses para ser guardadas em segurança. E, então, o proprietário da *dacha* apareceu para prevenir os inquilinos da iminência de uma batida policial. A Okhrana, de fato, estava preocupada com sua caça a um grupo de terroristas revolucionários socialistas e não tinha conhecimento da identidade dos moradores de Vaasa. Mas as pessoas em Kuokkala temiam o pior. Enquanto isso, Lenin saiu de circulação, indo para a aldeia de Olgbu, nos arredores de Helsinque. Organizadores do Partido providenciaram um quarto para ele, nos fundos de uma casa que pertencia a duas irmãs finlandesas, onde ele se estabeleceu para escrever artigos sobre a questão agrária. Alguns dias depois, Nadya chegou para ficar com ele. A essa altura, estava claro que teriam de se mudar para outro país, caso quisessem evitar a prisão.[2]

O Centro Bolchevique decidiu-se pela Suíça, mas isso era mais fácil de dizer do que de fazer. Teria de ser criado um sistema permanente de contato com a Rússia. Esses detalhes dos negócios do Partido foram confiados a Nadya, e ela voltou a São Petersburgo para fazer os acordos finais com ativistas. Lenin ficou esperando em Olgbu, enquanto ela foi cuidar de suas tarefas. Nadya estava sob grande pressão. Em particular, tinha de garantir a transferência eficiente de *Proletari,* o principal jornal editado pelos bolcheviques, da Finlândia para a Suíça; também tinha de visitar a mãe doente, Yelizaveta Vasilievna, que, nessa época, estava se recusando a reemigrar com a filha e o genro.[3]

Lenin tinha confiança na capacidade dela e temia pela segurança pessoal de sua esposa. Enquanto ela esteve ausente de São Petersburgo, ele resolveu reemigrar e deixou instruções de como ela poderia encontrá--lo em Estocolmo. Nadya aceitou com estoicismo seu abandono. Mal imaginava que Lenin, com sua insistência em poder fugir rapidamente, estava se colocando em grande perigo. O plano era que ele tomasse a balsa de Turku para Estocolmo. Uma balsa a vapor com cortador de gelo fazia essa rota, mas sabia-se que havia agentes da Okhrana de vigia na estação ferroviária de Helsinque e no terminal da balsa em Turku. A polícia, no embarque, estava procurando por bolcheviques, mencheviques e revolucionários socialistas em fuga. O que o conselho de camaradas finlandeses disse a Lenin foi que ele deveria evitar Turku e seguir até o segundo estágio da viagem de balsa, na ilha Nauvo, 30 quilômetros a sudoeste no golfo de Bótnia.[4] Lenin concordou. Deixou Turku de coche e, daí, seguiu de navio até a ilha Kuustö. O segredo continuava a ser essencial, e ele seguiu, de abrigo em abrigo, durante a noite. De Kuustö foi acompanhado, não apenas por um companheiro de trabalho local, mas também por um amigável oficial da polícia finlandesa, até a ilha de Lille Meljo. Essa era a penúltima parte da viagem. De Lille Meljo, pretendia chegar a Nauvo, onde tomaria a balsa para Estocolmo, em 12 de dezembro.

O problema era que Lenin teria de ir a pé até a ilha de Nauvo, e os camaradas finlandeses, por algum motivo, deixaram de explicar que o gelo não era confiavelmente contínuo. De fato, a "caminhada" até Nauvo exigiu muitos saltos sobre os espaços entre blocos de gelo flutuante. Nem Lenin, habitualmente um homem cauteloso, havia discutido com eles pelo fato de que seus guias pelo gelo, de Lille Meljo até Nauvo, eram uma dupla de camponeses locais que não primava pela sobriedade. No dia marcado, quando os três partiram de Lille Meljo para Nauvo, Lenin era o único que não estava embriagado. No meio do caminho, atravessando o gelo, havia um trecho da superfície que estava rachado e erguido, e foi só mediante uma última e desesperada investida, que Lenin conseguiu agarrar-se e subir num bloco de gelo sólido. *"Ach!"*, pensou ele, "que modo estúpido de morrer!"[5] A morte por afogamento, para a maioria das pessoas, seria trágica e não meramente estúpida. Só alguém que tivesse em mente um futuro glorioso poderia encarar essa ameaça como algo frívolo.

A principal exigência de Napoleão a seus marechais era que tivessem sorte — e Lenin foi extremamente sortudo em 1907. Tomou a balsa na ilha Nauvo, conforme planejado, e chegou à Suécia no dia seguinte. Pouco tempo depois, Nadya foi a seu encontro; a essa altura, ela já havia resolvido o problema da facção bolchevique. De lá, viajaram, primeiro para Berlim, e, em seguida, até Gênova. Lenin e Nadya estavam gripados havia algum tempo, e Lenin mandou uma carta ao escritor Maksim Górki com um pedido indireto para ser convidado a passar uns dias com ele na ilha de Capri, na costa italiana, perto de Nápoles.[6] O desejo de descanso físico não era sua única preocupação. O retorno a Gênova, onde um dia, confiantemente, planejara uma revolução na Rússia, foi demais para ele. Disse a Nadya, num resmungo: "Tenho a sensação de que vim até aqui para jazer em minha tumba."[7] Ele falava de coração: Lenin, o otimista revolucionário, sentia-se acabado. Será que um dia, deve ter se perguntado, teria outra oportunidade de desempenhar um papel muito importante em sua terra natal? Desde sua partida da Suíça, em 1905, passara mais tempo na Finlândia do que na Rússia. Como poderia um dia levar seu país pelo caminho da revolução? Para um amigo, deixou escapar esta confissão: "Conheço a Rússia tão pouco. Simbirsk, Kazan, São Petersburgo. Isso é tudo."[8]

Essa poça de constrangimento logo evaporou. Em semanas, Lenin estava de novo estabelecendo os programas políticos dos bolcheviques, como se novamente sua análise do Estado e da sociedade russa contasse. Durante a emigração, pouco revisou seu planejamento estratégico. Sua conclusão sobre a resolução de 1905-6 foi que os bolcheviques tiveram os programas políticos corretos. Exatamente por que a revolução não teve sucesso, ele não explicou. Lenin mantinha-se fiel às suas convicções. Os bolcheviques precisavam ter fé para poder estar prontos a melhorar seu desempenho político naquela ocasião futura inevitável em que uma situação revolucionária voltaria a ocorrer na Rússia.

Lenin e Nadejda ficaram alguns meses em Gênova, primeiro no n.º 17 da Rue des Deux Ponts e depois no 61 da Rue des Maraichers. Aos poucos, sua saúde e estado de espírito foram melhorando. Mas Bosdemov e os outros líderes bolcheviques achavam a Suíça desagradável. Lenin não concordava, mas não estava em posição de se opor à decisão do Centro Bolchevique de debandar para Paris. Desconsoladamente, ele e Nadejda pagaram seu senhorio suíço e partiram para a França, em dezembro de 1908. Chegando a Paris, Lenin, Nadya e a mãe dela, Yelizaveta Vasilevna, foram recebidos pela irmã de Lenin, Maria Ilinichna. Os quatro moraram juntos com um razoável grau de harmonia. É verdade que Yelizaveta Vasilevna, ao mesmo tempo que respeitava o "trabalho científico de Nadya e do genro",[9] dizia a Lenin o que achava dele, e isso nem sempre era elogioso. Lenin respondia à altura. Declarou, por exemplo, que o pior castigo de um bígamo é que ficava com duas sogras.[10] As pequenas desavenças, no entanto, duravam pouco. Yelizaveta Vasilevna e Vladimir Ilich se respeitavam. E existia entre eles um certo bem-querer pesaroso. Certo domingo, quando a irmã estava se sentindo particularmente irritada, Lenin descobriu que estava sem cigarro, e saiu a fim de comprar um maço para ela, apesar de sua aversão à fumaça.[11]

Por algum tempo, as mulheres fizeram o trabalho doméstico sem empregada. Lenin, como membro do Comitê Central, recebia um salário pontual do Partido e ganhava dinheiro com os direitos de seus livros; e os bolcheviques tinham seus próprios fundos separados, provenientes de doações e dos roubos armados. Yelizaveta Vasilevna, também, contribuía um pouco para as finanças do casal. Por mais empenhadamente que tentassem, porém, não conseguiram convencer nenhuma francesa a trabalhar para eles, porque os russos tinham a fama de ser empregadores exigentes e não confiáveis. Quando Mark Yelizarov, marido de Anna Ilinichna e cunhado de Lenin, visitou-os após uma viagem ao Japão, criticou-os porque faziam sua própria comida e limpavam eles mesmos a casa; ele tampouco conseguia suportar a culinária de Nadya. Homem direto e sem-cerimônias, declarou que eles simplesmente precisavam conseguir uma empregada. Em geral, sua esposa, Anna, era contra o hábito de dizer a primeira coisa que lhe viesse à cabeça.[12] Mas não nessa ocasião: ela nunca tivera o menor tato no que dizia respeito a Nadya e não se incomodou com o comentário feito por Mark. De qualquer maneira, os Ulyanov aceitaram o conselho e fizeram nova tentativa de conseguir auxílio doméstico. Dessa vez venceram a russofobia; a nova empregada mudou-se para lá, e a função de Nadejda Konstantinovna de cuidar da refeição dos Ulyanov foi suspensa.[13]

Lenin mantinha-se alheio a isso. Pessoalmente não cozinhava nunca, no decorrer de um dia normal, e não demonstrava qualquer interesse pela qualidade de sua comida, além de perguntar se os ingredientes estavam de acordo com seu regime médico. Nadya observou, com involuntário humor, que "ele comia bem submissamente tudo que lhe davam".[14] Essa obediência, tão rara em Lenin, o político, induzia as mulheres em sua vida a continuar sendo "maternais" com ele. Infantilmente, ele lhes perguntava: "Será que eu posso comer isto?" De fato, vários outros hábitos eram cativantes para elas. Yelizaveta Vasilevna ficava impressionada porque ele, todo dia, antes de começar a escrever, pegava um espanador e tirava o pó de sua escrivaninha.[15]

Não que tivesse parado de ser a figura dominante da família. Lenin foi, durante anos, um entusiasta do ciclismo e, de Genebra, com frequência levou Nadejda Konstantinovna e Maria Ilinichna a passeios pelas montanhas nos fins de semana. Lenin era dos três o que estava em melhor forma física. Se as mulheres esmoreciam, emparelhava sua bicicleta com as de cada uma delas respectivamente e as incitava a continuar. Andar de bicicleta nas trilhas dos Alpes era um passatempo cada vez mais popular entre os turistas, especialmente os britânicos, alemães e franceses. Seu *Baedecker* da Suíça observava que os alemães e franceses iam com cautela quando o declive era acentuado, e nesses trechos costumava-se alugar um cavalo, deixar as bicicletas presas com correntes e subir as colinas calmamente, usando a força dos cavalos. Os britânicos preferiam encarar a subida de bicicleta, e, ao que tudo indica, Lenin, normalmente um germanófilo, concordava com os britânicos. Para ele, férias só eram férias se pudesse se esforçar bastante. Melhor ainda se pudesse forçar os outros, também, como Nadejda Konstantinovna e Maria Ilinichna pesarosamente notaram. À noite, nas *pensions* das aldeias, também continuava no comando. Não permitia que Maria Ilinichna deixasse sobras no prato, explicando que, se ela não comesse o jantar todo, na noite seguinte o estalajadeiro reduziria as porções à metade, sem diminuir o preço.[16]

Lenin detestava ser contrariado, mesmo nas mínimas coisas, e as bicicletas eram motivo de preocupação constante. Quando moraram em Paris, pedalava diariamente até a Bibliothèque Nationale. Não gostava dessa biblioteca por causa do longo tempo que tinha de esperar pelos livros que solicitava e ficava ainda mais irritado por ter de pagar à *concièrge* 10 *centimes* para estacionar sua bicicleta do lado de fora. Mas, certo dia, aconteceu algo ainda pior quando sua querida bicicleta — aquele seu "instrumento cirúrgico" — foi roubada. Quando Lenin reclamou com a *concièrge*, no entanto, ela, com a maior desfaçatez, retorquiu que seus 10 *centimes* cobriam apenas a permissão para estacionar e não constituíam uma garantia de segurança.[17]

Ao menos dessa vez, Lenin encontrou alguém à sua altura, e não conseguiu o dinheiro de volta. Em outra ocasião, seu protesto teve mais sucesso. Pouco depois de ter comprado uma bicicleta nova, ocorreu um

## A segunda emigração

incidente desagradável. Em dezembro de 1909, enquanto voltava de um show de aviação a uns 12 quilômetros do centro de Paris, em Juvisy-sur--Orge, foi derrubado do selim por um carro e machucou-se bastante. A bicicleta ficou caída no acostamento, num estado lastimável. Por sorte, houve testemunhas, e Lenin pediu indenização com a ajuda de um advogado. Nisso, demonstrou a mesma persistência que havia demonstrado em Syran, em 1892, quando processou o comerciante Arefev. O zelo marxista também aflorou quando Lenin, que era nobre hereditário, não demonstrou qualquer senso de solidariedade de classe e abriu um processo para receber indenização financeira.[18]

Lenin nunca foi muito chegado a Paris e ficava descrevendo-a como "um buraco fedido".[19] Parte do motivo era a política. Durante sua temporada francesa, estava aborrecido com os mencheviques. Estava aborrecido, também, com os bolcheviques anti-Duma, como Bogdanov. De fato, estava igualmente aborrecido com aqueles bolcheviques que, apesar de concordar com Lenin a respeito de Bogdanov, não demonstravam o grande aborrecimento que Lenin exigia de bolcheviques autênticos. Para os outros partidos, Lenin mal dava importância e, quando encontrava socialistas revolucionários nos cafés parisienses frequentados pela "comunidade" de *émigrés* russos revolucionários, sabia ser bastante afável. Não obstante, suas piadas assumiam uma forma combativa, conforme se recorda Viktor Chernov.[20]

> Eu disse a ele: "Vladimir Dich, se você subir ao poder, vai começar a enforcar os mencheviques logo no dia seguinte?" Ele lançou-me um olhar e disse: "Só depois que tivermos enforcado o último socialista revolucionário é que o primeiro menchevique será enforcado por nós." E, então, ele franziu o cenho e deu uma risada.

Humor de cadafalso à parte, Lenin exibia uma inerente obsessão com disputas faccionais internas do Partido Trabalhista Social-Democrata russo. Bolcheviques haviam entrado para a Terceira Duma do Estado, e Lenin não precisava que Martov e Dan o ajudassem a convencer a facção bolchevique a apresentar candidatos às eleições da Duma. Assim, a necessidade de manter os mencheviques sossegados havia passado. Sem demora, Lenin retomou a polêmica contra o menchevismo, o que suas piadas refletiam.

A luta de Lenin contra Bogdanov era ainda mais acirrada. A aversão pela Duma entre Bogdanov e seus simpatizantes assegurava a capacidade de desestabilizar a política faccional bolchevique. Alguns chegavam a ponto de recomendar que os deputados bolcheviques eleitos deviam ser imediatamente afastados da Terceira Duma do Estado. Outros, e Bogdanov era um deles, queriam dirigir um ultimato aos deputados para que se afastassem sob pena de expulsão da facção. O primeiro grupo era chamado de os otzovistas ("convocadores"), o segundo, de os ultimatumistas. Ambos os grupos também afirmavam que o Partido devia concentrar-se em se preparar para organizar uma insurreição armada. Para Lenin, eles estavam vivendo numa câmara de pressão mental que os tornara incapazes de entender a atual realidade política.

Lenin também provocou discordâncias de uma natureza ainda mais fundamental. Se, por um lado, Bogdanov dava prioridade a estimular a classe operária a se encarregar de seu autodesenvolvimento cultural, por outro, Lenin enfatizava o papel de liderança dos intelectuais. Lenin, confessamente, não insistia em que a *intelligentsia* deveria vir de uma formação de classe média. Mas Bogdanov continuava horrorizado com a ideia leninista de que o socialismo tinha de ser introduzido aos operários pelos intelectuais; de fato, estipulou que a cultura geral da sociedade tinha de ser transformada, de forma que ideias socialistas pudessem amadurecer. A cultura predominante dos dias atuais, de acordo com Bogdanov, era burguesa, uma vez que se concentrava em individualismo, comandos autoritários, formalidade, hipocrisia. Uma nova cultura — uma "cultura proletária" — tinha de ser introduzida, e Bogdanov sugerira que estaria acima da capacidade dos intelectuais poder inventá-la, porque eles próprios eram produto da cultura da burguesia. Tudo isso, e muito mais, enfurecia Lenin. Bogdanov até sugeriu que as ideias de Lenin sobre verdade absoluta, categorias mentais eternas e sobre a realidade demonstrável do mundo exterior não passavam de conversa fiada e antiquada. Lenin, ao contrário de Bogdanov, recusava-se a se envolver nos amplos debates filosóficos da Europa da época. Bogdanov havia lido Immanuel Kant e neokantianos como Richard Avenarius e Ernst Mach. Admirava mas se recusava a idolatrar Mane. Na *dacha* de Vaasa, andara escrevendo um livro, *Empiriomonismo,* que recapitulava suas ideias exploratórias. Simplesmente fervia de vitalidade intelectual. Lenin adiava o momento de efetuar um ataque frontal contra Bogdanov e sua visão do mundo.

Lenin nada tinha a perder. Os bolcheviques antileninistas exerciam muita influência dentro da facção bolchevique, na pátria e no exterior; podem até ter sido maioria. Igualmente pertinente era o reconhecimento, por Lenin, de que havia poucas chances imediatas de outra crise revolucionária no império russo. Parecia, portanto, oportuno retomar as velhas táticas divisivas. Para o segundo período de emigração vir a ser suportável, Lenin acreditava, teria de recrutar e mobilizar uma facção bolchevique, e à sua própria imagem.

Assim, quando Maksim Górki convidou Lenin e Bogdanov juntos para visitar sua *villa* em Capri, Lenin, a princípio, recusou, mesmo tendo pedido para ser convidado. Acabou indo, em abril de 1908, e refreou seus sentimentos a ponto de jogar xadrez com seu antigo parceiro de xadrez e de política. Chegou-se a um clima de alegria e bom humor. O problema era que o lado competitivo de Lenin sempre levava a melhor sobre ele; Górki ficou espantado de ver como ele ficava zangado e "infantil" quando perdia uma partida.[21] Isso acontecia mesmo quando Lenin e Bogdanov procuravam evitar conversas sobre política. Ele só relaxava quando ia pescar. Os pescadores locais levavam Lenin e Górki em seus barcos e lhes ensinavam a usar a linha de pesca sem vara. O truque era enrolar a linha no indicador de uma das mãos e esperar pelas vibrações indicando que havia um peixe mordendo a isca. Os pescadores disseram-lhe que devia causar a seguinte impressão: *"Così: drin, drin. Capisce?"*\* Seu charme italiano cativou Lenin e, assim que sentiu uma fisgada, ele gritou: "Drin, drin!" Daí em diante, os pescadores o chamavam de *Signor* Drin-Drin — o único de seus apelidos que não foi escolhido em função da revolução. Sentiram falta dele, quando deixou a ilha, sempre perguntando a Górki: "Como está indo o Drin-Drin? O azar ainda não o pegou?"[22]

Lenin ficou apenas uma semana. Não entendia grande coisa de italiano, e muito menos o cerrado dialeto napolitano. Foi um visitante sempre

---

\* "Assim: trin-trin. Está entendendo?" — em italiano no original. (*N. do T.*)

muito ocupado, conseguindo espremer em sua agenda uma subida ao monte Vesúvio, no continente, bem como uma visita aos museus de Nápoles. Mas essa viagem o fez sentir-se revigorado. Adorara a *villa*, o mar de um azul profundo, os peixes recém-pescados, as baladas operísticas, os habitantes generosos e animados. A viagem ao sul da Itália o deixara de bom humor; sentia-se novamente pronto para a luta política.

Tomando a balsa para Nápoles, Lenin fez a longa viagem rumo ao norte, de trem, passando por Roma e voltando a cruzar os Alpes para chegar à Suíça. Estava resolvido: assim que chegasse a Genebra, romperia definitivamente com Alexander Bogdanov e seus simpatizantes, e abriria uma campanha para livrar a facção bolchevique tanto de um quanto dos outros. Era uma situação rapidamente cambiante. Bogdanov não chegava nem perto de ser tão obcecado como Lenin pelas minúcias da organização política. Estava farto das incessantes intrigas e maquinações que ocupavam os líderes bolcheviques; queria muito dispor de mais tempo para escrever. Em suma, Bogdanov estava farto de Lenin e, depois do encontro em Capri, preferiu se demitir do conselho editorial do jornal bolchevique *Proletari* a ter de aturar calúnias pessoais. Mas, como Bogdanov conservou seu lugar no Centro Bolchevique, não ficou de modo algum claro que Lenin conseguiria manter os bolcheviques como uma facção a ponto de apoiar a participação na Duma de Estado e em organizações públicas legais na Rússia. Górki continuou a tentar convencer a si próprio e a seus amigos de que Lenin não levaria sua desavença com Bogdanov a ponto de dividir a facção bolchevique.[23] Mas Górki se enganara: Lenin estava firmemente resolvido a romper com Bogdanov.

O que tornava isso possível era que o grupo de Lenin, recentemente, havia alcançado certo grau de independência financeira de Bogdanov. Isso aconteceu de um modo extremamente peculiar. Um jovem simpatizante revolucionário, N. P. Shmidt, sobrinho do rico industrial moscovita Savva Morozov, morreu subitamente, em 1907, e deixou em testamento centenas de milhares de rublos para suas duas irmãs. Lenin ajudou a elaborar um plano para pôr as mãos nesse legado, conseguindo convencer dois bolcheviques leninistas, V. K. Taratuta e A. M. Andrikanis, a cortejar as duas irmãs, casar com elas e obter fundos para a facção. Essa foi uma artimanha moralmente vil. Mas, para Lenin, o critério era se uma ação particular ajudava a revolução, e o logro emocional de duas herdeiras encaixava-se muito bem dentro da zona da aceitabilidade. Foi um tema de Lenin, desde a adolescência, o de que não havia lugar na política para sentimentalismo. Agora, aprimorava essa ideia de uma forma paradoxal, explorando sentimentos para ganho político.

Lenin confessou a amigos que, pessoalmente, não teria tido a coragem de executar essa artimanha. Havia sido criado para comportar-se corretamente nas relações pessoais, e tudo naquele plano o desagradava. Mas também tinha uma fraqueza por bolcheviques rudes da classe operária, como Taratuta, cuja bravata o atraía: "Ele é bom na medida em que não se detém diante de nada. Ouça, diga-me diretamente, você seria capaz de dar em cima de uma comerciante rica por causa do dinheiro dela? Não, nem eu tampouco, eu não conseguiria me forçar. Mas Viktor [Taratuta] conseguiria... Isso é que o torna insubstituível."[24] Surpreendentemente, a artimanha funcionou. Taratuta e Andrikanis eram dois conquistadores altamente dissimulados e conseguiram convencer as irmãs Shmidt a se casar com eles. O problema para Lenin era que ficava dependendo de que os dois galantes bolcheviques cumprissem suas obrigações faccionais. Após o duplo matrimônio, esperou nervosamente para ver os acontecimentos. Na verdade, Andrikanis o enganou e, ao que tudo indica, nem mesmo Taratuta entregou tudo conforme combinado. Mas uma soma substancial acabou chegando a suas mãos e deixou-o em posição de independência financeira quanto ao Centro Bolchevique. Finalmente, não dependia de Bogdanov e seus amigos.

Em primeiro lugar, em fevereiro de 1909, rompeu relações pessoais com Bogdanov. Lenin já fizera isso uma vez, em 1904, quando se sentiu difamado por V. A. Noskov, e convenceu a si próprio de que Bogdanov também havia passado dos limites. Por volta de junho de 1909, o cenário estava montado para um confronto final na reunião do conselho editorial do *Proletari*, realizada no Café Caput, de Paris, a que compareceram membros do Centro Bolchevique. Lenin preparara tudo cuidadosamente, e havia uma maioria de participantes dispostos a apoiá-lo. A política de Bogdanov foi criticada; declarou-se que ele, devido a "seus desvios de caminho do marxismo revolucionário", havia, automaticamente, rompido com os bolcheviques.

Lenin desafiou Bogdanov até no terreno filosófico, pois, como todos os marxistas, acreditava que uma visão econômica e política precisava atravessar um sólido prisma epistemológico. Lenin usou a oportunidade de sua viagem a Londres, que durou todo o mês de maio de 1908, para completar as pesquisas para seu livro *Materialismo e empiriocriticismo*.\* Estabelecido no nº 21 de Tavistock Place, em Bloomsbury, morava ao lado do Museu Britânico, que visitava todos os dias.²⁵ Rapidamente — rapidamente demais — leu os principais textos dos filósofos admirados por Bogdanov. O livro foi produzido em sequência rápida, e Lenin pretendia que ele fosse uma arma na luta pela supremacia na facção bolchevique. Seus capítulos tornaram-se uma bíblia filosófica para os intelectuais soviéticos oficiais, depois de 1917, embora fosse semeado de escárnio particular. Os motivos ideológicos intrínsecos pelos quais Lenin estava zangado o suficiente para escrevê-lo são claros. Era neto da Filosofia das Luzes europeia. Acreditava no tipo de ciência propugnada pelos filósofos no século XVIII. Para ele, existiam coisas como uma verdade absoluta e a realidade independente do mundo exterior. As pessoas que discordavam disso, mesmo que se declarassem marxistas, pertenciam ao "arraial" da reação política.

Bogdanov, a seus olhos, era um relativista perigoso. Bogdanov não acreditava em nada. Não conseguia entender que algumas coisas haviam sido descobertas e provadas de uma vez por todas; de fato, Bogdanov não acreditava que "ver" fosse absolutamente um modo de cognição confiável. Lenin tinha uma profunda fé em Marx, nos ideais do século XVIII das Ciências Naturais, na capacidade de o ser humano registrar uma imagem inteiramente precisa do universo à sua volta. Pensava na mente como uma câmera, e na câmera como um guia infalível para a cognição. Ao repudiar esse modo de entender o mundo, Bogdanov estava tomando o partido dos padres e místicos. Lenin o acusou não só de ter desistido do marxismo, mas também do movimento trabalhista russo, e de ideias revolucionárias autenticamente praticáveis.

---

\* A expressão deveria ser "crítica empírica", mas a palavra "empiriocriticismo" foi oficializada assim em português. (*N. do T.*)

Embora a cronometragem do ataque fosse politicamente motivada, Lenin de fato considerava que Bogdanov havia abandonado preceitos-chaves do marxismo. Mas precisava ser colocada uma pergunta sobre o substrato de suas pressuposições. Segundo Lenin, epistemologia gerava análise social, que gerava economia, que gerava estratégia política. Assim, Bogdanov, estando errado sobre epistemologia, estava fadado a estar errado sobre política. Lenin gostava de dar a impressão de que seu próprio pensamento, em contraste, seguia um padrão lógico. Mas protestava demais.* Quando consideramos suas diversas mudanças abruptas de política no decorrer da carreira, seguramente surge a suspeita de que precisava nutrir essa imagem de seu pensamento a fim de satisfazer seu desejo em parte político, em parte instintivo de fazer qualquer coisa que o pusesse, junto com sua facção, em um lugar de poder na Rússia. Os protestos de natureza ideológica não passavam de uma máscara; e quando usava essa máscara e olhava no espelho, não parecia necessariamente consciente de que seu rosto estava oculto à visão. Isso era, para ele, uma fonte de energia como político; timidez demais o teria transformado num político autoquestionador, como Martov ou Chernov. Lenin queria conquistar e não deixava que coisa alguma o atrapalhasse em sua busca da vitória.

A partir de 1908, não tinha nenhum comentário favorável sobre Bogdanov. A ajuda que recebera dele em 1904, quando os bens de Lenin eram reduzidos, caiu no esquecimento. A camaradagem entre os Lenin e os Bogdanov em Kuokkala, em 1906-7, desapareceu de sua lembrança. Esperando que seus companheiros demonstrassem o mesmo esquecimento, não gostou que sua irmã, Anna, achasse que *Materialismo e empiriocriticismo* exagerava na brutalidade polêmica.[26] Teria ficado ainda

---

* O autor segue aqui o uso irônico de uma frase idiomática inglesa, "The lady protests too much", frase da rainha Gertrudes, no *Hamlet*, de Shakespeare. *Protest* não tem conotação de "protestar", "reclamar", mas de "professar", "alegar solenemente". O sentido idiomático adquirido por essa citação, em inglês, é de que "essa pessoa alega e professa tanto, a ponto de dar para desconfiar, de perder a credibilidade"; o que ele quer dizer, citando Shakespeare ironicamente, e com muita classe, é que Lenin alegava tanta coisa a ponto de ficar patente que era falso. (*N. do T.*)

mais zangado se soubesse que suas irmãs, Anna e Maria, estavam lendo e achando interessante um romance de Bogdanov, *O engenheiro Menni*.[27]

Lenin concentrava as energias em atacar Bogdanov e presumia que qualquer concessão a seus inimigos faccionais dissiparia sua efetividade. Essa foi uma militância que praticou ao longo da carreira. Cada vez que dividia seu partido ou facção, Lenin acreditava estar se livrando de elementos não confiáveis e consolidando o cerne da organização bolchevique sob seu controle. Nisso ele era insensato, porque cada desavença o deixava com correligionários que se opunham a aspectos de sua política, e uma organização menor não resultava em um conjunto mais coeso. E, de fato, esse foi o caso, na mesmíssima reunião em que derrotou Bogdanov. Embora o Centro Bolchevique concordasse com Lenin quanto à necessidade de rejeitar Bogdanov, insistia em fundar, em São Petersburgo, contra a vontade dele, um jornal legal e de grande circulação. Até consideraram a ideia de fechar o *Proletari*, o semanário dos *émigrés*, e Lenin, embora tenha conseguido evitar isso, teve de concordar com que ele passasse a ser publicado apenas mensalmente. Pior para Lenin foi o desejo do Centro de negociar com Trotski, em Viena, a ideia de oferecer colaboração e fundos bolcheviques para o jornal popular de Trotski, o *Pravda*.

Aquilo pelo que ele não negociou foi que, ao livrar-se de Bogdanov e dos bolcheviques anti-Duma, fizesse pender a balança da opinião dentro da facção bolchevique a favor daqueles que buscavam cooperar com os mencheviques. Preeminente entre eles era a figura, de rosto inconveniente, de A. I. Lyubimov. O Centro Bolchevique conseguiu transmitir sua mensagem, escolhendo Lyubimov como secretário. Lenin, no entanto, recusou-se a entender; em vez disso, lançou-se num esforço vão e histérico para conseguir que Lyubimov endurecesse os termos do Centro Bolchevique para a colaboração com Trotski. A família de Lenin não colaborou para melhorar o seu humor. Dessa vez, foi ele que teve de cuidar dos seus parentes, em vez de serem eles a atendê-lo. Maria Ilinichna adoeceu, primeiro com tifo, depois com apendicite, e Lenin teve de desempenhar um papel ativo em conseguir para ela um tratamento adequado. (Sempre sua irmã adorada e reverenciadíssima ficou muito grata pelos esforços dele em seu benefício.)[28] Mas ele vinha se esforçando demais em muitas frentes de batalha. Depois da reunião do Centro Bolchevique, não conseguia aguentar mais e, com Nadya, a mãe dela e Maria, mudou-se para a aldeia de Bombon, em Seine-et-Marne. Docilmente, concordou com termos que, para ele, eram de fato duros: Lenin queria evitar falar e escrever sobre política.[29]

Não cumpriu a palavra, e ninguém esperava seriamente que o fizesse. Entre os que o apoiavam ainda havia os que se perguntavam por que um homem conseguia tão facilmente reduzir o Partido a uma desordem total. O menchevique Fiodor Dan ouvira muitas vezes essa pergunta. Sua resposta era direta: "Oh, é porque não existe uma pessoa que fique 24 horas por dia preocupada com revolução, que não tenha outro pensamento na cabeça que não seja de revolução e que, até no sonho, sonha com revolução. Portanto, tente você lidar com ele!"[30] Dan disse tudo em poucas palavras. Lenin era difícil porque se tratava de um faccionalista, e era faccionalista porque achava que somente suas ideias poderiam autenticamente fazer avançar a causa da revolução.

Foram bolcheviques e seus simpatizantes, no entanto, que o criticaram mais severamente. Não podiam mais dar-lhe o benefício da dúvida. Górki não conseguia aturar seu "tom de desordeiro". Quando *Materialismo e empirocriticismo* apareceu patrocinado por L. Krumbyugel, editor em São Petersburgo, leu apenas umas poucas páginas antes de arremessar o livro do outro lado da sala:[31]

Toda essa gente gritando para todo mundo — "Sou marxista" e "Sou proletário" — e então, imediatamente, sentando-se sobre as cabeças de seus vizinhos e vociferando na cara deles me são repugnantes, como todos os hipócritas; cada um deles é, para mim, um "misantropo alimentando sua própria fantasia", conforme Leskov [o contista] os chamou. Uma pessoa não vale nada se dentro dela não estiver pulsando uma vívida consciência da sua ligação com as pessoas e se estiver disposta a sacrificar o sentimento de camaradagem no altar de sua vaidade.

Lenin é assim em seu livro. Sua discussão sobre "verdade" é conduzida não de forma a que a verdade possa sair vitoriosa, mas de forma a provar: "Sou marxista! O melhor marxista do mundo sou eu!"

Essas eram palavras que o teriam magoado se Górki as tivesse proferido abertamente, em vez de expressá-las numa carta particular aos Bogdanov. Enquanto os mencheviques acusavam Lenin de megalomania, Górki — um simpatizante bolchevique — sugeria que ele era uma personalidade impulsionada pela vanglória.

Os bens de Lenin continuavam escasseando. Em sua volta de Seine-et-Marne, após uma estada de cinco dias, ele e Nadya alugaram um apartamento na sossegada Rue Marie-Rose. Lenin ficou imediatamente furioso com as notícias de que outros membros do Centro Bolchevique tinham ido além de suas meras entabulações com Trotski, e estavam estabelecendo contatos com Martov. Até Grigori Zinoviev, seu companheiro mais chegado, evitava apoiá-lo.

Enfurecido, Lenin retirou-se do conselho editorial do jornal do Comitê Central, *O Social-Democrata*. Sua obsessão política geralmente lhe permitia reconhecer as vantagens da contenção emocional — mas nem sempre. Lenin às vezes não conseguia se conter e, nessas ocasiões, ninguém mais conseguia contê-lo tampouco. Mal se demitiu e arrependeu-se de sua decisão e, refletindo mais calmamente, retirou sua renúncia. Mas então, em janeiro de 1910, ocorreu em Paris o havia muito esperado plenário do Comitê Central. Foi uma real provação. O Comitê Central unificado, que incluía mais bolcheviques do que mencheviques, ordenou que o Centro Bolchevique fosse fechado e o mensário faccional bolchevique, o *Proletari*, tivesse sua publicação interrompida. Exigiu uma mudança do centro de gravidade da liderança central do Partido, de Paris para a Rússia. Foi criado um conselho russo, com o direito de agir em nome do Comitê Central. As doações das irmãs Shmidt, obtidas pelos bolcheviques sem qualquer assistência menchevique, deveriam ser entregues ao Comitê Central e a um grupo de curadores que consistia nos marxistas alemães Karl Kautsky, Franz Mehring e Clara Zetkin. A derrota de Bogdanov, em junho de 1909, fora anulada, num nível mais amplo, pelo plenário do Comitê Central.

Lenin, no entanto, havia recuperado o controle; em 1910, era de novo o seu antigo eu entusiasmado. Os líderes marxistas no império russo que o criticavam e a outros *émigrés* estavam, eles próprios, em total confusão e desordem. A Okhrana conseguia dominar os comitês locais com facilidade. Alguns marxistas, a maior parte deles mencheviques, estavam tão desanimados que faziam campanha para que o Partido fosse dispersado e para que ativistas operassem inteiramente no movimento legal dos operários. Esses "exterminadores", como Lenin os apelidou, não eram maioria do Partido, mas sua existência permitia aos bolcheviques afirmar que só eles podiam manter o espírito da revolução. Os esquerdistas bolcheviques quer fossem convocados, quer ultimatumistas, tinham cada vez menos atrativo para operários fabris com inclinações políticas. Lenin pressentia que logo sua hora e vez poderiam voltar.

Num sentido emocional, sua segunda chance havia chegado. Seu casamento com Nadya nunca implicou sentimentos românticos profundos da parte dele, ou mesmo dela, e deve ter havido ocasiões em que outras mulheres bolcheviques o atraíram fortemente. Ao longo dos anos, também, a doença de Graves vinha cobrando seu tributo ao aspecto de Nadya. Pobre mulher! Seus olhos ficaram protuberantes, e seu pescoço, bojudo e volumoso, conforme a doença ia aumentando seu domínio. Ganhou peso, tinha palpitações cardíacas, e tanto ela como Lenin haviam desistido de pensar em ter filhos. Um dos aspectos mais comuns da doença de Graves é a inconstância dos períodos menstruais nas pacientes. Não ficou claro se isso foi um problema para Nadejda Krupskaya, mas é uma clara possibilidade. Lenin era solidário e insistia em que ela passasse por uma cirurgia para tentar se recuperar. Mas ela se recusava, sem dúvida consciente de que a operação não tinha garantia de sucesso, nem sequer era muito segura. Não era mais a moça vigorosa com que Lenin havia se casado. Tornara-se deselegante e, em 1910, parecia ter cada um de seus 41 anos. Nunca foi muito vivaz, mas agora estava com excesso de peso e doente.

Até então, ao que tudo indica, Lenin havia resistido à tentação sexual. Essa abstenção, se de fato vinha se mantendo desde que se casara na Sibéria, parece ter acabado em Paris, quando conheceu Inessa Armand. Todo mundo a conhecia simplesmente como Inessa. Era viúva, filha de pai francês e mãe inglesa. Quando criança, Inessa vivera na Rússia; ao crescer, casou-se com Alexander Armand, em cuja família vinha estudando para ser professora particular. Tinha cinco filhos, mas seu casamento virou fachada depois que começou a dormir com seu cunhado, Vladimir Armand. Essa ligação, no entanto, durou pouco: Vladimir morreu de tuberculose, em 1909. Inessa, então, mudou-se para a Europa Ocidental com três de seus filhos (e seu marido continuou a sustentá-la financeiramente). Já havia se envolvido em atividade revolucionária e fora exilada pelo Ministério do Interior para Arkangel, no extremo norte da Rússia, e em Paris filiou-se à facção bolchevique no Partido Trabalhista Social-Democrata russo. Sua fluência em russo, francês e inglês garantiu-lhe uma calorosa acolhida.

Inessa Armand era uma mulher de ótima aparência, na casa dos 30 anos, com cabelos castanho-avermelhados longos e ondulados. Os retratos nos arquivos mostram um belo rosto. Quando reproduzidos nos livros de história russos, nunca lhe faziam justiça[32] — e ocorre o pensamento de que as autoridades, querendo atenuar as especulações sobre um relacionamento entre ela e Lenin, tentaram fazê-la parecer visualmente menos atraente do que era. Mas era bonita. Seu nariz era levemente curvo, e suas narinas, maravilhosamente largas; seu lábio superior era ligeiramente protuberante. Seus dentes eram brancos e regulares. Tinha sobrancelhas escuras e lustrosas. E conseguiu manter o corpo esbelto, depois de ter os filhos. Em retratos tirados com eles, quando adolescentes, parecia mais uma irmã mais velha do que a mãe; sua beleza era tal que os agentes da Okhrana subestimaram sua idade por vários anos. Inessa também era animada. Gostava de cavalgar montada de lado sempre que podia, e de tocar Beethoven ao piano. Adorava os filhos, mas não deixava que eles se interpusessem entre ela e seu desejo de se divertir. Em particular, tinha uma atitude desinibida quanto a relacionamentos extramaritais.

A relação entre Lenin e Inessa Armand começou bem devagar, e a paixão originou-se pelo lado dela. Mais tarde, Inessa escreveu eloquentemente a ele sobre isso:[33]

> Naquela época, sentia um medo terrível de você. Existia o desejo de vê-lo, mas parecia melhor cair mortinha na mesma hora do que

ficar na sua presença e, quando por algum motivo você apareceu no quarto de N. K. [Krupskaya], eu imediatamente perdi o controle e me comportei feito uma tola. Só em Longjumeau e no outono seguinte, e depois de badalações, e assim por diante, foi que, de certo modo, me acostumei com você. Eu gostava tanto, não só de ouvi-lo, mas também de observá-lo, enquanto você falava. Primeiro, porque seu rosto fica tão animado e, segundo, era conveniente observá-lo, porque você não percebia nessa época.

Na mesma carta, acrescentou: "Naquela época, eu decididamente não estava apaixonada por você, mas mesmo então eu já o amava muito."[34] Logo, ela se apaixonara por Lenin. Não restou qualquer carta para demonstrar que ele, por sua vez, apaixonou-se também por Inessa, e isso levou alguns autores a concluir que não tiveram um caso.[35] Mas o silêncio epistolar de Lenin não é de surpreender. Em meados de 1914, quando a relação já havia acabado, Lenin pediu-lhe que devolvesse a correspondência que ele lhe enviara;[36] é difícil imaginar que sua intenção fosse outra que não destruir a prova do que ocorrera entre eles.

Os companheiros e conhecidos do líder bolchevique tinham como certo que não estava existindo um caso em 1910-12. Quando o marxista francês Charles Kappoport deparou-se com eles conversando num café da Avenue d'Orléans, contou que Lenin "não conseguia tirar seus olhos mongóis da francesinha".[37] Uma dica foi dada também por Lídia Fotieva, uma das secretárias de Lenin, depois da Revolução de Outubro, a qual se lembrava de que, quando de suas próprias visitas ao apartamento de Lenin, Nadya não dormia mais no quarto do casal, e sim no quarto de sua mãe.[38] Em setembro de 1911, Inessa mudou-se para a Rue Marie-Rose e foi morar como vizinha de porta dos Lenin, no nº 2.

A prova é, confessadamente, circunstancial. Mas a intensidade da correspondência que eles subsequentemente trocaram torna improvável que Lenin estivesse apenas flertando com Inessa; a probabilidade é que tiveram um caso. Obviamente, existiu uma paixão recíproca, mesmo que Lenin, ao contrário de Inessa, não a tenha mencionado de forma explícita na correspondência. Qual, no entanto, foi a atração entre eles? Para

Lenin, é provável que tenha sido crucial o fato de que Inessa era alguém que, como ela revelou em seu último diário, achava que a vida devia ser vivida a serviço de alguma grande causa. A visão bolchevique de estratégia revolucionária era, para ela, exatamente uma causa assim. E, é claro, era animada, bonita e "culta" no sentido mais amplo. Não surpreende que Lenin tenha se apaixonado por ela. E Inessa, por sua vez, deixou um registro em que diz por que se sentiu atraída por ele. Adorava seus olhos vivazes, sua autoconfiança e sua presença intimidante. Mesmo a inicial inadvertência dele do intenso interesse de Inessa foi-lhe atraente, mas achava-o irresistivelmente fascinante e tinha de conquistá-lo.

Durante algum tempo, com certeza, teve sucesso. A vítima desse processo era Nadya, que dedicara sua vida à carreira de Lenin, desde o casamento, em 1908. Nadya era uma alma paciente. E, no entanto, compreensivelmente determinou um limite quanto a participar em um *ménage à trois* constante. Os detalhes de seu desentendimento foram levados para o túmulo com eles e surgiram boatos para preencher essa lacuna. Dizem que Nadya decidiu partir e deixar os amantes com seu relacionamento. Lenin ficou horrorizado com a possibilidade de seu casamento terminar. Um senso de dívida para com Nadya pode tê-lo influenciado, e talvez também lamentasse as dificuldades dela com a doença de Graves. É possível, também, que sua felicidade dependesse de ter Inessa sem perder Nadya. Em Nadya, via uma secretária pessoal e organizadora da casa. Inessa nunca teria a competência de Nadya nesse duplo papel. Talvez nem sequer concordasse em interpretá-lo. E assim, de acordo com os boatos, Lenin insistiu com Nadya para que mudasse de ideia: "Fique!"[39] E Nadya ficou, mas só depois de ter a garantia de que a paixão dele por Inessa não excluía Nadejda de sua afeição.

Nadya e Inessa não sentiam hostilidade mútua e trabalhavam juntas na escola do Partido, uns 20 quilômetros ao sul de Paris, em Longjumeau, e, no final de 1911, os Ulyanov alugaram um apartamento por lá, no nº 140 de La Grande Rue.[40] Além do mais, era motivo de duradoura tristeza tanto para Lenin quanto para Nadya que o casamento não tivesse gerado filhos. A presença da prole de Inessa na casa vizinha, na Rue Marie-Rose, encantava os Ulyanov, que agiram como tio e tia para as crianças não só em Paris, como também anos mais tarde, em Moscou.

Lenin também gozava a vida plenamente de outros modos. Como emigrante, ele se acostumara a trocar de apartamentos com frequência, bem como a se mudar de país. Mas, nos três anos após fugir da Finlândia no final de 1907, foi um cigano político, viajando pela Europa Central de norte a sul, dando palestras e comparecendo a reuniões — e, é claro, tirando férias. Entre as grandes cidades europeias que visitara estavam Berlim, Berna, Bruxelas, Copenhague, Genebra, Leipzig, Liège, Lucerna, Londres, Nice, Nápoles, Paris, Stuttgart e Zurique. Teve muito tempo para relaxar, também, em aldeias bretãs e em Capri. Estava assimilando a maneira de equilibrar sua preocupação política com o desfrute de um estilo de vida mais privado. Sentiu grande prazer em agosto de 1910, quando providenciou para encontrar a mãe em Estocolmo e passou duas semanas morando com ela (e guardava como tesouro o cobertor xadrez que ela lhe comprou por lá). A escola do Partido que ele fundara em Longjumeau também melhorava seu humor. Apreciava a oportunidade de dar palestras e ver os interessados alunos russos da classe operária, que podia transformar em bolcheviques.

Ele nunca se livrou de sua tendência a viver se afligindo. Havia muita coisa para deixá-lo aflito; o legado das Shmidt, o acidente de bicicleta e a (não muito) filosófica polêmica com Bogdanov. Mas conseguiu manter-se mais calmo do que de costume. Viajava, escrevia, estudava, andava de bicicleta, ouvia música e, especialmente, desfrutava da companhia de Inessa Armand.

E conseguiu ver uma saída para o impasse organizacional que o deixara acuado dentro de sua facção. O Comitê Central de todo o Partido Trabalhista Social-Democrata russo reuniu-se em Paris, em 28 de maio de 1911. Lenin assistiu à reunião apreensivo: não tinha como esperar poder exercer qualquer tipo de controle sobre os trabalhos enquanto bolcheviques conciliadores com os mencheviques, como A. I. Lyubimov, tivessem alguma autoridade. Mas as decisões de Paris favoreceram seu lado. Foram criados três organismos: a Comissão Organizacional Estrangeira, a Comissão Organizacional Russa e a Comissão Técnica. As duas primeiras foram instruídas a convocar uma conferência partidária. Os mencheviques estavam relutantes em participar, antes mesmo de Serge Ordjonikidze, adepto de Lenin na Comissão Organizacional Russa, ter apresentado um ultimato à Comissão Organizacional Estrangeira para submeter-se à Comissão Russa. Diante disso, Leo Jogisches, o representante polonês no Comitê Central, desistiu do Partido e se retirou. Isso deu a Ordjonikidze e a Lenin uma maravilhosa oportunidade. Uma reunião bolchevique ocorreu em Paris, em dezembro de 1911, disfarçada de um encontro de representantes do Partido inteiro. Os participantes, liderados por Lenin, decidiram substituir a Comissão Organizacional Estrangeira por um Comitê de Organização no Exterior e dar poderes a esse novo organismo para realizar uma conferência partidária.

Esse rebuliço *émigré* pôs à prova a compreensão de todos, menos os faccionalistas mais obsessivos. O que realmente importava não eram as mudanças organizacionais em si mesmas. Ninguém, a não ser um fiel leninista, poderia dizer que ele tinha agido dentro do espírito da estrutura reguladora. Mas impusera sua vontade. Contra todas as expectativas, de repente havia pulado de uma posição subalterna, onde era pouco mais do que o controvertido líder de uma subfacção do Partido, para um novo apogeu: estava a ponto de realizar uma conferência partidária na qual poderia declarar que sua subfacção era equivalente ao Partido como um todo. E, então, anteviu, não teria grande importância que outras facções continuassem a existir. Lenin teria a aura de legitimidade constitucional. Poderia escolher um novo Comitê Central e o conselho editorial de um novo jornal do Partido. O bolchevismo ia finalmente tornar-se um partido. Os três anos da segunda emigração haviam começado em humilhação e estavam a ponto de culminar em sucesso. Somente um faccionário reincidente como Lenin seria capaz de iludir-se com tamanho otimismo.

## 12. Quase na Rússia!

1912-1914

Os grandes teóricos sociais do século XIX — Herbert Spencer, Auguste Comte, John Stuart Mill, Jeremy Bentham, Karl Marx e Friedrich Engels — eram, em sua maioria, herdeiros da Filosofia das Luzes, o Esclarecimento do século XVIII. Sua compreensão da cultura, organização e comportamento humanos estava ligada a pressuposições sobre o racionalismo e a previsibilidade básicas das pessoas. Mas não conseguiram que tudo fosse à sua maneira. Thomas Carlyle propusera que a maior parte das pessoas, na maioria das sociedades, só era capaz de atividade racional, deliberada, quando orientada por líderes carismáticos. O teólogo Soren Kierkegaard e o romancista Fiodor Dostoievski chamaram a atenção para recessos obscuros nas motivações da conduta humana. Perto do final do século XIX, Sigmund Freud e outros psicólogos propuseram que a mente tem uma capacidade subconsciente induzindo as pessoas a fazer coisas que elas não planejam deliberadamente. O filósofo Friedrich Nietzsche rejeitava o engajamento do Esclarecimento com o Progresso. Como Carlyle, contrapunha que problemas da condição humana podiam ser aliviados, se fosse de todo possível apenas quando grandes homens lideram suas sociedades e se oferecem como modelos heroicos. Outros pensadores também destacaram as virtudes da liderança individual para contrabalançar os aspectos menos atraentes da sociedade industrial contemporânea. Entre eles estavam os notáveis teóricos sociais Max Weber, Robert Michels, Gaetano Mosca e Gustave Le Bon.

Mas suas ideias terão sido uma fonte para o tipo de política de Lenin? Com certeza, *O que se há de fazer?* destacava o papel crucial da liderança, e Lenin se comportava como se a causa revolucionária fosse se arruinar, a não ser que ele estivesse no comando. Acreditava apaixonadamente que sua própria liderança do Partido e a liderança das "massas" pelo Partido eram indispensáveis para que o movimento trabalhista russo viesse a adotar as ideias políticas corretas. Lenin dava a impressão de pressentir um destino especial para si mesmo; Grigori Zinoviev confidenciou que Lenin achava que *"ele* havia sido 'chamado'".[1]

Há poucos testemunhos diretos de que Lenin dava atenção a essas tendências intelectuais contemporâneas. Ele detestava o modo com que outros marxistas, como Alexander Bogdanov, Nikolai Bukharin e Anatoli Lunacharski, recolhiam ideias dos livros em moda sobre filosofia, cultura, sociologia e economia, independentemente de o conteúdo ser congruente com o marxismo. Lenin havia formado sua visão do mundo nas duas últimas décadas do século XIX e não surgiu qualquer pensador, depois de 1900, a quem admirasse. Sentia-se à vontade com suas pressuposições fundamentais e não se dava o trabalho de reexaminá-las. Ainda precisava estabelecer seus programas políticos práticos, e continuou mudando-os quase até o dia de sua morte. Mas tinha uma fisionomia intelectual bem determinada. Carlyle, Freud, Kierkegaard, Le Bon, Michels, Nietzsche e Weber foram ignorados totalmente ou quase, em suas obras (embora ele viesse a manter um exemplar do *Assim falou Zaratustra,* de Nietzsche, no armário de livros de seu gabinete no Kremlin).[2] Sua preocupação era ampliar e aprofundar seu conhecimento de Marx, Engels, Plekhanov e Kautsky. De posse de referências para as obras dessas figuras admiradas, Lenin conseguia parecer ortodoxo mesmo quando expressava a análise mais não ortodoxa. Era um debatedor brilhante, implacável, e sempre conseguia encontrar alguma justificativa nos clássicos marxistas — clássicos que estavam longe de ser homogêneos — para as políticas de seu Partido. Lenin acreditava em liderança e ficava feliz quando a exercia; e um engajamento com os problemas intelectuais gerais colocados pelos críticos só o teria distraído.

Mas o próprio fato de enfatizar sua alegação de ortodoxia marxista levanta a suspeita de que levava uma vida intelectual secreta. Não pode haver dúvidas quanto a sua admiração pelos terroristas socialistas agrários russos, embora, após o clamor provocado por *O que se há de fazer?*, tenha parado de mencionar isso em público. Mas será que toda essa reserva se limitava a sua admiração por esses terroristas russos?

A resposta, provavelmente, é não. Depois de 1917, ele viria a se referir com admiração, em sua correspondência, a Maquiavel; a justificativa dada pelo escritor florentino para o uso de brutalidade no governo era-lhe especialmente atraente. E, então, havia a estatueta de bronze que teria em sua escrivaninha no Kremlin. Era uma representação de um macaco [sentado sobre uma pilha de livros, um dos quais tem o nome *Darwin* inscrito na lombada] examinando um crânio humano, um sinal óbvio do fascínio de Lenin pelas ideias de Charles Darwin.[3] Nada é mais implausível do que a ideia de que, quando Lenin entrava numa biblioteca, só se interessava por obras de estatísticas econômicas e do marxismo. Sabemos com certeza que, na Primeira Guerra Mundial, descobriu e devorou o filósofo alemão Hegel e o técnico militar alemão Von Clausewitz — e também é possível demonstrar que eles influenciaram seu pensamento. Também voltou a seus autores clássicos, especialmente Aristóteles. Em suas anotações, podemos notar que Hegel, Von Clausewitz e Aristóteles o ajudaram a aguçar sua interpretação do marxismo e sua estratégia para a revolução. Talvez Maquiavel e Darwin lhe tenham prestado o mesmo serviço. Darwin era particularmente popular entre os marxistas, e seria surpreendente descobrir que Lenin não estava familiarizado com seu argumento sobre a "sobrevivência dos mais aptos". Tanto Maquiavel como Darwin teriam, de qualquer modo, despertado a atenção dele, que havia detestado o "sentimentalismo" na política e que apreciava o esforço quase como um modo de vida. Lenin era um lutador por natureza, se é que alguém algum dia o foi.

Fora de sua família, ninguém conseguiria se tornar próximo a ele sem, um dia, questionar seu estilo combativo. Mas, por enquanto, conservava a admiração dos organizadores bolcheviques da próxima Conferência do Partido. Destacava-se, entre esses, Serge Ordjonikidze, encarregado da organização dessa próxima Conferência. Ordjonikidze era um georgiano agressivo, esforçado e beberrão, dedicado à causa da revolução; desprezava o que encarava como a falta de vigor da estratégia revolucionária menchevique. Não sendo um intelectual, estava impaciente para fundar grupos partidários clandestinos na Rússia, derrubar o tsarismo e avançar rumo a uma sociedade socialista. Lenin era herói de Ordjonikidze e, por sua vez, recebeu de braços abertos esse admirador como sendo precisamente o tipo de organizador prático e implacável de que os bolcheviques precisavam.

Saindo da Rússia em viagem, para entrar em contato com os emigrantes bolcheviques, Ordjonikidze concordava com Lenin que alguma coisa precisava ser feita para unificar essa facção. Propuseram realizar uma Conferência do Partido para esse fim. Mas, para servir de sede, decidiram evitar cidades como Paris e Genebra, onde os marxistas russos viviam em colônias. Em vez disso, procurariam sediá-lo em Praga, capital das terras da Boêmia, na parte oriental do Império Habsburgo. A escolha foi inteligente. Praga era um estranho destino para viajantes vindos tanto da Rússia como da França. Também não havia uma colônia de marxistas russos. Ao mesmo tempo, era um lugar onde se podia ter confiança em que a polícia deixaria os delegados em paz; de fato, o Império Habsburgo dava boas-vindas a praticamente todo revolucionário que quisesse derrubar o tsarismo. Ainda por cima, os marxistas tchecos decididamente dariam assistência a qualquer conferência organizada por seus camaradas russos. Lenin e Ordjonikidze conseguiriam explorar essa situação em benefício da facção bolchevique. Os poucos delegados que pudessem chegar a Praga seriam, dificilmente com alguma exceção, bolcheviques. Os trabalhos seriam secretos e viriam a ser controlados por Lenin e Ordjonikidze, os quais podiam afirmar que os bolcheviques tinham sido a maior das facções presentes ao Quinto Congresso do Partido Trabalhista Social-Democrata russo e, portanto, tinham o direito de orientar os programas políticos do Partido, com o mínimo de concessão ao menchevismo.

Esses cálculos mostraram-se corretos quando os delegados da Conferência, reunidos em Praga, foram calorosamente recebidos pela liderança socialista tcheca e alojados em casas em torno do centro da cidade, região onde se realizaram os trabalhos. O local foi a Casa Operária, no meio da rua Hyfernska, que se estende da medieval Torre da Pólvora até uma estação ferroviária. A Casa Operária, de propriedade do Partido

Social-Democrata tcheco, era uma construção de três andares com um amplo pátio interno; tinha sido originalmente o palácio Kinsky.

Lenin e seus camaradas organizaram a Conferência sem ser perturbados. Embora tenham enviado convites a uns poucos mencheviques que apoiavam Plekhanov, evitaram manter contato com aqueles outros mencheviques — a grande maioria deles — que se recusavam a romper relações com os chamados Exterminadores. Trotski ficou furioso com isso e organizou uma conferência partidária rival em Viena, e praticamente todos os mencheviques acharam que a reunião a que deveriam comparecer seria a de Trotski. O resultado foi que a Conferência de Praga contou apenas com dezoito participantes, e dezesseis eram bolcheviques. Chegando a Praga, alguns desses ficaram ofendidos com a descoberta de que outras facções não tinham representação e tentaram corrigir o desequilíbrio mandando, por conta própria, convites de última hora. Ordjonikidze nada viu de errado nessa iniciativa; presumivelmente, deduziu que os oponentes dos bolcheviques não conseguiriam chegar à Conferência a tempo e em número suficiente para obter apoio da maioria. Mas Lenin não queria correr riscos e ameaçou retirar-se caso os convites fossem aceitos. Isso era estupidamente excessivo até para Lenin. Ordjonikidze já achava que a rebeldia da "maldita emigração" estava arruinando o Partido. Agora descobria que Lenin era o pior defensor e juntou-se aos outros bolcheviques para criticá-lo pessoalmente.

Não houve reunião bolchevique em que Lenin tivesse enfrentado tantas dificuldades. Os delegados estavam perplexos com uma questão básica: se os bolcheviques leninistas concordavam com os mencheviques a respeito da importância da atividade política legal, por que Lenin ainda estava usando um megafone para proclamar a iniquidade de Martov e seus companheiros mencheviques? Lenin escamoteou a pergunta. Na verdade, não dispunha de resposta alguma intelectualmente respeitável.

A Conferência de Praga, de qualquer maneira, seguiu sem a presença de mais ninguém e reclamou o direito de eleger um novo Comitê Central para estabelecer programas políticos para todo o Partido. Nessa ampla medida, Lenin conseguiu exatamente o que pretendia. O novo Comitê Central era um Comitê Central bolchevique, com exceção do menchevique David Shvartsman. De acordo com a vontade de Lenin, a Conferência também aprovou o compromisso intensificado de o Partido fazer parte da Duma do Estado e outras organizações legais russas. Mas Lenin perdeu muito da autoridade pessoal de que já dispusera. Ordjonikidze e outros queriam que o poder pertencesse aos principais ativistas operando na Rússia e não na emigração. Isso viria a ser alcançado primeiramente retirando-se o reconhecimento oficial do Comitê da Organização Estrangeira como o adjunto do Comitê Central no exterior — e tinha sido através do Comitê da Organização Estrangeira, tendo Inessa Armand como secretária, que Lenin havia exercido forte influência tanto sobre seus companheiros emigrantes quanto sobre o Partido como um todo. Em segundo lugar, a Conferência determinou que, entre os sete membros do Comitê Central, estariam incluídos apenas dois *émigrés*: Lenin e Zinoviev. O centro de gravidade na liderança estava para mudar das disputas faccionais dos *émigrés* para organização e propaganda no império russo.

No entanto, Ordjonikidze não podia ter conhecimento de outras forças em ação que pudessem minar quaisquer decisões tomadas pelos bolcheviques em Praga. A Okhrana considerava Lenin um brilhante executor potencial da missão determinada pelo imperador: o desmantelamento do Partido Trabalhista Social-Democrata russo. A evolução da carreira de Lenin era a prioridade confidencial da Okhrana.

Após a Conferência de Praga, os instrumentos estavam facilmente ao alcance. Um dos membros do novo Comitê Central chamava-se Roman Malinovski, organizador de sindicatos em São Petersburgo. Malinovski era um bolchevique de origem operária e, diante de uma multidão, comportava-se como um orador fascinante; foi um dos candidatos apresentados com sucesso à eleição para a Quarta Duma de Estado, em 1912. E era tido em alta conta por Lenin. O problema era que, sem que Lenin soubesse, Malinovski vinha enfrentando sérias dificuldades e havia secretamente se tornado agente pago da Okhrana. Sua missão principal era remover qualquer obstáculo às medidas de dissidência propostas por Lenin. A autoridade de Malinovski entre os bolcheviques na Rússia cresceu conforme a Okhrana prendia os outros membros do Comitê Central quando voltavam à Rússia. A cada prisão, a posição de Lenin via-se também melhorada. A cooptação de novos membros dava-lhe uma oportunidade de escolher ativistas em quem pudesse confiar. Não foi intimidado por Ordjonikidze na Conferência, e até conseguiu umas risadas, quando a contribuição dos emigrantes do Partido foi detratada. "Não tenho medo nenhum", declarou, "da luta faccional ser condenada." Já havia sofrido e superado reveses piores no passado.

Partindo de Praga para Paris, Lenin continuou com suas tiradas. Não tinha a menor intenção de curvar-se à letra ou ao espírito da reforma de Ordjonikidze da liderança bolchevique. Logo, pensava, a vida política continuaria e escreveu à mãe dizendo que pretendia permanecer firme em Paris. Lenin não se deixava mandar por uma Conferência; trabalharia para estabelecer-se mais solidamente como a figura dominante da facção.

Dentro do Partido Trabalhista Social-Democrata russo, já desfrutava de substancial reputação; era, de fato, sua figura mais notória. As lideranças dos outros partidos políticos russos, também, estavam cônscias de suas ideias e atividade. Todos os emigrantes socialistas eram seus conhecidos das colônias russas de Zurique, Genebra e Paris. Os líderes marxistas alemães e poloneses estavam desgostosamente conscientes daquilo a que ele estava disposto. Para eles, Lenin representava o maior obstáculo isolado à unidade entre os marxistas russos. Sua importância em geral também foi reconhecida sob a forma de quinze verbetes biográficos sobre ele em várias enciclopédias russas quando voltou à Rússia, em 1917.[4] Mas essa fama era restrita a um mundinho muito pequeno e com certeza não se estendia a boa parte do público leitor sério em seu país. Um dos seguidores de Lenin em São Petersburgo, Mikhail Kedrov, corajosamente tentou publicar uma edição em três volumes de suas obras reunidas, mas só conseguiu duzentas assinaturas. Kedrov tinha uma tiragem de 3 mil exemplares, mas, por volta de 1912, só havia conseguido vender metade dos exemplares. Decepcionado, vendeu o encalhe como papel de embrulho.[5]

Essa é uma informação importante pela qual costumam passar por cima as dúzias de eruditos que viram seus volumes, examinaram seus "textos" e concluíram que Lenin atraía atenção generalizada no império russo antes da Primeira Guerra. A maior parte dos súditos de Nicolau II nada sabia sobre Lenin. Ele havia avançado muito pouco, desde que começou a chamar atenção do público em São Petersburgo com seus textos do final dos anos 1890. Seu nome, sua aparência física e seus programas políticos eram obscuros. Seus textos eram pouco discutidos, além de considerados ininteligíveis ou excessivamente imoderados por aqueles que compravam seus livros.

Lenin considerava a fé em si mesmo, porque nada via que pudesse abalar suas pressuposições. O império russo e o restante da Europa, achava, estavam à beira da revolução. Outro pressuposto era que as classes sociais, mesmo que ficassem apaziguadas por alentados períodos, podiam rapidamente colocar-se à altura de fazer a revolução. Um terceiro era que não importava o quanto o sentido da revolução fosse pequeno antes de tomar o poder. O mais importante, aos olhos de Lenin, era ter um partido, ainda que minúsculo, de revolucionários doutrinados que pudessem divulgar a mensagem. Um quarto pressuposto não era expressamente declarado, mas indiscutivelmente ele acreditava que o teste mais conclusivo de um revolucionário era se ele apoiava ou não Lenin em disputas faccionais. Ele se mostrava convicto em suas vontades. Sabia também que até os mais antiemigrantes dos bolcheviques reconheciam seu talento individual e aceitavam que os emigrantes deram continuidade ao Partido, apesar dos esforços da Okhrana. Os emigrantes tinham o ímpeto intelectual e sabiam redigir e organizar. Mantinham os registros do Partido; constituíam a memória coletiva do Partido. Apesar da denúncia de seus erros em Praga, poucos bolcheviques queriam seriamente se livrar de Lenin.

Na primavera de 1912, ele escreveu à mãe:[6]

> Estamos planejando viajar para passar o verão em Fontenay, fora de Paris, e pensando em uma mudança completa para o ano inteiro. Tudo é caro em Paris: o preço do apartamento foi aumentado e, de qualquer modo, será definitivamente mais saudável e sossegado fora de Paris. Nos próximos poucos dias, farei uma viagem para já ir procurando.

Lenin nunca escrevia à mãe comentando sobre política, mas, numa carta separada para Anna Ilinichna, que estava morando com ela em Saratov, observou quantas críticas haviam sido feitas aos organizadores da Conferência pelos outros "grupos e subgrupos" do Partido. Até tapas e bofetões, acrescentou, haviam acontecido. Mas, no geral, sentia-se satisfeito com o ambiente revolucionário na França.[7]

No entanto, a mudança para Fontenay não se realizou. O principal motivo foi que o Comitê Central bolchevique, apesar de esvaziado por detenções, estava executando o plano de concentrar suas energias em trabalho no império russo. Um dos primeiros objetivos foi fundar um jornal legal em São Petersburgo. Desde 1906, era permitido que os partidos políticos funcionassem na Rússia, e publicar seu próprio jornal, a Lei Básica, por mais que fosse manipulada por Nicolau II, nunca foi repelida. Evidentemente, a Okhrana fechava jornais, quando seus editores ultrapassavam os limites determinados para a expressão pública. Não era permitido, por exemplo, pleitear a queda da dinastia Romanov ou recomendar a "ditadura do proletariado". Mas, dentro dos limites, era possível publicar boa parte de material considerado subversivo ao governo e sua política. E, assim, grupos revolucionários, como os bolcheviques e mencheviques, podiam fazer sua propaganda abertamente. Lenin fizera campanha a fim de que os bolcheviques concorressem às eleições da Duma e relutara em advogar a fundação de um jornal diário dentro da legalidade. Embora não tenha explicado isso, certamente lhe desagradava qualquer editor bolchevique que não fosse ele mesmo, controlando o que aparecia na imprensa sob o *imprimatur* [o "imprima-se", o "nada contra", o selo] da facção. No entanto, o novo Comitê Central chegara a uma decisão, e Lenin tinha de lidar com essa realidade.

Em 22 de abril de 1912, saiu o primeiro número do *Pravda*. Lenin sabia que, caso permanecesse na França, perderia toda influência sobre os bolcheviques na Rússia. No entanto, se voltasse clandestinamente a São Petersburgo, acabaria sendo preso. Sensatamente, resolveu mudar-se para o mais próximo do império russo que lhe fosse possível, sem efetivamente atravessar a fronteira. Nadejda Konstantinovna fez indagações sobre a Galícia, região da Polônia sob governo austríaco. Os resultados dessa pesquisa foram positivos. A escolha recaiu sobre Cracóvia. As tensões entre os governos, em Viena e São Petersburgo, significavam que Lenin estaria livre do perigo de extradição. Cracóvia tinha 150 mil habitantes e, desses, calcula-se que cerca de 12 mil eram refugiados políticos do império russo. Quase todos esses refugiados tinham descendência polonesa, mas também havia russos entre eles. A União de Assistência a Prisioneiros Políticos, fundada em Cracóvia, dava ajuda material aos recém-chegados. Lenin e seus camaradas estariam bem situados para se comunicar com São Petersburgo. Um caminho ferroviário levava da capital russa até Varsóvia e de lá havia um serviço regular para Cracóvia. As comunicações postais eram rápidas. Lenin poderia proporcionar uma base para o Comitê Central no exterior, recebendo visitantes e correio de São Petersburgo. Não queria essa transferência, mas podia prever algumas vantagens práticas.

Lenin, Nadya, a mãe dela, Zinoviev com sua esposa Zinaida Lilina e o filhinho Stepan viajaram juntos. Saindo de Paris em 4 de junho, chegaram em Cracóvia após uma parada de poucos dias em Leipzig. Não houve a tentativa de se manter segredo. A presença de Lenin no Hotel Victoria foi anunciada no jornal local, *Czas*; e, quando Inessa escreveu de Paris, endereçou seus postais abertamente aos Ulyanov.[8] A única dificuldade era o contato com os socialistas locais. Sergei Bagotski, membro do Partido Trabalhista Social-Democrata russo, combinou de encontrá-los num determinado banco do arborizado passeio público em frente ao prédio principal da Universidade Jageloniana. Havia muitos desses bancos; o passeio estendia-se por quilômetros e a Universidade Jageloniana tinha não um, mas vários prédios principais. Na verdade, Lenin e Nadejda Konstantinovna sentaram-se pontualmente no banco correto, onde também se encontrava Bagotski. Mas não conseguiram se reconhecer, e passaram meia hora sentados, até que Nadya resolveu importunar seu vizinho, perguntando-lhe se ele se chamava Bagotski.[9]

Teria Nadya, talvez, sido mais categórica, apenas umas poucas semanas antes? Houve sugestões de que a mudança de Paris ocorreu por insistência dela, a fim de romper o contato de Lenin com Inessa. Isso é difícil de acreditar. De resto, é difícil também explicar por que, no verão de 1912, Nadya considerou a ideia de mandar sua mãe para Arcachon, o pequeno balneário da costa do Atlântico, cerca de 15 quilômetros a sudoeste de Bordeaux, e um dos favoritos dos emigrantes revolucionários russos, mesmo sendo provável que Inessa estivesse lá. Provavelmente, houve motivos políticos para que nem Lenin nem

Inessa quisessem ficar em Paris. O ponto de concentração da atividade do Comitê Central havia sido transferido para o império russo, por injunção da Conferência do Partido. Lenin precisava ter um contato mais estreito com São Petersburgo, e o papel de Inessa como secretária da Comissão Organizacional Estrangeira era redundante, após a abolição do próprio Comitê. Inessa e Lenin continuaram se encontrando ainda mais depois que ele mudou a principal base bolchevique no exterior para Cracóvia; de fato, ela ficou com Lenin e Nadya em Cracóvia antes de atravessar a fronteira para realizar trabalho revolucionário clandestino na Rússia, em julho de 1912.

Mas, indubitavelmente, o relacionamento íntimo entre Lenin e Inessa desfez-se por volta dessa ocasião. Ficou claro que foi Lenin quem decidiu terminar o relacionamento, e Inessa ficou muitíssimo desolada. Implorou a Lenin que reconsiderasse. Disse-lhe que a relação deles não estava prejudicando ninguém; presumivelmente, com isso, referia-se a Nadya. Estava apaixonada por ele, e assim permaneceu até morrer, em 1920. Mas Lenin manteve-se irredutível. As coisas não podiam continuar como antes. Mesmo que os boatos sobre o ultimato de Nadya sejam falsos, Lenin deve ter se perguntado se a complicação emocional existente era permanentemente sustentável; e, após tantos anos vivendo e trabalhando com Nadya, é provável ter achado que não podia continuar humilhando-a. Só possivelmente, e aqui estamos apenas conjecturando, pode ter julgado que só uma de duas parceiras potenciais era uma assistente política com que podia contar. Nadya era sólida, confiável e trabalhadora; havia comprovado seu valor. E, assim, a tentação de Inessa tinha de ser rejeitada, e todas as suas súplicas, ignoradas.

A mudança de local deve ter ajudado um pouco: Lenin gostava muito da Cracóvia. Embora fosse apenas a capital provincial da Galícia polonesa, na parte oriental do império Habsburgo, sua história como sé real da Polônia até 1597 impressionava todos os visitantes. Cracóvia situa-se às margens do rio Vístula. Erguendo-se bem alto sobre o rio, está o Castelo Real, que contém os sarcófagos dos reis e rainhas poloneses. O cristianismo latino fora levado para aquela região por missionários como Santo Adalberto, cuja igrejinha fica num dos lados da praça do Mercado, no centro da cidade. O aspecto dominante da praça do Mercado é o prédio da

Guilda dos Tecelães, com sua longa fileira dupla de arcadas. Grãos, vestimentas e gado eram os objetos básicos do comércio da região em torno da Cracóvia; mas havia além disso uma efervescência religiosa e intelectual. Também na praça do Mercado fica a Igreja de Santa Maria, com seu magnífico retábulo do altar, obra do pintor Veit Stoss. De hora em hora, um corneteiro surge no campanário e toca uma frase musical para celebrar o infeliz corneteiro que foi flechado por um arqueiro inimigo quando tentava alertar a cidade da súbita chegada da horda mongol, em 1241. Ao norte da praça — e muito importante para Lenin — ficava a Universidade Jageloniana. Fundada em 1364 [pelos soberanos da dinastia Jagelão], era a *alma mater* de Copérnico. A universidade tinha um salão de leitura muito decente, e os cafés e sociedades culturais das vizinhanças eram animados centros de discussão intelectual.

Quando chegou o verão de 1912, eles haviam encontrado um apartamento no nº 218 da rua Zwierzyniecka, no pé da colina e do outro lado do centro de Cracóvia, atravessando o rio Vístula. Um dos prestativos camaradas poloneses, Jakub Hanecki, vivia nessa mesma rua. A casa ficava nos arredores da cidade, e Lenin podia passear nos campos e colinas vizinhas, bem como ir nadar no Vístula. No primeiro inverno, comprou um par de patins e começou a deslizar sobre o gelo, como fazia na sua juventude em Simbirsk. Frequentemente também embarcava no trem para as vizinhas montanhas Tatra e ia escalar as paredes rochosas com Sergei Bagotski.

Cultura e recreação não eram os únicos atrativos de Cracóvia: Lenin também gostava do modo como a cidade lhe lembrava sua pátria. Os camponeses, que fervilhavam pela cidade nos dias de mercado, eram tipos reconhecíveis. E o grande bairro judeu, Kazimierz, podia com facilidade ser um *sheú*\* na região ocidental do império russo, conforme comentou com a mãe:[10]

---

\* Com a mesma origem etimológica que resultou na palavra *shield* (escudo, abrigo), o *sheú* era, na Rússia, um bairro reservado a um grupamento ou etnia (no caso, judeus) e foi uma espécie de antecessor do conceito de *ghetto*; também, etimologicamente, *sheú* (do iídiche *shtetl* = cidade) e o italiano *ghetto* estão relacionados. (*N. do T.*)

Também lhe mando meu novo endereço, com exatidão. Neste verão, fiz uma longa viagem, de Paris a Cracóvia. Quase na Rússia! Os judeus aqui são como os russos, e a fronteira russa fica a 8 verstas (pouco mais de 8 quilômetros) de distância (são 2 horas de trem desde Granica, 9 horas desde Varsóvia); há mulheres de narizes aduncos com vestidos multicoloridos — é tal como na Rússia!

Nadya fazia suas compras em Kazimierz porque a carne dos açougueiros judeus custava a metade do preço de seus concorrentes poloneses. Ela levou tempo para se acostumar com a necessidade de pechinchar. Quando exageravam no preço, tinha de sair e esperar até que o comerciante a chamasse de volta. Também ficou pasma com a reação a seu pedido de carne em filés: "O Senhor Deus fez as vacas com ossos; portanto, como posso vender carne sem ossos?"[11]

Lenin não se deu o trabalho de aprender polonês; nas emergências, recorria a gestos e frases russas simples. Quando conversava com socialistas poloneses, usava o alemão como a língua comum. Podia encontrar a maioria dos livros de que precisava no salão de leitura da Universidade Jageloniana, e a correspondência com a Rússia era entregue com facilidade. O apartamento da rua Zwierzyniecka ficava a apenas alguns minutos a pé da agência do correio e a meia hora da principal estação ferroviária. Caso precisasse mandar uma mensagem particularmente secreta a São Petersburgo, podia em geral combinar para que fosse postada do outro lado da fronteira imperial russa, em Lublin. Os camponeses que viviam num raio de 15 quilômetros em torno da fronteira podiam transitar livremente, contanto que tivessem documentos de identidade, e os bolcheviques empregavam indivíduos a fim de levar a correspondência para eles.[12]

Não que Lenin e seus amigos representassem a ameaça mais grave vinda de Cracóvia para a monarquia tsarista. O fato de que Presman Malinovski fosse um importante membro do Comitê Central bolchevique significava que a Okhrana conhecia seus segredos mais íntimos. Subterfúgios, como mensagens em código, tinta invisível e até a agência do correio em Lublin não podiam impedir que os planos de Lenin fossem conhecidos. Lenin desconhecia tudo isso. Mas era também realista quanto à política dos *émigrés* em Cracóvia. Grande parte da ameaça ao tsarismo vinha não de russos, mas poloneses. O Partido Socialista da Esquerda Polonesa, de Josef Pilsudski, tinha uma presença marcante na cidade. Seus membros visavam à restauração de um Estado polonês independente. Obviamente, esse objetivo significaria, para o império austro-húngaro, a perda de suas terras polonesas, mas na época a confiança vienense era tão grande que a desestabilização da Polônia "russa" era considerada desejável. Pilsudski recebeu total liberdade de ação. Mais ou menos abertamente, armava e treinava soldados nos campos nas cercanias de Cracóvia para eventual uso contra as forças do império russo. O ódio de Pilsudski pela monarquia Romanov era tal que estava disposto a dar assistência a virtualmente qualquer outro inimigo do tsarismo. Assim, seus homens ajudavam a despachar mensagens dos bolcheviques para a Rússia.

Nessa época, Lenin e Nadya costumavam receber visitantes da Rússia e os acomodavam para passar a noite em seu apartamento. Acolheram não apenas o pessoal do editorial do *Pravda*, mas também os seis membros bolcheviques da Quarta Duma do Estado, que assumiram seus cargos em novembro de 1912. Lenin dava conselhos sobre manobras políticas, a linha editorial e o conteúdo dos discursos na Duma. Por volta do fim do ano, ele, Zinoviev e Malinovski eram os únicos três membros do Comitê Central eleitos na Conferência de Praga que permaneciam em liberdade. A autoridade deles aumentava, consequentemente, e parte do aborrecimento com os excessos faccionais de Lenin foi desaparecendo.

O que mais, portanto, andou tramando nesses anos? Uma das coisas que lamentava era que, embora vivesse perto da fronteira imperial russa, estivesse impossibilitado de visitar qualquer um de seus parentes. A saúde de sua mãe vinha definhando, e ele se preocupava com as reviravoltas na vida da filha mais velha, Anna. Em 1911, Anna Ilinichna e seu marido Mark Yelizarov estavam vivendo em Saratov, na região do Volga, e leram nos jornais sobre Georgi Lozgachev, um "menino prodígio" que vivia na mesma cidade e que precocemente foi autodidata em russo e, no momento, estava tentando dominar o eslavo eclesiástico e o hebraico.[13] O sardento Georgi, de 6 anos, vinha de uma família pobre e tinha poucas perspectivas de receber uma educação formal decente. Quando Anna e Mark se ofereceram para adotá-lo, os pais dele concordaram. Georgi (ou

Gora, como todos o conheciam) e seu tio Volodya viriam a ser tornar amigos íntimos em 1917. Mas foi com Maria Ilinichna, e não com Volodya, que Anna discutiu a conveniência da adoção.[14] Na verdade, ele pode ter tentado dissuadi-la de adotar Gora Lozgachev, pois meses depois ela foi presa por atividade revolucionária e encarcerada na prisão de Saratov. Nesse meio-tempo, Maria Ilinichna havia se habilitado como professora particular de francês, o que foi sua última tentativa de estabelecer-se numa carreira profissional. Dmitri Ilich estava trabalhando como médico na Crimeia e suportando o gradual rompimento de seu casamento com Antonina. Todos esses dramas estavam se desenrolando não tão longe de Cracóvia, mas Lenin não tinha qualquer influência sobre eles.

Na verdade, Lenin e Nadya partilhavam o desejo de Anna Ilinichna de ter filhos. Como muitos casais sem filhos, faziam a maior festa com os filhos dos amigos. Em Cracóvia, gostavam de receber em casa Stepan, o filho de Zinoviev (ou Stepa, seu apelido), depois que Lenin terminava o trabalho do dia. Os dois corriam pela casa, tropeçando na mobília e engatinhando para baixo das camas. Se o pai ou a mãe de Stepa reclamasse do barulho, Lenin não admitia a reclamação: "Parem de interferir: estamos brincando!" Em outra ocasião, confidenciou aos Zinoviev: "Ei, é uma pena nós não termos um Stepa assim."

Mas Lenin, evidentemente, não permitia que decepções emocionais o atrapalhassem na política. Assim que chegou em Cracóvia, fez força para afirmar seu controle sobre a facção bolchevique na Rússia. As reuniões do Comitê Central aconteciam na Galícia polonesa; ocorreram sete vezes entre novembro de 1912 e o final de 1913.[15] Também houve conferências com o quadro editorial do *Pravda* e com os deputados bolcheviques da Duma de Estado. Mas ele, agora, estava sob mais forte supervisão. O Comitê Central, após a Conferência de Praga, dividiu seus afiliados entre um Bureau russo e um Bureau do Exterior. Lenin e Zinoviev constituíam todo o Bureau do Exterior, e Nadejda Konstantinovna servia como secretária. Mas o Bureau do Exterior não tinha licença para assumir responsabilidades do Comitê Central pelos simples meio do contato regular pelo correio e através de viagens pessoais do império russo. Lenin tinha de se comportar. Programas políticos precisavam ser reformulados com a aprovação dos deputados bolcheviques da Duma, caso quisesse que fizessem o que ele queria que fosse feito, na Duma e fora dela. A preeminência deles na política russa, fora do Partido, dava-lhes um valor inestimável.

Lenin queria que os seis deputados bolcheviques formassem uma facção da Duma separada dos sete deputados mencheviques. Porém, embora ele os encontrasse de vez em quando em Cracóvia, isso não era a mesma coisa que trabalhar em conjunto com eles, numa base diária, e compreender seus problemas. Josef Stalin — um talentoso organizador bolchevique da Geórgia — não era famoso por ser paciente, mas até insistia em que Lenin "pegasse mais leve" e tentasse conquistar os deputados bolcheviques para sua "linha dura" por meio de uma constante persuasão.[16] Inicialmente, um deputado bolchevique apoiou Lenin, e foi Malinovski, o agente da Okhrana. O quadro editorial do *Pravda,* também, irritou Lenin ao rejeitar 47 dos 331 artigos que ele escreveu para o jornal antes da deflagração da Primeira Guerra.[17] Ele então escreveu aos editores em São Petersburgo: "Por que vocês vetaram meu artigo sobre o congresso italiano? De um modo geral, não faria mal a ninguém dar uma notificação sobre artigos recusados. Essa não é, de modo algum, uma exigência excessiva. Escrever 'para a cesta de papel, i.e., escrever artigos que são rejeitados, é muito desagradável." Quando jovem ativista em São Petersburgo, em meados dos anos 1890, Lenin escrevera alguns pequenos artigos excelentes, úteis para propaganda marxista nas fábricas. Mas, nesses anos posteriores, ignorava os habituais pré-requisitos para voltar a escrever artigos assim. Insistia em escrever os alentados artigos e panfletos "técnicos" que sustentavam a polêmica com as outras divisões do partido; e, para fazer-lhe justiça, redigiu artigos para o *Pravda* e discursos para os deputados da Duma. Mas não gostava que outras pessoas determinassem seu programa de trabalho.

Lenin teria muitas dificuldades caso a Okhrana não tivesse sido eficiente em prender tantos membros incômodos do Comitê Central e editores do *Pravda*. Um desses editores foi Josef Stalin. Após a Conferência de Praga, Stalin fora cooptado para o Comitê Central e, no outono de 1912, foi nomeado editor-chefe do *Pravda*. Lenin referia-se a ele como "o maravilhoso georgiano". Mas, como outros destacados bolcheviques, Stalin não gostava da cruel e repetitiva perseguição aos mencheviques que Lenin exigia do *Pravda*. Rapidamente, a Okhrana pegou Stalin. E então, em maio de 1913, depois que o sucessor de Stalin, Yakov Sverdlov, também foi preso, Miron Chernomazov assumiu. Chernomazov agia como um leninista obediente. O motivo para isso, no entanto, era Chernomazov ser um agente da Okhrana, e a Okhrana queria que o *Pravda* se tornasse mais agressivo em seus editoriais, a fim de que as autoridades tivessem o necessário pretexto para fechar o jornal. O resultado foi a recorrente interrupção da publicação do *Pravda*. Lenin, é claro, nada sabia sobre o papel da Okhrana. Os sinais estavam todos presentes, se ao menos tivesse estado alerta e, sem dúvida, foi prejudicado por não poder ver Chernomazov no trabalho, em São Petersburgo. Mesmo assim, foi extraordinariamente ingênuo.

Lenin conseguiu a política faccional interna pela qual ansiava, mas ao preço de os operários de São Petersburgo não poderem ler o jornal com frequência. As coisas não iam muito melhor na Duma do Estado. Em novembro de 1913, os deputados bolcheviques finalmente se curvaram aos argumentos de Lenin em favor de romper a divisão conjunta bolchevique--menchevique da Duma. Eles mudaram para seu lado principalmente porque o movimento trabalhista estava ficando mais militante e, mesmo assim, o jornal menchevique *Luch* era extraordinariamente reticente no apoio às greves. Mas a cisão na Duma teve a consequência de envolver os deputados bolcheviques em disputas faccionais, que desconcentravam os operários comuns — e, nessa medida, Lenin foi responsável pelos bolcheviques, na Rússia, não conseguirem tirar o máximo proveito político da situação nas fábricas. Era muito mais o conspirador faccional do que o líder nacional.

Ainda por cima, não havia abandonado suas obsessões quando deixou Paris. Continuou infernizando os três depositários alemães do legado Shmidt — Karl Kautsky, Franz Mehring e Clara Zetkin — pela transferência de todas as quantias para o Comitê Central. Kautsky estava exasperado com todo aquele negócio. A intransigência de Lenin combinava com o estereótipo do século XIX de socialistas russos perdendo todo seu tempo com disputas. Para Lenin, alegar que o Comitê Central era a incontestável personificação da liderança do Partido Trabalhista Social--Democrata russo não passava de conversa-fiada; e Kautsky e Mehring, após tentarem conseguir que bolcheviques e mencheviques fizessem concessões mútuas, lavaram as mãos sobre o assunto. Alegando problemas de saúde, demitiram-se como depositários. A partir daí, a terceira depositária, Clara Zetkin, não teve mais paz. Lenin escreveu-lhe uma carta formal, dizendo que, se ela não restituísse as quantias, estaria sujeita a responder a um processo. Tendo recebido aconselhamento profissional do advogado suíço Karl Zraggen, ele fechou um acordo com Georges Ducos de la Haille, advogado da Corte de Apelações, pelo qual De la Haille receberia o pagamento de 5 mil francos caso conseguisse concluir o caso rápida e satisfatoriamente para os bolcheviques.[18]

Mas *monsieur* Ducos de la Haille não podia fazer milagres e, assim, Lenin buscou ajuda de um advogado alemão, Alfred Kahn. A situação começou a fugir do controle, e Kautsky resolveu, em dezembro de 1913, que o Bureau Internacional Socialista em Bruxelas deveria se interessar pelo extraordinariamente renhido conflito faccional no Partido Trabalhista Social-Democrata. Kautsky queria que fossem consideradas não só as disputas financeiras, mas também as políticas. Isso tudo deixou Lenin muito exaltado. Qualquer discussão dessas no Bureau Internacional Socialista podia levar à perda do legado Shmidt e a uma campanha dos socialistas europeus, estimulados pelo Bureau Internacional Socialista para que os marxistas russos reunificassem seu partido. Lenin só podia tentar ganhar tempo. Concordou com a participação bolchevique numa reunião de todas as facções do Partido Trabalhista Social-Democrata russo, com o objetivo de um "intercâmbio de opiniões".

A pessoa que ele escolheu para representar os bolcheviques em Bruxelas foi ninguém menos que Inessa Armand, que deixara Cracóvia em julho de 1912 para realizar atividades do Partido no império russo. Mas ela foi presa pela Okhrana e acabou ficando tuberculosa após alguns meses na prisão. Libertada sob fiança, aventurou-se pela fronteira, em agosto de 1913, e foi visitar Lenin na Galícia.[19] A essa altura, ele não estava mais em Cracóvia. Ele e Nadya seguiram quase 100 quilômetros para o sul, até Bialy Dunajec na ferrovia que serpenteia até a estação de esportes de inverno de Zakopane, onde alugaram uma ampla casa de campo de madeira porque aconselharam a Nadya a beneficiar sua saúde com o ar fresco do campo. De qualquer forma, já estavam saturados da vida urbana, e Lenin, em particular, queria ir escalar. As comunicações com a

Rússia não seriam drasticamente mais lentas em Bialy Dunajec. O trem postal de Crocávia parava duas vezes por dia na aldeia mais próxima de Poronin e, em geral, uma carta levava apenas dois dias para chegar de São Petersburgo; e Lenin positivamente gostava de ir, a pé ou de bicicleta, pegar as cartas chegadas de Poronin. Os Lenin fecharam um aluguel até o início de outubro, quando voltariam a Cracóvia para o inverno. Haviam se divertido tanto que repetiram a experiência em 1914 e alugaram, então, um apartamento na própria Poronin.

Bialy Dunajec e Poronin ficavam numa área muito sossegada e exótica, após os anos passados na Suíça, na Itália e na França. Os residentes não se pareciam com os poloneses de Cracóvia. Eram na maior parte chamados *guraly*. Os homens usavam chapéus pretos de abas moles, camisas brancas e calças bege. As mulheres, vestidos longos das cores mais vivas. Tinham a pele morena e uma conduta ameaçadora quando abordados por estranhos. O estilo de agricultura era o mesmo havia séculos. Criavam vacas e, nas áreas menos montanhosas, plantavam centeio. Suas casas tinham grossas paredes de madeira. Não havia qualquer fábrica em quilômetros, e os artesanatos existentes dedicavam-se ao uso doméstico. Um pouco adiante ficava Zakopane, onde os milhares de veranistas e pacientes de tuberculose que iam para lá proporcionavam emprego a grande número de aldeãs. Havia uma crescente demanda comercial por objetos entalhados de madeira e renda; a recente conclusão da estrada de ferro Cracóvia–Zakopane deu início ao processo de erosão do isolamento da área — um processo ainda perceptivelmente incompleto por volta do final do século XX. "Aqui é um lugar maravilhoso", escreveu Lenin a sua irmã, Maria. "O ar é excelente, a uma altura de cerca de 700 metros."[20]

Nadya não gostou imediatamente da região. Achou desagradável ter de barganhar o aluguel com a senhoria. E, então, contrataram uma empregada que se revelou incompetente e não muito brilhante. E também chovia mais do que em Cracóvia. O pior de tudo era a decadência de seu estado físico: seu problema com a glândula tireoide havia levado a palpitações cardíacas. De fato, Poronin e as montanhas circundantes podem ter contribuído para isso. Embora ela tenha melhorado com o ar maravilhosamente puro, Bialy Dunajec ficava tão acima do nível do mar que a baixa pressão atmosférica não poderia deixar de afetar seu coração debilitado. Evidentemente, a orientação médica que vinham recebendo não era das melhores. De qualquer modo, Lenin ficou convencido de que Nadya não podia continuar como antes. Em sua opinião, ela precisava de uma intervenção cirúrgica na papeira formada pelo bócio e, depois de muito argumento para tentar convencê-la, ela acabou concordando. Em junho de 1913, acompanhou-a a Berna, na Suíça, para tratar-se com o professor Theodor Kocher.

Nadya antes fora contra a cirurgia pelo razoável motivo de que um a cada cinco pacientes morria na mesa dessa operação específica. Lenin, entretanto, encontrou o professor Kocher, considerado o maior pesquisador e especialista mundial no campo do tratamento da tireoide e havia reduzido a taxa de mortalidade para um em duzentos casos. Estava, então, com cerca de 70 anos, e era famoso em todo o mundo após ter recebido o prêmio Nobel de Medicina de 1909. Seu método inovador era remover uma porção particular da glândula; por volta de 1913, havia realizado mais de 5 mil incisões e conseguido uma cura completa ou parcial da doença em muitos casos. Hoje em dia, os médicos administram drogas eficazes a esses pacientes, mas, antes da Primeira Guerra, o método de Kocher era a melhor técnica disponível. Infelizmente, também era muito caro. Lenin escreveu ao quadro editorial do *Pravda*, solicitando um subsídio, mas não há registros de que tenha recebido algum. Ele providenciou a viagem assim mesmo; Lenin e Nadya viviam de maneira modesta em muitos sentidos, mas nunca economizavam com férias, livros ou tratamentos de saúde. O dinheiro sempre podia ser obtido, embora Lenin habitualmente alegasse pobreza nas negociações com o Partido.

A fim de chegar a Berna, os Lenin tomaram o trem de Cracóvia, atravessando do leste para o oeste o império Habsburgo. Era uma viagem de mais de 11 mil quilômetros e Vladimir Ilich estava zangado, porque Kocher se recusara a tratar sua esposa de imediato. Houve uma discussão, porém Kocher não quis ceder, e Nadya teve de esperar sua vez. Ela não estava ansiosa pela operação, já que Kocher a realizava sem anestesia e não era o mais comunicativo dos médicos. Mas Nadya era estoica. Tinha de ser tomada a decisão de se submeter à operação, e ela precisava ter pensamento positivo. Lenin temia por suas perspectivas, mas, de certa forma, conseguiu esconder isso dela; comentou que Kocher podia ter uma personalidade "caprichosa", mas era "um cirurgião maravilhoso". A operação então foi realizada e, embora Nadya tenha tido febre alta, recuperou-se rapidamente, e havia motivos para se achar que Kocher a havia curado. Lenin, zelosamente, passou vários dias visitando-a, mas sua paciência estava se esgotando. Kocher deu instruções para que Nadya partisse para uma quinzena de recuperação nos Alpes, que ficavam próximos. Os Lenin rejeitaram esse conselho e, assim que ela foi considerada apta para viajar, Vladimir Ilich levou sua mulher de volta da Suíça.

Nesse retorno, o relacionamento entre Nadya e Inessa foi melhor do que havia sido em Paris. Juntas, as duas acompanhavam Lenin em seus passeios, e os amigos bolcheviques referiam-se ao trio como "o grupo dos andarilhos". Um apelido alternativo era "o grupo dos anticinemistas". Isso era uma referência à desaprovação de Lenin à paixão de seus camaradas Kamenev e Zinoviev de ir ao cinema e evitar o esforço físico. Uma vez que Kamenev e Zinoviev pertenciam a famílias judias, Lenin, de brincadeira, adaptou o apelido para "o grupo dos antissemitas". (Essa brincadeira, aliás, demonstra quão pouca importância Lenin geralmente dava ao ingrediente judeu em sua própria ascendência.) Inessa tinha intensos interesses culturais e estimulava Lenin e Nadya a assistir a concertos de Beethoven para piano. Para Lenin, Beethoven era uma festa; para Nadejda, nem tanto. Mas isso não tinha importância. Os três gostavam de suas discussões uns com os outros. Lenin lia vorazmente os clássicos literários russos; um exemplar de *Guerra e paz,* de Tolstoi, com páginas cheias de marcas de "orelhas", estava especialmente muito usado. O único porém era que as livrarias locais tinham um estoque bem reduzido de livros russos. Mas isso não era um problema. Geralmente, Lenin e seus amigos sentiam-se satisfeitos com as diversões disponíveis na Galícia polonesa.

Porém, em novembro, Inessa já não estava mais presente. Numa carta pungente, de Paris, ela escreveu a Lenin:[21]

Você e eu nos separamos, nós nos separamos, meu querido! Eu sei, eu sinto: você nunca virá para cá! Olhando para os lugares muitos familiares, reconheci claramente — como eu nunca fizera antes — que lugar enorme você ocupou na minha vida aqui em Paris; de tal modo que quase todas as atividades aqui ficaram ligadas por mil laços a lembranças de você. Naquela época eu definitivamente não estava apaixonada por você mas, mesmo então, eu o amava muito. Naquele momento eu podia aguentar sem os beijos: só vê-lo e falar com você às vezes me satisfazia — e isso não poderia fazer mal a ninguém. Qual foi o motivo para eu ser privada disso? Pergunte-me se estou zangada com você por haver "levado a cabo" o rompimento. Não, acho que não fez isso por sua própria vontade.

Essas últimas palavras devem com certeza referir-se a algum tipo de incidente e ao julgamento de Inessa de que Lenin havia terminado com ela devido a sua preocupação com os sentimentos de Nadya. Essa era a carta de uma amante rejeitada e que acreditava que seu homem ainda nutria sentimentos mais profundos por ela do que pela própria esposa.

Inessa estava ficando desesperada. Jogando sua última cartada, enfatizou que sentia carinho por Nadya. Sua súplica implícita a Lenin era que eles três poderiam viver juntos sem constrangimento ou culpa. Ele se negou e, em cartas subsequentes, Inessa foi se mostrando mais combativa para com ele, conforme Lenin persistia em mantê-la distante. Em determinada carta, ele observaria que vivia em termos íntimos de amizade e respeito com pouquíssimas mulheres. A resposta de Inessa acusava-o de arrogância, alegando ter ele declarado que só duas ou três mulheres em sua vida mereceram seu respeito.

Em julho de 1914, Lenin retorquiu que ela havia interpretado erradamente o que ele escrevera:

Nunca, nunca escrevi que dou valor a apenas três mulheres. Nunca!!! O que escrevi foi que minha amizade *incondicional,* confiança e respeito *absolutos* foram dedicados a apenas duas ou três mulheres. O que é uma coisa completa, profunda e totalmente diferente.

Espero que nos vejamos aqui, após o Congresso, e possamos falar a respeito.

Ele estava andando numa corda bamba. Queria permanecer em termos amigáveis com Inessa e convencê-la de que se comportara corretamente com ela. Mas não era só isso. Lenin também desejava continuar a dispor de Inessa para missões importantes do Partido. Precisava alcançar um equilíbrio entre as considerações emocionais e as políticas. Se, por um lado, deixava implícito que não havia sido condescendente com ela no fim do caso entre eles, por outro, Lenin pretendia usá-la como sua subordinada em política. Tendo conseguido que ela consentisse em representar os bolcheviques na reunião de "intercâmbio de opiniões" das facções marxistas russas em Bruxelas, derramou sobre ela um dilúvio de conselhos sobre como lidar com a ocasião.

Ela se defrontava com um complexo de dilemas em sua vida política. Enquanto Lenin combinava com Inessa sobre a reunião de Bruxelas, ficou sabendo que, entre os deputados bolcheviques da Duma, reinava a confusão. Doman Malinovski fora o causador de tudo. No verão de 1914, ele não suportou a pressão de sua dupla lealdade, ao bolchevismo e à Okhrana, e fugiu secretamente para São Petersburgo. Alguns dias depois, apareceu na Galícia polonesa. A essa altura, já se especulava publicamente, na Rússia, que Malinovski era um agente da polícia. Para os bolcheviques, isso teria sido uma vergonha em qualquer momento. Mas Lenin, que estava só começando a estabilizar sua vida privada e se preocupava com as questões financeiras e políticas do Bureau Internacional Socialista, sentiu esse último golpe.

Malinovski fazia parte tanto da Duma como do Comitê Central bolchevique; era o mais famoso bolchevique em atividade no império russo. Malinovski e Lenin tinham sido muito amigos. Os inimigos de Lenin sempre disseram que ele era complacente demais quanto ao tipo de gente de que se cercava. Tinha havido vários exemplos notórios. Taratuta e Andrikanis haviam convencido duas moças a se casar, visando ao ganho pecuniário da facção; Kamo roubara bancos para a facção. Lenin os defendera, a todos, das críticas, como era bem devido, uma vez que ele próprio lhes havia instigado suas atividades duvidosas. Seu critério de aprovação era se uma pessoa aderia ou não às políticas bolcheviques vigentes. Menosprezava os antibolcheviques que ficavam horrorizados com sua recusa em avaliar o caráter moral dos membros de sua facção. Muitas vezes fora prevenido quanto a Malinovski. Mas não tomou precauções. Para Lenin, Malinovski parecia se comportar exatamente como um bolchevique no estilo Lenin deveria. E era melhor organizador e orador do que todos os outros deputados da Duma juntos. Sabia falar a linguagem do operário russo comum. Por que, então, desconfiar dele? Não era exatamente para isso que os inimigos da facção agiam, para fomentar a discórdia no bolchevismo?

Mesmo assim, Lenin sentia-se na obrigação de formar uma comissão de inquérito para o Comitê Central. Embora Lenin e Zinoviev fossem as figuras dominantes da comissão, eles próprios estavam sujeitos a escrutínio. Ao julgar Malinovski, estavam julgando a si mesmos e seu comportamento pregresso. Dada a natureza dessas situações, era difícil ter certeza sobre as provas, e Malinovski era muito hábil em desacreditar qualquer prova. Lenin sempre simpatizara com Malinovski, mesmo com os outros deputados da Duma alegando que Lenin o estava tratando com excesso de brandura. Num julgamento não oficial semelhante, em 1906, os Revolucionários Socialistas concluíram que o padre Georgi Gapon era um agente da polícia e o enforcaram. Mas Lenin e Zinoviev proporcionaram a Malinovski o benefício da dúvida. Nenhuma acusação podia ser totalmente provada e ele, concluíram, tinha de ser considerado inocente.

Enquanto essa comissão confidencial se reunia, em junho, Lenin estava perdendo qualquer vestígio de senso de proporção. Sua distração das possibilidades revolucionárias russas era total. Sua intuição política — afiada como uma navalha em 1917 — estava extremamente cega em meados de 1914. Não tinha culpa. Vivendo na Polônia dos Habsburgo, recebia diariamente notícias da Rússia. Durante junho e julho, houve greves em São Petersburgo contra o governo, bem como contra os proprietários das fábricas. Por um breve momento, levantaram-se barricadas nos bairros industriais. Parecia forte a possibilidade de que a monarquia Romanov estava para enfrentar um teste semelhante a suas experiências em 1905-6. Mas não havia qualquer prenúncio de orientação para Lenin na Galícia. Nem ele deu muita atenção à crise diplomática que se formaria entre as grandes potências europeias e que estava para mergulhar o continente na catastrófica Primeira Guerra Mundial. Lenin tinha a mente ocupada com outras coisas: Bruxelas, Kautsky, o legado Shmidt, Inessa e Malinovski. Sua prioridade, nessa ocasião, era marcar pontos em discussões com outros socialistas importantes nos partidos da Rússia e do restante da Europa. Guerra de verdade, escassez e fome de verdade, empobrecimento de verdade não eram coisas de sua experiência direta — e até inteirar-se da política russa do dia a dia, em 1917, não conseguiu erguer-se ao nível do tipo político a que ele aspirava ser.

## 13. Lutando para perder

1914-1915

E, então, aconteceu: em agosto de 1914, a Alemanha declarou guerra à Rússia. Isso ocorreu ao fim de semanas de ameaças diplomáticas na Europa, em seguida ao assassinato do arquiduque austríaco Franz Ferdinand, por um nacionalista sérvio, em atentado na capital da Bósnia, Sarajevo. Em 23 de julho, o governo Habsburgo em Viena lançou um ultimato, cujos termos eram tão humilhantes que tornava politicamente impossível para que a Sérvia atendesse. Quando o governo imperial russo declarou apoio à Sérvia, o governo alemão declarou que, a não ser que os russos retirassem suas forças, a Alemanha iria à guerra contra a Rússia em apoio aos austríacos. A Rússia não quis se manifestar. Havia suportado uma série de discussões com a Alemanha e o império austro-húngaro nos últimos cinco anos, e o senso de honra dinástica e imperial de Nicolau II induziu-o a concluir que chegara a hora de tomar uma atitude. Em poucos dias, a Grã-Bretanha e a França anunciaram que lutariam ao lado da Rússia. Esses três poderosos Estados formaram uma coalizão contra três outros do mesmo tipo — a Alemanha e os impérios austro-húngaro e otomano. Desenrolava-se a Primeira Guerra. Os diplomatas estavam espantados com a velocidade com que as relações internacionais fugiram de suas mãos experientes.

Em todos os países, inclusive na Rússia, vários partidos políticos e jornais estavam prontos para condenar seus governos ao menor sinal de fraqueza contra os inimigos nacionais. A maioria dos governantes, no entanto, não se deixou perturbar por isso e, nos primeiros estágios da crise diplomática, esperava que um conflito militar generalizado pudesse ser evitado. Essa esperança acabou em agosto. Duas grandes coalizões foram colocadas uma contra a outra. Áustria-Hungria e Alemanha enfrentavam inimigos em duas frentes. No Ocidente, havia as forças conjuntas de França e Grã-Bretanha; no Oriente, havia a Rússia.

A desatenção de Lenin à crise que se intensificava é inequívoca. Sua compreensão da política fora de seu Partido sempre foi de um tipo muito generalizado. Nunca examinou as reviravoltas da política governamental do império russo; da mesma forma, pouco se interessou pelas vicissitudes da diplomacia internacional no verão de 1914. Sua abordagem marxista o acostumara a concentrar-se nos fundamentos políticos e econômicos dos regimes e, como resultado, havia se tornado simplesmente complacente quanto à segurança pessoal de que desfrutava no império Habsburgo. Não foi a única pessoa na Europa a ser surpreendida. Mas isso é o melhor que se pode dizer dele. Realmente, não era preciso muita previsão para imaginar que qualquer guerra entre a Rússia e a Áustria o colocaria sob ameaça. Vivendo na Galícia, podia muito bem ser preso como agente russo no início das hostilidades; e, se as forças imperiais russas viessem a ocupar a região, certamente seria tratado como traidor.

Quando percebeu seu erro, era tarde demais. Conforme a Rússia começou a se mobilizar, a polícia de Habsburgo deu início à investigação sobre residentes estrangeiros. Lenin morava a apenas alguns quilômetros da fronteira russa, e visitara os postos de fronteira. Escrevera com frequência para São Petersburgo e abrira sua casa para políticos russos. Havia percorrido as montanhas perto de Zakopane e interrogado os habitantes da região sobre valores de aluguel, clima, variedade étnica e os melhores caminhos de uma aldeia para outra. Tinha uma pistola Browning. Faltavam a Lenin apenas uma compleição morena e uma capa preta para completar a caricatura de um espião russo. A histeria de guerra atingiu todas as cidades e aldeias polonesas, e os padres católicos na Galícia pregavam que os residentes russos estavam em ação, envenenando os poços. O fato de Lenin ter sido até então um ilustre emigrante antitsarista não fazia a menor diferença. A empregada de Lenin inventou histórias sobre eles, que saiu contando às mulheres dos camponeses em Bialy Dunajec. Tudo isso poderia facilmente ter terminado em violência, talvez em linchamento. Nadejda Konstantinovna, sensatamente, subornou a empregada, pagando-lhe uma compensação para demiti-la e dando-lhe uma passagem de trem só de ida para Cracóvia.[1] No entanto, a hostilidade local para com os emigrantes russos não diminuiu. As coisas teriam sido mais fáceis para Lenin se tivesse permanecido na Cracóvia, onde a polícia era mais sofisticada do que em Bialy Dunajec. O problema com que se defrontava o oficial que chegou à aldeia, vindo de Nowy Targ em 7 de agosto (NS),* era que ele sabia que seria repreendido caso não conseguisse prender alguém que depois fosse identificado como agente dos Romanov. Podia-se prever exibição de zelo burocrático, e era fatal que o oficial visse tudo pelo pior ângulo possível.

Uma rápida batida confirmou as expectativas do oficial. Entre os pertences de Lenin, achou extensas anotações sobre agricultura contemporânea, incluindo tabelas estatísticas. O oficial deduziu que esse material era uma mensagem em código para os superiores em espionagem do suspeito em São Petersburgo. A descoberta da pistola Browning incriminou Lenin ainda mais. Até o pote de cola foi considerado peculiar. Para o oficial, pareceu provável que fosse uma bomba. Em retrospecto, — mas só em retrospecto — a situação tinha o seu lado cômico. Na ocasião, Lenin e Nadejda Konstantinovna tinham medo de que os nervos do sujeito acabassem por levar a melhor sobre ele.

No final, os três conseguiram chegar a um acordo de que somente Lenin precisava ser submetido a mais interrogatórios. A cortesia polonesa para com as mulheres salvou Nadejda Konstantinovna (ainda que ela, uma promotora da emancipação feminina, não tenha pedido favores). O oficial planejou voltar para Nowy Targ, a quase 15 quilômetros de distância, mas desistiu da ideia depois que Lenin deu sua palavra solene de que não iria fugir. Tomaria o trem para Nowy Targ no dia seguinte. Assim que o oficial saiu, Lenin partiu às pressas para Poronin para procurar Sergei Bagotski e Jakub Hanecki, que se ofereceram para conseguir declarações escritas de companheiros marxistas em outros pontos do

---

* Abreviatura de New Style, isto é, no calendário gregoriano. (N. do T.)

império austro-húngaro, garantindo que Lenin não era um espião.² Enquanto isso, Lenin mandou um telegrama solicitando ao chefe de polícia da Cracóvia que confirmasse às autoridades de Nowy Targ que ele vinha vivendo na Galícia como emigrante político, o que o chefe de polícia fez rapidamente. Lenin, então, voltou para tomar as providências finais em Dialy Dunajec. Por um golpe de sorte, um bolchevique, certo V. A.

Tikhomirnov, acabara de chegar à aldeia. Lenin ofereceu-lhe acomodações em troca de proteção para Nadejda Konstantinovna e sua mãe.³

Em 8 de agosto, ele foi para Nowy Targ e acabou preso. Enquanto estava sendo mantido na cela nº 5, seus amigos do lado de fora esforçavam-se para libertá-lo. Bagotski e Hanecki não estavam sozinhos. Por alguma distração, Grigori Zinoviev havia sido deixado em paz pela polícia. Isso o deixou livre para circular por toda a região fazendo campanha pela soltura de Lenin. Sigmund Marek, um marxista, rapidamente escreveu às autoridades em favor de Lenin. Nadejda Konstantinovna despachou telegramas. Viktor Adler, em Viena, e Herman Diamand, em Lvov, responderam depressa, conforme solicitado.⁴ "Tem certeza", um ministro austríaco perguntou a Adler, "que Ulyanov é um inimigo do governo tsarista?" Adler respondeu: "Oh, sim, um inimigo mais figadal do que vossa Excelência!"⁵ Hanecki e Nadejda Konstantinovna visitavam o prisioneiro com regularidade em Nowy Targ para animá-lo. Não precisavam ter se preocupado indevidamente. Lenin ocupava-se conversando com outros prisioneiros — a maioria dos quais havia sido detida por pequenos delitos — e usava seu conhecimento jurídico para dar-lhes assistência no preparo de suas defesas. Era uma figura popular, apesar de seu fraco domínio do polonês, e referiam-se a ele na prisão como "um verdadeiro touro, esse sujeito".

Em 19 de agosto, Lenin foi solto e teve permissão para voltar a Braly Dunajec. A essa altura, ele e seus companheiros precisavam deixar a Galícia urgentemente. As forças imperiais russas estavam avançando depressa e havia uma possibilidade de que a Galícia viesse a ser ocupada. Em tal contingência, a clemência mostrada pelos austríacos com o líder do bolchevismo não se repetiria. Lenin e Nadejda Konstantinovna determinaram-se a seguir para a neutra Suíça e escreveram ao companheiro marxista Herman Greulich pedindo-lhe que apoiasse o requerimento deles para fixar residência lá. Em 26 de agosto, acompanhados pelos Zinoviev, partiram para Cracóvia. Foi obtida permissão para sua viagem adicional a Viena, onde Viktor Adler ajudou-os a conseguir a documentação necessária para a viagem à Suíça, em 3 de setembro (NS).

Tinha havido um razoável influxo de revolucionários russos oriundos dos países beligerantes. Lenin escreveu a Vladimir Karpinski em setembro:

> Dizem que uma nova emigração francesa partiu para Genebra de Paris, Bruxelas etc. Lá não está havendo uma extraordinária inflação de preços, especialmente dos apartamentos? E, assim, teremos de nos instalar temporariamente. É possível encontrar quartos para alugar (dois quartos pequenos), numa base mensal, com uso da cozinha?

Companheiros bolcheviques deram uma ajuda, e os Lenin ocuparam um apartamento no n° 11 da Donnerbühlweg, em Berna. A essa altura, ele estava extremamente zangado. Antes de deixar a Galícia, lera nos jornais que os representantes do Partido Social-Democrata alemão no Reichstag haviam votado a favor de concessão de créditos de guerra do governo alemão. Lenin ficou surpreso e mortificado. Para Bagotski, exclamou: "Isso é o fim da Segunda Internacional." Estava se referindo à incapacidade de o Partido Social-Democrata alemão cumprir a resolução do Congresso da Segunda Internacional, em Stuttgart, de que os partidos socialistas deveriam fazer tudo em seu poder para impedir seus governos de travar guerra na Europa ou em qualquer outra parte. O militarismo e o imperialismo haviam sido condenados pelo Congresso. Na época, Lenin teve de exercer pressão sobre os marxistas alemães para aderir à resolução durante o Congresso; mas nunca havia imaginado que eles viriam a descumpri-la. Agora, o Partido Social-Democrata alemão, o partido mais avalizado da Segunda Internacional, tinha feito exatamente isso.

O estado de espírito de Lenin era colérico, em especial porque compartilhara do respeito quase universal que os marxistas europeus tinham pelo Partido Social-Democrata alemão. Apesar de toda a sua satisfação com a Rússia e o bolchevismo, esperava que a "revolução socialista" na Europa fosse liderada não por russos, como ele próprio, mas por alemães. Estimava Karl Kautsky, apesar das altercações financeiras que teve com ele. E, no entanto, Kautsky, o árbitro da ortodoxia marxista para Vladimir Ulyanov, havia se recusado a romper com o Partido Social-Democrata por causa da questão da votação dos créditos de guerra. Para Lenin, isso equivalia a apoiar o militarismo e o imperialismo. Kautsky tinha, portanto, de ser denunciado.

O fenômeno observado no tempo de guerra, dos partidos socialistas apoiando seus governos, tornou-se a norma. Na Alemanha, Áustria, França e no Reino Unido a maioria deles assumiu a linha de que a independência nacional estava ameaçada. Poucos partidos seguiram a política da Internacional Socialista de oposição ativa à guerra, e os partidos russos destacavam-se entre eles. Não que todos os seus líderes se recusassem a apoiar o esforço de guerra russo. Vários bolcheviques, mencheviques e revolucionários socialistas encaravam a Alemanha como propensa a uma agressão imperialista que exigia apoio a suas forças imperiais, embora detestassem a monarquia Romanov. Mais especialmente, Georgi Plekhanov abandonou sua luta contra o governo e conclamou os socialistas russos patriotas a seguirem seu exemplo. Centenas de emigrantes políticos em Paris apresentaram-se como voluntários para lutar nos exércitos dos Aliados, e outros partiram para a França, a fim de juntar-se a eles. Mas a maioria dos líderes bolcheviques, mencheviques e revolucionários socialistas foi fiel a posições antibélicas de um tipo ou de outro. Alguns eram pacifistas. Outros não rejeitaram a guerra como tal, mas queriam encenar esse conflito por meio de pressão exercida por socialistas de todos os países beligerantes — e muitos destes, incluindo o menchevique Yuli Martov, achavam que, no caso da Rússia, isso ainda teria de envolver a queda dos Romanov em tempo de guerra.

A posição de Lenin ficava no extremo do marxismo russo. Antes de chegar à Suíça, ele havia escrito um breve artigo, "Os deveres da social-democracia revolucionária na guerra europeia". Concordava com Martov que o conflito militar na Europa era "burguês, imperialista, dinástico", e tanto ele como Martov sustentavam que o Partido Social-Democrata alemão tivera um comportamento repelente. Mas Lenin tinha sua própria preocupação: "Do ponto de vista da classe operária e das massas laboriosas de todos os povos da Rússia, o mal menor seria a derrota da monarquia tsarista."⁶ Martov condenava os governos "imperialistas" de forma indiscriminada. Para Lenin, isso não bastava. Por mais condicionalmente que fosse, queria que os marxistas acolhessem bem o sucesso alemão na guerra com a Rússia. Isso era extraordinário para um homem que não estava sob qualquer compulsão intelectual de preferir um grupo de "imperialistas" a outro.

Sua linguagem era moderada. Em uma frase notória, referiu-se aos exércitos imperiais russos como "quadrilhas dos Centos Negros". Os Centos Negros eram grupos de rufiões reacionários que organizavam *pogroms* de judeus no império russo antes da guerra. Agora Lenin despreocupadamente descrevia os operários e camponeses recrutados para as forças armadas como antissemitas. A estratégia de revolução do bolchevismo, conforme formulada por Lenin desde 1905, pedia uma "aliança de classe" entre a classe operária e o campesinato. No entanto, da Suíça, em tempo de guerra, ele estava menosprezando ambos os grupos em termos contundentes. Não conseguiu ser bem-sucedido nas reuniões que teve com companheiros emigrantes bolcheviques. A primeira reunião ocorreu em bosques nos arredores de Berna a fim de evitar aborrecimentos para as autoridades suíças, que queriam manter o país longe da política de guerra. Um dos deputados bolcheviques da Duma de Estado, F. N. Samoilov, estava presente e, quando voltou à Rússia, levou notícias da discussão bolchevique. Lenin então viajou para falar a outros grupos bolcheviques em Genebra e Zurique. Quando Karpinski o encontrou, seguiu-se uma discussão sobre o conteúdo e a linguagem de "Os deveres da social-democracia revolucionária na guerra europeia".

Lenin tinha de recuar, pelo menos um pouco. Continuou expressando uma preferência por ver a Rússia derrotada, mas, ao mesmo tempo, insistia em que socialistas de outros países deveriam igualmente fazer campanha pela derrota de seus respectivos governos na guerra. Com isso, exibia uma insignificante compreensão de como se travam guerras. Apesar de dizer que estava propondo programas políticos "científicos" e "práticos", nunca explicou como seria possível para todos os Estados beligerantes ser derrotados ao mesmo tempo. Inconscientemente, havia deixado de retirar o ingrediente nacional de suas recomendações. Sempre afirmou que suas ideias tinham um núcleo europeu, mas sempre foi um europeu muito russo. Não importava o que estivesse acontecendo na Europa, queria que Nicolau II e seu regime fossem esmagados.

Em vez disso, concentrou-se em insistir em que a deflagração da guerra na Europa aproximara mais a era da revolução socialista europeia. Sempre adotara uma perspectiva europeia sobre estratégia revolucionária. Ao mesmo tempo que se sentia amargamente decepcionado com o Partido Social-Democrata alemão desde agosto de 1914, não perdia a fé na iminência da queda do capitalismo. O dever dos partidos socialistas era reunir apoio em meio à classe operária para a luta política revolucionária. O fato de que a maioria dos líderes socialistas na maior parte dos países havia parado de se opor ao "chauvinismo" era irrelevante: Lenin contrapunha que os tempos estavam maduros e que os operários fossem voltados para a revolução até mesmo por grupos bem pequenos de revolucionários determinados e experientes, como os bolcheviques. A revolução socialista europeia poderia, portanto, ser ocasionada em tempo de guerra. Ele apresentou um novo slogan: Guerra Civil Europeia! Lenin propunha — mais uma vez sem elaborar sua ideia mais detalhadamente — que a incumbência urgente era transformar a "guerra imperialista" numa "guerra civil" em todo o continente. As classes operárias de todos os países europeus deveriam unir-se na luta contra o concerto das classes médias do continente. Era da luta de classes e não da paz entre as classes que se precisava naquela época de guerra.

Sua confiança provinha de cálculos que havia expressado em uma carta a Maksim Górki em 1913: "A guerra entre a Áustria e a Rússia seria uma coisa muito útil para a revolução (no total da Europa oriental), mas é muito pouco provável que Franz Joseph [o imperador Habsburgo] e Nikolasha [o apelido de Lenin para o imperador russo] nos concedam esse prazer."[7] Os governos das grandes potências europeias haviam feito o improvável: a alegria de Lenin não tinha limites.

Sua indiferença à escala do sofrimento humano era colossal. Nesse aspecto, não era totalmente fora do comum; um dos motivos para a guerra levar tanto tempo para evocar a indignação popular nos países combatentes foi o pouquíssimo conhecimento da situação nas frentes ocidental e oriental. Não só os generais, tanto das potências centrais quanto das aliadas, como também as pessoas comuns, em sua maioria, não tinham consciência de que semelhante carnificina ocorreria em nome da defesa nacional. Lenin tampouco parecia muito familiarizado com a situação militar. Mas, residindo na neutra Suíça, onde o noticiário dos jornais era mais livre do que em qualquer outra parte da Europa, com certeza, entendia que aquela era uma guerra flagrantemente mais destrutiva do que outras da recente história europeia. Na viagem, partindo de Bialy Dujanec, vira os hospitais de Cracóvia lotados de soldados feridos. Mas não mencionava o assunto. Tal comentário a ele teria parecido desnecessariamente sentimental. Não obstante, é impressionante que quando falava de "guerra", "luta" e "conflito" geralmente se referisse a campanhas faccionais em seu Partido e não à Guerra Mundial. A política marxista interna continuava a ser sua obsessão.

Não é que não tivesse acesso a textos de companheiros marxistas que enfatizavam a situação terrível nas duas frentes. Muitos, como Martov e Axelrod, compreendiam que a guerra parecia um massacre industrializado e que o imperativo moral e político do socialismo era fazê-la parar. Mas Lenin não havia se comovido com a grande fome de 1891–92 na região do Volga. Pouco se importou quando o número de vítimas subiu muito na Guerra Russo-Japonesa de 1904–5. Acabou conhecendo, na Suíça, dois soldados russos que lhe contaram suas experiências; e retomou contato, por carta, com Roman Malinovski após este ser capturado pelos alemães como soldado das forças imperiais russas. Teve a informação, mas ignorou-a: mostrava-se insensível à perda de vidas no front e na pátria que lhe estava sendo informada.

Lenin manteve essa frigidez durante todo o decorrer da Primeira Guerra; detestava permitir que o que chamava de "sentimentalismo" interferisse em seu julgamento político. Mas isso não quer dizer que ele, em sentidos mais amplos, estivesse feliz consigo mesmo. Sua vida interior estava agitada como nunca antes — e jamais foi famoso por ser um sujeito calmo. Achava cada vez mais difícil permanecer tranquilo quando desafiado no aspecto lógico e prático de suas opiniões. Ficava nervoso e de mau humor dias antes da data marcada para discursar em reuniões a que compareceriam pessoas que não eram bolcheviques, mas não ficava muito mais à vontade entre membros da facção bolchevique.

A violência de sua linguagem chocava até sua irmã, Anna: "Estou sendo aterrorizada por você; tenho medo de deixar escapar qualquer tipo de expressão descuidada."[8] Alexander Shlyapnikov, o líder do Bureau Russo do Comitê Central, disse a todo mundo na facção que o tratamento dado por Lenin aos colegas bolcheviques tinha ultrapassado as fronteiras do aceitável.[9] Anna Ulyanov concordou. Isso só serviu para enfurecer Lenin, que retorquiu brutalmente que "ela nunca teve bom senso em política".[10] Anna, normalmente admiradora do irmão, chegou à conclusão óbvia de que ele não tinha mais completo controle de si próprio. Lenin estava ficando um pouco perturbado.

Os anos vagando por cidades europeias estavam cobrando seu tributo. Após anos de saúde debilitada, a mãe de Nadya morreu em Berna, em março de 1915. Ela herdara uma grande quantia em dinheiro na morte de sua irmã, e — como Nadya observou — tornara-se com isso, portanto, uma "capitalista".[11] Yelizaveta Vasilevna fora uma das poucas pessoas que se mostraram dispostas a falar francamente com seu genro. Mas eles tinham se dado muito bem e, naturalmente, Nadya ficou arrasada de dor.

No entanto, o que vinha desgastando tanto Lenin era o *incessante* trabalho de redação e organização contra todos os líderes marxistas na face do continente:[12]

> Esse, então, é o meu destino. Uma campanha de luta depois da outra — contra imbecilidades, vulgaridades, oportunismo etc. na política. Vem sendo assim desde 1893. E esse é o motivo do ódio dos filisteus. Ora, bem, eu não trocaria esse destino por "paz" com os filisteus.

Foi um comentário revelador. (Significativamente, ele o fez em uma carta pessoal a Inessa, pessoa diante de quem tinha o hábito de tentar se justificar.) Mesmo o férreo Vladimir era capaz de autopiedade. Mas esse rompante extraordinário deve ofuscar o outro aspecto importante: a saber, o de que, por mais que sentisse pena de si próprio, ainda acreditava que tinha razão em sua luta contra o que encarava — sem sombra de dúvida — como oponentes idiotas, vulgares e oportunistas. Entretanto, fotografias dele durante a Primeira Guerra mostram um homem que parecia mais velho do que sua idade. Sua fisionomia abatida e o físico pouco caracteristicamente corpulento eram sinais do torvelinho que se agitava dentro dele. Lenin, o infatigável faccionalista do pré-guerra, estava se tornando uma força exaurida.

Mas esse senso de sua própria correção o acompanhou até o fim. Os desânimos de depressão, por pior que fossem, eram revertidos assim que avaliava as ideias políticas de seus rivais; voltava imediatamente a ficar confiante e a ser militante. Lenin jamais questionou seus próprios julgamento ou motivos. Havia determinado a linha revolucionária adequada para a guerra. Era a única linha adequada, e isso — em sua estimativa — tinha de ser o fim da questão: os marxistas da Rússia e do restante da Europa estavam, na melhor das hipóteses, mal-orientados, caso recusassem a seguir sua orientação.

Fora a política, suas emoções estavam comprometidas apenas com as poucas pessoas que lhe eram próximas. Uma era sua mãe. Durante anos a saúde dela esteve debilitada, e ele fora solícito em cartas tanto para ela como para suas irmãs e seu irmão. O apoio dela à sua carreira fora infalível, mesmo sem ela exibir simpatia por sua política. Para sua mãe, ele e seus outros filhos eram simplesmente isto: seus filhos. Maria Alexandrovna acreditava que nada podiam fazer de errado. Quando entravam em atrito com as autoridades, ela ficava do lado deles e, sempre que possível, foi viver com eles no exílio. Teria feito isso por Vladimir, se ele lhe tivesse dado a oportunidade, mas ele queria sua liberdade. Recusou-se a permitir-lhe que ela o acompanhasse à Sibéria em 1897 e assistisse a seu casamento no ano seguinte, e nunca entrou em questão juntar-se a ele na emigração. Passou férias com ele na Bretanha, em 1903, e, em 1910, atravessou o Báltico para visitá-lo em Estocolmo. Ao contrário da irmã dele, Maria, não "soltou um gritinho de prazer" ao finalmente vê-lo, mas amava-o. Seu modo de demonstrar-lhe isso era comprar-lhe um cobertor e recomendar-lhe que se alimentasse melhor: estava magro demais para o gosto dela.[13]

A relação calorosa entre mãe e filho durou até a morte dela aos 81 anos de idade, em julho de 1916. Quando escreveu a Inessa Armand, em julho de 1914, falando de "duas ou três mulheres" a quem era dedicado, Maria Alexandrovna devia ser uma das que ele tinha em mente.

Naturalmente, a notícia de sua morte deixou-o desolado. No entanto, os Ulyanov eram relutantes em exibir emoções sobre questões pessoais, e não há registro de que Vladimir tenha agido de forma diferente nessa ocasião. Mas sua mãe era um dos baluartes que usava para enfrentar todas as pressões que se exerciam sobre ele. Lenin não conseguiu sequer comparecer ao funeral dela. Em vez disso, foram o genro, Mark Yelizarov, e o amigo da família, Vladimir Bonch-Bruevich, que carregaram o caixão de Maria Alexandrovna até o túmulo no cemitério luterano de Volkovo, em São Petersburgo.

Nos mesmos anos, também tentava lidar com os escombros emocionais de sua relação com Inessa Armand. As cartas continuaram a correr entre eles, e ela ajudou os Lenin com as providências para a viagem de volta da Galícia polonesa. Durante a guerra, ela se mudara de Paris para a Suíça, acabando por se estabelecer em Les Avants, nas montanhas acima de Montreux. Logo, por insistência de Lenin, mudou de residência para Berna, a fim de ficar perto dele. O trio de anos atrás — Lenin, Nadya e Inessa — retomou o hábito de fazer longos passeios pelo campo. Na recordação de Nadya, cada qual tinha um modo idiossincrático de passar o tempo quando paravam para descansar. Enquanto Lenin se esmerava na linguagem de seus discursos, Nadya aprendia italiano sozinha, e Inessa costurava um pouco e lia obras sobre feminismo.[14] A mente de Inessa interessava-se em particular pela questão dos direitos da mulher. Em janeiro de 1915, ela partiu sozinha para as montanhas e anotou o esboço de um livreto que enviou a Lenin. Somente um aspecto provocou reação. Foi a defesa de Inessa da "liberdade de amor". Lenin retrucou que tal aspiração era "burguesa" e não "proletária". Pediu-lhe que prestasse atenção à *"lógica objetiva* das relações de classe em questões de amor" e, então, assinou a despedida, em seu inglês improvável: "Friendly shake hands!"[15] ("Aperto de mãos amigável!")

O comentário de Lenin perde um pouco, por pura pomposidade. Inessa achou que o subtexto de sua crítica era sua hostilidade à ideia de que as mulheres viessem a receber *carte blanche* para ter casos sempre que quisessem. Devolveu-lhe as palavras, negando ter tido tal propósito e afirmando que ele estava confundindo "liberdade de amor" com "liberdade de adultério". Isso incitou Lenin a retorquir: "Com que então, acaba que *eu* estou fazendo a identificação, e você está partindo para desbaratar tudo e *me* destruir."[16] Foi bem feito para ele. Lenin havia agido sem a menor diplomacia em sua primeira carta sobre o esboço que ela escrevera, e ela agora lhe dava o troco. Com certeza, estava também se vingando da decisão dele de romper a relação, em meados de 1912.

Mas ele aprontou uma briga. Inessa escrevera que "mesmo uma paixão passageira" era "mais poética e mais limpa" do que "beijos sem amor" entre marido e mulher. Lenin deu uma resposta cortante:[17]

> Beijos sem amor entre meros esposos são *sujos*. Concordo. A isso é preciso contrapor... o quê?... Dá a impressão de que seria: beijos *com amor*. Mas você contrapõe "uma paixão passageira" (por que passageira?) (por que não amor?) — e o que resulta logicamente é como se a beijos sem amor (passageiro) se contrapusessem beijos conjugais sem amor... Isso é esquisito.

Estranho teria sido se de fato Inessa houvesse escrito sobre "liberdade de amor" dentro da acanhada estrutura de debate descrita por Lenin. A essa altura, no entanto, Lenin estava em campo para se defender não só em termos de princípios sociais, mas também por lealdade a Nadya. Implicitamente, estava negando que seu casamento tivesse algum aspecto "sujo". Nadya e ele significavam algo um para o outro, mesmo o casamento tendo passado por maus bocados. Falando contra uniões sexuais casuais, ainda por cima, Lenin estava tirando uma pequena desforra. Inessa não era exatamente conhecida por privar-se de companhia masculina íntima quando era mais nova. Em contraste, Lenin estava sugerindo que um compromisso duradouro seria bom.

Ele sabia dominar seus sentimentos, a tal ponto que aumentou o volume de instrução e aconselhamento puramente práticos que se sentia capaz de dar a Inessa. Já não se dirigia mais a ela familiarmente por *ty*, mas mais formalmente como *vy*. Disse-lhe para conseguir uma casa mais perto de outros membros da facção e para parar de ser tão reclusa. Era um interesse quase paterno que tinha por sua situação. O que, no entanto, podemos depreender disso? Inessa ainda estava apaixonada por ele. Mas, quanto ao sentimento dele por ela, só podemos conjecturar. Um resíduo desse relacionamento deve ter permanecido com ele. De outra forma, é difícil entender sua magoada tentativa de justificar-se com ela e de convencê-la de que suas ideias eram verossímeis e honestas. Durante a guerra, voltou a concentrar-se em política. Ele até escreveu sonhadoramente à própria Inessa sobre como ele achava que estava "apaixonado" por Karl Marx. O que mais poderia ter feito para sacudi-la emocionalmente?

Nesse meio-tempo, continuava tentando conquistar o apoio da facção bolchevique. Suas duas políticas, sobre a preferência da derrota militar russa e sobre a necessidade de "Guerra Civil Europeia", valeram-lhe a perda de inúmeros amigos no exterior. Só Nadejda Konstantinovna e uns poucos outros bolcheviques, incluindo Zinoviev, o apoiavam; ninguém mais entre os *émigrés* sentia-se realmente convencido por ele. Eram frequentes manifestações escandalosas quando ele falava em cidades suíças. Em certa ocasião, aproveitou a oportunidade para fazer um ataque a Plekhanov em Lausanne, em outubro de 1914, escondendo o rosto, no fundo do salão durante o discurso de Plekhanov e, então, lançando contra ele um ataque cáustico, chamando-o de "chauvinista" que havia se divorciado para sempre do marxismo.[18] Muitos dos companheiros de Lenin o reverenciavam demais para rejeitá-lo por completo. Mas ele, certamente, sentia falta de amigos. O que mais o irritava era sua influência ínfima no império russo. A Galícia oferecera-lhe o veículo constante de cartas e visitas pessoais, e as reuniões de organismos do partido central eram habituais. Nada disso acontecia em Berna. Uma carta levava, em média, várias semanas. A frente ocidental, na Primeira Guerra, cortava uma linha ao longo do eixo norte-sul do continente. A fim de manter a facção estrangeira em contato com a facção russa, foi providenciada uma tênue conexão através da Escandinávia e da Alemanha — e Lenin teve de dar estímulo a todos os bolcheviques para que pudessem continuar trabalhando pela revolução.

No império russo, o bolchevismo não estava exatamente vicejando. Um dos motivos para isso era que a Okhrana não estava mais protegendo os líderes bolchevistas da prisão. Os bolcheviques eram os mais encarniçados inimigos não só da dinastia Romanov, mas também até do Estado como um todo. Durante a guerra, as batidas com prisão de bolcheviques foram implacáveis. Eram também eficazes. Antes de todos os demais, foram levados a julgamento os deputados bolcheviques da Duma e seus assessores. Entre esses assessores estava Lev Kamenev, que enfureceu Lenin ao rejeitar a política de "derrotismo" que ele recomendara. Mas havia também as recorrentes prisões de comitês e grupos bolcheviques em Petrogrado (conforme a capital foi rebatizada, porque São Petersburgo parecia alemão demais) e nas províncias. Havia o total impedimento legal à publicação de jornais bolcheviques, bem como a dificuldade para que os bolcheviques conseguissem ter seus artigos publicados em jornais e revistas, mesmo quando empregavam linguagem crítica oblíqua. Foram declaradas greves em grandes cidades industriais no final de 1915, mas a Okhrana rapidamente reprimiu o problema e lançou novos grupos ativistas bolcheviques na prisão, antes de despachá-los para a Sibéria. O Bureau Russo restabeleceu-se em setembro de 1915, sob a direção de Alexander Shlyapnikov; os outros membros eram G. I. Oripov, E. A. Dunaiev e Anna Ulyanova: nenhum deles tinha experiência de liderança faccional.

Havia um único lado positivo para Lenin nesse desmoronamento da facção na Rússia: ele e Zinoviev foram deixados em paz para desenvolver suas ideias e prosseguir com sua atividade sem ser atrapalhados por líderes seus companheiros no império russo. Reviveram o jornal faccional central *émigré O Social-Democrata* e conseguiam imprimir seus próprios artigos sem precisar recorrer a outros. *O Social-Democrata* podia, então, ser enviado pelo correio para distribuição na Rússia. Um jornal de teoria marxista também foi montado com um grupo de jovens redatores liderados por Nikolai Bukharin e Georgi Pytakov em Baugy-sur-Clarens, nos subúrbios de Montreux, na Suíça.

No entanto, esses sucessos pouco significavam diante de outros reveses sofridos por Lenin. Não só o correio levava semanas entre a Rússia e a Suíça, como também Lenin tinha menos contatos na Rússia do que em qualquer outra ocasião desde que se tornou emigrante, em 1900. O livro de endereços políticos confidenciais mantido por Nadejda Konstantinovna continha os nomes de apenas 26 pessoas que viviam não na emigração, mas no império russo, e dezesseis dessas não estavam mais em atividade por volta do final de 1916. A Okhrana foi bem-sucedida em enxugar ainda mais o tamanho já esquálido da facção. Dos dez endereços que permaneceram em operação durante a guerra, só três ficavam fora de Petrogrado, Moscou e do exílio na Sibéria.[19] Nadejda Konstantinovna estava ficando desesperada. "Precisamos de relações diretas", escreveu, "com outras cidades."[20] Mas eram palavras lançadas ao vento. A maior parte da correspondência — na verdade, praticamente toda ela — tinha de passar por Shlyapnikov e Anna Ulyanova, para poder alcançar o restante da desbaratada facção; e Shlyapnikov precisava estar sempre viajando até Alexandra Kollontai, em Oslo, a fim de recolher o que Lenin havia escrito. Era um frágil aparato com que tentar fazer a revolução na Rússia.

## 14. Aguentando firme

1915-1916

Em janeiro de 1917, Lenin fez o discurso mais pessimista de sua vida, em uma reunião de jovens socialistas suíços, na Volkshaus de Zurique:[1]

> Nós, os mais velhos, talvez não sobrevivamos até as batalhas decisivas desta vindoura revolução. Mas ocorre-me que é com muita confiança que posso articular a esperança de que os jovens que trabalham de forma tão maravilhosa no movimento socialista da Suíça e do mundo inteiro terão a felicidade de não só lutar, mas também de alcançar a vitória na vindoura revolução proletária.

Desde os anos 1890, sua premissa era de que a revolução socialista em toda a Europa era iminente. Agora, ele dizia que poderia não viver para testemunhá-la.

Todas as vezes em que Lenin ficou desalentado antes da Primeira Guerra foi porque vinha se preocupando não com a revolução socialista europeia, mas com política faccional interna. Isso ele confidenciou numa carta a Inessa Armand:

> Oh, como essas "questõezinhas de negócios" são uma mera contrafação do negócio real, substituições do negócio, um real obstáculo ao negócio no modo como vejo a agitação, a confusão, as questõezinhas — e como estou amarrado a elas, inextricavelmente

e para sempre!! Esse é mais um sinal [*sic*. Esta frase e a próxima foram escritas por Lenin em inglês] (*That's a sign more*) de que estou preguiçoso, cansado e de péssimo humor (*That I am lazy and tired and in a poor humour*). De um modo geral, gosto da minha profissão e, no entanto, muitas vezes quase a detesto.

Lenin não se incomodava com as críticas dirigidas a ele por pessoas que não eram marxistas, mas ficava deprimido com as disputas, no tempo da guerra, entre bolcheviques. Tornou-se tão nervoso e suscetível que não confiava mais em si mesmo para falar em público. Após o Ano-Novo de 1917, escreveu numa carta particular: "*Não quero* viajar para Genebra: (1) não estou bem; meus nervos andam mal. Tenho *medo* de dar palestras, (2) estou marcado, aqui, para falar no dia 22 de janeiro, e tenho de me preparar para um discurso *em alemão*. Por esse motivo, não prometo ir."[2]

Lenin também não estava vivendo com seu conforto habitual. A morte da mãe, em 14 de julho de 1916, encerrou o recebimento da pensão que ela dividia com os filhos sempre que estes se encontravam em dificuldades. O erário faccional bolchevique também havia escasseado. Os bolcheviques não estavam mais operando abertamente na Rússia, e o *Pravda* havia sido fechado pelo governo imperial. O número de correligionários bolcheviques ativos estava reduzido. A maior parte deles, porém, não compartilhava mais as opiniões de Lenin. Anna Ilinichna, trabalhando para o Bureau Russo do Comitê Central, fazia o que podia e pedia-lhe uma declaração mensal de suas necessidades básicas.[3] Mas o dinheiro, que vinha de Petrogrado, nunca era suficiente; outras fontes de renda precisavam ser encontradas. Lenin e Nadya tentaram receber encomendas como autores *freelance*; o problema era que escreviam em russo e tinham de encontrar seus editores na distante Rússia do tempo de guerra. No entanto, Nadya concebeu o projeto de uma *Enciclopédia pedagógica* cujo público leitor potencial não se limitaria a ativistas marxistas. Lenin também procurava escrever pequenos textos para ganhar dinheiro. Era uma tarefa difícil para ambos.

Para economizar, passaram a comer carne de cavalo em vez de carne de vaca e galinha. Não compravam roupas novas, mesmo se considerando que Lenin, um adepto da boa aparência, começava a parecer um pouco encardido com seu terno e suas botinas velhas. Em fevereiro de

1916, mudaram-se para um lugar mais barato, no nº 14 da Spiegelgasse, em Zurique, onde o sapateiro Titus Kammerer alugou aposentos para eles.⁴ A Spiegelgasse era uma rua elegante, com árvores frondosas; foi lá, no nº 12, que o dramaturgo alemão Georg Büchner escreveu sua peça *Woyzeck*, oitenta anos antes. Mas Lenin e Nadya sentiam bastante autopiedade. Vizinho à casa ficava o negócio de *Hen* Ruff, um açougueiro que fazia suas próprias linguiças.⁵ Lenin, que evitava produtos gordurosos por causa de seu estômago sensível, ficava enjoado com o cheiro e abandonou seu ritual de deixar o aposento arejado mesmo no tempo frio. As janelas eram mantidas constantemente fechadas.⁶

Os Ulyanov, no entanto, gostavam da companhia dos outros moradores do lugar. Entre eles, a família de um recruta alemão, um italiano e um casal de atores austríacos donos de um belo gatinho ruivo. A esposa de Kammerer, Luísa, cativou Lenin, que admirava e partilhava sua crença de que os soldados deviam voltar seus fuzis contra seus próprios governos. Luísa também ensinou a Nadya alguns dos truques necessários para comprar comida barata e cozinhá-la bem depressa. Nadya exagerava muito as coisas, saindo para comprar carne em um dos dois dias por semana em que o governo suíço apelava aos cidadãos para não comprar carne, devido à redução do fornecimento durante a guerra. Se Nadya se enganava ou burlava as regras, não se sabe, mas, ao voltar das compras, perguntava a *Frau* Kammerer como as autoridades federais suíças podiam garantir que sua promulgação seria obedecida. Mandavam investigadores às casas das pessoas? *Frau* Kammerer ria, dizendo que somente a classe média se recusaria a mostrar senso de responsabilidade cívica. A classe operária, exclamou, era muito diferente. E então acrescentou, para aliviar a consciência de Nadya, que a promulgação "não se aplicava aos estrangeiros".⁷

Lenin admirava os Kammerer como proletários exemplares, ignorando o fato de que não eram operários, mas um pequeno casal burguês que administrava uma loja e alugava apartamentos. Realmente, eram pequenos capitalistas, e Lenin estava vendo e ouvindo o que queria. Tendo encontrado uma família que partilhava muitos de seus pressupostos políticos, convenceu-se de que pertenciam a uma classe social que ele aprovava: o proletariado. O respeito dos Kammerer pelo bem público estimulou-o em seus pressupostos básicos. Lenin, em 1917, enfatizaria a necessidade de o Estado e os operários "conferirem e supervisionarem" o cumprimento dos objetivos revolucionários. As ideias para a Revolução de Outubro vieram de muitas fontes. Marx forneceu muitas delas em seus volumosos textos. *Frau* Luísa Kammerer, inconscientemente, reforçou uma ou duas outras.

Lenin, então, sentia-se convicto em sua fé marxista. Por meio de Marx e Engels, "entendeu" que o futuro traria um estágio final e maravilhoso da história do mundo. Sua vida tinha propósito. Agarrou-se a um rochedo de atitudes e pressupostos e, sobre ele, podia erguer praticamente quaisquer noções sobre política econômica que quisesse. Com frequência, afirmava que o marxismo tinha uma lógica prontamente identificável que permitia o desenvolvimento de uma política única para qualquer dada situação. Mas isso não passava de fingimento. O que ele de fato implicava com isso era que sua própria versão do marxismo era a única autêntica. Aferrou-se a esse pressuposto, mesmo que sua versão do marxismo e, em ainda maior medida, suas políticas práticas tenham mudado muito no decorrer de sua longa carreira. Sua fé havia sobrevivido a muitos anos de emigração. Dos marxistas dos anos 1880, poucos ainda permaneciam vivos e em atividade por ocasião da Primeira Guerra. Lenin era um deles, e sua confiança interior era tal que não sentia qualquer pressão para se questionar sobre o modo com que agia como político. E, portanto, sempre que a situação parecia sombria — na facção, no movimento socialista internacional, na família, em seu casamento, mesmo quanto a seu bem-estar físico e mental —, podia fazer algo a respeito. Podia ter esperança no futuro brilhante.

Confiava que a História estava a seu lado. Ou, antes, achava que estava do lado da História. As crises de depressão de Lenin eram sérias, mas temporárias. Não tinha a menor dúvida de que acabaria acontecendo uma revolução socialista europeia, com ou sem ele. Apesar das preocupações que expressou em seu discurso aos jornais socialistas suíços, costumava acreditar que não levaria muito tempo para essa revolução começar. Durante quase toda a guerra, havia circulado, prevendo uma exploração revolucionária geral. Esse era, na verdade, o rumo da discórdia entre ele e tantos autores socialistas. Kautsky, Martov e outros recusavam-se a aceitar que ele houvesse provado seu argumento de que as classes operárias da Europa poderiam ser levadas com facilidade à atividade revolucionária contra seus governos nacionais. Nem acreditavam que fosse sensato concentrar-se em dividir o movimento socialista em cada país. Como, perguntaram, os socialistas poderiam liderar uma classe operária europeia unida, estando eles próprios divididos? Os outros críticos de Lenin, especialmente Plekhanov, foram além e sugeriram que a maioria dos operários alemães era tão patriota que seria capaz de falar sem intenção a favor dos princípios "internacionalistas" da Segunda Internacional no evento da derrota militar da Rússia frente à Alemanha.

Para aquelas poucas pessoas que acompanhavam as atividades profissionais de Lenin, então, ele parecia um utópico irredutível, e um pouco desequilibrado. Mas isso não o incomodava. Continuava a declarar que a monarquia Romanov seria uma provável baixa de guerra. Repetia que Nicolau II fizera um favor aos bolcheviques entrando em conflito armado com a Alemanha. A revolução na Rússia estava no programa de ação mais imediato. De fato, Lenin afirmava que a derrubada do tsarismo não era meramente desejável por si própria, mas representava um dos pré-requisitos para a revolução no restante da Europa. O tsarismo, segundo Lenin, era "mil vezes pior do que o kaiserismo [alemão]".[8] O regime em Petrogrado se apresentava supostamente tão forte e reacionário que sua renovação era crucial para que os socialistas fossem capazes de fazer revoluções em outras partes da Europa. Lenin expressou isso da seguinte maneira: "A revolução democrático-burguesa na Rússia agora não é mais meramente um prólogo, mas uma parte integral e inalienável da revolução socialista no Ocidente."[9]

Durante os anos de guerra, ainda por cima, Lenin mexeu um pouco com ideias estratégicas para comprimir a agenda da revolução. Fizera isso pela última vez em 1905 e, agora, voltava a ponderar se os bolcheviques tinham razão em aceitar a ideia de que o socialismo em qualquer país deveria ser introduzido em dois estágios. O marxismo convencional contemporâneo afirmava que era preciso ocorrer primeiro uma "revolução democrático-burguesa" que consolidaria a democracia e o capitalismo, e que só subsequentemente aconteceria uma revolução socialista, colocando a classe operária no poder. Lenin voltou a isso na Primeira Guerra e insistiu com os marxistas esquerdistas para que abandonassem "a teoria dos estágios".[10] Assim, estava demonstrando disposição para considerar a possibilidade de se fazer uma revolução socialista sem a necessidade de uma revolução democrático-burguesa intermediária. Sua própria visão do processo revolucionário em dois estágios, de qualquer modo, sempre fora controvertida. Em particular, a proposta de uma "ditadura democrática revolucionária provisória do proletariado e do campesinato" parecera à maioria das pessoas — com exceção dos companheiros bolcheviques — um plano de socialismo instantâneo. Em 1916, voltou-lhe o senso de urgência quanto à estratégia e agenda: os marxistas não perderiam uma oportunidade de tomar e manter o poder em Petrogrado.

A impaciência de Lenin era aguçada por sua percepção dos roteiros alternativos. Por um lado, não achava impossível a Rússia derrotar a Alemanha; por outro lado, não descartava a possibilidade de que Nicolau II, se seus exércitos continuassem a ser derrotados, viesse a assinar um acordo de paz em separado na frente oriental com a Alemanha e com o império austro-húngaro. Se Nicolau se mostrasse inflexível demais, ainda por cima, poderia ser neutralizado pelos partidos antissocialistas na Duma de Estado. Segundo Lenin, isso poderia acontecer de diversas maneiras. Talvez os grupos conservadores moderados, liderados por Alexander Guchkov, e os liberais, sob o comando de Pavel Milyukov, pudessem formar uma coalizão política e, de alguma forma, forçar Nicolau II a ceder a eles. Outra opção poderia ser que Milyukov se aliasse ao social-revolucionário de direita Alexander Kerenski. Lenin advertia que todos esses roteiros podiam e deviam ser previamente evitados por ação revolucionária liderada por bolcheviques.

Mas com o que seu governo socialista se pareceria? Lenin abordou essa questão em cadernos de anotações que começou a preencher em 1916. Não fez isso sozinho. O pequeno grupo de jovens líderes bolcheviques sediado em Baugy-sur-Clarens, na Suíça, tinha ideias sobre isso e estava igualmente impaciente para fazer a revolução. Nikolai Bukharin, em particular, não achava que as agências de administração e coerção dos Estados capitalistas avançados devessem ser simplesmente tomadas e reformadas por socialistas. Em vez disso, afirmava, o Estado capitalista inteiro deveria ser destruído. Como justificativa, destacou o extraordinário crescimento do poder do Estado nos países capitalistas avançados. Tais Estados haviam desenvolvido métodos ineditamente eficientes e implacáveis de controle político, social e econômico. Até se mostraram capazes de subornar seus respectivos partidos socialistas e de usá-los para conservar a lealdade da classe operária. Consequentemente, seria ingenuidade os marxistas deixarem intactas as instituições de Estado existentes — o serviço público, o exército e os organismos de regulamentação econômica —, uma vez que tivessem derrubado o *ancien régime*. Bukharin afirmou que esse era o erro fundamental de Karl Kautsky. O socialismo tinha de construir um Estado revolucionário totalmente novo.

A princípio, Lenin atacou o pensamento de Bukharin como anarquista. O teórico mais velho ficou aborrecido com a intromissão daquele jovem autor brilhante em seu domínio de teoria marxista. Mas Lenin mudou firmemente sua posição. Bukharin havia identificado uma das maiores dificuldades que teriam de ser enfrentadas no estabelecimento de uma administração socialista; também havia, muito meritoriamente, exposto mais uma fraqueza do pensamento de Kautsky. O que Bukharin havia deixado de fazer foi explicar como uma administração socialista poderia, um dia, ser estabelecida. Lenin revisou isso em sua mente e chegou à conclusão de que o movimento operário russo de 1905 fornecia a solução. Em seus cadernos de anotações, explorou a ideia de que os sovietes operários poderiam ser os instrumentos para introduzir o socialismo. Com a ajuda de Bukharin, Lenin havia chegado a uma posição que exerceria um impacto decisivo nos eventos posteriores. As sementes da estratégia para a Revolução de Outubro de 1917 estavam germinando na Suíça antes mesmo da queda da monarquia Romanov. Até então, Lenin não parecia muito seguro de si mesmo. Precisava de tempo para elaborar suas ideias, mas estava comprometido com elas em sua forma esboçada.

Nem Lenin nem Bukharin foram os primeiros bolcheviques a tentar elaborar em detalhe como o "Estado burguês" poderia ser mais efetivamente erradicado. Antes da Primeira Guerra, seu rival, Alexander Bogdanov, havia afirmado que o pré-requisito para a introdução do socialismo era o desenvolvimento de uma "cultura" totalmente "proletária". A "cultura burguesa" tinha de ser eliminada por causa de sua adesão a conceitos de individualismo, absolutismo e autoritarismo. Bogdanov achava que nenhuma revolução socialista poderia ser bem-sucedida se não fosse acompanhada por uma transformação política e econômica.

Mesmo em 1916, Lenin recusou-se a ir tão longe, e os motivos para sua relutância nos revelam muito sobre seu tipo de socialismo. Continuava a acreditar que existia uma verdade absoluta e que tal verdade poderia ser descoberta pelo intelectual individual agindo em conexão com as doutrinas de Marx. O contraste com Bogdanov não podia ser maior. Bogdanov queria estimular os operários a prescindir da supervisão de intelectuais de classe média, e a formular sua própria cultura coletivista e explorar novas fórmulas de experiência social. Lenin concordava que havia uma necessidade de desenvolvimento cultural entre a classe operária. Mas essa necessidade, afirmou, era de uma natureza limitada. Os operários precisavam aprender a ler, a contar e a ser meticulosos. Para Lenin, Bogdanov não passava de um sonhador e a classe operária, a fim de levar adiante uma revolução, precisava alcançar realizações técnicas que só a "cultura burguesa" poderia proporcionar. Assim, o "Estado burguês" tinha de ser extirpado, mas não a "cultura burguesa". Consequentemente, nenhum *rapprochement*\* era viável. Como sempre, Lenin tinha seu próprio programa de ação. Ele pensava politicamente. Os sovietes, supunha, ofereciam o meio pelo qual a revolução socialista seria impedida de trilhar o caminho das concessões e da traição, já seguido pelo maior partido marxista da Europa, o Partido Social-Democrata alemão.

Ele confiava mais fortemente do que nunca na correção do marxismo, no partido da vanguarda, na previsibilidade do "desenvolvimento histórico", nas virtudes do urbanismo e da indústria, no colapso inevitável do capitalismo, na luta de classes, na iminência da revolução socialista europeia. E, quanto à necessidade da ditadura, tampouco duvidava. Não se importava de ser o combatente faccional solitário: preferia isso a qualquer opção que implicasse fazer concessões em convicções profundas. Aferrava-se, sem qualquer hesitação, a seu estilo polêmico. Repetidas vezes afirmava que estava meramente defendendo e elaborando os preceitos da ortodoxia marxista.

---

\* Aproximação, acordo, conciliação; em francês no original. (*N. do T.*)

No entanto, reconhecia que Kautsky havia compartilhado de diversos preceitos dessa ortodoxia. Kautsky fora um de seus heróis. Devia ter havido, portanto, alguma coisa errada, pensou Lenin, no modo como Kautsky chegara aos preceitos. Lenin impôs-se a tarefa de examinar as raízes do marxismo de Kautsky. Aprofundando-se tanto, viu-se inevitavelmente engajado não só no exame do Kautskianismo, mas também numa autoinvestigação. Não disse isso abertamente. De fato, não disse isso a absolutamente ninguém. Confiou suas pesquisas a seus cadernos de anotação; e, embora tivesse tentado escrever um artigo filosófico a respeito, não teve tempo para concluí-lo antes que os acontecimentos na Rússia o chamassem de volta da Suíça, em 1917. Mas lia avidamente na Biblioteca de Berna, e chegou depressa a uma surpreendente conclusão que registrou em seus cadernos da seguinte maneira:[11]

> *Aforismo:* É impossível alcançar uma compreensão completa de *Das Kapital,* de Marx, e especialmente do primeiro capítulo, sem ter primeiro feito um estudo completo e alcançado uma compreensão de *toda* a *Lógica,* de Hegel. Consequentemente, nenhum marxista, nos últimos cinquenta anos, entendeu Marx por completo.

Ele estava monumentalmente satisfeito consigo mesmo. Achava ter feito algo que liquidara todos os outros sucessores de Marx e Engels. Implicitamente, ele se *erigia* em único autêntico expoente da tradição marxista. Partindo de Marx e Engels, agora podia ser traçada uma linha genealógica direta até Lenin.

Lenin pertencia a uma comunidade de intelectuais socialistas na qual era considerado muito impróprio entregar-se a jactâncias pessoais; portanto, não usou o aforismo em público. Mas, não obstante, ao formulá-lo, falava muito sério. Havia chegado a sua compreensão revista do marxismo por meio de intenso estudo filosófico. Escolheu textos em particular de Marx e Engels, especialmente as *Teses sobre Feuerbach,* de Marx. Mas também empreendeu um exame de Hegel, que exercera um impacto sobre a formação da ideologia de Marx e Engels. A vasta *História da filosofia,* de Hegel, foi objeto de sua detalhada atenção. Feuerbach também atraiu seu exame minucioso.

Nem ele parou nisso. Foi, também, até as obras de Aristóteles. Pela primeira vez, desde a adolescência, aproveitava uma oportunidade de encontrar algum significado na herança clássica que aprendera no ginásio de Simbirsk. Até então, havia se limitado a frases e provérbios de que se lembrava da sua juventude. Na Primeira Guerra, Lenin quis extrair da filosofia grega antiga sustento intelectual de um tipo mais substancial. Os estudiosos do marxismo sempre souberam, em princípio, da influência de Hegel sobre Marx, e Hegel aludiu abertamente a Aristóteles como seu precursor em muitos aspectos fundamentais de epistemologia e ontologia. Isso foi o suficiente para Lenin recuar e explorar a obra de Aristóteles. Teve de fazer isso a partir do zero, já que Aristóteles não fora um autor incluído no currículo do ginásio. Talvez, se Lenin tivesse sabido mais sobre as outras influências intelectuais de Marx (o que não era possível para qualquer pessoa nos primeiros anos do século), provavelmente teria sido atraído para as obras dos filósofos pré-socráticos. Marx havia escrito uma brilhante dissertação sobre um deles, Heráclito, na pós-graduação. Mas Lenin, de qualquer modo, encontrou muitas coisas de interesse em Aristóteles.

Esse não foi um esforço empreendido com facilidade. A densa prosa alemã da *História da filosofia* de Hegel envolvia bastante trabalho, mas a *Metafísica* de Aristóteles foi ainda mais laboriosa, uma vez que Lenin não cultivou o seu grego depois do ginásio e valeu-se de uma edição bilíngue, em alemão e grego, de textos paralelos. Sua prática escolar dava-lhe capacidade de compreender muito rapidamente qualquer texto. Embora soubesse falar alemão e francês (e inglês bem menos satisfatoriamente), lia muito mais fluentemente. Tinha poucos rivais em pegar um livro e enfeixar seu conteúdo para rápida informação.

Voltando aos clássicos, Lenin estava buscando legitimar-se como teórico marxista. Mais geralmente — e menos conscientemente — buscava examinar e escorar suas próprias fundações intelectuais. Fora criado não só como russo, mas também como europeu. Era filho de pais professores que acreditavam na Ciência, na Ilustração e no Progresso. Nesse meio cultural, era comum traçar uma linha de realizações humanas até grandes autores de Atenas e Roma. Os clássicos estavam nas origens da civilização europeia e eram uma fonte inestimável de revigoramento intelectual. Seu marxismo o desestimulava a usar positivamente termos como civilização, exceto em momentos de descuido, pois Marx ensinara que todas as sociedades "civilizadas" da História tinham se caracterizado por exploração e opressão. Mas, sob a superfície de sua ideologia, Lenin era um típico europeu de classe média do fim do século XIX. A vida boa era uma vida europeia. Civilização era a europeia. O restante do mundo, como os EUA no passado recente, precisava ser europeizado. Quando queria se referir de maneira breve a povos que ainda tinham de alcançar um nível de cultura razoavelmente elevado, falava distraidamente nos "hotentotes". Lenin não deixava de ter os preconceitos de um membro privilegiado e educado de uma nação imperial.

Portanto, o que descobriu em Aristóteles? A linguagem apressada dos cadernos de anotações de Lenin transmite sua empolgação. Essencialmente, estava deixando de lado grandes trechos da epistemologia de seu livro de 1908, *Materialismo e empiriocriticismo*. Não foi franco a esse respeito. Quando criticava comentários marxistas anteriores, seus alvos eram Kautsky e outros líderes marxistas, não ele próprio. De fato, sua própria teoria do conhecimento era mais crua do que quaisquer outras oferecidas por algum importante teórico marxista; *Materialismo e empiriocriticismo* sugeria que a mente humana assemelhava-se a uma câmera e que a "realidade exterior" era sempre registrada e reproduzida com exatidão pelos processos de câmera mental. Não tanto nos cadernos de anotações escritos durante a Primeira Guerra:[12]

> A cognição é um reflexo da natureza pelo homem. Mas não é uma reflexão simples e completa, sem mediação, mas o processo de uma série de abstrações, da formação ou construção de conceitos, leis etc.; e esses conceitos, leis etc. (pensamento, ciência = "a ideia lógica") também abrangem, de uma forma condicional e aproximada, o padrão universal de uma natureza em eterno movimento e desenvolvimento.

Essa afirmação teria sido inimaginável em qualquer um dos textos de Lenin antes de 1914. O que aconteceu foi que enfim ele havia encontrado uma explicação racional para a abordagem arriscada e exploratória da política, pela qual era bem conhecido. Antes, afirmara que suas políticas baseavam-se em princípios científicos predeterminados. Agora, afirmava que a "prática" era o único teste legítimo para saber se alguma política era a correta. Flexibilidade era essencial. As ideias precisavam ser "desbastadas, esmiuçadas, maleáveis, ágeis, relativamente ligadas entre si e unidas em opostos, a fim de açambarcar o mundo". Isso, afirmava, era a verdade que se podia tirar da filosofia de Aristóteles, Hegel e Marx. Nada era permanente ou absolutamente definitivo; tudo era interativo. Era da natureza das relações materiais e sociais que os fenômenos se chocassem uns com os outros e — em virtude desse processo "dialético" — produzissem resultados complexos, cambiantes. A política exigia experimentação, e os marxistas deviam aceitar que envolveriam "saltos", "rupturas" e "interrupções de gravidade". Tudo isso, para Lenin, era um antídoto filosófico a Kautsky.

O prazer que sentiu com esse resultado em particular dá a entender que Lenin não vinha estudando epistemologia e ontologia com algo que se assemelhasse a uma mente aberta. Seus estudos na Biblioteca Pública de Berna não foram empreendidos por simples curiosidade intelectual; andava devorando Hegel, Feuerbach e Aristóteles com uma finalidade específica em vista. Se seus estudos houvessem corroborado a posição de Kautsky, simplesmente teria procurado o apoio de outros autores. Lenin, como havia ficado óbvio desde suas obras sobre economia dos anos 1890, era um estudioso com uma missão política. Outra questão merece ênfase. É a de que Lenin não conseguiu chegar nem perto de um ponto de vista filosófico coerente. Seus cadernos de anotações estavam cheios de contradições. Se, por um lado, afirmava a natureza "condicional, aproximada" da cognição, por outro, ainda acreditava que se podia alcançar uma verdade absoluta e na existência independente do mundo exterior. Os cadernos de anotações eram os rabiscos feitos nas horas livres por um homem que não teria passado em um exame do primeiro grau de filosofia. Eram confusos. E também pouco generosos: a Lenin faltava o necessário para reconhecer que, essencialmente, havia revertido sua posição com respeito a diversas críticas básicas que fizera a Bogdanov em 1908. A admissão de erros foi algo que ele só fez muito raramente.

No entanto, havia se preparado intelectualmente para o tipo de processo revolucionário que ocorreu em 1917. Já em 1905, mudara de política por capricho. Mas agora tinha uma explicação racional. A seus olhos, havia justificativa para romper com qualquer marxista da Europa que o irritasse. Isso ficou evidente quando socialistas de extrema esquerda, fazendo oposição a seus respectivos governos durante a guerra, começaram a coordenar suas atividades. Lenin queria tal coordenação. Mas não era o facho de luz iluminando o caminho para esses esforços. Isto, de fato, fazia parte do problema: o socialista suíço Robert Grimm e o italiano Odino Morgari empreenderam campanha durante algum tempo para organizar uma reunião internacional de socialistas que queriam o fim da guerra. Yuli Martov também desempenhara um papel de destaque. Todos estavam chocados com o modo como seus companheiros socialistas abandonaram sua militância contra os governos enquanto durava a guerra. A questão, afirmaram, era parar a luta. Atribuíam a irrupção da guerra a uma variedade de causas. Fatores pessoais, dinásticos, diplomáticos, econômicos e imperiais foram alegados em seus muitos panfletos a respeito; e, entre os panfleteiros, não poucos se mostravam simplesmente pacifistas. Lenin, propugnador da "guerra civil", se destacava dos demais.

Mas, pelo menos, estavam de acordo quanto a que nenhuma das duas coalizões militares era isenta de culpa. Todos os contatados por Grimm acreditavam que os Aliados e as Potências Centrais eram tão ruins quanto os outros. A solução, afirmaram, tinha de se basear em princípios internacionalistas. A vitória militar, ou para os Aliados, ou para as Potências Centrais, implicaria anexações e compensações. Seria o triunfo de um imperialismo sobre outro. Não seria uma paz digna desse nome. Lenin podia, portanto, aceitar o convite de Grimm para encontrá-lo na aldeia suíça de Zimmerwald para uma conferência de socialistas antibélicos de extrema esquerda, vindos dos países combatentes europeus.

Ele fez um grande esforço para desenvolver argumentos que reforçassem sua argumentação política. Isso o levou a conduzir uma pesquisa sobre economia capitalista global; seus cadernos de anotações continham referências a 148 livros e 232 artigos. Lenin já havia endossado um livro de Bukharin sobre o mesmo tópico, mas queria dizer coisas a seu próprio jeito. Particularmente, achava que Bukharin havia exagerado a tranquilidade dos desenvolvimentos econômicos de então. Lenin acreditava ser inteiramente errado prever que o capitalismo acabaria formando um "truste econômico mundial". Bukharin, ele achava, havia esquecido o axioma marxista de que as economias capitalistas eram inerentemente instáveis e incapazes de uma cooperação harmoniosa entre si. O resultado foi um livro, *O imperialismo, estágio mais avançado do capitalismo,* que pediu a sua irmã, Anna, para conseguir que fosse publicado de forma legal em Petrogrado. Anna de pronto o atendeu, e garantiu-lhe um contrato. Mas sensatamente observou que Lenin havia enchido seu manuscrito de observações ácidas sobre Kautsky. Por sua iniciativa, ela as retirou, a fim de tornar o livro mais atraente para os editores. Lenin tinha ou de aceitar o que ela fez ou desistir do contrato. Ao menos dessa vez, embora de má vontade, ele recuou — e a publicação foi marcada para 1917. Só a deflagração da Revolução de Fevereiro explica que o livro não tenha saído sob o tsarismo.

Já existia uma ampla literatura marxista sobre o imperialismo. Karl Radek, Rosa Luxemburgo, Ivan Skvortsov-Stepanov, Nikolai Bukharin e o próprio Karl Kautsky haviam trabalhado sobre as ideias de Rudolph Hilferding. Todos concordavam que o capitalismo havia entrado num período maduro de dominação pelo "capital financeiro" e que as economias nacionais estavam sendo impelidas pela própria natureza do capitalismo a rivalidades econômicas que faziam buscar mercados externos, formar colônias e combater outras potências imperiais. Lenin também foi influenciado por essa literatura. Também ficou impressionado, como Hilferding, com a eficiência da economia de guerra alemã.

A estrutura, de tempo de guerra, reguladora para a produção e o consumo, era ironicamente conhecida como *Kriegsozialismus* ("Socialismo de Guerra") de que Hilferding achava que os socialistas poderiam tirar bom proveito. O alto nível de coordenação dentro da economia capitalista, afirmou, preenchia um dos pré-requisitos para uma revolução social total. Mas Lenin discordava profundamente de Hilferding além desse ponto. Enquanto para Hilferding uma revolução violenta podia e devia ser evitada, Lenin não conseguia ver outra forma de se fazer uma revolução. "É necessário que *nós mesmos*", ele escreveu, "tomemos o *poder* em primeira instância, e não fiquemos tagarelando em vão sobre 'poder'".[13]

Hilferding e Kautsky haviam proposto a possibilidade de que os países capitalistas acabariam resolvendo suas disputas políticas de tal forma que pudessem ser capazes de explorar suas colônias em comum. Lenin ficou horrorizado. Defender tal plano era aceitar que o capitalismo podia sobreviver infinitamente. Em contraste, ele insistiu que os variados impérios não podiam evitar o choque uns com os outros. Ele descreveu uma hierarquia de imperialismos em ordem de avanço econômico. Os EUA estavam no topo. Vinham em seguida a Alemanha e o Japão, e então França e Grã-Bretanha. Portugal era a última das potências imperiais, ficando apenas marginalmente à frente da Rússia. Esse mundo de imperialismos não se acomodaria ao final da Primeira Guerra. De acordo com Lenin, ou haveria uma revolução socialista, ou então haveria guerras recorrentes até o momento em que a revolução ocorresse. Lenin estava disposto a demonstrar que quaisquer sonhos de abrandar o conflito do capitalismo mundial eram ilusórios. Só a revolução funcionaria.

E também o movimento socialista internacional organizado por Morgari e Grimm e ao qual Lenin compareceu. Houve duas pequenas conferências alpinas. A primeira ocorreu na aldeia de férias chamada Zimmerwald, no alto das colinas atrás de Berna, em setembro de 1915; a segunda, em Kiental, na mesma vizinhança, em abril de 1916. Ambas as conferências contaram com um comparecimento muito esparso. Trotski observou que, meio século após a fundação da Primeira Internacional Socialista de Marx, ainda era possível que todos os internacionalistas da Europa fossem acomodados em quatro vagões de turistas.[14]

Se, por um lado, todos os demais lamentavam a escassez de delegados, Lenin, por outro, estava encantado. Sabia que quanto menor fosse o número, maior seria a proporção dos que defenderiam políticas próximas das suas próprias. Entretanto, mesmo assim estava zangado. Ficou furioso com os convites enviados a Karl Kautsky e a Hugo Haase, que se recusara a romper abertamente com o Partido Social-Democrata alemão, e ficou ainda mais aborrecido quando Haase prometeu comparecer. A princípio, Lenin deixou Zinoviev conduzir as negociações com delegados da mesma opinião, de outros países. Mas não confiava plenamente nem mesmo em Zinoviev e passou a discutir as questões diretamente com Karl Radek, o judeu polonês que um dia fora membro do Partido Social-Democrata alemão. Radek não era fácil de se engabelar. Lenin teve de abandonar sua formulação de que os socialistas deviam propugnar a derrota militar de seus governos nacionais. Também se viu forçado a parar de exigir uma ruptura total com os partidos socialistas oficiais que haviam votado a favor de créditos de guerra para seus governos. Prevaleceu a linha mais prudente de Radek. Conhecia a história de Lenin e decidiu que a Conferência de Zimmerwald não seria transformada numa assembleia de polemização doutrinária. Não obstante, o grupo de delegados reunidos por Radek e Lenin nunca chegou a mais de oito pessoas, incluindo tanto Radek como o próprio Lenin.

Tendo feito sua concessão a Radek, Lenin decidiu se comportar e não balançar o barco (ou antes o vagão de turistas). Só causou problemas uma vez. Foi quando Georg Lebedour opôs-se ao apelo de Radek por manifestações de rua. Lenin exclamou: "O movimento alemão defronta-se com uma decisão. Se estamos de fato no limiar de uma época revolucionária em que as massas partirão para a luta revolucionária, também devemos fazer menção aos meios necessários a essa luta."[15] Essas eram as palavras de um crente e de um lógico. Solicitava-se à Conferência de Zimmerwald que explicitasse o que muitos delegados — que estavam ansiosos quanto à recepção que poderiam ter na volta à pátria — pretendiam manter na penumbra. No entanto, os oradores esquerdistas conseguiram parte do que queriam. A Conferência declarou que a Primeira Guerra havia sido causada e prolongada por rivalidades "imperialistas". Criticou os partidos socialistas que haviam votado créditos de guerra (sem nomeá-los diretamente). A Conferência concordou que as hostilidades militares só podiam ser encerradas pelo engajamento numa "irreconciliável luta de classe proletária".[16]

Mas foram os convocadores da Conferência, especialmente Robert Grimm, que tiveram maior satisfação com Zimmerwald. Tinham bom motivo.

Em dezembro de 1915, Hugo Haase, tendo voltado da Suíça, liderou uma facção de deputados social-democratas alemães no Reichstag numa crítica aberta aos créditos de guerra. Haase e Kautsky conclamaram os socialistas de todas as partes a exercer pressão sobre seus governos a fim de compor uma "paz sem anexações". Isso era prova, argumentou

Grimm contra Lenin, de que podia ter um efeito positivo. Ele esperava intensificar essa atmosfera na próxima Conferência, a ser realizada em Kiental a partir de 26 de abril de 1916.

Grimm, no entanto, ficou decepcionado. A Conferência de Kiental, a que compareceram quarenta delegados, foi barulhenta e mal-humorada desde o início. Os mandatos de alguns delegados foram contestados. Delegações caíram em altercações internas. Diversos delegados convidados acharam motivo para não comparecer; em particular, Haase e Kautsky opuseram-se ao fato de que a Conferência de Zimmerwald havia criado uma Comissão Socialista Internacional. Para eles isso era uma infringência dos direitos do Bureau Internacional Socialista; e defenderam essa opinião, ainda que o Bureau *mal tenha funcionado durante a guerra*. É claro, Lenin estava encantado com a ausência deles, tendo se convencido de que Kautsky representava a encarnação da traição política. Kautsky, afirmava, era uma *Mädchen für Alle* — uma prostituta política que iria para a cama com virtualmente qualquer um na vida pública se pudesse evitar um choque com o governo alemão. Tendo chegado a essa conclusão em agosto de 1914, Lenin não queria arredar pé. Tornara-se um ingrediente indissolúvel não só de sua política, mas também de sua vida emocional a crença de que Kautsky não passava de um renegado. A única coisa que Lenin queria era que Kautsky tivesse uma oportunidade de retomar sua influência doutrinária sobre o marxismo europeu.

Em Kiental, Lenin não brilhou mais do que em Zimmerwald. A dificuldade foi que os delegados de extrema esquerda (que agora se faziam chamar de a Esquerda de Zimmerwald) eram poucos, e todos desconfiados de Lenin. No entanto, ele tinha alguns motivos para se rejubilar. A Conferência de Kiental condenou o pacifismo, embora muitos delegados quisessem o fim da guerra a qualquer preço; também conclamou uma "ação vigorosa voltada para a derrubada da classe capitalista". Isso chegava perto da ideia de Lenin de que a revolução era o meio de terminar a guerra, e, ao final dos trabalhos, ele estava mais feliz do que achava que estaria.

Teve sorte que os marxistas alemães, a quem criticou por ser indulgentes com seu governo, não sabiam que ele contava com alguns contatos próprios e muito incomuns com esse mesmo governo. A princípio, isso havia tomado a forma do envio de literatura política a bolcheviques em campos alemães de prisioneiros. O principal entre esses prisioneiros era ninguém menos que Roman Malinovski, que se alistara nas forças imperiais russas e fora capturado. Lenin, que ainda se recusava a acreditar que Malinovski havia trabalhado para a Okhrana, difundiu propaganda bolchevique entre prisioneiros de guerra russos por meio de palestras dadas por Malinovski.[17] O alto comando alemão facilitou isso, uma vez que Lenin propugnava a derrota da Rússia. O barão Gisbert von Romberg, ministro alemão em Berna, havia sido posto a par das atividades de Lenin por Alexander Koskuela, um nacionalista estoniano, que também queria derrubar os Romanov. Outro conselheiro dos alemães foi Alexander Helphand-Parvus, que influenciara o pensamento de Leon Trotski em 1905. Parvus era um esquerdista alemão, crítico do Partido Social-Democrata alemão, e também um rico empresário, cujos negócios escusos na Escandinávia, nos Bálcãs e na Turquia haviam envolvido missões em favor do governo alemão. Um dos companheiros de Lenin, Jakob Hanecki, era empregado de Parvus em Estocolmo. Embora encontros diretos de Lenin com Keskuela e Parvus fossem raros, existe forte prova circunstancial de que, como resultado, os alemães destinaram ajuda financeira aos bolcheviques.

Assim, Lenin estava tentando fomentar a "revolução socialista europeia" com uma contribuição financeira secreta de pessoas que ele denunciava publicamente como imperialistas alemães. Para ele, essa relação era perfeitamente lógica. Seu objetivo era provocar a derrubada do capitalismo, e o único critério para qualquer ação era se ela reforçaria a causa da revolução. A difusão de ideias bolcheviques na Rússia e em campos alemães de prisioneiros de guerra enquadrava-se nessa categoria. O único problema era que suas maquinações tinham de ser rigorosamente confidenciais. De fato, qualquer quebra de sigilo o teria liquidado politicamente poucos meses antes da Revolução de Fevereiro de 1917 — e a história do século XX teria sido muito diferente.

Durante todo o resto de 1916 e o início do ano seguinte, ele repetiu sua cantiga de que a revolução estava "madura". Era "iminente"; vinha "crescendo". O tempo estava do lado dos que eram fiéis a preceitos "ortodoxos" marxistas e os punham em prática subvertendo governos capitalistas. Lenin não achava que a "revolução socialista europeia", quando quer que ocorresse, aconteceria da noite para o dia. Enfatizou que poderia haver países cujos capitalistas rechaçariam o ataque revolucionário. Poderia haver uma Segunda Guerra Mundial, e até mesmo uma Terceira. Essa era uma ideia incomum entre os socialistas de extrema esquerda; de fato, não havia mais ninguém na política europeia que a expressasse. Mas Lenin, apesar de ser um agitador incendiário, levava a revolução muito a sério. Sentia nos ossos que estava vivendo numa época revolucionária. Épocas podiam ser muitas longas. Épocas podiam envolver uma sequência confusa de eventos. Épocas podiam incluir tanto avanços como reveses. Lenin estava se preparando para a longa luta. Sabia que o futuro, tanto para ele quanto para seu Partido, exigiria adaptabilidade, perceptividade e resistência. Acima de tudo, resistência.

Mas, quanto à correção de sua estratégia fundamental, Lenin não tinha a menor dúvida.

Sua firmeza de propósito era surpreendente para amigos e conhecidos que não conheciam seu caráter granítico. O ano de 1916 foi se aproximando do final; Lenin estava com 46 anos. Era um homem de talento intelectual e prático e, no entanto, nunca exercera, sobre as questões de seu país, o impacto que seu talento poderia ter facilitado. Foi um dos principais marxistas russos e ficou conhecido tanto na Segunda Internacional Socialista na Europa como nos gabinetes da Okhrana em Petrogrado. Escrevera livros e panfletos, e foi um jornalista prolífico; enciclopédias russas continham sucintos verbetes sobre ele. Mas seus seguidores no império russo, durante a Primeira Guerra, eram um grupo reduzido. Até sua irmã, Anna, questionava seus julgamentos políticos. Seu contato com os bolcheviques nos comitês locais russos foi se tornando cada vez mais tênue; e o homem que havia pregado a revolução a marxistas na prática e no exterior viu-se reduzido a buscar consolo em Hegel e Aristóteles. Mal havia um operário russo fora dos estreitos confins do Partido que nem sequer lhe conhecesse o nome. Para que tal homem surgisse como o governante da Rússia, essa situação tinha de sofrer uma mudança fundamental. Ele precisaria não só de sua firmeza de propósito e de seu talento, mas também de um golpe de sorte. E foi precisamente isso que ocorreu no ano seguinte.

# Parte III

# Tomando o poder

*Entre nous:*\* se me chutarem fora, eu lhe pediria que publicasse meu caderno de anotações, "o que o marxismo diz sobre o Estado" (ficou em Estocolmo). Uma pasta com capa azul-marinho.

Tem uma coletânea de todas as citações de Marx e Engels, bem como de Kautsky contra Pannekoek.

Lenin, no verão de 1917

---

\* Cá entre nós: em francês no original. (*N. do T.*)

## 15. Numa terra estranha

Fevereiro a abril de 1917

No final de fevereiro de 1917, ocorreu a irrupção política que Lenin previra havia tanto tempo. A revolução chegou a Petrogrado. Greves vinham ocorrendo na indústria havia alguns dias, começando com uma ação das operárias têxteis. Os distúrbios rapidamente se espalharam, até chegar à força de trabalho da fábrica metalúrgica de Putilov, e a polícia mostrou-se incapaz de manter o controle. Quando os regimentos da guarda foram chamados, os grupos revolucionários da capital — mencheviques, bolcheviques e revolucionários socialistas — mostraram relutância em organizar manifestações de rua. A Okhrana havia esmagado greves no final de 1915 e no final de 1916, e não parecia haver motivo para que isso não voltasse a acontecer.

Contudo, a disposição popular parecia implacável. Os operários estavam indignados com as condições decadentes das fábricas e com a escassez de alimentos. Os grevistas, ainda por cima, não podiam mais confiar que os soldados das guarnições da capital pudessem reprimir o protesto político. Gradualmente, os revolucionários reconquistaram sua confiança. Os manifestantes marcharam pela Prospekt Nevski, no centro de Petrogrado — ninguém mais ousava se opor a eles. Saíram das sombras os líderes da Quarta Duma de Estado, recentemente prorrogada por Nicolau II; formaram um comitê confidencial e esperavam poder aproveitar os acontecimentos antes que fugissem ao controle. Nicolau II não estava em Petrogrado, mas no quartel-general militar de Mogilov, e toda essa informação o deixou em pânico. Enquanto isso, os mencheviques reformaram um soviete em Petrogrado e fizeram campanha pela república. A essa altura, os partidos socialistas sentiram que o momento da revolução havia chegado. O imperador tentou abdicar em favor de seu filho hemofílico, Alexei; mas isso não viria a acontecer. Em 2 de março, viu que estava tudo acabado e abdicou, primeiro em favor do filho e, em seguida, do irmão, Mikhail. Os rebeldes não consideraram essa concessão adequada, e o poder passou para os líderes da desfeita Duma de Estado. A dinastia Romanov, que governava a Rússia desde 1613, havia sido derrubada.

A notícia sobre a seriedade da situação chegou a Zurique, e pegou os *émigrés* russos de surpresa. Os relatos sobre Petrogrado destacavam os problemas em seu país, e, no entanto, era impossível para os revolucionários no exterior julgar se a crise final do tsarismo havia chegado. Lenin não era diferente de seus companheiros *émigrés*; esperou pacientemente para ver o que ia acontecer. E, então, deu-se que ele estava se preparando para ir à biblioteca, como era normal, após o almoço, deixando Nadya em casa para tirar a mesa e lavar a louça.[1]

Foi quando chegou apressado ao n⁰ 14 da Spiegelgasse um camarada, M. G. Bronski, que lera nos jornais suíços que a revolução — *a* revolução, a tão esperada revolução, a gloriosa revolução contra os Romanov — estava ocorrendo. Os telegramas haviam chegado naquela manhã. Bronski ficou espantado porque os Lenin ainda não sabiam: "Não estão sabendo de nada?!" Lenin e Nadya foram depressa para a margem do lago, onde poderiam conferir a história de Bronski com o conteúdo dos jornais afixados em quadros para exposição pública. Talvez, supuseram, Bronski tivesse exagerado. Todos os emigrantes queriam tanto uma irrupção revolucionária que se preveniram sobre acreditar descuidadamente que isso já estava ocorrendo. Mas, dessa vez, a história era verdadeira. Tanto os jornais suíços como os telegramas de Petrogrado traziam a mesma mensagem. Atônitos e encantados, Lenin e Nadya releram as reportagens várias vezes.[2] De fato, não podia haver dúvidas: a revolução tinha acontecido. Dessa vez não havia novamente os sinais de uma monarquia sob pressão; a monarquia tinha ido para o espaço. Nicolau II, cujo pai não mostrara clemência para com o irmão de Lenin, Alexander, e cuja família inteira era detestada por Lenin, tornara-se o cidadão Romanov.

O restante do dia passou-se num rebuliço de encontros e sermões com companheiros emigrantes em Zurique. Houve apertos de mão, trocas de parabéns, cantaram-se canções revolucionárias — e Lenin adorava praticar sua voz de barítono nessas ocasiões. Nadejda Konstantinovna perdeu-se em comemorações a tal ponto que não conseguia lembrar-se de nada a respeito delas.

Participando do contentamento, Lenin queria proporcionar a liderança que pudesse para os bolcheviques em atividade na Rússia. Isso não podia ser feito diretamente: tinha de despachar mensagens por meio de Alexandra Kollontai, em Oslo, que mantinha ligação com o Comitê Central em Petrogrado. Em 3 de março de 1917, ele enviou um telegrama afirmando a necessidade de que os bolcheviques permanecessem fiéis a seus antigos slogans. Lenin preveniu contra qualquer mudança de política partidária durante a guerra. De modo algum os socialistas deveriam permitir-se aprovar a "defesa da terra natal". A reunificação com os mencheviques devia ser rejeitada. Os bolcheviques precisavam de seu próprio partido em separado. O objetivo deveria ser "revolução proletária *internacional* e a conquista do poder pelos sovietes de deputados dos operários". Não deixou de mencionar que não seria tolerável qualquer conciliação com Kautsky.[3] Era uma convocação política e tanto; era uma luva atirada aos pés do governo provisório. Lenin não ia aceitar o direito de Milyukov, Guchkov e Kerenski (que, ele havia previsto um ano antes, tentaria formar uma coalizão governamental) de governar a Rússia. Sua linguagem era inequivocamente de insurreição. Que os sovietes assumam o poder! Que a revolução se estenda para além da Rússia. "Que todo autêntico socialista promova a causa revolucionária pela Europa!"

Lenin não se deu o trabalho de consultar outros emigrantes bolcheviques. Mais do que isso: escreveu sem qualquer conhecimento detalhado do que estava acontecendo na Rússia. Achava, muito erradamente, que Nicolau II estava organizando uma contrarrevolução; e sua preocupação com Kautsky mostrava como estava desconectado dos desejos dos operários de Petrogrado. Mas Lenin era um líder. Ofereceu toda orientação que pudesse dar, e Kollontai mandou um telegrama urgente, expresso, solicitando novas diretrizes. Ele esclareceu suas intenções com regularidade nas suas mensagens a ela e ao Bureau do Comitê Central, embora não fizesse ideia de como estavam sendo recebidas na Rússia.

Não pretendia repetir o erro de 1905, quando retornou à Rússia meses depois de começado o turbilhão revolucionário. Entretanto, agora havia uma guerra arrasando a zona central da Europa. Não poderia chegar à Rússia atravessando a França e o mar do Norte sem a permissão dos Aliados, e isso nunca aconteceria. Tentar entrar na Rússia pelo Mediterrâneo seria igualmente inviável. Os turcos eram imprevisíveis e podiam não permitir livre trânsito a revolucionários russos. E, então, Lenin tinha de considerar alternativas. Sua ideia mais criativa foi disfarçar-se como sueco surdo-mudo e embarcar no trem que atravessava a Alemanha em direção à Dinamarca e, então, chegar à Finlândia e, eventualmente, a Petrogrado. Nadya o dissuadiu disso, dizendo-lhe que ele, inevitavelmente, falaria dormindo, balbuciando algo sobre os mencheviques, e seria descoberto. Suas outras ideias eram igualmente malucas. A certa altura, por exemplo, propôs alugar um avião — então um meio nada confiável de transporte — até o outro lado da frente oriental. Mas não quis desistir do plano, até que alguém mencionou que ainda não havia uma máquina voadora capaz de cobrir tal distância e que, de qualquer maneira, a artilharia das Potências Centrais o derrubaria.

As alternativas sólidas e seguras, no entanto, eram poucas e, de fato, havia apenas uma que valia a pena explorar. Era a ideia proposta por Martov de que os socialistas russos na Suíça deviam pedir ao governo alemão permissão para a passagem deles pela Alemanha em troca da libertação pelo governo provisório russo de igual número de alemães internos na Rússia. Robert Grimm negociou com o cônsul alemão em Berna, Gisbert von Romberg, em nome dos russos. Rapidamente, Grimm recebeu de Berlim uma resposta positiva. A única exigência adicional era a aprovação formal do governo provisório, mas o problema era que o ministro do Exterior russo, Pavel Milyukov, se mostrava contra. Martov recusou-se a implementar o plano, até o momento em que o soviete de Petrogrado pressionou Milyukov para dar a permissão.

Contudo, Lenin não se deixaria dissuadir. Acusando Grimm, muito injustamente, de incompetência, buscou a ajuda de Fritz Platten, socia-

O lar da família Ulyanov, na rua Moscou, em Simbirsk.

A família Ulyanov em 1879.
Da esquerda para a direita: (em pé) Olga, Alexander, Anna;
(sentados) Maria Alexandrovna com a filha Maria, Dmitri,
Ilya Nikolaevich e Vladimir.

Alexander Ilich Ulyanov.

Anna Ilinichna Ulyanova.

Dmitri Ilich Ulyanov.

Maria Ilinichna Ulyanova.

Vladimir Ulyanov, com dezessete anos.

Os líderes da União de Petersburgo de Luta pela Libertação da Classe Operária. Da esquerda para a direita: V. V. Starkov, G. M. Krzhizhanovski, A. L. Malchenko, V. I. Ulyanov, P. K. Zaporozhets, Y. O. Martov e A. A. Vaneev. Foto feita quando foram tirados da prisão antes de serem mandados para a Sibéria.

G. V. Plekhanov.

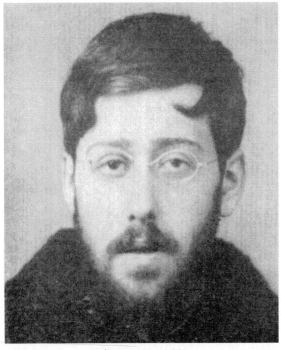

Yuli Martov em 1896.

Vladimir Ulyanov em 1895. Foto tirada pelo fotógrafo da polícia.

Nadejda Krupskaya em 1895.

Clerkenwell Green – desenho a lápis, de William Ansell – antes da Primeira Guerra Mundial. Notem-se, à frente, as instalações da Twentieth Century Press, hoje a Marx Memorial Library.

O número 21 (hoje 36) de Tavistock Place, em Bloomsbury, onde Lenin viveu enquanto escrevia *Materialismo e Empiriocriticismo*, em 1908.

Panteleimon Lepeshinski, dono de café em Genebra e cartunista amador, desenhou cenas de disputa entre os *émigrés* após o Segundo Congresso do Partido. Na primeira, ele mostra Lenin como um gato atacado e perseguido pelos ratos mencheviques. Na segunda, Lenin é mostrado no contra-ataque.

Georgi Gapon.

Alexander Bogdanov enfrenta Lenin no xadrez na ilha de Capri, 1908.

A carta de Lenin, não inteiramente correta, em inglês, voltando a requerer ingresso como leitor no Museu Britânico. [© The Britsh Museum]

Inessa Armand.

Lenin em 1914. Fotografia tirada antes de sua partida para a Suíça.

Casa de campo alugada por Lenin e Krupskaya, em Poronin, em 1914.

*Herr* Titus Kammerer em frente à entrada de sua loja na Spiegelgasse, em Genebra. Lenin e Krupskaya alugaram aposentos no sobrado.

Grigori Zinoviev.

Karl Radek.

Foto de Lenin e seus companheiros de viagem em Estocolmo, dias após desembarcarem do "trem selado" que atravessou a Alemanha. Nadya, mulher de Lenin, caminha atrás dele, usando um grande chapéu. Atrás dela, está Inessa.

As anotações, tão valorizadas por Lenin, sobre "O Marxismo e o Estado", que mandou buscar na Suíça em 1917 e transformou em *O Estado e a Revolução*.

Foto de Lenin tirada por Dmitri Leshchenko para os documentos oficiais com os quais fugiu para a Finlândia. Lenin precisou posar ajoelhado.

O Instituto Smolny, onde os bolcheviques planejaram e concretizaram a tomada do poder, em outubro de 1917.

Lev Trotski discursando para soldados do Exército Vermelho na Guerra Civil.

Lenin e, à direita, Yakov Sverdlov na inauguração de uma estátua de Marx e Engels no primeiro aniversário da Revolução de Outubro.

Retrato oficial de Lenin, por M. S. Nappelbaum, em janeiro de 1918. Esta foi a primeira foto desse tipo tirada dele após ter tomado o poder e sua barba ter voltado a crescer. [© Jeremy Nicholl]

O gabinete de Lenin no Kremlin. [© Jeremy Nicholl]

Acima: A cozinha de Lenin e Krupskaya no Kremlin. Algumas panelas e caçarolas foram consertadas. [© Jeremy Nicholl]

À direita: A estatueta "Darwin", que Lenin tinha sobre a mesa de trabalho.
[© Jeremy Nicholl]

Nadejda Konstantinovna Krupskaya em 1919. [© David King Collection]

Lenin no seu aniversário de cinquenta anos.

À esquerda: Lenin, em 1919, gravando um de seus discursos mais curtos.

À direita: Uma sessão do Segundo Congresso do Comintern. Lenin (em mangas de camisa) está escrevendo, com Nadejda Konstantinovna sentada à esquerda e Inessa à direita.
[© David King Collection]

Lenin discursando para soldados do Exército Vermelho destinados à frente Nolonen, em 5 de maio de 1920. Note-se a presença de Kamenev e Trotski à direita da plataforma. A imagem de ambos foi apagada nas reproduções oficiais soviéticas. do final dos anos 1920.

Acima, caminhando em Moscou: Josef Stalin, Alexei Rykov, Lev Kamenev e Grigori Zinoviev.

À esquerda: Nicolai Bukharin.
[© David King Collection]

Lenin presidindo sessão do Sovnarkom, em outubro de 1922.

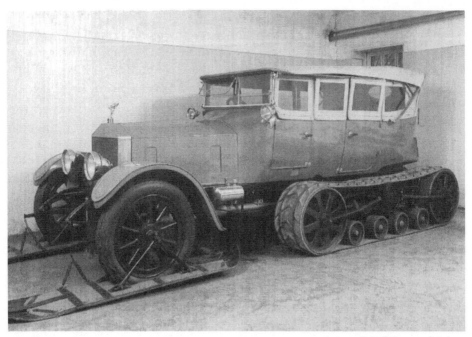

Acima: O Rolls-Royce oficial, muito adaptado. Notem-se as esteiras de tanque na parte traseira e os esquis na dianteira.
[© Jeremy Nicholl]

À esquerda: Lenin na cadeira de rodas, em 1923, com o professor Förster à esquerda e o Dr. Gete à direita.
[© Jeremy Nicholl]

No alto, à direita: A Casa Grande, em Gorki.
[© Jeremy Nicholl]

À direita: Foto de família em Gorki, agosto de 1922.

Da esquerda para a direita: Lenin, Nadejda Konstantinovna, o sobrinho Viktor (filho de Dmitri Ilich), Anna Ilinichna e uma menina chamada Vera (sobrenome não especificado).

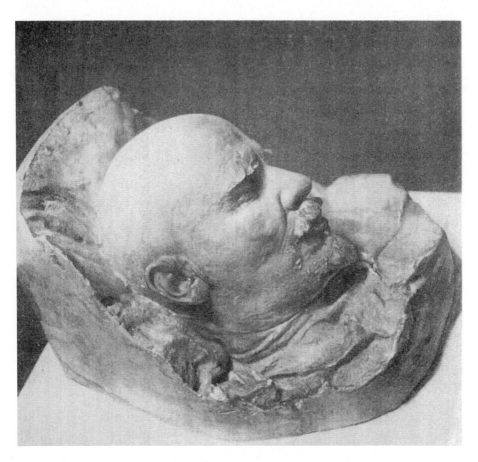

Acima: A máscara mortuária de Lenin, feita pelo escultor Sergei Merkurov.

À direita: O primeiro mausoléu, 1924.

lista de extrema esquerda, um dos oponentes suíços de Grimm. Platten concordou em procurar Romberg, com uma proposta formulada por Lenin e Zinoviev. Romberg imediatamente conseguiu a sanção de seu Ministério do Exterior para que qualquer número de imigrantes políticos russos atravessasse a Alemanha pela estrada de ferro e que o trem tivesse status extraterritorial durante a viagem; também confirmou que seu governo não faria exigências para a libertação de prisioneiros de guerra alemães em troca.[4] Lenin estava exultante e imediatamente planejou os detalhes com Zinoviev. Trinta e duas pessoas fariam a viagem, e Lenin e Zinoviev estipularam que todos deveriam pagar suas próprias passagens; nenhum subsídio dos alemães seria permitido. A viagem não se restringiria a bolcheviques. Por exemplo, uma mulher, membro de destaque da Bund judaica, foi aceita como passageira com seu filho de 4 anos, Robert. A programação previa que os viajantes deveriam ir a Zurique e reunir-se no Zähringerhof Hotel, em 27 de março. De lá, pegariam um trem local até a fronteira. Tal era o apreço de Lenin pela intervenção de Platten com Romberg que lhe pediu para atuar como intermediário do grupo de russos durante toda a viagem. Assim, Lenin não teria necessidade de falar com um único alemão entre a Suíça e a Dinamarca.

Nadejda Konstantinovna disse que ele teria que viajar antes dela. Como, perguntou, ela poderia humanamente fazer tudo a tempo? Ela sabia que seria sua responsabilidade encaixotar o arquivo de correspondência bolchevique, reunir as malas de pertences do casal, organizar suas contas bancárias e tomar providências para que as pessoas entrassem em contato com eles na Rússia. Estava aborrecida também por ter de deixar as cinzas de sua mãe e queria esperar até tê-las recolhido.[5] Mas Lenin não quis ouvir falar de nada disso. Nadejda Konstantinovna, insistiu, devia seguir com ele. A revolução os esperava. O principal era embarcar no trem com suas posses básicas, bem como com travesseiros e cobertores, para a viagem à moda tradicional russa. Enquanto isso, os viajantes deviam ignorar a zombaria que os outros emigrantes fariam deles.

Chegado o dia, Lenin e os demais viajantes caminharam do Zähringerhof Hotel até a estação ferroviária de Zurique. Seguiu-se, então, a viagem até Schaffhausen, do lado suíço da fronteira. O trem alemão já estava lá, esperando por eles. Após todos estarem acomodados, seguiram viagem até o posto de alfândega, na pequena aldeia de Thayngen. Lá, foi-lhes confiscada parte da comida que levavam, uma vez que a quantidade era maior que o limite legal; os funcionários suíços permitiram-lhes enviar o chocolate e o açúcar confiscados a parentes e amigos. De lá seguiram para cruzar os Alpes e a fronteira até Gottmadingen, na Alemanha. Quando o trem parou, ordenaram que os emigrantes russos fossem isolados do restante dos demais viajantes, e acompanhados até um salão de espera. Dois oficiais do exército alemão apresentaram-se e passaram a instruir os emigrantes russos a formar grupos separados de homens e mulheres. Isso deixou os emigrantes em pânico, achando que alguma coisa horrível aconteceria aos homens. Formaram um anel de proteção em torno de Lenin, como o líder bolchevique. Mas os oficiais alemães explicaram que desejavam simplesmente acelerar os trabalhos de preenchimento de formulários necessários para que o trem pudesse deixar a estação.[6] Os viajantes, então, embarcaram no trem e tomaram seus assentos reservados no vagão de 2ª e 3ª classes, e o trem partiu de Gottmadigen em sua importante jornada.

O protocolo para a viagem havia sido previamente traçado. Os dois oficiais alemães foram instruídos a ficar no fundo do vagão atrás de uma linha riscada a giz, dividindo território "alemão" de território "russo". Foram postos selos em três das quatro portas do vagão; mas a quarta, que ficava adjacente ao compartimento de dormir dos oficiais alemães, ficou destrancada. Assim, os passageiros não foram realmente isolados do mundo durante a viagem, e o famoso "trem selado" não passa de um erro de denominação. De fato, falaram com as pessoas que entraram no trem *en route*.* Isso aconteceu porque Platten saltou em Frankfurt para comprar cerveja e jornais, e pedir a alguns soldados que os levassem a bordo do trem para ele. Vários funcionários da ferrovia juntaram-se aos soldados, e o incontrolável Radek teve um raro gostinho dos velhos tempos, incitando-os a fazer uma revolução na Alemanha. O menos aceitável para Lenin foi a permissão dada pelo governo alemão para que o líder sindicalista alemão Wilhelm Janson embarcasse em Stuttgart. Os imigrantes tiveram uma rápida discussão e mandaram Platten dizer a

---

* "No caminho" durante a viagem; em francês no original. (*N. do T.*)

Janson que não iam recebê-lo. Já tinham corrido riscos suficientes e não queriam que chegassem informações à Rússia de que conversaram com cidadãos inimigos em território inimigo.[7]

Tudo isso fez aumentar a tensão. Os nervos de Lenin — nunca muito relaxados nem mesmo nas melhores épocas — foram ainda mais afetados pelo comportamento de seus companheiros de viagem. Ele e Nadya foram induzidos a pegar uma cabina separada, de forma que ele pudesse continuar a escrever. O problema é que a cabina vizinha estava ocupada por Radek, Grigori Safarov, Olga Ravich (a jovem esposa de Safarov) e Inessa Armand. A algazarra que faziam era incessante. Quando não estavam cantando, estavam rindo das piadas de Radek. Lenin não conseguia mais aguentar e, tarde da noite, invadiu a cabina deles e botou Olga Ravich para fora.[8] Esse foi o primeiro caso de injustiça revolucionária bolchevique em 1917, pois quem estava causando tumulto não era Ravich, mas Radek. Mas Lenin se sentia mais à vontade para descontar nela devido a sua juventude, seu sexo e sua falta de influência política, e não é surpresa que ele tenha evitado tocar em Inessa — águas de emoção muito profundas teriam sido agitadas. De qualquer maneira, Lenin tinha se excedido: os ocupantes da cabina defenderam Ravich, e ele teve de recuar.

Lenin, no entanto, recusou-se a recuar na questão do uso do banheiro. Radek e os outros fumantes evitavam acender cigarros em seus compartimentos em consideração aos outros passageiros que não fumavam. Então eles iam fumar no banheiro. Isso acabou criando uma fila no corredor e, para falar delicadamente, levava a um considerável incômodo físico e certo embaraço. Por iniciativa de Lenin, foi introduzido um sistema de racionamento do acesso ao banheiro. Para esse fim, recortou alguns pedaços de papel, transformando-os em senhas por ele próprio autorizadas. Havia dois tipos de senha: uma para o uso normal do banheiro e outra para uma discreta tragada num cigarro. Isso levou os fumantes a diminuir o número de vezes em que fumavam, e rapidamente acabaram as discussões na fila. Foi um pequeno episódio cômico. No entanto, sem exagerar a questão, poderíamos observar que a intervenção de Lenin foi típica de seus pressupostos operacionais. Ele achava que o modo socialista de organizar a sociedade exigia, acima de tudo, um sistema centralmente coordenado de avaliação das necessidades, alocação de produtos e serviços, e regulamentação da implementação. Lenin, depois da Revolução de Outubro, foi mais além e proibiu as atividades que desaprovava. Porém, na viagem atravessando a Alemanha, ele se conteve. Os fumantes podiam matar a vontade de fumar, contanto que o fizessem raramente e se limitassem ao banheiro.

Outro aspecto do episódio foi a imposição de ordem, por parte de Lenin, sobre seus companheiros. Radek chamou atenção para isso, sugerindo que era a prova de que Lenin tinha o que era preciso para "assumir a liderança do governo revolucionário".[9] Conforme o trem seguiu para Berlim e parou num desvio durante um dia inteiro, esse prognóstico pareceu muito exagerado.[10] E então, a 30 de março, seis dias após partir da Suíça, os emigrantes chegaram ao porto de Sassnitz, no norte. Mais um conjunto de formulários precisava ser preenchido. Como precaução, e por sugestão de Lenin, os viajantes deviam inventar novos pseudônimos. Essa foi uma reação exagerada e absurda, uma vez que os alemães já possuíam informações detalhadas sobre os russos a seus cuidados. As autoridades alemãs aceitaram os formulários sem criar caso. Isso teve um resultado cômico: quando Hanecki, o ajudante de confiança de Lenin, telegrafou de Trelleborg na Suécia, querendo saber se entre os passageiros encontrava-se certo senhor Ulyanov, ele recebeu a princípio uma resposta negativa dos alemães.

O líder bolchevique acabou admitindo sua verdadeira identidade e compraram-se passagens para a balsa *Queen Victoria* levá-los de Sassnitz a Trelleborg; zarparam todos no mesmo dia. Na travessia, o mar estava encapelado, e os russos, em sua maior parte, ficaram bastante enjoados. Segundo Radek e Zinoviev, somente três passageiros — Lenin, Radek e Zinoviev — aguentaram a viagem sem vomitar. Talvez estivessem se vangloriando. Ou talvez a história seja verdadeira, porque os três ficaram o tempo todo no convés, discutindo furiosamente sobre política, o que pode muito bem tê-los distraído de ficar enjoados. Hanecki obsequiou-os com um banquete comemorativo, na chegada a Trelleborg. Os passageiros atiraram-se sobre várias rodadas de pratos — todos os passageiros, com exceção de Lenin, que se concentrou em obter informações de Hanecki sobre a Rússia. No dia seguinte, todos embarcaram no trem para Estocolmo. Foram mais uma vez recebidos com festa. De fato, essa foi a primeira ocasião na carreira de Lenin em que recebeu o reconhecimento oficial de líderes estrangeiros. O prefeito de Estocolmo, Karl Lindhagen, mandou preparar um desjejum de boas-vindas para os russos. O jornal *Politiken* publicou um artigo sobre os *émigrés* que retornavam e — de novo pela primeira vez — foi publicada uma foto de Lenin. Essa breve temporada sueca marcou um estágio na transição do partido bolchevique para a preeminência.

Radek entendeu que tudo isso exigia que Lenin se apresentasse de forma bem diferente. Expressou isso com seu típico azedume:[11]

> Provavelmente era a aparência decente de nossos insistentes camaradas suecos que evocava em nós o ardente desejo de que Ilich parecesse um ser humano. Nós o convencemos a pelo menos comprar sapatos novos. Estava viajando com botas de montanhismo com cravos enormes. Nós o fizemos ver que, se o plano era arruinar as calçadas das repugnantes cidades da burguesa Suíça, sua consciência devia impedi-lo de viajar com tais instrumentos de destruição a Petrogrado, onde talvez agora não houvesse mesmo qualquer calçada.

Lenin foi levado a uma loja de departamentos onde foram compradas roupas para ele. Agora julgaram-no adequadamente trajado para liderar a luta contra o governo provisório russo.

Em 31 de março, os viajantes embarcaram no trem vespertino rumo ao norte, de Estocolmo para a Finlândia, enquanto Haneki, Radek e V. V. Vorovski ficavam para tratar de assuntos bolcheviques no exterior. Dessa vez, Lenin e Nadya não tiveram um compartimento só para eles. David Snliàchvili, bolchevique georgiano, que ficou com o beliche em frente ao de Lenin, observou que ele "devorava os jornais rapidamente com os olhos". Enquanto lia a imprensa russa, Lenin não conseguia conter sua irritação com os mencheviques: "*Ach,* os canalhas... *Ach,* os traidores!"[12] Várias horas e dúzias de exclamações irritadas depois, o trem chegaria à fronteira da Finlândia, em Harapanda. Lá os passageiros saltaram e atravessaram a ponte urbana de entrada para a cidade de Tornio, em trenós alugados. Sofreram uma rápida revista dos guardas russos da fronteira, antes de embarcar em mais um trem, para Helsinki. Em Tornio, Lenin havia comprado exemplares recentes do *Pravda*. Retirou-se para um canto da sala de espera e examinou o conteúdo. Isso lhe causou dois choques desagradáveis. O primeiro foi que havia sido provado, além de qualquer dúvida, que Malinovski fora agente da Okhrana. Lenin empalideceu de espanto. Zinoviev descreveu a cena: "Várias vezes Ilich, olhando olho no olho, voltou a esse tema. Em frases curtas. Mais como um sussurro. Olhava-me direto no rosto. "Que safado! Enganou a nós todos. Traidor! O fuzilamento é bom demais para ele."[13] O segundo choque foi a notícia de que o Comitê Central bolchevique, liderado por Lev Kamenev e Josef Stalin desde que foram libertados do exílio siberiano, adotara uma política de apoio condicional ao governo provisório russo. Já aborrecido com os mencheviques, Lenin estava furioso com líderes bolcheviques.

De Helsinki, os *émigrés* pegaram a Ferrovia Finlândia para Petrogrado. O trem seguiu em velocidade constante, nunca passando de 40 ou de 60 quilômetros por hora, e os passageiros começaram a ficar impacientes. Em Beloostrov, cerca de 30 quilômetros ao norte da capital, o trem parou na fronteira administrativa russo-finlandesa para a habitual inspeção de passaportes e alfândega. O Comitê Central bolchevique mandara ninguém menos que Lev Kamenev para receber o líder que voltava e discutir a recepção que o aguardava. Lenin recebeu-o com algo menos que hostilidade: "O que vocês andaram escrevendo no *Pravda*? Vimos uns poucos exemplares e xingamos vocês de todos os tipos de nomes!"

Lenin também estava voltando a ficar nervoso. Conforme o trem foi se aproximando da capital, tarde da noite, em 3 de abril, teve medo de que pudesse ser preso ao chegar, apesar de ser tranquilizado por Kamenev. De fato, Kamenev tinha razão. A liderança bolchevique havia organizado uma recepção na Estação Finlândia, na capital russa. Mencheviques e revolucionários socialistas do Soviete de Petrogrado também compareceram. Vinte minutos antes da chegada do trem, duas unidades de marinheiros reuniram-se na plataforma, com uma guarda de honra para Lenin. O oficial naval esperava que Lenin lhes dirigisse algumas palavras de saudação. Era quase meia-noite. Nikolai Chikheidze, um líder menchevique e dirigente do Soviete de Petrogrado, apareceu para saudar o líder bolchevique que voltava. Do lado de fora da estação, havia se formado uma multidão de operários e soldados, tal como havia acontecido na Estação Kursk, quando líderes de diversos partidos socialistas chegaram do exílio na Sibéria. Os olhos estavam fixos na linha do trem, ao norte e, por fim, as luzes do trem foram vislumbradas na escuridão. A locomotiva coleou até a estação, feito uma cobra ardente. O vapor silvava dos pistões. A multidão, que, em sua maioria, nunca vira Lenin, começou a empurrar em direção ao prédio da estação. O trem parou com um estrondo na lateral da plataforma. Ele tinha chegado. Após uma década no exterior, Lenin saltou do vagão em solo russo.

E, então, as comemorações começaram a decair, quando Lenin se recusou a participar do espírito de camaradagem. Improvisando um discurso aos marinheiros da guarda de honra, disse-lhes que haviam sido enganados pelo governo provisório.[14] Estava começando do modo como pretendia continuar. Seguido por Nadejda Konstantinovna e por Kamenev, caminhou pelos salões de recepção no passado reservados à família imperial. Chkheidze saudou-o como um respeitado emigrante e fez um apelo por cooperação entre todos os socialistas, mas Lenin mal lhe deu atenção e respondeu com uma conclamação à "revolução socialista mundial". Em seguida, deixou a estação e subiu no teto de um vagão blindado que o aguardava na Estação Finlândia trazido por bolcheviques locais. Dessa posição, podia observar a multidão de milhares de pessoas. Sua mensagem a elas foi que o capitalismo tinha de ser derrubado, na Rússia e no restante da Europa, e que socialistas autênticos deviam evitar qualquer apoio ao governo provisório.

As palavras de Lenin desconcertaram praticamente todos que as ouviram naquela noite; muitos dos presentes — ou pelo menos os que estavam perto o suficiente para ouvi-lo — acharam que ele tinha perdido a cabeça. Kamenev e outros importantes bolchevistas também estavam aturdidos e esperavam que, assim que se refizesse de sua longa separação da Rússia, na Suíça, recuperasse o bom senso. Até mesmo Nadejda Konstantinovna parece ter duvidado da sua sanidade.[15] Poucos colegas ficaram satisfeitos com seu discurso na Estação Finlândia, como Alexandra Kollontai e Alexander Shlyapnikov. Vários bolchevistas de posição secundária no Partido concordaram, tendo ficado consternados com a concordância de grande número de mencheviques e revolucionários socialistas, e, na verdade, muitos bolchevistas, em prestar apoio condicional ao governo provisório. Lenin retornara para uma situação fluida. Havia uma possibilidade — fadada a tornar-se maior com o tempo — de construir um partido antigovernamental em separado. O homem que se erguera sobre o vagão blindado noite alta não fora um lobo solitário; fazia parte de uma matilha que se tornaria mais forte e barulhenta. O bolchevismo estava recobrando confiança. Estava de volta a Petrogrado um líder que daria clareza às ideias bolcheviques e acrescentaria um caráter mais decidido às campanhas práticas bolcheviques.

Nos trechos entre a Suíça e a Rússia, Lenin ocupou-se em esboçar uma proposta de estratégia, o que ele viria a chamar de suas *Teses de abril*. Deu-lhes uma aprimorada entre Beloostrov e Petrogrado, mantendo sua fraseologia curta e contundente. Eram dez teses. Algumas foram lapidadas com atenção aos detalhes, outras apresentadas como lousas lapidares. Lenin escreveu suas *Teses de abril* de forma deliberada a apelar a todos os socialistas de extrema esquerda que se sentiam incomodados com a posição do governo provisório. Queria convencer os próprios bolcheviques de que seu desejo era também atrair membros dos outros partidos.

Existe muita confusão nos textos eruditos sobre as *Teses de abril,* a maior parte da qual resulta da pressuposição de que Lenin era um político avesso à confusão verbal. Isso é um grande erro. Lenin precisava operar em um ambiente legal específico e, embora quisesse que os bolcheviques tomassem o poder, teria sido perigoso dizer isso diretamente. Não viajara até Petrogrado para oferecer-se como mártir. Seus propósitos eram evidentes, ainda que vazados em termos indiretos. Essencialmente, estava levando seus pensamentos da época da guerra um pouco mais adiante e redefinindo explicitamente o bolchevismo. E isso constituía uma rejeição da tradicional ideia marxista russa de que uma revolução "democrático-burguesa" devia ser consolidada na Rússia antes de se fazer qualquer tentativa de uma revolução mais avançada, envolvendo uma erradicação social e econômica do capitalismo. Em abril de 1917, pedia o abandono do "antigo bolchevismo" e a redução dos dois estágios de processo revolucionário a um só. Mesmo assim, o pedido de Lenin não era feito explicitamente. Talvez não lhe tenha agradado a ideia de admitir uma mudança de estratégia ou talvez não tenha querido envolver-se numa disputa doutrinária num momento em que sua prioridade era garantir a aceitação de uma política prática. Acima de tudo, o governo provisório tinha de ser substituído. Lenin, em suas *Teses de abril,* afirmava que somente por esses meios haveria uma solução para os problemas políticos, econômicos e sociais do império russo e um fim para a Primeira Guerra, com uma paz que não fosse opressiva para todos os bons beligerantes.

Houve graves questionamentos sobre a estratégia de Lenin desde 1905, quando ele visara a fazer uma "revolução democrático-burguesa", estabelecendo uma "ditadura democrática, revolucionária e provisória do proletariado e do campesinato". Ele nunca rebateu com sucesso a acusação de que suas ideias, caso implementadas, instituiriam um regime opressor e arbitrário e, muito provavelmente, deflagrariam uma guerra civil. Suas *Teses de abril* eram ainda menos capazes de responder a essas questões. E, no entanto, embora um regime arbitrário e opressor estivesse embutido em sua nova estratégia, ele se recusou a reconhecer esse fato. Valeu-se de firulas lógicas, mas não se incomodou com uma lógica consistente; não se deixaria perturbar por minudências. Havia chegado a hora, afirmou com atrevimento, de começar o avanço sobre o poder.

Poucos bolcheviques conseguiram acreditar no que estavam ouvindo, quando Lenin discursou para eles em umas duas reuniões em 4 de abril. A primeira ocorreu na Sede do Comitê Bolchevique de Petersburgo, nas primeiras horas da manhã. Era a grande mansão do Boulevard Kronverski, anteriormente ocupada pela bailarina Matilda Kseshinskaya, ex-amante de Nicolau II. Sem demonstrar qualquer sinal de cansaço, Lenin iniciou uma diatribe contra a cautela do Comitê Central bolchevique. Esbravejou feito um louco. Tudo nele refletia impaciência e determinação. Havia uma clareza de propósito que ninguém mais em seu Partido possuía. De fato, muito poucos políticos dos outros partidos demonstravam tanta autoconfiança quanto Vladimir Lenin. Os políticos na Rússia eram turbulentos e imprevisíveis, e a maior parte dos líderes tinha certo grau de dúvida sobre suas políticas; tendiam naturalmente a buscar apoio para suas ações e pedir a seus colegas que lhes dissessem que estavam certos no que estavam fazendo. Mas havia exceções. O líder *kadet* Pavel Milyukov não tinha necessidade de que os membros de seu partido incentivassem seu engajamento com conceitos liberais básicos; e a confiante compreensão do revolucionário socialista Alexander Kerenski das possibilidades políticas habituou-o a críticas por parte dos líderes partidários, seus colegas Milyukov e Kerenski, que achavam que podiam, se as circunstâncias permitissem, agir como a personificação da revolução na Rússia. Lenin também pensava assim, mas, ao contrário desses dois rivais, não encarava como sua função modificar os programas políticos do governo provisório. O objetivo de Lenin era fazer outra revolução.

Ele ainda tinha de se estabelecer nesse ambiente extraordinário. Chegando a Petrogrado, não fazia a menor ideia sobre onde ele e Nadya poderiam passar a noite. Mas sua família já havia pensado nisso por ele. Anna Ilinichna e Mark Yelizarov estavam morando na rua Larga n⁰ 48, um prédio de vários andares construído na virada do século no bairro Petrogrado, a nordeste do centro da cidade. A irmã caçula, Maria, morava no mesmo apartamento. Após a reunião do Comitê bolchevique de Petersburgo, Volodya e Nadya seguiram para a rua Larga.

Enquanto tentavam entender tudo que havia mudado, de uma coisa estavam certos: os dias da emigração tinham se acabado de verdade. Nadya pôs isso em suas memórias:[16]

> Quando ficamos sozinhos, Ilich examinou o aposento: era um quarto típico de um apartamento em Petersburgo; transmitia a sensação instantânea da realidade do fato de que estávamos agora em Piter [o apelido popular de Petrogrado] e que toda aquela coisa de Paris, Genebra, Berna e Zurique já era algo genuinamente do passado. Trocamos duas palavras a esse respeito.

Não havia tempo para uma conversa mais demorada, uma vez que era tarde da noite, e um dia importante os esperava. Lenin e Nadya dormiram separados. Gora Lozgachev, o filho adotivo de Anna e Mark, havia pregado um papel sobre as duas cabeceiras, dizendo: "Proletários de todos os países, uni-vos!"[17] Foi uma cena adequada. Lenin e Nadya não estavam dando atenção a seu casamento; suas mentes estavam fixas nas obrigações políticas que os esperavam. A oportunidade de exercer uma influência diária sobre a política russa lhes fora arrancada em 1907. Agora lhes havia sido restituída, e ambos iriam agarrá-la.

Lenin tinha um dever pessoal a cumprir antes de poder mergulhar na torrente política. Após o café da manhã, pediu a Vladimir Bonch-Bruevich — amigo da família Ulyanov e companheiro bolchevique — que conseguisse um carro para seu uso. Acompanhado por Bonch-Bruevich, mais tipicamente russo do que Lenin em suas reações emocionais, esperava que chorasse. Mas os Ulyanov não tinham sido criados para se comportar assim.

Lenin gostou de voltar a morar com suas irmãs. Dmitri Ilich ainda estava prestando serviços médicos na Crimeia, e Lenin só viria a encontrá-lo dali a mais dois anos. Ele gostava de brincar com o menino Gora. Anna Ilinichna dirigia o regime doméstico de acordo com regras rigorosas e amedrontava qualquer criança que a desagradasse; também impedia o marido de fazer as vontades de seu filho adotivo.[18] Porém, nunca ousou dar ordens a Vladimir Ilich, e bastava ela sair da sala para o barulho começar. Gora e ele envolviam-se em todo tipo de brincadeira bruta e barulhenta. Para eles, não era nada ficar atirando as cadeiras da sala de estar. Lenin também pregava peças no menino. Isso envolvia um considerável volume de provocação à custa do pobre Gora. Nadya censurava o aspecto "inquisitorial" do comportamento de Lenin: "Volodya! Bem, agora que você já o atormentou inteiramente, deixe a criança em paz! Olhe só o que vocês fizeram — quebraram a mesa."[19] Nessa ocasião, Lenin jogara-se tão subitamente sobre Gora que os dois saíram rolando por cima da mesa. Uma Anna Ilinichna horrorizada voltou para ver o que estava acontecendo.[20] Caso seu marido, Mark, tivesse sido o responsável, teria recebido o açoite da língua da esposa. Entretanto, com Lenin era diferente. Perdoava-lhe tudo. Era o queridinho da família; podia ser delicadamente reprovado, muito delicadamente; mas ninguém tinha o direito de brigar com ele. Não fazia mal "estragar" Lenin um pouco.

Anna Ilinichna havia transferido sua afeição de irmã, de Alexander para Vladimir, após a execução de Alexander. Vladimir, o escritor e figura pública, encarnava o seu ideal. Mas ela o idolatrava também porque os traumas do passado da família podiam, de certa forma, ser redimidos pela carreira de Vladimir. Seu irmão, Vladimir, estava concentrado em erradicar o antigo regime que, na opinião dela, tratara os Ulyanov com brutalidade. Ele era um lutador por uma causa nobre.

Não sabemos realmente o que Lenin pensava sobre a execução de Sasha, e ele, com certeza, tinha uma propensão para o julgamento político clínico. Mas, sob a superfície fria e analítica, era também um homem de paixões. Quaisquer que fossem seus sentimentos precisos sobre os Romanov, ele se enfurecia contra toda a ordem social do tsarismo. Detestava a nobreza, os industriais e os banqueiros. Para Lenin, além do mais, os liberais eram tão ruins quanto os conservadores e os francamente reacionários. Ao contrário de outros líderes políticos, encarava o governo provisório não como a personificação de um novo regime, mas como uma nova forma do antigo. Sua versão da teoria marxista o impelia a denunciar os "ministros capitalistas" e os que os apoiavam. Mas o mesmo fazia a experiência de sua família. Recordava — e sem dúvida a visita ao cemitério em Volkovo forçosamente há de tê-lo feito recordar — como sua família havia caído no ostracismo em Simbirsk após a execução de Alexander. Não sentia o menor impulso de perdoar e esquecer. Lenin tinha passado a vida adulta denunciando os não socialistas como não sendo melhores do que o regime a que se propunha opor. Lenin, sem dizer isso explicitamente, queria acertar algumas contas. Queria vingança, e os membros sobreviventes de sua família — bem como outros de seu próprio Partido (e da população em geral) — manifestavam o mesmo sentimento.

Foi nesse espírito que voltou do cemitério e compareceu a sua segunda reunião política do 4 de abril. Esta ocorreu na sala n.º 13 do Palácio Tauride, prédio que havia abrigado a Duma de Estado e que, desde a Revolução de Fevereiro, sediava tanto o governo provisório quanto o Soviete de Petrogrado. Os grandes partidos tinham permissão para fazer reuniões na Tauride. Lá houve uma reunião de bolcheviques de todo o país, prévia a uma conferência de deputados dos sovietes dos soldados e dos operários de todo o país. Lenin surpreendeu praticamente todos que ainda não conheciam suas propostas. Sem citar nomes, atacou os que propuseram reconciliação com os mencheviques. O conteúdo das *Teses de abril* foi revelado e explicado. A maior parte dos bolcheviques mal conseguia acreditar nos seus ouvidos. Alexandra Kollontai e Alexander Shlyapnikov eram exceções notáveis. O restante estava estarrecido. Kamenev, em particular, acreditava que Lenin tinha perdido o juízo. A maioria dos amigos de Lenin esperava que ele se acalmaria assim que tivesse a oportunidade de familiarizar-se com as realidades da situação contemporânea na Rússia. Com toda certeza, perguntaram, essa loucura não poderia mais continuar, não é?

Um debate alentado, no entanto, era impossível, pois Lenin já havia falado durante uma hora e meia, e aguardavam em uma terceira reunião, no andar de baixo, onde a Duma de Estado realizava seus trabalhos. Essa seria uma sessão unificadora de todos os delegados marxistas à conferência dos deputados dos sovietes dos operários e dos soldados de todo o país. Os mencheviques subiram para a sala nº 13, a fim de pressionar os bolcheviques a trazer seu líder com eles.

O presidente da sessão era Nikolai Chkneidze, e Lenin, mais uma vez, foi chamado ao pódio. A longa viagem não deixara nele qualquer sinal de cansaço. Andando para lá e para cá, parecia um animal recém-libertado. Já tendo ensaiado suas ideias duas vezes, estava com a cabeça clara — e fez uma declaração tempestuosa, de intenção revolucionária. Porém, dessa vez, a reação foi crítica. Em primeiro lugar, Irakli Tsereteli, como líder menchevique do Soviete de Petrogrado, fez um apelo por um partido marxista unificado e afirmou que uma tomada prematura do poder do Estado levaria ao desastre. Bem serenamente, sugeriu que poderia trabalhar em colaboração com Lenin. Pondo-se de pé, Lenin instantaneamente o desiludiu: "Nunca!"[21] O ex-bolchevique I. P. Goldenberg comparou Lenin com Mikhail Bakunin, líder anarquista de meados do século XIX, que havia polemizado com o próprio Marx:[22]

> Agora, foi ocupado o trono que estava vazio havia trinta anos, desde a morte de Bakunin. Desta cátedra, foi desfraldado o estandarte da guerra civil, bem no meio da democracia revolucionária. O programa de Lenin é puro insurrecionismo, que nos levará para o buraco da anarquia. Essas são as táticas do apóstolo universal da destruição.

Após semelhante denúncia, não havia chance de uma rápida reconciliação entre líderes bolcheviques e mencheviques. Outros oradores continuaram o ataque a Lenin. Quando a tumultuada sessão foi encerrada, o presidente Chkheidze permitiu-se o gracejo de que "Lenin permanecerá uma figura solitária fora da revolução e nós seguiremos nosso próprio caminho".[23]

No entanto, Lenin não ficou sozinho. Estava satisfeito com seu primeiro dia de trabalho em Petrogrado e queria consolidá-lo durante as semanas seguintes. Sempre que podia, criticava o governo provisório, os mencheviques e revolucionários socialistas por apoiarem o governo provisório e os bolcheviques que apoiavam os mencheviques e os revolucionários socialistas. Falava em reuniões abertas de massa. Escrevia para o *Pravda*. Comparecia ao Comitê Central bolchevique e o orientava. Conversava com pessoas que visitavam Petrogrado, a fim de obter informações sobre as províncias. Esmiuçava a imprensa não bolchevique em busca de mais notícias. Mantinha contato com Radek em Estocolmo e procurava atualizar-se sobre a situação militar e política em outras partes da Europa. Seu zelo era ardoroso. Tudo que fazia era empreendido de forma que as *Teses de abril* pudessem vir a ser o fundamento da estratégia revolucionária bolchevique.

Mas não era flexível. Nas *Teses de abril,* teve o cuidado de reconhecer que nem todos aqueles que apoiavam o governo provisório eram rematados imperialistas. Sabia que os operários e os soldados, em sua maioria, conservavam a vontade de derrotar a Alemanha. Tinha de, cuidadosamente, convencê-los a passar para o lado do bolchevismo. Para isso acontecer, ainda mais, os bolcheviques precisavam obter maioria nos sovietes e outras organizações de massa: o poder não poderia ser conservado, a não ser que o Partido garantisse apoio popular generalizado. Os bolcheviques, portanto, tinham de conseguir sua oportunidade de operar legalmente. Propaganda, na imprensa e em reuniões abertas, seria crucial, e Lenin não queria criar dificuldades para o Partido com a defesa aberta de atividades que atrairiam a repressão do Ministério do Interior. Na sua chegada a Petrogrado também ficou sabendo que seus próprios slogans eram problemáticos. A maior parte das pessoas que o escutavam ficava profundamente perturbada quando falava sobre a necessidade de transformar "a guerra imperialista numa guerra civil europeia". Nem os operários, nem os soldados e os camponeses em geral se animavam com a perspectiva de uma "guerra revolucionária" ou de uma "ditadura". Quanto a sua conclamação aos socialistas europeus para que fizessem campanha pela derrota de seus respectivos governos, essa era uma ideia que simplesmente ofendia a opinião pública russa em todos os níveis.

Lenin bem depressa abandonou tais slogans em seus artigos para o *Pravda* e em seus discursos para plateias enormes em reuniões abertas. Não tinha deixado de acreditar nos slogans; continuava convencido de que somente eles eram adequados para a época de transformação socialista que, a seu ver, já havia chegado. Mas estava se adaptando a necessidades práticas e era sensato o suficiente, no momento, para dar ouvidos aos avisos que lhe fizera Kamenev. E, mesmo depois de modificados, seus slogans ofereciam um contraste maciço com o projeto do governo provisório. Ele pedia que os sovietes governassem e exigia a nacionalização das indústrias de larga escala e dos bancos. Insistia na expropriação governamental da terra agrícola. Defendia a causa da paz em toda a Europa e afirmava que somente uma administração socialista, constituída pelos sovietes, poderia alcançar isso.

Declarava constantemente que os mencheviques e revolucionários socialistas eram, na melhor hipótese, uns tolos e, na pior, renegados ao abraçar a causa da colaboração entre o Soviete de Petrogrado e o governo provisório. Rejeitava todo o argumento deles, que um dia havia partilhado, de que a Rússia se encontrava inteiramente em um nível muito baixo de desenvolvimento industrial e cultural para que o início da "transição para o socialismo" fosse viável. Negava que o país estivesse mais bem protegido contra conquista militar por uma aliança política de todas as classes sociais e zombava da sugestão de que a função básica do movimento era proteger conquistas da Revolução de Fevereiro de 1917 (embora reconhecesse que a Rússia tornara-se "o país mais livre do mundo"). Seu refrão era que os mencheviques e revolucionários socialistas eram parceiros subordinados dos *kadets* e que havia sido constituído um governo "imperialista". Lenin chamou atenção para o fato de que Pavel Milyukov, que defendia a expansão do território russo à custa do império otomano, era ministro das Relações Exteriores. Isso, disse ele, era prova de que a substituição de Nicolau II pelo governo provisório não havia mudado nada de essencial na orientação política oficial em Petrogrado.

Os eventos corriam a seu favor, quando se divulgou que Milyukov havia informado aos Aliados que o governo apoiava os objetivos de guerra de Nicolau II. Em 20-21 de abril, houve uma manifestação de protesto na capital contra isso. Os bolcheviques aderiram com entusiasmo. Milyukov e Guchkov viram-se forçados a se demitir do gabinete e o príncipe Lvov precisou formar uma nova coalizão, incluindo mencheviques e revolucionários socialistas como ministros. Ostensivamente, os mencheviques e revolucionários socialistas adquiriram grande influência no topo do Estado. Na verdade, ganharam a má fama devido à contínua incapacidade do governo provisório para lidar com a multiplicidade de crises no país.

Na conferência partidária realizada pelos bolcheviques na mansão Kseshinskaya a partir de 24 de abril, Lenin agarrou sua oportunidade. O "Caso Milyukov", declarou, havia provado que não se podia confiar no governo provisório. Organizações bolcheviques indecisas tinham passado para o seu lado. Poucos bolcheviques que haviam desaprovado as *Teses de abril* foram eleitos delegados para a conferência. Muitos dos antileninistas, de fato, já haviam abandonado os bolcheviques. Ao moderar sua linguagem em público, ele, além do mais, reduziu as dúvidas de líderes como Kamenev, que o haviam atacado no Comitê Central, e concordou que, no momento, a ênfase deveria ser mais na propaganda que na insurreição. E então, por trás das portas fechadas da conferência na mansão Kseshinskaya, Lenin pediu a instituição de uma ditadura socialista. Somente isso, insistia, daria terra aos camponeses, pão e emprego aos operários, autodeterminação nacional aos não russos e paz para todo mundo. Foram feitas objeções de que ele havia jogado no lixo a ortodoxia marxista sobre os estágios no desenvolvimento histórico. Mas a maioria dos delegados não tinha paciência para essas minúcias, e o apelo de Lenin a que os bolcheviques desempenhassem seu papel na iminente revolução, na Rússia e no restante da Europa, fez o maior sucesso. Na "questão nacional" e na "questão agrária" também saiu-se vitorioso. O bolchevismo tinha recuperado seu firme controle.[24]

Sua retórica e sua presença imponente haviam tirado o melhor proveito de uma situação no Partido que já era propícia. E tanto ele quanto a conferência como um todo perceberam que a situação no país estava também virando a favor da extrema esquerda socialista. As dificuldades que o novo governo enfrentava eram quase insuperáveis nas condições vigentes. Os transtornos na indústria e no comércio estavam piorando. A crise no fornecimento de alimentos estava se tornando grave. Nas frentes de guerra não havia boas notícias. A estrutura da administração do Estado, já um tanto frágil, cambaleava perigosamente. A abolição da monarquia havia exposto a política à discussão e organização pública abertas, e os operários, soldados e camponeses esperavam muita coisa do governo provisório. Seus ministros iam descobrir que seria extremamente difícil satisfazê-los.

## 16. O *cockpit* russo

### Maio a julho de 1917

Lenin havia conquistado o seu partido; precisava agora convencer aqueles entre seus concidadãos a quem seu partido queria atrair. Não tinha sido difícil convencer os líderes e ativistas que compareceram à conferência do Partido. Mais complicada seria a tarefa de lançar a rede de propaganda e organização além das fileiras dos já bolcheviques. Não havia garantia de sucesso. Se o "poder dos sovietes" quisesse tornar-se realidade, setores bem amplos da população imperial precisavam ser trazidos para o bolchevismo.

Com seus slogans Lenin visava aos operários, soldados, marinheiros e camponeses, e ele também tentava conquistar as nacionalidades não russas. Os principais suspeitos pelos males do país, afirmou, eram os industriais, os banqueiros e os grandes proprietários agrícolas. De acordo com essa análise, havia, de um lado, "o povo", a maioria explorada; de outro, a maioria de parasitas. Embora Lenin afirmasse estar propondo programas políticos baseados em premissas científicas e não sentimentais, sua linguagem se mostrava altamente emotiva e moralista. Era também notavelmente seletiva. Ao longo desses meses, Lenin fez força para evitar ofender os elementos da população que poderiam, do contrário, cerrar fileiras com uma causa antibolchevique. Assim, ele não fez qualquer ameaça aberta aos pequenos empresários, lojistas e artesãos autônomos. Não fez qualquer comentário que desagradasse os padres, os mulás e os rabinos. Não criticou os funcionários e servidores das diversas administrações governamentais, de negócios e dos serviços públicos. Lenin queria o campo limpo para a principal luta política, que encarava como sendo uma competição entre o "proletariado" e a "burguesia". Sempre que escrevia ou falava nela declarava que a burguesia já estava na ofensiva; propôs seu Partido como o único possível defensor da classe operária.

Lenin insistia em dizer que o governo provisório era imperialista em seus objetivos e obediente aos interesses dos ladrões capitalistas da Rússia.

O povo, declarou, estava sendo enganado:[1]

> A ruína é iminente. A catástrofe se aproxima. Os capitalistas levaram e estão levando todos os países à destruição. A única salvação é a disciplina revolucionária, e medidas revolucionárias tomadas pela *classe revolucionária*, os proletários e semiproletários, a transição de todo o poder do Estado para as mãos dessa classe que será capaz, na realidade, de introduzir tal controle, de na realidade levar a cabo vitoriosamente "a luta contra os parasitas".

A linguagem de Lenin era uma curiosa mistura. Seu jargão marxista era intransigente: "proletário" era bastante comum, "semiproletário" ainda mais, para a maioria de seus concidadãos. No entanto havia também um impulso contundente em seus textos. Ruína, catástrofe e destruição sublinhavam o vocabulário como riscos vermelhos. Quando subia a uma plataforma, ou palanque, o público ficava paralisado. Andava para lá e para cá. Fixava a multidão com um olhar penetrante. Enfiava os polegares no colete, feito um professor em sala de aula, o que aumentava a impressão que ele dava de transmitir autêntico conhecimento. Não era um orador convencionalmente brilhante. Sua enunciação era imperfeita, uma vez que ainda não conseguia pronunciar seu "A" adequadamente. Também dava um tempo para conseguir alcançar um ritmo no decorrer de seus discursos. Mas isso, para suas plateias, não importava. O exato oposto era o caso: a falta de jeito de sua figura atarracada e pouco atraente sobre a plataforma transmitia a impressão de paixão e força de vontade. De qualquer forma, muitas vezes era difícil ouvir exatamente o que estava dizendo nas reuniões abertas ao público, e as plateias eram atraídas tanto pelo que viam — um líder militante inflexível falando pela causa do povo — quanto pelo conteúdo verbal preciso de sua oratória.

Também um pouco significativo era o fato de que Lenin começara a vestir-se diferentemente de antes de 1917. Desde sua partida da Suécia, tinha um terno, sapatos e gorro novos, comprados por insistência de Radek. Consequentemente, não mais andava com botas de montanhismo pesadas e surradas. Mas o gorro é que seria lembrado por suas plateias (e que entraria para a história do vestuário como "gorro de Lenin"). Alguns comentaristas costumavam contrapor que seu novo protetor de cabeça era típico do operário russo daquele período. Realmente, sua boina, comprada em Estocolmo, era do tipo mole e caído usado por volta da virada do século pelos pintores.[2] O resultado seria dar um toque de descontração à aparência de Lenin. Embora usasse um terno alinhado, tal como outros políticos, sua boina o distinguiria deles e de seus solenes chapéus melão. Suas políticas de não-estou-nem-ligando faziam aumentar o efeito. Lenin, em contraste com políticos rivais de outros partidos, estava visivelmente curtindo a revolução. Desfrutava com prazer cada momento e queria que os russos fizessem o mesmo. Lenin queria que abandonassem suas tribulações e aproveitassem com entusiasmo as oportunidades de autoemancipação.

Lenin, então, convivia tranquilamente com os operários das fábricas e os soldados das guarnições que compareciam a suas reuniões. Gostava de frequentar esse meio: sentia-se realizado, como marxista, na companhia da classe operária e vivia num ânimo de constante empolgação. Confidenciou a Nadya, quando estava com ela no apartamento dos Ulyanov, na rua Larga, nº 48, que por fim havia se encontrado politicamente.[3] Essa adaptação exigiu muito esforço. Em uma de suas primeiras reuniões, sentou-se na plataforma com Alexandra Kollontai. No último momento, entrou em pânico e pediu a ela que discursasse em seu lugar. Kollontai ficou atônita. Sempre achara Lenin um líder partidário confiante. Ela própria gostava de falar para grandes plateias e convenceu Lenin de que nada havia de mais na oratória. Lenin recobrou o ânimo e compensou a fé que ela teve em sua capacidade. Nunca voltou a precisar que sua segurança interior fosse reforçada, por ela ou por qualquer outra pessoa.[4]

Muita gente que não gostava de seus programas políticos confessou ter ficado fascinada por seus discursos. Muitos leitores de seus artigos de jornal registraram o mesmo efeito. Tinha uma capacidade sem igual para expor seus argumentos e para defender uma causa militante. Suas descrições agressivas de seus inimigos e de suas políticas davam a todo mundo a sensação de que havia um homem capaz de exercer o poder governamental. Em comparação, os ministros do governo provisório eram uns covardes. *Kadets,* mencheviques e revolucionários socialistas tinham de fazer concessões mútuas; mas Lenin tratava a palavra *concessão* como uma obscenidade. Queria que fossem tomadas medidas dinâmicas, impiedosas e corretas, e contrapunha que só uma opinião baseada na "luta de classe" poderia servir. Escreveu muito: 48 artigos apareceram no *Pravda* somente em maio de 1917. Como jornal central bolchevique, o *Pravda* era o principal veículo entre suas ideias e o Partido, e nenhum nome apareceria em suas páginas com mais frequência que o de Lenin. Ele estava em seu elemento. Lenin pensava, escrevia e agia como se ele e o Partido fossem intercambiáveis. Os outros jornais do país tinham a mesma opinião de que Lenin personificava a única alternativa ao *status quo* político.

Apareceu em público também, fazendo 21 discursos em maio e junho. Alguns de seus discursos foram contribuições a reuniões fechadas do Partido; outros foram dissertações que incluíam uma ou duas tiradas contra o Primeiro Congresso dos Sovietes de Todas as Rússias. Mas reservava a maior parte de sua energia para o *Pravda.* Lenin era um político da palavra impressa, o brilhante aluno do ginásio que se havia transformado em erudito do marxismo — e foi ele que desenvolveu a teoria para os marxistas russos de que o melhor instrumento para se fundar um partido clandestino era um jornal, o *Iskra.* Sabia adaptar o seu estilo, porém só até certo ponto. A palavra impressa ainda era a sua pedra de toque revolucionária e repreendia os colegas que passavam o tempo discursando em reuniões de massa em vez de escrevendo.[5] A ideia convencional de que foi mestre em todas as habilidades políticas entre as revoluções de Fevereiro e Outubro não é convincente.

Lenin, no entanto, se deleitava com o jogo político. Em 1917, Petrogrado era um lugar de grande efervescência cultural. Feodor Shalyapin, o baixo profundo mundialmente famoso, dava concertos. Havia exposições de pintura. Estavam aparecendo livros até então proibidos. Eram organizados carnavais de rua. Os concertos sinfônicos eram frequentes. Mas Lenin mantinha distância deles. Mais tarde, explicou-se assim a Maskim Górki:[6]

> Mas muitas vezes não consigo ficar ouvindo música. Ela me dá nos nervos. Faz a pessoa ter vontade de dizer um monte de bobagens melosas e de dar umas pauladas na cabeça de gente que vive num buraco imundo e, no entanto, consegue criar semelhante beleza. Mas não se pode dar pauladas na cabeça de ninguém hoje em dia — ou cortar fora nossas mãos. A necessidade é de bater-lhes nas cabeças, bater-lhes impiedosamente, embora nós, idealmente, sejamos contra qualquer coerção das pessoas. Hum, Hum... é uma necessidade difícil como o diabo.

São palavras vindas de um homem que sabia que não podia confiar em suas emoções caso quisesse realizar com sucesso a revolução — um homem que estava disposto a levar em conta violência impiedosa não só contra os inimigos do Partido, mas ainda contra praticamente quase qualquer um. Não que precisasse se esforçar muito para reprimir seus impulsos mais generosos. Fazia isso com muita facilidade, e o fez com cada vez mais facilidade no decorrer de sua carreira. A tarefa política imediata era só o que importava.

Entretanto, antes que cabeças pudessem começar a levar pauladas, Lenin precisava ter poder. O partido bolchevique precisava derrubar o governo provisório e estabelecer uma nova administração revolucionária. Os sovietes e outras organizações "de massa", na visão de Lenin, tinham de se tornar a base da autoridade governamental. Era assim que a "transição para o socialismo" seria efetuada.

Com esse propósito em mente, era vital para o partido bolchevique entrar para os sovietes o quanto antes. Os bolcheviques deviam fazer campanha em eleições e alcançar pontos de destaque nos sovietes à custa dos mencheviques e dos revolucionários socialistas. Acusado de querer levar seu pequeno Partido a dar um golpe de Estado, respondeu, no *Pravda*: "Seremos a favor da transição do poder para as mãos dos proletários e semiproletários na ocasião em que os sovietes de deputados dos operários e dos soldados passarem para o lado de nossa política e quiserem tomar esse poder em suas mãos."[7] Assim afirmava que não tomaria o poder sem levar em conta a opinião popular e que a prioridade para os bolcheviques era obter uma maioria nos sovietes. O governo provisório só viera a existir por intermédio da aquiescência do Soviete de Petrogrado, e os ministros ignoraram os programas políticos dos sovietes por sua própria conta e risco. Além de tudo, um Congresso dos Sovietes de Deputados dos Operários e dos Soldados de Todas as Rússias tinha sido marcado para junho. Os sovietes estavam para estabelecer uma estrutura administrativa nacional paralela ao governo provisório, e Lenin conclamou seu Partido a preparar-se para usar essa estrutura como um instrumento para governar o país.

Ele próprio se mostrava disposto a modificar ainda mais seus programas políticos à luz das exigências populares. Nas *Teses de abril*, pedira a "nacionalização da terra". Mas, depois que uma sondagem da opinião camponesa realizada pelos revolucionários socialistas indicou uma hostilidade contra tal nacionalização, Lenin abandonou o slogan. Vários de seus assistentes bolcheviques, especialmente Stalin, havia muito afirmavam que seria irrealizável tentar tomar terra agrícola como prioridade do Estado, uma vez que o campesinato havia lançado uma violenta campanha contra os proprietários de terras. Lenin, por volta de agosto, estava disposto a mudar de posição. Precisaria da concordância dos camponeses, caso quisesse consolidar um regime revolucionário. O Comitê Central bolchevique apresentou um novo slogan, "socialização da terra", que dava aos camponeses virtualmente carta branca para dispor da terra. Preferia nacionalização, mas o bem maior — do seu ponto de vista — seria a aquisição do apoio do campesinato.

Outra mudança de política ocorreu quando ficou sabendo que forças de trabalho em Petrogrado estavam começando a instituir "controles dos operários" em suas fábricas. Tal como anteriormente, quando havia se oposto a que comunas camponesas tivessem permissão para controlar aldeias, tampouco jamais lhe agradou a ideia de operários tomando suas respectivas fábricas sem a direção do Partido. Contudo, essa era uma situação revolucionária, e Lenin insistia que os operários tinham de ser estimulados a fazer a revolução. Sua "criatividade" e "iniciativa" deviam ser promovidas. A liderança do partido bolchevique faria o que pudesse para orientar a revolução a partir de cima, mas "as massas" tinham de participar; além de empreender a revolução a partir de baixo. E, então, os líderes bolcheviques precisavam aprender a ouvir as vozes de operários, soldados e camponeses. O bolchevismo, em 1905-6, tinha sido doutrinário demais, e Lenin ficara desesperado com a falta de gosto de seus companheiros ativistas por se envolver nos sovietes, sindicatos e outras organizações de massa. Esse disparate não haveria de se repetir em 1917. O partido bolchevique tinha de ser dinâmico e flexível dentro das linhas amplas de seus programas políticos. Consequentemente, era bem-vindo, se os operários em Petrogrado aspirassem a instituir supervisão sobre a gerência de suas fábricas, a fim de mantê-las em funcionamento.

Em maio e junho de 1917, a maioria dos programas políticos estava bem clara. O Comitê Central bolchevique e o *Pravda* apoiavam a transferência do poder governamental para os sovietes. Defendiam uma paz geral na Europa, procedida de um armistício na frente oriental. Pediam a nacionalização da indústria de grande escala e dos bancos, o controle dos operários nas fábricas, a transferência da terra agrícola para os camponeses, a autodeterminação nacional e o desenvolvimento cultural intensificado. A vanguarda desse movimento político seria o partido bolchevique, que guiaria as ordens sociais mais baixas a seu destino: a revolução socialista. A revolução na Rússia seria rapidamente seguida por fraternais tomadas de poder em outras partes da Europa. O que os operários russos podiam fazer facilmente, afirmou, seria conseguido com facilidade maior pelos operários das potências industriais mais avançadas.

Tal perspectiva era atraente para o seu Partido e, no decorrer dos meses, as organizações conjuntas de bolcheviques e mencheviques tomaram caminhos separados. Pela primeira vez, os bolcheviques tornaram-se um partido político autenticamente separado. Nem havia qualquer dúvida sobre quem liderava o partido bolchevique. Era Lenin. Inicialmente, conseguiu manter Nadejda Konstantinovna trabalhando a seu lado. Mas ela foi a primeira a reconhecer que esse arranjo não podia durar:[8]

> Nesse meio-tempo, não tive inteiro sucesso mesmo em lidar com os assuntos da Secretaria. É claro que era de longe mais difícil para Ilich trabalhar sem uma secretária particular como eu já fora para ele; mas agora isso causava inconveniência, já que eu tinha tanto de atender ao quadro editorial [do *Pravda*] quanto de comparecer às reuniões do Comitê Central. Ilich e eu discutimos a respeito dessa questão e resolvemos que eu devia deixar a função de secretária e ir prestar serviço educacional.

Sua autodescrição como secretária particular de Lenin era constrangedora demais para ser publicada antes do final dos anos 1980. Lenin, oficialmente, não devia ter privilégios particulares, em casa ou no trabalho. De qualquer forma, os outros líderes bolcheviques evidentemente se aborreciam com a influência adicional resultante para Lenin da presença dela ao seu lado, e foi restabelecido o respeito formal pelos direitos iguais dos membros do Comitê Central. Primeiro Yelena Satsova, depois Yakov Sverdlov ficaram à frente da Secretaria. Lenin não aprovou. Mas recuou e, para seu alívio, descobriu que tanto Satsova como Sverdlov eram seus admiradores políticos, não menos do que sua esposa.

Nadejda Konstantinovna não estava contando a história toda. Se, por um lado, ela trabalhou rapidamente na Secretaria do Comitê Central, sua cunhada, Maria Ilinichna, era a secretária editorial do *Pravda*. Uma rivalidade pelas atenções dele muitas vezes surgiu entre as mulheres de Lenin, e a incompetência culinária de Nadejda Konstantinovna continuava a provocar brincadeiras irreverentes. Ela não ligava muito, uma vez que nunca pretendeu ser uma *chef*. Mas poderia ter passado muito bem sem Maria Ilinichna fazendo tanto alarde sobre o entusiasmo de Lenin por seus pratos de frango. Não é de surpreender que Lenin tenha gostado da mudança de dieta, já que, na Suíça, ele e Nadya tiveram de comer carne de cavalo demais para o seu gosto. (Os russos, como os ingleses, tendem a ser cheios de melindres quanto a comer carne de cavalo.) De qualquer forma, Maria sabia muito bem como implicar com sua cunhada. Recusando-se a continuar com essa disputa doméstica nos escritórios do Partido Central, Nadya retirou-se para se dedicar ao trabalho político como organizadora e educadora do Partido no bairro industrial de Vyborg.

Ainda sofria da doença de Graves, e sua instabilidade cardíaca continuava lhe causando problemas, porém estava decidida a desempenhar um papel na revolução dentro de sua plena capacidade. Era também a fornecedora diária de socorro emocional para o líder bolchevique. O ritmo político frenético o deixava sob uma pressão incessante. As dores de cabeça e a insônia voltaram. Maria Ilinichna disse que seu estilo de vida no exterior tinha sido o responsável pelos seus problemas, pois nunca tivera uma dieta regular e saudável. A quebra da rotina, no entanto, tornou-se pior em Petrogrado, e o fato de que ele tinha de comparecer às sessões do Comitê Central e às reuniões editoriais do *Pravda*, nas quais seus colegas, na maior parte, fumavam feito chaminés, era uma irritação adicional. Estava constantemente exausto. É possível que já estivesse sofrendo de leves ataques cardíacos que com toda certeza aconteceram dentro dos dois anos seguintes. Entretanto, se ocorreram ataques, não disse uma palavra a respeito. Tinha vivido para a revolução, e o momento histórico havia chegado. Lenin não precisava pensar melhor: não podia deixar o momento passar — e teve a arrogância de presumir que a revolução poderia fracassar se fosse deixada por sua própria conta.

Nadya fazia o que podia para ajudar, mas isso era difícil. Em reuniões do Partido e diante das multidões, Lenin tinha de se exibir:[9]

No 1º de maio, Vladimir Ilich fez um discurso no Campo de Marte. Esse era o primeiro feriado de maio desde a derrubada do poder tsarista. Todos os partidos apareceram. O Dia do Trabalhador era um *festival* de esperanças e aspirações ligadas à história do movimento trabalhista mundial. Naquele dia, deitei-me de costas e não ouvi a contribuição de Vladimir Ilich; mas, quando ele voltou para casa, não estava num entusiasmo feliz, mas, antes, esgotado.

Ele costumava ficar muito cansado nessa época, e consequentemente evitei questioná-lo sobre trabalho. As coisas acabaram dando mal em nossos passeios também. Certa vez, fomos até a ilha Yelagin, mas acabou que lá estava tão movimentado e cheio de gente que fomos nos sentar na barragem Karpovka. E, então, adquirimos o hábito de caminhar pelas ruas vazias do lado de Petrogrado.

Nada de ares alpinos. Nada de caminhadas vigorosas pelas trilhas das montanhas acima. Nada de passeios de bicicleta. Só um rápido passeiozinho em torno do quarteirão da rua Larga.

Cada vez mais, porém, Lenin podia deixar funções importantes do Partido ao cargo de outros no Comitê Central bolchevique. Na Secretaria, Sverdlov era um administrador brilhante. Kamenev prestava serviço regular no Soviete de Petrogrado. Stalin se mostrava muito eficiente em cuidar da maioria das funções que lhe eram atribuídas. Zinoviev era um orador cativante. O Partido também começou a atrair outros marxistas que ainda não tinham aceitado o bolchevismo. Um deles foi Felix Dzerjinski, um líder polonês que havia trabalhado em estrita colaboração com Rosa Luxemburgo. Mas talvez o mais surpreendente novo adepto bolchevique fosse ninguém menos que Trotski. Lenin tentou conquistá-lo assim que Trotski voltou da América do Norte, em maio de 1917. Trotski, por sua parte, achou a decisão de Lenin de tentar conseguir uma revolução socialista imediata uma tácita adoção do trotskismo. Ele, portanto, estava querendo muito entrar para o único grande partido incondicionalmente hostil ao governo provisório: desistiu inteiramente dos mencheviques. Mas anos de vituperação entre Trotski e a facção bolchevista não seriam facilmente apagados das mentes de outros importantes bolcheviques, e Lenin talhou seu trabalho para convencer seus camaradas menos calculistas a receber de braços abertos as deslumbrantes capacidades literárias, oratórias e organizacionais de seu ex-inimigo. Lenin conseguiu, e Trotski juntou-se a eles.

Para Lenin, não importava que pudesse depender de tal equipe, já que havia limites a sua influência, dentro e fora do seu Partido. Pouca gente conhecia sua aparência. Os jornais russos contemporâneos não publicavam retratos dele; e, diferentemente de Alexander Kerenski, o verdadeiro mestre da moderna tecnologia da política em 1917, Lenin não tinha oportunidade de que fizessem tomadas suas para cinejornais. Além do mais, o *Pravda* era um jornal austero e não encomendava caricaturas dele, e cartazes de Lenin só seriam feitos após a Revolução de Outubro. Contrário à impressão convencional sobre elas, as técnicas de propaganda dos bolcheviques, em 1917, não eram muito imaginosas, e os jornais das outras linhas políticas é que foram pioneiros da representação pictórica. Mesmo assim, esses jornais não popularizaram a imagem de Lenin com algo próximo da precisão. Por exemplo, os caricaturistas do jornal *Kadet, Rech,* o retrataram como um homem grande feito um urso, e não como o sujeito troncudo e atarracado que era, e — o que era mais frequente —, sem o bigode, e com mais cabelo do que tinha desde que entrara na casa dos 20 anos.

Lenin não se afastava de Petrogrado em campanhas políticas; após sua longa viagem, vindo de Zurique, recusava qualquer convite para visitar o restante da Rússia. O que conhecia sobre o país sabia pelos jornais e dos visitantes que chegavam a Petrogrado. Havia nisso uma óbvia ironia. O governo provisório e os partidos antibolcheviques creditavam-lhe um poder quase miraculoso (e essa reputação não desapareceu em nossos dias). No entanto, o partido bolchevique não era a máquina de comando bem lubrificada que teria tornado isso possível. Seus comitês nas províncias eram automaticamente relutantes em cruzar o limite traçado pelo Comitê Central. Organizacionalmente, o Partido era tão anárquico quanto qualquer outro partido político contemporâneo e também estava igualmente sujeito às incertezas dos serviços de correios e telégrafos. Mensagens de Petrogrado chegavam lentamente, ou nunca chegavam. O jornal central do Partido, o *Pravda,* tinha uma tiragem típica de apenas 90 mil exemplares para uma população de 160 milhões de pessoas,[10] e metade dessa tiragem ficava reservada para distribuição na capital. O elo que Lenin desejava ter entre ele próprio e o povo em geral era, na prática, bem fraco.

E, no entanto, os inimigos do partido bolchevique o identificavam como a maior ameaça isolada à estabilidade política. Liberais e conservadores tratavam sua viagem num trem especial pela Alemanha como prova de que ele era um espião alemão. Jornais menos respeitáveis batiam na tecla antissemita, afirmando que Lenin defendia os interesses dos judeus. A campanha da imprensa contra ele agitou paixões que ameaçavam sua segurança pessoal. Em certa ocasião, duas russas da classe alta irromperam pelos escritórios do *Pravda* e anunciaram: "Viemos dar uma surra em Lenin!" Sorte dele que isso foi um episódio isolado; poderia ter sido diferente se, em vez de duas senhoras, um grupo de cossacos tivesse ido pegá-lo. Não obstante, o Comitê Central bolchevique tomou a precaução de designar vários membros do Partido para andar em sua companhia.

Sua preocupação recorrente era estar sempre pondo à prova as defesas do governo provisório. Para esse fim, não havia melhor método do que uma grande manifestação política, preferivelmente envolvendo marinheiros e soldados armados. Não existia um plano elaborado de insurreição, nem plano de qualquer tipo, mas estava constantemente alerta a qualquer fraqueza que pudesse ser explorada. Tentara isso na manifestação de protesto, em abril, contra o caso Milyukov. Voltou a tentar em junho, quando o Comitê Central organizou uma manifestação para coincidir com a abertura do Primeiro Congresso de Sovietes. Era para a manifestação ser um evento armado e, não surpreendentemente, o governo provisório previu problemas. Ministros conferenciaram com mencheviques e revolucionários socialistas do Soviete de Petrogrado, que, igualmente, estavam preocupados. O governo provisório e o Soviete de Petrogrado decidiram proibir a manifestação puxada pelos bolcheviques, e o Soviete montou sua própria manifestação em apoio ao Primeiro Congresso de Sovietes, uma manifestação que incluiria mencheviques, revolucionários socialistas e bolcheviques. Os mencheviques e os revolucionários socialistas orgulhavam-se de uma bomba habilmente neutralizada. No Congresso de Sovietes, de 3 a 24 de junho de 1917, comemoraram a vitória e passaram à instituição de um Comitê Central Executivo para coordenar todos os sovietes do país até o próximo encontro.

Os grandes líderes do Soviete de Petrogrado — Tsereteli Chkheidze, Dan e Liber — exibiram suas realizações desde a Revolução de Fevereiro. Deram destaque também ao acordo entre o Soviete de Petrogrado e o governo provisório sobre liberdades civis e defesa nacional. Vangloriaram-se de que, quando o ministro do Exterior, Milyukov, tentou tirar o corpo fora disso, o Soviete de Petrogrado forçou sua demissão e a criação de um governo de coalizão envolvendo diversos mencheviques e revolucionários socialistas. Os líderes mencheviques e revolucionários socialistas afirmaram que tudo isso tinha sido benéfico para a causa socialista na Rússia.

Lenin gastou suas energias denunciando esse trabalho conjunto como uma traição fundamental do socialismo. Suas palavras buscavam atingir pessoas que lhe eram bem conhecidas: Chernov, Dan, Tsereteli e Martov. Lenin havia polemizado com eles durante muitos anos. Isso não o impedia de tomar café com um ou outro, se acontecesse de encontrá-los em uma cafeteria no estrangeiro; a exasperação política mútua não impediu o contato social. Isso mudou irreversivelmente em 1917. Para Lenin, o comportamento de seus mencheviques e revolucionários socialistas, após a Revolução de Fevereiro, os havia relegado ao ostracismo. Não se envolveu com eles numa refutação detalhada de seus programas políticos. Em certa medida, isso ocorreu porque estava profundamente aborrecido com eles. Mas foi também porque não queria chamar atenção desnecessária para a força da causa deles. Para começar, era inteiramente razoável para eles negar que existisse prova conclusiva de que a Europa estava à beira de uma revolução socialista generalizada. Trabalhavam muito para convocar uma conferência dos socialistas antibelicistas da Europa em Estocolmo; disseram também que seria irresponsável esquecer que a Rússia deveria ser defendida contra as Potências Centrais. Também puseram o dedo numa ferida sensível quando mencionaram que o próprio Lenin, até recentemente, ironizava a ideia de que o império russo já se tornara um país industrial e altamente paramentado para progredir rumo ao socialismo.

Como ministros, também, estavam exercendo impacto. Viktor Chernov, como ministro da Agricultura, deu aos "comitês agrários", de liderança camponesa, o direito de apoderar-se de terras não cultivadas sob seu controle, apesar dos protestos da nobreza rural. Mikhail Skobelev, ignorando os protestos dos empregadores, usou o Ministério do Trabalho para introduzir planos de seguro de saúde compulsório, de segurança no trabalho e para o arbítrio de conflitos industriais. O cargo de Tsereteli de ministro dos Correios e Telégrafos não o inibiu de insistir que deveria ser concedida mais autonomia a regiões não russas, como a Finlândia e a Ucrânia.

O relógio, no entanto, corria contra os mencheviques e os revolucionários socialistas. Cada concessão que arrancavam das mãos dos *kadets* era pequena em relação aos problemas que pesavam sobre o governo provisório. A inflação monetária era meteórica, e a produção industrial afundava. Os salários, que haviam subido após a queda da monarquia Romanov, não conseguiram manter seu real valor. O fornecimento de alimentos para as cidades escasseava. A administração central do Estado se desintegrava com regularidade. As regiões, províncias e cidades geriam seus assuntos sem levar em conta o governo provisório. Organizações seccionais eletivas, especialmente os sovietes, começavam a agir como se exercessem o poder formal de Estado. O movimento de controle operário começou a se espalhar além de Petrogrado. Camponeses, na Rússia e na Ucrânia, estavam ilegalmente apascentando seu gado e cortando árvores dos senhores das terras — e houve um aumento nas expropriações de latifúndios. Soldados vinham desertando da frente ocidental aos milhares. Refugiados aos milhões vagavam pelas cidades russas. O governo provisório era visto como defensor dos interesses das elites proprietárias, pois recusava-se a executar reformas básicas antes do final da Primeira Guerra — e seu fim não estava à vista. Tal situação era perfeita para ser explorada por Lenin e pelo partido bolchevique.

Isso não equivale a dizer que o governo provisório agia com consumada habilidade. Alexander Kerenski, seu ministro dos Assuntos Militares, optou por fazer cumprir o empenho de Nicolau II em retomar uma ofensiva russa na frente oriental. Sem dúvida, o governo provisório achou que precisava mostrar aos Aliados que não era uma carta fora do baralho. Também queria rebater as críticas do público russo por meio de uma vitória rápida sobre os austríacos.

No entanto, os ministros mostraram-se confiantes quando prestaram contas de suas atividades no Primeiro Congresso de Sovietes. Em sua visão, não havia alternativa realista. Tsereteli, na sessão inaugural, em 3 de junho, perguntou se a plateia conseguia imaginar algum partido "correndo o risco" de tomar o poder sozinho na Rússia revolucionária. Lenin permaneceu sentado, impassível. Mas Tsereteli ofereceu-lhe a abertura que ele desejava. No dia seguinte, ele teve o pódio por 15 minutos:

No momento, há toda uma série de países à beira da destruição e dizem que essas medidas práticas são tão complicadas que são difíceis de introduzir e necessitam de elaboração especial — conforme foi afirmado pelo orador anterior, o cidadão ministro dos Correios e Telégrafos —, essas mesmas medidas são inteiramente claras. Ele disse que não existe nenhum partido político na Rússia que possa expressar prontidão para tomar inteiramente o poder para si. Minha resposta é: "Existe! Nenhum partido isolado pode recusar isso, e nosso Partido não o recusa: a qualquer momento, ele está pronto para tomar inteiramente o poder."

Seus bolcheviques aplaudiram, aproveitando a deixa. A maior parte do público, no entanto, não podia levar a sério aquele político pequeno e severo, de voz arrastada e gesticulação professoral. Uma onda de risos varreu o salão do Congresso.

Mas não demorou muito para a zombaria dar lugar ao medo. Dois problemas autoinfligidos confrontavam o governo provisório. O primeiro era militar. A tão esperada ofensiva havia começado em 18 de junho. Era um jogo alarmante, pois, após um sucesso inicial, as forças russas foram apoiadas por uma defesa intrépida, estimulada por reforços alemães. Kerenski entregava a Lenin, de bandeja, material de propaganda. Quanto pior a situação militar, melhor para o partido bolchevique. O segundo problema era político: os ministros *kadets* ficaram tão irritados com o plano menchevique e revolucionário socialista de conferir autonomia regional à Ucrânia que a última quinzena de junho passou-se em meio a uma intensa disputa. A coalizão governamental estava prestes a se romper.

Lenin e o Comitê Central bolchevique estavam ávidos por submeter o governo provisório a mais uma prova. Uma grandiosa manifestação política era a técnica mais óbvia. Impedidos de organizar sua própria manifestação armada durante o Primeiro Congresso de Sovietes, eles pretendiam voltar a tentar no final do mês. A ideia para isso não veio de Lenin. A essa altura, o partido bolchevique tinha muitos ativistas radicais de extrema esquerda que se perguntavam com impaciência se o Comitê Central algum dia os deixaria confrontar o governo provisório nas ruas. O principal organismo central do Partido onde tais ativistas poderiam ser encontrados era a Organização Militar bolchevique, que coordenava a propaganda e a organização do Partido nas forças armadas. Fora do Partido havia um volume crescente de apoio à ação de massa violenta. Os marinheiros da guarnição naval da ilha Kronstadt, não longe de Petrogrado, fervilhavam de hostilidade ao governo provisório. Os soldados de Petrogrado também estavam voltando-se na direção dos bolcheviques. Cada vez mais operários das fábricas estavam fazendo o mesmo. Eram frequentes os seus apelos para que o Comitê Central bolchevique pusesse em prática o seu slogan *Todo o Poder aos Sovietes*.

Lenin dava atenção a esse estado de ânimo. Conversava com quaisquer operários, soldados, marinheiros e camponeses comuns que lhe cruzassem o caminho. Em contraste com 1905, não estava isolado na Suíça. Podia ver as coisas pessoalmente e combinar essas observações com sua capacidade para o julgamento intuitivo. Tinha muita habilidade para pesar os prós e os contras de uma jogada política. Diferentemente dos inimigos de seu Partido, Lenin jamais se mostrava indeciso. Além do mais, entendia muito bem a necessidade de estar atento aos acontecimentos conforme eles se desenrolavam abruptamente. Nesse espírito é que foi até o Comitê Central bolchevique e apresentou a proposta de organizar-se uma manifestação política armada. Sua justificativa racional exata não foi posta no papel. Mencheviques, revolucionários socialistas e *kadets*, não obstante, souberam do que havia sancionado e concluíram que seus pensamentos concentravam-se em nada menos que uma tomada violenta do poder central do Estado. Tal justificativa racional não pode ser excluída. Mas não é preciso presumir que existisse na cabeça de Lenin um conjunto de planos bem definido. É de longe mais provável que já estivesse improvisando e testando as águas visando a descobrir quanta força e determinação o governo provisório ainda tinha.

Isso não equivale a dizer que ele teria sido hostil a tentar derrubar o ministério, caso apoio popular suficiente viesse a estar disponível nas ruas de Petrogrado. Alguns bolcheviques achavam isso sem qualquer ambiguidade. Serge Ordjonikidze referiu-se à manifestação como "a primeira tentativa séria de acabar com o poder do governo de coalizão";[11] e a Organização Militar comportava-se como se fosse a própria lei dentro do partido bolchevique. Uma conferência da Organização Militar ocorrera em 16-23 de junho. Lenin fez um discurso admoestando que deveriam ser evitadas aventuras arriscadas.[12] "Devemos", afirmou, "ser especialmente atentos e cautelosos para não sucumbir à provocação... Um passo em falso da nossa parte pode botar a perder a causa toda."[13] Mas sabia que suas palavras não eram completamente levadas a sério. Era uma situação política extremamente tensa. Qualquer coisa podia ter acontecido.

E, no entanto, foi precisamente nessa hora que Lenin, pela primeira vez desde sua chegada à Estação Finlândia em abril, afastou-se de Petrogrado. Estava exausto e queria muito ter uma folga no campo. Para isso, aceitou um antigo convite de Bonch-Bruevich para acompanhar a ele e sua esposa na *dacha* do casal na aldeia finlandesa de Neivola, perto da estação Finlândia, quase 20 quilômetros a noroeste de Terijoki. Havia semanas Lenin vinha se queixando da saúde. No Primeiro Congresso de Sovietes, foi designado pela facção bolchevique para responder por eles ao relatório de Chernov sobre a questão agrária. Duas horas antes de quando Lenin era esperado para discursar, recebeu um telefonema de Nikolai Muralov para lembrá-lo. Quebrando a etiqueta partidária, Lenin aconselhou Muralov a incumbir-se dessa tarefa e bateu com o telefone.[14] Em 29 de junho, partiu da Estação Finlândia com sua irmã, Maria, e o poeta bolchevique Demyan Bedny, que os levou da pequena estação ferroviária campestre até a aldeia de Neivola. Nadya não o acompanhou; já não trabalhava junto a Lenin e estava gostando de seu envolvimento na política da comarca de Vyborg.[15] O casamento esfriara por causa de sua relação com Inessa, e Nadya não estava mesmo a fim de férias — e o fato de que Maria, como um terrier, o estivesse acompanhando não era exatamente um atrativo para ela. Tendo caminhado até Neivola e surpreendido os Bonch-Bruevich com a repentina visita, Lenin passou os dias seguintes relaxando. Caminharam, fizeram sauna e nadaram. Pouco a pouco, mas firmemente, a saúde de Lenin se restabelecia.

Sua decisão de tirar férias levou à acusação de que estava tentando se proteger para o caso de uma insurreição fracassada.[16] Isso não é impossível, mas não era da personalidade de Lenin deixar que coisas importantes acontecessem sem orientação, e Neivola ficava a apenas 2 horas de trem de Petrogrado. No entanto, não surgiu qualquer indício demonstrando que tivesse ido para lá com semelhante conspiração sendo iminente. Talvez devesse ter dominado a fadiga e o sofrimento físico enquanto durasse a crise crescente. Mas isso ele não fez. É provável que estivesse realmente exausto. Isso já havia acontecido antes, no verão de 1904, quando Lenin saiu de férias. Apesar da probabilidade de que seu rival, V. A. Noskov, tirasse vantagem política disso, precisaria, acima de tudo, colocar suas faculdades físicas e mentais de novo em boas condições.

Lenin ficou ainda mais espantado quando, de manhã bem cedo, na terça-feira, 4 de julho, foi acordado por um emissário do Comitê Central bolchevique. Maximilian Savelev, que havia trabalhado no quadro editorial do *Pravda* e era estreitamente ligado aos radicais bolcheviques da Organização Militar, havia chegado de trem a Neivola. Savelev deu-lhe a notícia de que as demonstrações contra o governo provisório estavam a ponto de fugir de controle e de que os ministros planejavam contramedidas severas. Fosse qual fosse seu estado de saúde, Lenin tinha de encerrar suas férias e voltar a Petrogrado. Se houvesse uma insurreição, poderia se tornar um fiasco. O derramamento de sangue era quase inevitável. O lugar de Lenin não era na Finlândia, mas ao lado de seus camaradas do Comitê Central bolchevique. As malas foram feitas rapidamente, e o pequeno grupo — Lenin, Maria Ilinichna, Savelev e Bonch-Bruevich — embarcou no primeiro trem de volta, atravessou a fronteira administrativa em Beloostrov e seguiu até a Estação Finlândia. Estavam viajando com passaportes legais, e Bonch-Bruevich preocupava-se que pudessem vir a ter problemas com os outros passageiros; mas não houve qualquer incidente. Da Estação Finlândia seguiram apressadamente até a mansão Kseshinskaya, onde se reuniram ao Comitê Central por volta do meio-dia.

As greves e manifestações de protesto vinham ocorrendo havia uns dois dias; uma multidão de operários, soldados e marinheiros reunia-se frequentemente em frente à mansão, na expectativa de que o Comitê Central estimulasse um ataque decisivo contra o governo provisório. O mesmo aconteceu pouco depois da volta de Lenin. Pediram-lhe que saísse até a varanda para falar à multidão. A princípio, ele não quis, porém líderes bolcheviques locais, de Kronstadt, conseguiram convencê-lo. Mas, então, não restava qualquer dúvida de que a crise esquentava demais e os líderes da Organização Militar vinham agindo com irresponsabilidade.

Virando-se para os que estavam na mansão Kseshinskaya, exclamou: "Vocês deviam levar uma boa surra por isso!"[17] Foi para a varanda e disse à multidão para ficar calma. Afirmou que o protesto contra o governo devia, acima de tudo, ser pacífico. Ele não agradou. A multidão presumia que Lenin, que escrevera tão energicamente sobre a necessidade de se remover o governo provisório, seria a favor de ação imediata e violenta. Mas seu julgamento prevaleceu e, nas primeiras horas de 5 de julho, o Comitê Central bolchevique completou seu recuo cancelando manifestações planejadas para mais tarde.

No entanto, a crise não tinha acabado. O governo provisório havia sancionado um amplo inquérito sobre as fontes das finanças do partido bolchevique, e o Bureau de Contraespionagem teve motivo para acreditar que os bolcheviques estavam recebendo um subsídio do governo alemão. Parte do material do Bureau vazou para os jornais, apesar do desejo da maioria dos ministros de esperar uma prova conclusiva. As guarnições de Petrogrado também foram informadas. Em 5 de julho, o jornal *Jivoie slovo* zelosamente denunciou Lenin como espião alemão.[18] A ofensiva contra o bolchevismo estava em plena montante. Na mesma manhã, ocorreu um ataque à redação do *Pravda*. Uma ação semelhante contra a mansão Kseshinskaya foi executada na manhã seguinte. Os bolcheviques tinham de tentar passar despercebidos na capital.

Durante todos esses dias, fortuitamente, o governo provisório foi fustigado por uma disputa interna sobre a questão da autonomia regional ucraniana. O príncipe Lvov renunciara ao cargo de primeiro-ministro e, em 7 de julho, seu lugar foi tomado pelo revolucionário socialista Alexander Kerenski. Foi ordenada uma investigação oficial sobre os acontecimentos de 3-4 de julho e sobre o grau de responsabilidade pelo problema a ser atribuído a membros do Comitê Central bolchevique e sua Organização Militar. Mandados de prisão foram emitidos contra Lenin, Zinoviev e Kamenev, no dia 6 de julho, e um destacamento de soldados foi prender Lenin no apartamento de Mark e Anna Yelizarov. Embora já houvesse fugido, o apartamento foi completamente revistado. Nadejda Konstantinovna, Maria Ilinichna e Mark Yelizarov estavam em casa na hora e foram interrogados sobre o paradeiro de Lenin. A Krupskaya deixou escapar que ele estivera em Neivola.[19] Mas isso não tinha importância, uma vez que, a essa altura, estava escondido em Petrogrado: primeiro, ficou com M. L. Sulimova, depois, com N. G. Poletaev. A busca, de qualquer modo, foi bem incompetente. Os soldados confundiram Yelizarov com Lenin e levaram-no, bem como a Krupskaya, para a prisão. Yelizarov era alto e corpulento; sua rápida detenção foi mais um sinal de que a aparência de Lenin não era familiar ao público em geral.

Havia todos os motivos para Lenin manter as coisas desse modo. Ele e seus camaradas resolveram que ele não deveria se entregar às autoridades. Inicialmente, não estava disposto a ir para a prisão, e os líderes bolcheviques negociaram com o Comitê Central Executivo do Congresso de Sovietes os termos sob os quais poderia render-se.[20] Várias figuras do Partido achavam que um julgamento seria o único meio pelo qual o Partido poderia limpar seu nome. Na opinião deles, o perigo pessoal para Lenin não deveria ter precedência. Isso deixou Maria Ilinichna horrorizada, pois achava que o líder do Partido não deveria correr riscos e que era preciso escondê-lo na Suíça.[21]

As opiniões, então, voltaram-se contra a rendição de Lenin, uma vez que o Comitê Central Executivo só oferecia fracas garantias. Além do mais, a atmosfera de vingança aumentava conforme a maior parte dos jornais foi acolhendo a alegação de que o partido bolchevique executava ordens do governo alemão. Levantou-se a possibilidade de Lenin vir a ser assassinado, e ele resolveu permanecer escondido — e ao diabo com as consequências. O apartamento de Poletaev foi considerado inadequado: o prédio recebia visitantes demais.[22] Um novo refúgio tinha de ser encontrado com urgência. Lenin e Grigori Zinoviev, acompanhados da esposa de Zinoviev, Zinaida Lilina, mas não de Nadejda Konstantinovna, mudaram-se secretamente de novo, em 7 de julho. Dessa vez, o abrigo fornecido pelos veteranos bolcheviques Sergei e Olga Alliluiev foi seu confortável apartamento na rua Décima Rojdestvenka — havia até um porteiro elegantemente vestido. Os Alliluiev tinham acabado de alugar o apartamento e, portanto, era impossível que a polícia fosse procurar Lenin por lá. Lenin mudou-se para o quarto que estava sendo preparado para um inquilino habitual deles, Stalin; mantinha contato com os membros do Comitê Central rabiscando bilhetes que Sergei Alliluiev e outros entregavam. Na maior parte do tempo, trabalhava em seu quarto. Os filhos de Alliluiev se lembravam do barulho "da pena da caneta arranhando [sobre o papel] dia e noite", por trás de sua porta.[23]

Mas Lenin e Zinoviev queriam sair de Petrogrado, ao menos temporariamente; ambos achavam que seria melhor ir para o campo e esperar os acontecimentos. Tinham de deixar que outros resolvessem onde seria melhor encontrar refúgio. Lenin e seu companheiro não eram mais os artífices de uma situação revolucionária.

## 17. Poder pronto para ser tomado

### Julho a outubro de 1917

Lenin e Zinoviev foram acompanhados em sua saída secreta de Petrogrado, em 9 de julho, por ativistas bolcheviques enviados pelo Comitê Central. Por questão de segurança, viajaram sem as esposas. Pouco antes da viagem, Lenin resolveu que precisava mudar de aparência. Olga Alliluieva, então enfermeira recém-formada, envolveu seu rosto e sua testa com uma atadura. Lenin olhou-se num espelho e entendeu que atrairia mais atenção do que evitaria. Talvez não conseguisse nem passar pelo porteiro do prédio.

Sua própria ideia era mais simples: apararia o bigode e a barba. Por algum motivo, decidiu não fazer isso ele mesmo. Em vez disso, Stalin, que chegou em visita ao apartamento, preparou o creme de barbear e executou o serviço.[1] "Agora está ótimo", disse Lenin, "pareço um camponês finlandês, e é difícil haver alguém que me reconheça."[2] No entanto, só para garantir, pegou emprestado o casacão e o boné de Sergei Alliluiev.[3] E, assim, as pessoas que o viram usando o terno e a boina comprados em Estocolmo, por insistência de Radek, não teriam a menor pista de quem se tratava. E então, deixando o apartamento dos Alliluiev, Lenin seguiu a pé até a Estação Sestoretsk, com Zinoviev e o metalúrgico bolchevique Nikolai Yemelyanov. Essa estação era o final da pequena ferrovia costeira que seguia ao longo do golfo da Finlândia, de Petrogrado até Sestroretsk. Era o auge da temporada de verão, e os trens estavam lotados com os passageiros de classe média deixando a capital e partindo para aproveitar as praias e o ar fresco. Lenin, Zinoviev e Yemelyanov planejaram saltar antes de Sestroretsk e ficar na aldeia de Razliv, onde Yemelyanov tinha uma casa, terras e podia dispor de seu celeiro espaçoso e confortável como esconderijo.

Os três bolcheviques chegaram a Razliv tarde da noite e foram logo dormir. No dia seguinte, Lenin voltou a trabalhar; sua primeira tarefa foi expor suas ideias estratégicas, para conhecimento do Comitê Central. A manifestação armada em Petrogrado havia sido reprimida. Kerenski tornara-se o ministro-presidente do governo provisório e, embora estivesse tentando incluir socialistas em seu ministério, sua polícia vinha fechando o cerco aos principais bolchevistas. Trotski, Kollontai e Kamenev já estavam atrás das grades. Desde a aceitação das *Teses de abril* pelo Partido, Lenin havia sugerido que seus camaradas deveriam engajar-se principalmente em conseguir eleger bolcheviques para os sovietes e denunciar o governo provisório, os mencheviques e os revolucionários socialistas que haviam trabalhado para ele. Mas e agora? O que precisamente o Comitê Central bolchevique deveria adotar como sua estratégia de avanço e sobrevivência?

Obviamente, a fuga de Lenin da capital não iria impedi-lo de tentar impor suas ideias a seus camaradas do Comitê Central. A ausência o tornava ainda mais estridente do que de costume. Esboçando suas ideias estratégicas, afirmou: "Todas as esperanças de um desenvolvimento pacífico da revolução russa desapareceram definitivamente." Kerenski, de acordo com Lenin, instituíra uma "ditadura militar", e os sovietes haviam se tornado "o disfarce da contrarrevolução". Lenin recomendou aos bolcheviques que abandonassem o slogan *Todo o Poder aos Sovietes* e se dedicassem à organização de um "levante armado" e à formação de um governo revolucionário.[4] O problema era que estava pedindo a derrubada de uma política localizada no cerne da estratégia do Partido desde abril de 1917. Lenin havia insistido nisso, e os bolcheviques se acostumaram à ideia de que, quando tomassem o poder, governariam por intermédio da mediação dos sovietes. O Comitê Central estava consternado com seu pensamento mais recente. Lenin nem sequer se dera o trabalho de explicar como os ativistas do Partido poderiam partir para justificar a mudança de política em sua propaganda aos operários e soldados.

Uma demorada reunião do Comitê Central começou, na ausência de Lenin, em 13 de julho e foi retomada no dia seguinte. Os líderes bolcheviques tinham muita coisa para resolver. Os "Dias de Julho" em Petrogrado haviam levado o Partido quase ao desastre, e um debate sobre estratégia era urgentemente necessário. Mas o resultado nunca esteve sob sérias dúvidas: as *Teses de abril* de Lenin foram firmemente rejeitadas.[5] Lenin reagiu furiosamente, com o artigo "Sobre slogans", mas o Comitê Central não se manifestou. Stalin resumiu essa posição da seguinte maneira: "Éramos, sem qualquer ambiguidade, a favor dos sovietes em que tínhamos maioria, e tentamos estabelecer sovietes assim." O slogan *Todo o Poder aos Sovietes* foi conservado. A ausência de Petrogrado já estava enfraquecendo a influência de Lenin sobre a liderança central de seu Partido.

O celeiro era seguro apenas como refúgio temporário; Lenin e Zinoviev concordaram com a ideia de Yemelyanov de se mudar para o lado do lago mais afastado da aldeia, a uns 3 quilômetros dali. Lá ele tinha um campo de feno e um chalé de madeira com teto de colmo. O correio ainda podia lhes chegar com regularidade da capital, trazendo os jornais diários de Petrogrado e assuntos do Comitê Central; de fato, bolcheviques importantes também visitaram os fugitivos nas horas de escuridão. Lenin tentou tirar o melhor proveito possível das coisas. Em particular, retomou seu trabalho sobre teoria política marxista, que seria publicado como *O Estado e a revolução*. Sempre conseguira se acalmar lendo e escrevendo, e tinha bastante material no chalé. Para relaxar, Lenin e Zinoviev ajudavam Yemelyanov a ceifar o feno. Também iam nadar. A vida nas cercanias de Razliv era bastante monótona, até que Zinoviev insensatamente foi caçar numa área proibida e deparou-se com um guarda-florestal, o sr. Axonov, que lhe ordenou que entregasse sua espingarda. Zinoviev fingiu que era finlandês e que não entendia russo. O sr. Axonov acreditou e, para a sorte de Zinoviev, contornou a situação. Depois disso, Zinoviev, prudentemente, desistiu das expedições de caça.[6]

Enquanto isso, os insetos estavam tornando as condições insuportáveis no chalé, como Yemelyanov vivia recordando:[7]

Fora construída uma cozinha ao lado: uma chaleira tinha sido pendurada numa trave, e nela fervia-se água para o chá. Mas à noite a situação se tornava insuportável; os mosquitos insaciáveis não davam a menor trégua. Não importava como você se escondesse deles, sempre chegavam aonde queriam e com frequência o picavam. Mas não havia nada que se pudesse fazer: simplesmente era preciso se conformar.

A situação só melhorava quando chovia, e o verão de 1917 foi muito úmido. Mas as tempestades também eram um transtorno, porque pingava água do telhado. Lenin e Zinoviev não podiam promover a revolução enregelados e encharcados, e resolveram mudar de planos.[8] Zinoviev parecia menos preocupado do que Lenin quanto a ser preso e escolheu arriscar-se a voltar incógnito a Petrogrado. Lenin, no entanto, ainda achava que poderia ser enforcado se o levassem a julgamento; pediu, portanto, ao Comitê Central que tomasse as providências a fim de que ele viajasse para um refúgio na Finlândia. Os dois refugiados, Lenin e Ziniviev, deixariam Razliv juntos.

Forneceram-lhes perucas. O Ministério do Interior de Kerenski esperou impedir esse tipo de subterfúgio proibindo o aluguel e a venda de perucas sem prova de necessidade especial. Mas Dmitri Leshchenko, bolchevique de Petrogrado, argumentou que precisava de perucas para um grupo de teatro amador de ferroviários ao qual pertencia. O próximo passo era obter documentos formais para a viagem, necessários na hora de atravessar a fronteira administrativa russo-finlandesa.[9] Lenin e Zinoviev tinham de ser fotografados com o novo disfarce, e Leshchenko foi se arrastando com o pacote volumoso da parada de trem até o chalé do outro lado do lago. O serviço tinha de ser feito logo depois do amanhecer, para minimizar o perigo de Lenin e Zinoviev serem vistos e reconhecidos pelos passantes. O processo todo foi exaustivo. Sem dispor de um tripé, Leshchenko tinha de se agachar para ficar segurando a câmara invertida enquanto tirava o retrato. Isso significava que Lenin e Zinoviev também tinham de se ajoelhar. Só depois de tirar várias fotos Leshchenko conseguiu obter um resultado satisfatório. Então viajou até Petrogrado para revelar os negativos e colar as fotografias nos documentos falsos.[10]

Vários dos negativos não ficaram bons, mas mesmo assim conseguiu revelar uma foto e foi elaborado um plano para que Lenin e Zinoviev partissem na primeira semana de agosto. Acompanhados por Yemelyanov e pelos bolcheviques finlandeses Eino Rahja e Alexander Shotman, tiveram de partir para Lavashevo, uma pequena estação a meio caminho entre Petrogrado e Belooshov, na Ferrovia Finlândia. De lá deveriam tomar um trem de volta na direção de Petrogrado, até Udelnaya, onde passariam a noite no apartamento do operário finlandês Emil Kalske. A partir daí, Zinoviev retornaria a Petrogrado e tentaria a sorte em refúgios indicados pelo Comitê Central bolchevique. Lenin, que ainda era a pessoa mais procurada pelo Ministério do Interior, não quis correr esse risco; em vez disso, preferiu seguir rumo ao norte, para a Finlândia.

De Razliv, Lenin e Zinoviev partiram em uma expedição de quase 12 quilômetros pelos bosques em direção ao leste do lago. No caminho, teriam de atravessar uma grande turfeira e um rio sem ponte. Lenin logo lamentou não ter supervisionado o planejamento. A expedição toda não passou de uma farsa. A primeira coisa que aconteceu foi que Yemelyanov fez com que se perdessem no bosque. Tiveram, em seguida, de atravessar uma enorme área de turfa, à qual o proprietário ateara fogo e que ainda fumegava. O pior ainda estava por vir. Shotman havia embalado apenas três pepinos bem pequenos e não providenciara sequer um pãozinho. Horas depois, os andarilhos, famintos e cansados, ouviram o apito distante de um trem. Seu prazer se desfez quando descobriram que haviam chegado não a Lerrishevo, mas a Dibuny. Lenin estava furioso com Shotman:[11]

> Justiça seja feita a Vladimir Ilich: ele nos xingou com extrema violência pela má organização. Por certo teria sido necessário obter um mapa local detalhado. Por que não estudamos previamente a rota, e assim por diante? Outra falha foi a falta de "reconhecimento do terreno": porque só "pareceu" ser a estação certa? Por que não sabíamos precisamente?

Mas, pelo menos, Dibuny tinha uma estação de trem, e estava situada na Ferrovia Finlândia. As coisas, Lenin teve a esperança, podiam estar melhorando.

Infelizmente, a situação piorou. Yemelyanov e Shotman ficaram na estação enquanto Lenin, Zinoviev e Rahja perdiam tempo escondidos. Enquanto esperavam o próximo trem para Udelnaya, um oficial do exército começou a suspeitar de Yemelyanov e o levou preso. Em seguida, um rapaz armado com uma espingarda falou com Shotman, que se distraiu, e embarcou no trem sem Lenin, Zinoviev e Rahja. Shotman planejava avisar os bolcheviques em Udelnaya sobre as dificuldades que haviam surgido em Dibuny, mas estava uma tal pilha de nervos que saltou quase 5 quilômetros adiante, em Ozerki, em vez de Udelnaya. Eram 3 horas da manhã quando finalmente chegou ao apartamento de Kalske em Udelnaya.

Mas a sorte dos outros viajantes começara a mudar algumas horas antes. De Levashevo tomaram um trem para Udelnaya e passaram a noite na casa do operário finlandês Emil Kalske, que morava a uns 800 metros da estação. No dia seguinte, deram a Lenin as roupas de um foguista de trem e, à noite, ele tomou o trem n⁰ 293, conduzido pelo maquinista Hugo Jalava, e atravessou a fronteira russo-filandesa, rumo a Terijoki. Acompanhavam-no Shotman, Rahja e um terceiro finlandês, Pekka Parviainen. Jalava fez uma brincadeira com Rahja, para despistar:

"Para onde você vai a uma hora dessas?!", exclamei para distrair a atenção de nós. O camarada Rahja respondeu: "Para casa, para minha *dasha*, em Terijoki."
    E então, apontando para Ilich, ele me pediu para levar um camarada a bordo da locomotiva, explicando que era um jornalista querendo familiarizar-se com a viagem numa locomotiva a vapor. Concordei. Ilich segurou-se no balaústre e subiu na locomotiva, enquanto o camarada Rahja foi para um vagão vazio. Expliquei a meu assistente que eles eram donos de uma *dacha* na cidade. Para não ser pego no meio do trabalho durante a alimentação de carvão a fornalha, Ilich recuou para o vagão tênder e encheu a caçamba de lenha.

A artimanha funcionou. Em Terijoki, após 40 quilômetros de viagem de Udelnaya, saltaram do trem e pegaram um coche até Jalkala, penetrando quase 15 quilômetros pelo interior finlandês.

Pela manhã, seguiram de trem até Lahti. Essa viagem também foi emocionante. O problema foi o disfarce adotado por Lenin em Jalkala. Seu principal elemento era uma máscara adesiva. A cola começou a derreter antes que os viajantes chegassem a Lahti e Lenin teve de tirar a máscara apressadamente, sem a ajuda de vaselina ou de água, antes de saltar do trem.[12] Lenin escreveu sobre a "arte da revolução". Evidentemente, ele próprio não era nenhum mestre da comédia revolucionária.

Na plataforma, em Lahti, ele e seus companheiros ficaram preocupados pensando que os funcionários da estação poderiam se interessar por ele, devido a seu rosto, que ainda estava dolorido devido à retirada da cola. Mas ninguém era tão curioso, e o grupo de Lenin se acalmou. Shotman seguiu à frente para organizar a chegada secreta de Lenin a Helsinki (Helsingfors). Havia muitos anos os marxistas finlandeses colaboravam calorosamente com a facção bolchevique por causa da sua compreensão da "questão nacional".[13] Eram peritos em enganar as autoridades russas e, ao contrário de Yemelyanov, não precisavam de mapas para andar por seu próprio país. Lenin chegou a Helsinki em 10 de agosto e, durante as semanas seguintes, ficou em vários refúgios. Um deles pertencia a Gustav Rovio. Lenin não podia estar mais seguro do que isso, uma vez que Rovio era o homem que tinha sido escolhido chefe de polícia da capital finlandesa. Era uma situação inusitada. Enquanto o ministro do Interior russo, em Petrogrado, oferecia uma recompensa de 200 mil rublos pela captura de Lenin, seu subordinado formal em Helsinki protegia Lenin para que ele não fosse preso.[14]

Lenin acomodou-se em determinado ritmo de trabalho, enquanto mensageiros formavam uma linha de contato tanto com Petrogrado quanto com Estocolmo. Havia duas diferenças com relação a seus anos de emigrante. A primeira era que Lenin estava fisicamente distante do aparato do partido central. A segunda era a ausência de Nadya. É verdade que ela o visitou duas vezes após conseguir um passaporte com "a velha Atamanova" e disfarçar-se de operária. Ele, no entanto, não podia estimulá-la a ficar; questões de segurança o impediram até de acompanhá-la de volta à estação ferroviária de Helsinki.[15]

Nesse meio-tempo, Lenin continuava chateado com o Comitê Central por rejeitar suas propostas sobre slogans. A atividade literária proporcionava um pouquinho de consolo. Tinha muitos livros e dedicou-se adequadamente ao tratado *O Estado e a revolução*. Já vinha preenchendo um caderno azul-escuro com rascunhos sobre esse tema antes de sair da Suíça. Continha suas anotações a respeito das obras de Marx e Engels que havia lido lá. De fato, suas notas já tinham um esboço preliminar do livro que queria escrever e acreditava que essas suas ideias, se ao menos conseguisse publicá-las, seriam reconhecidas como sua obra-prima. Escreveu a Kamenev a esse respeito, pedindo-lhe que se responsabilizasse por lançar o livro, se algum dia acontecesse de ser preso e executado: "*Entre nous*: se eles me tirarem de circulação, eu lhe peço que publique meu caderno de anotações. 'O que o marxismo diz sobre o Estado' (está guardado em Estocolmo). Uma pasta encadernada em azul-marinho. Há uma coletânea de todas as citações de Marx e Engels, bem como de Kautsky contra Pannekoek."[16] Com crescente empolgação, pôs no papel os capítulos em Helsinki: estava ansioso para publicá-los e demonstrar que sua interpretação geral idiossincrática do marxismo era a única autêntica.

Nesse caso, por que Lenin foi acusado de insinceridade monumental com relação ao livro? O motivo principal reside no contraste entre as previsões feitas em *O Estado e a revolução* e a realidade do bolchevismo no poder. *O Estado e a revolução* descrevia um futuro iminente em que a classe operária se tornaria a classe governante, e operários comuns tomariam eles próprios as decisões cruciais do Estado e da sociedade. As coisas acabaram sendo muito diferentes após outubro de 1917, quando o Estado soviético rapidamente virou uma ditadura de partido único que usava a força contra as greves na indústria e os protestos políticos dos operários. Lançou-se uma longa sombra de dúvida sobre suas intenções quando escreveu *O Estado e a revolução*.

Ora, há de se admitir que Lenin, um político faminto de poder, foi muitas vezes insincero e enganador. Seu critério de moralidade era simples: uma determinada ação avança ou atrasa a causa da revolução? Embora raramente dissesse mentiras deslavadas em política, era de uma habilidade ímpar em evadir a verdade. Era notório por fazer afirmações que deliberadamente enganavam seus inimigos. Mas, em 1917, foi atacado por ir muito além de apenas isso. Sofreu a acusação de ter sempre sabido que Roman Malinovski era agente da Okhrana, e também de atuar como agente pago pela Alemanha. Nos jornais liberais e conservadores, foi acusado de traição a seu país. Até a Revolução de Fevereiro de 1917, tinha sido possível para ele negar que Malinovski estava a serviço da Okhrana; mas a revelação dos arquivos do Ministério do Interior destruiu essa ilusão. Lenin tinha uma argumentação à qual responder e teve de comparecer a uma audiência oficial no início do verão. Em sua própria defesa, disse simplesmente que Malinovski e a Okhrana haviam enganado todo mundo. E conseguiu convencer a audiência de que, antes de 1917, os bolcheviques nunca haviam agido conscientemente em acordo com a polícia secreta da monarquia tsarista.

Menos fácil de se livrar foi a acusação de que o Comitê Central bolchevique, desde a Revolução de Fevereiro, vinha agindo como marionete consciente da Alemanha. Havia muitas provas circunstanciais de que os bolcheviques vinham recebendo dinheiro de Berlim. O Bureau Russo de Contraespionagem divulgou a história a editores de jornais de Petrogrado em 4 de julho, quando o governo estava enfrentando os problemas causados pelo partido bolchevique e seus defensores no centro de Petrogrado.

Os investigadores do Bureau de Contraespionagem acharam plausível — mas não puderam provar inteiramente — que o dinheiro fora transferido para o Comitê Central bolchevique por Jakub Hanecki, que o recebeu de Alexander Helphand-Parvus, o intermediário alemão. Ao que tudo indica, Hanecki, um funcionário do Bureau estrangeiro do Comitê Central bolchevique em Estocolmo, transferiu os fundos por meio de créditos bancários e por mensageiro. Sabe-se que as autoridades alemãs tomaram milhões de marcos disponíveis com o propósito de permitir aos russos fazer propaganda a favor da paz. É difícil ser mera coincidência que os bolcheviques, apesar de contar apenas com a minoria de cadeiras nos sovietes e outras organizações de massas após a Revolução de Fevereiro, tenham rapidamente fundado um grande número de jornais. O quanto Lenin sabia em detalhe sobre o subsídio alemão provavelmente nunca será descoberto; mas era um político que gostava de estar no controle. É exigir muito da credulidade achar que ele não sabia o que estava se passando. Aconteceu, portanto, que os investigadores estiveram perto de pegar o próprio Hanecki carregando uma grande quantia, na fronteira em Tornio.

Foram frustrados, no entanto, pelo vazamento de algumas de suas descobertas por jornais diários de Petrogrado.

Lenin deu uma abordagem advocatícia. Podia rejeitar com facilidade a injúria de que estava agindo sob as instruções do governo alemão. Também era seguro negar ter falado com Helphand-Parvus, e podia ridicularizar a sugestão de que havia se apossado de dinheiro de Hanecki. Desse modo, não teve de contar a mentira direta de que, sob sua supervisão geral, a liderança bolchevique não havia recebido dinheiro do inimigo de guerra da Rússia. As declarações evasivas de Lenin teriam sido exploradas sob tortura se tivesse sido preso pelo governo provisório. Mas estava morando na casa de Rovio, chefe de polícia de Helsinki, e podia esperar que a tempestade sobre o "ouro alemão" se dissipasse.

Conforme avançava com *O Estado e a revolução*, a tarefa levou mais tempo do que havia imaginado — e não havia concluído o último capítulo antes da Revolução de Outubro. Tinha motivos muito práticos para querer escrever depressa. Encarava esse livro como uma contribuição vital à capacidade de seu Partido de lidar com a atual situação política na Rússia. De uma maneira mais geral, visava a explicar a estratégia mais apropriada para os bolcheviques na Rússia e os socialistas de extrema esquerda em outros países estabelecerem um Estado socialista. Gostava de afirmar-se como teórico. O argumento de *O Estado e a revolução* era que os outros partidos socialistas, em especial os mencheviques e os revolucionários socialistas na Rússia e o Partido Social-Democrata alemão, tinham uma estratégia inadequada para alcançar o socialismo. Lenin punha a culpa em Karl Kautsky, a quem tratava como o originador das ideias básicas de mencheviques e revolucionários socialistas; e dedicou metade do livro a um exame da transformação política prevista por Marx e Engels e já realizada em certo nível pelos sovietes russos de deputados dos operários e dos soldados na via da revolução socialista europeia.

Lenin fez várias afirmações fundamentais. Marx, disse ele, havia presumido que geralmente seria preciso uma campanha de violência para os socialistas chegarem ao poder. Sob o capitalismo, as classes médias detinham todas as vantagens; estavam dispostas a usar toda a sua educação, todo o seu dinheiro e quaisquer métodos criminosos que lhes estivessem disponíveis a fim de evitar a revolução. Os socialistas, portanto, deviam reconhecer a violência como a necessária parteira da mudança histórica. Além do mais, o regime socialista revolucionário não sobreviveria por muito tempo, a não ser que continuasse a empregar métodos violentos. Deveria, portanto, lutar para estabelecer uma "ditadura do proletariado". No período inicial da revolução socialista, deveria haver uma administração inequivocamente baseada nos princípios da "luta de classes". As antigas classes superior e média tinham de perder seus direitos civis. A autoridade seria imposta pela classe operária, que, paulatinamente, infundiria a sociedade — não só na Rússia, mas em todo o mundo industrializado — com reformas socialistas.

Laboriosamente, Lenin citou o legado de Marx e Engels e tentou mostrar que eles haviam desenvolvido uma série específica de estágios por meio dos quais a comunidade perfeita — conhecida como comunismo — seria alcançada em todo o mundo. Essa série, propôs, se desenvolveria da seguinte maneira. O capitalismo seria derrubado por uma revolução violenta consolidada pela "ditadura do proletariado". Tal ditadura, a princípio impiedosa, aos poucos impregnaria as instituições, com práticas e ideais do socialismo. A necessidade de discriminação baseada em classe diminuiria gradualmente, conforme os remanescentes das antigas classes média e superior deixassem de constituir uma ameaça. O socialismo, conforme amadurecesse, propiciaria um enorme progresso para além do socialismo. As ordens sociais inferiores se acostumariam a gerir a administração, e a economia, liberada das restrições do capitalismo, se expandiria naqueles setores que beneficiam as necessidades objetivas gerais do povo. Não obstante, o socialismo ainda implicaria um grau de desigualdade política e social, e ainda obrigaria a existência de um Estado. Lenin enfatizou que a *raison d'être* dos Estados era usar a coerção para favorecer os interesses das classes dominantes, conforme buscassem ir dominando as outras classes. Sob o socialismo, o "proletariado" é que dominaria.

No entanto, o objetivo extremo do marxismo, como Lenin enfatizou, sempre foi atingir uma sociedade sem opressão e exploração. Isso seria o último estágio do desenvolvimento histórico. Sob o comunismo, seria finalmente realizado o seguinte princípio: de cada um, segundo suas capacidades, para cada um, de acordo com suas necessidades. Não haveria distinção de recompensa material. Na sociedade, cada indivíduo teria a mais completa oportunidade de desenvolver seu talento potencial. Uma pessoa podia fazer trabalho tanto manual quanto mental. O povo todo se envolveria em sua própria administração; e a necessidade de um estrato político profissional, de uma burocracia profissional e de forças armadas profissionais desapareceria. Segundo Lenin, uma copeira poderia tomar decisões que antes cabiam a ministros. A necessidade de um Estado terminaria. Conforme o comunismo se aproximasse, haveria uma "dissolução" do Estado.

Lenin representava a si próprio como o humilde escavador das fundações do marxismo enterrado por uma geração de intérpretes, especialmente Kautsky, que havia rejeitado não só a necessidade de uma revolução socialista violenta, mas também o engajamento com o objetivo comunista supremo, o de uma sociedade sem Estado. Mas Kautsky e Martov rapidamente levantaram questões sobre a irrefutabilidade da argumentação de Lenin. Destacaram que Marx só havia usado a expressão "ditadura do proletariado" em raras ocasiões e não havia descartado a possibilidade de uma transformação socialista pacífica. Também destacaram que Marx, em seus últimos anos, havia reconhecido que sociedades capitalistas avançadas não eram polarizadas entre uma ínfima classe capitalista e uma vasta classe operária empobrecida, mas cada vez mais incluíam grupos intermediários de especialistas: engenheiros, professores, cientistas e administradores. Kautsky e Martov criticaram sua sociologia. Não entendia que qualquer ditadura proletária implicaria inevitavelmente opressão por uma classe que representava, ela própria, uma minoria demográfica? Não compreendia que sociedades capitalistas avançadas tinham permanente necessidade de aprendizado e especialização? Lenin não tinha mais afinidade com revolucionários autoritários do século XIX a que Marx e Engels faziam oposição: Wilhelm Weitling, Louis-Auguste Blanqui e Piotr Tkachev?

Todos esses revolucionários haviam apoiado campanhas terroristas e, no entanto, em *O Estado e a revolução*, Lenin evitou discutir o terror de Estado. De fato, escreveu a respeito apenas de passagem, durante o restante do ano. Assim, comparou a Rússia em 1917 com a França em 1793:[17]

Os jacobinos declararam inimigos do povo aqueles que "ajudaram as maquinações dos tiranos unidos contra a república".

O exemplo dos jacobinos é instrutivo. Mesmo hoje em dia, não se tornou obsoleto, mas precisamos aplicá-lo à classe revolucionária do século XX, aos operários e aos semiproletários. Os inimigos do povo para essa classe no século XX não são os monarcas, mas os senhores de terras e os capitalistas como uma classe...

Os "jacobinos" do século XX não partiriam para guilhotinar os capitalistas: seguir um bom modelo não é o mesmo que copiá-lo. Seria suficiente prender cinquenta, cem magnatas e rainhas do capital bancário, os grão-cavaleiros da fraude ao Tesouro e da pilhagem bancária; seria suficiente prendê-los por algumas semanas *de forma a revelar seus negócios sujos*, de forma a mostrar a todo o povo explorado exatamente "quem precisa da guerra".

Deve haver ceticismo quanto a se ele realmente esperava que o uso do terror por seu planejado governo seria tão suave e efêmero quanto afirmava no *Pravda*. Lenin era capaz não só de mentir e enganar, mas também sabia produzir frases de egrégio disfarce político.

A partir disso, fica claro que Lenin, em 1917, não propôs, como se supõe amplamente, uma visão literária do socialismo.[18] Usava palavras, tais como "liberdade" e "democracia", pejorativamente. Ridicularizava conceitos, tais como a divisão do poder entre autoridades legislativas, executivas e judiciárias. Até a vida pública, como tal, é desprezada: Lenin esperava que a revolução socialista afastasse a sociedade da "politicagem" no rumo da "administração das coisas". "Parlamentarismo", para ele, era um objetivo espúrio. Não tinha tempo, portanto, para competição interpartidária, para pluralismo cultural ou para a defesa dos interesses de minorias sociais variadas. Os direitos de cidadãos, individualmente considerados, não o preocupavam; queria que sua ditadura julgasse tudo por critérios de "luta de classe". A guerra civil não o assustava. Ele encarava tal conflito como um resultado natural e desejável do avanço da causa socialista. *O Estado e a revolução* foi descrito como desanimador devido a sua incapacidade de reconhecer os benefícios dos valores liberal--democráticos de governo. Até aí, isso é verdade. Mas a análise pode ir além: temos de reconhecer ainda que o livro não contém meramente a falta de proposição de liberdade civil universal, mas é de fato uma campanha clara e deliberada contra essas liberdades.

Quem ele estava procurando atrair para o seu lado eram marxistas experientes da Rússia e da Europa. Para a maior parte do público leitor, *O Estado e a revolução* era uma floresta impenetrável de citações e argumentação e, de qualquer modo, o livro não foi publicado antes de 1918. Mas refletia seus pressupostos estratégicos básicos para a realização da revolução. Eram pressupostos que ele partilhava, em maior ou menor grau, com seus camaradas do Comitê Central, e sua obra ajudou a reduzir as discrepâncias entre bolcheviques importantes e a reforçar a primazia das ideias de Lenin na definição de bolchevismo.

Enquanto se dedicava ao seu livro, também escrevia contribuições para a imprensa do Partido. Desse modo, sua influência ia além do Comitê Central, e seus companheiros bolcheviques em todo o país eram mantidos cônscios de que Lenin continuava ativo. Em julho e agosto, continuou exigindo que os programas políticos sofressem mudanças. Baseava sua análise numa analogia histórica francesa; supostamente, Alexander Kerenski, sucessor do príncipe Lvov como primeiro-ministro, estava tentando tornar-se o Bonaparte da Revolução Russa, jogando uma classe contra a outra e erguendo-se acima da rixa para estabelecer um despotismo pessoal. O ministério de Kerenski, montado em 25 de julho, tinha uma maioria de membros socialistas; mas Lenin afirmou que não havia nada socialista nos programas políticos. O governo provisório era uma ditadura da classe burguesa. Lenin, de fato, exagerou a coesão e a natureza "contrarrevolucionária" do Estado russo conforme governado por Kerenski. Não obstante, o ministério, sem dúvida, queria impedir outra irrupção tal como havia ocorrido em 3-4 de julho, e entre suas prioridades estava a restauração da lei e da ordem nas forças armadas e na vida pública civil. A pena capital foi reinstituída para a deserção e outras insubordinações militares graves. O novo comandante em chefe, Lavar Kornilov, providenciou, junto a Kerenski, a imposição da autoridade do governo sobre os sovietes, os sindicatos e os comitês das fábricas e oficinas.

Quando o partido bolchevique realizou secretamente seu Sexto Congresso, de 26 de julho a 2 de agosto, Lenin não pôde comparecer. Havia uma possibilidade muito grande de que o governo provisório viesse a capturá-lo. Surgia uma oportunidade para o Partido fazer um levantamento da situação. Diversos bolchevistas importantes ponderaram se uma revolução socialista europeia era iminente, se uma guerra revolucionária era praticável e se o declínio econômico poderia ser rapidamente revertido. Não obstante, o otimismo insistente de Lenin não diminuíra e suas atuais recomendações específicas de programas políticos estavam começando a exercer impacto. Em particular, o Congresso concordou em abandonar o slogan *Todo o Poder aos Sovietes*. Após um alentado debate sobre slogans, foi decidido substituí-lo por *Todo o Poder ao Proletariado Apoiado pelos Camponeses mais Pobres e pela Democracia Revolucionária Organizada em Sovietes de Deputados dos Operários, Soldados e Camponeses*. Difícil imaginar um slogan mais sem graça e complicado. Talvez seus bolcheviques precisassem do ausente Lenin mais do que reconheciam.

Seu conselho a eles, em agosto, foi irritadiço e impaciente. O ministério de Kerenski, reclamou, agira como sempre havia previsto. O gabinete travava uma guerra sem trégua. Estava silenciando a oposição nas forças armadas e ameaçando os sovietes urbanos subversivos de dissolução. Estava mais interessado em conseguir apoio dos *kadets* e do alto comando do que em fazer concessões a partidos socialistas (e Viktor Chernov renunciou por discordar disso). E, ainda assim, os mencheviques e revolucionários socialistas recusavam-se a expulsar Kerenski do Partido. O menchevique esquerdista Yuli Martov teve a ideia de sugerir que uma administração socialista, baseada nos partidos representados nos sovietes, assumisse o poder, mas seus colegas o ignoraram. A conivência dos mencheviques e revolucionários socialistas com a "ditadura militar" de Kerenski era completa. Lenin fez mais progressos conforme as dificuldades para Kerenski foram crescendo. Camponeses estavam invadindo terras, soldados desertavam da frente oriental, operários começavam a assumir o controle de fábricas. A produção industrial se via prejudicada e os suprimentos de alimentos diminuíam rapidamente. E, em 21 de agosto, os exércitos alemães avançavam ao longo do setor norte e tomaram a cidade de Riga. Lenin perguntava repetidamente ao Comitê Central por que estava permitindo que o governo provisório sobrevivesse.

E, então, aconteceu o "Caso Kornilov". Kerenski e seu comandante em chefe, Kornilov, tinham um acordo para que este último deslocasse soldados para Petrogrado, a fim de impor ordem aos sovietes. Mas Kerenski, notando a popularidade de Kornilov em círculos militares e políticos de direita na Conferência de Estado reunida pelo próprio Kerenski em Moscou, em 12 de agosto, ficou desconfiado dele. As relações entre os dois pioraram devido à intromissão de seus assessores. Em 28 de agosto, Kornilov recebeu ordem de abandonar a combinada movimentação de tropas da linha de frente para Petrogrado. Kerenski temia um "golpe de Estado". Na crescente confusão, Kornilov concluiu que Kerenski não era apto para governar, e resolveu desobedecer-lhe. O governo provisório estava à mercê de Kornilov. Kerenski, em pânico, voltou-se para os partidos dos sovietes, incluindo os bolcheviques, para que o apoiassem enviando agitadores a fim de convencer os soldados de Kornilov a obedecer ao governo provisório e permitir que Kornilov fosse detido e mantido sob custódia. Isso foi devidamente acatado, mas ao preço da readmissão do partido bolchevique na arena aberta da política.

Lenin estava encantado. Em 1º de setembro, começou um artigo, sobre concessões conciliatórias, restabelecendo o slogan *Todo o Poder aos Sovietes* e sugerindo que uma transição pacífica para um governo socialista era possível. Kerenski estava tendo que ser mais deferente para com mencheviques e revolucionários socialistas, especialmente quando a plena medida do estímulo secreto dos *kadets* a Kornilov tornou-se de conhecimento público.[19]

> É somente em nome desse desenvolvimento pacífico da revolução — em nome de uma possibilidade que é *extremamente* rara na história e *extremamente* valiosa, uma possibilidade excepcionalmente rara —, é somente em nome disso que os bolcheviques, defensores da revolução socialista mundial e defensores de métodos revolucionários, podem e devem, em minha opinião, passar a fazer essa concessão.

A "concessão" a que ele se referia era que os bolcheviques deviam perseverar em procedimentos políticos não violentos enquanto os mencheviques e os revolucionários socialistas formassem um governo "total e exclusivamente responsável para com os sovietes" e que permitissem aos sovietes das províncias constituir a administração oficial, enquanto seria garantida aos bolcheviques "liberdade de agitação".[20] Essas condições tinham pouquíssima probabilidade de ser atendidas, e ele provavelmente sabia disso. Em 3 de setembro, escreveu um adendo, no qual afirmava que os acontecimentos recentes significavam que a histórica concessão era impraticável.[21] Estava se referindo à formação, por Kerenski, de uma junta diretora de cinco membros e à relutância dos mencheviques e revolucionários socialistas em romper seus laços com os *kadets*. A junta diretora obviamente contrapunha-se a *Todo o Poder aos Sovietes*.[22]

Ele não parou de justificar sua causa em artigos subsequentes, mas isso mudou abruptamente em 12 de setembro, quando começou uma carta ao Comitê Central bolchevique, ao Comitê de Petersburgo e ao Comitê de Moscou. A essa altura, os bolcheviques tinham maioria nos sovietes tanto de Moscou como de Petrogrado, e Lenin advertiu: "Tomando o poder *imediatamente* tanto em Moscou como em Piter [Petrogrado] (não importa qual seja primeiro: talvez até Moscou sirva), sairemos *absoluta e indubitavelmente* vitoriosos."[23] Membros do Comitê Central tinham o direito de achar que ele estava sendo irresponsável quanto à segurança do Partido. Em 13 de setembro, antes de receber essa carta, decidiram incluir as ideias básicas do artigo de Lenin, "Sobre concessões", na declaração geral a ser lida na chamada Conferência Democrática de todos os partidos à esquerda dos *kadets* em 14 de setembro. Suas reviravoltas estratégicas estavam se tornando insuportáveis. Evidentemente perdera o contato com as possibilidades da Rússia, e devia ser ignorado. Mas, dessa vez, Lenin manteve-se sem desvios em sua linha. Em 13 de setembro, começou uma segunda carta, ainda maior, com o cabeçalho "Marxismo e insurreição", a fim de explicar seu raciocínio. Contrastava a situação de 3-4 de julho com as atuais circunstâncias. A classe operária estava finalmente do lado do Partido. O ânimo popular era a favor da revolução, e os inimigos políticos do partido bolchevique caíram na armadilha de sua própria indecisão. Insurreição era crucial.[24]

O Comitê Central deliberou sobre as cartas de Lenin em 15 de setembro, na presença de Trotski e Kamenev, que haviam sido libertados da prisão. A maioria dos membros ficou consternada com o que leu. Não havia como dizer o que Kerenski poderia fazer se fosse informado do conteúdo das cartas. O Comitê Central concordou em queimar tudo, deixando apenas uma cópia das cartas.[25] Pouca dúvida pode haver de que, para os bolcheviques, seria desastroso atender ao chamado de Lenin para uma insurreição imediata. A maior parte dos sovietes continuava nas mãos dos mencheviques e dos revolucionários socialistas e teria havido um intenso conflito armado, caso os bolcheviques tivessem ido às ruas. Uma tentativa de tomada do poder pelo soviete de Petrogrado proporcionaria a Kerenski um pretexto maravilhoso para a eliminação do partido bolchevique da vida pública.

Mas Lenin não se deixaria intimidar e sabia que havia elementos no Partido, entre soldados da guarnição e a classe operária, que poderia convocar. Maria Ilinichna, sempre fiel a ele, fez pouco caso da ordem do Comitê Central e entregou as cartas de Lenin ao Comitê de Petersburgo.[26] Lenin queria envolver-se diretamente e pediu a Shotman para conseguir que o Comitê Central permitisse seu retorno a Petrogrado. O Comitê Central rejeitou o pedido. Lenin retorquiu furiosamente: "Não vou deixar isso assim, isso não vai ficar assim!"[27] Shotman achava seu pensamento político utópico quase tão inaceitável quanto sua impaciência insurrecionária e afirmou que a revolução socialista era um negócio complexo. Lenin explodiu com ele:[28]

> Besteira! Quaisquer operários conhecerão a fundo qualquer ministério em coisa de poucos dias; aqui não se pede qualquer capacidade especial, e não é necessário conhecer as técnicas do trabalho, uma vez que é o serviço dos burocratas, que nós forçaremos a trabalhar, tal como hoje em dia eles fazem o trabalho dos operários especializados.

No decorrer de 1917, deixou implícito que a vindoura revolução socialista seria fácil e enfatizou que a maior parte dos operários, camponeses e soldados apoiou o Partido. Shotman experimentou isso diretamente.

Inclinando-se para ele e piscando o olho esquerdo, Lenin perguntou: "Quem, então, será contra nós?"[29]

Embora tenha exagerado para causar efeito, provavelmente quis dizer exatamente o que disse, pelo menos de um modo geral. Não podemos estar absolutamente certos quanto a isso, já que raramente confidenciava a alguém seus calculismos mais íntimos. E obviamente queria tranquilizar seu Partido de que tudo ficaria bem, depois que o poder tivesse sido tomado. Além do mais, talvez outras possibilidades já tivessem adquirido forma em sua mente. Tal como outros líderes bolcheviques, lera muito sobre a Revolução Francesa e estava sempre procurando precedentes franceses para algum desenrolar de acontecimentos russos contemporâneos. Admirava Robespierre, os jacobinos e seus esforços para consolidar o regime revolucionário, mesmo tendo, em última análise, fracassado. É difícil acreditar que nunca lhe tenha passado pela cabeça que, se seu próprio partido viesse a tomar o poder, a resistência internacional e doméstica poderia resultar em uma prolongada carnificina. Na verdade, existe prova documental de que deliberadamente moderou essa admiração em público por medo de prejudicar a popularidade do Partido. Por exemplo, ficou furioso com Trotski por ameaçar os oponentes do bolchevismo com a guilhotina. Mas não era contra o terror como tal. Em vez disso, sua ideia era que "não se deve brincar com a guilhotina".[30] E, no entanto, simultaneamente, reafirmava a si mesmo que uma revolução socialista realizada pelos bolcheviques seria diferente de qualquer outra revolução. O povo estaria a seu lado, na Rússia a princípio, e depois na Europa como um todo. A repressão, pois, não teria de durar tanto tempo, nem ir tão fundo.

Sem dúvida, Lenin não dava a menor importância a que as classes médias se opusessem ao partido bolchevique. Achava que a Rússia se defrontava com uma escolha entre dois extremos: uma ditadura burguesa e uma ditadura proletária. Pela primeira vez, desde seu retorno da Suíça, escreveu na imprensa do partido central sobre suas intenções ditatoriais. O país, declarou, era simplesmente ingovernável pelos mencheviques, revolucionários socialistas e *kadets*. A estratégia deles fora revelada como irremediavelmente frágil pela tentativa de *putsch* de Kornilov. Estava na hora de se concordar com a prioridade suprema: a insurreição contra o governo provisório.

Ignorando a disciplina partidária e passando por cima de Alexander Shotman, Lenin buscou a ajuda de Gustav Rovio, a quem pediu que lhe arranjasse um refúgio em Vyborg, a cidade finlandesa perto da fronteira administrativa da Finlândia com a Rússia. Recorreu a um disfarce com o uso de uma nova peruca. Rovio levou-o a um especialista teatral que pedia várias semanas de prazo a fim de preparar uma peruca, para qualquer cliente. Lenin pediu uma já pronta, mas que servisse em sua cabeça, ainda que só aproximadamente. A única peruca assim de que ele dispunha era de um grisalho prateado, e o especialista relutou em vendê-la, porque deixava seu cliente com aparência de um sessentão. Lenin, naturalmente, não revelou que queria uma peruca não para enfeite, mas precisamente para disfarçar sua aparência.[31] A transação finalmente foi concluída, Rovio conseguiu um passaporte falso e encontrou um lugar para ele se alojar, em Vyborg, com outro camarada finlandês.[32] Lá chegando, no início da última semana de setembro, imediatamente buscou meios de seguir para Petrogrado. Em poucos dias, estava de partida. Mais uma vez, havia passado por cima de Shotman. Mais uma vez encomendou uma peruca, dessa vez adotando o disfarce de pastor da Igreja luterana finlandesa.[33] Lenin, o ateu militante, retornava a Petrogrado como um homem de Deus. Seu companheiro de viagem foi o metalúrgico Eino Rahjaj, e o maquinista do trem era o mesmo Hugo Jalava que o levara na direção oposta, cruzando a fronteira russo-finlandesa, em agosto.[34]

Ele ficou em Petrogrado com uma jovem agrônoma bolchevique, Margarita Vasilevna Fofanova, que morava na rua Serdobolskaya, dando para a Estação Finlândia, no bairro Vyborg. Fofanova teve de aceitar "seu regime firme".[35]

> Ele me disse para conseguir, todos os dias, e não depois das 8h30 da manhã, todos os jornais que saíam em Petrogrado, incluindo os burgueses. Foram estabelecidos horários para o desjejum e o almoço. Vladimir Ilich, então, acrescentou: "Vai ser difícil para

você, Margarita Vasilevna, na primeira semana. Vai tudo cair nas suas costas."

Rahja ajudava indo cumprir tarefas na rua; os únicos outros visitantes do apartamento eram Nadejda Konstantinovna e Maria Ilinichna. Lenin passava a maior parte dos dias trancado lá dentro, enquanto Fofanova não estava em casa.

Mas ainda precisava defender sua causa diretamente no Comitê Central, caso quisesse seu consentimento para um levante armado imediato. Em 10 de outubro, foi organizada uma sessão, no apartamento, na região de Petersburgo, de Galina Flaxerman, que era casada com o menchevique esquerdista Nikolai Sukhanov. Sukhanov, discretamente, passou a noite em seu escritório: eram assim as *politesses* interpartidárias do período. Flaxerman preparara chá no samovar e providenciara biscoitos para os participantes. A reunião começou por volta das 10 horas da noite. Nas condições revolucionárias caóticas, quando as comunicações e o transporte não eram confiáveis, só doze membros do Comitê Central conseguiram estar presentes. O que eles ouviram viria a exercer uma influência gigantesca sobre os acontecimentos. A questão principal na agenda era a tomada do poder pelo Partido. E essa questão assumiu a forma bastante obscura de um "relato sobre o momento atual" feito por Lenin. A sala estava iluminada com suavidade. Para a maioria dos participantes, essa era a primeira ocasião em que viam Lenin, em meses. Foi uma surpresa e tanto para eles, uma vez que Lenin continuava vestido como pastor luterano. Infelizmente, não havia aprendido o jeito de impedir a peruca de cair e desenvolveu o hábito nervoso de alisá-la com as duas mãos. Os líderes seus companheiros acharam seus maneirismos cômicos.

A hilaridade, no entanto, durou pouco. Depois que Sverdlov fez um levantamento dos acontecimentos atuais, Lenin falou apaixonadamente durante uma hora inteira em favor da insurreição. Cada ouvinte testemunhou sua raiva e impaciência. Declarou que o Comitê Central havia demonstrado "uma espécie de indiferença para com o problema da insurreição". Agora chegara o momento de uma decisão. Se as "massas" estavam apáticas, é porque se sentiam "cansadas de palavras e resoluções". Segundo Lenin, "a maioria agora nos apoia". Os camponeses podiam não estar votando nos bolcheviques, mas invadiam terras, e isso começava a minar a autoridade do governo provisório, que ele acusava de conspirar para entregar Petrogrado aos alemães. O debate foi longo e acalorado. Ninguém podia deixar de reconhecer o perigo que era seguir a linha de Lenin. Mas ele se impôs ao Comitê Central. Quando raiou o dia 11 de outubro, sua moção foi ratificada por dez votos a dois.[36]

Isso significava que o Comitê Central havia se comprometido a concentrar suas energias no "lado técnico" do planejamento da insurreição.[37] Lenin estava satisfeito com esse resultado e voltou, triunfante, para o apartamento de Fofanova. Mas não conseguira que tudo saísse à sua maneira. Em particular, ele havia afirmado que o Congresso dos Sovietes do Norte, marcado para se reunir em Minsk em 11 de outubro, devia ser "usado para o início de ações decisivas".[38] Essa proposta não apareceu na resolução final. O Comitê Central, por proposta de Trotski e outros, esforçou-se para fazer a futura insurreição parecer menos uma tomada do poder por um único partido. Para esse fim, estavam chegando à conclusão de que a transferência de poder devia ser adiada até o Congresso dos Sovietes de Todas as Rússias, em Petrogrado, no final do mês.[39] A ideia de Lenin era completamente impraticável; deixara as coisas irem longe demais, e agora era muito tarde. Se os seus avisos tivessem sido ouvidos, além do mais, o Partido poderia ter corrido risco, expondo suas intenções antes de ter uma oportunidade de organizar ação na capital. Embora houvesse falado com eloquência sobre a necessidade de tratar a criação de uma insurreição como uma arte, não praticava o que pregava. E, no entanto, a força de sua convicção era enorme. Havia demonstrado ser um líder.

O problema para Lenin foi que seus principais oponentes durante a noite foram Kamenev e Zinoviev, membros da primeira fila da liderança do Partido. Dispostos a não deixar valer a vitória de Lenin, mandaram uma carta escrita em conjunto aos diversos comitês principais do Partido. O argumento deles era que a opinião popular em breve levaria os mencheviques e os revolucionários socialistas a formar um governo e incluir os bolcheviques na coalizão. Negavam que os operários apoiariam uma tomada violenta do poder pelos bolcheviques. Destacaram, também, que a fé de Lenin em uma iminente revolução socialista europeia não era empiricamente verificável.[40]

Realizou-se outra reunião do Comitê Central, em 16 de outubro, para resolver a querela. Os membros se reuniram nas cercanias mais ao norte da capital. O local foi o pitoresco prédio de madeira da Duma do distrito de Lasnoi, a essa altura sob a liderança dos bolcheviques. Como precaução, a reunião foi à noite. Compareceram representantes do Comitê de Petersburgo, da Organização Militar, dos Comitês de Moscou e outros importantes organismos do Partido. Defensores potenciais de Kamenev, ausentes na primeira sessão, haviam chegado. Lenin estava com um humor combativo. Chegou atrasado ao prédio, uma vez que tivera de tomar as habituais precauções conspiratórias. Na hora em que começou a falar estava zangado e impaciente:[41]

> A situação é clara: ou uma ditadura kornilovita, ou uma ditadura do proletariado e dos estratos mais pobres do campesinato. É impossível ser guiado pelo humor das massas, pois ele é cambiável e não pode ser avaliado com precisão; devemos ser guiados por uma análise e uma avaliação objetivas da revolução. As massas depositaram sua confiança nos bolcheviques, e estão esperando deles não palavras, mas ações...

E, conforme o debate prosseguiu, teve de ouvir muitos oradores locais que, de resto, adorariam tê-lo apoiado, explicando que os operários e os soldados não queriam fazer parte de uma sublevação. Kamenev e Zinoviev voltaram a expressar suas dúvidas, e Lenin arrancou a peruca, em pura frustração.[42] Mas o apoio a seus críticos recuou durante a noite. Quando foi feita a votação, dezenove membros estavam com ele, e somente dois foram contra — com quatro abstenções.

A única questão que restou para a maioria dos participantes era se os bolcheviques iriam dar-se o trabalho de instigar um confronto com o governo provisório. Nada específico foi decidido. Em vez disso, a moção vitoriosa de Lenin afirmava "completa confiança de que o Comitê Central e o Soviete [de Petrogrado] informariam, na hora certa, o momento propício e os métodos adequados para a ofensiva".[43]

Essa imprecisão deu a Lenin o que precisava para sancionar uma ação rápida. Ele então voltou para o apartamento de Fofanova. Politicamente, estava perfeito, mais ainda se encontrava irritadiço, em função do cansaço. Embora a reunião houvesse se encerrado às 3 da manhã, levou umas 2 horas para voltar arrastando-se a sua casa. Segundo Lenin, seu acompanhante era um incompetente. Além do mais, estava ventando e também chovia; tanto seu chapéu como sua peruca foram arrancados pelo vento e caíram na lama.[44] Fofanova teve de lavá-los com água quente e sabão. Mas não conseguiu acalmá-lo. Lenin achava que não podia presumir que o Comitê Central faria conforme o combinado. Durante os dias que se seguiram, bombardeou os membros com bilhetes. O Comitê Central, no entanto, não achou adequado convidá-lo para as três sessões, entre 20 e 24 de outubro. É razoável concluir que seus companheiros achavam que a ele faltavam o conhecimento minucioso e a estabilidade temperamental exigidos para incumbir-se do planejamento necessário. Organizariam a insurreição, mas à sua própria maneira, através do Comitê Revolucionário Militar do Soviete de Petrogrado; cronometrariam a ação armada para coincidir com a abertura do Congresso dos Sovietes de Todas as Rússias.

Em 24 de outubro de 1917, Lenin estava num auge de excitação. Fofanova passava o dia inteiro cumprindo tarefas para ele na rua; cada vez que ela voltava ao apartamento, ele já havia escrito uma nova mensagem para ela entregar. Ele suplicou permissão ao Comitê Central para juntar-se a seus principais camaradas. Arrancava de Fofanova as informações que podia sobre a situação nas ruas de Petrogrado. O que ficou sabendo causou-lhe grande agitação. As pontes da cidade estavam sendo levantadas: evidentemente, ainda sobrara ao governo provisório alguma capacidade de luta. O Comitê Central deixou Lenin furioso: "Não os compreendo. Do que eles têm medo?"[45]

À noite, escreveu uma carta aos membros do Comitê e censurou-os da seguinte maneira:[46]

Não pode haver demora!! Tudo pode vir a se perder!!...
Quem deve tomar o poder?
Isso não tem importância agora: que ele seja tomado pelo Comitê Revolucionário Militar ou "outra instituição", que anunciará que só entregará o poder aos genuínos representantes dos interesses do povo, os interesses do exército (a imediata proposta de paz), os interesses dos camponeses (a terra deve ser tomada imediatamente, e a propriedade privada, abolida), os interesses dos que passam fome.

Prometeu a Fofanova que a esperaria voltar até as 11 horas da noite. Mas Rahja chegou ao apartamento nesse meio-tempo, e Lenin não conseguia mais se conter: "Sim, deve começar hoje."[47] Tomaram uma xícara de chá e comeram alguma coisa. Lenin, então, ajeitou a peruca e envolveu a cabeça numa atadura, como um disfarce adicional. Deixou um curto bilhete para Fofanova: "Fui aonde você não queria que eu fosse. Adeus, Ilich."[48] Saíram às 8 da noite para pegar um bonde. A caminho do Instituto Smolny, onde o Soviete de Petrogrado estava sediado desde o início de agosto, Lenin não conseguiu resistir a perguntar à motorneira sobre os acontecimentos no centro da cidade no decorrer daquele dia. Saltando no ponto do bonde, seguiram com cuidado em meio às patrulhas de soldados de Kerenski.

A presença de Rahja foi crucial, já que ele não sentia medo quando confrontado por soldados curiosos e grosseiros. Lenin não precisava falar muito. Continuaram caminhando rumo ao Instituto Smolny. Os líderes do Comitê Central bolchevique e do Comitê Revolucionário Militar não tinham consciência do que estava a caminho; estavam se preparando atarefadamente para o combinado golpe contra o governo provisório. Chegando ao prédio, Rahja apresentou dois ingressos falsificados. Por todo o prédio, as luzes estavam acesas. Mais ou menos à mesma hora, Fofanova estava a caminho, de volta a seu apartamento, de acordo com o que ela e Lenin haviam combinado. Ela ia se atrasar, por isso tomou um coche de aluguel. Chegou às 11 da noite em ponto, encontrando o curto bilhete de Lenin explicando sua ausência. A essa hora, Vladimir Ilich Lenin estava na sala nº 71 do Instituto Smolny tentando persuadir, convencer, encorajar, advertir e exortar seus camaradas a acelerar a locomotiva da revolução. O poder — poder de Estado — estava à vista para ser tomado. Esse era o momento, o momento histórico, ao qual havia dedicado três décadas de sua vida adulta. O momento da revolução socialista havia chegado.

## 18. A Revolução de Outubro

### Outubro a dezembro de 1917

Houve violência esporádica nas ruas de Petrogrado, na noite de 24-25 de outubro. O Comitê Revolucionário Militar ordenou a seus soldados leais da guarnição e aos operários voluntários armados, conhecidos como Guardas Vermelhos, que controlassem uma lista de lugares. Quando Kerenski fechou jornais bolcheviques e mandou levantar as pontes sobre o rio Neva, Trotski pôde alegar estar defendendo os sovietes da perseguição. O Comitê Revolucionário Militar estava decidido a garantir que, quando o Segundo Congresso se reunisse, em 25 de outubro, pudesse declarar a derrubada do governo provisório como um *fait accompli*.\*

Lenin exerceu pressão a favor de um levante assim que chegou ao Instituto Smolny. Não poucos observadores consideraram a cena incongruente. Antes de 1917, aquele prédio havia sido uma escola secundária pertencente à Sociedade para a Educação de Moças Bem-Nascidas. Fora construído de acordo com uma planta do arquiteto italiano Quarenghi. A fachada de pilares gregos e o saguão principal de generosas proporções eram símbolos de uma era de privilégios, tradição e poder. Agora, com a presença de Lenin para desempenhar seu papel, era a oficina da revolução. Ao chegar, foi imediatamente levado à sala n.º 71, onde se encarapitou à beira de uma mesa. A situação era caótica, como que antecipando o Segundo

---

\* Fato consumado; em francês, no original. (*N. do T.*)

Congresso dos Sovietes. Delegados do Congresso iam e vinham pela noite, e o lugar era uma colmeia de atividade, movimentada, barulhenta, bagunçada e enfumaçada. Todo mundo sabia que as decisões tomadas ali seriam decisivas para o curso da revolução e que o destino do governo provisório dependia do que acontecesse no instituto. Os bolcheviques, no momento mesmo em que estavam tomando o poder, agiam no mesmo prédio que os mencheviques e revolucionários socialistas, os quais queriam impedir isso. Quando Lenin estava em sessão com seus camaradas, entraram o menchevique Fiodor Dan, o revolucionário socialista Abram Gots e Mark Liber, da Bund judaica, todos eles figuras de destaque em seus partidos. Um dos três tinha esquecido seu capote pendurado na sala e voltara para pegar de volta um saco com pão, linguiça e queijo, a fim de dividir com seus companheiros. Lenin permaneceu sentado, rígido, pensando que sua peruca e sua bandagem no rosto o disfarçariam. Mas Dan e seu amigo não eram tolos, e o reconheceram imediatamente. E deixaram a sala correndo.[1]

Dan, Gots e Liber tinham o senso do que se poderia chamar decoro revolucionário: queriam se confrontar com adversários num salão de Congresso, não num bate-boca particular. Lenin dobrou-se de rir. Sua presença já estava fazendo efeito nos camaradas bolcheviques; podia permitir-se um momento de diversão. Às 2h35, houve uma reunião de emergência do Soviete de Petrogrado, no salão principal do instituto. O orador de abertura foi Trotski, o presidente do soviete. Houve, o que era incomum, silêncio total. O que Trotski anunciou foi histórico: "O poder de Kerenski foi derrubado. Alguns dos ministros foram presos. Os que ainda não foram, logo serão."[2]

Sob o aplauso do Soviete de Petrogrado, Trotski continuou, explicando que uma administração socialista estaria assumindo o poder. Então anunciou que haveria um discurso feito por ninguém menos que Lenin. A ovação durou vários minutos.[3] Assim que os aplausos amainaram, Lenin falou triunfantemente:[4]

> Camaradas! A revolução dos operários e camponeses pobres, de cuja necessidade os bolcheviques vinham falando durante todo esse tempo, foi conquistada.

> Qual é o significado dessa revolução dos operários e camponeses? Acima de tudo, o significado desse golpe [*perevoiot*] consiste no fato de que teremos um governo soviete como nosso próprio órgão de poder, sem a menor participação da burguesia. As próprias massas oprimidas criarão seu poder. O velho aparato de Estado será destruído pela raiz e um novo aparato de administração será criado na reforma das organizações dos sovietes.

Lenin estava exagerando. Na verdade, o governo provisório ainda não havia sido eliminado, e a luta em Petrogrado estava apenas começando. No entanto, mais um estágio no progresso de Lenin rumo ao poder havia sido alcançado: a cautela do Comitê Central bolchevique e do Comitê Revolucionário Militar tinha sido superada, e o Soviete de Petrogrado fora convencido de que as lutas decisivas da tomada socialista do poder já haviam sido em grande parte vencidas.

O menchevique esquerdista Nikolai Sukhanov entrou no salão a meio caminho do discurso de Lenin e ficou estupefato:[5]

> Quando eu entrei, estava no pódio um homem careca e bem barbeado que me era desconhecido. Mas ele falava com uma voz alta e rouca, estranhamente familiar, com uma qualidade gutural e ênfases muito características no final de suas frases... Ora! Era Lenin. Ele fez sua aparição naquele dia, após quatro meses de uma existência clandestina.

O líder bolchevique havia se apossado de seu Partido e da revolução. O poder agora podia ser apresentado como um *fait accompli* ao Congresso dos Sovietes. Os mencheviques e os revolucionários socialistas podiam opor-se à derrubada do governo provisório, mas não reverter o que havia acontecido. Essa era uma primeira preocupação que agora podia ser esquecida. Uma segunda também se tornara menos aguda. Era a possibilidade — temida especialmente por Lenin — de que os próprios mencheviques e revolucionários socialistas pudessem voltar-se contra o governo provisório e exigir o afastamento de Kerenski. O pré-Parlamento lhe havia negado um voto de confiança recentemente, em 24 de outubro, e pediu que uma paz fosse concluída imediatamente na frente oriental, e que as propriedades fundiárias da nobreza fossem distribuídas aos camponeses. Lenin não tinha a menor intenção de dividir o poder com os mencheviques e os revolucionários socialistas. Com astúcia, impediram-no de expressar isso ao Comitê Central bolchevique antes de a insurreição começar. Se ele o fizesse, o Comitê Central poderia ter se recusado totalmente a apoiar uma ação armada. Consequentemente, continuou a ser uma prioridade para ele, na noite de 24-25 de outubro, manter os mencheviques e os revolucionários socialistas a distância, e esforçou-se para criar uma situação em que os bolcheviques teriam o papel dominante na formação do próximo governo. Assim, o poder precisava ser tomado sem a menor demora.

Lenin sabia que muito precisava ser feito para estabelecer seu governo. A belonave *Aurora*, leal aos bolcheviques, subiu o rio Neva em direção ao Palácio de Inverno. O Banco do Estado, as agências dos correios e telégrafos e os terminais ferroviários estavam ocupados pelos insurgentes. Kerenski arranjou um meio de escapar, rompendo o cordão de guarda que cercava e isolava o Palácio de Inverno, a fim de juntar forças fora da capital.

O Comitê Central bolchevique reuniu-se nas primeiras horas e tomou decisões sobre as linhas gerais do governo. Isso foi feito por iniciativa de V. P. Milyutin e não de Lenin. O fato de Milyutin — que não dormia havia várias noites e era também associado normalmente à ala direita do bolchevismo — ter sido quem instigou essa discussão indica que nem tudo que foi feito nas primeiras horas de 25 de outubro deveu-se a Lenin. Ele estava de volta em meio a um grupo de revolucionários que sabia que ele tinha ido longe demais para poder recuar. Se era para ocorrer uma revolução, então que fosse executada eficientemente. Porém, de todos os participantes do Comitê Central bolchevique na sala n° 36, Lenin parecia o menos exausto, e foi a ele que pediram que escrevesse uma proclamação em nome do Comitê Revolucionário Militar. Passou-a a um dos funcionários mais importantes, Vladimir Bonch-Bruevich, para publicação às 10 da manhã. Dizia o seguinte:[6]

Aos Cidadãos da Rússia:

O governo provisório foi derrubado. O poder do Estado passou às mãos do órgão do Soviete dos Deputados dos Operários e dos Soldados de Petrogrado, o Comitê Revolucionário Militar, que se encontra à frente do proletariado e da guarnição de Petrogrado.
A causa pela qual o povo lutou: a proposta imediata de uma paz democrática, a abolição das propriedades latifundiárias da nobreza, o controle dos operários sobre a produção, a criação de um governo soviético — a vitória dessa causa foi garantida.
Vida longa à revolução dos operários, soldados e camponeses!

Ao afirmar que o Comitê Revolucionário Militar estava sendo o governo, Lenin sabia que enfureceria os mencheviques e revolucionários socialistas quando fosse discursar no Congresso dos Sovietes.

O Congresso estava marcado para começar às 2 da tarde, mas a liderança central bolchevique queria conseguir de antemão a ocupação do Palácio de Inverno. Isso demorou mais do que o esperado pelo Comitê Revolucionário Militar. Lenin deu vazão à sua raiva: "Por que tanta demora? O que nossos comandantes militares estão fazendo? Eles arrumaram uma guerra de verdade! Para que tudo isso? Cercos, reclamações, conexões, aumento da distribuição de tropas... Trata-se realmente de uma guerra com um inimigo digno disso? Vamos em frente! Ao ataque!"[7] Mas o Comitê Revolucionário Militar recusou-se a engajar suas forças em uma ofensiva incondicional. Kerenski havia fugido e não havia ameaça militar significativa. Ao longo do dia, continuou o cerco ao último bastião do Governo Provisório na capital.

Às 10h35 da noite, os organizadores do Congresso não conseguiam esperar mais. Em nome do Comitê Central Executivo, Fiodor Dan soou a campainha do salão de assembleia para que os trabalhos começassem. Estavam presentes 670 delegados. O maior grupo constituía-se de trezentos bolcheviques. Tinham de contar com os outros delegados para constituir uma maioria. Felizmente, havia muitos disponíveis. A ala esquerdista do Partido Revolucionário Socialista já havia decidido formar um partido separado, e esse novo partido — como os bolcheviques — queria transferir terras para os camponeses. Havia também dúzias de delegados que não pertenciam a qualquer partido e que desejavam um governo baseado nos sovietes. A outra esperança para Lenin era que os mencheviques e os revolucionários socialistas, ofendidos pelos acontecimentos da noite anterior, abandonassem o Congresso. Voltou seus esforços para esse fim. Mas agiu com discrição e evitou fazer qualquer declaração pública no decorrer do dia. Nem apareceu para a primeira sessão do Congresso. Em vez de Lenin, Trotski ficou à frente do grupo de bolcheviques e revolucionários socialistas esquerdistas que assumiam a principal posição na plataforma, refletindo a força de suas delegações.

Da plateia, Martov clamou que começassem as negociações para dar um fim pacífico à crise vigente. O Congresso endossou por maioria esmagadora sua proposta. Mas seguiram-se críticas dos mencheviques, revolucionários socialistas e deputados da Bund judaica contra a violência em outras áreas de Petrogrado — e, para deleite de Lenin, que continuava no fundo, os grandes partidos socialistas antibolchevistas saíram de fininho. Nesse ponto, tornou-se mais difícil para Martov prosseguir, e ele e seu grupo de mencheviques internacionalistas também se retiraram. Trotski os condenou. Lenin sentia-se feliz que os acontecimentos o estivessem favorecendo tão decididamente e que pudesse contar com Trotski nessa questão.

Continuou a portar-se com cuidado. Aos olhos dos inimigos de seu Partido, ele incorporava a intransigência e destrutividade políticas mais extremas — e até mesmo muitos bolcheviques tinham restrições a seu estilo combativo de comportamento. Além do mais, havia uma forte corrente de opinião no partido bolchevique como um todo e especialmente no Comitê Central, que recebeu muito bem a formação de um governo de coalizão de todos os partidos socialistas. Kamenev voltou para o Comitê Central assim que a insurreição começou, e Lenin ignorou a tentativa de Kamenev e Zinoviev de frustrar a Revolução de Outubro. E, assim, Kamenev tornou-se útil como a face moderada do bolchevismo, enquanto os líderes bolcheviques tentavam apresentar-se como os defensores do povo contra o governo provisório opressor. A maioria dos delegados bolcheviques recebera mandatos de seus constituintes locais nessa mesma pressuposição. É consequentemente possível que os colegas de Lenin no Comitê Central tenham julgado pouco político deixá-lo à vontade como seu porta-voz em 25 de outubro de 1917. Ou talvez ele tenha feito essa avaliação para si próprio, sem sofrer qualquer pressão. De qualquer modo, concentrou suas energias em bajular seus companheiros do Comitê Revolucionário Militar e do Comitê Central bolchevique, e em discutir que tipo de governo e de programas políticos deveria ser anunciado no dia seguinte.

Fizeram-se filmes sobre a Revolução de Outubro, escreveram-se romances, cantaram-se canções e até dançaram-se balés. Em praticamente todos disseminou-se uma imagem enganosa de Lenin. Nós o vemos com o punho erguido, a boca tensa, e um cavanhaque. De fato, naquele dia histórico de 25 de outubro, seu discurso foi breve. Lenin não foi o grande orador da revolução. Ele nem sequer parecia o seu eu habitual porque foram necessárias várias semanas mais para que seu bigode e sua barba voltassem a crescer até recuperar sua aparência normal — e, de fato, só concordaria em ser fotografado em janeiro de 1918. Ao contrário dos relatos convencionais, então, a importância de Lenin não foi como orador no salão do Congresso, mas como estrategista e inspirador nos bastidores — e, nesse papel, sua contribuição para o sucesso da revolução foi crucial.

De qualquer maneira, pôde se permitir deixar o Instituto Smolny ao cair da noite de 25 de outubro. A direção da insurreição, por fim, podia admitir, estava em mãos seguras. Sua função no dia seguinte seria apresentar não só slogans, mas efetivos decretos. Naquela ocasião, não seria mais suficiente criticar Kerenski: o novo governo teria de oferecer algo de seu, e diferente. Precisava urgentemente descansar um pouco, e Bonch-Bruevich sugeriu que ele devia ir para seu próprio apartamento, que ficava próximo, e dormir um pouco. (Ele também, gentilmente, destacou que Lenin não precisava mais usar peruca.) O Palácio de Inverno estava evidentemente à beira de ser tomado pelos que o sitiavam, em algum momento após a meia-noite, o que, no devido tempo, veio a acontecer. Acompanhado por um guarda-costas grandalhão, Lenin deixou o instituto e foi para o apartamento que lhe foi oferecido para repousar. No carro, ficou sonolento; estava obviamente exausto. Bonch-Bruevich cedeu o quarto a Lenin e ele próprio dormiu no sofá da sala. Mesmo assim, Lenin não conseguia pegar no sono. Assim que Bonch-Bruevich pareceu ter mergulhado na inconsciência, Lenin esgueirou-se de volta à sala e esboçou os decretos que tinha de apresentar no Congresso dos Sovietes, em 26 de outubro.[8]

Não se importava por ter de exigir muito de si mesmo, na medida em que estava servindo a um propósito mais elevado. Mas havia outro impulso em funcionamento. O Comitê Central lhe pedira, na reunião de 21 de outubro, à qual seus membros o haviam proibido de comparecer, que preparasse várias "teses" a ser apresentadas no Congresso dos Sovietes. Nada fizera para atender a essa injunção, até aquela noite no apartamento de Bonch-Bruevich. Andava receoso de que a insurreição pudesse vir a não acontecer em absoluto; talvez até suspeitasse de que o pedido de teses do Comitê Central houvesse sido um meio de mantê-lo ocupado — e fora do caminho, no apartamento de Fofanova. Agora, enfim, podia concentrar-se adequadamente e tê-las prontas, em forma de esboço, pela manhã.

Tanto seu Decreto sobre a Paz quanto seu Decreto sobre a Terra seriam de grande significado para a história do mundo no século XX. Lenin sabia disso. A proclamação de um novo governo e de uma revolução socialista foi apenas parte de sua exposição. Precisava também propor um conjunto de programas políticos que contrastassem inteiramente com os de Nicolau II, do príncipe Lvov e de Alexander Kerenski. Não queria meramente ocupar um cargo, mas também exercer o poder na Rússia sobre princípios diferentes dos de seus predecessores. E estava determinado a que a mensagem rapidamente ultrapassasse os limites do Congresso dos Sovietes de Petrogrado. Disse a seu anfitrião, Bonch-Bruevich, não só que publicasse livretos com os decretos, mas também que fosse comprar as folhinhas de 1917 que ainda estivessem à venda com desconto na livraria Sytin, na avenida Nevsky. Esse estranho pedido deixou Bonch-Bruevich desconcertado. Mas Lenin explicou que os operários e soldados estavam sem papel para enrolar seus cigarros. Se fossem distribuídos livretos de decretos, as pessoas simplesmente enrolariam suas páginas em torno de torçais de tabaco. O plano de Lenin pretendia fornecer aos membros do partido bolchevique papel suficiente para não terem de dar aos livretos qualquer outro uso que não o seu desejável propósito político.[9]

Embora Bonch-Bruevich e Lenin não houvessem tido o descanso de que precisavam, na manhã seguinte apressaram-se em voltar ao Instituto Smolny. Lenin saudava a todos que encontrava com palavras de congratulações pelo nascimento da revolução socialista. Um manifesto já havia sido divulgado em nome do Congresso de Sovietes. Anatoli Lunacharski o lera para o Congresso, mas quem o havia escrito tinha sido Lenin. No instituto, concluiu o Decreto sobre a Paz, a Resolução sobre a Formação de um Governo dos Operários e dos Camponeses e o Decreto da Terra. Entremeados com seu trabalho editorial, houve reuniões tanto com delegados isolados quanto com toda a facção bolchevique e com o Comitê Central bolchevique. Foi emitido um apelo aos Revolucionários Socialistas de Esquerda a fim de que participassem de uma coalizão com os bolcheviques. Eles se recusaram e Lenin, sem mais cerimônia, resolveu-se por um governo de partido único. Finalmente, apresentou-se diante do Congresso dos Sovietes, sendo recebido com aplausos tumultuados, às 9 da noite. A essa altura, havia sido decidido que ele seria o líder do governo e empossado presidente do Conselho de Comissários do Povo (que era conhecido por seu acrônimo, *Sovnarkom*).

A sessão do Congresso dos Sovietes continuou, atravessando a noite de 26-27 de outubro. Lenin continuou conferenciando com seus colegas do partido central — Vladimir Bonch-Bruevich, Vladimir Milyutin e Leon Trotski — sobre as palavras que deveria usar. Esboçou um Decreto sobre o Controle dos Operários, que não foi publicado durante vários dias. Também esboçou um Decreto sobre a Imprensa, aceito e impresso em 27 de outubro. A questão era que deu expressão literária à Revolução de Outubro e que seus vários decretos eram a mais clara declaração de seus propósitos. Lenin anunciou a intenção de seu governo de ser diferente de qualquer outro na história do mundo. Propunha-se que as pessoas teriam pleno conhecimento das discussões internas de seu governo, e a transparência de deliberação e decisão seria completa.

Nem uma única vez Lenin mencionou o marxismo em seus diversos discursos de 25-27 de outubro. Só se referiu a "socialismo" muito rapidamente. Nem explicou que seu objetivo era o estabelecimento de uma ditadura com base de classe e que, em última análise, visava à realização de uma sociedade comunista, sem Estado, tal como descrito em *O Estado e a revolução*. Estava mantendo suas cartas políticas bem escondidas. Era um chefe de partido e queria que o bolchevismo fosse atraente para os operários, soldados, camponeses e intelectuais que ainda não o haviam apoiado. E, assim, termos como ditadura, terror, guerra civil e guerra revolucionária foram novamente guardados com discrição. Também continuou a deixar de lado as imprecações que fez a vida inteira contra padres, mulás e rabinos, contra os industriais, a nobreza latifundiária, *kulaks*, contra intelectuais liberais, conservadores e reacionários. Sua ênfase inclinava-se mais fortemente em favor de uma revolução "a partir de baixo" mais que em *O Estado e a revolução*. Cada pronunciamento seu voltava-se para estimular as "massas" a exercer a iniciativa e a engajar--se em "atividade autônoma" (*smodeyatel' nost'*). Seu desejo era que os bolcheviques aparecessem como um partido que facilitava a realização da revolução pelo povo e para o povo.

Sovnarkom, o novo governo soviético, foi anunciado e aceito por aclamação no Congresso, em 26 de outubro. Lenin era o dirigente: dispensou títulos como o de premier ou presidente. Seu comissário do povo para as Relações Exteriores era Trotski. Stalin era o comissário do povo para as Questões das Nacionalidades. Membros do Comitê Central bolchevique aceitaram com entusiasmo cargos no governo e, nos poucos dias seguintes, apareceram nos antigos ministérios para implementar os programas políticos da Revolução de Outubro. Achavam — e rechaçaram todas as críticas de mencheviques e revolucionários socialistas, a sua ingenuidade — que o exemplo revolucionário russo seria seguido em questão de horas pelas classes operárias no restante na Europa. Se não em questão de horas, então em questão de poucos dias. Se, por alguma falta de sorte extraordinária, não numa questão de dias, então, com certeza, numa questão de meses.

A pessoa que deu a expressão mais nítida a esse modo de pensar foi Lenin. Seus discursos e decretos eram inflamatórios por qualquer padrão. O Decreto sobre a Paz, que pessoalmente apresentou ao Congresso em 26 de outubro, foi cuidadosamente formulado, tanto que não postulava abertamente uma "revolução socialista europeia"; Lenin apelou não somente aos povos dos Estados beligerantes, mas também a seus governos (mesmo já tendo condenado esses governos como irremediavelmente "imperialistas"). Mas o essencial do decreto era uma convocação prática à revolução:

O governo [soviético] propõe a todos os governos e povos de todos os países em guerra que concluam uma trégua imediatamente enquanto, por sua própria parte, considera desejável que essa trégua deve ser concluída por não menos de três meses, i. e., por um tempo tal que facilitasse a conclusão de negociações de paz com a participação de representantes de todos os povos e nações sem exceção que foram arrastados para a guerra ou forçados a fazer parte dela, bem como a convocação de assembleias plenipotenciárias de representantes populares de todos os países para a confirmação definitiva das condições de paz.

Essas palavras foram espantosas após três anos de guerra. As hostilidades na frente oriental foram instantaneamente suspensas.

O Decreto sobre a Terra representou outra grande reforma política que Lenin apresentou pessoalmente ao Congresso. A consternação com sua abordagem dilatória para produzi-lo levou o Comitê Central a pedir a Vladimir Milyutin — o principal economista bolchevique depois de Lenin e o recém-nomeado comissário do povo para a Agricultura — a juntar-se a Yuri Larin a fim de esboçar um decreto. Mas Lenin assumiu e terminou o serviço. Também se apossou da lista de exigências dos camponeses, compilada em junho pelo Partido Revolucionário Socialista para serem as cláusulas detalhadas de seu decreto. Mas o longo preâmbulo era de Lenin. Não foi escrito na linguagem mais empolgante. Secamente, anunciou a abolição das propriedades rurais da nobreza, da família imperial e da Igreja. Nem era uma obra de coerência legislativa. Havia incerteza quanto a que instituição iria dar destino à terra expropriada: comitês rurais, comunas camponesas ou sovietes dos camponeses. A terminologia também era vaga. Especificava-se que a terra da "plebe camponesa" deveria ser inviolável. Mas não se deu uma definição do que significava essa "plebe camponesa". E estabeleceu-se ao mesmo tempo que a propriedade privada da terra, presumivelmente incluindo terra de propriedade de camponeses, deveria ser abolida para sempre.

Minúcias legais, no entanto, não tinham qualquer interesse para Lenin. Queria que o decreto tivesse um efeito "demonstrativo" e promovesse o progresso da revolução. A intenção geral, de qualquer modo, era bastante clara: o campesinato era invocado a agir coletivamente, invadindo e passando a cultivar todas as terras que não fossem eternamente de propriedade de camponeses. Somente em casos em que não se estivesse praticando agricultura avançada em grande escala. Lenin aspirava a impedir a fragmentação de propriedades fundiárias. Expressava uma fé sem limites no campesinato. Seu discurso no Congresso dos Sovietes exprimiu seus fundamentos racionais:[10]

> Foi cometido um crime pelo governo que acaba de ser derrubado e pelos partidos conciliatórios dos mencheviques e revolucionários socialistas quando, sob variados pretextos, eles adiaram a solução da questão agrária e, em consequência, levaram o país à ruína e a uma revolta camponesa. Suas palavras sobre pilhagem e anarquia no campo ressoavam com falsidade e trapaça covarde. Onde e quando pilhagem e anarquia foram provocadas por medidas sensatas?

Lenin, evidentemente, não era o autêntico paladino dos camponeses. Achava que, se eles tomassem a terra, logo iriam começar a competir entre si dentro da estrutura de uma economia de mercado capitalista — e eventualmente, esperava, o governo soviético seria capaz de intervir em favor do "proletariado rural" e nacionalizar a terra. Assim, seu objetivo extremo continuava a ser o estabelecimento de fazendas coletivas socialistas.

Não pretendia deixar que a Revolução de Outubro se afirmasse ou caísse na dependência de consenso democrático. Nesses primeiríssimos dias no Instituto Smolny, tentou intimidar Sverdlov e outros membros do Comitê Central a anunciarem o adiamento das eleições da Assembleia Constituinte. Sverdlov recusou-se. Os bolcheviques vinham dizendo que só se podia confiar neles para convocar a Assembleia Constituinte na hora certa: não podiam imediatamente adiar as eleições. O cinismo de Lenin foi rejeitado, pelo menos a princípio.

Menos controversa no Comitê Central bolchevique foi a exigência de Lenin de que a resistência ao governo soviético deveria ser impiedosamente esmagada. Foram enviados soldados para resistir aos deslocamentos de cossacos reunidos por Kerenski; e as unidades do Comitê Revolucionário Militar continuavam patrulhando a cidade. Em 27 de outubro, além do mais, foi emitido um Decreto sobre a Imprensa, com a assinatura de Lenin. Essa foi a primeira instrução governamental permitindo o estabelecimento da censura. Qualquer "órgão da imprensa" estava sujeito a ser fechado por incitar resistência ao Sovnarkom. De fato, um jornal podia ser impedido de continuar circulando simplesmente por se considerar ter "semeado confusão por meio de uma distorção dos fatos obviamente difamatória". Apesar de terem feito campanha, em meses anteriores, pelo princípio da "liberdade de imprensa", os bolcheviques não demoraram a se atribuir poderes possibilitando-lhes monopolizar a informação disponível pelos meios de comunicação pública. O decreto mencionava que o Sovnarkom encarava isso como uma medida temporária. Mais uma vez, porém, há dúvida quanto a se Lenin realmente acreditava nessa temporariedade; disse repetidamente, em 1917, que "liberdade de imprensa" era um princípio com que a burguesia jogava. Era pouco provável que viesse a mudar esse pressuposto no calor da luta revolucionária.

A ameaça imediata, no entanto, não vinha de jornais conservadores e liberais, mas de Kerenski, e essa situação ampliou o âmbito para simpatizantes dos mencheviques e revolucionários socialistas exercerem pressão política para que o Sovnarkom formasse uma ampla coalizão socialista. Kamenev e outros bolcheviques de direita, com isso, adquiriram também poder de influência sobre Lenin e Trotski. O Comitê Executivo do Sindicato dos Ferroviários de Todas as Rússias (Vikjel) anunciou que entrariam em greve se não fosse formada uma coalizão. Kamenev recebeu poderes do Comitê Central bolchevique para negociar com o Vikjel e com representantes dos mencheviques e dos revolucionários socialistas. Lenin teve que sair do caminho. Isso ele reconheceu, mas não confiava em Kamenev. Nessas circunstâncias, é notável que tenha contido sua impaciência e intransigência, pois Kamenev, em 30 de outubro, concordou com um plano para uma coalizão governamental totalmente socialista que excluiria Lenin e Trotski.[11]

Mas, então, Lenin não se deixaria inibir por questões de diplomacia partidária interna. A segurança do Sovnarkom havia aumentado. Tornara-se impossível que os ferroviários atendessem a um apelo à greve, e os cossacos do general Krasnov foram derrotados nas colinas Palkovo. Lenin podia voltar a atacar Kamenev com segurança. Em 1º de novembro, houve um confronto decisivo no Comitê Central bolchevique. Lenin e Trotski defenderam a opinião de que deveria ser entregue um ultimato aos outros partidos, declarando que só se cogitaria uma coalizão mediante um acordo prévio de que os programas políticos dos bolcheviques formariam a base do governo. Esse era realmente um modo de romper as negociações, sem parecer fazê-lo. Os líderes mencheviques e revolucionários socialistas, com sua longa experiência a respeito de Lenin, nunca foram otimistas quanto à possibilidade de trabalhar com ele. Suas ideias sobre ditadura e terror, bem como seu despótico comportamento pessoal, eram anátemas para eles. Tampouco aprovaram sua ordem para fechar jornais dos *kadets* — e viram sinais de problemas futuros ainda maiores quando ficou claro que o Sovnarkom havia proibido o funcionamento de jornais mencheviques de direita. Lenin atacou Kamenev no Comitê Central em 2 de novembro, e a política de não conciliação com os mencheviques e revolucionários socialistas foi retomada.

Houve mais um abalo em 4 de novembro, quando Kamenev e quatro companheiros se demitiram do Comitê Central bolchevique e diversos comissários do povo anunciaram ou suas demissões do Sovnarkom, ou sua desaprovação à recusa de Lenin a negociar sinceramente na tentativa de formar uma coalizão totalmente socialista. Mas Lenin não cedeu, e contou com o apoio de Trotski. Com Sverdlov e o secretário do Comitê Central do Povo para os Assuntos das Nacionalidades, Josef Stalin, estavam determinados a prosseguir com a consolidação política revolucionária. O núcleo do Comitê Central bolchevique era sólido. Seus membros estavam conscientes de que seu regime recém-nascido ainda não havia passado por suas provas mais sérias. Cada dia de duração do Sovnarkom, eles achavam, era uma façanha. Mas, no mínimo, queriam deixar uma marca na história da Rússia e da Europa, para o caso de serem forçados a fugir às pressas de Petrogrado. Decretos, proclamações, instruções e convocações saíam do Instituto Smolny aos borbotões. Era preciso ter fé e coragem. Lenin e seus companheiros haviam jogado alto com a política de seu Partido e de seu país, e não era de modo algum garantido que tivessem feito uma aposta segura.

Após esse primeiro período de insurreição política, defesa armada e negociação interpartidária, havia uma necessidade de que consolidassem sua posição. Isso exigia três realizações importantes. Em primeiro lugar, eles tinham de estender sua autoridade administrativa a outras partes do país. Em segundo lugar, deviam completar a promulgação de seus decretos revolucionários. Em terceiro, precisavam enfrentar as Potências Centrais na frente oriental. Tratava-se de uma tarefa assustadora — e a maioria de seus inimigos no país já estava convencida de que fracassariam. Não era certo que já haviam cometido muitos erros sérios de previsão? Seus pressupostos foram infantis. Acharam que os exércitos das Potências Centrais se dissolveriam pelos efeitos corrosivos da fraternização com os soldados russos. Acreditavam, também, que os operários russos que haviam votado nos bolcheviques continuariam com seu apoio. Confiaram em que o declínio acelerado da economia poderia ser rapidamente revertido por meio de restrições do governo ao capitalismo. Tinham muito pouco senso do domínio das antigas tradições sobre a consciência popular, tradições de religião, deferência social e indiferença política. Seus inimigos descreveram Lenin e seus companheiros como, na melhor das hipóteses, semi-intelectuais mal-educados e irresponsáveis. Entre os elementos políticos mais reacionários havia outra dimensão: consideravam Lenin um judeu, cosmopolita e antirrusso, aliado aos inimigos nacionais da Rússia.

Ainda assim, poucas pessoas, na Rússia da época, tiveram um pressentimento de que o regime de Lenin poderia durar anos a fio, e muito menos que poderia chegar a ter sete décadas de existência. Os líderes supremos bolcheviques tampouco estavam inteiramente convencidos. Tinham uma frase para definir sua condição: viviam "sentados sobre suas malas". Quanto tempo poderiam durar? Em tal situação, era natural, para os estratos mais elevados do Partido, tentar encontrar socorro na liderança. Cada vez mais parecia aos limitados líderes partidários metropolitanos que Lenin, apesar de seus ocasionais lapsos estratégicos e táticos, era um guia confiável. E, além de tudo, um líder voluntário. Ainda que sobrevivesse à atual crise política, precisariam de um líder. E esse líder era Lenin.

Não sentiu qualquer impulso a questionar a que estava disposto. Conhecia, pelo menos em termos mais amplos, seus objetivos. Os bolcheviques, afirmava sempre, precisavam enfrentar as consequências da tomada do poder em outubro. Ele lhes dissera — ainda que tenham mantido isso em segredo dos operários que haviam votado nos bolcheviques — que era crucial um governo de objetivos firmes, até autoritários. Em abril, Lenin pedira a seus bolcheviques que se preparassem para tomar o poder. A maioria dos observadores o havia ironizado. Mas ignorou a gozação e solicitou a seu Partido que não desanimasse e, contra expectativas abertamente expressas, os bolcheviques haviam conseguido tomar o poder. Agora, os críticos do Partido riam dele porque ele esperava que a Revolução de Outubro conseguiria cumprir a análise estratégica que fizera. Entretanto, não levava a sério *kadets,* mencheviques e revolucionários socialistas. Nem os levara a sério durante uns doze anos; e, ao contrário de outros revolucionários, não tinha dúvidas de suas próprias análises, quando outros as consideravam excêntricas. Nunca se incomodava de cantar como solista. Agora que estava no poder não sentia a tentação de tolher suas cordas vocais, e cantou hinos à revolução, com toda a sua paixão.

Lenin gostava de explicar sua estratégia em termos dualistas. Queria uma revolução vinda de cima e uma revolução vinda de baixo; ele queria tanto ditadura como democracia. Visava à imposição autoritária e à libertação. Seus textos de 1917 haviam juntado essas polaridades. E, no entanto, por mais que brincasse com esse dualismo, esbravejava para impor a autoridade do Sovnarkom e não deixaria que nada atrapalhasse. A coerção firmemente ganhou proeminência à custa de persuasão. Lenin instruiu e ordenou, e sancionou a violência, incluindo o terror de Estado claro e aberto.

Nos primeiríssimos dias, escreveu ou editou os diversos decretos que ainda não havia apresentado. Entre eles, em 29 de outubro, houve um Decreto sobre o Dia de Oito Horas. Finalmente, o fundador da ditadura da classe operária tomava a seu encargo os interesses específicos da classe operária. No mesmo dia, um Decreto sobre Educação Popular encarregava o Sovnarkom de proporcionar escolarização secular, grátis e universal para crianças. E, então, em 2 de novembro veio a Declaração dos Direitos dos Povos da Rússia, que garantia a cada cidadão que o Sovnarkom opunha-se a qualquer vestígio de privilégio nacional e religioso. Autodeterminação nacional, até o ponto de secessão, foi oferecida às nações do antigo império russo. A declaração foi assinada por Lenin e Stalin. Em 14 de novembro, o Decreto sobre Controle dos Operários — que Lenin deveria ter escrito antes — foi promulgado. De acordo com esse decreto, os operários de dada empresa deveriam receber o direito, por intermédio de um comitê eleito, de supervisionar o gerenciamento de seu empregador. Ainda assim, os decretos continuaram saindo. Em 7 de dezembro, o Sovnarkom constituiu um Conselho Supremo de Economia Nacional para assumir autoridade proprietária e reguladora sobre a indústria, a atividade bancária, a agricultura e o comércio. Todos os bancos foram nacionalizados em 14 de dezembro e com regularidade, nas semanas seguintes, um grande número de fábricas passou para as mãos do Estado. O Sovnarkom começava a executar o programa que prometera nos meses em que os bolcheviques estavam progredindo no poder.

Nem todos os decretos haviam sido esboçados em público antes da Revolução de Outubro. Lenin tentou dar um tom alegre e descontraído, dizendo como os bolcheviques podiam tentar anular o terror jacobino da Revolução Francesa. Porém, assim que tomou o poder e cuidou de afastar a perspectiva de uma coalizão totalmente socialista, sua autêntica rispidez voltou a ser exibida. Ele compareceu ao Sovnarkom para defender a causa do restabelecimento de uma polícia política secreta. A Revolução de Outubro, disse ele, precisava ser eficientemente protegida. Assim teria de ser criada uma Comissão Extraordinária. Seu diretor, por recomendação de Lenin, seria Felix Dzerjinski, e seus poderes na "luta contra a sabotagem e a contrarrevolução" foram deixados deliberadamente imprecisos e livres de interferência do Sovnarkom. Chamou-se Comissão Extraordinária principalmente porque até Lenin acreditava que a necessidade de tal organismo seria apenas temporária; deve-se mencionar também que Lenin, nesse estágio, não propugnava uma campanha extensa de terror em massa.

Mas foi um passo fatídico. Não sendo uma pessoa que acreditava em legalidade, Lenin sentia-se à vontade com uma polícia política livre do obstáculo das minudências dos procedimentos por escrito — e o estatuto da Comissão Extraordinária permitia-lhe, e a também Dzerjinski, expandir sem restrições seu âmbito de funções. Vivia eternamente falando e escrevendo sobre sanguessugas burgueses. A guerra de classes, para ele, era conveniente. Houve uma conversa sobre as intenções dos bolcheviques entre Lenin e Isaak Shteinberg, revolucionário socialista esquerdista. "Nesse caso", perguntou Shteinberg, por que deveríamos nos dar o trabalho de um comissário do povo para a Justiça? Vamos chamá-lo honestamente de Comissariado para a Aniquilação Social e vamos nos envolver nisso!" Lenin respondeu o seguinte: "Bem colocado!... É exatamente assim que devia ser... mas isso não pode ser afirmado por nós."[12] Não pode ser provado que Lenin defendia a total defenestração física das classes médias como um objetivo do Partido. Mas casos de maus-tratos aos ricos, aos aristocratas e aos privilegiados com certeza não conseguiam lhe despertar piedade. Sua indignação contra as antigas elites governantes, que havia sentido tão intensamente após o enforcamento de seu irmão Alexander, em 1887, nunca esteve longe da superfície de seu pensamento. Recordou-se dos textos políticos dos radicais russos do século anterior. Conversando com um velho conhecido, disse: "Estamos envolvidos em aniquilações, mas você não se lembra do que disse Pisarev? Quebrem, arrebentem tudo, quebrem e destruam! Tudo que está sendo quebrado é porcaria sem qualquer direito à vida. O que sobrevive é bom..."[13] Embora essa conversa não tenha como ser independentemente confirmada, tem a ressonância da plausibilidade. Lenin queria aniquilar qualquer vestígio do velho regime e, para isso, usar toda arma disponível.

Não ficou claro até onde iria para satisfazer a seu desejo de vingança, que recebeu um verniz intelectual na forma de um versão toda sua para o marxismo. Os três primeiros meses da Revolução de Outubro ainda não haviam resolvido nada. Os sovietes de cidades industriais tinham se passado para o lado do Sovnarkom e se declarado autoridade governamental local. O campesinato da Rússia e da Ucrânia estava assumindo as injunções do Decreto sobre a Terra. Não russos, especialmente os finlandeses, vinham recebendo de braços abertos o âmbito proporcionado para a autoexpressão nacional. E diplomatas alemães e austríacos estavam sentando-se com representantes dos bolcheviques para discutir o que deveria acontecer depois que a trégua na frente oriental chegasse ao fim. Os bolcheviques conseguiram até instigar os revolucionários socialistas de esquerda a se tornarem os participantes secundários em uma coalizão com o Sovnarkom, e começaram a ocupar seus lugares em 9 de dezembro. Tudo isso era para o bem. Mas podia durar? Poderia levar à revolução socialista popular geral na Rússia, na Europa e no restante do mundo, fato em que Lenin acreditava quando redigiu suas *Teses de abril* e seu *O Estado e a revolução*?

## 19. Ditadura sitiada

### Inverno de 1917-1918

Perguntas sobre a difusão e a sobrevivência da revolução começavam a aborrecer Lenin. Embora outros membros do Sovnarkom e do Comitê Central bolchevique estivessem pensando a respeito, a maioria deles se concentrava em suas funções institucionais. Só Trotski prestou atenção à política geral como Lenin, que não deu boa acolhida particularmente às contribuições de Trotski, uma vez que elas às vezes contradiziam seus próprios pensamentos. Lenin preferia pensar ele próprio e estimular seus principais camaradas a administrar seus Comissariados do Povo. Aos bolcheviques faltava experiência prévia de administração em grande escala, e vários deles sentiam-se constrangidos com isso. A resposta de Lenin foi enfática: "Mas vocês acham que algum de nós tem isso?"[1]

O estado de espírito entre bolcheviques e revolucionários socialistas de esquerda continuava utópico. Estavam confiantes que a revolução socialista europeia era iminente e que a transformação revolucionária da Rússia seria rápida e fácil. Trotski era tão cabeça-dura quanto qualquer outro líder bolchevique, mas, ao chegar ao antigo Ministério das Relações Exteriores para assumir o cargo de comissário do povo, ele achava que sua posição seria rigorosamente efêmera. Entraria no prédio, publicaria os tratados secretos entre Nicolau II e os aliados e então, simplesmente, "fecharia a loja". Trotski, assim, subestimava a determinação das Potências Centrais em esmagar as forças russas na frente oriental. Outros funcionários governamentais bolcheviques sentiam-se igualmente inebriados. Nikolai Osinski, presidente do Conselho Supremo da Economia Nacional, passava os dias elaborando tabelas e estatísticas para o aperfeiçoamento das estruturas da indústria e da agricultura, enquanto a própria economia afundava. Nikolai Podvoiski estava absorto em seus planos para reorganizar as forças armadas numa época em que a maioria dos soldados pulava para dentro de trens para retornar a suas aldeias. Yuri Larin, parecia a Lenin, constituía o caso mais absurdo. Dificilmente se passava uma semana sem que Larin compusesse uma proposta de reconstrução fundamental deste ou daquele Comissariado do Povo.

Lenin também era um pensador utópico, mas conseguia adequar seus programas políticos ao interesse da sobrevivência política. É verdade que nem sempre usou essa capacidade, e que muitas vezes se agarrava a posições doutrinárias quando seu partido poderia ter se ajudado sendo mais flexível. Mas revisara muitos programas políticos na busca do poder em 1917 e, depois, tornou-se axiomático para ele que a Revolução de Outubro precisava ser protegida a qualquer custo. Lenin, de fato, sentia-se em seu elemento. Tinha prazer com sua responsabilidade histórica de elaborar um programa de medidas que salvaria a Revolução de Outubro e promoveria suas realizações.

Diversos assuntos o preocupavam. Mesmo quando tomara o poder em outubro de 1917, antevia que os bolcheviques e seus aliados não ganhariam as eleições para a Assembleia Constituinte. Estava, também, alarmado com a situação econômica. Começou a questionar se a classe operária urbana tinha a disciplina e o senso de engajamento necessários a uma digna revolução socialista. Estava igualmente preocupado com o progresso feito entre os não russos. A promessa de autodeterminação nacional não conseguia provocar uma tomada socialista do poder na Ucrânia e na Finlândia. Pior ainda, não houve insurreições na Alemanha, na Áustria, na França nem no Reino Unido. A "revolução socialista europeia" havia estiolado, e Lenin soube por Trotski, em suas viagens de volta de Brest-Litovsk a Petrogrado, que as Potências Centrais estavam inclinadas à invasão caso a Rússia rejeitasse seus termos. Lenin havia afirmado, na frente da oposição, em meio aos bolcheviques, em abril de 1917, que a revolução socialista seria coisa fácil. Ele rira das previsões calamitosas sobre os bolcheviques feitas por mencheviques e revolucionários socialistas. Agora, sua função era convencer os bolcheviques de que as tarefas da revolução seriam mais difíceis do que ele os convencera de que seriam.

Lenin podia finalmente tomar o pulso da situação nas ruas de Petrogrado, saindo para passear perto do Instituto Smolny. A partir de 10 de novembro de 1917, ele e Nadejda Konstantinovna passaram a viver num apartamento de dois cômodos no primeiro andar. O apartamento era pequeno, mas confortável, e Nadejda Konstantinovna relembrou-o com carinho:[2]

> Finalmente Ilich e eu nos instalamos no [Instituto] Smolny. Destinaram-nos um espaço que um dia foi ocupado por uma senhora da classe alta. Era um cômodo com um biombo divisório, atrás do qual ficava a cama. Tinha-se que entrar passando pelo lavatório. Ninguém podia chegar ao apartamento do casal sem uma permissão especial assinada por Lenin.

Não que Lenin e a Krupskaya permanecessem lá muito tempo. Seu gabinete ficava na sala nº 81 no segundo andar, na ala norte, e quando Lenin não estava no gabinete, em geral, podia ser encontrado no salão de recepções em frente ao gabinete, onde os funcionários esperavam para falar com ele. Havia sempre uma fila deles, e o salão de recepção ficava lotado. Lenin gostava de conversar com eles e muitas vezes aproveitava a oportunidade para fazer um rápido discurso sobre assuntos da atualidade.[3] O apartamento de Lenin e da Krupskaya não era um legítimo refúgio doméstico. O amplo salão adjacente era usado para sessões do Sovnarkom; e Trotski morava com a família no apartamento em frente ao de Lenin. Comissários do povo e seus vários suplentes e assistentes andavam para lá e para cá pelo corredor. Como diz a expressão antiga, Lenin e a Krupskaya "moravam no sobrado da loja". Krupskaya havia sido nomeada comissária suplente do Esclarecimento Popular e tinha a obrigação de cuidar de coisas e loisas; não podia, e não lhe era pedido, estar atendendo ao marido. A revolução não era só dele: era dela também; e, de qualquer maneira, os colegas dele no Comitê Central haviam se recusado firmemente a recebê-la de volta na função de secretária. Lenin e Krupskaya eram companheiros políticos, mas em instituições separadas eles não tinham mais uma íntima relação de trabalho.

Faltando-lhe uma mulher para cuidar de suas questões domésticas, Lenin — segundo as memórias de Krupskaya — levava uma vida de mera subsistência:[4]

> Ilich estava num estado bem relaxado. [Seu guarda-costas] Jeltyshev ia buscar para Ilich seu almoço, pão, tudo que era disposto como sua ração. Às vezes Maria Ilinichna trazia-lhe de casa algum tipo de comida, mas eu não estava em casa e não havia quem se ocupasse com regularidade de sua dieta.

Talvez Krupskaya estivesse tentando enfatizar sua importância para o bem-estar de Lenin e a inadequação de sua irmã, Maria. Seja como for, as mulheres de sua vida tinham suas próprias ocupações políticas e o deixavam em grande parte a seus próprios recursos. O resultado era que ele se esquecia de comer nas horas habituais do dia e dava sempre um pulo na lanchonete comunitária para comer um pedaço de pão com picles de arenque.[5] Sua saúde se deteriorava; as dores de cabeça e a insônia voltaram.[6]

Quando Lenin e Krupskaya dispunham de algum tempo juntos, saíam para passear — em geral sem a presença de Jeltyshev. Certa ocasião, uma dúzia de donas de casa, paradas em frente ao instituto, gritaram coisas para eles. Na verdade, as mulheres não haviam reconhecido Lenin: proferiam ofensas a todos que viam saindo do prédio.[7] Assim, Lenin e Krupskaya podiam andar pelas ruas incógnitos, mesmo com seu nome estampado nos jornais todos os dias.

De fato, denúncias de seu regime ditatorial eram frequentes, com tom estridente e direto, mas ocasionalmente havia uma tentativa de sátira. A mais notável ocorreu no jornal revolucionário socialista *Delo Noroda*, quando o redator Yevgeni Zamyatin escreveu uma sequência de pequenos artigos ridicularizando Lenin sob o disfarce de certo Theta. Para o caso de o leitor não perceber sua intenção, Zamyatin mencionou que esse Theta foi tratado como um filho por Ulyan Petrovich — referência verbal oblíqua ao sobrenome de Lenin. Theta é um indivíduo sem lar, um sujeitinho patético e careca, cuja utilidade para Ulyan Petrovich é que pode preencher formulários para ele na delegacia de polícia local. Tem hábitos estranhos, como beber tinta enquanto trabalha. Mas Theta também é ocasionalmente desagradável; em particular quando visita o campo para investigar denúncias de cólera, ele simplesmente proíbe a doença e ordena castigos corporais em um aldeão que a contrai. O aldeão, no entanto, de forma muito "antigovernamental, morreu". No final, as forças de Theta minguam de tal maneira que ele se transforma numa mancha de tinta e deixa a vida.[8]

Zamyatin pôs o dedo na ferida que era a perigosa insensatez de grande parte da atividade e da linguagem governamental. Mas essas denúncias satíricas foram se tornando mais raras conforme os bolcheviques iam fechando a imprensa que fazia crítica política. Lenin não ficou pessoalmente ofendido. Apenas queria ver o fim da crítica de todos os tipos fora do partido bolchevique. Era um repressor alegre e bem disposto, e seu regime tornou-se muito mais severo do que Zamyatin podia imaginar que se tornaria.

Mesmo assim, Lenin começava a apresentar sinais de tensão física e mental. A carga de trabalho no Sovnarkom e no Comitê Central bolchevique era enorme e, evidentemente, não era provável que diminuísse num futuro previsível. Afinal de contas, o poder havia sido tomado nas mãos de um governo comprometido com uma penetração abrangente de todos os aspectos da vida política e cultural. Nadejda Konstantinovna podia ver os efeitos sobre a saúde dele e, enquanto nos primeiros anos eles teriam conversado sobre política em seus passeios, agora ela procurava proporcionar-lhe meios de ter alívio das tensões do Instituto Smolny. Se falassem sobre política, geralmente seria com relação ao trabalho dela no Comissariado para o Esclarecimento do Povo — e, mesmo então, seria mais por incentivo de Lenin do que dela. O casamento deles transformara-se numa união de consolos, e o consolo era unidirecional: Krupskaya apoiava o marido e tratava de suas próprias dificuldades ao mesmo tempo que as contava a ele.[9] Tinha um papel de considerável importância para Lenin, porque suas irmãs, Anna e Maria, só faziam visitas muito rápidas ao apartamento; e Krupskaya, como todo bolchevique, sentia que o Partido e seu líder estavam fazendo nascer uma aurora na história da humanidade.

Suas rotinas em casa e no trabalho aos poucos foram se estabilizando. Lenin colocou Vladimir Bonch-Bruevich e Nikolai Gorbunov como seus assistentes pessoais. Também ganhou um motorista particular, Stepan Gil, que o conduzia de limusine pela cidade. Tinha Margarita Fofanova e outras jovens bolcheviques como suas secretárias. Ele e Krupskaya tinham sua própria empregada, paga pelo Estado, e Lenin passou a comer muito melhor do que na Finlândia, onde ele cozinhava num pequeno fogareiro a querosene.

Foi sua segurança física que levou Lenin e Krupskaya a morar no Instituto Smolny. Eles realmente queriam ficar lá, porque o instituto era o coração da grande revolução, e eles não tinham a menor intenção de voltar a um apartamento num dos edifícios da cidade. Exceto por seus ocasionais passeios perto do instituto, passavam pouco tempo na cidade. Naturalmente, Lenin fazia grandes discursos nos canteiros das Obras Putilov e em outros locais principais da atividade do partido bolchevique, mas não se arriscava a sair com muita frequência. A política sempre havia dominado sua vida social; mesmo quando tirava férias de verão, falava, lia e escrevia sobre assuntos do Partido — e Krupskaya comentou que ele até sonhava com isso enquanto dormia. Portanto, foi uma verdadeiro deleite para ele, pelo menos nas primeiras semanas após a Revolução de Outubro, morar, trabalhar e descansar no instituto. Lá, Lenin conhecia visitantes das "localidades", o que significava qualquer um que não vivesse em Petrogrado. Um dos momentos de definição em sua carreira ocorreu em 1905, quando ele e o padre Gapon haviam se trancado juntos por dias a fio. Agora, Lenin podia se encontrar e conversar com qualquer operário, soldado ou camponês na capital. E todas as grandes instituições revolucionárias estavam estabelecidas dentro de seus muros. Lá ficavam o Comitê Central bolchevique, o Comitê Revolucionário Militar, o Sovnarkom, o Soviete de Petrogrado e o Comitê Central Executivo do Congresso de Sovietes.

Sobre cada uma dessas instituições, ele exercia uma influência direta e constante. Era uma mudança bem-vinda após aqueles meses escondido em Razliv e Helsinki, dependendo dos outros para levar suas mensagens escritas a seus companheiros líderes do Partido. E que alívio, após os anos de emigração com meios postais precários, luta faccional e infiltração policial!

A política de alto nível estava concentrada em um único prédio e nunca mais longe de Lenin do que uma pequena caminhada. Ele achava que havia sido feito para esse momento, para essa revolução, para esse início de uma época na história do mundo. Comunicava seu contentamento a seus camaradas no instituto. Quando as coisas não corriam exatamente conforme previsto, Lenin puxava do fundo da memória um de seus provérbios eruditos. Citando Goethe, ele disse: "A teoria é cinzenta, mas a vida é verdejante." Para um homem que havia cronicamente dividido seu Partido com questões de dogma marxista, isso não parecia só um pouco paradoxal. Mas Lenin nunca foi um político unidimensional; a intuição e a improvisação sempre foram características suas. Ele expressou isso, à sua maneira grandiloquente, no Comitê Central Executivo do Congresso dos Sovietes: "O socialismo não veio a existir por ordens do alto. A burocracia de Estado lhe é alheia; um socialismo vivo e criativo é obra das próprias massas populares."[10] Mas ele não ia deixar tudo a essas "massas populares". Indo de sala em sala no Instituto Smolny, garantiu que o Estado e as instituições do Partido impusessem qualquer grande autoridade que pudessem nas condições turbulentas da Rússia revolucionária.

Como ele iria rapidamente descobrir, isso exigia que certo grau de autoridade devia ser imposto às instituições. Havia muito o que fazer. O Comitê Central bolchevique era razoavelmente organizado, porém seus membros tinham apenas a tarefa de estabelecer linhas mestras gerais e estavam, de qualquer modo, sujeitos à disciplina partidária. As novas instituições do Estado eram outra questão. O Comitê Central Executivo do Congresso dos Sovietes realizou reuniões ruidosas que se estendiam durante dias e raramente conseguiam realizar com rapidez seu trabalho legislativo. Embora, sob a presidência de Sverdlov, tivesse sido formado um Presidium, as condições caóticas não foram eliminadas. O Sovnarkom era um pouco melhor. Discursos longos e autoindulgentes e discussões incessantes sobre questões práticas triviais eram a norma.

Lenin introduziu um conjunto de procedimentos formais. Em particular, deu aos comissários do povo um máximo de 10 minutos para apresentar seus relatórios.[11] Ele sempre os interrompia ao perceber que um relatório ia se estender em uma exposição doutrinária: queria uma política prática e não oratória. Ele os censurava e até multava os que se atrasavam para as reuniões; simplesmente não tolerava quando ficavam batendo papo durante os trabalhos. Ele próprio se agarrava às regras e esperava que os demais fizessem o mesmo. Um problema para ele era que os comissários do povo estavam sempre tão sobrecarregados de obrigações que tinham de mandar um de seus suplentes a fim de apresentar por eles suas causas ao Comissariado. O Sovnarkom estava se tornando uma distração social para muitos participantes. Diversos deles não eram sequer bolcheviques, mas revolucionários socialistas de esquerda ou seus variados simpatizantes. E, no entanto, o Sovnarkom precisava tomar decisões de forma rápida e enérgica, e poucos senão Lenin tinham um adequado senso de responsabilidade para lidar com a situação. Mesmo que não visse companheiros por meses, evitava suspender os trabalhos; em vez disso, passava-lhes um bilhete de saudações. Estava sempre tentando apressar as coisas. Delinear programas políticos e verificar se estavam sendo executados.

Entre os constantes criadores de caso estava o presidente da Cheka, Felix Dzerjinski. Embora Dzerjinski fosse o responsável pela disciplina em todo o regime revolucionário, ele desafiava a proibição de fumar nas reuniões do Sovnarkom. A maioria dos comissários do povo fumava e achava difícil passar toda uma reunião sem uma ou duas tragadas. Dzerjinski inventava quantas desculpas fossem necessárias para se afastar da comprida mesa de feltro verde e, quando achava que estava longe da visão de Lenin, acendia um cigarro junto à lareira.

Era nesse ambiente de desordem que Lenin tentava organizar seus pensamentos. Como comunista, queria uma transformação de Estado e sociedade por todo o mundo, mas cada vez mais concluía que alguns programas políticos do Partido estavam atrasando a marcha rumo ao comunismo. Tudo em suas saídas rápidas e peripatéticas nas cercanias do Instituto Smolny sugeria-lhe que era preciso haver mudanças. Em 1918, reverteu muitos programas políticos. A transformação foi tão rápida e tão drástica que se comentou na época e posteriormente que tudo que Lenin fez foi resultado de um plano traçado havia muito para chegar ao poder sem revelar suas reais intenções. Isso significaria que o homem que forjou a Revolução de Outubro era o maior cínico da história do mundo. De acordo com essa interpretação, Lenin sempre pretendeu tomar medidas muito mais duras no governo do que havia admitido quando na oposição. Alguns de seus críticos atribuíram isso a sua megalomania. Outros o faziam remontar ao subsídio secreto fornecido ao Comitê Central bolchevique pelo governo imperial alemão; eles alegavam que os alemães tinham sido os responsáveis por ditar a política externa do Partido, particularmente após a tomada do poder em outubro.

E, no entanto, se, por um lado, Lenin era astuto e indigno de confiança, por outro, também dedicava-se ao objetivo extremo do comunismo. Gostava do poder; perseguia-o com um desejo ansioso. Aspirava a manter seu Partido no poder. Estava determinado a que os bolcheviques deveriam iniciar a realização de um mundo sem exploração e opressão. Em 1917, quando seu Partido recebia dinheiro de Berlim, não se via como agente alemão, não mais do que as autoridades alemãs achavam que o haviam comprado numa base permanente. Cada lado estava confiante de ter sido mais esperto que o outro.

Lenin estava pronto para esperar um longo período pela consolidação da revolução socialista europeia. Poderia ter guerra civil — na verdade, parecia quase certo que haveria esse tipo de guerra. Poderia haver guerras entre Estados socialistas e capitalistas. De fato, poderia até eclodir uma Segunda Guerra Mundial se a revolução socialista europeia não acontecesse e persistissem as rivalidades capitalistas interimperiais. Lenin não suportou quando seus companheiros bolcheviques não entenderam que tais reveses só podiam ser esperados. Ao contrário dele, não entendiam que a política era sempre mais suja do que os preceitos doutrinários. Os poucos que tinham essa compreensão lhe haviam causado problemas no passado recente. Kamenev e Zinoviev tinham avisado que a tomada do poder em outubro seria seguida por uma catástrofe política, e diversos comissários do povo que se demitiram de seus cargos pensavam da mesma forma. Stalin, apesar de ter apoiado Lenin durante toda a crise, jamais acreditou que a revolução socialista europeia fosse iminente. Era crucial para Lenin atrair essas figuras de volta para o seu lado e esquecer as desavenças do passado. Lenin precisava da ajuda deles para intimidar os outros líderes do Partido — de longe o maior número — que haviam se indignado com suas propostas de reverter a política bolchevique; haviam concordado com as *Teses de abril* porque tinham aceitado o argumento de Lenin de que a revolução seria fácil na Rússia e ainda mais fácil na Alemanha.

Uma proposta de Lenin, no entanto, não se tornou controvertida entre os bolcheviques. Desde o primeiro dia da Revolução de Outubro ele insistia em vão para que adiassem as eleições da Assembleia Constituinte, receoso de que o Partido não ganhasse. Sua previsão cumpriu-se em novembro, quando os bolcheviques alcançaram apenas um quinto dos votos. A opinião começou a voltar-se a favor de ignorar o resultado das eleições. Até os bolcheviques que queriam uma coalizão de governo totalmente socialista concordavam nisso. O mesmo valia para os revolucionários socialistas. Assim, Lenin garantiu a concordância do Sovnarkom em dissolver a Assembleia Constituinte, depois que ela se reunisse, em Petrogrado, em janeiro de 1918.

Bolcheviques e revolucionários socialistas de esquerda não permitiriam que a transformação revolucionária na Rússia e na Europa fosse ameaçada por uma eleição de Assembleia Constituinte. Nem os bolcheviques, nem os revolucionários socialistas de esquerda tinham um comprometimento básico com processos eleitorais e, após tomar o poder, não pretendiam abrir mão dele. Eram revolucionários primeiro, e democratas somente na medida em que a democracia fortalecesse a causa revolucionária. Afirmavam também que os preparativos para as eleições da Assembleia Constituinte, herdados do governo provisório, colocavam-nos numa injusta posição de desvantagem. O registro do Partido Revolucionário Socialista de Esquerda havia sido feito antes do rompimento com o Partido Revolucionário Socialista em novembro. Como resultado, os camponeses que apoiavam a aprovação, pelos revolucionários socialistas de esquerda, do Decreto sobre a Terra, de Lenin, não podiam votar especificamente nos revolucionários socialistas de esquerda. Também irritante era o fato de as eleições terem ocorrido em meados de novembro, muito antes de a maioria das pessoas no país ter tido tempo de se familiarizar com as inovações de Lenin em política. Para a coalizão do Sovnarkom, ele poderia ter alcançado uma vitória nas eleições para a Assembleia Constituinte se ao menos os preparativos tivessem sido adiados por alguns meses.

Lenin defendeu essa ideia enquanto tramava o fim da Assembleia Constituinte. Seu plano era insidiosamente astuto. Os membros eleitos teriam permissão para se reunir no Palácio Tauride, onde representantes do Sovnarkom pediriam que o principal partido — os revolucionários socialistas — concordasse com os programas políticos básicos decretados pelo Sovnarkom e com a forma de governo estabelecida pelos sovietes. Se a Assembleia Constituinte não concordasse, seus membros deveriam ser impedidos de entrar no prédio no dia seguinte. O lado positivo do plano é que implicaria pouco derramamento de sangue.

A outra grande mudança política proposta por Lenin foi muito mais contenciosa dentro da coalizão do Sovnarkom. Foi a sua sugestão de que uma paz em separado deveria ser assinada com as Potências Centrais. Os bolcheviques sempre afirmaram que a Grande Guerra era de motivação imperialista e que havia apenas um modo de pôr-lhe fim: revoluções pela Europa. Achavam que a propaganda e a confraternização entre os soldados atenderiam aos seus anseios. Se tal resultado não ocorresse, os bolcheviques esperariam instigar uma "guerra revolucionária" para implantar o socialismo na Europa com as pontas de suas baionetas. Mas estavam otimistas e pressupunham que a "guerra revolucionária" não se faria necessária. Consideravam inconcebível a ideia de uma paz em separado na frente oriental, e também para qualquer outro partido político russo. Foi contra essa lógica, que ele próprio havia ajudado a estabelecer, que Lenin começou a tomar posição. Houve sinais em 17 de dezembro, quando mandou distribuir um questionário sobre a capacitação militar russa. Suas perguntas eram brutalmente perquiridoras. Poderia de fato um ataque alemão ser rechaçado? Seria sensato continuar a defender a causa de uma "guerra revolucionária"? Os soldados prefeririam a assinatura de uma paz em separado? As respostas confirmavam quaisquer preocupações que ele já tivesse: as forças armadas russas mal existiam, em termos de resistência, na frente oriental, e os soldados que restavam se manifestavam amplamente a favor da paz a quase qualquer preço.[12]

Sempre houve especulação de que o questionário de Lenin não passou de um artifício para disfarçar o fato de que estava cumprindo as instruções de seus financiadores em Berlim. Os que acreditavam que "ouro alemão" pagou a Revolução de Outubro argumentaram que a paz em separado na frente oriental era o preço pedido em troca.[13] Isso é bem implausível. Independentemente de quaisquer promessas ou insinuações que Lenin possa ter feito a diplomatas alemães, ele não era homem de se prender a sua palavra, uma palavra dada a um governo imperialista predatório. Na verdade, o maior serviço que prestou à causa militar alemã já havia sido realizado em 26 de outubro, quando publicou seu Decreto sobre a Terra e seu Decreto sobre a Paz. Ele teria introduzido essas medidas ainda que não houvesse uma relação financeira com Berlim. O resultado, de qualquer modo, foi a degradação da capacidade russa de travar a guerra, porque os soldados da frente oriental retornaram às pressas a suas aldeias, a fim de pegar sua parte da terra que estava sendo redistribuída. No entanto, as Potências Centrais queriam mais: exigiriam que o Sovnarkom devia renunciar formalmente a qualquer soberania sobre a Polônia, a Letônia e a Bielorrússia. Exigiriam a assinatura de um tratado. A disposição de Lenin em concordar não foi ditada por débito financeiro, mas pelo medo de que, caso o Sovnarkom não cedesse, as exigências das Potências Centrais poderiam vir a ser ainda mais graves — como de fato aconteceu, em janeiro de 1918.

Conforme suas preocupações com a frente oriental foram se intensificando, Lenin estava perturbado também com a escala dos problemas econômicos e sociais soviéticos. A revolução fácil prevista por ele para a Rússia não tinha se realizado, e foi preciso reformular sua estratégia, a fim de manter o ímpeto do regime. Mas, para isso, também precisaria de uma trégua da rotina diária do Sovnarkom e do Comitê Central bolchevique. A saúde e a sobrecarga de trabalho o estavam debilitando. Fora seus rápidos passeios em torno do Instituto Smolny, não tinha oportunidade de relaxar. Apenas dois meses depois de voltar à atenção pública, no Segundo Congresso dos Sovietes, resolveu desaparecer do Instituto Smolny, para umas férias rápidas.

Em 24 de dezembro, seguiu com a mulher, Nadya, e com a irmã, Maria, para a Estação Finlândia ao encontro de Eino Rahja, cujo trem os levaria, pelo caminho já familiar, até o norte. O destino era o sanatório de tuberculosos em Halila, perto da aldeia finlandesa de Uusikirkko, quase 80 quilômetros ao norte da capital russa. Lenin estava precisando muito de se recuperar. Jan Berzins, membro do Comitê Central, não saía de lá, convalescendo com sua família. A neve estava forte e funda, o ar, fresco, e Lenin podia sair para caminhadas no campo, um desses raros momentos em sua vida. Lenin era o *premier* do Estado russo e recentemente havia concedido independência à Finlândia. Indo para Uusikirkko, estava, de um ponto de vista legal, cruzando uma fronteira internacional sem permissão. Mas pensava menos nas implicações de sua própria legislação do que em suas prévias experiências como fugitivo no campo, na Finlândia, em 1907 e 1917. Inconscientemente, começou a falar em voz baixa, de modo a não ser ouvido por potenciais agentes do Ministério do Interior! Esqueceu-se de que agora era ele que controlava a polícia secreta. Outro problema era que, tão ao norte, as horas do dia ficavam ainda mais curtas do que em Petrogrado. Passava a maior parte do tempo enfurnado em casa, escrevendo — escrevendo e se afligindo.

Nem mesmo em Halila seus companheiros do Sovnarkom lhe davam paz. Mal chegou e Stalin escreveu, pedindo-lhe que estivesse de volta ao Instituto Smolny por volta do meio-dia de 28 de dezembro. Stalin precisava de seus conselhos sobre as relações com a Ucrânia.[14] Lenin segurou a situação até 29 de dezembro, mas não surpreende que achasse que não tirara férias adequadas. Trouxe na volta vários artigos esboçados, mas de conteúdo tão pessimista que não os entregou ao *Pravda*. O motivo disso não foi o sombrio inverno de Uusikirkko, mas seu próprio pressentimento de que, a menos que o Sovnarkom fosse mais firme em sua imposição de ordem na Rússia, os dias da Revolução de Outubro estavam contados.

Nesses esboços, preservados nos arquivos de Lenin, conclamava os sovietes e outras organizações populares a promover menos reuniões abertas. Perdia-se tempo demais. De acordo com Lenin, além disso, os operários se tornaram excessivamente autoindulgentes. Os tipógrafos em greve deviam ser tratados como baderneiros e, se continuassem de braços cruzados, seriam presos. O regime soviético vinha sendo, no geral, condescendente demais. Lenin queixou-se que "registros e supervisão" abrangentes eram urgentemente necessários, explicando:

O objetivo desse registro e supervisão é claro e universalmente compreensível: o de que todo mundo devia ter pão, andar com calçados resistentes e roupas decentes, ter residência aquecida e trabalhar conscienciosamente; que vagabundo nenhum (incluindo quem se nega a fazer algum trabalho) devia ter a liberdade de andar por aí, mas ficar preso e cumprir sua sentença labutando em trabalhos forçados do tipo mais pesado; e que nenhum dos ricos, furtando-se às leis e normas do socialismo, devia poder fugir ao mesmo destino do vagabundo — o destino que, em justiça, devia ser o de toda a gente rica.

Disso, fica claro que Lenin não pretendia ter qualquer misericórdia, até para com aqueles setores da sociedade que um dia haviam apoiado entusiasticamente os bolcheviques.

O que ele estava fazendo, mesmo sem perceber, era enfrentar as consequências da Revolução de Outubro à luz dos reveses econômicos e políticos. O autoritarismo sempre lhe impregnara o pensamento; agora se tornara mais evidente e extremo. Escrevendo em Uusikirkko, ele lançou no papel o tema de mais um artigo que em breve queria escrever: "Primeiro, derrotar a burguesia; depois combater a burguesia no exterior."[15] Isso implicava uma vontade de priorizar a consolidação política na Rússia e esperar um pouco antes de difundir a revolução para outros países industriais. E seus vários esboços mostram que o esforço para subjugar a burguesia russa devia ser acompanhado por uma intimidação maciça das "massas". O coração empedernido de Lenin endurecera ainda mais.

No Instituto Smolny, conferenciou com Sverdlov a fim de finalizar os preparativos para a revogação da primeira (e, até 1993, a última) eleição por sufrágio universal remotamente livre na história da Rússia. Lenin e Trotski não fizeram segredo de sua hostilidade à Assembleia Constituinte. Ao longo de todo o mês de dezembro, haviam afirmado que essas eleições não significavam um indicador autêntico dos interesses do povo, e tinham a filiação total dos comitês centrais bolchevique e revolucionário socialista de esquerda a seu favor. Uma repressão violenta foi afoitamente levada em conta, se não no *Pravda,* então com certeza nas ruas.

Sverdlov tomou as disposições militares necessárias. O Sovnarkom podia contar com diversas unidades, incluindo tanto os Carabineiros Letões quanto os Guardas Vermelhos a seu favor. Os oponentes socialistas da coalizão do Sovnarkom — mencheviques, revolucionários socialistas e a Bund judaica — não dispunham de qualquer força contraofensiva séria. Lenin deu uma exibição de indiferença e, em 1º de janeiro de 1918, fez uma viagem de 2,5 quilômetros em sua limusine oficial do Instituto Smolny até o Manège Mikhailovski, no centro de Petrogrado. Estavam com ele Maria Ilinichna, Fritz Platten e Nikolai Podvoiski. Lenin tinha feito muitas viagens como essa para reuniões, em novembro e dezembro. As precauções com a segurança eram poucas: ele queria demonstrar ser um político popular à frente de uma revolução popular. De qualquer modo, estava se divertindo.

Após proferir um discurso inflamado no Manège Mikhailovski, partiu de volta, com os amigos, em torno das 7 da noite. Seu discurso tinha sido bem recebido pelos membros do Partido e pelos operários que haviam comparecido. O pequeno grupo estava ansioso por poder jantar no Instituto Smolny. Apesar da escuridão, estavam sendo cuidadosamente vigiados por dois homens armados. O carro mal havia saído do Manège e chegado à ponte Simeon quando homens saltaram para a calçada, miraram e atiraram contra a limusine. Ao som dos tiros, Platten instintivamente atirou-se sobre o corpo de Lenin. Foi uma tentativa de assassinato frustrada, mas esteve muito perto de ser bem-sucedida. Platten levou a pior. Seu ato de coragem fez com que fosse atingido na mão. A limusine continuou até o Instituto Smolny e Dzerjinski começou a procurar os agressores. Poucos dias depois, ficou claro que tinham sido monarquistas. Mas, nesse ínterim, foi dado ao Sovnarkom um pretexto para acusar os partidos socialistas de fora da coalizão governamental de cumplicidade em terrorismo. O objetivo era marcar os partidos majoritários na vindoura Assembleia Constituinte com a pecha de violência antipopular.

Lenin foi acusado muitas vezes de covardia física. Ele se dera o trabalho de fugir das forças tanto de Nicolau II como do governo provisório em ocasiões que outros de seu Partido correram riscos pessoais. Mas, a partir de 25 de outubro de 1917, sua abordagem mudou. Ele havia comandado uma revolução. Sabia que estaria nos livros de história. Cada dia que o regime soviético durava, mais uma página era acrescentada à biografia de Lenin e do bolchevismo. Uniu-se a outros bolcheviques enfrentando mais perigos, sabendo que já havia sobrevivido para o acontecimento que mais significado tinha em sua vida: a revolução.

Mas não procurava o martírio e, enquanto viveu, soube que muito precisava ser feito para melhorar as perspectivas da revolução. Para ele, isso sempre significou que decisões tinham de ser tomadas rápida e impiedosamente. Sua ideologia e seu temperamento o empurravam na mesma direção. E, provavelmente, problemas de saúde também: achava que não tinha tempo a perder. Lenin queria continuar com a revolução. Nada iria ser obstáculo. Ao longo dos dias seguintes, concentrou-se nos preparativos para a Assembleia Constituinte no Palácio Tauride. Mal conseguia começar a discutir o assunto com moderação. A primeira sessão estava marcada para 5 de janeiro de 1918, e ele já se sentia muito tenso quando chegou ao Palácio Tauride. Sabia que a ação que pretendia executar — o fechamento da Assembleia Constituinte à força — era de importância histórica. Quando os trabalhos começaram, Lenin estava branco como cera. Faltando apoio armado, os revolucionários socialistas sob Viktor Chernov não puderam resistir aos bolcheviques. Chernov viu-se submetido a vaias e gritos de ameaça. Mas foi Sverdlov quem falou pelos bolcheviques. Lenin limitou sua contribuição a permitir-se ser visto escarnecendo dos trabalhos. Ao apresentar Sverdlov em vez de a si próprio, Lenin estava mostrando desprezo por algo mais do que seu velho adversário, Chernov. Estava desprezando as eleições livres e de sufrágio universal como um modo de contenda política.

O Sovnarkom não havia resolvido com exatidão como interromper a primeira sessão da Assembleia Constituinte. Chernov dava a impressão de que iria prolongar os trabalhos indefinidamente. Entretanto, mais uma vez, Lenin recomendou a seu Partido ação direta e, após algumas discussões, sua linha foi aceita. A Assembleia Constituinte seria fechada e não se permitiria que os trabalhos fossem retomados no dia seguinte. O plano de Lenin, não obstante, envolvia certo grau de sutileza. Cumprindo ordens suas, a guarda da Assembleia Constituinte, sob o comando do comunista-anarquista Anatoli Jelez Nyakov, anunciou a um estupefato

Chernov que "estava cansada" e que o prédio precisaria ser evacuado. Chernov não tinha escolha além de concordar, e o Palácio Tauride foi esvaziado.

Uma vez que a Assembleia Constituinte não havia aprovado todos os decretos do Sovnarkom, Lenin achava que havia conseguido mais do que a desculpa necessária para ir ao Congresso dos Sovietes dos Deputados dos Operários, Soldados e Camponeses para garantir a concordância de que ultrapassara sua utilidade. Subsequentemente, a fonte de legitimidade para o regime seria o próprio Congresso, e a Cheka — a nova polícia política, criada em dezembro — poderia livremente caçar os inimigos da coligação do Sovnarkom. Lenin conseguira o que queria. Fizera isso sem ter de apresentar discursos veementes de exortação à Assembleia Constituinte ou ao Congresso dos Sovietes. Era o líder reconhecido da Revolução de Outubro, mas não agia sozinho. Seus bolcheviques e os revolucionários socialistas de esquerda na coligação do Sovnarkom seguiam na mesma direção. A intenção estava ficando óbvia. Uma vez que o Sovnarkom havia tomado o poder, precisava fazer uso da força para se manter. Nem todos os líderes partidários haviam reconhecido isso antes da Revolução de Outubro, mas todos o fizeram, em 5 de janeiro de 1918. Foi um fatídico processo de aprendizado. Se tivessem sabido disso antes, poderiam não ter sancionado a tomada do poder. Mas haviam concordado com a insistência de Lenin na derrubada do governo provisório do modo e na hora que ele exigiu. Agora estavam se acostumando a aguentar as consequências e a fazer isso sem culpá-lo.

## 20. Brest-Litovsk

### Janeiro a maio de 1918

A tarefa enorme que aguardava Lenin após a dissolução da Assembleia Constituinte era fazer com que os bolcheviques e os revolucionários socialistas de esquerda aceitassem a paz em separado que lhes estava sendo impingida pelas Potências Centrais. Foi a luta mais encarniçada de sua carreira. Em sua volta da Suíça, suas *Teses de abril* haviam inclinado a balança da opinião do partido bolchevique. Em outubro de 1917, lançou o Partido no rumo da derrubada do governo provisório. Porém, na questão de guerra e paz, Lenin enfrentava um impedimento maciço. Seu partido bolchevique, tendo realizado a Revolução de Outubro e emitido o Decreto sobre a Paz, não concordava com a assinatura de uma paz com os governos imperialistas de Berlim e Viena.

A escala de ameaça militar na frente oriental aos poucos vinha se revelando. Nas últimas semanas de 1917, Trotski, como comissário do povo para as Relações Exteriores, voltou das negociações em Brest-Litovsk, a cidade mais próxima das trincheiras, ainda acreditando que poderia prolongar incessantemente a trégua. A qualquer movimento, ele achava, a revolução poderia irromper pela Europa. Em 7 de janeiro de 1918, voltou num humor mais sombrio, trazendo a notícia de que as Potências Centrais haviam apresentado um ultimato. Lenin imediatamente foi a favor de se concordar com as exigências alemãs, receoso de que os termos do ultimato pudessem logo se tornar ainda piores, mas Trotski foi contra e propôs que se arrastassem as negociações, por meio de uma tática de "nem guerra, nem paz". Nesse ponto, Lenin levou sua causa às lideranças centrais e locais do partido bolchevique. No Congresso dos Sovietes, em 8 de janeiro, apresentou suas *Teses sobre a questão de uma paz em separado e anexionista*. Membros da facção bolchevique, após terem superado o espanto com essa virada de casaca, rejeitaram-no terminantemente, mesmo a maioria deles reconhecendo que uma "guerra revolucionária" era impraticável; deram preferência à política trotskista de "nem guerra, nem paz". Lenin continuou desafiador: "De qualquer modo, sou pela imediata assinatura da paz; é mais seguro."

No Comitê Central, no dia seguinte, não fez segredo do quanto lhe desagradava sua própria política:[1]

> Indubitavelmente, a paz que no momento estamos sendo obrigados a concluir é uma paz obscena; mas, se uma guerra começar, nosso governo será varrido do mapa e a paz será concluída por outro governo... Os que são a favor de guerra revolucionária destacam que, mesmo com esse passo, estaremos envolvidos numa guerra civil com o imperialismo alemão e que, com isso, despertaremos a revolução na Alemanha. Mas vejam! A Alemanha está apenas prenhe de revolução e, de nós, nasceu um bebê totalmente saudável: esse bebê é a república socialista, que estaremos matando, se começarmos uma guerra.

Lenin afirmou que a "pátria socialista" tinha de ser protegida a curto prazo, mas que, não obstante, os bolcheviques precisavam ficar de prontidão para difundir a revolução pela Europa.

Suas possibilidades de convencer o Partido com esses pensamentos eram pequenas, e os revolucionários socialistas de esquerda não quiseram nem ouvi-los. Ele esteve em situações assim no passado, antes de 1917; mas naqueles anos podia se permitir o risco de isolar-se: em 1918, era líder de um partido governante, e o Estado ia ficar de pé ou cair em consequência da decisão tomada sobre a proposta de paz em separado. Não ajudava de todo que, entre seus principais defensores no Comitê Central bolchevique, houvesse figuras que tiveram dúvidas sobre sua estratégia revolucionária em 1917: Stalin, Kamenev e Zinoviev. Stalin vivia dizendo que "não existe movimento revolucionário no Ocidente". Lenin realmente acreditava que a "revolução socialista europeia" acabaria por acontecer e teve de se distanciar da posição de Stalin. E, com persistência e constância, Lenin começou a exercer influência sobre o Comitê Central bolchevique. Ele se esforçou para minar a confiança de seus oponentes e concentrou-se em Bukharin. Nisso foi astuto. Bukharin nunca havia achado possível para a Rússia travar com sucesso uma guerra contra o capitalismo alemão; simplesmente pressupôs que a "guerra revolucionária", caso algum dia a política trotskista de "nem guerra, nem paz" se mostrasse ineficaz, seria para o Partido a única alternativa com justificativa ideológica. Essa era a opinião da maior parte dos principais bolcheviques.

Alguns dos oponentes de Lenin não podiam mais concordar com a "guerra revolucionária" como uma opção prática. O próprio Lenin, falando no Comitê Central e em reuniões públicas em Petrogrado, enfatizou seu engajamento com a "revolução socialista europeia". Fez com que seus defensores na Secretaria, Sverdlov e Stasova, difundissem informações em nome dele ao Partido nas províncias. À medida que iam sendo feitos os preparativos para o Sétimo Congresso, reverteu a seu velho método de conseguir mandatos para ativistas de reconhecida lealdade a seus programas políticos. Também fez divulgar que, se a decisão fosse contra ele, iria se demitir do Comitê Central e sairia fazendo campanha, por todo o Partido, em favor da assinatura de uma paz em separado.

Conforme havia previsto, as Potências Centrais começaram a ficar impacientes. Em 10 de janeiro de 1918, Trotski recebeu um ultimato em Brest-Litovsk; disseram-lhe que haveria uma invasão, a menos que as autoridades soviéticas obedecessem à ordem dos governos em Berlim e da Áustria. A fraqueza da política de Trotski de "nem guerra, nem paz" ficou patente. Trotski fez um bom negócio de um mau negócio, anunciando às partes, de ambos os lados, que a Rússia estava simplesmente se retirando da guerra. Mas, por volta de 16 de fevereiro, a paciência das Potências Centrais tinha se esgotado. A não ser que a paz fosse assinada, preveniram, sua ofensiva na frente oriental seria retomada dali a dois dias. O Comitê Central reuniu-se, em 17 de fevereiro, na presença de Trotski; e Lenin distribuiu um questionário aos outros membros, para descobrir o que cada um deles faria em determinadas contingências:[2]

queria ter certeza de que eles, tal como ele próprio, sentiam-se pessoalmente responsáveis por qualquer decisão que fosse tomada. Determinação era a sua suprema qualidade e ele queria fazer com que seus companheiros entendessem que deveriam esperar ter de arcar com as consequências de suas reclamações. E, no entanto, não conseguiu impor sua vontade no Comitê Central: uma estreita maioria, no entanto, mais uma vez aceitou a política de Trotski de pagar para ver o blefe das Potências Centrais.

Lenin estava ficando louco, de tão furioso, tal como todos os seus camaradas: qualquer opção teria repercussões na frente oriental e na Grande Guerra como um todo. A vida política equilibrava-se como que sobre o fio de uma navalha. Em 18 de fevereiro, dia da ameaça de invasão, o Comitê Central voltou a se reunir. Lenin implorou a seus companheiros:

> Ontem houve uma votação especialmente característica, quando todos reconheceram a necessidade da paz, caso um movimento [revolucionário] na Alemanha não venha a acontecer e se vier a ocorrer uma ofensiva. Existe dúvida sobre se os alemães querem uma ofensiva visando a derrubar o governo soviético. Estamos diante de uma situação em que devemos agir!

Mas seu apelo foi recusado. Dessa vez, o alto comando alemão organizou um amplo avanço ao longo do litoral do Báltico. À tarde, os soldados já tinham atravessado, virtualmente sem oposição, até Dvinsk. Estavam a pouco mais de 600 quilômetros de Petrogrado. O Comitê Central voltou a reunir-se, às pressas, e Lenin declarou: "A História dirá que vocês entregaram a revolução de mão beijada."

Finalmente, seus argumentos surtiram efeito e, por uma apertada margem de sete votos a cinco, derrotou Bukharin. Lenin ganhou o apoio de Trotski, que disse depois não ter desejado optar pela guerra, a não ser que pudesse fazê-lo com um partido bolchevique unido. Mesmo assim, Trotski mal havia deixado o Comitê Central e já se punha a querer saber se o governo soviético poderia conseguir ajuda de emergência dos Aliados caso se recusasse a assinar um tratado de paz com Alemanha e Áustria-Hungria. Conseguiu em 22 de fevereiro o beneplácito do Comitê Central para essa ideia. Mais uma vez, as Potências Centrais foram intransigentes e exigiram que o Sovnarkom deveria renunciar à soberania não só sobre a Polônia e as diversas províncias bálticas, mas também sobre a Ucrânia. Esse foi o ultimato; o não atendimento resultaria numa invasão militar maciça. Em 23 de fevereiro, os exaustos membros do Comitê Central bolchevique arrastaram-se para ouvir o relatório de Sverdlov sobre o ultimato alemão, informando que o Sovnarkom tinha até as 7 horas da manhã seguinte para confirmar sua aceitação dos termos das Potências Centrais. Essa era a reunião crucial, e Lenin exprimiu seu significado: "Esses termos devem ser assinados. Se não o assinarem, estarão assinando a certidão de óbito do poder soviético daqui a três semanas."[3]

Lenin continuou a censurar seus antagonistas. Entre os que anunciaram sua incessante oposição estava Karl Radek. Lenin ficou furioso e retorquiu que Radek estava iludindo a si mesmo:[4]

> Você é pior que uma galinha. A galinha não consegue se decidir a atravessar um círculo traçado a giz em volta dela, mas pelo menos a galinha pode dizer, para se justificar, que a mão de outra pessoa traçou aquele círculo. Mas você traçou sua fórmula em torno de si mesmo, com sua própria mão, e agora está olhando para a fórmula e não para a realidade.

A imagística de Lenin era sempre mais opulenta quando tentava intimidar um oponente.

Mesmo assim, a discussão não havia acabado. Os críticos de Lenin, em sua presença, consideraram a hipótese de excluí-lo do Sovnarkom e de começar uma guerra revolucionária. Até Stalin perguntou-se se seria acertado fazer já um acordo com as Potências Centrais. Porém, a maior parte dos membros do Comitê Central não tinha peito para uma luta assim. E Lenin, que era como uma rocha, manteve-se firme, enquanto outros na sala tremiam. Mais uma vez, no entanto, deu a entender que, se seus oponentes ganhassem a questão, ele se demitiria do Sovnarkom — não precisaria ser forçado a sair — e retomaria sua campanha em favor de um tratado de paz em separado. E ele conseguiu o que queria; por uma votação de sete a quatro, novamente com quatro abstenções, o Comitê Central bolchevique resolveu que o tratado devia ser assinado. Essa decisão foi tomada no último momento em que era possível evitar a invasão alemã. Se Lenin não tivesse vencido o debate, há pouca dúvida de que as Potências Centrais teriam concluído que não havia mais o que fazer com os bolcheviques. O resultado teria sido a ocupação do território russo e a derrubada da Revolução de Outubro.

O tratado de Brest-Litovsk foi assinado em 3 de março. As Potências Centrais, de um modo geral, cumpriram o combinado e se abstiveram de invadir a Rússia, uma vez que o Sovnarkom entregou a Polônia, as províncias bálticas e a Ucrânia a seus exércitos. Metade dos recursos industriais e agrícolas do império russo ficava situada nessa vasta área, bem como um terço da população. Além do mais, o alto comando alemão pôde transferir divisões do Exército, do leste para o oeste, a fim de tentar uma concentrada campanha final contra as forças francesas e britânicas. A decisão tomada no Instituto Smolny na presença de quinze bolcheviques, em 23 de fevereiro, teve consequências rapidamente reconhecidas em todo o mundo.

Na Rússia, o cenário mais amplo das relações internacionais foi ignorado na imprensa bolchevique, e o controle do Partido sobre a imprensa significou que os demais partidos pouco sabiam diretamente o que estava acontecendo no restante da Europa. Mas Lenin tinha certeza de que fizera o que era certo. Imediatamente, dispôs-se a convencer seu Partido de que podia explorar o "espaço para respirar" dado pelo tratado de paz. Havia uma disputa no partido bolchevique sobre quem deveria ser incumbido de ir a Brest-Litovsk para apor sua assinatura no documento. A pessoa óbvia teria sido Lenin; mas ele arranjou as coisas de tal forma que sua candidatura não foi discutida. Membros do grupo que conduzira as negociações recusaram-se a cumprir essa tarefa, e obviamente não fazia sentido chamar alguém que houvesse apoiado Trotski ou Bukharin. Grigori Sokolnikov, portanto, desempenhou esse papel nada invejável. Não foi essa a última vez em que Lenin se manteve afastado de decisões que poderiam manchar sua futura reputação. Nenhum partido na Rússia, com exceção dos bolcheviques, aprovava o Tratado de Brest-Litovsk. Se as coisas não saíssem direito, Lenin poderia vir a pagar caro por sua jogada com as relações internacionais. Seus instintos lhe disseram para minimizar os danos pessoais.

A luta política em Petrogrado ainda não havia acabado. O Congresso do Partido bolchevique também teve de ser convencido a sancionar essa reviravolta, e não estava definitivamente claro que haveria concordar. Pior ainda, os revolucionários socialistas de esquerda não tinham qualquer conflito interno por causa de "guerra revolucionária": todos se opunham intensamente à política de Lenin. Por esse motivo, Lenin adotou uma abordagem de passo a passo. Primeiro, enfrentou o Congresso de seu próprio Partido. Os trabalhos começaram em 6 de março e foram introduzidos por Lenin:[5]

> Um país que é pequeno-burguês por natureza, desorganizado pela guerra e arrastado por ela para uma situação inacreditável foi posto sob circunstâncias extraordinariamente pesadas: não temos exército e, no entanto, temos de conviver lado a lado com um ladrão armado até os dentes. Ele ainda é e continuará a ser um ladrão, a quem era impossível, evidentemente, se fazer entender, através da agitação, alguma coisa sobre paz sem anexações e indenizações. Um cãozinho doméstico pacífico vinha dormindo ao lado de um tigre e tentando convencê-lo da necessidade de paz sem anexações e indenizações, ao mesmo tempo que tal paz só poderia ser obtida atacando-se o tigre.

O sarcasmo de Lenin contrastava com o desempenho do outro lado, comandado por Bukharin, que cedeu ponto a ponto. Admitiu que uma guerra revolucionária era impossível e que não tinha qualquer objeção de princípios a uma paz em separado com as Potências Centrais.

E, assim, o choque entre Lenin e a esquerda bolchevique foi unilateral. Lenin sabia que ia triunfar e estava disposto a deixar os defensores de Bukharin vilipendiá-lo sem contestação no plenário do Congresso. Podia ficar calmo, enquanto Zinoviev e Trotski tinham uma desavença sobre a utilidade da política anterior de "nem guerra, nem paz". De fato, partiu para um debate com Bukharin sobre o conteúdo do programa do Partido e, educadamente, solicitou a seu oponente que não cumprisse a ameaça de recusar-se a participar do próximo Comitê Central bolchevique. Em suma, pôde mostrar magnanimidade na vitória.

Lenin vencera por meio de sua capacidade e determinação. Foi ajudado também pelo fato de que à oposição interna do Partido faltavam tanto confiança quanto argúcia táticas. A esquerda bolchevique — ou os comunistas de esquerda, como eles próprios se chamavam — não acreditava realmente que uma "guerra revolucionária" seria viável. Sempre que tentavam reunir apoio em massa entre operários passíveis de ser convocados no caso dessa guerra, encontravam hostilidade e tomavam consciência de que os camponeses que haviam engrossado as fileiras do exército imperial já haviam demonstrado sua opinião sobre a questão de guerra ou paz: a maioria deles havia desertado ou sido desmobilizada. Eles, no entanto, não reconheceram isso conscientemente, e continuaram reclamando da paz em separado. Inicialmente, recuaram do Comitê Central bolchevique e do Sovnarkom. O mesmo fizeram os revolucionários socialistas de esquerda. Lenin esbravejou contra o que encarava como puerilidade política; mas tentou ser diplomático. Precisava de todos os comissários do povo que conseguisse conquistar e eles, por sua vez, foram induzidos a apoiar a revolução dos operários e camponeses. Um a um, começaram a retornar a seus cargos, em condição não oficial.

O perigo representado pelas forças alemãs não havia sido afastado. Tendo assinado o tratado, o Sovnarkom não podia confiar que os alemães não continuariam avançando sobre Petrogrado. Lenin e seus companheiros comissários do povo aceitaram relutantemente a necessidade de a sede do governo para Moscou. A decisão tinha um motivo prático. As Potências Centrais estavam conquistando regiões sem oposição; e, embora fosse intenção do Sovnarkom, desde o mês anterior, formar um exército vermelho de operários e camponeses, as unidades eram pequenas em número e primitivas em treinamento; evidentemente, não eram páreo para os soldados de Alemanha e Áustria-Hungria. E, assim, em 10 de março, os mais importantes líderes do governo embarcavam no trem noturno de Petrogrado para Moscou.

A maioria, a princípio, ficou alojada no Hotel Nacional em Okhotny Ryad, a uns 300 metros do muro norte do Kremlin. Lenin dividiu um apartamento improvisado com sua mulher, Nadejda, e sua irmã, Maria.

Eram apenas dois quartos com um banheiro, e o pessoal do serviço do hotel limpava seus sapatos e cuidava de todos eles de uma maneira geral.[6] Em anos posteriores, houve uma sugestão de que ele não usou os serviços do pessoal do hotel; mas Nadejda Konstantinovna protestou contra essas idealizações românticas; ela gostava de idealizá-lo, mas não com respeito a seus hábitos pessoais.[7] Do lado de fora do Hotel Nacional, sempre havia barulho. A Okhotny Ryad, durante as horas do dia, vivia repleta de ambulantes vendendo suas mercadorias. Estudantes e outros revolucionários entusiastas estavam constantemente discutindo, cabalando votos e colando cartazes. A liderança do partido bolchevique posicionou unidades militares leais por toda a área. Os carabineiros letões eram especialmente bem-vindos para o Sovnarkom. Mas Lenin era uma pessoa que gostava de suas rotinas estabelecidas. Ignorando o barulho, ele se levantava quando a manhã já ia avançada, como sempre fez em Londres, Zurique e Paris. Ia fazer a revolução em seus termos pessoais.[8]

É verdade que Lenin via gente de todos os tipos, sempre que saía do Hotel Nacional, recebia cada vez mais visitantes das províncias. Assim, nunca ficava sem informações sobre a situação das pessoas comuns na Rússia. Mas não vivia dessas pessoas. Comendo e dormindo no Hotel Nacional, e trabalhando no Kremlin, sempre contava com um refúgio das ásperas realidades do mau governo, da fome e da guerra, e, quando as pessoas falavam dessas coisas, passava as informações pelo filtro de suas próprias ideias e só alterava programas políticos quando a própria existência do regime soviético ficava ameaçada.

A estada no suntuoso Hotel Nacional tinha a previsão de durar só até o momento em que o Kremlin estivesse preparado para receber o Sovnarkom. Não era uma tarefa em que Lenin sentisse prazer. Jamais gostara de Moscou porque ela era tão menos ocidentalizada do que Petrogrado. Física e culturalmente, Moscou encarnava os valores russos tradicionais. Para Lenin, isso não era uma recomendação. Ele queria uma Rússia que abandonasse toda nostalgia tsarista, cristianismo ortodoxo e aspirações camponesas. Nunca se retratou de sua observação, feita em 1898, de que considerava Moscou "uma cidade imunda".[9]

De fato, Moscou mais parecia um grande conglomerado de aldeias do que uma metrópole. Os estrangeiros — e Lenin se sentia, ele próprio, um pouco um estrangeiro — observavam que muitos habitantes ainda usavam os tradicionais blusões de camponeses e sapatos feitos de palha, em vez de couro. Poucas ruas tinham calçadas. As grandes avenidas eram extremamente lamacentas na primavera de 1918, pouco depois da chegada do Sovnarkom. Em contraste com o projeto retilíneo de Petrogrado, Moscou se espalhava numa dispersão confusa, uma verdadeira mixórdia, e os moscovitas sentiam orgulho da diferença. Residentes de cada estrato social, de banqueiros a camelôs, achavam que a diversidade exuberante e espontânea de Moscou, que tinha sido a capital do país até Pedro, o Grande, começar a construir São Petersburgo, no início do século XVIII, exprimia algo essencial sobre a Rússia. Os donos de fábricas de Moscou eram os principais defensores do nacionalismo russo. Haviam construído com magnificência nos últimos vinte anos, em um estilo que misturava tradicionalismo e modernismo experimental. Havia muitas fábricas têxteis. Possuíam fortes ligações com o campo, e alguns deles eram Velhos Crentes. Achavam que as elites de Petrogrado haviam traído o interesse nacional às potências capitalistas estrangeiras e julgavam que Moscou era a autêntica capital da Mãe Rússia.

Talvez tenha sido bem feito para Lenin, então, que tenha encontrado inúmeros problemas práticos no Kremlin. Ao tentar entrar pelo Portão da Trindade, com Bonch-Bruevich, um dia depois da viagem de trem de Petrogrado, teve sua entrada barrada por um guarda que não o reconheceu. O guarda era correligionário dos bolcheviques, mas levou alguns minutos para se convencer da identidade de Lenin e permitir seu acesso.

Uma vez dentro dos muros do Kremlin, até Lenin ficou impressionado com a grandiosidade dos edifícios. O circuito interno causou uma impressão duradoura. O Kremlin é uma grande fortaleza triangular no centro da cidade, erguendo-se uns 40 metros acima do nível do rio Moscou. O perímetro murado mede cerca de 2 quilômetros, e, em seu interior, encontra-se uma deslumbrante coleção de prédios antigos. O principal entre eles era o Grande Palácio Kremlin. Ao lado do palácio, ficava a Catedral Uspenski; foi lá que os tsares haviam sido coroados, até a construção de São Petersburgo. Havia o Senado, erguido por Catarina, a Grande. Havia sinos, campanários, cúpulas douradas, canhões gigantescos, casernas, um arsenal e praças espaçosas.

Sobre cada torre, avistava-se uma águia de duas cabeças, símbolo da glória e do poder do tsarismo. Do topo do mais alto campanário, era possível estender o olhar até um horizonte a 32 quilômetros de distância. Para onde quer que olhasse, Lenin via a encarnação física de uma história para cuja eliminação ele chegara ao poder.

Mas o Kremlin estava uma bagunça. O desleixo se estabelecera com a queda da monarquia em fevereiro de 1917, e, no final do ano, houvera lutas entre Guardas Vermelhos e oficiais monarquistas. Lenin e Bonch-Bruevich depararam-se com uma cena desanimadora. O edifício do Senado, que havia sido proposto para sediar o Sovnarkom e nele se preparar um apartamento para Lenin, estava numa total desordem. O esterco de cavalos ficava sem ser recolhido. Havia palha, ataduras sujas, pisos quebrados e — com a chegada da primavera — lama, lama, sempre lama. Temporariamente, Lenin, Trotski e outros líderes bolcheviques foram estabelecidos no Corpo de Cavalaria do Grande Palácio Kremlin. Alguns criados de Nicolau II haviam permanecido em seus postos. Um garçom velhusco, de nome Stupishin, era um defensor dos bons modos tradicionais. Quando Lenin e Trotski jantavam juntos, Stupishin servia suas refeições na louça imperial. Stupishin não lhes permitia começar a comer enquanto não tivesse garantido que o símbolo da águia de duas cabeças nos pratos estivesse de frente para cada pessoa à mesa. Lenin encarava essas minudências com divertimento. Na verdade, nem todas as refeições eram dignas de um tsar. Às vezes, havia apenas mingau de trigo sarraceno e uma sopa rala de legumes.

Lenin, no entanto, só veio a obter acomodações permanentes para o Sovnarkom, para si próprio e sua família por volta do final do mês, e mesmo assim só após ter exigido saber o nome dos "culpados" pelo atraso.[10] Bonch-Bruevich havia reservado um apartamento confortável para Lenin, Nadejda e Maria Ilinichna no andar térreo do antigo edifício do Senado. Havia três aposentos principais: uma galeria, uma cozinha, banheiro e um quarto de empregada. Ao lado, ficavam os escritórios administrativos do Sovnarkom e, do gabinete de Lenin, uma porta dava diretamente para o salão onde se realizavam as reuniões do Sovnarkom.

O apartamento do edifício do Senado transformou-se em seu lar. Ele havia perambulado tanto em sua vida que não se sabe ao certo se, em 1918, pudesse sentir-se em casa em algum lugar. O fato de morar no local de trabalho dificilmente pode ter trazido uma atmosfera doméstica. Além do mais, tanto Nadejda quanto Maria estavam quase tão ocupadas quanto ele com questões políticas. Os três viviam correndo de um lado para o outro, comendo alguma coisa ou descansando onde e quando podiam. Não dava a menor importância para dinheiro, e Lenin repreendeu formalmente Bonch-Bruevich por ter-lhe aumentado o salário de presidente do Sovnarkom sem sua sanção.[11] Para ele, bastava um apartamento limpo e sossegado e um gabinete bem provido de livros. Uma de suas primeiras providências ao ocupar o apartamento foi pedir um conjunto de dicionários russos de Vladimir Dal e um mapa do antigo império russo. Pendurou um retrato de Karl Marx na parede e, mais tarde, acrescentou um enorme quadro com um retrato do terrorista populista Stepan Khalturin. Suas necessidades cotidianas não atrapalhavam mais, nem sua mulher, nem sua irmã. Havia sido contratada uma empregada, e o carro era dirigido por Stepan Gil. As refeições eram preparadas em casa. Lenin e Nadejda arranjaram um gato. Adoravam esse animal e era comum ver Lenin carregando-o pelo corredor até a sala de reuniões do Sovnarkom. O gato sabia se cuidar. Na sala de reuniões, ele se aninhava sob a poltrona de Lenin, sabendo que ninguém ousaria perturbá-lo ali. Nadya e a empregada alimentavam o gato e, sempre que a empregada estava de folga, Nadya pedia a uma secretária do Sovnarkom para cuidar do bicho. Não confiava que Lenin desse a comida da forma necessária.

Na verdade, podia-se confiar em Lenin para cuidar do gato, mesmo que não fosse pontual nem para colocar um prato diante de si próprio.[12] Na maior parte do tempo, tanto ele quanto Nadya concentravam-se em suas obrigações políticas. O apartamento era um lugar onde comiam e dormiam. Do Kremlin, Lenin podia encomendar livros de qualquer biblioteca na Rússia. Podia telefonar a qualquer funcionário político na capital ou nas províncias e receber os visitantes que acorriam ao Kremlin para conhecê-lo. Podia parar comissários do povo, para uma conversa rápida, quando saíam de seus próprios apartamentos no prédio, e a maioria de seus principais camaradas bolcheviques — Trotski, Sverdlov, Kamenev e Stalin — estava bem a seu alcance, tal como suas famílias. E podia organizar recepções para funcionários do Partido ou para grupos de camponeses querendo apresentar-lhe uma petição sobre alguma questão.

Do interior daquela construção murada, Lenin partia para reuniões às portas de fábricas em outros pontos da cidade. Também fez viagens para visitar Nadejda Konstantinovna quando esta convalescia, no distrito de Sokolniki, nos arredores a nordeste da cidade. Mas, a não ser quando ele próprio passou períodos de recuperação na pequena aldeia de Gorki, a quase 40 quilômetros de Moscou, Lenin permanecia nas partes centrais da nova capital. Tinha todas as oportunidades de ir a outras cidades, mas suas únicas e rápidas incursões foram a Petrogrado, em 1919 e 1920. Nem mesmo sua frequentemente expressada nostalgia pela região do Volga o levou de volta até lá. Seu lugar continuava a ser no centro da política revolucionária.

Se ele, por um lado, pedia ordem e organização, enquanto o Sovnarkom buscava consolidar o regime e seus programas políticos, por outro, seus camaradas o exasperavam. Tarde da noite, desligava a luz de seu gabinete, consciente de que sua atitude para economizar eletricidade não era uma característica definidora de outros bolcheviques. O presidente do Sovnarkom andava pelos corredores para cima e para baixo, desligando as luzes deixadas acesas por seus camaradas.[13] Nenhum deles jamais se comportaria exatamente assim. Sem dúvida, deixavam os lápis sem ponta, os botões precisando ser costurados, e os livros sem ser devolvidos às bibliotecas. Como se podia fazer uma revolução com gente tão desleixada? Porém, fosse qual fosse a irritação que sentia, Lenin a superou. Ele se arrumava com o pensamento de que a Revolução de Outubro de 1917 já havia durado mais do que as onze semanas da Comuna de Paris em 1871. Isso foi o mais perto que chegou de um sentimentalismo aberto, a não ser que levemos em conta seu entusiasmo pela classe operária. Nadejda Konstantinovna sentia-se constrangida com isso. Quando andavam de carro por Moscou, notava o volume crescente de vandalismo: janelas quebradas, paredes e telhados de madeira partidos e furtados. Para ela, era óbvio que operários delinquentes deveriam ser punidos por tal comportamento; e disse severamente ao marido que precisava mudar seu modo de pensar. Não poderia haver socialismo enquanto tal comportamento continuasse a ser tolerado por omissão.

Essa desavença conjugal que as autoridades da censura soviética mantiveram escondidas não conseguiu induzir Lenin a mudar de opinião. Nisso jamais mudou. Havia fixado a mente em uma orientação estratégica que incluía a necessidade de a classe operária estabelecer sua ditadura. Ele pintava com uma visão mais ampla. Queria estimular a iniciativa revolucionária e afastar qualquer consideração de "moral burguesa" durante ainda alguns anos. No entanto, muita coisa havia mudado em seu pensamento desde a Revolução de Outubro. Em todo e qualquer ponto de tensão entre autoritarismo elitista e autolibertação das massas, a prioridade de Lenin era garantir a posição do regime — e isso geralmente significava um aumento do autoritarismo.

De fato, suas medidas começaram a causar consternação entre os revolucionários socialistas de esquerda. A princípio, o relacionamento entre os parceiros na coligação do Sovnarkom foi razoavelmente bom. Os revolucionários socialistas de esquerda, que já estavam encantados com o Decreto sobre a Terra, de Lenin, ficaram igualmente satisfeitos em fevereiro de 1918, quando ele assinou a Lei Básica sobre Socialização da Terra que — com o maciço apoio dos revolucionários socialistas de esquerda — ratificava a transferência de terra agricultável para os camponeses. Mas também queria que os sovietes locais conseguissem abastecer as cidades com os alimentos necessários. Afirmava repetidamente que havia uma abundância de grãos no campo e que a ganância dos camponeses mais ricos, ou *kulaks,* como ele os chamava, era responsável pelas reduzidas quotas distribuídas pelo governo central e local. Não havia tempo para hesitação. Mesmo antes do Tratado de Brest-Litovsk, Lenin acreditava que medidas impiedosas precisavam ser tomadas. Ele se engajara em manter o monopólio do Estado no comércio de grãos e, a longo prazo, queria tirar a posse da terra de indivíduos particulares, incluindo camponeses, e dá-la ao Estado. Tudo isso complicava as já difíceis relações com os revolucionários socialistas de esquerda que haviam aderido ao Sovnarkom com a premissa de que poderiam cuidar dos interesses dos camponeses.

O modo de Lenin consolidar o regime, no entanto, não estava mais sujeito a uma conciliação. Já em 14 de janeiro de 1918, esboçava um decreto do Sovnarkom sem rodeios:[14]

> [O Sovnarkom] propõe ao Comitê de Suprimento Alimentício de Todas as Rússias e ao Comitê de Suprimentos Alimentícios que intensifiquem o envio não só de comissários, mas também de destacamentos armados, numericamente fortes, a fim de tomar as medidas mais revolucionárias para o movimento de cargas, a coleta e distribuição de grãos etc. e também para uma luta sem trégua e sem piedade contra os especuladores, chegando até a proposta de que os sovietes locais fuzilem especuladores e sabotadores, no momento em que forem descobertos.

Suas soturnas inclinações das últimas semanas estavam tomando forma como programa político. Embora ainda não fosse um tema aberto em seus discursos, o movimento no sentido de ainda maior severidade era inequívoco.

O Sovnarkom não teve o menor remorso, na primavera de 1918, de sufocar os muitos sovietes das províncias que elegeram maiorias mencheviques. A Cheka e os novos contingentes do Exército Vermelho foram destacados para impedir resistência efetiva. O regime não se limitava mais a caçar seus inimigos declarados: os *kadets*, mencheviques e revolucionários socialistas; estava começando também a perseguir os grupos sociais com cujo apoio havia contado para chegar ao poder. Lenin havia presumido que, uma vez que a classe operária começara a preferir os bolcheviques, nunca voltaria para o lado dos inimigos do bolchevismo. Mas sua fé no "proletariado" sempre se mostrou condicional, mesmo em 1917; e, em 1902, seu livreto *O que se há de fazer?* havia afirmado a total inadequação dos operários para adotar políticas revolucionárias, a não ser que firme e corretamente orientados pela *intelligentsia* marxista. Na melhor das hipóteses, foi um paternalista ideológico. Agora não sentia inibição em derrubar os direitos civis da classe operária: não era permissível que a supremacia do regime fosse contestada. Nem mesmo no lugar de trabalho deveria haver qualquer concessão à indisciplina, e Lenin deu a entender que queria introduzir os princípios de tempo e movimento do mesmo teórico norte-americano F. W. Taylor, que, um dia, havia acusado de ser um defensor dos interesses capitalistas.

A ditadura, achava, era crucialmente desejável. Revendo a estratégia do partido, em abril de 1918, em seu livreto *As atuais tarefas do poder soviético,* reconhecia que persistiam as ameaças externas à segurança do país e que havia maciças e crescentes dificuldades internas agravadas nos setores de suprimentos de alimentos, transporte, produção industrial e de eficiência administrativa, e insistiu: "Mas ditadura é uma palavra exagerada. E palavras exageradas não deviam ser simplesmente lançadas ao vento. Ditadura é autoridade férrea, autoridade que é revolucionariamente audaciosa, bem como rápida e impiedosa na eliminação tanto dos exploradores quanto dos arruaceiros."[15] Fez seguir essa afirmação de uma análise que chocou muitos de seus mais chegados camaradas dos primeiros meses. Lenin declarou que "a *culpa* pelos tormentos da fome e do desemprego cabe a *todos* que infringem a disciplina do trabalho, em qualquer fábrica, qualquer fazenda, qualquer empreendimento". A solução era a aplicação de métodos verdadeiramente ditatoriais. Explicou que era "necessário descobrir os culpados por isso, entregá-los aos tribunais e puni-los sem qualquer piedade".[16]

A dispersão da Assembleia Constituinte e a assinatura do Tratado de Brest-Litovsk confirmavam a disposição de Lenin em permanecer no poder, ainda que todos os outros partidos políticos, grupos ou indivíduos no país se mostrassem contrários. O partido bolchevique, sob sua liderança, havia afastado até mesmo os revolucionários socialistas de esquerda. Esse não foi o único resultado. Os movimentos e esclarecimentos de política governamental haviam contribuído muito para alienar amplos setores da opinião na sociedade. Os operários e, quando ficaram sabendo da Revolução de Outubro, os camponeses haviam recebido de braços abertos os decretos do Sovnarkom, mas, conforme Lenin e o Comitê Central bolchevique desenvolveram seus programas políticos, encontraram hostilidade em muitos setores. Igualmente importante é que foram recebidos com apatia. Os bolcheviques estavam governando o que havia restado do império russo, que eram principalmente as regiões habitadas por russos, como uma minoria política acuada. E sua consciência disso levou-os a endurecer suas atitudes. Achavam que o melhor meio de enfrentar confusões era endurecer, mais do que propor conciliações. Essa atitude comum voltou a reunir Lenin e os comunistas da esquerda bolchevique, ainda que, após Brest-Litovsk, eles não pudessem se vangloriar de sua crescente colaboração.

Esse *rapprochement* foi ajudado pelo modo como Lenin endureceu o elemento de propriedade e regulamentação de Estado na indústria e na agricultura. Um segmento crescente da opinião pública pedia ao Sovnarkom que cortasse o monopólio do Estado sobre o comércio de grãos e permitisse aos camponeses vender sua produção em mercado aberto. Havia bastantes provas de que o campesinato estava retendo a produção de grãos. A fim de ressuscitar a troca econômica entre cidade e campo, foi amplamente proposto que as concessões ao comércio privado eram vitais. Os *kadets*, mencheviques e revolucionários socialistas do governo provisório haviam aprovado e mantido o monopólio estatal do comércio de grãos. Fora dos cargos, conforme a falência econômica chegava ao abismo, eles ressaltavam a necessidade de uma drástica reversão de programa político.

Mas os líderes bolcheviques não queriam sequer pensar nisso; haviam feito uma "revolução socialista" e não iam querer aprovar a retirada dos elementos anticapitalistas na política que até mesmo um "governo de capitalistas" — o governo provisório — havia consolidado. De fato, as diferenças internas dos bolcheviques sobre as medidas necessárias para protelar uma profunda desintegração econômica estavam desaparecendo paulatinamente. Durante alguns meses depois de Bukharin, Osinski e seus companheiros criticaram Lenin por sua cautela em organizar uma rápida transformação da economia inteira seguindo linhas socialistas; exigiam a nacionalização total da indústria, agricultura, comércio, finanças, transporte e das comunicações. Alguns deles acreditavam que essa também era a exigência de Lenin; mas, se houvessem lido cuidadosamente sua obra entre as revoluções de Fevereiro e Outubro, não teria havido equívoco. Com certeza, Lenin afirmava que a Rússia estava pronta para uma "transição para o socialismo", de fato extremamente necessária, e postulava que todo o poder devia ser transferido para organizações de massa baseadas em classe, tal como os sovietes. Porém, apesar de querer uma transformação imediata e completa da política, preveniu que a economia devia ser tratada com mais cuidado. De acordo com Lenin, só deviam ser nacionalizadas as empresas que já eram geridas dentro de linhas capitalistas de grande escala.

Na Rússia, isso significaria os bancos, as ferrovias, as maiores fábricas e minas e algumas propriedades fundiárias; mas não deveria envolver o restante da economia — e, embora não tenha declarado isso, o restante da economia, de fato, envolvia a maior parte da população ativa do país. A Rússia era um país de camponeses, artesãos e feirantes. O banco, a grande fábrica e a propriedade intensamente cultivada ainda eram exceções entre as dezenas de milhares de empresas na economia geral.

Consequentemente, Lenin queria que o Sovnarkom desapropriasse apenas as empresas mais "avançadas". As restantes precisavam ser organizadas em unidades maiores e equipadas com tecnologia de última geração antes de ser nacionalizadas; e Lenin acreditava que essa tarefa seria mais bem empreendida pelo capitalismo. O Estado socialista revolucionário teria de proteger setores privados na indústria e na agricultura, e fomentar seu crescimento. Referiu-se a essa relação simbiótica de política bolchevique e economia capitalista como "capitalismo de Estado". Era uma expressão que satisfazia seu desejo de manter-se dentro das ideias marxistas tradicionais sobre os estágios necessários de desenvolvimento econômico (mesmo tendo abandonado essas ideias no que diz respeito ao desenvolvimento político). Mas, é claro, ela ofendia os muitos bolcheviques — provavelmente a maioria deles — que haviam feito a Revolução de Outubro a fim de virar o mundo de cabeça para baixo. A estipulação de Lenin de que o capitalismo deveria ser amplamente mantido era-lhes simplesmente incompreensível. Nem a raiva deles se abrandou com sua insistência em dizer que esse plano era um método de explorar o capitalismo. Queriam uma estratégia revolucionária mais direta e intransigente. Bukharin e seus amigos queriam passar não apenas os bancos e as fábricas metalúrgicas, mas também as oficinas, as barracas do mercado e as glebas camponesas para a propriedade governamental.

Exprimiram seus argumentos contra Lenin em termos de doutrina: na opinião deles, Lenin estava propondo uma estratégia que fazia concessões demais ao capitalismo. O que deixaram de mencionar foi que sua estratégia era simplesmente impraticável. Lenin havia anunciado que pretendia explorar os capitalistas e depois livrar-se do capitalismo. Já havia nacionalizado os bancos, e muitas fábricas e minas; introduzido um sistema de rígida regulamentação estatal do comércio exterior; repudiado a obrigação de seu governo em pagar suas dívidas domésticas e externas. Revogava os direitos civis dos cidadãos mais ricos e fundara a Cheka. Estabelecera uma ditadura de classe. Em tais circunstâncias, é surpreendente que tenha conseguido encontrar algum industrial que quisesse conversar com ele. Um homem de negócios assim, como V. P. Meshcherski, foi encontrado. Mas as negociações rapidamente foram interrompidas; os termos do "capitalismo de Estado" leninista demonstraram ser, no todo, socialistas demais para Meshcherski.

A essa altura, todos os instintos de Lenin estavam lhe indicando que se afastasse de concessões. Quando ele foi percebendo a enormidade das dificuldades pela frente, já estava inclinado a fazer a balança de seu pensamento pender mais fortemente para o lado do comando e do controle do Estado. Não chegara ao poder para reduzir o grau de intervenção das autoridades públicas na economia ou em qualquer outro aspecto da vida social. Se existiam dificuldades, tinham de ser enfrentadas aumentando-se a intensidade do controle. Sua teoria da revolução, antes de 1917, marcava-se por inconsistências e contradições. No poder, precisava resolver essa tensão por meios práticos: tinha de tornar operacionais suas fórmulas abstratas. Isso acarretava sempre uma maior ênfase dos temas de ditadura e violência. Também importante, quando seu pensamento começou a ficar mais claro, percebeu a necessidade do empenho no centralismo, na hierarquia e na disciplina. Lenin, essencialmente, queria que o Estado funcionasse, sob o controle do partido bolchevique, como um motor de coordenação e doutrinação. Ainda encarava como sendo importante liberar a iniciativa popular; contudo, a crescente impopularidade de seu Partido o forçava ao pressuposto de que, se tivesse de escolher, preferiria prescrever e impor programas políticos a deixar que outros — fosse o povo inteiro, fosse uma parte dele, tal como a classe operária — tomassem uma linha de ação que o aborrecia.

Não que o preconceito social houvesse desaparecido do pensamento de Lenin. Longe disso. Ele continuava a enfatizar a necessidade de se construir um Estado que desse preferência à classe operária. Aumentasse e garantisse para os operários as oportunidades de promoção a cargos administrativos — e permanecia o pressuposto de que a tarefa básica com que o regime se defrontava era a instituição de uma administração eficiente. As aldeias tinham de ser industrializadas, os camponeses tinham de ser transformados em trabalhadores e gerentes de fazendas coletivas. Além do mais, pequenas unidades organizacionais tinham de ser aos poucos eliminadas, de um modo geral, da sociedade. A atividade em grande escala com um enorme número era encarada como inerentemente superior. Grande era considerado indiscutivelmente bonito.

A essência do socialismo, Lenin repetia *ad nauseam*, era "contabilidade e supervisão". Para esse fim, era essencial concentrar-se em tornar muito mais elevados os padrões gerais de alfabetização, cálculo e pontualidade. Ausente dessa visão, no entanto, estava a vontade de nutrir o altruísmo, a bondade, a tolerância ou a aparência. Mais fundamental para a ideologia leninista era a ênfase na luta de classes e na guerra civil. A compaixão era julgada como um sinal indesculpável de sentimentalismo. A busca implacável dos objetivos do Partido era considerada a tarefa suprema. E isso tinha que ser executado dinamicamente. O leninismo atribuía um alto valor à necessidade de se exercer pressão sobre instituições, grupos e indivíduos para atingir seus objetivos. Intelectualmente, Lenin aceitava muito do legado do capitalismo. Ao contrário dos comunistas esquerdistas, achava que seria útil manter os antigos "especialistas" nos seus cargos, nas fábricas, nas fazendas, nos bancos e nos regimentos do exército. A técnica "burguesa" precisava ser anulada, antes que os próprios técnicos "burgueses" pudessem ser expulsos. Lenin também aceitava que o princípio de concorrência, básico ao capitalismo, devia ser mantido durante a "transição ao socialismo". Tinham de ser encontrados meios de pôr instituição contra instituição na obtenção dos objetivos dos órgãos centrais do Estado.

Lenin estava longe de sugerir que a revolução socialista só obteria sucesso por meio de funcionários agindo segundo manuais de regras cuidadosamente estruturadas. Ele exigia ação, e ação frenética. A regularidade no procedimento tornava-se alvo de ridicularização. Em seu pensamento, os fins justificavam os meios, e não era preciso haver critério moral senão saber se uma ação em particular ajudava ou atrapalhava a revolução; e concluiu-se que os bolcheviques estavam equipados com conhecimento científico do que precisava ser feito. E, assim, Lenin afirmava que sua ideologia não tinha rival em correção, e não sentia inibições em aspirar a doutrinar a sociedade inteira com suas prescrições. Não tinha conceito para arbitrariedade, porque seu modo de governar era essencialmente arbitrário por natureza. Sua filosofia formal expressava desprezo por qualquer empenho absoluto em metas universais, como democracia, equidade e justiça social.

Para muitos observadores, então e depois, esse era um tipo de socialismo estranho. Inicialmente, havia poucos livros analisando o regime soviético, uma vez que os potenciais autores encontravam-se todos em atividade na vida política. Mas logo eles tomaram fôlego e reagiram à Revolução de Outubro de forma estudiosa. A maioria das obras clássicas de teoria socialista, não só na Rússia, mas também por toda a Europa, havia partido da premissa de que a introdução do socialismo envolveria uma imediata expansão da participação política da criatividade das massas, direitos e práticas democráticas e legais, consulta popular e democracia industrial. Antes de 1917, já havia muitos motivos para questionar se Lenin, o enaltecedor da ditadura, se qualificava adequadamente como socialista. Ele não era o único socialista de modelo próprio que evocava tais objeções; crítica semelhante havia sido feita a toda a tradição de defensores da ditadura: Louis-Auguste Blanqui, na França, Wilhelm Weitling, na Alemanha, e Piotr Tkachev, na Rússia. Mas, ao contrário deles, Lenin chegara ao poder; e a crítica a ele era a mais encarniçada. Aos olhos de mencheviques e revolucionários socialistas na pátria, e da maioria dos socialistas no exterior, seu Sovnarkom havia se chamado injustamente de governo "socialista" e havia conspurcado o nome de "socialismo".

Lenin também havia introduzido enorme confusão no entendimento geral sobre política. Considerando que seus inimigos tentaram negar sua filiação à fraternidade do socialismo mundial, se recusava a aceitar que eles fossem autênticos socialistas; e, a fim de distanciar-se deles, conseguiu que o Sétimo Congresso Bolchevique, em março de 1918, rebatizasse os bolcheviques como o Partido Comunista russo. Assim, ele esperava sinalizar para todos que o bolchevismo visava a alcançar sua meta extrema: uma sociedade comunista. Mas isso teve o efeito de desconcertar a maioria das pessoas. Elas notaram que esse líder "comunista" continuava a chamar-se de socialista e a referir-se à necessidade de promover a "revolução socialista europeia". Para quem estivesse disposto a ler *O Estado e a revolução,* que, finalmente, aparecera (ainda que de forma inacabada, uma vez que Lenin não teve tempo de escrever o último capítulo antes da Revolução de Outubro), havia uma solução disponível para essa questão desconcertante. Lenin afirmara que o socialismo era o primeiro grande estágio no avanço pós-capitalista rumo ao comunismo. Era possível, segundo ele, ser simultaneamente socialista e comunista. Tal combinação mortificou os socialistas não leninistas, uma vez que resultou em conservadores e liberais em toda parte afirmando que qualquer governo socialista que se pudesse conceber seria do tipo de opressão política, social e econômica que caracterizava a Rússia de Lenin.

## 21. Sob a mira das armas

### Maio a agosto de 1918

Em 1918, Lenin gostava de lembrar às pessoas as realizações do partido bolchevique.[1]

> E, assim, esse programa político, esse slogan de "Todo o poder aos sovietes!", implantado por nós na consciência das massas populares mais amplas, deu-nos a oportunidade, em outubro [de 1917], de vencer tão facilmente em Petersburgo [e] transformou os últimos meses da Revolução Russa em uma única procissão triunfal total.
> A guerra civil tornou-se um fato. O que previmos no início da revolução e até no início da guerra foi saudado por um significativo segmento de círculos socialistas com desconfiança e até ridicularização: a transformação da guerra imperialista em guerra civil. Em 25 de outubro de 1917, isso se tornou um fato para um dos países maiores e mais atrasados que tomavam parte na guerra. Nessa guerra civil, a esmagadora maioria da população mostrou estar do nosso lado e, consequentemente, conseguimos a vitória com extrema facilidade.

Em sua estimativa, as ideias que haviam inspirado a tomada do poder em Petrogrado haviam sido provadas.

Uma vez que o Partido entrou no governo, Lenin parou de ser tão acanhado com relação aos aspectos de seu pensamento que poderiam aborrecer os operários, os soldados e os camponeses — e, mesmo, os membros de seu Partido. Ele ensaiava publicamente seus tópicos preferidos: ditadura, terror, guerra civil e guerra imperialista. Continuava confiante; ainda era sua premissa que o volume de violência armada necessário para proteger a revolução na pátria seria pequeno. Essa pressuposição só nos parece peculiar porque sabemos o que estava para acontecer: a guerra civil. Mas o erro de Lenin precisa ser entendido em relação a seus pressupostos sobre revolução socialista. Como outros revolucionários, lera sobre as guerras civis na Grã-Bretanha em meados do século XVII e na França no final do século XVIII; mas seu interesse era sempre como os exércitos representavam os interesses de classes sociais contemporâneas. Guerra civil, para Lenin, representava uma luta de classes mais ou menos intensa. A "guerra civil" que mais estudou foi a grande luta política iniciada em 1871 pela Comuna de Paris. Na opinião de Lenin, a Comuna oferecia um modelo rudimentar para a autogestão popular; repetidamente expressou admiração pelo que ela havia alcançado antes de ser reprimida pelas forças do governo de Adolphe Thiers.

Lenin, a seu modo simplista, julgava que a Comuna de Paris havia fracassado principalmente porque não conseguiu impor um regime interno rígido, nem organizar contingentes militares adequados. Disso tirou a animadora conclusão de que, se as "classes trabalhadoras" da Rússia evitassem o erro da Comuna, sua superioridade numérica e organizacional garantiria a vitória. E convenceu-se de que o período de "guerra civil" que se seguiu à Revolução de Outubro estava chegando ao fim.

O pequeno e estranho ponto problemático sobrevivera. "Mas, no principal", ele sugeriu:[2]

> A tarefa de reprimir a resistência dos exploradores já estava resolvida no período de 25 de outubro de 1917 a (aproximadamente) fevereiro de 1918 ou até a rendição de Bogaievski. Em seguida na agenda vem... a tarefa — a tarefa que é urgente e constitui a peculiaridade do momento atual — de organizar a *administração* da Rússia.

Quem era esse Bogaievski? Seu nome só se encontra registrado nas recônditas narrativas das ações militares no sul da Rússia em 1918–19. Afrikan Bogaievski foi um comandante cossaco que combateu as forças bolcheviques, foi capturado após um confronto de menor importância, mas conseguiu a liberdade sob a condição de que se abstivesse de mais atividades militares. A avaliação de Lenin foi totalmente errada. Absolutamente não previu a intensidade da luta que estava para tomar conta da Rússia. Mesmo no sul da Rússia, a guerra civil não estava terminando, mas começando, com um Exército Voluntário sendo preparado para ação pelos generais Alexeiev e Kornilov, e esse Exército Voluntário representava apenas uma das três grandes forças sendo reunidas por oficiais autointitulados Brancos, empenhados na derrubada do governo em Moscou.

Esses não eram os únicos grupos visando à derrubada do bolchevismo. Os revolucionários socialistas, após a dispersão da Assembleia Constituinte, haviam voltado a se reunir na cidade de Samara, na região do rio Volga, e fundado uma administração que alegava ser o governo legítimo da Rússia. Essa administração chamava-se Komuch (acrônimo de Comitê de Membros da Assembleia Constituinte), de orientação socialista. Em outras partes, até os revolucionários socialistas de esquerda estavam considerando insurgir-se contra o Sovnarkom. Um conflito armado maciço estava a ponto de irromper em toda a Rússia. Lenin ficou famoso por sua intuição estratégica antes da Revolução de Outubro. Ele não teve esses instintos quanto à guerra civil.

Em maio de 1918, continuou aplicando seus programas políticos gerais à economia aniquilada. O principal entre esses foi a imposição do que chamou de uma Ditadura dos Alimentos, que racionalizava as variadas medidas locais já sendo tomadas para abastecer as cidades de alimentos. Nas sessões do Sovnarkom, pressionava para fazer passar seus planos com urgência. Quando o Presidium do Conselho Supremo da Economia Nacional parecia estar retardando uma abordagem coordenada pelo Estado soviético da indústria e da agricultura, Lenin ficou furioso com o líder do Presidium, V. P. Milyutin. Voltando para casa em estado de choque, Milyutin confidenciou a seu diário:[3]

> O Sovnarkom passou uma reprimenda no Presidium. Ilich até declarou que "valeria a pena botar o Presidium na prisão a pão e

água durante uma semana, mas, devido a nossa fraqueza, vamos nos limitar a uma reprimenda..." e que, se, por um lado, era possível nos fazer passar a água e até nos mergulhar na água, seria pura utopia nos botar a pão e que nem mesmo o Comissariado do Povo para o Abastecimento de Alimentos permitiria tamanho luxo.

O fato de que Milyutin foi um dos poucos bolcheviques importantes que haviam apoiado Lenin na questão Brest-Litovsk não lhe serviu de nada. Lenin estava furioso.

A prioridade econômica de Lenin era recolher os grãos do campo. Guerra civil era a última coisa em sua mente. Ele disse a Trotski que estava reunindo um Exército Vermelho de Operários e Camponeses em seu novo papel de comissário do povo para as Questões Militares, que dedicasse nove décimos dos esforços do exército para a obtenção de suprimentos alimentares. Disse ao Sovnarkom que a sonegação de grãos deveria tornar-se o crime mais hediondo. Insistiu em que os açambarcadores deveriam ser tratados como "inimigos do povo" e que o Estado deveria "travar e realizar uma guerra de defesa impiedosa e terrorista contra a burguesia camponesa e qualquer outra burguesia que retém os excedentes de grãos".[4] O fraseado elegante dá um senso das poderosas emoções que agiam sobre Lenin. O Sovnarkom preferia uma formulação mais comedida, mas, na questão da substância de programa político, conseguia facilmente o que queria: a maior parte dos líderes bolcheviques estava ansiosa para aumentar o controle do Estado. A Ditadura dos Alimentos foi inaugurada, e Lenin garantiu o estabelecimento de uma nova instituição: comitês dos pobres das aldeias (*kombedy*). Quando os comissários do governo chegaram ao campo, estavam autorizados a fazer ligação com esses comitês, de forma a descobrir as identidades dos camponeses mais ricos envolvidos no açambarcamento de grãos. Qualquer grão açambarcado deveria ser pesado no ato e uma porção dele deveria ser distribuída aos membros mais pobres da aldeia, antes de o restante ser transportado para as cidades.

Lenin teve dificuldade muito maior com mais uma prioridade econômica. No verão de 1918, era óbvio que sua proposta de trabalho conjunto com industriais russos como Meshcherski não ia dar certo. Em vez disso, para espanto de seus colegas, exigiu a conclusão de acordos comerciais com empresários alemães. Essa segunda proposta foi tão controversa em anos posteriores que foi mantida em segredo nos arquivos do Sovnarkom. E é fácil entender por quê. Os bolcheviques criticavam outros socialistas que não haviam lutado pela derrubada da "burguesia europeia". Lenin havia passado a Primeira Guerra Mundial denunciando Kautsky por evitar um confronto com o governo imperial alemão e com os magnatas do poder industrial e financeiro da Alemanha. Agora, queria tratar comercialmente com esses mesmos magnatas.

Repetimos que Lenin havia feito a Revolução de Outubro na premissa de que a Rússia realizaria sua "transição ao socialismo" com a ajuda dos capitalistas. Ele tinha a esperança de conseguir isso dos capitalistas russos. Se isso demonstrasse ser impraticável, por que não tentar apelar aos capitalistas alemães? Sempre o estrategista, Lenin não conseguia ver por que seu Partido não era capaz de ser tão flexível quanto ele próprio.

No entanto, seu desejo de fazer propostas aos capitalistas da Alemanha não significava uma acomodação permanente ao "imperialismo alemão". Lenin ainda era Lenin. Queria explorar a Alemanha capitalista enquanto pudesse; mas ainda esperava que tal Alemanha não durasse muito. A "revolução socialista europeia" continuava na primeira página de sua agenda. Ele não tinha dúvida de que os socialistas de extrema esquerda no estrangeiro triunfariam mais cedo ou mais tarde. Justificando o Tratado de Brest-Litovsk no Quarto Congresso dos Sovietes, em março de 1918, havia afirmado: "Sabemos que [Karl] Liebknecht sairá vitorioso de um modo ou de outro: isso é inevitável no movimento dos operários." Lenin reconheceu que o tratado não dava qualquer garantia absoluta de "espaço para respirar" na Rússia enquanto Liebknecht não se pusesse em ação:[5]

> Sim, a paz a que chegamos é inevitável no mais alto grau e o espaço para respirar que recebemos pode ser interrompido a qualquer dia, tanto pelo Oriente quanto pelo Ocidente: não há dúvida a respeito;

nossa situação internacional é tão crítica que devemos envidar todos os esforços para sobreviver pelo maior tempo possível, até que a revolução ocidental amadureça, uma revolução que está amadurecendo muito mais lentamente do que esperávamos e queríamos; ela está alimentando e abafando cada vez mais material combustível.

Houve momentos terríveis para ele. O pior foi a declaração de Sokolnikov, membro do Comitê Central, o mesmo homem que assinara o Tratado em Brest-Litovsk, de que não se podia mais confiar nos alemães e que o tratado havia sido um erro. Ele atacou o acordo no Comitê Central em 10 de maio, e foi só o veemente contra-ataque de Lenin que salvou a Rússia de voltar a entrar em guerra.

Ainda havia coisa pior pela frente. No final do mês, houve um desses pequenos incidentes militares que vinham ocorrendo em toda a Rússia: um grupo de soldados rebelou-se contra a autoridade soviética. Mas esse não foi um incidente fácil de se enfrentar. Envolvia ex-prisioneiros de guerra tchecos capturados pelo exército imperial russo que, sob um acordo com os Aliados, estavam atravessando a Sibéria a caminho da América do Norte, de forma que pudessem lutar na frente ocidental contra as Potências Centrais. Era profunda a desconfiança entre as autoridades soviéticas e essa Legião Tcheca; e quando Trotski tentou fazer com que fossem desarmados, em maio, ocorreu um confronto. Os 35 mil tchecos, muito mais numerosos do que qualquer força militar que o Sovnarkom pudesse dispor contra eles, viraram suas costas para a Rússia Central e deixaram claro que estavam preparados para lutar em favor do Komuch em Samara, para a derrubada de Lenin e seus companheiros comissários do povo.

A responsabilidade de enfrentar essa crise foi designada a Trotski: mesmo então, Lenin não sentiu a ameaça vital representada pela Legião Tcheca. Não parecia preocupado com o Quinto Congresso dos Sovietes, que estava para se reunir dentro de poucas semanas. Os dois antigos parceiros na coligação do Sovnarkom, os bolcheviques e os revolucionários socialistas de esquerda, passaram junho de 1918 se vigiando mútua e nervosamente. O Congresso foi aberto em 4 de julho, e a tensão era tal que cada partido destacou uma guarda para suas delegações. Os revolucionários socialistas de esquerda foram os primeiros a agir. Em 6 de junho, enquanto o Congresso estava em debates, um de seus líderes, Yakov Blyumkin, montou uma operação a fim de lançar o Tratado de Brest-Litovsk no esquecimento. Blyumkin trabalhava para a Cheka e obtivera um passe para visitar a embaixada alemã em Moscou. Uma vez lá dentro, pediu para ver o embaixador, Wilhelm von Mirbach; durante o encontro, sacou um revólver e baleou o embaixador, antes de fugir às pressas. Mirbach foi ferido mortalmente, e Blyumkin esperava provocar com esse feito um incidente diplomático que culminaria com os bolcheviques começando uma guerra revolucionária com a Alemanha imperial.

A notícia foi passada a Lenin e Dzerjinski. Lenin logo percebeu as pretensões de Blyumkin e procurou impedir uma invasão alemã, reprimindo todo o Partido Revolucionário Socialista de Esquerda. Fez também uma visita à Embaixada alemã para transmitir condolências em nome do Sovnarkom. Foi preciso tranquilizar o governo em Berlim para que ficasse claro que as autoridades soviéticas queriam manter relações amigáveis. Dzerjinski recebeu instruções de levar unidades confiáveis da Cheka ao quartel-general revolucionário socialista de esquerda, na alameda Trekhsvyatitelski, e prender o Comitê Central Revolucionário Socialista de Esquerda.

A operação foi executada com a inépcia militar bolchevique. Chegando ao quartel-general revolucionário socialista de esquerda, o próprio Dzerjinski foi posto sob custódia. Lenin ficou completamente desnorteado. Se não podia contar com Dzerjinski, quem poderia lhe ser útil? (Uma resposta poderia ter sido Trotski. Mas este estava ocupado com a Legião Tcheca e, de qualquer modo, nesse estágio, ele não inspirava total confiança.) A única coisa a fazer era assumir o controle pessoal. Agora, ele tinha duas obrigações importantes: a missão do Comitê Central Revolucionário Socialista de Esquerda e a libertação de Dzerjinski. Para isso, ainda ia precisar de mais um instrumento de execução. Sua única opção era convidar o líder dos Carabineiros Letões, general I. I. Vacietis, para liderar o ataque. Lenin disse-lhe que o Sovnarkom poderia não sobreviver até o amanhecer. Ele podia estar exagerando, a fim de levantar o senso de orgulho de Vacietis. Mais provavelmente, tinha um senso aguçado do perigo para o regime na capital. Se um grupo fracamente organizado foi capaz de tomar o poder, em 1917, outro grupo assim poderia repetir a façanha. Para alívio de Lenin, Vacietis aceitou a missão.

As coisas começavam a melhorar. A visita à Embaixada alemã ocorreu tão bem quanto era de esperar, e os soldados de Vacietis cumpriram com eficiência sua difícil missão. O quartel-general revolucionário socialista de esquerda foi tomado em 7 de julho. Seus líderes foram presos e Dzerjinski foi encontrado incólume. Lenin e Dzerjinski resolveram que, embora não houvesse provas da cumplicidade do Comitê Central Revolucionário Socialista de Esquerda na tentativa de assassinato, um de seus membros deveria ser executado. Assim, os alemães veriam que os bolcheviques falavam sério em proteger o Tratado de Brest-Litovsk. Os bolcheviques não se deixavam abater com a ideia de matar outros socialistas. Em 9 de julho de 1918, Dzerjinski encarregou-se pessoalmente da tarefa e fuzilou V. A. Alexandrovich, membro do Comitê Central Revolucionário Socialista de Esquerda.

A inépcia da Cheka durante a crise Mirbach continuava amargurando Lenin. Ele também estava curioso sobre como os revolucionários socialistas haviam organizado sua ação armada contra os bolcheviques e, em 7 de julho, decidiu, impulsivamente, fazer uma visita ao antigo quartel-general deles, na alameda Trekhsveyatitelski. Stepan Gil, como de hábito, foi o motorista. Quando estavam a caminho, um grupo de homens armados avançou para a rua e gritou-lhes que parassem. Lenin instruiu Gil a obedecer; mas os homens armados começaram a atirar neles antes de terem parado. Por sorte, esses homens eram correligionários dos bolcheviques, e Lenin deixou-os ir embora com uma admoestação bem professoral: "Camaradas, vocês não devem ficar nas esquinas atirando nas pessoas descuidadamente, sem saber em quem estão atirando!"[6] Isso era o mínimo que podia ter dito em tais circunstâncias. Mas as provações daquele dia ainda não tinham acabado. O carro de Lenin foi parado mais uma vez, após a visita à alameda Trekhsvyatitelski. Uma patrulha semioficial de rapazes exigiu ver seus papéis e decidiu que seu documento de identificação como presidente do Sovnarkom não era válido. Ele foi preso e levado à delegacia de polícia mais próxima. Pelo menos dessa vez não foi recebido a tiros, e ele e o delegado conseguiram rir do incidente.[7]

Mesmo então, a sabatina daquele dia sobre os perigos da vida na República Soviética ainda não estava encerrada. Na viagem de volta da delegacia, foram feitos disparos contra o carro deles.[8] Os tiros não o acertaram. Gil acelerou, e os dois chegaram ao Kremlin mais exaustos do que enfurecidos. A rápida viagem a Moscou por várias vezes os deixou perto da morte.

Lenin não ficou sabendo muito mais sobre o incidente nem teve oportunidade para isso nas semanas subsequentes. Uma emergência militar ainda mais séria estava acontecendo na região do Volga. O Komuch, tendo conseguido uma força militar na forma da Legião Tcheca, estava pronto para montar uma ofensiva contra a região central da Rússia. De Samara, eles marcharam sem oposição sobre Kazan antes que fosse possível estabelecer alguma defesa. Trotski, como comissário do povo para Questões Militares, foi às pressas para o Volga e, para espanto geral, o novo Exército Vermelho conseguiu conter os soldados do Komuch, na Batalha de Sviyajk. Conforme os bolcheviques se consolidavam no sudeste da Rússia, cresciam os problemas no norte. Os britânicos haviam desembarcado soldados em Arkangel, e Lenin estava preocupado que a partir daí marchassem para Petrogrado. Reconhecendo a fraqueza militar do Sovnarkom, ele apelou secretamente por ajuda da Alemanha. Era uma opção altamente delicada, uma vez que Lenin não podia ter certeza de que as próprias forças alemãs não ocupariam Petrogrado *en route* de Arkangel. Na verdade, a crise passou, e a cooperação entre o Sovnarkom e Ludendorff não se fez necessária. Mas foi por pouco. O "poder soviético" e o Estado bolchevique de partido único estavam sob constante ameaça de ruir.[9]

O tempo todo, Lenin vivia furioso. Nada podia exatamente saciar a fome de vingança contra aqueles elementos da sociedade russa imperial que ele desprezava. Alguns ele simplesmente os odiava. Tinha contas pessoais a acertar com os descendentes de Alexandre III, o imperador que se recusara a poupar a vida de seu irmão mais velho, Alexander. Nicolau II, sua esposa Alexandra e sua família estavam presos, desde 30 de abril, na Casa Ipatev, em Yekaterimburgo. Havia uma constante possibilidade de que forças antibolcheviques transpusessem os Urais e resgatassem a família imperial. Durante meses o Comitê Central bolchevique ponderou secretamente o que fazer com Nicolau II.

Foi estabelecida uma linha de comunicações para que a liderança regional bolchevique nos Urais passasse informações e recebesse ordens. Nicolau II, por ocasião de sua abdicação no ano anterior, tinha sido objeto de desprezo quase universal. Quando se tornou simplesmente o cidadão Nikolai Romanov, começou a voltar a crescer a simpatia por ele. Mas Lenin e o Comitê Central foram implacáveis. Os Romanov, no mínimo, tinham de ser neutralizados como uma força na vida pública, e Trotski recomendou que Nicolau deveria ser levado de volta a Moscou e ir a julgamento pelos maus-tratos cometidos por ele e em seu nome antes de 1917. Por algum tempo, Lenin foi contra. Provavelmente, não gostava da ideia de associar-se diretamente com o assassinato judicial dos inimigos do Sovnarkom. V. A. Alexandrovich, membro do Comitê Central Revolucionário Socialista de Esquerda, fora executado em segredo, e Lenin manteve distância desse acontecimento. Mas, conforme o cerco militar do território sob domínio soviético continuava, ele aceitou o argumento de que deveriam ser tomadas medidas drásticas. Nada foi mais drástico do que o acontecimento nas primeiras horas de 18 de julho de 1918. O ex-imperador e sua família foram tirados da cama, levados para a adega da Casa Ipatev, enfileirados contra a parede e fuzilados.

Foi um dos massacres mais terríveis da revolução. Entre as vítimas estavam não só Nicolau e sua esposa, mas também suas quatro filhas e seu filho hemofílico, além de diversos empregados. No cativeiro, Nicolau passou o tempo lendo o Velho Testamento e romances clássicos russos do século XIX. Ele e sua família divertiam-se encenando pequenas peças uns para os outros. Nicolau portou-se com nobreza como o pai de família, e Alexandra mostrou-se uma gerente muito competente do orçamento doméstico bastante restrito da família. Os líderes bolcheviques mal aparecem nos últimos registros que eles deixaram. O diário de Alexandra em 1918 só menciona Lenin uma vez. A maior preocupação do casal imperial era que Nicolau fosse coagido a coassinar o Tratado de Brest-Litovsk. Conheciam muito pouco o seu Lenin. Nem Lenin, nem qualquer outro líder bolchevique teriam sonhado em usar os Romanov para dar legitimidade ao regime soviético. Mas a respeito de uma coisa eles tinham absoluta razão: Lenin tinha poder de vida ou morte sobre eles. A imperatriz Alexandra escreveu, em 4 de junho de 1918: "Tomei banho às 10 horas. Lenin deu ordem de que os relógios fossem adiantados duas horas (economia de eletricidade), de forma que, às 10h, nos disseram que eram 12h. Às 10h, forte trovoada."[10] Como a maioria dos russos, os Romanov estavam desorientados com as mudanças feitas pelos bolcheviques. Estavam perplexos, eram devotos e com hábitos marcantes de classe média. Para eles, Lenin era o anticristo.

Ele exterminou os Romanov porque haviam governado mal a Rússia. Mas também recorreu a tais medidas porque gostava — e realmente gostava — de atacar pessoas em geral do *ancien régime*. Odiava não só a família real, como também o pessoal intermediário que havia administrado e controlado a Rússia antes de 1917. Jamais esqueceu o ostracismo sofrido pelos Ulyanov após a condenação de Alexander Ilich. Proprietários de terras, padres, professores, engenheiros e funcionários públicos os haviam tratado como párias. Por que deveria protegê-los agora?

Havia uma contradição aqui. Em *O Estado e a revolução*, no auge de seu otimismo quanto à classe operária, Lenin havia afirmado que os "especialistas" de classe média nas variadas profissões precisariam ser mantidos produzindo até o momento em que operários comuns pudessem ser ensinados para assumir seu lugar. Mas, em meados de 1918, estava fomentando maus-tratos contra a "burguesia"; e, se tivesse prestado o mínimo de atenção ao que isso significava na prática, haveria entendido que isso traria graves consequências para esses tão necessários "especialistas". E, no entanto, isso não significa que ele, clara e decididamente, queria que cientistas, professores, contadores e escritores sofressem. É mais provável que tenha permitido que seu zelo irado por luta de classes, incluindo o terror, dominasse tudo em seu pensamento. A política tornara-se ferozmente violenta. Os bolcheviques, além de fornecedores de terrorismo, eram também os alvos de ações terroristas. Lenin, de fato, quase foi assassinado em janeiro de 1918, e V. Volodarski, de Petrogrado, um membro importante do Comitê do Partido na cidade, foi morto em junho. A violência na Rússia se apresentou, em grande parte, como produto da Revolução de Outubro e, em considerável medida, por culpa de Lenin. Mas, uma vez o ciclo de violência tendo começado a girar, não era mais a pessoa responsável por exercê-la. Estava imobilizado por sua preocupação em aterrorizar qualquer imaginável oponente do Sovnarkom.

Seus antigos problemas de saúde — dores de cabeça e insônia — o perturbaram durante a primavera e o verão. De abril a agosto, sentiu-se tão debilitado que não publicou qualquer artigo extenso sobre teoria marxista ou estratégia partidária bolchevique. Para a maioria dos políticos, isso não chega a ser um comportamento estranho. Mas era muitíssimo pouco característico de Lenin. Nadejda Konstantinovna observou que a doença o estava impedindo de escrever.[11] Sua impossibilidade de dormir à noite deve tê-lo deixado num estado de profunda agitação; jamais tinha a oportunidade de ponderar calmamente os programas de política pública. Tudo era feito em pânico. Tudo era feito iradamente.

A intensidade colérica de Lenin fica óbvia numa carta que mandou aos bolcheviques de Penza, em 11 de agosto de 1918:[12]

> Camaradas! A insurreição de cinco distritos *kulaks* deveria ser *impiedosamente* reprimida. Os interesses de *toda* a revolução exigem isso, porque "a última batalha decisiva" com os *kulaks* está sendo travada agora *em toda parte*. E deve ser dado um exemplo.
>
> 1. Enforquem (e cuidem para que o enforcamento aconteça *à vista de todo mundo*) *não menos de cem* conhecidos *kulaks*, indivíduos ricos e sanguessugas.
> 2. Publiquem seus nomes.
> 3. Tirem deles *todos* os seus grãos.
> 4. Escolham reféns, conforme o telegrama de ontem. Façam-no de tal forma que por centenas de quilômetros em torno as pessoas possam ver, tremer, saber e gritar, *eles estão estrangulando* e vão estrangular até matar os *kulaks* sanguessugas.
>
> Seu Lenin.
>
> Encontrem alguns sujeitos realmente durões.

Essas palavras eram tão chocantes no tom e no conteúdo que foram mantidas em segredo durante o período soviético. A frouxa definição das vítimas — "*kulaks*, indivíduos ricos e sanguessugas" — era uma virtual garantia de que ocorreriam abusos. A mensagem inteira convidava a tal abuso. Pessoas seriam judicialmente massacradas por pertencer a uma determinada categoria social.

De fato, Lenin estava tratando regiões inteiras da província de Penza como "distritos *kulaks*". Com sua linguagem extravagante, ele aumentava as chances de unidades armadas entrarem marchando nas aldeias e tratarem todo mundo como *kulaks*. Queria intimidar a população rural inteira, não só a minoria rica — e não deu atenção ao impacto negativo que isso poderia ter sobre seu próprio programa político de criar "comitês dos pobres das aldeias". O que é tão desagradável é o prazer mórbido com o terror exemplar. Nem sequer um pelotão de fuzilamento e uma morte rápida. Não, Lenin exigia um enforcamento público. Sabendo que nem todos os bolcheviques teriam estômago para isso, recomendou aos camaradas de Penza que saíssem em busca de alguns sujeitos suficientemente durões para executar as medidas. Esse tipo de mensagem não era a exceção, mas a regra. Durante o verão de 1918 e o restante da guerra civil, Lenin vociferou da mesma maneira. Recomendou que a cidade de Baku deveria ser riscada do mapa, no caso de ser atacada, e que um anúncio público desse fato deveria ser afixado em torno de Baku, para que os colaboradores fossem desestimulados.[13] Fez com que as práticas de guerra da Europa do século XX revertessem à Idade Média. Nenhum limite moral era sagrado.

E sempre que ouvia falar no Komuch e na região do Volga, sua fúria era impressionante. Seria isso uma coincidência geográfica? Possivelmente Lenin, de algum modo subconsciente, estivesse se vingando da região do Volga pelo ostracismo dos Ulyanov após a prisão de seu irmão. O que fica evidente é que estava tendo uma abordagem muito distanciada da imposição homicida de seu regime. Seu primo-irmão, Vladimir Ardashev, com quem havia passado verões na propriedade da família em Kokushkino, havia trabalhado como advogado. Lenin, quando rapaz, tinha passado muito tempo com os Ardashev, e membros da família Ardashev foram visitá-lo no exterior. No verão de 1918, chegou a Lenin, em Moscou, a notícia: Vladimir Ardashev, um inocente profissional liberal, havia sido fuzilado por bolcheviques em Yekaterimburgo, por pertencer à indesejável categoria da "burguesia".

Mas Lenin mal ficou desconcertado. O primo Ardashev tinha sido surpreendido do lado errado da crescente guerra civil. Não se envolvia em política e nada tinha feito para merecer sua execução; era um ser humano decente, mas a lógica dos acontecimentos forçava todos os russos a uma escolha: a favor da ou contra a "ditadura proletária". Os laços de família estavam subordinados à política. Nunca ocorreu a Lenin se perguntar se valia a pena uma revolução que fechava os olhos à eliminação física de pessoas bem-intencionadas, competentes e honestas, como o seu primo. Lenin manteve-se inabalável pela carnificina da revolução. Esse era o comportamento de um fanático livresco que não sentia a menor necessidade de encarar a realidade violenta de sua revolução. Sabia o que queria, em termos políticos abstratos, e tratava a morte de indivíduos inocentes como parte da inevitável sujeira do progresso histórico. E, então, não se importava de sujar as mãos de sangue. Quando fez essas repulsivas exigências de terror em massa ao longo do Volga, entre muitas das vítimas estaria incluída, inevitavelmente, gente como seu falecido primo. Mas isso não incomodava Lenin.

Nesse meio-tempo, as emergências do verão moscovita não haviam chegado ao fim. Lenin foi pego desprevenido pelo assassinato de Mirbach em 6 de julho e ficou chocado com a ascensão revolucionário-socialista de esquerda. Correu perigo quando viajou pela capital com Stepan Gil, em 7 de julho. Um fato ainda pior iria atingir Lenin no mês seguinte.

Aconteceu em 30 de agosto de 1918. A irmã de Lenin, Maria Ilinichna, suplicou-lhe que não saísse do Kremlin naquele dia. Já haviam recebido a notícia do assassinato do chefe da Cheka de Petrogrado. Mas nem Maria Ilinichna nem Bukharin conseguiram alegar algo de concreto para fazê-lo desistir de seu programa.[14] Lenin riu e anunciou que seguiria em frente com o que havia planejado fazia vários dias, incluindo dois breves discursos ao ar livre. O primeiro seria na Bolsa do Milho, 3 quilômetros a leste do Kremlin, no bairro Basmanny, antes de ele descer depressa para o sul. Lenin estava em boa forma; não levou seu guarda-costas, mas partiu sozinho com seu motorista, Stepan Gil.[15] Estava agindo de acordo com o *ethos* do Partido. Os bolcheviques, como partido, minimizavam a importância política dos indivíduos e desestimulavam os líderes de agir como se fossem indispensáveis. A imprudência de Lenin pelo menos desmente a alegação de que ele era um covarde físico. Houve uma suspeita disso em julho de 1917, quando fugiu de Petrogrado em vez de defender-se nos tribunais das acusações de ser agente alemão. Mas sua atividade, em 1918, vinha sendo muito diferente. Diariamente, expunha-se a riscos ao lado de líderes bolcheviques e seus companheiros, bem à vista do público em Moscou.

Na Bolsa do Milho, ele empolgou a plateia: "Que todo operário e camponês que ainda esteja em dúvida sobre a questão do poder dê uma olhada para o Volga, a Sibéria e a Ucrânia, e a resposta virá por si própria, clara e definida!"[16] Fez outro discurso assim na Fábrica Mikhelson. Disse a seu segundo público que "democracia" era um termo usado e abusado no linguajar político contemporâneo. Como um fanático religioso tentando expurgar o léxico da fé, Lenin declarou: "O lugar onde os 'democratas' dominam é onde vocês vão encontrar roubalheira de verdade e sem disfarces!" Todos concordaram que o presidente do Sovnarkom estava em ótima forma.

Quando voltava ao carro, no pátio da Fábrica Mikhelson, Lenin foi abordado por um grupo de mulheres queixando-se dos destacamentos oficiais de barreira que impediam os camponeses de entrar em Moscou para negociar seus grãos. Lenin concordou com elas que os destacamentos não estavam agindo como deveriam.[17] Gil deu partida no motor, já preparando a viagem de volta ao Kremlin. Lenin estava apenas a três passos do carro, quando vários tiros foram disparados. O alvo era Lenin, e, nessa ocasião, os assassinos foram mais precisos do que seus predecessores em janeiro de 1918. Lenin foi atingido duas vezes, e sangrava profusamente. Seguiu-se um tumulto no pátio, e ativistas do partido bolchevique tentaram cercar seu líder e agarrar os suspeitos. A prioridade, no entanto, era colocar Lenin às pressas no carro. Quando Lenin começou a perguntar-lhe o que estava acontecendo, Gil disse-lhe abruptamente que calasse a boca. Ele assumiu o controle. Decidiu não dirigir até um hospital, para o caso de outro grupo de assassinos estar à espera, mas seguir direto para o Kremlin. Do ponto de vista médico, isso poderia ter sido desastroso, já que, nesse estágio, ninguém ainda sabia qual era a gravidade dos ferimentos de Lenin. Mas, à luz dos acontecimentos do verão em Moscou, Gil estava certo em achar que o Kremlin era o único refúgio seguro.[18]

Na chegada ao Kremlin, o próprio Lenin agiu com completo descaso pelo bom senso. Fora atingido duas vezes. Uma bala perfurara sua escápula esquerda e fora se alojar junto à escápula do lado direito. A outra alojou-se na base de seu pescoço. Embora sangrando muito, Lenin não quis ser carregado por Gil escada acima até o seu apartamento. (Teria sido mais prudente evitar qualquer esforço.) Subiu aos tropeções. Entrou cambaleante no quarto e deixou-se afundar numa poltrona. Maria Ilinichna levantou-se para ver o que estava acontecendo e entrou em desespero. Não havia um médico de plantão. O Kremlin era restrito aos líderes bolcheviques, suas famílias, seus empregados e sua segurança pessoal.

Foi enviada, então, uma mensagem urgente aos bolcheviques no Kremlin, à procura de alguém que tivesse conhecimentos médicos. Duas pessoas se apresentaram: Vera Velichkina (esposa do assistente pessoal de Lenin, Bonch-Bruevich) e Vera Krestinskaya (esposa de Nikolai Krestinski, membro do Comitê Central bolchevique). Maria procurou algo para Lenin comer, enquanto Bonch-Bruevich e Krestinskaya o examinavam. Na verdade, não havia comida alguma no apartamento. Acabara-se o mito da habilidade superior de Maria na direção do lar! E então Nadejda Konstantinovna, voltando de uma reunião na Universidade de Moscou, soube por Alex Rykov do que havia acontecido.[19] Seu primeiro pensamento foi que ele podia estar à beira da morte. Ao examiná-lo, constataram que tinha um pulmão perfurado. Que outro ferimento poderia ter? Ninguém disse muita coisa para tranquilizá-la. A empregada letã estava tão aterrorizada que se trancou para ficar escondida. O pânico aumentava. Enquanto isso, Maria Ilinichna quis enviar alguém à quitanda mais próxima para comprar limão, mas deteve-se quando lhe ocorreu o pensamento de que o quitandeiro, também, poderia ser um colaborador dos assassinos, e assim estar conspirando para mandar veneno ao Kremlin. As quatro enfermeiras de Lenin — Maria, Nadya e as duas Veras — limitaram-se a pedir a alguém para comprar remédios na farmácia mais próxima.[20] Não foi explicado por que os farmacêuticos deveriam ser politicamente mais confiáveis do que os quitandeiros.

A tensão melhorou quando eminentes médicos de um hospital foram chamados para atendê-lo, e os professores Vladimir Rozanov e V. M. Mints chegaram, nas primeiras horas de 31 de agosto.[21] No aposento ao lado, já havia uma chaleira no fogo, fervendo água para a esterilização das ataduras. Rozanov e Mints despiram o paciente e estancaram o sangue. O braço foi erguido numa tipoia.[22] Finalmente Lenin reconhecia a realidade de seus ferimentos: "O fim está próximo? Se estiver perto, digam-me logo de uma vez, para que eu não deixe questões pendentes."[23] Os médicos o tranquilizaram dizendo que em pouco tempo estaria recuperado.

Em 1º de setembro, ele estava bem o suficiente para fazer raios X.[24] Lenin disse a seus médicos que não sentia qualquer desconforto com as perfurações e que achava melhor não mexer nas balas alojadas em seu corpo.[25] Rozanov e Mints queriam impedir que seu paciente fizesse qualquer esforço. Nesse sentido, a tipoia do braço era inestimável. Enquanto a estivesse usando, ele ficaria imobilizado. Também foi convencido a tirar um longo período de convalescença fora de Moscou; qualquer coisa era melhor do que ficar com a tipoia no Kremlin. Por acaso, uma grande mansão havia passado para as mãos do governo na semana anterior, e estava nos arredores da aldeia de Gorki, 35 quilômetros ao sul da capital.[26] Podia-se chegar lá de carro ou de trem, saltando-se na pequena estação ferroviária de Guerassimovka. A casa dispunha de eletricidade, um telefone e aquecimento central. Estava também convenientemente desocupada; os donos anteriores, o general e sra. Reinbot, não moravam lá fazia anos. Poderia ser prontamente adaptada para ser usada como um sanatório. Lenin foi considerado suficientemente apto para viajar e ser levado de carro a Gorki em 25 de setembro de 1918.

Poucos russos e ainda menos estrangeiros tinham previsto que o Partido de Lenin alcançaria o poder, só para começar. Não tivesse sido a Grande Guerra, não teria havido Revolução de Outubro. Lenin tivera sua chance devido à crise econômica, ao colapso administrativo e à desordem política de tempos de guerra, e adaptara seu pensamento e seu comportamento às oportunidades que se ofereciam. Em particular, havia guiado seu Partido com discernimento, determinação e ousadia. Mesmo sem Lenin, ainda teria havido problemas para o governo provisório. Quase com certeza, o governo provisório não resistiria. Mas a atividade de Lenin garantiu que a forma de sua queda levasse a uma ordem política de extremo autoritarismo. E também tornou inevitável a guerra civil. Lenin havia intimidado vociferando, ameaçando e arriscando articulações. Cometeu erros extraordinários. Fingiu uma atividade científica, contradizendo sua abordagem intuitiva da política. Causou uma violenta reviravolta no marxismo para o tipo de revolução que ele queria. Dividiu o socialismo na Rússia e na Europa em campos antagônicos, e dispôs-se a construir um mundo com os instrumentos da polêmica ideológica, da luta política e da guerra civil. Ainda tinha que demonstrar que seu prognóstico geral era realista. No calor do conflito armado, quando toda uma variedade de forças concentrava seus esforços para derrubar o Sovnarkom, Lenin aguardava e tinha a esperança de justificar-se.

# Parte IV

# Defesa da revolução

É a única coisa que eu tenho.

Lenin, em 1922

## 22. Líder da guerra

### 1918-1919

Pela maioria dos critérios, havia poucos políticos menos adequados para travar uma guerra civil do que Lenin. Como o filho mais velho de uma viúva, não foi obrigado a servir nas forças armadas imperiais; e não fez segredo de sua inexperiência militar.[1] É certo que lera a obra clássica de Clausewitz, *Sobre a guerra*. Mas as anotações que fez foram peculiares. A conclusão que Lenin tirou de Clausewitz sobre travar uma guerra foi que isso estava se tornando uma questão técnica cada vez mais simples. Não esperava complicações. Depois que seu Partido assumiu o poder, deixou os detalhes práticos para outros e não passou sequer perto do Exército Vermelho. Lenin levava consigo sua Browning preta por questão de segurança pessoal. Mas não a usou. O mais próximo que chegou de uma atividade de soldado foi em suas expedições de caça com espingarda, nas cercanias de Moscou, quando atirava em patos e raposas. Mas sua violência pessoal direta não passou daí. Sua experiência de conflito armado em larga escala entre dois grupos de seres humanos sempre foi secundária e não teve quase qualquer previsão sobre a intensidade da guerra civil que estava irrompendo pelo ex-império russo.

E, no entanto, em pelo menos um sentido estava preparado para a guerra. Por mais calado e inexperiente que fosse, Lenin não sentia qualquer inibição de dar ordens para o uso da força militar, e o derramamento de sangue resultante não lhe tirava o sono. O escritor Maskim Górki perguntou-lhe como sabia quanta força usar. Lenin, na opinião de

Górki, estava preparadíssimo para colocar em ação a Cheka e o Exército Vermelho. Mas Lenin não sentia remorsos: "Por que medida se há de avaliar quantos golpes são necessários e quantos são supérfluos no decorrer de uma determinada luta?"[2] Para Lenin, o importante era vencer a luta. Só pedantes se preocupavam com a regulagem cuidadosa da violência. Lenin preferia exagerar na violência a correr o risco de deixar um oponente sobreviver ao ataque.

Como líder de guerra, ainda por cima, ele se desenvolveu bem depressa, mesmo estando distante das campanhas militares. Segundo todos os testemunhos, ele era a trava de segurança da máquina do partido central bolchevique. Trotski, como comissário do povo para as Questões Militares, conquistou o reconhecimento do público como líder do Partido em mais estreito contato com o Exército Vermelho. Tinha seu próprio veículo, que logo ficou conhecido como o Trem de Trotski, para viajar até as frentes de guerra. Ele se dirigia a comissários, comandantes e à soldadesca com o mesmo brilho e desenvoltura. Havia outros dotados de maravilhosos talentos. Bukharin era um eficiente editor do *Pravda*. Kamenev sabia como tocar a administração municipal em Moscou, Zinoviev em Petrogrado. Stalin era capaz para dirigir o Comissariado do Povo para as Questões das Nacionalidades ou qualquer outra organização que exigisse uma mão firme e decidida. Sverdlov, braço direito de Lenin no Kremlin, tinha a capacidade de coordenar não só a Secretaria do Partido, mas também o Comitê Central Executivo do Congresso dos Sovietes. Todos eles poderiam exercer o poder com competência. Tinham inteligência aguçada e confiança abundante.

De fato, eles ansiavam por expandir seu poder e transformar o mundo à sua volta de acordo com suas doutrinas. O ano que se seguiu à Revolução de Outubro foi uma lição terrível para eles. Convencidos por Lenin, em 1917, de que os sovietes podiam constituir a medula da "ditadura do proletariado", acharam a experiência do governo menos do que totalmente satisfatória. Em termos de doutrina, eram marxistas do tipo de Lenin. Adoravam a ordem, a disciplina, o centralismo, a hierarquia e a unidade monolítica. Queriam que suas ordens fossem executadas sem atenuação. Buscavam impor sua vontade impiedosamente. Cada um deles deixava seus subordinados cientes de que se esperavam resultados, e rápido. A liderança central bolchevique havia tomado o poder, de forma a acelerar uma transformação do mundo político e econômico. A realidade do poder, no entanto, era diferente. O império russo se desfizera. A economia e a administração estavam arruinadas. A política dera lugar a uma luta militar crônica e indecisa. Empobrecimento, fome e doença estavam se tornando normais. E, nessa situação, os bolcheviques sabiam que era necessário um sistema de ordem totalmente centralizado. Estava ocorrendo uma emergência tanto prática como doutrinária.

Os líderes locais e centrais bolcheviques tinham, eles próprios, parte da culpa pela desordem. Cada qual queria a revolução em seus próprios termos. A linha vertical de comando estava um caos, nos sovietes, nos sindicatos e nos outros organismos públicos. Quando Lenin escreveu aos comunistas de Astracã, teve de ameaçar (ou, pelo menos, achou que tinha de ameaçar) matá-los a fim de garantir obediência. Os organismos públicos centrais estavam em constante desacordo uns com os outros. Lenin, em geral, conseguia impor sua vontade a qualquer um deles. Mas era o líder da Revolução de Outubro: seria um fracasso se a sua autoridade pessoal não tivesse peso. Outros no Comitê Central e no Sovnarkom tiveram momentos mais difíceis. Os ciúmes pessoais e as rivalidades institucionais eram intensos. Nem a situação melhorava com a tendência bolchevique de criar novos organismos sempre que um organismo de Estado já existente não conseguisse superar uma dificuldade específica. A demarcação funcional entre instituições foi ridicularizada por Lenin em O *Estado e a revolução* como uma jogada da classe média para disfarçar a realidade da "ditadura burguesa" instituída sob o capitalismo; e ele e seu Partido estavam atordoados com a natureza caótica da administração após 1917.

Lenin conclamou seus companheiros a dedicar-se mais e, em alguns casos, a ser um melhor exemplo. As dissensões entre Trotski e Stalin o enfureciam. Cada um deles escreveu a Lenin defendendo seu lado; o ódio mútuo estava exposto. Só Lenin poderia conseguir uma acomodação sofrível. Ele não era avesso a bancar o pai severo para o Partido. Quando Pavel Dybenko, líder dos marinheiros, foi preso por insubordinação, Lenin chamou à parte a esposa de Pavel, Alexandra Kollontai: "São precisamente você e Dybenko que deveriam dar o exemplo às amplas massas que ainda estão tão longe de compreender o novo poder soviético

— vocês, que desfrutam de tanta popularidade."³ Ele só soltaria Dybenko se Kollontai fosse a fiadora pessoal de seu futuro bom comportamento. Somente Lenin poderia ter conseguido algo assim com Kollontai.

Mas as soluções por ele propostas aos bolcheviques foram expressas muito abstratamente. Pedia centralismo, ordem, disciplina e — cada vez mais — punição. O teórico da organização nunca foi muito bom em aconselhamento organizacional preciso. Até em *O que se há de fazer?* não quis entrar em detalhe e, quando o fez, em sua "Carta a um Camarada sobre nossas Tarefas Organizacionais", tendeu a um conjunto de recomendações bastante esquemático. De qualquer modo, no final de 1918, enquanto convalescia, Lenin não deu muita atenção a impor questões organizacionais. Em vez disso, escreveu um livreto para se contrapor ao que os inimigos do Partido tinham escrito sobre ele. Tinha em mente um inimigo em especial: Karl Kautsky. No sanatório, ele compôs *A revolução proletária e o renegado Kautsky*. Pela primeira vez em sua carreira não escreveu à mão. Sua recuperação levou algumas semanas, e até Lenin teve que se contentar em ditar seus textos a uma secretária do Sovnarkom, Maria Volodicheva. Revelou-se o Lenin mais íntimo. Apesar dos infortúnios pessoais e políticos, o que ele achou mais importante fazer? Refutar Kautsky, um teórico cuja existência era completamente desconhecida para a vasta maioria dos cidadãos da República Soviética, e que não era o principal líder marxista na Alemanha.

Suas palavras foram perfeitamente normais, pelos padrões de Lenin, exceto por sua brusquidão. As variadas evasões verbais de 1917 tinham sido deixadas para trás. Ironizou a rejeição de Kautsky à conveniência da "ditadura" e declarou:⁴

> É natural para um liberal falar em termos gerais sobre "democracia". Um marxista nunca se esquecerá de fazer a pergunta: "para que classe?" Todo mundo sabe — e o "historiador" Kautsky o sabe também — que as insurreições e até mesmo os intensos casos de agitação entre escravos na Antiguidade denunciaram instantaneamente a essência do Estado antigo como uma *ditadura* de *escravagistas*. Essa ditadura eliminou a democracia *entre* os escravagistas *para* eles? Todo mundo sabe que isso não é verdade.

E, assim, Lenin reafirmava o preceito de que seu socialismo, que ele achava ser a única forma genuína de socialismo, só poderia ser introduzido por meio de ditadura. Forçou o argumento diretamente: "Ditadura é o poder apoiando-se diretamente em uma força não tolhida por qualquer lei."[5]

E, no entanto, continuava acanhado quanto às influências sobre seu pensamento. Mencionava Marx, Engels, Plekhanov e praticamente mais ninguém. Nem uma única vez ele mencionou sua admiração pelos terroristas socialistas agrários nem fez alarde de outra figura que o influenciou: o autor do século XV, Nicolau Maquiavel. Se, por um lado, Marx havia escrito sobre a necessidade de repressão ditatorial, por outro, Maquiavel dissera como reprimir eficientemente. Mas, tendo arrumado confusão em 1902, ao louvar os *narodniks* russos, Lenin não queria associar-se com um pensador que durante séculos havia sido notório por promover técnicas amorais de governo; e quando Lenin o mencionou, numa correspondência confidencial, como numa carta a Molotov em 1922, não se referiu a Maquiavel pelo nome, mas como "um sábio escritor sobre questões da arte de governar".[6] Maquiavel, confiou a Molotov, "disse corretamente que, se for necessário recorrer a certas brutalidades para realizar determinada meta política, elas devem ser executadas da maneira mais enérgica e o mais rápido possível, porque as massas não vão tolerar a aplicação prolongada de brutalidade". Já era a ideia de que Lenin estava sempre tentando limitar a natureza brutal de seu regime. Na verdade, queria que a brutalidade fosse a mais intensa possível e em curto prazo para que não precisasse ser desnecessariamente prolongada no tempo.

Embora não saibamos quando Lenin leu Maquiavel, fica claro que ele era um admirador. Houve diversos outros autores que estudou após a Revolução de Outubro. Alguns deles são conhecidos. Entre esses estava John Maynard Keynes, cujo tratado sobre *As consequências econômicas da paz* denunciava o Tratado de Versalhes. Nesse caso, Lenin era franco quanto à influência, pois Keynes criticava fortemente as disposições territoriais e econômicas feitas pelos Aliados em 1919. Também leu *A decadência do Ocidente*, de Osvald Spengler. Spengler escreveu que o capitalismo ocidental estava condenado devido ao ciclo natural da civilização, do nascimento, vida e, daí, à morte. Lenin não gostou do livro, preferindo uma explicação econômica e política para a condenação que ele também previra para as principais economias de mercado; disse que Spengler era um burguês chorão.[7] Evidentemente, quando Lenin lia por prazer, com frequência podia ser pelo prazer do desprezo cáustico.

Em geral, no entanto, seu intelecto estava envolvido com preocupações que o atingiam mais de perto. Concentrava seus esforços em apoiar a ditadura soviética contra os ataques dos Exércitos Brancos e de forças expedicionárias estrangeiras. A solução escolhida pelo Comitê Central e apoiada pelos organismos locais do Partido foi que um único órgão supremo deveria dirigir o Estado soviético, decidir programas políticos e regulamentar sua implementação. Isso, eles acreditavam, eliminaria o caos e a indisciplina. O órgão que escolheram foi o seu próprio Partido.

Há controvérsia quanto ao porquê de isso acontecer. Todos os historiadores soviéticos e a maioria dos ocidentais sugeriram que isso resultou de um projeto elaborado com muita astúcia, remontando até *O que se há de fazer?*, em 1902.[8] No entanto, é preciso ser muito crédulo — agora que se pode ter acesso às fontes nos arquivos, e estudiosos já procuraram por "sujeira" sobre Lenin onde quer que possa ser encontrada — para achar que, se os bolcheviques estivessem planejando uma específica forma institucional de Estado, não teriam deixado indícios disso em suas cartas e memórias. Mas nenhum indício assim veio à luz. Certamente, Lenin foi o fundador do Estado monoideológico de partido único, mas seus esboços foram imprecisos quanto a questões práticas cruciais. O que articulou foi realmente um conjunto de pressupostos básicos. Louvava a liderança e professava ter uma capacidade para programas infalíveis de ação política; também acreditava na necessidade de um partido de vanguarda. Isso ainda não era uma recomendação para que o partido bolchevique se tornasse o órgão supremo do Estado soviético. Mas a pressão dos acontecimentos forçou Lenin e seus camaradas a elaborar seus pressupostos e a chegar a essa invenção institucional dentro de mais ou menos um ano da Revolução de Outubro. Esses pressupostos sobre estratégia revolucionária começaram a ser considerados seriamente em 1918-19. Os programas de ação política mudaram; os pressupostos foram modificados em detalhes, mas não fundamentalmente.

Não só Lenin e o Comitê Central, mas ainda os líderes locais do Partido, estavam contentes com a transformação política. Em janeiro de 1919, o Comitê Central, cuja maioria dos membros estava frequentemente fora de Moscou, cumprindo obrigações militares ou políticas, criou dois subcomitês internos: o Bureau Político (Politburo) e o Bureau Organizacional (o Orgburo). O Comitê Central, o Politburo e o Orgburo receberam poderes para se ocupar das mais importantes questões de Estado. Apesar de organismos de partido, eram, na verdade, supremas agências do Estado, e suas decisões eram obrigatórias para o Sovnarkom, o Conselho do Trabalho e da Defesa e os Comissariados do Povo.

Lenin pertencia ao Comitê Central e ao Politburo, e manteve seu cargo de presidente do Sovnarkom e do Conselho do Trabalho e da Defesa. Ninguém mais tinha uma presença tão constante no Kremlin. A única possível exceção era Sverdlov, secretário do Comitê Central e do Comitê Executivo Soviético, e foi Sverdlov que cuidou dos assuntos do Estado, quando Lenin foi baleado, em 30 de agosto de 1918. Assim que Lenin se recuperou, Sverdlov retomou a posição de seu braço direito em Moscou. O poder de mando de Lenin e Sverdlov era tão grande que seus críticos — e até alguns de seus amigos — descreviam seu governo como um duunvirato. Sverdlov era um homenzinho mandão com uma voz improvavelmente grave e uma predileção por se vestir de couro preto dos pés à cabeça; sua energia parecia ilimitada. Mas, em 16 de março de 1919, morreu subitamente após um breve ataque de gripe "espanhola". Privado de um leal ajudante, Lenin fez-lhe candente elegia fúnebre. Lenin e Sverdlov não tinham sido amigos. Não passavam tempo relaxando na companhia um do outro, e Lenin não mostrou grande consideração pela capacidade intelectual ou pela compreensão política de Sverdlov. Mas, como organizador, Sverdlov foi notável. Era insubstituível, e Lenin sabia o quanto iria lhe fazer falta.

Nos anos que se seguiram, Lenin experimentou uma série de substitutos para Sverdlov no Comitê Central: Starova em 1919, Krestinski, Serebryakov e Preobrajenski em 1920, Molotov e outros em 1921 e — fatidicamente — Stalin em 1922. Todos, com exceção de Stalin, foram mais subordinados a Lenin do que Sverdlov havia sido. Nas frequentes ausências de Trotski, Stalin e de Zinoviev, houve grande liberdade para Lenin, como indivíduo, apoderar-se dos principais instrumentos de poder do partido central e das máquinas governamentais.

Sua confiante manipulação dessas manivelas é notável contra o cenário de uma vida privada que havia entrado numa fase de desestabilização. Após recuperar-se da tentativa de assassinato, voltou ao trabalho político no Kremlin, em tempo integral, em 14 de outubro de 1918. Na verdade, não estava em bom estado de saúde. Vinha sofrendo de seus antigos problemas de dores de cabeça e insônia. Procurava enfrentá-los dando voltas pelas calçadas do Kremlin, ao meio-dia e à meia-noite. Seus guardas pessoais, que nada sabiam sobre seu histórico médico, achavam isso bastante enlouquecedor, uma vez que com esse comportamento ele acabava se tornando alvo fácil para sofrer outro atentado. Pior ainda, Lenin não gostava de andar cercado e, às vezes, deliberadamente os evitava.[9] Muitas vezes, convidava ou Nadya, ou sua irmã, Maria, para caminhar com ele. Precisava conversar com pessoas em quem pudesse confiar, e nem Maria nem Nadya tentavam lhe impingir ideias. Sua outra forma de exercício eram suas expedições de caça com camaradas bolcheviques. Os comissários do povo iam à caça para abater animais nas regiões campestres de Moscou. Lenin saíra em caçadas pela última vez quando esteve exilado na Sibéria e ficava feliz da vida por ter uma oportunidade regular de ir para o campo com sua própria espingarda sobre o ombro.

No entanto, de um ponto de vista médico, essas investidas eram perigosas. Em diversas ocasiões, sentiu um aperto no peito e uma dor aguda nas pernas. Sua reação era inventar alguma desculpa para sentar-se, sem nada mencionar a seus parceiros de caçada. Quase com certeza estava sofrendo o que costuma ser designado como ataques isquêmicos passageiros (ou ataques cardíacos brandos). Lenin devia ter consciência do quanto eram sérios, uma vez que consultava manuais de medicina sempre que tinha problemas físicos. A sombra da mortalidade ficava mais longa, e Lenin se tornava cada vez mais impaciente para fazer o que pudesse pela revolução, antes de morrer.

Sua saúde era a única coisa que o perturbava. Embora as memórias de Nadejda Konstantinovna não se refiram a qualquer tensão entre marido e mulher, os sinais externos sugerem uma história diferente. Quando Lenin mudou-se para o sanatório de Gorki, Nadya não foi com ele.[10] Isso seria explicável como autoafirmação feminista, se outros motivos não indicassem o aborrecimento de Nadejda Konstantinovna. Deve ter algum significado o fato de que, entre as primeiras pessoas à cabeceira de Lenin, após a tentativa de assassinato em agosto de 1918, estivesse Inessa Armand.[11] Inessa na época trabalhava em Moscou como funcionária estatal para a economia da província, e não morava longe do Kremlin. Sua chegada ao Kremlin dificilmente terá sido uma notícia surpreendente para Nadejda Konstantinovna. No final de 1918, só poucas pessoas podiam visitá-lo, e sempre precisavam ter sido convidadas ou recebido sua prévia permissão. Lenin e Inessa haviam-se visto pouco após a Revolução de Outubro, uma vez que pedira especificamente que ela fosse convidada a comparecer às sessões do Sovnarkom. Não há, no entanto, indícios de que Lenin teria retomado seu caso com ela (embora isso não possa ser excluído). Os dias de Lenin eram entulhados de trabalho e, além do mais, ele e Inessa não estavam de acordo sobre política; como a maioria dos principais bolcheviques, ela fora completamente hostil à campanha de Lenin pela assinatura do Tratado de Brest-Litovsk. Mas a amizade deles transcendia a política e, enquanto Lenin jazia prostrado com ferimentos a bala, ele quis tê-la a sua cabeceira.

Nesse meio-tempo, a doença de Graves de Nadya e suas palpitações cardíacas a estavam atrapalhando e, logo depois que Lenin voltou ao Kremlin, ela partiu para o parque no distrito de Sokolniki, na fímbria nordeste da cidade; ficou, a pedido próprio, em uma escola onde lhe foi destinado um pequeno aposento no andar térreo.[12] Seu tratamento continuava nas mãos do professor Gete, médico de família tanto para os Lenin quanto para os Trotski.[13] Ela ficou lá o mês de dezembro e até janeiro. Foi uma mudança estranha, de um ponto de vista médico, já que os médicos poderiam prestar-lhe um tratamento mais adequado caso ela não tivesse deixado o apartamento que dividia com o marido e a cunhada. Por que, então, ela foi? Talvez precisasse de uma folga das rotinas movimentadas do Kremlin, e o professor Gete não se incomodasse de ter de viajar para examiná-la. Mas há outras possibilidades. Se, de fato, Nadya ficara abalada pelo pedido de Lenin de ver Inessa depois do atentado, talvez Nadejda simplesmente tenha decidido buscar um pouco de tranquilidade pessoal. Pode ter achado que, isolando-se, talvez Lenin pudesse refletir sobre o relacionamento entre os dois, tendo-a como sua esposa e como companheira de lutas de uma vida inteira.

É só até aí que uma especulação racional pode nos levar. Lenin, Nadya e Inessa não deixaram maiores pistas sobre seus sentimentos nessa época. Ou, se deixaram, tais pistas se perderam para a história. Nem se deveria esquecer que, qualquer que fosse a natureza da relação de Lenin com Inessa Armand em 1918-19, a preocupação dele na vida ainda era com a política. Fazer a revolução, consolidando-a, continuava a ser a sua suprema paixão.

De qualquer forma, conservou seu senso de obrigação marital para com Nadya, e ela, por sua vez, sentia-se gratificada pelas visitas que ele lhe fazia em Sokolniki. Geralmente, chegava à noite, depois do trabalho, acompanhado por sua irmã, Maria, e levado de carro por Stepan Gil.[14] No domingo, 19 de janeiro de 1919, isso quase foi a causa de sua morte ou, pelo menos, esteve muito perto disso. Lenin, que havia sido convidado pelas crianças de uma escola de Sokolniki a comparecer a uma festa em torno de um pinheiro de Natal, partiu do Kremlin com Maria, Gil e seu atual guarda-costas, I. V. Chebanov. Quando chegaram à Chaussée de Sokolniki, ouviram um apito agudo. Já estava escuro; três homens armados pularam para a rua coberta de neve e deram a Gil ordem de parar o carro. Gil achou que fossem policiais e obedeceu. (Em meados de 1918, ele havia ignorado uma ordem como essa, e a polícia atirou contra o carro!) Lenin rapidamente lhes mostrou seus documentos. Mas os homens forçaram-no e aos outros passageiros a saltarem do veículo, encostaram um revólver na têmpora de Lenin e revistaram-lhe os bolsos. Lenin advertiu: "Meu nome é Lenin." Mas não lhe deram atenção. Os passageiros ainda não tinham entendido que aqueles homens não eram policiais, e Maria pediu-lhes que mostrassem seus documentos. A resposta foi: "Criminosos não precisam de documentos!" Roubaram a Browning de Lenin e fugiram apressados no carro. A única ação positiva de Chebanov foi salvar a vasilha de leite que estavam levando para Nadejda Konstantinovna.

Eles se arrastaram até os escritórios do Soviete do Distrito de Sokolniki, onde Lenin teve dificuldade para convencer o funcionário de que era realmente Lenin. Acabaram aparecendo o presidente do Soviete e seu vice, e o reconheceram. Com isso, Lenin e seu grupo chegaram atrasados à festa do pinheiro de Natal das crianças. Na mesma noite, Dzerjinski organizou uma caçada policial. O carro foi encontrado, depois que os bandidos encalharam com ele num monte de neve. Um soldado do Exército Vermelho e um policial jaziam mortos ao lado do veículo: esse podia facilmente ter sido o destino de Lenin e seus companheiros. Dzerjinski intensificou a caçada. Os bandidos foram descobertos e interrogados. Afirmaram não ter entendido bem o que Lenin lhes dissera. Em vez de "Lenin", entenderam "Levin". Mas, tendo fugido, reexaminaram os documentos e perceberam quem sua vítima realmente era. A audácia deles era extraordinária. Um deles, Yakov Koshelnikov, queria voltar imediatamente e matar Lenin. E poriam a culpa em contrarrevolucionários. Poderia até, Koshelnikov fantasiou, ter sido um golpe de Estado e achou que, em tal situação, não haveria uma caçada implacável aos ladrões. Os outros, porém, não aceitaram essa ideia. Lenin não soube a sorte que teve nessa ocasião.[15]

No entanto, Lenin e outros líderes bolcheviques centrais não podiam deixar de reconhecer a fragilidade do domínio do Estado sobre a Rússia. Biografias, no passado, tenderam a não admitir isso. Se três inexpressivos marginais na capital podia despreocupadamente ponderar se voltariam e assassinariam o chefe do governo, as coisas então haviam chegado a uma situação crítica. Na verdade, sempre estiveram críticas, e só passariam a melhorar depois da guerra civil. No meio-tempo, caos e confusão eram a norma.

Durante o inverno de 1918-19, houve várias tentativas de aparar as arestas das instituições do Estado. No geral, Lenin contou com o apoio do funcionalismo de seu Partido nesse processo. Sovietes, comitês do Partido, sindicatos e comitês das fábricas eram convocados a prestar contas a um partido central e um aparato de governo que não mais se sentia inibido pela necessidade de aconselhar-se com "os governos locais". O Comitê Central do Partido e o Sovnarkom fizeram pressão para que todas as instituições se portassem de um modo mais obediente, organizado e em estilo militar. A necessidade disso havia se tornado intensa em novembro de 1918. Até então, o Exército Vermelho vinha lutando contra forças reunidas pelos ministros revolucionários socialistas do Komuch em Samara, e Trotski pudera dar notícia de diversos sucessos. Kazan foi retomada em 10 de setembro. O exército Komuch, apesar de ter sido fortalecido pela Legião Tchecoslovaca, não era páreo para os Vermelhos. Mas, nesse meio-tempo, outros exércitos haviam sido formados para invadir a Rússia Central. Eram liderados não por socialistas, mas por ex-oficiais do exército imperial que detestavam não só o bolchevismo, mas também o socialismo em geral, bem como quase todos os tipos de liberalismo. No sul da Rússia, um Exército Voluntário se reuniria sob a liderança dos generais Alexeiev e Kornilov. Na Sibéria Central, havia mais um contingente antibolchevique, liderado pelo almirante Kolchak. Na Estônia, o general Yudenich estava montando ainda mais um. A ameaça militar que havia sido representada pelo Komuch começava a se intensificar.

Ainda uma vez, nem Lenin nem os demais membros do Comitê Central tiveram qualquer pressentimento disso. Até então, uma força antibolchevique não parecia muito diferente de qualquer outra. Porém, em 18 de novembro de 1918, o alto comando do almirante Kolchak prendeu os revolucionários socialistas em Omsk e proclamou Kolchak governante supremo de Toda a Rússia. O objetivo desse Exército Branco era atravessar rapidamente até os Urais e, de lá, para a Rússia Central. Quando, em dezembro, chegaram à estrategicamente importante cidade de Perm, nos Urais, esperava-se uma desesperada defesa. Em vez disso, o partido bolchevique e o regime soviético local se desmantelaram. Nos meses de inverno que se seguiram, um Kolchak triunfante pretendia tomar o lugar de Lenin no Kremlin.

A reação de Lenin ao desastre de Perm evidenciou sua fraqueza no período inicial da guerra civil. Ele tinha um conhecimento incomparável dos mecanismos das agências do Estado. Providenciou, também, para estar em contato com os sentimentos populares, por meio de suas viagens por Moscou e de suas audiências para ouvir as petições de camponeses vindos das províncias (embora menosprezasse impiedosamente tais sentimentos, sempre que achava que considerações de ideologia marxista ou de *Realpolitik* deviam ter precedência). Mas Lenin tinha muito pouca consideração pelo enorme caos do regime na camada inferior da hierarquia administrativa do Kremlin. Sentado em seu gabinete, podia confiar que os telefones iam funcionar. Podia pedir livros de bibliotecas e ler os jornais do dia na manhã da publicação. Secretárias e assistentes pessoais estavam a sua disposição caso precisasse de algo e nunca lhe faltavam comida, casa e roupa. Não vivia suntuosamente no Kremlin, mas, pelos padrões do Partido, do governo e dos oficiais do exército fora de Moscou, era um líder muito bem protegido, para não dizer paparicado. Seu isolamento da realidade das províncias dissuadia-o de botar a culpa por quaisquer reveses em seus próprios programas políticos ou nas inerentes dificuldades da política nas regiões. Em vez disso, criticava duramente os indivíduos. Eram sempre julgados fracos demais, burros demais ou corruptos demais. No caso da *débâcle* militar em Perm, Lenin concluiu simplesmente que um dos principais oficiais locais, M. M. Lashevich, cumprira seu serviço bêbado.[16]

Mas o próprio Lenin viria a ser alvo de críticas severas por parte de funcionários menores do governo e do Partido. Queriam que o Estado soviético tivesse uma hierarquia mais rígida do que a que existia atualmente e acusavam Lenin de morosidade para impô-la. Em suma, exigiam que a liderança política essencial centralizasse de forma adequada a administração do Estado. Alguns insistiram em que esse processo deveria ser acompanhado de medidas para responsabilidade democrática dentro tanto do Partido como dos sovietes. Esses críticos ficaram conhecidos como os centralistas democratas e eram liderados por N. Osinski e T. D. Sapronov. Outro grupo de funcionários locais insatisfeitos não estava ligando a mínima para se estava garantida a responsabilidade democrática — mesmo na forma extremamente limitada proposta pelos centralistas democratas. Queriam simplesmente que a máquina do Estado funcionasse de maneira responsável. Entre esses críticos estava Lazar Kaganovich. Osinski, Sapronov e Kaganovich continuaram se queixando de Lenin e Sverdlov a partir de seus diferentes pontos de vista.

Mas essas não eram as únicas críticas a programas políticos. Trotski, com o consentimento de Lenin, havia introduzido oficiais do exército imperial no Exército Vermelho. Designou um comissário político junto a cada um deles para vigiar-lhes a lealdade e, só para prevenir, fez reféns entre as suas famílias, que pagariam com as vidas por quaisquer atos de traição. Mas Trotski não parou por aí. Atirava em comissários políticos também, caso desobedecessem a ordens. Enfileirava regimentos de desertores e executava o castigo romano da dizimação. Ironizava a ideia de que funcionários antigos do partido bolchevique não deveriam ter tratamento especial no Exército Vermelho. Para muitos bolcheviques nas forças armadas, isso era intolerável, e exigiam reforma militar. Alguns deles até afirmavam que Trotski, que não havia sido bolchevique antes de 1917, poderia emergir como Napoleão Bonaparte na Revolução Francesa e tornar-se ditador. Lenin tentou evitar a controvérsia pelo maior tempo possível. Mas, dentro do Partido, uma chamada Oposição Militar — inspirada nos bastidores por Stalin, inimigo ferrenho de Trotski — exigia a demissão dos antigos oficiais do exército imperial. Só quando se tratou de uma escolha definitiva entre a continuação do programa político e a renúncia de Trotski é que Lenin concordou em arbitrar a questão; e, de uma maneira geral, preferiu apoiar Trotski a perdê-lo como comissário do povo para as Questões Militares.

Houve outras alterações de programas políticos naquele terrível inverno. Em 2 de dezembro, os comitês dos pobres das aldeias foram dissolvidos, depois que se descobriu que traziam mais danos do que benefícios ao Partido no campo. Aos camponeses, basicamente desagradava o clima de divisão introduzido pelos comitês. Além disso, ocorria frequentemente que os comitês atormentassem não só os lares mais ricos, mas também os "camponeses médios" que, como Lenin repetidamente declarava, o Partido queria manter ao seu lado. A abolição dos comitês foi notável de dois modos. Primeiro que Lenin desistiu desse programa político sem reconhecer que o erro por introduzi-lo tinha sido principalmente dele próprio. Ele não costumava admitir erros passados, e esse momento não foi uma exceção. Em segundo lugar, era evidente que os comitês dos pobres das aldeias, apesar de impopulares junto ao campesinato, continuavam a agradar os funcionários do Partido. Lenin teve de convencer seu Partido da necessidade prática de evitar alienar a opinião popular com um movimento rápido e coercitivo demais na direção de medidas socialistas. Não pela última vez.

A necessidade, para ele, de reagir rapidamente às situações era de extrema importância. No exterior, a Grande Guerra chegou abruptamente ao fim na frente ocidental em novembro, quando as Potências Centrais viram-se forçadas, após o fracasso de sua ofensiva maciça de verão, a requerer um armistício. Grã-Bretanha, França, Itália e EUA haviam triunfado. A reação instantânea de Lenin foi revogar o Tratado de Brest-Litovsk. Os oito meses da "paz obscena" haviam chegado ao fim. Lenin podia finalmente demonstrar a seus críticos no Partido que estava autenticamente engajado na "revolução socialista europeia". Dinheiro, propaganda política (incluindo uma tradução alemã de O estado e a revolução) e enviados foram mandados apressadamente de Moscou a Berlim. A pressuposição era de que a derrota militar havia provocado uma situação revolucionária; nem Lenin nem o restante do Comitê Central estavam preocupados com a reação potencial dos Aliados Ocidentais. A prioridade tinha de ser a promoção de uma tomada do poder na Alemanha pelos socialistas de extrema esquerda. Tal realização iria, Lenin achava, criar um "bloco" político entre a Rússia e a Alemanha que nenhum exército do mundo poderia derrubar. O principal problema é que ainda não havia um partido comunista na Alemanha. Em vez disso, Lenin teria de valer-se da Liga Spartacus, dirigida por Karl Liebknecht e Rosa Luxemburgo, e, com isso em mente, deu início a ações visando a convocar um encontro de fundação de uma Internacional Comunista. A ofensiva política revolucionária europeia exigiria preparativos cuidadosos.

No entanto, o governo alemão, após a abdicação de Guilherme II, era constituído por líderes do Partido Social-Democrata, que desaprovava inteiramente não só Lenin e a Revolução de Outubro, como também Liebknecht e Luxemburgo. A Liga Spartacus havia muito abandonara qualquer esperança no Partido Social-Democrata alemão. Liebknecht e Luxemburgo seguiram por conta própria e planejaram uma insurreição. Nem mesmo isso, no entanto, pôde trazer consolo incondicional a Lenin. Em particular, Luxemburgo havia escrito críticas à política agrária de Lenin (indulgente demais para com os não russos) e contra a política nacional leninista (vergonhosamente antidemocrática). Se a Liga Spartacus fosse vigorosa, então os bolcheviques poderiam muito bem enfrentar dificuldades tanto no restante da Europa como na Rússia. Mas, se fracassasse, o que restaria dos prognósticos estratégicos do bolchevismo?

As coisas saíram mal para os espartaquistas. Em 6 de janeiro 1919, tentaram derrubar o governo socialista em Berlim. O ministro da Defesa, Gustav Noske, mobilizou cada unidade anticomunista disponível, incluindo soldados recentemente desmobilizados das frentes ocidental e oriental. A Liga Spartacus sofria de uma desesperada falta de poder de fogo. Liebknecht e Luxemburgo foram presos e massacrados, e seus corpos foram largados em frente ao Jardim Zoológico. Isso foi um desastre para o comunismo internacional, mas Lenin não perdeu o sono por causa disso. Pelo menos, previu, haveria maior liberdade do que esperava na organização da Terceira Internacional, e, uma vez que continuava a presumir que a classe operária alemã era culturalmente superior à russa, não tinha dúvidas de que logo ocorreria, de qualquer maneira, em Berlim, uma revolução socialista vitoriosa. A dificuldade prática era que não existiam, fora da Rússia, partidos comunistas. Lenin teria que conseguir delegados em organizações de extrema esquerda, que ainda não se haviam alinhado com os programas políticos da Revolução de Outubro. Ele também precisaria superar os problemas de viagem que muitos desses delegados enfrentariam, numa época em que a Rússia soviética não mantinha relações diplomáticas com o restante do mundo.

O final da Primeira Guerra também fizera sentir suas consequências nas fronteiras da Rússia. Desde a assinatura do Tratado de Brest-Litovsk, grande parte do antigo império russo ficara fora da proclamada soberania do Sovnarkom. A retirada das forças alemãs deu a Lenin a oportunidade de invadir essa região e estabelecer órgãos do "poder soviético". O Exército Vermelho, com a ajuda de voluntários locais, fez rápido progresso e, por insistência de Lenin, não incorporou essa região à República Federal Socialista Soviética, mas estabeleceu repúblicas soviéticas independentes na Estônia, Lituânia, Bielorrússia, Letônia e na Ucrânia.

A República Federal Socialista Soviética teria relações com cada uma delas numa base igual e bilateral.

A fundação de um número crescente de repúblicas soviéticas não era bem-vinda para muitos bolcheviques importantes, em especial os que haviam sido criados nas fronteiras e atraídos para o bolchevismo justamente por causa de seu compromisso em erradicar o nacionalismo. Repúblicas soviéticas independentes pareciam-lhes — e diversos dos mais articulados entre eles eram judeus que se sentiam especialmente vulneráveis ao antissemitismo dos nacionalistas da região — como ainda mais um abandono de valores socialistas universais. Lenin, é claro, era de ascendência, em parte, judaica. Mas não tivera uma juventude marcada por uma discriminação nacional negativa. Fora criado como um europeu russo e havia feito campanha, como político, com essa plataforma; odiava qualquer manifestação daquilo que chamava de o grande chauvinismo russo. Sua formação permitia-lhe assumir um ponto de vista mais distanciado sobre "a questão nacional" do que o da maioria de seus colegas. Sensibilidades nacionais e étnicas nas fronteiras, insistia em dizer, tinham de ser respeitadas. Seu Partido ficou consternado com isso, mas ele tentou explicar que estava tomando precauções para que as repúblicas soviéticas independentes não pudessem agir independentemente. Os partidos comunistas nessas repúblicas seriam tratados como meras organizações regionais do Partido Comunista russo e de seu Comitê Central. O poder verdadeiro, assim, seria exercido não pelas repúblicas soviéticas "independentes", mas por Moscou.

Durante o inverno de 1918-19, o estado de espírito no Comitê Central bolchevique foi esquizofrênico. A Europa estava novamente em ebulição, e a possibilidade de uma revolução socialista europeia estava no pensamento de todos os líderes do partido central. Entretanto, a leste, havia motivo para intensa preocupação. O Kolchak avançava ainda mais, de Perm em direção a Moscou. Em breve, poderia muito bem haver repúblicas em Varsóvia, Praga e em Berlim. Mas o socialismo sobreviveria nas cidades da Revolução de Outubro de 1917?

Quando o Primeiro Congresso da Terceira Internacional (Comintern) foi aberto, no Kremlin, em 2 de março de 1919, Lenin enfatizou a iminência da revolução na Europa. Para uma organização que almejava mudar a face da política mundial, foi uma reunião muito modesta. Havia 34 delegados, mas todos, exceto quatro, já residiam na Rússia. Lenin e seus camaradas haviam escolhido pessoas vindas de outros países, e então deram-lhes um mandato para falar em nome de toda a extrema esquerda. O grupo revolucionário francês representado em Moscou, de qualquer modo, tinha apenas doze membros em toda a França. Lenin recorrera a esse tipo de artimanha muitas vezes antes da Primeira Guerra em reuniões bolcheviques por ele definidas como reuniões do partido inteiro. Mas o Primeiro Congresso do Comintern foi ainda mais descaradamente organizado sob os auspícios bolcheviques. O representante alemão, Hugo Eberlein, protestou contra a manipulação, mas foi bajulado a aceitar um *fait accompli*; foi levado a achar que, de outra forma, acabaria com o clima geral de entusiasmo. Lenin aumentou o constrangimento lendo uma carta supostamente vinda do Soviete de Deputados dos Operários nas Midlands inglesas. Era conversa-fiada, e Lenin provavelmente sabia disso. Mas exerceu o efeito necessário: o Congresso do Comintern aplaudiu a "notícia" magnífica e já contava com o expansionismo da revolução socialista a oeste da Rússia.

Uma vez concluídas as brincadeiras, a liderança bolchevique passou a apresentar uma série de esboços de revoluções que confirmavam seu domínio dos trabalhos. Lenin falou sobre "democracia burguesa e ditadura do proletariado". Seu argumento foi que as liberdades civis que existiam nos países capitalistas eram desfrutadas exclusivamente pelas classes médias; e Lenin, bem como os sucessivos oradores bolcheviques — Bukharin, Zinoviev, Ossireski e Trotski — reforçaram a mensagem de que as esperanças kautskistas de efetuar uma transformação socialista na Europa por meios na maior parte parlamentares estavam fadadas ao fracasso. Nem mesmo Lenin forçava demais a sorte. Mal se referia a Marx, Engels, ao marxismo, ao comunismo, à guerra civil ou ao papel e à organização interna do Partido. Essa omissão não foi coincidência. O objetivo da liderança bolchevique no Primeiro Congresso do Comintern era conseguir a aprovação para se fundar uma nova organização e garantir o controle sobre ela no futuro imediato. Tendo conseguido a concordância com uma estratégia geralmente antiparlamentar, Lenin e os líderes, seus companheiros, mais tarde, conseguiram impor ainda mais detalhes de tática e ideologia. A fundação do Comintern pode ter sido, em termos de organização, um caos, mas as consequências para o mundo, no decorrer do par de décadas seguinte, foram imensas. Um organismo com pretensões de minar o capitalismo global havia sido criado, e todas as tendências políticas à direita do comunismo aprenderam a reconhecer a ameaça representada por Moscou.

Ainda não estava claro exatamente como essa ameaça se cumpriria, nem mesmo Lenin tinha exatidão nas informações ou nos instintos sobre o atual desenrolar dos acontecimentos na política mundial. Alguns de seus prognósticos eram tão errados que foram mantidos permanentemente fora das diversas edições de seus discursos reunidos. Um exemplo impressionante é a oração fúnebre que proferiu no cemitério de Volkovo, em Petrogrado, a 13 de março de 1919, após a morte de seu cunhado, Mark Yelizarov:[17]

> A França está se preparando para lançar-se sobre a Itália, elas não dividiram o botim [da Primeira Guerra]. O Japão está se armando contra a América do Norte... As massas operárias de Paris, Londres e Nova York traduziram a palavra "sovietes" para suas próprias línguas... Logo veremos o nascimento da República Federal Soviética Mundial.

Poucas coisas eram mais improváveis que uma guerra franco-italiana. O Japão estava desconfiado dos EUA, mas dificilmente se poderia dizer que num ânimo belicoso nem, na verdade, que operários franceses, britânicos e norte-americanos traduziram vocabulário russo; em vez disso, conservavam palavras como "sovietes" em sua forma transliterada, como se quisessem enfatizar a natureza exótica do que estavam lendo sobre a Rússia em seus jornais. Lenin não estava só tentando animar seus correligionários, também estava verdadeiramente de ânimo exaltado e deixou que sua imaginação e sua ideologia superassem o juízo sereno.

Ele foi trazido de volta à terra no mesmo mês, no Oitavo Congresso de seu próprio Partido. Dificilmente havia uma política que não fosse controversa entre os principais bolcheviques. Lenin e o Comitê Central foram aplaudidos por convocar o Congresso Central do Comintern, mas por muito pouca coisa mais. O informe de abertura foi feito pelo próprio Lenin, que foi recebido aos gritos de "Vida longa para Ilich!". Ele não deu a menor oportunidade a críticas, passadas ou presentes. O Tratado de Brest-Litovsk tinha sido correto. A criação dos "comitês dos pobres das aldeias" tinha sido correta (apesar de sua posterior abolição). O aproveitamento de oficiais do exército imperial tinha sido correto. O Comitê Central havia feito sua parte, e quaisquer falhas tinham que ser atribuídas aos que executaram os programas políticos, não aos que os elaboraram. Se houve problemas, não tiveram origem em Moscou: "A atividade organizacional nunca foi um lado forte dos russos, em geral, e dos bolcheviques, em particular, e, nesse meio-tempo, a principal tarefa da revolução proletária é precisamente uma *tarefa organizacional*." Lenin estava tentando lançar de volta todos os problemas na cara de seus críticos. Ou não haviam conseguido, por ignorância, compreender a sabedoria dos programas políticos, ou foram péssimos implementadores das sensatas medidas. Não se podia atribuir culpa ao Comitê Central.

Essa foi uma *senhora* declaração. Os bolcheviques eram tradicionalmente vistos como o mais ideológico e bem organizado dos organismos políticos russos. Haviam começado a existir, em 1903, precisamente devido a sua rejeição ao amadorismo na vida organizacional do Partido no império russo, e *O que se há de fazer?*, de Lenin, foi seu principal texto faccionário. A realidade sempre foi diferente: os bolcheviques eram, em geral, tão caóticos e indisciplinados quanto qualquer outro partido russo, até seus poucos últimos meses. Sim, Lenin estava tentando prevenir críticas ao Comitê Central. Mas também estava expondo o que ele, em termos gerais, autenticamente sentia. Em sua política revolucionária, fora fiel a uma hierarquia étnica. Considerava os alemães culturalmente superiores aos ingleses e franceses, que, por sua vez, eram superiores aos finlandeses e, é claro, os finlandeses levavam uma nítida vantagem sobre os russos. Lenin estava tirando uma frustração constante do país onde agora se encontrava. Não ajudava o fato de que grassava uma guerra civil, mas sabia que, mesmo sem luta, ia achar a Rússia um lugar terrível para se fazer uma revolução.

Então o jovem Lenin, que queria transformar a Rússia num país "europeu", "ocidental", não havia desaparecido. No Congresso do Comintern, havia realçado o tema russo: os bolcheviques tinham dado início a uma revolução socialista, e aos demais europeus só restava se conformar em espelhar-se nos russos. No Oitavo Congresso do Partido, criticou os bolcheviques por serem russos demais. O resultado foi um conflito violento: vários de seus críticos eram líderes seus companheiros, que haviam discursado com ele no Congresso do Comintern. Lenin, por sua vez, foi atacado por Osinski por conduzir o Partido e o governo com princípios de amador; foi também acusado por Bukharin de insuficiente radicalismo no esboço do Programa do Partido. E assim por diante. A concessão de independência à Finlândia como Estado foi classificada de fiasco, uma vez que se frustrou a expectativa de Lenin de que disso resultaria uma república soviética finlandesa. A essa altura, Lenin estava enfrentando tantas dificuldades que preferiu deixar que outros defendessem Trotski no problema da organização do Exército Vermelho. No entanto, não pôde evitar por completo o debate, e quando essa discussão começou, num congresso secreto, Lenin não só defendeu Trotski, como também criticou Stalin pelas perdas militares excessivas na frente sul. Queria se impor como líder do Partido.

Conseguiu impor sua vontade sobre quase todos os principais programas políticos. Teve de conceder um pouco na "questão militar"; também precisou encontrar uma colocação verbal equívoca sobre a "questão nacional": seu slogan de "liberdade de secessão para as nações, na realidade" foi demais para a maioria dos delegados. Mas conseguiu fazer valer sua vontade com mais sucesso quanto à "questão agrária". O Congresso concordou que os setores médios do campesinato deviam ser favorecidos. Possivelmente, foi ajudado, também, pela divulgação, perto do fim dos trabalhos, da notícia da deflagração de uma revolução socialista húngara. Lenin mostrou-se à altura da ocasião. De punho erguido, caminhou firme até a beira do palanque e — a plenos pulmões — garantiu a seu público: "Estamos convictos de que *este será o último semestre difícil.*" Destacou que o imperialismo internacional ainda não havia sido derrotado. Mas estava despreocupado. "Este animal selvagem", afirmou, "perecerá, e o socialismo será vitorioso por todo o mundo."

## 23. Expandindo a revolução

### Abril de 1919 a abril de 1920

No ano e meio após a Revolução de Outubro, os bolcheviques haviam lançado os fundamentos de um Estado ímpar, que durou na Rússia por sete décadas e serviu de modelo para regimes comunistas que, após a Segunda Guerra Mundial, cobriam um terço do mundo habitado. Havia um só partido no governo. Legislativo, Executivo e Judiciário eram politicamente subordinados. O Partido era, na realidade, a suprema agência estatal, e Lenin, em tudo, menos nominalmente, era o líder supremo dessa agência.

Nem tudo, ainda, estava no lugar. O Partido não havia subordinado completamente as outras agências estatais. Em alguns aspectos, nem havia tentado fazê-lo. Uma vez determinadas pelo Politburo a estratégia e as nomeações pessoais, o Exército Vermelho operava sem interferência, e a Cheka, protegida por Lenin desde sua criação, era criticada, mas nunca seriamente punida por seus "excessos". Dessa forma, o Estado não era estritamente coordenado quando exigiam as doutrinas políticas leninistas. Além de tudo, havia diversos aspectos do posterior Estado de partido único que ainda não haviam sido introduzidos. Não se havia, até então, decidido sobre a inter-relação constitucional permanente das várias repúblicas soviéticas. Não existia um plano abrangente para lidar com as antigas classes superiores, uma vez que a guerra civil tinha sido vencida, nem havia sido determinada a estratégia do Partido para a criação de uma nova cultura socialista, para as condições de trabalho, remuneração e recreação, e até para o papel a longo prazo do Partido no Estado de partido único. Havia grandes lacunas na teoria leninista sobre ditadura, democracia, justiça social e direitos humanos. Embora a arquitetura geral do Estado já houvesse sido estabelecida, grande parte da ordem soviética ainda precisava ser elaborada.

Na primavera de 1919, não estava claro se o prédio ia permanecer de pé ainda por muito tempo. Os Brancos ainda estavam confiantes em que sua causa prevaleceria na Rússia e que logo expulsariam os Vermelhos do Kremlin. Essa não era, à época, a única guerra civil. Havia outra guerra civil russa, travada em base local, entre o campesinato russo, de um lado, e qualquer exército — fosse Vermelho ou Branco — que estivesse por perto. Em cada território de fronteira do antigo império russo, também havia guerras civis e étnicas. Mas uma dessas guerras preocupava Lenin: aquela travada por seu Exército Vermelho em três grandes frentes que estavam sempre mudando contra as forças Brancas de Kolchak, Denikin e Yudenich. Os comandantes Vermelhos partiam do pressuposto de que, se e quando essa guerra fosse vencida, eles poderiam facilmente passar à vitória nas outras; e o Politburo sob Lenin acrescentava que tal vitória constituiria o único prefácio a novos capítulos de expansão revolucionária na Europa central e ocidental.

Mas poderiam eles ganhar a guerra civil na Rússia? A profecia de Lenin, em março de 1919, de que os bolcheviques teriam apenas um "último semestre difícil" foi só um pouquinho excessivamente otimista. As campanhas militares resultaram em favor dos Vermelhos. O avanço do almirante Kolchak na Rússia Central foi contido em abril, e Ufa, nos Urais Meridionais, retornou às mãos do Exército Vermelho em junho. Lenin atormentava seus principais generais e comissários políticos implacavelmente. Exigia sempre mais esforço e crueldade. Previa o fracasso, a não ser que o sucesso imediato pudesse ser conseguido. Ao soviete militar-revolucionário que preparava uma ofensiva contra Kolchak a partir de Simbirsk, a cidade natal de Lenin, telegrafou: "Se não conquistarmos os Urais antes do inverno, considero que a morte da revolução será inevitável. Concentrem todas as forças."[1] De um ponto de vista estratégico, tratava-se de um absurdo. Não havia um motivo conclusivo para se acreditar que Kolchak tinha de ser derrotado no final do outono.

Mas Lenin queria estimular seus subordinados. Gostou tanto da frase sobre a morte da revolução que voltou a usá-la em outro telegrama, no mesmo dia, enviado a importantes comissários numa frente inteiramente diversa, em Kiev, mais de 800 quilômetros a sudoeste de Moscou.[2]

A cidade de Perm, onde os Vermelhos haviam sido ignominiosamente derrotados, em dezembro de 1918, foi retomada em julho de 1919, e Kolchak fugiu para a Sibéria Central, para nunca mais voltar. O primado de Kolchak entre os comandantes Brancos havia sido reconhecido por Anton Denikin, na Rússia Meridional. Denikin estava pronto para dar início a seu próprio ataque ao interior Vermelho em julho de 1919. Fez isso, dividindo suas forças. Uma ala atravessou a bacia do Don, a outra foi mandada rumo ao norte, subindo o rio Volga. A estratégia de Denikin era simples. Emitiu uma diretriz a Moscou para seguirem em linha reta, o mais rápido possível, rumo à capital. A recente derrota de Kolchak liberou Vermelhos para reforçar a defesa. No verão de 1919, expulsaram Denikin para a Ucrânia. A notícia foi recebida com imenso entusiasmo no Kremlin. Até as batalhas no norte da Rússia, havia uma nítida possibilidade de que Denikin pudesse ser bem-sucedido onde Kolchak havia fracassado. Mas a satisfação de Lenin não foi demonstrada publicamente. O Comitê Central bolchevique e o Sovnarkom não promoveram qualquer comemoração. Ele não dedicou discursos ou artigos ao acontecimento. A guerra era diferente de teoria marxista ou política econômica. Devia ser vencida e não teorizada — e talvez, de qualquer modo, isso tivesse feito da vitória algo menos provável.

Vencer, para Lenin, era tudo. Após sua recuperação da tentativa de assassinato, em agosto de 1918, seu assistente pessoal, Bonch-Bruevich, convenceu-o a mandar produzir um curta-metragem no Kremlin. O objetivo era provar que ele ainda estava vivo. Não foi assim tão interessante o desempenho de Lenin e Bonch-Bruevich:

> A cena: Lenin e Bonch-Bruevich aparecem junto a uma árvore no interior do Kremlin.
> A parafernália: Lenin aparece usando seu terno com colete, enquanto Bonch-Bruevich, obviamente um bobalhão, aparece usando uma capa de chuva.

A ação: Lenin conversando com Bonch-Bruevich, e Bonch o deixa tão relaxado que vemos Lenin reagindo animadamente a algo dito por Bonch.
A conversa: O conteúdo da conversa não é escutado.

O filme causou pouquíssimo impacto. Todos que poderiam ter ido ao cinema na guerra civil estavam correndo atrás de alimento e combustível, e aos cinemas russos faltava o equipamento de que precisavam para pôr o presidente do Sovnarkom na tela. Lenin, de qualquer modo, não conseguiu relaxar diante da câmara em funcionamento; a cena de conversa entre ele e Bonch-Bruevich não chegava sequer perto de ser tão cativante para o público quanto os filmes feitos de Kerenski, tomando trens e acenando para as multidões, em 1917. Lenin não era tão inibido quanto a fotografias, com as quais estava mais acostumado. Após tomar o poder, inicialmente, havia proibido que tirassem fotos suas, uma proibição resultante não de timidez, mas de um julgamento pragmático sobre propaganda. Em julho de 1917, tivera de raspar a barba e só passou a deixá-la voltar a crescer em 25 de outubro de 1917. Foi só em janeiro de 1918, quando novamente sentiu-se satisfeito com sua aparência, que permitiu que um fotógrafo oficial se aproximasse dele. Embora tenha feito isso no interesse da publicidade de seu Partido com seus programas políticos, não procurou uma opinião especializada.

Toda a questão da propaganda permaneceu, durante vários anos, em nível amador, e cada líder partidário fazia as coisas a seu próprio jeito.

Não obstante, havia o reconhecimento da importância ímpar de Lenin como líder partidário, e ele cada vez mais recebia atenção especial e destaque no *Pravda*. A campanha por estabelecer um culto político de sua pessoa começou para valer após o atentado contra sua vida, em agosto de 1918. Zinoviev escreveu-lhe a biografia. Apareceram artigos nos jornais do Partido e do governo. Distribuíram-se cartazes. Nenhum bolchevique — com exceção de Trotski no Exército Vermelho — recebeu tanta aclamação individual quanto Lenin.

A imagem era a de um líder abnegado, vilipendiado pelos inimigos da humanidade. Os autores do Partido descreviam-no como um autêntico filho da Rússia e um paladino lutando por melhorias materiais, por esclarecimento e paz. Lenin era apresentado como um Cristo soviético: eram-lhe atribuídos poderes sobre-humanos, e atribuía-se sua sobrevivência a um milagre; os autores não se deram o trabalho de explicar como reconciliar isso com seu ateísmo militante. Atribuía-se todo tipo de maldade a seus assassinos. Havia uma história de que as pontas das balas tinham sido mergulhadas no veneno mortal usado nas flechas dos índios sul-americanos. Outra sugeria que o ataque fora instigado pelos Aliados. Por mais absurdo que isso fosse, a contrapropaganda das forças antivermelhas não era nem um pouco mais verossímil. Os cartazes e volantes impressos dos Brancos foram precursores do nazismo alemão. Neles, Lenin era mostrado como uma entidade demoníaca. Em geral, aparecia ao lado de Trotski como colíder de uma conspiração judaica internacional perniciosa tanto ao país como à civilização mundial. Discórdia, sangue, vingança eram o resultado inevitável de a Rússia ter sido vítima do leninismo.

É claro que Lenin tinha ascendência "étnica" em parte judaica. Ele também era um internacionalista autêntico. De fato, iniciou e exacerbou a violência na Rússia e detestava a maioria das formas de patriotismo russo. No entanto, a ideia dos Brancos de que ele era um importante cruzado maçônico-judeu contra a Mãe Rússia era tão absurda e grotesca quanto a ideia dos Vermelhos de que ele era o Cristo secular da Grande Revolução Socialista. Quer demonizado, quer santificado, era objeto de propaganda política. Mas não ligava. Não tomava conhecimento do que os Brancos diziam dele e, embora aparentemente não gostasse das observações aduladoras feitas em sua presença, não ficava indevidamente desconcertado com o culto a Lenin de uma maneira geral, e não buscava liquidá-lo.

Deve ter calculado que o culto ajudaria a consolidar o regime e sua posição dentro dele. Entendia a necessidade de adaptar sua mensagem política ao seu ambiente, e sabia que a maioria dos russos, fossem camponeses ou gente que só recentemente havia saído das aldeias, não era bem informada sobre a vida pública. A mensagem do Partido tinha que se adaptar às características da cultura popular do país, conforme explicou a Maskim Górki:[3]

> Bem, em sua opinião, milhões de camponeses com fuzis nas mãos são uma ameaça à cultura, não são? Você acha realmente que a Assembleia Constituinte teria sido capaz de lidar com o anarquismo [deles]? Você, que arma tanto barulho por causa do anarquismo no campo, devia entender nosso trabalho melhor do que ninguém. Temos de mostrar à massa de russos algo muito simples, muito acessível ao seu modo de raciocinar. Sovietes e comunismo são uma coisa simples.

Górki ficou bastante chocado com a revelação de que Lenin obviamente sentia uma desconfiança profunda pelos russos comuns. Lenin os via como crianças promissoras que ainda tinham de ir à escola. Achava isso não só dos inimigos do partido — *kulaks*, padres, comerciantes, banqueiros e nobres —, mas também daqueles a quem o Partido supostamente valorizava: as classes sociais inferiores.

Embora os camponeses incorressem em sua ira especial, até os operários conseguiam irritá-lo, apegando-se às tradições do calendário religioso. Antecipando o feriado de verão do Dia de São Nicolau, exclamou: "É estupidez se conformar com o festival 'do Nikola'. Devemos botar todas as Chekas de prontidão e fuzilar quem não aparecer para trabalhar por causa do festival 'do Nikola'."[4] Lenin explicou que violência preventiva semelhante precisava ser preparada para as festas de Natal e do Ano-Novo. *Grande amigo* dos operários!

O que o deixava mais furioso, desnecessário dizer, eram as classes média e superior. Por exemplo, reprovou veementemente Zinoviev por tentar impedir operários de Petrogrado de fazer tumulto nos bairros afluentes da cidade. Outro correspondente recebeu o seguinte telegrama, e é difícil haver algo que se lhe assemelhe como justificativa para a repressão:[5]

> Não há como evitar a prisão do partido *kadet inteiro* e de seus correligionários quase-*kadets*, uma forma de prevenir conspirações. Eles são capazes — o bando todo — de dar assistência a conspiradores. É um crime não prendê-los.

> É melhor que intelectuais às dúzias e às centenas cumpram dias e semanas de prisão do que 10 mil terem que levar uma surra. Eh, eh! Melhor!

Havia também um elemento de puro prazer no terror que ele queria infligir:[6]

> É importante *como o diabo* liquidar Yudenich (precisamente liquidá-lo: dar-lhe uma surra *em regra*). Se a ofensiva [dele] já começou, não seria possível mobilizar 20 mil operários de Petrogrado, mais 10 mil burgueses, botar a artilharia em sua retaguarda, derrubar várias centenas à bala e causar um impacto maciço de verdade em Yudenich?

Essa declaração foi tão infame que a mantiveram em segredo até a queda da União Soviética.

Como se esperava que seus comandantes enfileirassem o contingente de vítimas, enquanto as forças de Yudenich avançavam sobre eles? De qualquer maneira, o alto comando do Exército Vermelho assumiu o ponto de vista de que Lenin só se importava com vitórias militares rápidas, o que as forças armadas sabiam melhor como obter. (Não que isso sirva de desculpa para sua sádica autoindulgência.) Por um tempo bem curto, em outubro de 1919, houve pânico em Petrogrado quando Yudenich marchou, vindo da Estônia. Os nervos de Zinoviev estavam em frangalhos. Mesmo Lenin, apesar de sua sugestão tática, questionava se a cidade podia ser defendida. Trotski desfrutou, em um raro momento, o poder de pressionar por uma atitude mais confiante. A revolução tinha de ser defendida, e Petrogrado, salva. A antiga capital representava o símbolo revolucionário. E as defesas, portanto, foram reforçadas. O Exército Vermelho, embora sem ser precedido por um anteparo de prisioneiros da classe média, dispersou as forças de Yudenich; e como Denikin estava simultaneamente se preparando para evacuar seu exército de Kiev, ficou claro que as batalhas cruciais da guerra civil estavam acabadas. Os Vermelhos haviam conquistado o cerne do império russo. Moscou, Petrogrado e Kiev eram governadas por administrações bolcheviques.

As potências militares estrangeiras eram mais fortes que os Vermelhos, mas enfrentavam obstáculos internos a sua intervenção armada na Rússia. A inquietação entre seus partidos socialistas era um fator. Embora Lenin não fosse de modo algum popular, a não ser com grupos da extrema esquerda, predominava, entre os socialistas, uma relutância em atacar inequivocadamente os bolcheviques. Os soldados que haviam lutado e se saído vitoriosos na Primeira Guerra não vibravam com a perspectiva de combater o Exército Vermelho. Os Aliados vitoriosos — França, Reino Unido, EUA e Itália — decidiram encerrar seu bloqueio econômico da Rússia soviética. Kiev, ocupada por Denikin no verão de 1919, foi retomada pelos Vermelhos em dezembro. Onde repúblicas soviéticas haviam sido estabelecidas no inverno de 1918-19, elas começaram a voltar a ser instaladas. Lenin buscava, pela Europa, um sinal de que a "Revolução Socialista" pudesse se expandir para o Ocidente. Pensou no norte da Itália. Olhou para as terras tchecas, na esperança de que pudessem ser uma ponte para o Exército Vermelho poder marchar sobre a Alemanha. Temporariamente, teve de desistir da esperança pela Hungria, já que o Estado comunista de Béla Kun, em Budapeste, havia sido derrubado por contrarrevolucionários, em agosto de 1919. Mas ele ainda queria começar uma "guerra revolucionária". Não podia imaginar que sua república soviética sobrevivesse a não ser que um partido socialista fraternal em outra parte tomasse o poder e derrubasse o capitalismo. A revolução tinha de ser consolidada na Rússia e iniciada na Europa — os dois processos reforçariam um ao outro.

Lenin já estava considerando como seu Partido e seu governo poderiam promover uma reconstrução de pós-guerra. Desde a Revolução de Outubro, e especialmente desde meados de 1918, o movimento de programa político havia sido unilinear. Havia restado menos espaço em que outros partidos pudessem operar. Os revolucionários socialistas de esquerda foram caçados. Os revolucionários socialistas que haviam montado a administração Komuch foram tratados como contrarrevolucionários, ainda que membros individuais tivessem tido permissão de entrar para organismos civis, bem como para as forças armadas Vermelhas. Os mencheviques mantinham poucos jornais circulando, mas eram frequentemente importunados, e nenhum de seus líderes poderia contar com permanecer livre. O Sovnarkom estava dirigindo um Estado de partido único em tudo menos no nome. Operava um virtual monopólio sobre o que podia ser publicado. Declarara o marxismo como fundamentalmente correto. Nacionalizara formalmente os setores industriais, de transporte e bancário, bem como a economia, e introduzira restrições legais maciças à atividade privada no comércio e na agricultura. Estava começando a oferecer autonomia nacional e étnica aos não russos sobre os quais governava, mas foi firme em manter intacto o antigo Estado multinacional dos Romanov, quaisquer que fossem as opiniões do populacho. Tal resultado agradava a Lenin. Mesmo quando não tinha feito o projeto, concordava com os planos.

Mas como seria possível defender a economia comunista do tempo de guerra? Na verdade, Lenin, o principal teórico do Sovnarkom, não fez qualquer tentativa de uma defesa fundamental. Ao tentar explicar seus programas políticos no tempo da guerra civil, alguns autores postularam que ele fora impelido a esses programas unicamente pelas circunstâncias inesperadas e imprevisíveis após outubro de 1917.[7] A ideia ocidental mais tradicional é que sempre foram os programas políticos que ele pretendia, mas manteve-os em segredo até conseguir o poder. A probabilidade é que nenhuma das duas coisas seja verdadeira. Muitas vezes, foi prevenido pelos mencheviques e revolucionários socialistas quanto às circunstâncias que resultariam de uma tomada do poder pelo seu Partido. Ele preferiu ignorar essas previsões. Contudo, ao fazê-lo, operava nem tanto sobre a base de um grande plano secreto, mas sobre suas pressuposições gerais a respeito de revolução. Isso lhe permitiu formular programas políticos, conforme a situação mudava, com imensa rapidez. Quando aumentou em grande escala a propriedade econômica do Estado, acima mesmo de suas especificações antes de outubro de 1917, pôde valer-se de todo um âmbito de pressupostos operacionais. Aprovava o centralismo, o controle governamental, a coerção e a luta de classes; odiava o lucro privado e ansiava por esmagar os grupos sociais que se beneficiavam dele. E tendo testemunhado o aumento dos poderes do Estado nos países capitalistas durante a Primeira Guerra presumiu que a ditadura socialista devia visar a um aumento ainda maior na Rússia.

Assim, falou da iniquidade dos *kulaks* (ser mortos era bom demais para eles) e dos donos de fábricas e banqueiros (por que não deveriam perder suas fábricas e bancos para o Estado?). Defendeu a erradicação da cobiça, da ganância e do roubo. Disse que deveria ser estabelecida uma economia plenamente socialista; e deixou implícito que os atuais programas políticos ergueriam outra vez a indústria, a agricultura, o transporte e o comércio. Conforme o passar do tempo, ainda por cima, ele foi achando os programas políticos cada vez mais adequados. Tinha a esperança de prolongá-los depois que acabasse a guerra civil.

Nisso era um típico bolchevique da época. Havia-se chegado a um consenso sobre como dirigir melhor o Partido e o Estado para transformar a sociedade e levar a revolução ao exterior. Evidentemente, diversos indivíduos, grupos e facções romperam esse consenso. Os centralistas democratas continuavam a exigir que organismos menores do Partido deveriam poder influenciar o Comitê Central e, cada vez mais, que os sovietes deveriam receber do Partido certo grau de autonomia. Outra facção, a Oposição Operária, foi muito mais longe. Encabeçados por Alexander Shlyapnikov e Alexandra Kollontai, os críticos atacaram Lenin por não seguir seus próprios preceitos de 1917. Queriam que os operários e os camponeses exercessem mais autoridade sobre a vida econômica e social. Pediam que sindicatos e sovietes, bem como o Partido, se engajassem na política, e insistiam na democratização das estruturas políticas. Isso significava uma horrível afronta ao bolchevismo de Lenin, tal como havia se desenvolvido após a Revolução de Outubro. E Lenin a enfrentou impiedosamente. Os faccionaristas viram-se convidados, pela Secretaria do Comitê Central, a se mudar para empregos fora das principais cidades industriais da Rússia. Os líderes centralistas democratas foram mandados, em números desproposidados, para a Ucrânia, de onde não poderiam desestabilizar a política do Partido como um todo.

Havia divergências entre os próprios membros do Comitê Central. O problema se originava das facções dos centralistas democratas e da Oposição Operária. Mas houve rusgas por minúcias menos previsíveis. Kamenev e Bukharin queixaram-se da arbitrariedade de conduta que Lenin permitia à ação da Cheka. Mas, de uma maneira geral, Lenin impediu reformas; a Cheka prosseguiu com seu Terror Vermelho sem ser atrapalhada pela obrigação de entregar suas vítimas ao Comissariado do Povo para a Justiça.

Nem Kamenev nem Bukharin acreditavam em procedimentos de jurisprudência com força suficiente para levar seus argumentos adiante, e Lenin fez a Bukharin uma pequena concessão: ele recebeu a função de ligação com Dzerjinski, o presidente da Cheka, em nome do Comitê Central. Mas, em outra dissensão no Comitê Central, não havia, na opinião de Lenin, espaço para concessões. Nessa instância, seu adversário era ninguém menos que Trotski, cuja viagem à frente militar nos Urais o havia convencido de que a política econômica do Partido precisava ser mudada. Em fevereiro de 1920, Trotski pediu uma revogação parcial das medidas de confisco de grãos. Seu raciocínio foi que as campanhas de expropriação pelo Estado criavam um círculo vicioso de estoque especulativo pelos camponeses, violência do Estado, redução da área cultivada e rebeliões camponesas. Em vez disso, propunha que, em certas regiões agrícolas, deveria haver uma restrição ao volume de grãos confiscados. Famílias camponesas, declarou Trotski, deviam ter permissão para comercializar seus excedentes de grãos. O círculo tinha de ser rompido, caso se quisesse pôr fim à fome, à ruína e ao caos no país.

A proposta foi expressa em termos pragmáticos. Trotski não era mais propenso a indignação moral em favor dos camponeses do que qualquer outro líder bolchevique. Ele foi atormentado pela ameaça de dissolução agrária. Geralmente, Lenin mantinha-se alerta à necessidade de ajustar programas políticos por motivos práticos. Mas não nessa ocasião. Em 1918-19, reagindo à emergência em suprimento de alimentos, privilegiou os monopólios do Estado na política econômica oficial. No decorrer da guerra civil, afirmou que não havia real escassez de grãos. Os *kulaks* especuladores, declarou, eram o começo e o fim do problema. Por esse motivo, rejeitou o diagnóstico de Trotski. Foi uma reunião acalorada do Comitê Central, e Lenin e Trotski criticaram um ao outro com ferocidade. Lenin ficou tão enfurecido que acusou Trotski de apoiar o "livre comércio".[8] Uma vez que isso era uma política de capitalistas ingleses do século XIX, a acusação magoou muito Trotski, que não gostou de ser comparado a Richard Cobden, Robert Peel e John Bright. As palavras de Lenin foram de fato injustificadas, pois Trotski não estava propondo uma reforma agrária permanente ou irrestrita; não queria sequer que fosse aplicada ao país todo. Mas Lenin estava bem certo de ter a maioria, e venceu por onze votos a quatro.

Geralmente, quando Lenin debatia no Comitê Central, ele se descontrolava. Sua raiva, nessa ocasião, deve ter se originado de indignação diante da tentativa de Trotski de ditar política econômica a partir de seu cargo de comissário do povo para as Questões Militares. Lenin havia se acostumado a dominar a agenda civil. Mas também tinha certeza de que o Partido, uma vez tendo subido até o clímax da prosperidade econômica do Estado, não deveria recuar e descer. Estava num humor fogoso, confiante. Não iria permitir que Trotski o perturbasse ou desestabilizasse seus programas políticos.

Até mesmo Lenin, cuja capacidade de tomar decisões pragmáticas a fim de livrar seu partido do desastre era lendária, tinha lá os seus lapsos, quando a ideologia lhe embaçava a visão. Trotski tinha a vantagem de poder observar a província russa em suas viagens às frentes de guerra. Em contraste, a experiência que Lenin tinha do país após a Revolução de Outubro restringia-se a Moscou, Petrogrado e um punhado de vilarejos nas cercanias de Moscou — e também dependia das cartas que recebia e dos relatórios orais que lhe faziam no Kremlin. Mas isso não servia como explicação para a tolice de rejeitar a proposta de Trotski. Lenin tinha um conhecimento da situação da Rússia maior do que se costumava suspeitar. Caminhava todos os dias nas ruas em torno do Kremlin; quando seus guarda-costas se queixaram de sua atitude descuidada, ele os criticou por negarem ao presidente do Sovnarkom os direitos civis de que dispunha qualquer cidadão soviético.[9] As ruas da capital não eram muito diferentes de ruas em outros lugares. Lenin sempre via os mendigos, os pobres e os famintos. Via o caos e a desordem. O próprio Lenin havia sido alvo de disparos. Fora roubado por bandidos. Não podia contar com a honestidade nem dos guarda-costas que lhe foram destacados: em uma ocasião inesquecível, por um breve tempo, voltou para buscar o casaco que havia deixado no escritório e descobriu que um deles havia furtado sua Browning.[10]

Ótima ditadura, em que o líder supremo era tratado com desprezo por seus subalternos! Lenin teve de explodir de raiva até a arma ser devolvida. Havia um longo caminho a percorrer antes que a maioria dos operários e camponeses comuns aprendesse dogmas marxistas e começasse a agir como marxistas disciplinados. No próprio Kremlin, uma faxineira dissera na cara de Lenin que não ligava a mínima para quem estava no poder, contanto que recebesse seu dinheiro.[11] Mas Nadejda Konstantinovna tinha uma história ainda mais desanimadora para lhe contar. Uma funcionária do Comissariado do Povo para o Esclarecimento informou-lhe que não ia trabalhar naquele dia pelo único motivo de que agora os trabalhadores eram os patrões, e pessoalmente não estava a fim de trabalhar.[12] Houve também a ocasião em que Lenin e Nadejda Konstantinovna estavam atravessando uma ponte em Moscou. A ponte estava muito mal conservada, e um camponês que passava observou que era uma "ponte em estilo soviético [*sovetskii*], se me perdoam a expressão".[13] Logo, Lenin começou a usar "em estilo soviético" como um epíteto pejorativo.[14] A falta de escrúpulos e de cuidado nas instituições e na vida diária aborreciam-no intensamente, um fenômeno de massa que não havia previsto antes da Revolução de Outubro.

Sua atitude geral não agradava a Nadejda Konstantinovna, que ficou consternada por ele se recusar a criticar alguns operários por roubarem madeira da estrutura de uma casa de propriedade do Estado: "Você, Vladimir Ilich, pensa em termos de planos amplos. Essas pequenas questões não o atingem." Ela usou a forma russa educada de "você" [em vez de "tu"] — e é provável que essa formalidade verbal pretendesse transmitir a raiva que estava sentindo por sua complacência.

Mas Lenin não queria ceder e lembrou-lhe que os operários precisavam de madeira como combustível: homens e mulheres frios e ignorantes não podiam ser acusados. Se os operários congelassem, morreriam. Mas Nadejda Konstantinovna tivera um vislumbre de um mal-estar mais profundo do que ele jamais reconheceria. De fato, ele havia persistentemente incitado a classe operária à ação crua e violenta. Quando um membro do Comitê Central, seu camarada Zinoviev, tentou restringir ataques a pessoas da classe média em Petrogrado, Lenin ficou enfurecido. De Moscou, despachou um telegrama ameaçando todo tipo de aborrecimento, a não ser que a violência voltasse a receber sanção política. Lenin, o guerreiro das classes, tinha a intuição de que precisava continuar apoiando a expressão de vingança social da massa e sentia que devia continuar com a pressão na guerra civil. Nenhum inimigo de classe, sugeriu, deveria sentir-se seguro sob o domínio soviético. A Cheka, por si própria, não podia fazer tudo. Os operários, também, precisavam ter as rédeas soltas. O problema era que ele não tinha um plano para estancar o fluxo do rancor irado deles, se o Partido Comunista Russo e o Exército Vermelho viessem a sair-se vitoriosos sobre os Brancos.

Lenin pressupôs que o melhor meio de lidar com os operários era mantê-los sob firme controle. Pensava o mesmo sobre soldados, marinheiros e camponeses. De acordo com ele, o objetivo crucial em política social interna era garantir os pré-requisitos da reconstrução econômica. Para tanto, estava disposto a postergar a satisfação imediata das necessidades comunistas da sociedade. A prioridade do Estado, declarou, era aumentar a produtividade na cidade e no campo.[15] Fome, doença e pessoas sem teto continuariam por algum tempo, até que o Sovnarkom os enfrentasse. Em primeiríssimo lugar, para Lenin, estava a necessidade de aumentar a produção na agricultura e na indústria. Estava agindo inteiramente de acordo com seu próprio personagem. Quando jovem, nos anos 1890, fizera-se de distraído quando outros revolucionários, incluindo sua irmã mais velha, Anna, lhe haviam chamado a atenção para a situação difícil dos camponeses do Volga, que estavam passando fome. Na época, disse que o empobrecimento do campesinato servia a um bem maior, o desenvolvimento industrial da Rússia. Agora, em 1920, buscava a reconstrução macroeconômica antes de tentar alimentar, curar e abrigar a massa da sociedade. E ninguém na liderança do partido central pensava diferente.

E, no entanto, em questões particulares, ele cedia. Quando, por exemplo, Kollontai o procurava com alguns relatos de maus-tratos, ele geralmente concedia-lhe o pedido e perguntava: "E agora? Está satisfeita? Agora que já fizemos assim e assim?" Mas Kollontai não era pessoa que se aquietasse facilmente. O mais frequente era ela responder dentro da seguinte linha: "Sim, mas as coisas não estão bem para nós naquela região. Nós deixamos a coisa correr frouxa por lá."[16]

Foi nesse espírito que ele apoiou mais uma das propostas de Trotski. Em janeiro de 1920, parecia haver uma grande possibilidade de que as campanhas militares estivessem chegando ao fim. Os Vermelhos haviam derrotado os Brancos na Rússia, e o último Exército Branco — liderado pelo general Vrangel, após a renúncia de Denikin, em abril de 1920 — estava organizando uma resistência desesperada na Crimeia. A tarefa do Exército Vermelho em conquistar as outras regiões não russas não era encarada como tendo a probabilidade de apresentar dificuldades indevidas. O único fator imponderável era a situação internacional. Mas, contanto que as grandes potências não interviessem, o Politburo podia ter a expectativa de reconstituir o império russo, na forma socialista que preferia, em pouco tempo.

Quando as discussões sobre desmobilização militar foram iniciadas, Trotski fez uma sugestão incomum: os recrutados do Exército Vermelho deviam ser transferidos para "exércitos de trabalho" e colocados a serviço da reconstrução econômica. Sob a disciplina do Exército, seriam mais eficientes do que a força de trabalho urbana existente, na recuperação de estradas, prédios, minas e empresas industriais para a eficiência operacional. Quando Trotski discursou, deu a impressão de que a "militarização do trabalho" podia até se tornar um fenômeno de longo prazo. Lenin endossou a sugestão. Mas o fez em termos mais cautelosos, tomando cuidado com sua imagem pública. Os exércitos de trabalho seriam impopulares com os recrutas e suas famílias. Também seriam impopulares com os trabalhadores urbanos existentes, os quais perceberiam que a política de trabalho oficial estava se tornando muito autoritária. Ao mesmo tempo que concordava com Trotski que os exércitos de trabalho podiam pelo menos ajudar, a curto prazo, com tarefas econômicas vitais, tomou cuidado para que seu discurso sobre o assunto na Conferência do Partido para a província de Moscou só fosse relatado muito vagamente no *Pravda*. Estava ciente de que tanto ele como seu regime eram suspeitos aos olhos da classe operária, dos recrutas e do campesinato, sem antagonizá-los desnecessariamente com a retórica disciplinar usada por Trotski.

Lenin era um ideólogo, mas também um político tortuoso buscando atingir suas metas ideológicas. O modo como lidou com a "questão nacional" é um exemplo disso. Quando Denikin foi expulso de solo ucraniano, Lenin insistiu que a República Soviética da Ucrânia deveria ser reinstituída. Sabia que os bolcheviques tinham muito pouco apoio por lá. Os camponeses odiavam igualmente Vermelhos e Brancos, e poucos ucranianos étnicos haviam, antes de 1917, entrado para a facção bolchevique. Para se governar a Ucrânia era crucial, como Lenin entendia, atrair grupos políticos que já haviam sido hostis aos bolcheviques. Com esse propósito, convenceu a liderança do partido central a sancionar a incorporação dos borotbistas ao Partido Comunista. Essa foi uma medida extraordinária. Os borotbistas eram revolucionários socialistas e, na Rússia, os revolucionários socialistas estavam sendo perseguidos pelos bolcheviques. Mas Lenin não se importava de ser inconsistente. Os borotbistas eram, na maioria, ucranianos étnicos; e também socialistas. Poderiam fornecer um contingente de administradores soviéticos simpáticos aos ucranianos. Simultaneamente, Lenin providenciou para que judeus, altamente antipáticos aos olhos dos camponeses ucranianos, não ocupassem grande número de cargos administrativos. As sensibilidades ucranianas não deveriam ser ofendidas.

Lenin expôs a situação para Kamenev com as seguintes palavras: "Que nós, os grandes russos, exibamos cautela, paciência etc., e gradualmente teremos de volta em nossas mãos todos esses ucranianos, letônios...."[17] Ele assim queria permitir que os bolcheviques continuassem a fingir que a República Soviética da Ucrânia era de fato independente da Rússia e que o tratado bilateral apoiava-se em igualdade entre os dois Estados. Na realidade, o governo da Ucrânia permaneceria sob rígido controle do Partido Comunista russo, e seus organismos partidários centrais continuariam em Moscou, e o Partido Comunista ucraniano funcionaria como uma organização partidária regional e subordinada.

Essa era uma política astuta, impiedosa, e Lenin estava satisfeito com o resultado. Não havia sido tão astuto em sua reação à proposta de Trotski de uma redução no volume de grãos a ser requisitado, mas até agora não tivera de pagar o preço de sua obstinação. O importante para Lenin era que os Vermelhos haviam sobrevivido e triunfado na guerra civil. As instituições, práticas e atitudes deles haviam sido elaboradas no calor do conflito militar, e ele pressupôs que podiam ser usadas para conquistar a paz. Era um homem feliz e divertia-se nos raros momentos de que dispunha para relaxar. Tais momentos eram muito poucos. Tinha uma carga de trabalho imensa. Lenin continuava no fulcro da movimentação política. Presidia o Politburo e o Comitê Central. Presidia o Sovnarkom, e o Conselho de Trabalho e Defesa. Estava sempre vigiando o Orgburo e a Secretaria. Estava vivendo a Revolução do modo mais intenso. Sentia-se realizado. Não havia ameaça física ao regime que achasse que seu Partido, seu governo e suas forças armadas não pudessem enfrentar — e a Internacional Comunista estava mantendo partidos comunistas em outros países da Europa. A causa a que havia dedicado sua vida adulta estava sendo promovida com sucesso.

Só uma parte de sua vida era menos bem-sucedida do que poderia ter sido. O seu lado pessoal. Sua saúde não havia melhorado, e as dores de cabeça, a insônia e os ataques cardíacos continuavam a causar-lhe problemas. Tentou ignorar tudo isso e continuou com seu trabalho, mas sua família não estava lhe dando o apoio a que estava acostumado. Anna Ilinichna estava enredada com a dor pela perda do marido, Mark Yelizarov, que morrera em março de 1919. Maria Ilinichna tinha muito trabalho como "secretária responsável" do *Pravda*. Nadejda Konstantinovna, que tinha seu próprio quarto no apartamento do Kremlin,[18] saiu em viagem à região do Volga, em julho, para demorar-se dois meses. Dmitri Ilich chegou da Crimeia logo depois da partida de Nadya. Os irmãos não se viam havia uma década, e foram nadar juntos no lago Pakhra, perto de Podolsk. Havia nisso um aspecto nostálgico: em 1897, a família Ulyanov havia alugado uma casa na região, enquanto Lenin estava exilado na Sibéria. Em 1919, ele se exibira para Dmitri recusando-se a usar uma toalha.[19] Era como se tivessem voltado a ser garotos, no rio Sviyaga, em Simbirsk. Lenin também relaxava jogando boliche com Bukharin, embora habitualmente perdesse;[20] e gostava de passear por Moscou, com Anna Ilinichna e seu filho adotivo, Gora Lozgachev.

Mas esses interlúdios não mudavam a situação básica: Lenin não andava se sentindo muito bem, nem física, nem emocionalmente. E era bem feito para ele. A viagem de Nadejda, descendo o Volga no vapor *Estrela Vermelha*, significava correr o risco de contrair febre tifoide ou de ser capturada por tropas ou bandidos antibolcheviques. Nem puxando muito pela imaginação se poderia dizer que seriam férias. (Alexandra Kollontai, pessoa que gostava de aventuras, e fizera a mesma viagem no ano anterior, não tinha a menor dúvida de que ela havia corrido um risco imenso.)[21] O propósito de Nadya era discursar aos operários e camponeses a cada porto do caminho. Era o mais claro indício de que queria afastar-se de Moscou, do Kremlin e de Lenin. O casamento estava, quase com certeza, entrando em uma de suas fases menos felizes. A atitude de Lenin com relação a Inessa Armand era muito possivelmente uma das causas do mal-estar. Quando houve uma explosão terrorista na sede do Partido em Moscou, foi Inessa quem correu para alertar Lenin no Kremlin.[22] Inessa continuava dedicada a ele. Talvez ele estivesse retribuindo na mesma moeda; talvez não. Talvez possa muito bem ter havido brusquidão suficiente em sua atitude com Nadejda Konstantinovna para ela achar que nada tinha a perder partindo para o Volga.

Possivelmente, também, ela achou que Lenin a valorizaria mais se estivesse longe. Se essa era a sua intenção, teve sucesso. Ele escreveu para ela com frequência e afeto, e essas mensagens são as únicas que Nadejda Konstantinovna guardou da longa ligação deles.

Umas poucas frases mostram bem o tom:[23]

Querida Nadyushka,

Fiquei muito contente de receber notícias tuas. Já mandei um telegrama a Kazan e, não recebendo resposta, mandei outro para Nijni [Novgorod], e recebi uma resposta de lá, hoje... Mando um grande abraço e peço-te que me escrevas e telegrafes com mais frequência. Teu [*Tvoi*],

V. Ulyanov

N.B.: Ouve o que diz o médico: come e dorme mais e, aí, estarás *completamente* em forma para trabalhar no inverno.

Funcionários do partido local o mantinham informado sobre o progresso dela.[24] As notícias não eram boas: vivia atormentada pelo calor e pelos mosquitos, e não estava cuidando de sua recuperação. Fora da vista de Lenin, não queria quem lhe dissesse o que fazer.

O relacionamento pessoal entre eles não era, de qualquer forma, a coisa principal de suas vidas, e nunca foi. Viviam para a revolução; e, quando Lenin enfatizava o retorno dela à boa forma para trabalhar, expressava uma prioridade que era comum a ambos. Os dois estavam se sentindo otimistas em termos políticos gerais. No entanto, teria sido bom para Lenin ir ao encontro da mulher no vapor *Estrela Vermelha* e testemunhar a devastação ao longo do Volga. Moscou, apesar de sua miséria, ficara intocada pela ação militar. Isso ajuda a explicar por que Lenin, no inverno de 1918-19, continuava tão cheio de confiança. Na verdade, ele e seu Partido viriam a enfrentar um grande número de problemas. Na pátria, o poder não parecia tão seguro quanto ele pensava.

A economia estava um caos. Previam-se rebeliões de camponeses e soldados. Já vinham ocorrendo greves de operários. A propagação da revolução para o Ocidente não seria simples, mesmo que surgisse uma oportunidade. Em abril de 1920, Lenin aceitou comparecer a uma comemoração que o partido bolchevique promoveu pelo seu aniversário de 50 anos. Pronunciaram-se panegíricos, e ele deixou claro seu constrangimento. Mas obviamente ficou satisfeito por seu aniversário ser recebido com tanta alegria por parte de seus camaradas mais próximos. Estava para descobrir que a situação geral do regime era pior do que seus bajuladores — ou, na verdade, ele próprio — imaginavam.

## 24. Derrota no Ocidente

1920

Lenin estava ganhando a fama de um político cujo principal objetivo, mais do que fazer a "revolução socialista europeia", era governar a Rússia. Talvez, pensava-se, fosse apenas um tipo moderno de líder nacionalista russo e seu engajamento com o socialismo internacionalista tinha terminado. Esse era um profundo equívoco, e é surpreendente que ainda seja amplamente aceito hoje em dia.[1]

As mais recentes provas saídas dos arquivos apoiam a antiga alegação de que o empenho de Lenin por alastrar a Revolução de Outubro não havia diminuído. Somente o poder vastamente superior da Alemanha o detivera em 1918, e a guerra civil o impediu de mandar o Exército Vermelho ao exterior, quando os alemães recuaram, ao final da Primeira Guerra. No entanto, Lenin continuou a ter a crença fundamental de que a Europa precisava de uma transformação revolucionária. Estava disposto a arriscar uma jogada ofendendo as potências vitoriosas na Primeira Guerra — os Aliados — levando agitação ao Ocidente da Rússia. Seu raciocínio já fora expresso anos antes, e ele o repetiu em 1920: "Sempre enfatizamos que uma revolução socialista em um único país não pode ser realizada."[2] Lenin, como praticamente todo líder bolchevique, presumia que Estados socialistas fraternos precisavam ser estabelecidos no restante da Europa, a fim de que a Rússia Soviética pudesse amadurecer seu socialismo. As perspectivas para uma Rússia isolada eram sinistras.

A integridade e o avanço econômico no pós-guerra continuariam inseguros enquanto a Europa como um todo não passasse para o lado da revolução. Lenin não se importava como isso seria conseguido. Como em 1917, tinha esperança de que ocorreriam revoluções sem necessidade do apoio russo; mas estava disposto a fornecer financiamento, propaganda e instrução política para acelerar e fortalecer o processo. Ainda estava esperando, também, engajar as forças do Exército Vermelho. Em discussões confidenciais, ele se soltava. "Assim que estivermos bastante fortes para abater o capitalismo como um todo, vamos rapidamente agarrá-lo pela garganta."[3] A Europa continuava a ser a chave para os cálculos estratégicos de Lenin.

A oportunidade de ação chegou de forma inesperada. Vinham ocorrendo choques entre forças militares russas e polonesas desde o final da Primeira Guerra. Quando a guerra civil acabou na Rússia, levantou-se a questão de se o Exército Vermelho poderia controlar as fronteiras da Rússia imperial. Os poloneses não tinham a menor intenção de perder sua soberania. Seu comandante em chefe, Josef Pilsudski, fez uma incursão na Ucrânia, com o plano de anexar território ucraniano a um Estado federal sediado em Varsóvia, e tomou Kiev, em 7 de maio de 1920. Pilsudski não era um desconhecido para Lenin. Em 1887, a Okhrana o prendera e exilara na repressão a revolucionários após a tentativa de assassinato do imperador Alexandre III pelo grupo terrorista a que havia pertencido o irmão de Lenin, Alexander. Após cinco anos na Sibéria, Pilsudski, que de fato tinha ligações com os amigos de Alexander Ulyanov, retornou para liderar o Partido Socialista polonês. Como Lenin, ele anunciou apoio ao Japão na Guerra Russo-Japonesa de 1904-5. Como Lenin, também, sancionou o roubo à mão armada, a fim de formar um tesouro para o seu partido (e Pilsudski, verdadeiro homem de ação, comandava sua equipe pessoalmente). Pilsudski e Lenin viveram na mesma região da Polônia austríaca, antes de 1914. Frequentaram o mesmo café, e a facção bolchevique de Lenin recebeu ajuda da União de Fuzileiros, de Pilsudski, para reforçar sua segurança contra a Okhrana.

Lenin e Pilsudski acreditavam que o inimigo de seu inimigo podia ser seu amigo. Ambos haviam odiado a dinastia Romanov, ao mesmo tempo que discordavam em praticamente todo o resto. Por certo, reconheciam que tinham em comum uma resistência temperamental; eram a encarnação dos líderes. Mas, após assumirem o poder, eles se ignoraram. Para Lenin,

Pilsudski havia se tornado um joguete do imperialismo franco-britânico. Para Pilsudski, Lenin não era diferente dos tsares do passado. A Polônia tinha de ser defendida, e Pilsudski acreditava que o amálgama federal da Polônia com a Ucrânia era a chave para a segurança polonesa.

Em Moscou, houve pânico. Oficiais do exército imperial, que haviam se escondido durante a guerra civil russa, foram convocados pelo ex-general Alexei Brusilov a entrar no Exército Vermelho e ajudar na liberação da "Pátria Mãe". Pouco a pouco, o Exército Vermelho ia se reagrupando. Trotski e Stalin foram despachados para a frente ocidental, a fim de favorecer o controle do partido bolchevique, e Pilsudski foi forçado a voltar para as terras polonesas. A essa altura, a Guerra Polaco-Soviética tinha se tornado foco da atenção diplomática internacional. Estavam a caminho da negociação para instituir uma demarcação territorial e uma paz permanentes. O ministro do Exterior britânico foi envolvido na elaboração de um mapa satisfatório para ambos os lados.

Mas Lenin mudou de ideia e resolveu que chegara a hora, quando Pilsudski bateu em retirada, de lançar a "guerra revolucionária" que os comunistas de esquerda haviam exigido dele em 1918. Não se sabe exatamente o que o convenceu da viabilidade de vitória. Mas sempre acreditou que a Europa estava "madura" para a revolução e que os meios militares é que seriam eficazes para se alcançar esse resultado. Seu esquema imediato tinha um âmbito de tirar o fôlego. A Polônia deveria ser apenas a primeira recompensa revolucionária da guerra. E então deveria haver movimentos para "sovietizar" países próximos, talvez Tchecoslováquia, Hungria e Romênia. Refletindo melhor, sugeriu que a Lituânia poderia ser sovietizada na mesma campanha. Sonhava, também, que os socialistas italianos de extrema esquerda pudessem organizar sua própria revolução nas cidades do norte do país.[4] O grande prêmio, a Alemanha, poderia ser agarrado na mesma campanha. Uma vez que Varsóvia tivesse caído, o Exército Vermelho irromperia pela Rússia Oriental e seguiria rápido para Berlim. Lenin previa que o "proletariado" polonês e alemão receberia de braços abertos os Vermelhos da Rússia e se levantariam contra seus governos "burgueses" nacionais. Conforme iam se reunindo delegados no Instituto Smolny de Petrogrado, vindos de todo o mundo para o Segundo Congresso da Internacional Comunista, no verão de 1920, Lenin acalentava a esperança de que logo voltaria a vê-los como comissários do povo em seus próprios governos em estilo soviético.

Os companheiros de Lenin partilhavam seu ponto de vista, mas não seu julgamento. Ao contrário dele, tinham experiência direta das dificuldades enfrentadas pelo Exército Vermelho: as desgastadas linhas de comunicação e suprimentos, o equipamento de má qualidade, as rações inadequadas e a ausência da vontade popular de prolongar a guerra. Nem mesmo Trotski, que lhe havia causado problemas com o Tratado de Brest-Litovsk, era a favor de se invadir a Polônia; e bolcheviques de origem polonesa preveniram Lenin de que ele subestimava a desconfiança que os polacos sentiam pelos exércitos russos, até mesmo de exércitos mandados ao país deles com confessos objetivos internacionalistas. Mas Lenin insistiu. O fato de que a maioria dos outros membros importantes da liderança do partido central estivesse fora de Moscou deu-lhe essa possibilidade. Nenhuma sessão formal do Sovnarkom, do Comitê Central ou do Politburo discutiu a questão de guerra ou paz. Não se repetiram as laboriosas e litigiosas deliberações por causa de Brest-Litovsk no início de 1918. Lenin foi ajudado pelo fato de que havia pelo menos um consenso de que Pilsudski precisava receber uma lição. O Exército Vermelho já estava engajado em perseguir as forças armadas polonesas. As fronteiras da Rússia Soviética com a Polônia ainda não haviam sido determinadas. A reação dos governos estrangeiros ainda não havia ficado clara, e Lenin queria tirar o melhor proveito da confusão. Convenceu seus camaradas a fazer a sua vontade. A Polônia tinha de ser "sovietizada".

E, uma vez tomada a decisão, recebeu total apoio dos líderes bolcheviques, seus companheiros. Não se repetiu o tipo de disputas sobre "guerra revolucionária" que dividiram o Partido em 1918. Trotski e Stalin estavam nas forças armadas quando marcharam contra a Polônia.

O Segundo Congresso do Comintern estava em andamento enquanto tudo isso se passava. Os trabalhos começaram em 19 de julho de 1920, no Instituto Smolny, onde Lenin e o Comitê Central bolchevique ficaram sediados durante a Revolução de Outubro. Era a primeira vez que Lenin voltava à cidade desde março de 1919 (e foi a última ocasião em que visitou uma cidade russa fora de Moscou). A delegação de Lenin viajara para lá, saindo da estação Nicholas, de Moscou, em 18 de julho de 1920.

Os trabalhos estavam carregados de simbolismo. O Congresso estava se realizando no berço da Revolução de Outubro. Os delegados estrangeiros eram levados a apreciar as visões revolucionárias: a estação Finlândia, a mansão Kseshinskaya, o Palácio de Inverno e os corredores e o salão do próprio Instituto Smolny. Naturalmente, não estava acima da argúcia de Lenin pensar que, se ele sediasse o Congresso do Comintern em Petrogrado, ficaria mais fácil impor programas políticos do partido bolchevique à Internacional Comunista. Pasmos com o ambiente de história revolucionária, os comunistas estrangeiros estavam prontos para concordar com as exigências dos únicos comunistas que, até então, haviam conseguido efetuar, com sucesso, uma tomada do poder do Estado.

Lenin fez diversos discursos importantes e divertiu-se imensamente. Andando para lá e para cá sobre a plataforma, repetia sua crença de que a Revolução de Outubro oferecia um modelo para os demais socialistas do mundo. Entre os discursos, ele se agachava nos degraus, logo abaixo dos vasos de aspidistras, rascunhando suas contribuições ao Congresso. Era festejado onde quer que aparecesse, mas também tentava manter encontros com outros delegados particularmente. O Congresso, estava convencido, seria a última reunião do gênero a ser realizada na Rússia. Durante o Congresso, foi pendurado um mapa da Europa para permitir aos delegados acompanharem o avanço do Exército Vermelho, da Ucrânia para a Polônia. Havia bandeirinhas vermelhas espetadas nele. Estava prestes a acontecer uma "revolução socialista europeia". O Politburo reforçou o moral de todos, com o Exército Vermelho em marcha acelerada para Varsóvia. Lenin sugeriu que os camaradas italianos deviam voltar a Milão e a Turim e organizar a revolução.

O Congresso foi um divisor de águas na história comunista. Quase todos os debates foram abertos por líderes do Partido Comunista Russo, e, em momento algum, desviaram-se de seu curso pelos estrangeiros. Lenin e seus companheiros queriam transformar a Rússia Soviética em um modelo para os movimentos socialistas de extrema esquerda no exterior. Deveriam ser formados partidos comunistas. Seus princípios organizacionais deveriam ser centralismo, hierarquia, seletividade na afiliação, ativismo e disciplina. A melhor chance de uma "revolução socialista europeia" era que alemães, franceses e britânicos copiassem os métodos do bolchevismo. Lenin e seus companheiros evidentemente tinham calculado que a instituição de partidos altamente centralizados em outros países permitiria ao Politburo, por intermédio do Comitê Executivo do Comintern, dominar os novos partidos comunistas em toda a Europa e no restante do mundo.

Os trabalhos se desenvolveram em ritmo febril em uma atmosfera de intensa expectativa e, por diversos dias, tiveram de ser suspensos devido ao progresso das ações militares na Guerra Polaco-Soviética. Mas, quando o Congresso foi reiniciado, Lenin adiantou-se para apresentar uma defesa cortante da sua versão do socialismo, com seu recurso à ditadura e ao terror. Sugeriu, no entanto, que os comunistas tinham de repensar outros meios de como o socialismo poderia ser alcançado. No passado, afirmara, como todos os marxistas, desde os anos 1890, que o socialismo não poderia ser constituído, exceto sobre o fundamento de uma existente sociedade capitalista. Para Lenin, a economia russa já era predominantemente capitalista antes da virada do século XX. Em 1920, com discrição, abandonou esse dogma e afirmou que países não capitalistas, apesar de seu "atraso", poderiam ser capazes de evitar por completo o capitalismo e prosseguir rumo ao socialismo. Apresentou essas novidades a fim de estimular comunistas de países coloniais do imperialismo europeu. Não tentou uma justificativa detalhada dessa reviravolta intelectual e não se dignou a explicar por que sempre se opusera aos *narodniks* russos que afirmavam ser possível passar por cima do capitalismo.

E por que isso teria importância? O principal significado reside no modo descuidado com que Lenin tratava seu marxismo, sempre que tinha em vista um objetivo de política pragmática. Embora refletisse seriamente sobre teoria social e econômica e gostasse de manter-se fiel a suas ideias básicas, seu apego a elas não era absoluto. Em meados de 1920, a prioridade para ele era a libertação global da energia revolucionária. As ideias sobre os estágios inevitáveis do desenvolvimento social perderam a força. Melhor fazer revolução, ainda que imperfeitamente, do que fabricar uma teoria sofisticada, mas irrealizada. Se, às vezes, era necessário valer-se de algum artifício intelectual, paciência. Mesmo quando ficava preso a seus programas políticos previamente declarados, Lenin era, mercurialmente, difícil de compreender. Partidos pertencentes ao Comintern, declarou, deviam romper com os tipos "oportunistas" de socialismo, que rejeitavam a necessidade da "ditadura do proletariado"; mas, simultaneamente, dizia que os comunistas ingleses deviam filiar-se ao Partido Trabalhista britânico: o argumento de Lenin era que o comunismo, no Reino Unido, ainda era frágil demais para estabelecer um partido independente.

Ele impôs sua vontade ao preço de burlar o Congresso do Comintern e irritar a delegada inglesa, Sylvia Pankhurst, comunista e feminista. Pankhurst podia ter armado uma confusão se todos os olhos não estivessem sobre o mapa do front de guerra. Todos os participantes do Congresso estavam concentrados na questão de como ajudar o processo da revolução, atualmente sendo promovido nas pontas das baionetas do Exército Vermelho. O Politburo selecionou um Comitê Revolucionário Polonês entre comunistas poloneses sabidamente leais às diretrizes de Moscou. O mesmo não foi feito com comunistas alemães, mas isso era essencialmente apenas uma questão de tempo. O Exército Vermelho era a frente avançada do Comintern. Esperava-se que governos socialistas dominassem o mapa do continente europeu muito em breve, e supunha-se que o imperialismo mundial não poderia ainda levar muito mais tempo para ruir. E lá se foram Lenin e seus companheiros comissários de volta a Moscou, ávidos para receber notícias de novos sucessos dos Vermelhos, quando desembarcassem do trem. Ele achava que estava prestes a realizar a ambição de uma vida inteira. A Rússia caíra a seus pés em 1917-18. A Europa, um país após o outro, com certeza estava a ponto de sucumbir a um ataque comunista multinacional, do Exército Vermelho e dos partidos comunistas "locais", aos bastiões do capitalismo continental.

Se Lenin sonhava em liderar um regime federal socialista europeu, evitou dar vazão a essa ideia. Em geral, era muito reticente. Mas, entre seus colegas, não conseguia se conter. O tempo todo, queria ação na frente, ação na retaguarda e até mesmo ação fora das linhas de batalha. Sua intemperança era extraordinária, como ficou óbvio em um bilhete que rabiscou para o suplente de Trotski, E. M. Sklyanski: "Um belo plano. Você e Dzerjinski devem concluí-lo *juntos*. Disfarçados de 'Verdes' depois, vamos botar a culpa em cima deles, avançaremos 10-20 verstas e enforcaremos os *kulaks,* os padres, os nobres latifundiários: um prêmio de 100 mil rublos para cada um deles que for enforcado."[5] Esse era Lenin, o guerreiro de classe, tanto quanto Lenin, o empolgado conspirador político — já havia escutado demais os generais e queria apresentar suas próprias ideias. E essas ideias não eram só extremamente desagradáveis; também não eram muito práticas. Se o Exército Vermelho quisesse ganhar a guerra, devia conquistar a Polônia, avançando seus grandes regimentos e esmagando Pilsudski — e perversidade sub-reptícia do tipo proposto por Lenin não faria diferença na prática. No mínimo, o enforcamento de padres teria colocado muitos cidadãos poloneses contra os Vermelhos.

Enquanto isso, Pilsudski havia recuado para Varsóvia, com a intenção de reorganizar as defesas polonesas. Trotski, Stalin e o alto comando haviam dividido o Exército Vermelho em duas grandes falanges, e Pilsudski teve a oportunidade de enfrentar os inimigos fora da capital polonesa. Trotski teve grandes dificuldades para coordenar suas forças, e com certeza não poderia contar que a falange sul — cujo comissário era Stalin — fosse tão cooperativa quanto poderia ser. Em meados de agosto de 1920, Pilsudski opôs batalha junto ao rio Vístula, fora de Varsóvia. Muito contra a previsão de Lenin, aconteceu o pior. O Exército Vermelho foi derrotado de forma humilhante. Quando os poloneses começaram a aproveitar a vantagem, as forças soviéticas recuaram precipitadamente rumo a Moscou, pela estrada Smolensk. Lenin não teve escolha, a não ser propor a paz. Um dia de batalha, no verão, havia arruinado tudo. Acabaram-se as previsões grandiosas sobre a união federal europeia, bem como as recomendações de alianças políticas desprezíveis, de extrema direita e de extrema esquerda. Chegaram ao fim as manifestações de orgulho pela invencibilidade do Exército Vermelho. Só o que chegava de Moscou era um reconhecimento do desastre militar e da grave necessidade de assinar-se a paz, nos termos que estivessem disponíveis.

Lenin vinha forçando o ritmo. Insistira que seus colegas do Politburo deveriam começar a pensar em como a Europa poderia ser organizada. Se era para que a "revolução socialista europeia" se tornasse realidade, precisariam apresentar planos sérios. Lenin e Stalin tiveram uma discussão a esse respeito, e Stalin nunca se esqueceu da veemência com que Lenin defendera sua opinião. Para ele, seria um processo simples. Queria formar uma união federal da Rússia e das várias repúblicas soviéticas do antigo império russo. Sempre que um Estado da Europa central e ocidental dispusesse de um governo em estilo soviético, seria admitido nessa grande e crescente união. Em tal união, não haveria qualquer arranjo para superioridade política russa, e Stalin opôs-se a isso, por ser realista. Para ele, era evidente por si só que nem uma Polônia soviética nem uma Alemanha soviética entrariam para uma união fundada pela Rússia. O velho orgulho nacional não seria apagado com rapidez. E, portanto, Stalin propôs que a RSFSR* deveria constituir o cerne de uma grande federação, enquanto a Alemanha formaria outra federação. Lenin ficou chocado com a posição de Stalin, e acusou-o de chauvinismo.[6] A Revolução de Outubro havia sido realizada com o propósito de encerrar a divisão da Europa em blocos separados de diversos Estados. Stalin parecia querer manter esses blocos — e Lenin mal conseguia acreditar no que ouvira dele.

Stalin não aceitava sequer que a Rússia e a Ucrânia entrassem para sua própria união em termos de igualdade. Agora que a guerra civil estava quase acabada, queria anular os variados tratados bilaterais e simplesmente incorporar as outras repúblicas soviéticas à RSFSR. É claro que nem mesmo Lenin queria afrouxar o controle de Moscou sobre a Ucrânia, mas achava que era político preservar as aparências exteriores dessa liberdade. Assim, o prolongamento da revolução na Europa viu-se envolvido numa discussão sobre os futuros arranjos constitucionais na Rússia. Lenin e Stalin queriam ter tudo bem ajeitado antes da prevista revolução socialista europeia. A raiva de um com o outro, em junho de 1920, só parece cômica agora porque o Exército Vermelho se detivera em frente a Varsóvia, e as revoluções socialistas em outros países ou não aconteceram, ou logo deram em nada. E encaravam a si mesmos não só como engenheiros sociais na Rússia, mas também como os grandes planejadores de todo o continente. O conhecimento que travaram com líderes estrangeiros na Internacional Comunista inclinava-os a pensar que ninguém podia se desincumbir da tarefa com a mesma competência.

---

* Sigla, em inglês, para Russian Socialist Federal Soviet Republic (República Federal Socialista Soviética Russa), primeira denominação do país sob o regime soviético. (*N. do T.*)

No entanto, enquanto Lenin criticava Stalin por trair os princípios internacionalistas, comunistas alemães renomados o estavam censurando pelo mesmo pecado. A história da Alemanha, nos dois últimos anos, ensinou Lenin a não exagerar o potencial independente da extrema esquerda política alemã. O Partido Comunista alemão tinha sido formado no finzinho de 1918 e sua influência sobre a classe operária alemã era fraca. Por esse motivo, não se podia presumir que a chegada do Exército Vermelho a Berlim seria suficiente para deflagrar uma bem-sucedida insurreição socialista. Lenin tinha à mão um recurso engenhoso. Segundo ele, o Tratado de Versalhes reduzira a Alemanha a um status colonial em tudo, menos no nome. Portanto, era adequado que o Partido Comunista alemão procurasse aliados para uma guerra de libertação nacional do jugo franco-britânico. Entre esses aliados, nenhum seria mais eficaz do que o Freikorps e outras unidades militares na extrema direita política. Uma parceria tão infame teria como objetivo derrubar Versalhes. Isso, por sua vez, perturbaria o equilíbrio político nos Estados dos Aliados vitoriosos. No caos resultante, o Partido Comunista alemão aproveitaria a oportunidade para enfrentar a extrema direita alemã na luta política suprema do continente.

Para Lenin, essa recomendação era mero bom senso. Os políticos precisavam ser flexíveis na busca de seus objetivos estratégicos. Ele não conseguiu compreender a reação negativa que recebeu dos camaradas alemães. Devia ter conseguido. Eles haviam se tornado comunistas, em parte porque o estavam copiando. Lenin transformara a intransigência numa forma de arte. Havia desafiado toda a opinião pública de seu país — conservadores e liberais, bem como socialistas — em seus preparativos para tomar o poder em 1917. Discernia que questões de princípios ideológicos estavam em jogo onde seus adversários viam apenas questões práticas menores. Ensinava que os marxistas deviam manter-se firmes na ortodoxia marxista. Agora, esse mesmo Lenin, seu modelo revolucionário, estava lhes dizendo que deviam pegar em armas, não com seus companheiros socialistas, mas com os proponentes da mais sombria reação política.

Enquanto tudo isso estava acontecendo, um evento terrível ocorreu na vida pessoal de Lenin. Inessa Armand voltara de sua missão para a Cruz Vermelha na França, e adoecera. Lenin escreveu-lhe um bilhete:[7]

Cara amiga,

Por favor, escreva um bilhete para dizer o que está havendo com você. Os tempos estão detestáveis: febre tifoide, gripe comum, gripe espanhola, cólera.

    Acabo de deixar a cama e não vou sair. Nadya está com febre de 39°, e pediu para vê-la.

    Como está a sua temperatura? Precisa de algo que possa fazê-la melhorar?

    Peço-lhe realmente que escreva com franqueza.

    Melhore!

    Seu,

Lenin

Apesar do estilo bate-papo, ele preservou a distância emocional dirigindo-se a ela com o formal *vy* russo, em vez do *ty* familiar; e é difícil que estivesse tentando manter um caso secreto com ela, pois mencionou que sua esposa, Nadya, queria que Inessa a visitasse. Os laços entre Lenin e Inessa eram estreitos, mas não mais da mesma natureza que antes em Paris, em 1912. Nadya, em contraste, parecia ter conquistado mais influência sobre ele. Alexandra Kollontai, cujo romance O *amor das abelhas operárias* era uma alegoria do triângulo Lenin-Nadya-Inessa em Paris, 1911-12, anotou em 1920, no seu diário, como "ele presta enorme atenção nela".[8]

Quanto a Lenin, era patronal com Inessa, mas havia em seus esforços uma ineficácia cativante. Quando voltou a escrever-lhe, tentou impedi-la de aventurar-se a sair no frio. Sabia que ela ignorava seus conselhos e instruiu-a a dizer aos filhos que não a deixassem sair à rua naquele frio gelado. Lenin tinha o hábito de supervisionar o tratamento médico de seus camaradas, mas não há paralelo para sua minuciosa intervenção no caso de Inessa.

Ela se recuperou dessa crise de saúde e concordou em servir de intérprete no Segundo Congresso do Comintern, em julho. Tratava-se de um trabalho muito intenso e — ainda por cima com as discussões com colegas como Alexandra Kollontai — induziu a uma recaída. Na verdade,

Inessa estava exausta, e Lenin aconselhou-a a ir para um sanatório. Ele sugeriu que, se ela insistisse em partir para o exterior, deveria evitar a França, pois temia que fosse presa. Na opinião de Lenin, seria melhor se seguisse para a Noruega ou para a Holanda. Melhor ainda, sugeriu, podia tentar o Cáucaso, e ele prometeu tomar providências para que ela tivesse um agradável período de tratamento lá. Para animá-la, mencionou que fora caçar no bosque perto da antiga propriedade dos Armand, nas cercanias de Moscou, e que os camponeses tinham falado nostalgicamente sobre os dias antes de 1917, quando existia "ordem" de verdade. Inessa concordou em ir para a cidade spa de Kislovodsk, nas montanhas no norte do Cáucaso. Lenin deu ordens para que ela e o filho Andrei — então um rapaz de 16 anos — fossem bem cuidados. Mas a região estava passando por uma epidemia de cólera; nem havia ainda sido pacificada pelo Exército Vermelho. Inadvertidamente, Lenin mandava sua antiga amante ao encontro de um perigo mortal. Primeiro, ela pegou cólera. Foi dada então uma ordem de que as pessoas deviam ser evacuadas para Nalchik. A saúde de Inessa fora finalmente afetada, e ela morreu em 24 de setembro de 1920.

Ciente de que ia morrer, ela anotou seus últimos pensamentos nas folhas de uma agenda que ganhara no Congresso do Comintern. Proporcionam uma leitura pungente. Inessa escreveu em 1º de setembro:[9]

> Será que esta sensação de estar morrendo por dentro um dia vai passar? Cheguei ao ponto em que acho estranho que outras pessoas riam com tanta facilidade e que elas obviamente sintam prazer em conversar. Eu agora raramente sorrio, não porque uma alegria interior me induza a isso, mas porque às vezes é necessário sorrir. Também estou impressionada com minha atual indiferença pela natureza. E, no entanto, ela costumava fazer-me tremer com força. E como agora eu comecei a amar pouco as pessoas. Antes, eu me aproximava de cada pessoa com sentimentos calorosos. Agora, sinto-me indiferente com qualquer um. O mais grave porém é que fico entediada com quase todo mundo. Sentimentos calorosos só por meus filhos e por V. I.

Havia uma única pessoa a quem ela podia estar se referindo como "V. I.", e era Vladimir Ilich Lenin. Inessa continuou:[10]

> É como se meu coração tivesse morrido em todos os outros respeitos. Como se, tendo dedicado toda minha força e paixão a V. I. e à causa de nosso trabalho [político], todas as fontes de amor e simpatia pelas pessoas — no que eu um dia fui tão rica — se exauriram. Com exceção de V. I. e meus filhos, não tenho mais relacionamentos pessoais com os indivíduos, exceto relacionamentos puramente práticos.

Inessa chamava a si própria de um "cadáver vivo"; o que havia acabado com ela não foi só o cólera, mas também um coração partido. Dez dias depois, ela refletiu sobre o sentido de sua vida:[11]

> Para os românticos, o amor ocupa o primeiro lugar na vida de uma pessoa. Ele é maior que todo o resto. E até recentemente eu estava bem mais perto disso do que agora. É verdade, para mim o amor nunca foi a única coisa. Ao lado do amor, havia a atividade pública. E, tanto em minha vida quanto no passado, houve umas poucas instâncias em que eu teria sacrificado minha felicidade e meu amor pelo bem da causa. Mas, antes, costumava parecer que o amor tinha um significado igual ao da atividade pública. Agora não é mais assim. O significado do amor, em comparação com a atividade pública, é bem pequeno e não tem a menor comparação com a atividade pública.

À beira da morte, tentava se convencer de que seu trabalho pela revolução significava mais, para ela, do que o homem que amava.

O telegrama oficial muito objetivo enviado a Lenin doeu-lhe profundamente: "Foi impossível salvar a camarada Inessa Armand, que contraiu cólera. Ela morreu em 24 de setembro. Estamos acompanhando o corpo a Moscou."[12] Lenin tinha sido responsável pela convalescença de Inessa no caótico Cáucaso, em vez de na França, e agora ela havia morrido. Duas semanas se passaram até que o corpo chegasse a Moscou, num caixão de chumbo. O trem chegou nas primeiras horas de 11 de outubro, e o cortejo deixou a estação ferroviária depois do alvorecer. Lenin e Nadejda Konstantinovna estavam esperando na estação. Quando o cortejo se aproximou do centro da capital, Lenin estava obviamente subjugado pela dor. Nadejda Konstantinovna compreendia, e pegou-o pelo braço, para apoiá-lo. Ninguém poderia esquecer o estado lamentável daquele homem. A jovem bolchevique Yelizaveta Drabkine observou o féretro puxado por um cavalo e a bandeira preta pendente: "Havia algo de inexprimivelmente triste nos ombros arqueados e na cabeça tombada para a frente."[13] Angélica Balabanova teve a mesma impressão no funeral: "Nunca vi tamanho sofrimento; nunca vi um ser humano tão completamente tomado pela dor, e pelo esforço de guardá-la dentro de si, de preservá-la da atenção dos demais, como se essa atenção pudesse diminuir a intensidade de seu sentimento."[14]

Lenin não confiou seus sentimentos ao papel. Havia aberto mão de muitos prazeres pela "causa": conforto material, profissão, xadrez, música clássica e ciclismo. Tinha evitado uma associação permanente com Inessa: a revolução, para ele, sempre foi predominante. Mas sua dor se intensificou quando o corpo dela chegou de Nalchik.

A seu lado estavam amigos e companheiros que acharam que ele nunca mais voltou a ser o mesmo. Alguns disseram que teria vivido mais tempo se não houvesse perdido Inessa. Abalado, com certeza, ficou; no entanto, não perdeu a força de vontade. Desde 1912, estava acostumado a viver sem ela. E também sabia lidar com a *froideur*\* de Nadya. Ao longo de sua carreira, ele exibiu a capacidade de não se deixar distrair pelas coisas do coração. Em geral, eram suas polêmicas e a saúde física que lhe perturbavam o equilíbrio. "Romance" era uma coisa que não atravessava seu caminho, e a morte de Inessa não o destruiu. Se sua reação exterior indica alguma coisa, esse acontecimento o magoou mais do que qualquer outro, desde a execução de seu irmão, em 1887. Mas ele se recuperou depressa. Lenin tinha uma imensa capacidade para a autocontenção emocional. Amava a política e vivia para a vida política. Tinha fixação pela importância das ideias. Mas não era um robô, e não negou, pelo

---

\* Frieza; em francês, no original. (*N. do T.*)

menos a si próprio, os benefícios de um relacionamento profundo; mas o amor pessoal — o de um homem por uma mulher — era secundário para Lenin, e, se a política assim o exigisse, poderia sobreviver sem ele.

O funeral de Inessa ocorreu em 12 de outubro; seu corpo foi enterrado ao lado dos de outros falecidos heróis bolcheviques, sob os muros do Kremlin. Duas semanas antes, Lenin havia participado da Nona Conferência do Partido. A invasão da Polônia resultou em um desastre. A economia estava um caos. Havia greves na indústria, rebeliões camponesas e até nas forças armadas verificavam-se distúrbios. O partido bolchevique estava impaciente, e suas facções internas — os centralistas democratas e a Oposição Operária — aproveitaram a chance de atacar o Politburo atrás das portas fechadas da Conferência. Um acordo sobre qual deveria ser a política do Partido foi algo que não ocorreu. Mas difundiu-se uma sensação, entre os bolcheviques, de que haveria algo profundamente errado no Estado soviético. Não era da natureza de Lenin fugir de uma discussão: ele vociferou e esbravejou dando aos críticos um pouco de seu próprio remédio.

Assim, embora confessasse abertamente que de fato havia ocorrido uma catástrofe na Polônia, ele disfarçou na questão da responsabilidade. Falou da aprovação dada pelo Comitê Central à invasão do território "etnograficamente" polonês; e então admitiu que a liderança do Partido não tinha tomado uma decisão formal sobre o assunto:[15]

> Quando essa resolução foi apresentada ao Comitê Central, ninguém deixou de entender que era uma questão um tanto difícil, no sentido de que parecia impossível votar contra ela. Como seria possível votar contra uma resolução de dar assistência à sovietização?

A pergunta era retórica; tinha a intenção de constranger uma plateia de zelotes a reconhecer que eles também teriam votado a favor da invasão da Polônia. Mas isso foi um artifício de argumento. Lenin ficara quase sozinho fazendo pressão sobre seus colegas do partido central pela invasão; e agora queria fugir à responsabilidade pessoal. Deliberadamente deixou sua análise ser um pouco vaga também, quando tentou definir o erro que fora cometido. Tinha sido político ou estratégico? Ele abordou a distinção, mas furtou-se a dar sua conclusão. Também revelou que, avaliando bem a situação, o Comitê Central havia decidido não abrir um inquérito sobre os militares, mas novamente evitou explicar por quê. Ao longo de seu relatório só tocou de relance em pontos sensíveis:[16]

> Nós, do Politburo, durante a guerra civil, tivemos de decidir questões puramente estratégicas — questões tão puramente estratégicas que olhamos uns para os outros com sorrisos nos lábios: como foi que nos transformamos em estrategistas? Havia alguns entre nós que nunca tinham visto uma guerra nem de longe.

Teria sido isso um apelo indireto à simpatia? Com certeza, ninguém no Politburo tinha menos experiência de campanha de guerra do que Lenin. Seja como for, Lenin estava afirmando ter se saído muito bem — para um planejador militar neófito — contra Kolchak, Denikin e Yudenich. Mas, em nenhum ponto de seu informe — e esse é o xis da questão — Lenin implicou-se no desastre diante de Varsóvia. Ele só reconheceu um erro da parte do "Comitê Central".

Lenin não disse uma palavra contra o uso de "guerra revolucionária". Mas, pouco a pouco, estava chegando à opinião de que as baionetas do Exército Vermelho deviam permanecer embainhadas pelo futuro possível. Havia chegado, portanto, o momento lógico de reconsiderar os programas políticos em geral. A Conferência do Partido, no entanto, não deu oportunidade para isso. Os delegados não tinham viajado a Moscou para debater todo o âmbito de opções, mas para sabatinar duramente os líderes do partido central. A convenção e a realização da campanha de Varsóvia foram objeto de acirradas críticas. Aqui Lenin teve a sorte de conseguir uma folga. A rivalidade entre Trotski e Stalin descambou em uma discussão aberta quando Trotski denunciou Stalin por induzir o Comitê Central a um erro quanto à perspectiva de vitória militar. Não havia um racha interno de natureza tão pessoal desde os cáusticos desentendimentos de 1903-4. Um membro do Politburo atacava o outro. Stalin, revoltado com essa humilhação, exigiu o direito de resposta. Lenin decidiu tomar partido; talvez, autenticamente, concordasse com Trotski, mas, de qualquer forma, podia ver que lhe estava sendo oferecida a oportunidade de ajudar a escolher um bode expiatório. A briga resultante foi uma baixaria, mas Lenin saiu dela incólume. De fato, ao final da Conferência, era o único membro do Politburo que não tinha aborrecido um grande número dos enfurecidos delegados.

A outra grande discussão concentrou-se no próprio Partido. Os centralistas democratas e a Oposição Operária condenaram as práticas internas da vida do Partido como burocráticas e supercentralizadas. A Oposição Operária acrescentou que a burocracia do Partido havia provocado um racha entre os líderes centrais e os membros da plebe e que a classe operária como um todo havia perdido a fé no Partido. Dentro do Comitê Central havia figuras que concordavam com boa parte dessa análise. Entre elas, o secretário do Comitê Central, Yevgeni Preobrajenski. Mas foi Zinoviev, apesar de ser um líder muito autoritário em Petrogrado, que falou em nome do Comitê Central a favor de uma reforma interna do Partido. Sua sinceridade foi questionada antes que os exaustos participantes da Conferência concordassem em conceder aos líderes do partido central o benefício da dúvida. Mais uma vez, Lenin, tão responsável como qualquer outro membro do Politburo pelo questionável fenômeno organizacional, escapou sem levar a culpa.

Mas a questão de o que fazer com a situação do país continuava a ser crucial. Para o mundo exterior — e o mundo exterior, nesse caso, incluía todos os mortais não pertencentes à liderança central do partido bolchevique e do governo soviético —, Lenin parecia continuar ávido por seguir até o último detalhe os programas políticos desenvolvidos durante a guerra civil. Isso, de muitas maneiras, era verdade. Mas deve ser acrescentada a especificação de que ele nunca foi unidimensional em seu planejamento. Sempre quis assinar tratados com os Estados capitalistas estrangeiros como um meio de romper a falange internacional formada contra a Rússia Soviética. Kamenev estivera em Londres negociando uma retomada do comércio no exato momento em que o Exército Vermelho avançava sobre Varsóvia. Agora que ele havia tropeçado na Polônia, visava desenvolver ainda mais relações comerciais e diplomáticas. Além do mais, Lenin, na primavera de 1918, havia declarado que, se a reconstrução econômica da Rússia não pudesse ser empreendida em aliança com uma Alemanha soviética, deveria ser tentada com ajuda da Alemanha capitalista. Retomou essa ideia em 1920 e quis assinar acordos de concessões com empresários alemães, até o ponto de conceder-lhes terras na Rússia, onde pudessem aumentar a produtividade com a introdução de avançadas técnicas agrícolas capitalistas. Ele também queria atrair a empresa petrolífera Nobel a voltar a se envolver com extração de petróleo no Azerbaijão.

Na política interna também haveria algumas modificações que queria fazer. Reconheceria que um confisco dos grãos dos camponeses pelas autoridades do Estado era extremamente impopular no campo, e, embora não quisesse aceitar a proposta de Trotski de um limitado retorno à venda particular legal de alimentos pelos camponeses, queria orientar os lares rurais a semear mais grãos. Com esse propósito, ponderou sobre a ideia de dar recompensas materiais aos camponeses que pudessem demonstrar ter aumentado sua produção.

Isso não era uma rachadura no muro da política econômica de guerra do Partido, mas muitos de seus companheiros líderes bolcheviques nas províncias ficaram consternados. O que era, perguntaram, uma proposta de recompensa material senão um método oculto, disfarçado, de reintrodução do capitalismo? E o que, afinal, Lenin achava que estava fazendo ao dar as boas-vindas a agricultores e industriais alemães, concessionários de madeira britânicos e — pior de tudo — à Companhia Nobel de Petróleo? Tinha perdido o juízo? Não conseguia ver que seus vários projetos, reunidos, equivaliam a um Brest-Litovsk econômico? Quando o ano de 1920 foi chegando ao fim, Lenin tinha, portanto, muito pouco motivo para comemorar. Tinha vencido a guerra civil russa só para perder a desnecessária Guerra Russo-Polaca. Ficara tão distraído com planejamento militar que havia ignorado os problemas de seu Partido; e, em todo o país, as greves na indústria e as revoltas camponesas vinham ocorrendo com intensidade cada vez maior. Sua reputação por uma cautelosa condução da maquinaria política central começava a entrar em declínio. Sua saúde, nunca muito boa havia décadas, estava decididamente abalada. Sofrera, também, a perda da mulher que havia amado, Inessa Armand. E ele não podia nem dizer a si mesmo no *réveillon* de 1921 que a Revolução de Outubro estava segura. Ao contrário, a honestidade só lhe permitia dizer que as coisas iam piorar antes de ao menos poder imaginar que iriam melhorar.

## 25. A Nova Política Econômica

### Janeiro a junho de 1921

Os meses de inverno de 1920-21 obrigaram Lenin a pensar seriamente de novo nos programas políticos do Estado. Ele nada lamentava em sua estratégia do tempo da guerra. Seus programas políticos haviam arruinado a economia, induzido revoltas populares, isolando o país de assistência diplomática e financeira, e engendrado um desastre militar na Polônia. Mas, ao mesmo tempo que reconheceu, com relutância, ter sido cometido um erro quanto à Polônia, mostrava-se singularmente impenitente quanto ao restante. E de fato tinha poucos arrependimentos. Porém, aos poucos, havia sido levado à conclusão de que, sem uma mudança de estratégia, um perigo mortal engoliria o regime. A nova ideia de Lenin era muito simples. Propôs substituir-se a requisição de grãos à força por um imposto em espécie sobre os grãos. Uma vez que os camponeses houvessem entregado a contribuição que lhes fora determinada, disse ele, poderiam vender sua produção em mercados locais. A comercialização privada de cereais devia voltar a ser permitida. Lenin apresentou essa ideia com sucesso ao Politburo em 8 de fevereiro de 1921.

Lenin não precisou de muita perspicácia para inventar sua Nova Política Econômica (ou NEP).\* Nas questões essenciais da agricultura, ela era defendida desde 1918 pelos mencheviques e socialistas revo-

---

\* Foi com a sigla assim, em inglês, que esse programa tornou-se internacionalmente conhecido. (*N. do T.*)

lucionários, e, em fevereiro de 1920, por Trotski, que, em 1921, lembrou a Lenin que a mudança poderia ter ocorrido um ano antes, não fosse por sua teimosia. A NEP era o meio óbvio de restaurar o intercâmbio de produtos entre o campo e a cidade. Era também um pré-requisito para acabar com a fome, as doenças, a ruína industrial e com a insurgência popular. Mas, se à proposta de Lenin faltava distinção cerebral, não obstante, exigia tenacidade política — e todos os biógrafos de Lenin, embora exaltem seu feito ao vencer a questão Brest-Litovsk, em 1918, subestimam uma realização de igual monta, que foi a introdução da NEP.[1] O principal motivo é que a discussão sobre a NEP não foi tão exaltada como a controvérsia sobre Brest-Litovsk ou mesmo como a "discussão sobre os sindicatos". Ainda assim, não se deve esquecer os obstáculos no caminho de Lenin. Precisou convencer o Politburo, o Comitê Central e o Congresso do Partido e, depois, teve de fazer a legislação ser aprovada pelo Legislativo e, mesmo então, foi necessário voltar e defender a NEP na Conferência do Partido, em maio de 1921. Sem Lenin, muito possivelmente não teria havido NEP alguma. E, sem a NEP, o Estado soviético teria sido subjugado por rebeliões populares.

Essa política foi excepcionalmente incômoda para seu Partido, que considerava um quase monopólio econômico do Estado uma maravilhosa realização. Esse aspecto da ideologia do Partido tornou-se mais rígido ao longo da guerra civil, e os bolcheviques concordavam sobre muito mais coisas do que discordavam. Diversas políticas fundamentais haviam se tornado artigos de fé. Lenin, que andara brincando com ideias de reforma no final de 1920, estava propondo um programa de ação que parecia esvaziar o bolchevismo de seu conteúdo revolucionário. Embora continuasse dedicado ao Estado unipartidário e uni-ideológico, parecia vergonhosamente ávido por abandonar a prioridade e a regulamentação do Estado na economia.

Na ocasião, o Partido estava sendo fustigado por sua chamada "discussão sobre os sindicatos". Essa polêmica havia começado com Trotski insistindo que a reconstrução econômica do pós-guerra precisava funcionar na base da "militarização do trabalho". Trotski queria proibir as greves e reduzir os sindicatos à condição de organizações do Estado. Não estava ligando a mínima para manter o partido bolchevique como principal instrumento de execução; ignorara o Partido quando estabeleceu comissariados políticos no Exército Vermelho na guerra civil e, em 1920, fizera campanha pela transferência desse sistema às necessidades civis. Trotski também exigiu que o transporte ferroviário e fluvial fosse organizado por meio desse sistema.

Essa polêmica foi um pesadelo para Lenin, que achava que Trotski estava ameaçando a unidade que havia sido restaurada na Nona Conferência do Partido. Se Lenin, por um lado, não pretendia favorecer os sindicatos, por outro, não via sentido em ofendê-los. Mas a polêmica fugira ao controle. Trotski afirmou que sob a ditadura do proletariado não havia necessidade de que os operários tivessem uma organização de classe para protegê-los contra o "Estado operário" deles próprios. Lenin retorquiu que "distorções burocráticas" haviam ocorrido após a Revolução de Outubro e que os sindicatos ainda tinham um propósito útil. Um grupo tampão formou-se entre Lenin e Trotski, liderado por Bukharin. A Oposição Operária condenou igualmente Lenin, Trotski e Bukharin. Os centralistas democratas não haviam chegado a um acordo sobre uma posição; seus membros apoiavam qualquer grupo, sem preferência por nenhum. Líderes de cada grupo excursionaram pelo país tentando conseguir apoio entre os bolcheviques das províncias. Lenin foi uma das poucas figuras importantes a permanecer em Moscou; mas até ele estava preocupado com a "discussão sobre os sindicatos". Além de fazer um volumoso livreto a fim de vencer o debate, também precisou manipular as alavancas de poder faccionário para garantir a vitória. Zinoviev viajou até as maiores organizações partidárias, e Stalin ficou de olho nos debates nas províncias a partir de sua posição privilegiada de observação em Moscou. Para alívio de Lenin, a vitória de seu grupo foi garantida em fevereiro de 1921.

Bem mais importante, afirmou, era a questão sobre o que fazer para salvar a Revolução de Outubro. A "discussão sobre os sindicatos" era um elemento integral dessa questão, mas não a representava por inteiro. Lenin queria um debate mais direto e fundamental. O modo mais eficiente de dar início a isso era atacar a política de suprimentos alimentícios. Só quando o Partido tivesse decidido o que fazer sobre a aquisição de grãos poderia começar a decidir sua orientação estratégica para os próximos anos.

Lenin, no entanto, sabia conduzir dois cavalos ao mesmo tempo. Continuava pensando sobre política agrária, mesmo quando Trotski estava desmantelando o Partido por causa dos sindicatos. Lenin não revelou o que o levou a mudar de ideia. Mas conversara bastante com representantes dos camponeses no Oitavo Congresso dos Sovietes, em dezembro de 1920, e concedeu audiências a pequenas delegações de camponeses, nas semanas subsequentes. Fizera pequenas viagens a Yaropolets e Modenovo, na região campestre de Moscou, e falara com os aldeões locais. Não lhe restou qualquer dúvida de que a popularidade do regime estava em sua maré mais baixa. A prova que chegava aos gabinetes do Sovnarkom apontava no mesmo sentido. Lenin foi muitas vezes levado a liberar províncias da necessidade de cumprir com as quotas de entrega de grãos fixadas por ele próprio e seu governo em Moscou. A política vigente não conseguia alimentar o país, e a situação tendia a piorar. Logo havia bolcheviques defendendo a mesma causa. Um deles, V. N. Sokolov, chegou da Sibéria, onde testemunhara distúrbios rurais. Se o Politburo não agisse, preveniu Lenin, em 2 de fevereiro, o problema poderia se transformar numa catástrofe.

No mesmo dia, no Politburo, Bukharin, que retornara da província de Tambov, fez um comunicado. O Politburo enfim começou a encarar o fato de existirem "levantes camponeses" no interior russo.[2] Tambov ficava na região do Volga. O líder da revolta chamava-se A. S. Antonov, um revolucionário socialista. Mas era claro que os camponeses, muitos dos quais passando fome devido às medidas econômicas oficiais implantadas no tempo da guerra e a uma súbita seca, haviam se revoltado contra o governo soviético. Lenin nunca fizera muita fé nos camponeses do Volga e, na guerra civil, treinara um pouco de repressão preventiva de massas. Em 1921, no entanto, já era tarde demais para tentar fazer repressão. Foi necessário o Exército Vermelho para esmagar uma rebelião que ameaçava derrubar o regime. Lenin transferiu Vladimir Antonov-Ovseenko como comissário político e Mikhail Tukhachevski como comandante para executarem a campanha necessária. Mas isso, em si só, não era suficiente. Alguns passos também precisavam ser dados para a retomada agrária. A Revolução de Outubro estava ameaçada.

Foi a revolta em Tambov que convenceu Lenin de que o sistema de requisição do tempo da guerra tinha de ser abolido. Mas, até então, não dissera isso a ninguém e continuou recebendo testemunhas oculares da situação rural. Uma dessas foi o camponês Osip Chernov, que ficou surpreso porque o líder do comunismo mundial concordou em recebê-lo. Lenin lhe pediu que lesse em voz alta a narrativa de suas experiências que ele escrevera a lápis, e Chernov contou-lhe algumas verdades desagradáveis sobre os camponeses da Sibéria. Em particular, destacou que os camponeses mais ricos daquela imensa região haviam combatido Kolchak com tanto empenho quanto seus vizinhos mais pobres e que estavam sendo injustamente tratados como antissoviéticos. Chernov enfatizou que lá não havia ameaça dos *kulaks*:[3]

> Quando acabei de ler, ele me fez a pergunta: "Qual é a sua formação?" E contei-lhe que eu pertencera a um grupo de prisioneiros exilados em trabalhos forçados e que fora condenado a trabalhos forçados por ter pertencido ao Partido Revolucionário Socialista, mas que agora me encarava como uma pessoa apartidária e tinha minha própria roça na Sibéria.

Chernov era precisamente o tipo de camponês que os bolcheviques designavam rotineiramente como um *kulak*, privando-os de todo o seu estoque de cereais e, às vezes, até os matando. Lenin precisava conhecer pessoas que pudessem falar com conhecimento e com franqueza. O padre Gapon o alertara em 1905, e camponeses como Osip Chernov estavam exercendo a mesma função no início de 1921.

À altura da próxima reunião do Politburo, em 8 de fevereiro de 1921, Lenin havia se tornado um defensor empenhado: o confisco de grãos precisava ser abolido. Nem todo mundo pôde comparecer. A "discussão dos sindicatos" continuava, e Trotski e Zinoviev estavam correndo um atrás do outro, à volta dos Urais, tentando maximizar apoio no vindouro Congresso do Partido. Apenas quatro membros — Lenin, Kamenev, Stalin e Krestinski — participaram. Eles se encararam como quórum suficiente e, tendo ouvido uma comunicação do comissário suplente do povo para a Agricultura, Nikolai Osinski, Lenin pegou uma folha de papel e esboçou a mudança de programa político que ficara combinada. Seu "Esboço preliminar de teses sobre os camponeses" foi a base da futura NEP. A sorte estava lançada. Criou-se um partido de trabalho, sob o comando de Kamenev, para ajustar os detalhes de políticas. Não se disse em público uma palavra sobre a decisão do Politburo. Mas, em 16 de fevereiro, o Politburo, com alguma preocupação quanto aos melindres do Partido, sancionou a publicação de um artigo pró-reforma no *Pravda*; os coautores seriam ativistas bolcheviques de nível inferior, e não membros do Politburo.[4] Infelizmente, A. P. Tsyurupa estava atrapalhando o progresso de Lenin, levantando objeções no secreto partido de trabalho. O Politburo tomou fôlego e passou a questão para o Comitê Central. A pressão era intensa, porque membros do Comitê Central já estavam se digladiando sobre a "discussão dos sindicatos".

Lenin, no entanto, não precisava ficar preocupado com a reação do Comitê Central; reunindo-se em 24 de fevereiro, seus membros aceitaram o relatório do partido de trabalho com apenas poucas modificações.[5] A essa altura, a profundidade da emergência política no país como um todo era evidente. Greves estouravam em Petrogrado, Moscou e em outras grandes cidades industriais. Houve princípio de motim na guarnição naval de Kronstadt, e Zinoviev não tinha certeza de poder combatê-la a partir de sua base na vizinha Petrogrado. Para tornar o clima ainda mais grave, havia os levantes camponeses na região do Volga, na Ucrânia, na Rússia Meridional e na Sibéria Ocidental. Os distúrbios continuavam até Moscou. De fato, em 2 de março, Kronstadt inflamou-se num motim aberto, e as greves em Petrogrado se intensificaram. Mesmo assim, Lenin ainda não podia se sentir confiante de que seu projeto seria aceito no Partido. Havia muitos bolcheviques dispostos a continuar com o programa econômico do tempo da guerra, mesmo que isso estivesse provocando resistência popular armada. Mas Lenin e Trotski estavam juntos nisso. As próprias revoltas eram o mais forte argumento a favor da reforma. Quando o Comitê Central se reuniu, em 7 de março, não houve qualquer tentativa séria de reverter as propostas agrárias do Politburo.

Isso ainda tinha de ser confirmado pelo Décimo Congresso do Partido. Os trabalhos começaram em 8 de março, e Lenin já tinha tudo preparado ao concordar com uma lista preferencial de membros do novo Comitê

## A Nova Política Econômica

Central em uma série de reuniões com Stalin e seus outros camaradas mais próximos. Se, por um lado, ele queria maioria para sua facção, por outro, Lenin também desejava que fossem incluídos uns poucos trotskistas, centralistas democráticos e membros da Oposição Operária. Ele queria controlar, mas não humilhar e excluir os críticos. Em seu discurso de abertura do Congresso, reconheceu que um erro fora cometido quanto à Polônia; também afirmou — surpreendentemente para um líder que, esperava-se, fosse amigo dos operários — que tinha havido muita indulgência para com as comunidades da classe operária, à custa dos ressentidos camponeses. O Partido, disse Lenin, tinha de aceitar cortes militares, reforma econômica e controle político intensificado. Acusou a Oposição Operária, que apelava para que a classe operária fosse capacitada a controlar as fábricas de desvios do marxismo. O fato de que Marx — assim como o próprio Lenin, em 1917 — havia enfatizado a necessidade de que os operários controlassem as fábricas na era da revolução socialista foi intensamente ignorado por Lenin. Em vez de defender sua causa, anunciou sombriamente que o regime poderia cair se não prevalecesse no Partido um consenso sobre reforma e repressão. Como prova, mencionou a informação sobre os boatos de motim na guarnição naval de Kronstadt. A ameaça era maior, declarou, do que quando Kolchak e Denikin estavam livres.

Perto do final de seu discurso de 2 horas, pressentiu que o Congresso, ciente da NEP naquele momento, poderia achar que ele estava sendo condescendente — ou, pior, tornando-se pró-camponês e pró-capitalista. Soltou uma frase de gelar o coração:

> O camponês precisa passar fome um pouquinho para liberar as fábricas e as cidades da fome total. No nível do Estado em geral, isso é uma coisa inteiramente compreensível, mas não estamos contando com a compreensão do camponês-proprietário exausto, na penúria. E sabemos que vocês não podem lidar com isso sem compulsão, contra o que os arrasados camponeses estão reagindo muito fortemente.

Evidentemente a NEP não ia funcionar só por persuasão.

Até então, não havia resposta para a questão mais fundamental — se o Congresso iria sancionar a NEP. Não era uma tarefa fácil para

Lenin. A "discussão sobre os sindicatos" havia dividido o Partido em facções. Havia revolta até mesmo na facção de Lenin quanto ao programa político de concessões a empresas estrangeiras. Era generalizado o descontentamento com a organização interna do Partido, uma vez que, se, por um lado, alguns delegados queriam disciplina menos rígida, por outro, outros achavam Lenin tolerante demais. Houve confusão a respeito das medidas diplomáticas vigentes, da liderança do Partido, e não foram poucos os delegados que se perguntaram como as vitórias na Revolução de Outubro e na guerra civil poderiam ser protegidas e intensificadas. Lenin estava no auge de sua astúcia quando enfrentou a questão do esperado tumulto. O fato de os trotskistas, a Oposição Operária e os Centralistas Democratas estarem se digladiando ajudou. Não havia um amplo acordo sobre qualquer programa político, e Lenin tinha a vantagem de, pelo menos, parecer conhecer o rumo que o Partido deveria tomar. Outros, como Trotski e Shlyapnikov, também montaram sua própria estratégia; mas faltava-lhes a reputação que Lenin tinha no Partido de consertar as coisas. As *Teses de abril,* a tomada do poder em outubro de 1917 e o Tratado de Brest-Litovsk haviam adquirido status canônico nas doutrinas do bolchevismo. Lenin era considerado a cabeça mais sábia do Partido. Havia também afeição por ele em todas as facções; ele simplesmente não incorria no rancor pessoal provocado pelos dois outros membros mais dedicados do Politburo — Trotski e Zinoviev; e o Partido inteiro acreditava que se não contornasse suas desavenças seria subjugado pela maré da indignação popular.

Só líderes de segundo escalão atacaram abertamente a NEP, em princípio. Embora às vezes tenha estado por um fio, Lenin não desistiu de buscar a vitória e, no fim, foi bem-sucedido. A NEP, as concessões a empresas estrangeiras, a política sindical de Lenin, a condenação da Oposição Operária como um desvio do marxismo — tudo isso foi retumbantemente sancionado pelo Congresso.

Ele não teria alcançado triunfo com tanta firmeza não fosse pelos acontecimentos fora da capital. Quando o Congresso já ia pelo meio, chegaram notícias de Kronstadt. A guarnição naval se sublevara. Os amotinados exigiam o fim do terror, da ditadura, do confisco de grãos e do governo de partido único; haviam perdido a esperança no partido bolchevique e passado a odiá-lo; de fato, pediram por "sovietes sem comunistas". Essa foi a mais profunda crise militar interna desde o levante dos revolucionários socialistas de esquerda, em julho de 1918. Os amotinados de Kronstadt, além do mais, ficaram famosos como grandes partidários dos bolcheviques, em 1917. Foi um momento inoportuno para ocorrer um motim. O regime soviético estava sendo ameaçado por revoltas camponesas na Rússia, na Ucrânia, no norte do Cáucaso e na Sibéria Ocidental. Um surto de fome terrível havia começado no Volga e na Ucrânia. Por toda parte, a indústria estava arrasada. Partidos políticos rivais haviam sido encerrados, mas nenhum deles abriria mão da esperança de retornar à vida pública. Organismos nacionais religiosos de todo o antigo império russo queriam o fim do regime comunista. As grandes potências estrangeiras — Grã-Bretanha, França, Japão e Estados Unidos — só desejavam mal à Rússia soviética. Agora, até Kronstadt havia se voltado contra os bolcheviques.

Nessa situação, era mais fácil do que antes advertir o Congresso de que unidade era a exigência suprema. Até mesmo os militantes da Oposição Operária, que Lenin estava denunciando, foram voluntários para a operação militar de atravessar o gelo, de Petrogrado até a ilha Kronstadt. Soldados do Exército Vermelho, camuflados com os novos uniformes brancos, avançaram para o norte. Trotski foi com eles, e a fortaleza de Kronstadt foi reconquistada para os bolcheviques. Lenin ficou e teve de esperar por notícias. O máximo que podia fazer era produzir propaganda, e seus artigos para o *Pravda* foram alguns de seus mais vergonhosos simulacros da verdade. Segundo Lenin, os amotinados de Kronstadt haviam sido enganados pelos revolucionários socialistas, que, por sua vez, eram agentes de potências capitalistas estrangeiras. Lenin, consultando outros camaradas, membros do Comitê Central, sobre o castigo a ser infligido aos amotinados, exigiu represálias violentas. A Fortaleza Kronstadt tombou por inferioridade numérica. O alívio dos delegados do Congresso que ainda estavam em Petrogrado foi quase palpável. Como resultado, a reforma agrária de Lenin não foi criticada tão selvagemente quanto, de outra forma, poderia ter sido. Ele viu a oportunidade e fez passar uma resolução proibindo por completo, no Partido, a atividade faccionária. Se tivesse de haver um retrocesso econômico, afirmou, os bolcheviques precisariam fortalecer sua unidade interna. Havia vencido quase por milagre, mas havia vencido.

No entanto, não teve trégua. Na última semana de março de 1921, o Partido Comunista alemão, instigado pelo líder comunista húngaro Béla Kun, em nome do Comintern, tentou tomar o poder em Berlim. Com quase toda certeza, isso teve o apoio tanto de Grigori Zinoviev quanto de Nikolai Bukharin, mas o planejamento e a execução das medidas insurrecionais foi muito mal executado. Quando soube da "Ação de Março", Lenin ficou furioso.

Mesmo no seu aniversário, em 23 de abril de 1921 (de acordo com o novo calendário), teve de, ou achou que tinha de, cumprir um massacrante programa de obrigações. Assim, presidiu uma reunião crucial do Politburo cujas discussões giraram em torno de educação, Sibéria, disposições militares ucranianas, as medidas pós-motim de Kronstadt e a Oposição Operária.[6] Apesar dessa longa reunião, o dia de Lenin ainda não acabara. Ele nomeou um novo assistente pessoal para si próprio no Sovnarkom. Escreveu aos Comissariados do Povo para as Relações Exteriores e para os Assuntos Internos. Interveio nos planos traçados para o tratamento médico de G. L. Shklovski; este era quase um hobby de Lenin em relação a seus principais camaradas: encarava a saúde deles como uma questão de negócios de Estado. Enquanto isso, cumpriu a agenda prévia de vários organismos do governo, como o Conselho do Trabalho e da Defesa e o Sovnarkom Menor. No pouco tempo pessoal que lhe restou, tentou escrever algumas páginas de seu livreto sobre a NEP, *Do imposto sobre os mantimentos*. Não foi o seu dia de trabalho mais sobrecarregado, mas lotado de obrigações que achava não poderem ser cumpridas sem ele. Tinha chegado aos 51 anos de idade e não dispunha de um minuto para si próprio.

A vida política era o núcleo de sua existência; não conseguia sentir autopiedade quando o dever o chamava. Sempre que quisesse, podia convencer Stepan Gil a levá-lo de carro até o sanatório de Gorki, mas, em geral, só prosseguia com a política. Não obstante, sentia-se exausto. Havia cuidado eficientemente de revolução, guerra e até paz e seus problemas. Sobrevivera à perda de parentes e de Inessa. Mas estava imensamente decepcionado por não ter podido contar com seus camaradas líderes do Partido. No inverno de 1920-21, eles se interessaram mais por polêmicas internas do que por salvar a Revolução, e as polêmicas não cessaram na primavera de 1921: Lenin ainda tinha nas mãos a função de manter o Partido fiel às decisões tomadas em seu Décimo Congresso. E, quando os principais bolcheviques não estavam lutando uns com os outros, tentavam conseguir uma folga do trabalho; as intensas pressões do tempo da guerra estavam cobrando seu preço, e cada líder vinha sofrendo de graves problemas de saúde. O Politburo começou a ficar inoperante conforme os membros foram, um por um, se declarando enfermos, e Lenin, apesar de suas próprias moléstias crônicas, teve de continuar a defender o forte sozinho. Estava trabalhando no limite de sua capacidade de tolerância.

Mas não tinha jeito. Trotski estava num óbvio estado de exaustão e precisava tirar férias. Zinoviev sofreu não um, mas dois ataques cardíacos. Kamenev também estava com problema cardíaco.[7] Stalin precisou fazer uma apendicectomia. Bukharin só recentemente voltara da convalescença. Lenin tivera lutas solitárias no passado, mas essa exigia tanta resistência mental como qualquer outra.

E foi nesses meses que a questão dos sindicatos voltou à agenda política. Alexander Shlyapnikov, o líder da Oposição Operária, continuou a criar problemas, desafiando a proibição de atividade faccionária pelo Décimo Congresso do Partido. Os líderes do partido central — os que não estavam em sanatórios ou passando pela faca do cirurgião — designaram Mikhail Tomski presidente do Conselho Central dos Sindicatos de Todas as Rússias, para fortalecer a vontade do Partido no Sindicato dos Metalúrgicos. Tomski, enfrentando uma plateia zangada, fez o melhor que pôde, além de diversas concessões aos sindicalistas ativistas. Lenin mergulhou num delírio diante do que tomou a atitude de Tomski como um ato de traição e exigiu sua imediata exclusão do Comitê Central do Partido. No passado, Lenin muitas vezes ficou exasperado, acalmando-se um dia depois. Nem era novidade que fizesse uma exibição exagerada de paixão, a fim de garantir um resultado político. Mas semanas após o episódio do Sindicato dos Metalúrgicos ainda esbravejava para que Tomski fosse expulso do Comitê Central e até do Partido.[8]

Os nervos de Lenin estavam em frangalhos; sua fadiga chegava à exaustão, pois Tomski não era um de seus críticos; pelo contrário: foi um firme aliado durante a "discussão dos sindicatos" no inverno anterior. Lenin achava que sua sorte no recente Congresso do Partido continuaria e que influentes colegas de partido reconheceriam que a prioridade máxima era realizar e desenvolver a NEP. Sentia-se especialmente isolado. Estava claro que a NEP, aprovada como lei em abril e que, finalmente, começava a ser imposta em todo o país, não tinha aceitação garantida no Partido. Muitos — e bem possivelmente a maioria — dos líderes bolcheviques centrais e regionais consideravam a reintrodução do comércio privado de grãos repugnante. Mas, então, Lenin e Kamenev passaram a acrescentar várias medidas a fim de tornar a reforma realmente viável. Foram além do projeto original de reforma, permitindo aos camponeses comercializar fora de sua própria localidade e a ação de intermediários comerciais; concederam direitos extensos a cooperativas rurais agrícolas e deram pouco estímulo a fazendas estatais coletivas. Até sancionaram a volta das manufaturas em pequena escala ao setor industrial. O setor capitalista da economia estava ocupando um espaço cada vez maior. Quando e onde, perguntavam os bolcheviques, esse processo ia terminar?

Em um esforço para provar suas credenciais revolucionárias, Lenin concluiu seu livreto *Do imposto sobre os mantimentos*. Sua principal alegação era que o Sovnarkom e o Comitê Central, nos idos de 1918, haviam reconhecido a necessidade de que se desse algum espaço ao capitalismo na economia russa. Assim, a NEP não era em absoluto nova, apenas um programa político restaurado. A deflagração da guerra civil havia interferido e foi preciso implementar medidas emergenciais a que ele agora se referia como "Comunismo de Guerra". Tais medidas, declarou, podiam ser suspensas. Obviamente, havia alguma verdade nisso. Porém, estava longe de ser toda a verdade, e Lenin sabia disso, pois a NEP garantia aos camponeses mais liberdade legal para comercializar seus cereais do que dispunham antes.

Mas ninguém iria discutir sobre a história dos bolcheviques. Como Lenin percebeu claramente, seu Partido esperava que ele lhes demonstrasse por que, afinal, ainda deviam acreditar que a NEP tinha orientação marxista. *Do imposto sobre os mantimentos* fornecia fartos argumentos.

Ele enfatizou acima de tudo que a NEP não envolveria concessões políticas nem transigência ideológica. O objetivo supremo continuava o mesmo: a consolidação do socialismo e o avanço rumo ao comunismo. Ele queria, mesmo com a NEP, seguir para a elaboração de um "plano econômico uniforme para o Estado inteiro". Conservava uma inclinação para o terror e recomendava o fuzilamento de indivíduos por corrupção e fraude comuns, por excessos burocráticos e até por especulação comercial: "É *impossível* distinguir a especulação do comércio 'correto' se a especulação for compreendida no sentido político-econômico. Liberdade de comércio é capitalismo, capitalismo é especulação; seria ridículo fechar nossos olhos para isso." Portanto, o capitalismo não receberia qualquer favor. Antes, seria explorado pelo Estado soviético: tendências capitalistas na economia levariam a mais unidades de produção, que, por sua vez, facilitariam a incorporação dessas unidades como propriedade do Estado no futuro próximo. E o capitalismo capacitaria a Rússia a erguer-se mais rapidamente ao nível técnico e cultural necessário para que se alcançasse o socialismo. A NEP era, consequentemente, na exposição de Lenin, uma retomada da estrada seguida pelo Partido desde a Revolução de Outubro, mas interrompida pela guerra civil, a estrada para o socialismo.

Ele defendeu sua causa vigorosa e diretamente na Conferência do Partido realizada para discutir a NEP, a partir de 26 de março de 1921. Sabia que teria de enfrentar a reação atrasada de importantes bolcheviques à NEP. Até então, não podia prever a força de sentimento, mas mesmo ele — o mais encarniçado polemista do Partido — ficou abalado com a vituperação que lhe foi lançada. Havia uma concordância generalizada de que a indústria em larga escala estava sendo desprezada, os operários estavam sendo prejudicados, a liderança central não havia explicado adequadamente suas medidas e a ameaça *kulak* estava sendo ignorada. O livreto de Lenin não escapou das críticas. Dele, disseram que era obscuro e incoerente. Não houve um único orador que erguesse a voz em defesa de Lenin. Nem uma única vez, em sua longa carreira, recebera tamanha derrota verbal.

Um Lenin furioso voltou no dia seguinte para um debate sobre a recente *débâcle* na liderança sindical. Lenin não estava presente no início, mas pediu que o plenário expressasse sua raiva não resolvida. Após referir-se outra vez aos pecados de Tomski, sugeriu que o caso indicava a suprema necessidade de unidade interna do Partido. Não pela última vez, afirmou que o perigo básico para a revolução era o choque entre os interesses respectivos dos operários e dos camponeses. Facções poderiam surgir em defesa de uma ou outra classe social.[9] O único antídoto era disciplina. Dirigia seu apelo não só a se evitar mais *débâcle* sindical, mas também a impedir uma reconsideração da NEP. A paixão de Lenin agitou a Conferência. Tinha sido digno de nota que, apesar da objeção universal a aspectos da NEP e sua aplicação, não houve vivalma que pedisse sua substituição. A aquiescência estava em alta. Houve o acordo tácito de que, fundamentalmente, não havia alternativa. A Conferência apresentava abordagens com que podia entusiasmar-se. Em particular, concordou-se que deveria ser iniciada uma "luta implacável" contra os revolucionários socialistas. Ninguém se sentia contente por estar o Partido desistindo de seu declarado compromisso militar de estender a revolução socialista ao Ocidente. Mas Lenin os animou: "É claro que, se ocorrer uma revolução na Europa, nós, naturalmente, mudaremos de política."[10] Essa observação nunca foi publicada. Tudo que o *Pravda* teve permissão de noticiar foi o prognóstico de Lenin, de que a NEP teria de ser mantida no lugar durante muitos anos.

A agressividade de seu desempenho na Conferência salta das páginas do registro estenográfico. Foi também uma exibição de *bravura*. Ele tentara despertar piedade, recitando a lista dos líderes do partido central que o haviam deixado no fogo ou ficado doentes. Desafiara seus críticos em seu próprio terreno. Andando para lá e para cá no palanque do Salão Sverdlov, demonstrara raiva e determinação. Havia semeado seus discursos com seus apotegmas sobre marxismo. Quando sua ortodoxia foi questionada, ele caiu em cima de seus adversários. Em nenhum ponto, relaxou sua beligerante insistência de que a NEP — a versão ampliada da NEP, que desenvolvia desde fevereiro — era o único meio de sobreviver à crise geral do regime.

A ferocidade dos debates foi tal que Lenin decidiu manter os trabalhos o máximo possível em segredo. O Partido havia confirmado as opções estratégicas tomadas desde fevereiro de 1921, e ele não queria que os outros soubessem como a oposição inicialmente manifestada fora tumultuada.

Também precisava reforçar sua vitória sobre o Partido com uma campanha contra os elementos esquerdistas no Comintern. O fiasco da Ação de Março de 1921, em Berlim, continuava a amargurá-lo. Qualquer repetição de tal "aventureirismo", como Lenin a descrevia, poderia pôr em risco os vários acordos comerciais e diplomáticos que o Sovnartkom havia autorizado desde o início do ano. Para Lenin, parecia evidente, depois da *débâcle* na Polônia, que o expansionismo revolucionário tinha de ser manejado com sutileza no futuro previsível. Havia muito a perder. Em 16 de março de 1921, foi assinado um acordo comercial anglo-soviético, e uma de suas condições era que as autoridades soviéticas desistissem de atividades subversivas em território do império britânico. Dois dias depois, foi assinado um tratado de paz na cidade neutra de Riga, capital da Letônia. Firmou-se um acordo diplomático, também, com a Turquia. E Lenin achava maravilhoso que círculos empresariais dos EUA e especialmente da Alemanha estivessem fazendo tentativas de abordá-lo. A proteção e a promoção dos interesses soviéticos pareciam-lhe estar num horizonte acessível.

Havia frases que ele ocasionalmente usava, principalmente com estrangeiros, que davam a impressão de que se sentia satisfeito com essa situação. Era um bom mago. Quando disse que preferia uma "coexistência pacífica", muitos no Ocidente começaram a acreditar que ele era uma espécie de pacifista. Mas entre seus companheiros comunistas, fossem russos ou estrangeiros, jamais expressou uma consideração tão não marxista. E, de fato, por que deveria? Ele ainda acreditava que a Rússia soviética, eventualmente, teria de ser acompanhada da Alemanha soviética, da França soviética e da Grã-Bretanha soviética. Mas sempre se orgulhava de ser capaz de tirar o melhor proveito de um negócio ruim. Continuou a sancionar o envio secreto de dinheiro, espiões e propaganda para o restante do mundo, particularmente para a Europa Central. Fez o que pôde para dividir as potências capitalistas entre si. Não explicou como seria mantido o equilíbrio entre um *rapprochement* com essas potências e um incremento dos interesses da revolução socialista global. Não explicou isso, nem para si próprio.

Uma coisa, para ele, estava clara: o Comintern tinha de se enquadrar à necessidade de evitar qualquer tipo de impaciência insurrecionista que pudesse pôr em perigo a Rússia soviética, estimulando a França e o Reino Unido a organizar uma Cruzada anticomunista. Seu último grande esforço do ano, após a *débâcle* polonesa, foi dedicado a levar comunistas estrangeiros a aderir a esse programa político, no Terceiro Congresso do Comintern, que teve início em Moscou, a 23 de junho de 1921. Ficou de olho em figuras influentes do Comintern, como Karl Radek e Béla Kun. O Partido Comunista da Alemanha opôs-se a ser criticado pela Ação de Março; seus líderes continuaram a achar que tinham apenas agido como os bolcheviques de Lenin fizeram em 1917. Lenin acabou perdendo a paciência com eles. Obviamente, calculou que poderiam fazer outra tentativa frustrada de tomar o poder. No Congresso, declarou que os bolcheviques só haviam se erguido contra o Governo Provisório depois de garantir uma "maioria de deputados dos operários e dos camponeses", e que esse era o autêntico precedente a ser seguido pelos comunistas alemães. Tratava-se de uma falsa história. Os bolcheviques conseguiram maioria absoluta até mesmo nos sovietes urbanos. Mas, ao final da guerra civil, esse era um mito em que a maioria dos bolcheviques acreditava — e talvez o próprio Lenin acreditasse. Mas, no final do Congresso, em 12 de julho, fizera valer sua vontade.

Lenin precisara usar o máximo de seus poderes de persuasão. O problema era que, não raro, perdia o tato diplomático. Os comunistas húngaros, em especial Béla Kun, sentiram-se ofendidos com seu comentário. Por causa disso, Lenin, surpreendentemente, se desculpou, mas reafirmou a correção de sua atual política, e tentou sugerir que também havia errado no passado:[11]

> Eu, portanto, apresso-me a comunicar, por escrito: quando eu próprio era um *émigré* (durante mais de quinze anos), diversas vezes assumi uma posição "esquerdista" demais (como posso perceber agora). Em agosto de 1917, eu era também um *émigré*, e fiz uma proposta "esquerdista" demais ao Comitê Central e que, por felicidade, foi completamente rejeitada.

Essa confissão estava para surgir havia muito tempo. Ao contrário de suas outras referências à história de 1917, ainda por cima, era comprovadamente verdadeira. Dever-se-ia acrescentar que sua proposta ao Comitê

Central, não só em agosto, mas também em outubro, havia sido desastrosa. A diferença era que sua proposta de agosto de 1917 teria posto em risco a existência de seu Partido, mas sua insistência em reapresentá-la em outubro condenou seu país ao desastre e à ruína.

Ele jamais consideraria o projeto inteiro da tomada bolchevique do poder. Sua vida e sua carreira estavam inextricavelmente amarradas à Revolução de Outubro de 1917, e ele queria que o Comintern aceitasse que sabia, melhor do que qualquer comunista vivo, russo ou estrangeiro, como melhor proteger essa revolução. Fizera isso com ferocidade em reuniões confidenciais do Politburo e do Comitê Central. O Exército Vermelho foi despachado para reprimir os amotinados de Kronstadt, para matar os líderes e transferir os restantes para o campo de trabalhos forçados de Ukhta, no extremo norte da Rússia. Aprovava a transferência do comissário político Vladimir Antonov-Ovseenko e do comandante Mikhail Tukhachevski para Tambov com a função de eliminar os camponeses rebeldes de Tambov, se necessário com o uso de gás venenoso despejado em ataques de aviões de bombardeiro. Sancionou a violência contra todos que haviam resistido politicamente aos Vermelhos, conforme estes iam penetrando no Azerbaijão, na Armênia e na Geórgia. Como em 1891-92, fez-se de desentendido quando o informaram do crescente surto de fome na Rússia e na Ucrânia, mesmo com a difusão dos casos de canibalismo. Incitou a Cheka sempre que ocorreram greves na indústria. Nem uma única vez deu algum sinal de que estava deprimido. Nem uma única vez disse a um só companheiro que a Revolução de Outubro havia sido em vão ou que todo aquele derramamento de sangue estava sendo demais para ele.

Em vez disso, refletiu sobre o trabalho satisfatório de um ano. Mas, por ele, seu Partido teria se atirado de um precipício. A NEP, ao combinar profunda repressão militar e política com uma reforma econômica muito marginal, era o mínimo que podia salvar o regime soviético. Percebeu isso mais tarde do que podia e devia ter feito.

Mas nenhum outro bolchevique poderia ter levado o Partido a aceitar isso. Dias antes do final do Terceiro Congresso do Comintern, sentia-se exausto e, para decepção do Congresso, não apareceu para a sessão de encerramento. Mas fizera o que havia se disposto a fazer. Não podia se permitir jactar-se disso. Entretanto, os triunfos no Congresso do Partido, na Conferência do Partido e no Congresso do Comintern foram produto de uma habilidade política excepcional. Sem Lenin, não teria havido revolução alguma em outubro de 1917. Sem Lenin, o Partido Comunista russo não teria ido muito além do final de 1921.

## 26. Uma questão de sobrevivência

### Julho de 1921 a julho de 1922

A maioria dos componentes da Nova Política Econômica de Lenin estava no lugar. Os camponeses haviam recebido permissão para vender seus excedentes de cereais a quem bem entendessem, o comércio e a manufatura privados em pequena escala voltaram às cidades, e as ameaças abertas de subversão do capitalismo na Europa foram suspensas. Ao mesmo tempo, não houve afrouxamento da mão de ferro do Estado unipartidário e uni-ideológico. Os cargos principais nas instituições públicas eram preenchidos por bolcheviques, e a Cheka — mais uma vez designada como Administração Política Principal — prendia os dissidentes. Com a exceção dos Estados bálticos e da Polônia tsarista, as regiões periféricas do antigo império russo haviam sido reconquistadas. Os dogmas marxistas tinham precedência oficial sobre qualquer visão rival, nacional, religiosa e cultural. A expectativa no Partido de Lenin era que, mais cedo ou mais tarde, o mundo acabaria conquistado pelo comunismo.

Em meados de 1921, no entanto, Lenin sentia-se despreparado para suas responsabilidades pessoais. Não se tratava de problema intelectual ou político, mas simplesmente físico; sua saúde, que nunca fora boa, começava a piorar. Ele não podia mais aguentar um dia inteiro de trabalho. A insônia e as dores de cabeça crônicas haviam se intensificado, e ele sofreu uma série de "pequenos" ataques cardíacos. Tendo questionado seus médicos, viu que estavam indecisos quanto ao diagnóstico e então optou por aconselhar-se com seu irmão, Dmitri. Isso apresentou um resultado positivo para um de seus problemas. Diversos especialistas vinham sugerindo que Lenin sofria de algum mal do estômago. Dmitri Ilich pensou diferente após observá-lo jogando boliche em Gorki e disse-lhe que ele contorcia as costas no jogo, com isso forçando muito os tendões e músculos do estômago. Assim que Lenin desistiu de continuar jogando, o problema de seu estômago desapareceu.[1] Mas, fora isso, Dmitri Ilich estava tão perplexo quanto os demais, e os outros sintomas médicos continuaram a causar-lhe problemas. Lenin ficou tão desesperado que parou de manter seu estado de saúde em segredo para o Politburo. Fez isso com relutância, uma vez que temia a interferência dos líderes seus camaradas. Mas estava preso numa armadilha que ele próprio havia armado. Tendo aberto o precedente de mandar que os colegas doentes fossem para hospitais ou sanatórios, não seria razoável que ele se queixasse, caso o Politburo tomasse a decisão sobre o seu próprio tratamento médico.

Em 4 de junho de 1921,[2] o Politburo determinou que ele tirasse um mês de férias, e Lenin, obedientemente, mudou-se para Gorki. Só teve permissão de voltar a Moscou para umas poucas sessões do Congresso do Comintern. Mas a dura realidade, que escondeu de todos, menos da cabala interna da liderança do partido central, era que estava seriamente doente. Em 8 de julho, ele próprio pediu uma redução da sua carga de trabalho para o mês seguinte.[3] O pedido foi-lhe concedido. Em 9 de agosto, seus colegas tomaram a iniciativa e ordenaram-lhe que prolongasse sua licença. Lenin foi sincero: "Não posso trabalhar."[4] Seguiram-se exames médicos, e os vários especialistas receitaram um prolongado afastamento do trabalho. Mas Lenin, que até então tinha se mostrado incomumente dócil, discutiu com os médicos, e conseguiu que reduzissem, mas não eliminassem sua atividade pública. Ele interpretou isso irresponsavelmente. Continuou a presidir o Politburo, o Comitê Central e o Sovnarkom; também apareceu no Congresso dos Sovietes em dezembro.

Nesse meio-tempo, ficou mudando de uma antiga mansão senhorial [algo como uma casa-grande de fazenda, no antigo regime] para outra na região campestre de Moscou, antes de fixar-se em Gorki, na "Casa Grande", onde estavam preparando aposentos para ele. A mansão de Gorki tinha sido construída no século XVIII, no auge da paixão da nobreza rural por construir casas esplêndidas para servirem de residência em suas propriedades. Havia sido reformada em 1910 pelos novos proprietários, o general e sra. Reinbot e, portanto, diversamente da maioria das casas-grandes desse tipo, já contava com aquecimento central e eletricidade. Antes da Primeira Guerra, tinha sido acrescentado um jardim de inverno. Mas a beleza arquitetônica fora preservada e confortável. A fachada clássica era adornada com seis colunas brancas. Os aposentos tinham pé-direito alto e generosos, e uma mobília bem conservada e confortável. Com seus dois andares e aposentos espaçosos, proporcionava um ambiente de conforto. No exterior, havia parques cheios de árvores, onde eram abundantes os coelhos em meio às bétulas. Havia também um laguinho muito jeitoso onde os antigos proprietários pescavam. Os cogumelos cresciam em abundância na estação própria. Bem próximo, ao sul da mansão, corria o rio Pakhra. O ar em Gorki, que se situava em terras altas, era despoluído e tranquilo. Lenin escolhera um lugar esplêndido para sua convalescença.

Nadejda Konstantinovna e Maria Ilinichna iam passar os fins de semana com ele. Determinado a criar para si um ambiente de trabalho, Lenin levou para lá sua empregada doméstica no Kremlin, Sasha.[5] Deu ordens de que fosse ligada uma linha telefônica à vizinha Podolsk, para garantir-lhe comunicação imediata com o Kremlin. As estantes da sala de estar foram abastecidas com quatrocentos livros para sua pronta referência — a vida não valia a pena sem livros.[6] Em seguida, Stepan Gil trouxe um sedan Rolls-Royce e o estacionou na garagem, na lateral da casa. Esse veículo esplêndido cinza-claro lustroso havia sido comprado em Londres, em nome do Sovnarkom, por Leonid Krasin, comissário do povo para o Comércio Exterior. Infelizmente, o Rolls-Royce era inútil nos meses de inverno, e Lenin permitiu que fosse adaptado para condições de neve pesada. Isso envolveu um ato de vandalismo industrial. As rodas do veículo foram removidas e esquis enormes foram presos na frente do chassis, bem como esteiras de trator na parte traseira. Isso permitiria ao motorista vencer o caminho sinuoso para o sanatório, sem ficar emperrado em nevascas. O sr. Rolls e o sr. Royce dificilmente teriam aprovado.

Lenin era mais exigente como morador da Casa Grande propriamente dita. Impedia os criados de tirar de cima da mobília os lençóis contra o acúmulo de poeira, uma vez que pretendia, ao final de sua convalescença, deixar as coisas exatamente como as havia encontrado. Tal contenção contrastava com sua tentativa, em 1918, de acender a lareira do primeiro andar, como fizera na casa da sra. Yeo em Holford Square, durante o exílio em Londres.[7] As chaminés, em Gorki, não tinham sido projetadas para essa finalidade, e o resultado foi um fogaréu que teria destruído a mansão, se seus guarda-costas não tivessem agido rápido para apagá-lo.

Nos dias normais, de qualquer maneira, Lenin não gostava de temperatura muito alta. Esperava que seus médicos fossem durões e resistentes; o psiquiatra, professor Viktor Osipov, ficou desconcertado ao descobrir que Lenin dera ordens para que a temperatura não ultrapassasse os 15 graus centígrados.[8] Mas Osipov não seria tolo de reclamar: acabava de ser libertado da custódia da Cheka.[9] Um dia, estava para ser julgado e talvez fuzilado, como agente contrarrevolucionário, e, no dia seguinte, estava entre os principais médicos que atendiam ao líder da revolução. Confrontado com o problema da doença de Lenin, o Politburo teve de fazer uma abordagem mais pragmática dos suspeitos "inimigos do povo". Só médicos podiam curar pacientes; e, de qualquer modo, as provas contra Osipov eram extremamente tênues. Nikolai Semashko, comissário do povo para a Saúde, procurou informar-se sobre quem eram os melhores especialistas disponíveis. Dinheiro não era obstáculo para atrair estrangeiros a participar da busca pela cura do paciente Lenin. Assim, um grupo de professores alemães foi convidado a unir-se a Osipov e outros renomados médicos russos para diagnosticar que mal o afetava e restituí-lo a sua plena forma física.

Desde 1917, a carga de trabalho do paciente vinha se fazendo sentir, e ele fora insensato o bastante para não reduzi-la drasticamente na segunda metade de 1921. Com exceção de breves períodos de convalescença, ele não podia tirar as longas férias de verão de que tanto gostava quando emigrante. Seu corpo e sua mente clamavam por descanso. Estava ficando desesperado e não sabia a quem recorrer. Sua experiência com médicos russos, exceto por seu irmão, Dmitri, só gerara desconfiança, e os médicos alemães, contratados mediante considerável despesa do Comissariado do Povo para a Saúde, ainda não tinham chegado a um acordo sobre o diagnóstico (na verdade, nunca chegaram). E o tempo todo o estado de Lenin piorava. Mas uma dor o consumia mais do que qualquer dor física que estivesse sofrendo; era que, pela primeira vez na vida, estava perdendo a vontade de trabalhar. Em certas manhãs, acordava e não se importava se havia ou não dado uma olhada em sua papelada.[10] Isso estava acima de sua compreensão. Mal conseguia acreditar que tal coisa estivesse lhe acontecendo. A força de decisão sempre fora uma de suas características principais desde a infância. Na família Ulyanov, deixar de cumprir uma das tarefas que lhe cabiam era um pecado imperdoável. Não querer cumprir com suas obrigações não era só imperdoável: era inimaginável.

O pai de Lenin, Ilya Nikolaievich, se levara à exaustão física montando uma rede de escolas primárias na província de Simbirsk. Seu irmão, Alexander, declinou de ir para casa, da Universidade de São Petersburgo, para passar os feriados de Natal, a fim de poder rever a matéria para sua prova de biologia. Nikolai Chernyshevski dedicou-se à pesquisa sobre sociologia e economia russas enquanto cumpria anos de exílio administrativo na Sibéria. Karl Marx, em Londres, escreveu volumes de teoria social geral. Esses heróis de Lenin trabalharam até a morte. Lenin tinha sido como eles. Mas, de súbito, aos 52 anos de idade, já não mais sentia uma compulsão automática de continuar trabalhando.

Ninguém conseguia explicar o que estava errado. Ele dispôs-se a conversar sobre sua perda de concentração com seu irmão médico e com os especialistas que o atendiam. Essa perda de concentração, ou desatenção, era um de dois novos problemas. Mas foi só depois de uma consulta com o professor Liveri Darkevich, em 4 de março de 1922, que lhe fez confidências sobre o segundo. Darkevich, tão excelente ouvinte quanto neuropatologista, obteve dele a declaração de que havia algum tempo vinha sofrendo de "obsessões" periódicas. Ainda não sabemos qual o conteúdo exato dessas obsessões, mas Lenin claramente se perguntava se não estaria enlouquecendo. Tiveram dificuldade para discutir os sintomas em russo, mas puderam se comunicar em francês, já que Lenin estava mais acostumado com a terminologia e os manuais de medicina em língua europeia. Ele estava mergulhando no desespero. A síntese de insônia, dor de cabeça, ataques cardíacos, desconcentração, obsessão e dor na coluna havia produzido um ânimo de pessimismo profundo. Ninguém sabia disso. Ele sempre se manteve em sigilo sobre sua doenças, exceto quando conversava com membros da família — e, mesmo assim, não se abria completamente. Mas agora, reconhecia, estava lhe acontecendo algo pior do que já havia experimentado. Começava, aos poucos, a entrar em pânico e seus pensamentos voltavam-se para o suicídio.

Estava com medo de sofrer a morte lenta da paralisia; e ficou, durante muito tempo, impressionado com a decisão semelhante em favor de suicídio tomada em 1911 por Paul Lafargue, o genro de Marx.[11] Para esse fim, recorreu a seu camarada mais frio e empedernido: Stalin. Não podia contar com que os parentes pusessem de lado seus laços emocionais. Nem outros camaradas teriam a necessária dureza de coração. Mas Lenin conseguiu arrancar de Stalin a promessa de dar-lhe veneno a qualquer momento em que lhe pedisse. Planejava estar pronto quando, em seu juízo, o momento chegasse.[12]

Isso, no entanto, manteve em segredo dos profissionais médicos com que estava se consultando nesses meses; temia que quisessem interferir em seus planos. Não obstante, confiou-lhes algumas das outras reflexões que vinha ruminando. Esse não era um fenômeno incomum, especialmente para pessoas sem qualquer crença religiosa e, consequentemente, nenhum padre, ministro ou pessoa equivalente com quem pudesse se abrir. Lenin, uma vez tendo decidido que podia confiar em Darkevich, resolveu desabafar:[13]

> Todo revolucionário, tendo chegado aos 50 anos de idade, deve estar preparado para sair dos bastidores. Não posso continuar a trabalhar como antes; é não só difícil para [mim] executar os deveres de duas pessoas, como é difícil, também, fazer só o meu próprio trabalho; não tenho a força para responder por meus próprios assuntos. Essa perda da capacidade de trabalho, essa perda fatal me chegou despercebida: deixei por completo de ser uma pessoa em funcionamento [*rabotnik*].

Lenin sentia-se muito deprimido, dizendo que "sua canção já havia sido cantada, seu papel, desempenhado", e que ele deveria passar seu cargo adiante para outra pessoa. Também sofria dores intensas: "Uma noite fadada à insônia é uma coisa realmente terrível, quando se tem de estar pronto pela manhã para trabalho, trabalho, trabalho sem fim..."[14]

Maria Ilinichna e o professor Gete, médico dos Ulyanov, estavam presentes e ouviram Lenin abrir o coração.[15] O fato de Lenin escolher sua irmã, em vez de Nadejda Konstantinovna, para acompanhá-lo era significativo; a frieza entre ele e a esposa persistia. A consulta durou 4 horas e, quando acabou, Darkevich apresentou suas conclusões. Não conseguiu encontrar "nenhuma doença orgânica do cérebro", mas uma exaustão cerebral. O modo de tratamento que ele propôs era simples. Lenin precisava de um descanso do trabalho intelectual e político; devia dar um tempo no campo perto de Moscou e, se quisesse, poderia caçar. Não deveria fazer mais de um discurso por mês. Lenin parecia satisfeito. A sombra de uma morte prematura ficara para trás. Maria Ilinichna agradeceu a Darkevich, dizendo-lhe que seu irmão havia se tornado "uma pessoa totalmente diferente".[16] Foi com humor renovado que decidiu continuar residindo na mansão de Gorki. Ocasionalmente — pois não respeitaria à risca o regime de Darkevich —, viajava de volta a Moscou. Seu pique foi demais para seu motorista, Stepan Gil. Lenin queria que o Rolls-Royce andasse mais rápido, com ou sem obstáculos na estrada. Gil obedecia, mas interpôs um limite quanto a ameaçar os animais que passavam pelo caminho. Lenin repreendeu-o por sua desnecessária "reverência" para com galinhas de beira de estrada. Essa era ainda mais uma daquelas exibições de falta de sentimentos que levaram os censores oficiais a barrar qualquer referência às conversas entre Lenin e Gil durante quase setenta anos.

Ele parecia estar seguindo os conselhos dos médicos. Em 1921, houve alguma discussão sobre se Lenin poderia representar o governo soviético na Conferência Internacional programada para o ano seguinte em Gênova, no norte da Itália. Jornalistas estrangeiros já estavam descrevendo tal viagem como uma ocasião histórica. Fora da Rússia, poucos sabiam grande coisa sobre Lenin. Os escritores ingleses H. G. Wells e Bertrand Russell o haviam entrevistado em 1920; suas reportagens deixaram os leitores sem qualquer dúvida de que se tratava de um homem e um político extraordinário. Diversos livros muito depreciativos estavam sendo publicados também sobre a Rússia contemporânea, e todos tinham trechos sobre Lenin. Ele era objeto de fascínio para o mundo. A empolgação pela possibilidade de vê-lo ao vivo estava crescendo e, durante algum tempo, as autoridades oficiais em Moscou nada fizeram para acalmar as especulações. Mesmo que estivesse em boa forma, no entanto, era improvável que viajasse. Seu próprio comissário do povo para o Comércio Exterior, Leonid Krasin, preveniu-o de que monarquistas russos ou revolucionários socialistas poderiam tentar assassiná-lo. A reação de Lenin foi escrever de Gorki pedindo ao Politburo que proibisse não só ele próprio, mas também Trotski e Zinoviev de participar. Os riscos eram grandes demais.[17]

Foi decidido, na última hora, que Georgi Chicherin, comissário do povo para as Relações Exteriores, representaria o governo soviético. Lenin desconfiava que o Politburo, em sua ausência, poderia não se dar conta de que Chicherin necessitaria de um controle rígido de Moscou. Essencialmente, Lenin já havia rejeitado a possibilidade de um acordo internacional abrangente em Gênova. Ele tinha dois motivos: em primeiro lugar, não queria ficar de mãos atadas com relação à política econômica interna, o que sabia que seria o preço a ser pago por qualquer acordo com o Reino Unido e a França; em segundo lugar, não tinha a menor intenção de consolidar as disposições territoriais e políticas impostas à Europa pelos tratados de Versalhes, St. Germain e Trianon. Para Lenin, era óbvio que os interesses soviéticos a longo prazo estavam em criar divisões entre os vários países capitalistas. Ele conseguiu que o Politburo ordenasse a Chicherin dar prioridade não a um abrangente tratado pós--guerra, mas a um tratado comercial e diplomático em separado com a Alemanha. Em 11 de abril, a delegação soviética, sob o comando de Chicherin, conseguiu o que o Politburo queria, quando as negociações com os alemães em Rapallo, a 30 quilômetros de Gênova, renderam um tratado em separado. Foi um triunfo para a estratégia diplomática leninista. Estava aberto o caminho para ser aumentado o comércio com outras grandes potências vencidas do continente sem, em última análise, renegar-se a possibilidade de uma "revolução socialista europeia".

Chicherin cumprira suas instruções com relutância, e Lenin, com o mau humor que o caracterizava nesses meses, sugeriu que ele tinha perdido totalmente o juízo e deveria ser internado num asilo de lunáticos. O Politburo não levou a sério essa proposta, Lenin com frequência sugeria que um ou outro de seus camaradas deveria ser obrigado a tirar um período de convalescença. Questionar a saúde mental de um camarada já entrava numa ordem de significado bem diferente. É difícil evitar a conclusão de que, ao apresentar um diagnóstico de longo alcance do pobre Chicherin, Lenin estava, na realidade, expressando o que temia sobre si próprio. Como ele dissera ao professor Darkevich, às vezes achava que estava enlouquecendo.

As negociações em Gênova e Rapallo não foram o único tópico que fez Lenin ter um acesso de fúria. Ele vivia de mau humor quanto à política interna. O terror, ainda insistia, era fundamental para a política de Estado. O regime soviético simplesmente não podia permitir-se abandoná-lo, mesmo sob a Nova Política Econômica. Muito ao contrário: Lenin afirmou que o recuo econômico só teria sucesso caso se mantivesse o máximo de disciplina e controle políticos. Ostensivamente, a polícia secreta deveria ser restringida em suas operações, e a Comissão Extraordinária foi substituída pela Administração Política Principal (GPU). Kamenev estava pressionando para que a justiça fosse aplicada numa base mais aberta e formal. Mas, assim que ouviu falar em um potencial enfraquecimento da linha do Partido, Lenin interveio furiosamente. "Bandidos" deveriam ser fuzilados no ato. A velocidade e a *força* da repressão deviam ser intensificadas. Quaisquer reformas, constitucionais ou legislativas, deveriam ser formuladas de modo a sancionar a possibilidade de a pena de morte ser aplicada em casos envolvendo "todos os aspectos de atividades de mencheviques, R[evolucionários] S[ocialistas] etc.". Advertiu que o regime não podia ser "surpreendido, cochilando por um segundo Kronstadt". O Código Civil, ele sugeriu, devia abrigar "a *essência* e a *justificação* do terror".

Os rebeldes camponeses de Tambov e outras regiões ainda estavam sendo atacados e esmagados pelo Exército Vermelho. Na Geórgia, o que restava de resistência nacional dos comunistas continuava a ser eliminado pelo uso da força. Continuavam a acontecer as prisões de conhecidos oficiais dos Exércitos Brancos. A repressão era exercida em grande escala nos territórios do "poder soviético", mas Lenin queria que esse âmbito se ampliasse. Nos primeiros meses de 1922, ele propugnou a erradicação final de todas as ameaças a seu Estado ainda restantes, reais ou potenciais. Para os revolucionários socialistas e os mencheviques, requereu a encenação de falsos julgamentos, seguidos de castigos exemplarmente severos. Para a hierarquia da Igreja ortodoxa russa ou para uma substancial parte dela, pediu que fossem tomadas as mesmas medidas. Com outros grupos hostis se mostrou um pouco menos rigoroso. Mas só um pouco. Figuras antibolcheviques da *intelligentsia* deveriam ser exiladas ou deportadas; e se Shlyapnikov e os membros da Oposição Operária em seu próprio Partido se recusassem a desistir de sua crítica coletiva ao Politburo, deveriam ser expulsos do Partido.

Suas interpretações eram extremamente mal-humoradas. Bukharin e Radek, numa visita a Berlim, acharam adequado prometer que, se revolucionários socialistas e mencheviques fossem levados a julgamento, não seriam executados. Lenin criticou-os no *Pravda*, por terem feito concessões desnecessárias. Quando pedia repressão, queria dizer repressão. Interessava-se por todos os detalhes possíveis. Listas de vítimas eram examinadas e seus julgamentos cruamente punitivos. Um livro, editado por Nikolai Berdyaiev, filósofo socialista-cristão e ex-marxista, foi menosprezado como fachada literária para "uma organização da Guarda Branca".[18] Quando voltou sua atenção para os falsos julgamentos de bispos e padres da Igreja ortodoxa, ele foi mais longe: "Quanto maior o número de representantes do clero e da burguesia reacionários que conseguirmos fuzilar de imediato, melhor. É precisamente agora que devemos passar a esse público uma lição, de forma que não ousem sequer pensar em resistência durante várias décadas." Isso era Lenin escrevendo confidencialmente sobre a estratégia a ser adotada para que nenhum cidadão soviético nutrisse a ilusão de que a ordem comunista podia ser induzida a moderar sua feroz ideologia. Modos alternativos de organizar a sociedade tinham de ser extirpados. A dissidência socialista não bolchevique, religiosa e intelectual era um potencial agente básico para a oposição, e Lenin estava determinado a reduzi-la a pó.

Conseguiu pelo menos parte do que queria. Houve um julgamento encenado de revolucionários socialistas, mas não de mencheviques; e, contra sua vontade, a pena de morte não foi imposta. Em contraste, no julgamento do pessoal da Igreja ortodoxa, o Politburo sancionou as execuções que ele havia exigido. Acima de tudo, o princípio de usar os tribunais e a Cheka para reprimir a oposição ao Estado de partido único e ideologia única foi entusiasticamente cumprido.

Mas permaneceu a dúvida se o diagnóstico tranquilizador de Darkevich estaria correto quanto a toda a série de sintomas. Uma sucessão de especialistas veio examiná-lo, incluindo o cirurgião Julius Borchardt e o médico Georg Klemperer, da Alemanha, ao custo diário de 20 mil marcos cada um.[19] A ficha médica inteira do paciente foi avaliada: seus problemas de visão na infância, os males do estômago durante a juventude, as dores de cabeça e a insônia, o fogo de santo antão, os recentes ataques isquêmicos passageiros, a desconcentração e as obsessões. Os médicos viram-se num dilema. A única coisa em que concordavam era que o descanso apenas não o recuperaria. Klemperer sustentava que a bala alojada em seu pescoço desde 1918 tinha de ser retirada, caso se quisesse curá-lo. A hipótese era que as dores de cabeça seriam resultado do chumbo da bala envenenando o cérebro. (O fato de que Lenin sofrera de dores de cabeça crônicas antes de ter sido baleado em frente à fábrica Mikhelson não foi levado em conta.) Observou-se como Lenin ficava nervoso ao sofrer algum exame médico, mas achava-se que esse fosse um problema secundário, resultante do excesso de trabalho: neurastenia. A doença principal, de acordo com Klemperer, era produzida pelos efeitos tóxicos da bala. Ele fez valer sua opinião, mesmo tendo o professor Vladimir Rozanov, com o apoio do professor Borchardt, se manifestado contra a operação. E então Borchardt, tendo tentado em vão encarregar Rozanov de realizar a cirurgia, executou a operação no Hospital Soldatenkov, em 23 de abril.[20]

Assim, a bala foi extraída, e quando Lenin acordou, às 8 horas da manhã seguinte, os primeiros sinais eram de que a sugestão de Klemperer tivera sucesso. Lenin nem sequer sentia dor no pescoço.[21] Mas, infelizmente, essa situação animadora não durou; mal se passara um mês da operação quando, em 25 de maio de 1922, Lenin sofreu um grave derrame, fora de casa, em Gorki. Foi carregado e posto na cama, e os médicos ficaram esperando para ver se ele ia sobreviver. Todo o lado direito de seu corpo ficou paralisado. Passou a ter dificuldade para falar. A mente estava confusa; isso o deixava desesperado. Sua recuperação obviamente seria demorada e problemática. Por felicidade, a mansão foi bem preparada para esse fim, e Nadejda Konstantinovna e Maria Ilinichna reorganizaram e reduziram seus outros deveres, dividindo entre si a tarefa de cuidar dele.

Lenin voltou a ser examinado pelos médicos em rápida sucessão e, em 29 de maio, houve um importante concílio. Fizeram parte Kojevnikov, Rossolino e Kramer, bem como Fiodor Gete, o médico de família dos Ulyanov, e Nikolai Semashko, o comissário do povo para a Saúde. Alguns deles achavam que o diagnóstico de superexaustão, feito por Darkevich, fora equivocado. Mas qual era exatamente o problema de Lenin? O neuropatologista A. M. Kojevnikov, em 29 de maio, aplicou um teste Wassermann no sangue de Lenin. No dia seguinte, seu lugar foi ocupado pelo oftalmologista Mikhail Averback. A história oficial foi que esses exames descartaram conclusivamente a sífilis, especialmente quando o Wassermann deu negativo. Mas outros sintomas deixavam dúvidas. Presumivelmente, foi por esse motivo que os professores Kojevnikov e Förster continuaram a receitar para Lenin injeções de preparados à base de arsênico, considerado um tratamento convencional contra a sífilis, naquela época.[22] Infelizmente, apesar da montanha de informações sobre Lenin arquivada na ocasião, as análises do sangue desapareceram.[23] Elas revelariam aos patologistas atuais, acima de qualquer dúvida, se ele tinha sífilis, e sua ausência fez surgir a suspeita de que a liderança política soviética, na intenção de preservar a imagem de Lenin como um indivíduo moralmente puro, removeu ou destruiu arquivos constrangedores.

O que se pode afirmar com segurança é que alguns médicos achavam que ele tinha sífilis, enquanto outros rejeitavam o diagnóstico. Darkevich permaneceu nesse último grupo, ao qual veio unir-se o neuropatologista Grigori Rossolino, um russo de ascendência italiana. Rossolino disse a Lenin abruptamente ter a esperança de que ele estivesse sofrendo de sífilis, já que, pelo menos, era curável. Mas, se alguns sintomas apontavam nessa direção, outros certamente não o faziam. O professor Rossolino concluiu que a doença parecia ainda mais séria do que sífilis, e o prognóstico geral para o paciente era sombrio.

O concílio de médicos reduziu suas discussões a um pequeno número de possibilidades. Uma foi a de que ele teve sífilis; essa possibilidade continuou a ser discutida em 1923, quando o professor A. Strumpel, o principal especialista alemão em neurossífilis, concluiu que Lenin estava sofrendo de *Endarteriitis luetica*, nome latino para uma inflamação sifilítica das paredes internas das artérias.[24] Outra possibilidade era a de que ele estivesse sofrendo de "neurastenia", ou exaustão nervosa, como resultado de uma grande carga de trabalho. Isso, quase com certeza, era o que lhe havia sido dito duas décadas antes por um especialista suíço. Se Förster, agora, por um lado, identificava a toxina da bala de chumbo como o problema básico, por outro, afirmava que a neurastenia o estava prejudicando também.[25] O terceiro diagnóstico possível, segundo alguns médicos, era que a intervenção cirúrgica para retirar-lhe a bala do pescoço havia causado o dano. Klemperer, naturalmente, não gostou dessa opinião, uma vez que fora ele que recomendara a operação. A quarta e última hipótese era arteriosclerose cerebral. Disseram que o pai de Lenin morrera disso, em 1886, e podia muito bem ter passado esse mal de saúde ao filho. O subsequente histórico médico dos outros Ulyanov apontaria no mesmo sentido. Anna Ilinichna atravessou incógnita a fronteira da Letônia, em 1922, indo para um sanatório, e morreu após um derrame e uma consequente paralisia crônica em 1935; Dmitri Ilich morreu de estenocardia — a constrição dos vasos sanguíneos ligados ao coração —, em 1943.[26]

Nem os médicos podiam descartar a sugestão de que Lenin estivesse sofrendo uma mistura dessas várias possibilidades. Na verdade, o estado de saúde do paciente os desconcertava, e eles continuaram discutindo uns com os outros. Só se uniriam em torno de uma ideia: a de que Lenin tinha de reduzir drasticamente sua atividade política. Certo professor Obukh recebeu a missão de informá-lo. Não dar ouvidos a essa recomendação, foi dito inequivocamente a Lenin, resultaria em um novo derrame ou em morte. Lenin levantou a objeção de que sua rotina diária não era muito estafante, uma vez que ele nem bebia demais, nem levava "uma vida dissoluta".[27] A sobrevivência de Lenin dependia inteiramente de que ele desse um tempo prolongado em suas responsabilidades públicas. Ao mesmo tempo que exteriormente concordava com essas recomendações, na realidade planejava enganar a equipe médica. Suas próprias pesquisas nos manuais médicos o convenceram de que para ele não havia esperança. Em vez de conviver com a paralisia, novamente se determinou a cometer suicídio, e em 30 de maio chamou Stalin a Gorki. Quando se encontraram, saudaram-se com um beijo à maneira russa. E então Lenin pediu ao visitante que lhe conseguisse o veneno para fazer o serviço. Stalin consultou-se com Bukharin e Maria Ilinichna, do lado de fora do quarto. Eles concordaram que Stalin deveria voltar ao quarto e explicar a Lenin que deveria acreditar nos prognósticos dos médicos otimistas. Nessa ocasião, Lenin concordou. Adiaria por um pouco mais de tempo o suicídio.[28]

Mas qual era realmente o problema dele? A ciência médica progrediu muito nas décadas que se seguiram e poderia, se Lenin fosse um paciente nos dias de hoje, diagnosticar mais facilmente sua doença. Uma das causas prováveis não seria mais considerada seriamente: neurastenia. Atualmente, essa moléstia, tão prontamente diagnosticada até meados do século XX, raramente é reconhecida como uma doença autêntica. Dos três principais diagnósticos restantes, cada qual tem algo plausível. Não fosse pelo resultado negativo do Wassermann, a sífilis teria sido uma possibilidade verossímil. Não fosse por ter tido pequenos derrames antes de 1922, a retirada cirúrgica da bala poderia ser digna de crédito. No entanto, permanece o fato de que alguns dos médicos de Lenin acreditavam que ele era sifilítico, mesmo não tendo, ao que tudo indica, dado positivo o Wassermann. Nem pode ser refutado que a operação da bala tenha piorado fatalmente uma moléstia já existente. E aí novamente o professor Osipov acertou, ao sugerir que Lenin estava sofrendo de arteriosclerose ou um "endurecimento das artérias", a qual costumava estar associada à alta pressão do sangue contra as paredes das artérias. No caso de Lenin, as artérias afetadas, como revelado após sua morte em 1924, estavam ligadas ao cérebro.

Não se pode dizer que, no Ocidente, esse fosse um tópico de intenso interesse. Na Rússia, no entanto, as autoridades comunistas propagaram uma imensa imagem de Lenin como um indivíduo moralmente puro, e a consequência é que muitos historiadores contemporâneos ficaram pesquisando a fim de provar que ele morrera de uma doença venérea.[29] Com isso, fica implícito que ele seria sexualmente promíscuo. É uma pesquisa compreensível. Mas impulsionada por motivos fora dos limites da história médica. E, enquanto não surgir alguma informação nova, não é possível propor qualquer conclusão útil.

Quaisquer que tenham sido as causas, um grave derrame havia ocorrido. A única medida sensata de recuperação para Lenin era seu completo afastamento da política ativa. Nem mesmo isso poderia ocasionar a cura, apenas o adiamento de mais um derrame. Porém, se Lenin achasse isso, teria se matado, conforme havia planejado. Em vez disso, foi convencido pela equipe médica de que eles seriam capazes de restituir-lhe a saúde e permitir-lhe voltar ao Politburo e ao Sovnarkom. Conforme foi começando a se recuperar, pouco a pouco, parecia de fato animado. Lia livros. Escrevia bilhetes para o Politburo. Recomeçou a vagar a esmo para lá e para cá, e começou a interessar-se pelo trabalho agrícola em Gorki. Acima de tudo, mantinha-se informado sobre a política no Kremlin, uma vez que Stalin, como secretário-geral do Partido, viajava até o sanatório de Gorki para discussões *tête-à-tête*. Lenin pediu a Maria Ilinichna que apanhasse uma garrafa de vinho tinto, a fim de que Stalin se sentisse adequadamente bem recebido. Sentados ao sol, no terraço, Lenin e Stalin podiam botar os assuntos em dia. Lenin buscava tranquilizar-se de que tudo estava bem no Politburo, no Comitê Central e no Sovnarkom. Para esse fim, havia aprovado a eleição de Stalin como secretário-geral, e os primeiros sinais eram de que Stalin tinha sido uma boa escolha.

Havia muitas oportunidades de relaxamento. Conseguiram um cachorro para ele, Aida, igualzinha a Jenka, que ele tivera durante o exílio siberiano.[30] Lenin estava encantado. Dava também leves passeios pelos bosques para colher cogumelos, tal como fazia quando morava com Nadejda Konstantinovna em Shushenskoe. Fizeram visitas, também, à fazenda estatal coletiva que havia sido criada nas terras da propriedade em Gorki. Não foi uma experiência das mais felizes, uma vez que Lenin achou que o capataz da fazenda não estava fazendo muito bem o serviço.[31]

Mas Lenin não interferiu. Em vez disso, tomou suas próprias providências para que formas diferentes de administração agrícola fossem introduzidas na área adjacente à mansão. Estava louco para dedicar-se à criação de coelhos e à apicultura. "Se não posso me envolver com política", disse ele, "então terei de me envolver com a agricultura."[32] Ele havia enfrentado a escolha entre a agricultura e a política em Alakaevka, em 1889-90, quando sua mãe queria que ele administrasse sua propriedade.

A agricultura ficou em segundo lugar, na sua estimativa daquela época, e assim continuou em 1922, pois não pretendia sinceramente deixar a política: estava usando esses hobbies como um meio de passar o tempo, antes de voltar a suas obrigações no Kremlin. Ocasionalmente, deixava isso claro. Quando os médicos insistiram para que abrisse mão do trabalho, respondeu com enorme *pathos* na voz: "É a única coisa que eu tenho."[33] Nada, em sua opinião, deveria atrapalhar sua luta para voltar à normalidade em Moscou. Descobriu, por exemplo, que seus nervos ficavam em frangalhos quando alguém tocava piano. Sua sensibilidade ao som ambiente estava mais aguçada que nunca, e Maria Ilinichna, imediatamente, proibiu música na casa.[34]

O maior prazer dele não vinha de distrações, mas da presença de crianças. Viktor, o filhinho de Dmitri Ulyanov, frequentemente ficava com o tio Volodya. Da mesma forma, também, a filha de uma funcionária de Moscou, bem como a filha de Inessa Armand, Inna, e seu irmão, Alexander. A essa altura, estavam ambos com 20 e poucos anos. É evidente que Lenin e Krupskaya gostariam de ter tido seus próprios filhos, e as visitas desse pessoal jovem traziam-lhes muita alegria. Após a morte de Inessa, sentiam-se responsáveis pelos Armand, e Lenin deu ordem para que fossem bem cuidados.[35]

Nem todo mundo aprovou o convite aos Armand. Maria Ilinichna, agora uma solteirona rabugenta por volta dos 40 anos, acreditava que seu irmão precisava de uma folga da rotina social, e que cada visita dessas tinha um efeito adverso sobre ele.[36] É também possível que não gostasse desses dois jovens por causa do relacionamento entre Lenin e Inessa. Nadya, no entanto, não pensava assim, e houve grande conflito entre as duas. Lenin, ouvindo Nadya narrar o incidente, ficou tão aborrecido que começou a ter uma de suas dores de cabeça horríveis.[37] Piotr Pakaln, guarda-costas pessoal de Lenin, não conseguia ver outro modo de contornar o problema a não ser solicitar a saída dos Armand. Mas esse não foi o fim da questão. No verão seguinte, Nadya voltou a escrever a "minha doce menina" Inna Armand — a filha da falecida Inessa — convidando-a a ficar em Gorki:[38]

Ora, por que não pode ficar conosco? Ao contrário, este ano vamos viver de um jeito "mais família" e mais "aberto", já que é impossível ocupar V. I. mais de 8 horas por dia e, de qualquer maneira, há a necessidade de uma folga duas vezes por semana. Ele, portanto, vai ficar encantado de ter hóspedes. Ficou muito preocupado quando lhe contei que vocês estavam doentes, e escreveu uma carta especial a Jideliov sobre vocês e a [uma de suas secretárias], Lidia Alexandrovna [Fotieva], pedindo-lhe que cuidasse de vocês.

É difícil acreditar que Nadya estivesse inventando ideias de Lenin a partir do nada. Ela entendia que as visitas eram verdadeiramente importantes para ele, e queria ajudá-lo.

A atmosfera desagradável pode ter sido incitada, mas não foi criada pela discussão sobre os dois jovens. Nadya e Maria viviam discutindo. Qualquer pequeno incidente podia provocar uma explosão. Em julho de 1922, o editor bolchevique Nikolai Meshcheryakov visitou Lenin durante duas horas. Piotr Pakaln, o guarda-costas de Lenin, comentou a cena:[39]

Mas, já que não se ofereceu chá ao camarada Meshcheryakov durante sua visita, Nadejda Konstantinovna queixou-se com Ilich, que ficou terrivelmente aborrecido e, no mesmo dia, fez uma repreenda a Maria e também a Sasha [a copeira] por sua falta de atenção com as visitas, e ordenou-lhes que, a partir de então, servissem a quem quer que viesse até aquela casa.

A recordação de Maria desses acontecimentos é diferente. A reação de Lenin de fato foi tensa: "Um camarada viaja até uma casa como esta e ninguém pode sequer dar-lhe qualquer coisa para comer." Mas Maria negou ter responsabilidade, dizendo que tivera a "esperança" de que Nadya cuidasse de Meshcheryakov. Segundo Maria, a resposta de Lenin foi: "Bem, ela é muito conhecida como relaxada [*fefiola*], para alguém poder contar com ela."[40] Se, por um lado, isso dificilmente poderia ser considerado a expressão de um apoio total à irmã, por outro, era uma linguagem ofensiva para usar com relação à esposa.

Nadya e Maria, sua esposa e sua irmã, estavam lutando pela posse de Lenin. Cada qual cochichava em seus ouvidos sobre as falhas da outra. Ele sempre havia buscado tirar vantagem da inter-relação de emoções entre seus parentes. O problema, em meados de 1922, era que Lenin não se encontrava mais numa posição dominante, devido a sua enfermidade. O que ele mais precisava era que Nadya e Maria se acalmassem e encontrassem um *modus vivendi*. Nos meses subsequentes, elas se apaziguaram, mas continuaram a ter abordagens opostas da convalescença de Lenin. Maria achava uma imbecilidade do professor Klemperer, que não se cobrira de glória tendo instigado a cirurgia de Lenin em abril, deixá-lo ler os jornais e conversar com os políticos que o visitavam.[41] Em contraste, Nadya achava que, sem essa atividade política mínima, ele ficaria desmoralizado, e atendia a — e até mesmo se tornava cúmplice — seus pedidos de informação.

Nadya estava destinada a ter o controle, quando menos não fosse, porque estava fazendo o que seu voluntarioso marido queria. Também sabia melhor como lidar com ele. Maria aprendeu a fotografar, a fim de registrar para a posteridade a aparência de seu irmão;[42] mas era Nadya que passava horas sentada com ele, tentando convencê-lo a achar que poderia se recuperar. Ela o ajudava, também, com os exercícios manuais que os médicos disseram que seriam necessários. Um desses era trançar cestas.[43] O caminho para a recuperação estava repleto de obstáculos. Num dia, Lenin estava progredindo e parecia quase igual ao que era antes do derrame de maio de 1922. No dia seguinte, poderia estar mancando, ou pior. Caía com frequência e tinha de ser carregado de volta ao quarto. Seu humor, o que não surpreende, variava com facilidade. Estava desesperado para voltar ao Kremlin e retomar o controle. Sempre se mostrara relutante em permitir que outros assumissem o comando supremo, e a convalescença forçada deixava-o excessivamente irritável. A menor resistência a suas vontades poderia levá-lo a ter um ataque de fúria. Já tinha esse potencial antes, porém, nesse período, estava muito irritável e obsessivo. Mas, embora tenha admitido isso ao professor Darkevich em março, não quis e provavelmente não pôde conter-se.

Assim, em julho, anunciou a necessidade de uma transformação do Comitê Central inteiro com seus 27 membros eleitos sob sua égide no Undécimo Congresso do Partido. Teve o desplante de sugerir que o Comitê Central deveria ser reduzido a apenas três membros e que nenhum dos mais influentes líderes do Partido — Trotski, Stalin, Zinoviev, Kamenev, Dzerjinski e Bukharin — deveria fazer parte dele. O Comitê Central proposto deveria constituir-se dos atuais secretários do Comitê, Molotov e Kuibyshev, e do vice-presidente do Sovnarkom, Rykov. Como um insulto adicional, sugeriu que Kamenev, Zinoviev e Tomski, o camarada de Lenin menos favorecido no ano anterior, deveriam servir sob ordens daqueles, como membros candidatos. O pretexto de Lenin foi que o Comitê Central, tal como sua atual constituição, estava cansado demais para desempenhar suas funções adequadamente. Seus membros, também, precisavam de um período de convalescença.[44] A afrontosa crítica à eficiência de seus companheiros mal conseguia esconder a alegação implícita de que somente ele tinha talento para dirigir o Comitê Central. Retornaria a essa alegação nas últimas semanas de 1922, quando ditou o que ficaria conhecido como seu testamento político. Sua modéstia exterior muitas vezes era cativante, mas, no fundo, ficara a arrogância da pessoa que acreditava em seu direito natural de ser líder supremo.

O projeto de um Comitê Central de três membros era leviano e temerário. A Molotov, Kuibyshev e Rykov teria faltado a autoridade necessária para se impor aos outros líderes; e, além do mais, nada havia nas regras do Partido que validasse a substituição de um Comitê Central no intervalo entre congressos. Lenin perdera o senso de proporção política — e o Comitê Central tinha razão para se recusar a honrar esse projeto com uma refutação por escrito. Seria melhor ignorar o fundador do partido bolchevique e do Estado soviético enquanto não voltasse à normalidade psicológica.

## 27. Brigando até o fim

### Setembro a dezembro de 1922

Apesar de sentir-se preso em Gorki e estar em péssimo estado, Lenin ainda esperava dominar a elaboração dos programas políticos. Nos primeiros meses de 1922, houve discussões de quatro pendências de grande interesse para ele. Quanto a duas delas, ele havia, em grande parte, conseguido satisfação antes de seu derrame, em maio. A primeira foi a Conferência de Gênova. Sem indevida dissidência, o Politburo aceitou sua orientação e deu prioridade a um acordo teuto-soviético, a fim de buscar um acordo abrangente com as potências europeias em geral. A segunda envolvia as modalidades de controle político na Rússia. Lenin convenceu seus companheiros do Politburo de que estava na hora de atacar os inimigos do Estado soviético: os revolucionário socialistas, os mencheviques, a Igreja ortodoxa russa e as mais importantes figuras antibolcheviques na filosofia, nas artes e na vida acadêmica. Nem todos os detalhes dos projetos políticos saíram conforme sua vontade, mas não foi derrotado nas questões de estratégia ampla. Foi quanto à terceira e quarta questões que teve dificuldades com a liderança do partido central. Uma dizia respeito aos limites do monopólio estatal do comércio exterior, e a outra, à estrutura constitucional inter-republicana do Estado soviético. Nenhuma dessas questões era de importância fundamental, mas a discussão delas expunha fissuras na liderança do Partido que continuaram a exercer impacto muitos anos depois.

Stalin estava entre os oponentes de Lenin nas discussões tanto sobre o comércio exterior quanto sobre a constituição. Sobre o monopólio do comércio exterior, Stalin simplesmente seguia a maioria no Politburo. Sobre a constituição, entretanto, era Stalin que estava à frente da oposição a Lenin. Stalin, o secretário-geral do Partido. Stalin, o homem que Lenin havia usado como seu veículo de instruções ao Politburo. Stalin, que fora aliado de Lenin nas disputas partidárias internas de 1920-21. Stalin, o assistente e o legalista. Era esse mesmo Stalin que estava desafiando a supremacia de Lenin nos programas políticos.

Lenin ficou agitado com a proposta de se repelir o monopólio estatal. Vladimir Milyutin e Grigori Sokolnikov, seus camaradas no Comitê Central, afirmavam que o comércio privado através das fronteiras promoveria a regeneração econômica interna. Lenin desaprovou, insistindo em que a NEP deveria ficar dentro dos limites que ele estabelecera em 1921. O Estado soviético, preveniu, deveria manter seu monopólio sobre a indústria em grande escala, sobre a atividade bancária e sobre o comércio exterior. Em ocasião anterior, fora ele que insistira em que o Politburo deveria ser pragmático e ampliar a estruturação da NEP. Era isso que Milyutin e Sokolnikov achavam que estavam fazendo, ao sugerir que os capitalistas deveriam poder exportar e importar certos bens sem ter de passar por instituições comerciais do Estado, e acrescentaram que o monopólio, na prática, induzia os comerciantes privados à prática do contrabando. Entre os que apoiavam Milyutin e Sokolnikov estavam alguns dos mais destacados companheiros de Lenin: Kamenev, Bukharin e Stalin. Lenin, no entanto, convenceu-se de que o debate sobre comércio exterior envolvia questões de princípios profundos e estava determinado a manter o Partido alinhado com sua versão particular da NEP.

O segundo grande tópico de debate no verão de 1922 foi a proposta de Stalin de uma nova estrutura constitucional para o Estado soviético. Lenin e Stalin já haviam se altercado sobre isso em 1920.[1] Stalin achava que o melhor plano era que a República Federal Socialista Soviética Russa (RFSSR) incorporasse todas as outras repúblicas soviéticas e as independentes em seu território. Ucrânia, Bielorrússia, Azerbaijão, Armênia e Geórgia se tornariam parte da RFSSR. Lenin discordou com veemência e propugnou a formação de uma União das Repúblicas Soviéticas da Europa e da Ásia. Em tal União, a RSFSR seria meramente uma república soviética ao lado das repúblicas soviéticas da Ucrânia, Bielorrússia, Azerbaijão, Armênia e Geórgia.

Travou-se uma luta tanto sobre o comércio exterior como pela constituição. Os oponentes de Lenin sentiam-se perplexos, já que nenhum deles propôs autenticamente desmontar todo o monopólio estatal do comércio exterior. O objetivo deles era uma revogação parcial, mas não total. Lenin não só deturpava o propósito deles, como também os tratara como se tivessem ofendido os dogmas do marxismo — e ele atingiu Sokolnikov com uma tirada ofensiva pessoal. Igualmente desconcertante era a abordagem de Lenin sobre a constituição do Estado. Ele não visava a enfraquecer o rigoroso controle do Partido e do governo de Moscou sobre as terras "de fronteira". Lenin e Stalin estavam unidos em seu engajamento no Estado multinacional de ideologia e partido único. Suas desavenças diziam mais respeito a aspectos secundários do que primários da política. E, no entanto, Lenin achou por bem atacar Stalin e seus defensores numa linguagem de extrema mordacidade, e membros do Politburo ficaram sem palavras para explicar por quê.

Destacados membros do Partido atribuíram essa atitude aos efeitos da doença e ao seu distanciamento da atividade política do dia a dia. Mesmo nas discussões sobre a Conferência de Gênova e repressão política doméstica — em que prevaleceu sua vontade —, ele foi desagradável com Georgi Chicherin, Nikolai Bukharin e Karl Radek. Então, seu gênio temperamental fazia parte de um padrão, e seus médicos, havia muito tempo, já estavam acostumados com isso. Em junho de 1922, havia escrito ao Politburo exigindo que "se desfizessem" do professor Klemperer e "se livrassem" do professor Förster.[2] A seus companheiros, essa atitude pareceu um pouco insincera, uma vez que sempre fora meticuloso em seus hábitos pessoais e de trabalho, e sempre exigira o mesmo dos demais. Se havia alguém — com exceção de Trotski — que parecia se encaixar no estereótipo popular russo de um alemão, era Lenin. Se alguém se destacara por comparar desfavoravelmente os russos com os alemães, esse alguém tinha sido Lenin. Não é de surpreender que o Politburo tenha ignorado seu pedido de mandar os especialistas alemães de volta à Alemanha e tenha se acostumado a agradá-lo, na esperança de que, conforme fosse melhorando, se tornasse um companheiro mais dócil e maleável.

No entanto, Lenin via as coisas de modo diferente; começava a identificar Stalin como o vilão universal. Em 1912, ele o admirava como "aquele georgiano maravilhoso"[3] e, após a Revolução de Outubro, designara-lhe deveres de Estado que exigiam uma energia crua e implacável. Mas sobre as outras características de Stalin tinha uma péssima opinião. Stalin cultivava hábitos que Lenin achava vulgares e desagradáveis. Certa vez, quando Stalin estava fumando cachimbo, Lenin soltou: "Olhem só o asiático — só sabe ficar tragando esse cachimbo!" Stalin, em deferência, bateu o cachimbo para apagá-lo.[4] Era incomum Lenin ser tão grosseiro; havia sido criado para ter modos sociais decentes. Além do mais, precisava que seus camaradas acreditassem que tinha uma opinião positiva sobre eles, e podia ver como as pessoas ficavam aborrecidas com Trotski e Zinoviev. Em Lenin, no revolucionário curto e grosso, sobrevivia o altivo cavalheiro russo europeu; era um pouquinho esnobe, em termos nacionais, sociais e culturais.

Só quando estava de guarda baixa é que permitia que isso fosse perceptível. Em épocas anteriores, Lenin agira de forma diferente, como Maria Ilinichna observou:[5]

> V.I. tinha um grande domínio de si mesmo. E ele sabia muito bem disfarçar e não revelar sua posição com relação às pessoas, quando achava, por algum motivo, que isso era o mais sensato... Mais ainda, ele se continha em relação aos camaradas com quem seu trabalho o colocava em contato. Para ele, a causa tinha prioridade; sabia subordinar o pessoal à causa, e esse elemento pessoal nunca o atrapalhou nem teve precedência para ele.

Agora que o desprezo zangado que sentia por Stalin estava removendo essas inibições, Maria Ilinichna tentaria avisá-lo de que seu oponente era mais arguto, inteligente e, portanto, mais perigoso do que ele imaginava. Mas Lenin não quis saber: "Ele não é inteligente coisa nenhuma!" Assim falou o brilhante aluno do ginásio, o *émigré* poliglota e principal ideólogo do Partido. Ele aprenderia, na última lição de sua vida política, que a inteligência não era monopolizada pelos que tiveram aproveitamento cultural formal.

O palco estava montado para três batalhas políticas. Duas delas se intensificaram no decorrer do verão — a contenda sobre o monopólio estatal do comércio exterior e sobre a constituição. Em ambos os casos, Lenin identificou Stalin como o porta-estandarte da campanha contra os projetos políticos que tinham sua aprovação. A terceira batalha era um produto das outras e também uma luta que Lenin não havia previsto que teria de travar. Essa era a batalha que acabou decidindo ser necessária, caso quisesse tirar Josef Stalin da Secretaria-Geral do Partido.

Essas foram batalhas que mal teriam merecido uma nota de rodapé na história do comunismo soviético se a saúde de Lenin não se houvesse deteriorado. Todas as possibilidades são de que Lenin teria simplesmente arrancado o "georgiano maravilhoso" do cargo de secretário-geral, substituindo-o por um funcionário mais obediente. Stalin teria suportado um período de humilhação em silêncio. Mesmo assim, é duvidoso que a carreira de Stalin estivesse inteiramente acabada. Por exemplo, certamente conseguiria manter-se como membro do Comitê Central. Lenin não conseguira tirar Tomski de lá, em 1921, mesmo Tomski tendo escarnecido de uma decisão política do Comitê. Em 1922, Stalin não era culpado de semelhante delinquência. Afinal de contas, não era contra as regras do Partido discordar de Lenin, nem Stalin o único a propugnar por programas políticos que Lenin achava importunos. Como de hábito, quando Lenin era contrariado, ele se tornava ofensivo a seus rivais. O *pathos* do estado de saúde de Lenin tendeu a desviar a atenção dos méritos do problema entre os dois durante aquele verão longo e quente. Também fomos influenciados por nosso conhecimento retrospectivo das atrocidades — de que Lenin não tinha o menor pressentimento — que Stalin viria a cometer nos anos 1930 e subsequentemente.

No entanto, as discussões sobre a futura constituição produziram a primeira aliança. Havia apreensão entre os comunistas das repúblicas soviéticas quanto ao plano de Stalin de incorporar suas repúblicas à RSFSR. O Comitê Central georgiano manifestou-se sem rodeios. Lenin não gostava do projeto de Stalin e suspeitava que ele estivesse intimidando as repúblicas soviéticas para aceitá-lo. Stalin escreveu a Lenin em autojustificativa. Lenin, ele achava, precisava entender que o nacionalismo estava crescendo nas fronteiras e que o plano de Lenin só estimularia e aumentaria a complexidade das estruturas administrativas. Stalin queria atribuir às repúblicas soviéticas um status "autônomo" dentro da RSFSR. Uma comissão do Orgburo do Partido ratificou o projeto de Stalin, em 23 de setembro de 1922.

Lenin detestava a ideia de "autonomização", equiparando-a ao "grande chauvinismo russo". Quando comunicou sua posição a Stalin, três dias depois, numa conversa que durou 2 horas, Stalin cedeu e concordou em abandonar a "autonomização" e com a formação de uma União de Repúblicas Soviéticas da Europa e da Ásia. Esse era o tipo de projeto por que Lenin havia propugnado numa discussão com o próprio Stalin, em meados de 1920. Mas Stalin ainda não tinha jogado a toalha. No dia seguinte, escreveu ao Politburo e propôs que a União não deveria ter órgãos legislativos separados dos da RFSSR, e também alfinetou Lenin mudando o nome proposto para União das Repúblicas Socialistas Soviéticas (URSS). Além disso, insistiu em que a Geórgia devia unir-se à Armênia e ao Azerbaijão em uma Federação Soviética Transcaucasiana e que essa federação deveria entrar para a URSS em condição de igualdade com a RSFSR e a República Soviética da Ucrânia: assim ele se colocava contra a Geórgia conservar um status igual ao da RSFSR. Kamenev preveniu Stalin para desistir de continuar provocando: "Ilich preparou-se todo para a guerra em defesa da independência [republicano-soviética]." Stalin ficou impassível e, no processo, revelou-se um líder em formação: "A meu ver, o necessário é se demonstrar firmeza contra Ilich."

Quando Kamenev lhe disse que ele só estava tornando as coisas piores do que precisavam ser, Stalin manifestou indiferença; mas evidentemente Lenin havia aceitado sua provocação: "Declaro guerra de morte ao grande chauvinismo russo." Após um verão de convalescença, estava determinado a voltar à luta em Moscou. Foi uma tolice da parte dele, pois sua recuperação do derrame fora interrompida por novos colapsos. Em junho, teve um após dar uma volta no parque da casa de Gorki e, em julho, outro, após fazer a mesma coisa, e ficou com o lado direito do corpo paralisado. Em agosto, também teve dias de incapacidade.[6] Fez muita força e retomou seu trabalho intelectual. Secretárias eram mandadas às pressas a bibliotecas para buscar os livros que ele queria — em particular, pediu *O ABC do comunismo*, de Bukharin.[7] Também começou a escrever um artigo para uma coletânea, de Anna Ilinichna, sobre memórias de Nikolai Fedoseiev, seu velho amigo marxista dos tempos de Kazan.[8] Não obedeceu às objeções dos médicos e as dúvidas do Politburo e, em 2 de outubro de 1922, deixou a mansão de Gorki e voltou de carro ao Kremlin, onde retomou a moradia em seu apartamento ao lado das salas do Sovnarkom, no antigo prédio do Senado. No dia seguinte, presidiu a reunião regular do Sovnarkom e, em 6 de outubro, fez o mesmo no plenário do Comitê Central do Partido. Tentava impressionar a todos com sua capacidade de retomar seus deveres oficiais.

O desempenho de Lenin, no entanto, nem de longe, foi o mesmo de antes, e não pôde enganar seus camaradas quando tentou manter as aparências nessas duas importantes reuniões. Seus camaradas tentaram evitar controvérsias na sessão do Sovnarkom, mas isso só serviu para deixá-lo agitado.[9] Nada havia que pudessem fazer direito. Se discutissem com Lenin, ele poderia ter outro ataque do coração; se eles se contivessem, o resultado ainda poderia ser o mesmo, pois Lenin ficava irritado com a própria gentileza deles. O plenário do Comitê Central começou melhor, mas, pela metade dos trabalhos, ele teve um acesso de dor de dentes e precisou retirar-se para seu apartamento.[10] Embora voltasse para outras reuniões nos dias subsequentes, seu desempenho foi bem abaixo do normal. Isso, por sua vez, deixou-o intensamente nervoso, e se irritava ao menor distúrbio. Sua secretária, Lidia Fotieva, temia um novo ataque cardíaco e, discretamente, pediu aos mais destacados camaradas de Lenin que não se levantassem nem batessem papo durante as reuniões. Qualquer causa imaginável de agitação precisava ser eliminada.[11] Sua capacidade mental fora prejudicada. Às vezes, ele se perdia quando discursava lendo um texto e sabia-se que repetia passagens inteiras sem perceber.

Kamenev, Stalin e Zinoviev se reuniram para discutir seu estado de saúde, mas não chegaram a um consenso que os levasse a alguma ação.[12] Sabiam que, se lhe ordenassem que voltasse à mansão de Gorki, ele os acusaria de estar usando sua doença como pretexto para eliminá-lo das discussões sobre o comércio exterior e a constituição. E, portanto, deixaram-no em paz. De fato, ele já estava a caminho de conseguir o que queria quanto à constituição. Na reunião do Comitê Central, em 6 de outubro, recebera o apoio de Bukharin e Kamenev, e Stalin não ousara se opor a suas exigências básicas. Da parte de Lenin, só houve uma concessão, e não se pode dizer que era significativa: aceitou que o Estado soviético fosse designado não como União das Repúblicas Soviéticas da Europa e da Ásia, mas União das Repúblicas Socialistas Soviéticas. Foi criada uma comissão partidária, sob a direção de Stalin, a fim de preparar o texto final para o Congresso dos Sovietes, em dezembro. Lenin, enquanto isso, enviou uma mensagem a Kamenev, pedindo-lhe que permitisse aos comunistas georgianos terem acesso aos documentos relevantes em defesa da posição deles. Lenin queria cortar as asas de Josef Stalin.[13]

Lenin continuou forçando-se ao seu limite e falou ao Quarto Congresso do Comintern, em 13 de novembro. O discurso teve passagens incoerentes, mas ele tinha exatamente a energia e a experiência necessárias para chegar ao fim. Seus amigos, no entanto, ficaram alarmados por seu estado de saúde ter piorado. Bukharin escreveu:[14]

> Sentimos nossos corações afundando no peito quando Ilich caminhou para o palanque. Todos vimos o esforço que o discurso lhe custou. E então o vimos concluir. Corri até ele e envolvi-o com um abraço em meu casaco de peles; ele estava completamente molhado, de exaustão, tinha a camisa empapada e gotas grossas de suor na fronte. De repente, seus olhos reviraram nas órbitas.

Os delegados do Comintern aplaudiram Lenin, sem suspeitar de que a sua recuperação estava ameaçada. Os delegados estrangeiros, particularmente, queriam ver e ouvir o homem sob cuja liderança esperavam que o comunismo triunfasse em todo o mundo, mas seus camaradas líderes do partido central haviam errado ao permitir-lhe fazer um discurso, e sabiam disso. Após o Congresso do Comintern, tentariam restringir cada vez mais suas atividades, independentemente de sua vontade. A essa altura, já se perguntavam, em suas discussões confidenciais, se sua doença — qualquer que fosse — um dia iria soltá-lo de suas garras.

Stalin e seus amigos sentiram-se mais livres para fazer o que queriam. Os líderes comunistas georgianos haviam importunado Stalin além das medidas, e Ordjonikidze, fiel aliado de Stalin, denunciou-os, numa reunião em Tbilisi, como "titica chauvinista". O Comitê Central georgiano protestou demitindo-se *en masse* e queixando-se a Lenin. Por algum tempo, Lenin nem tomou conhecimento, uma vez que também se opunha à exigência da liderança comunista georgiana de que a Geórgia não fosse incluída em uma Federação Transcaucasiana. Também consentiu com o plano de Stalin de mandar uma comissão de inquérito, presidida por Dzerjinski, para investigar a situação na Geórgia. A tensão entre os comunistas em Tbilisi era enorme. No final de novembro, Ordjonikidze ficou tão furioso por ser acusado de agir como emissário imperial que agrediu um certo Kobachidze, um partidário de Mdivani. Lenin estava preocupado com a Geórgia, mesmo não tendo conhecimento exato do que se passava por lá, e infernizou suas secretárias a fim de descobrir para quando estava marcada a volta de Dzerjinski. Este último, na verdade, entrou em acordo com Stalin sobre a questão constitucional, e seu relatório reabilitou Ordjonikidze por seu comportamento no Transcáucaso. Porém, quando Dzerjinski teve uma conversinha com Lenin de volta a Moscou, em 12 de dezembro, não conseguiu deixar de revelar o que tinha acontecido com o pobre Kobachidze.

Para Lenin, estava claro que Stalin não se dera por vencido sobre a constituição da URSS e que ele precisava recomeçar a batalha que achava ter ganho em 6 de outubro. Havia mais coisas envolvidas nisso do que uma luta para restaurar um acordo sobre um programa político oficial. A proteção de Stalin a Ordjonikidze o envolvera na coonestação de violência de um funcionário do Partido contra outro. Lenin ficou pasmo. Já em 1903 havia repreendido Alexander Shotman por ter agredido um menchevique nas ruas de Londres. Agora, ele se contrapunha a Ordjonikidze não só por motivo de estupidez, mas também de moralidade.

Geralmente, Lenin desprezava os códigos morais de qualquer tipo. Mas, no fundo do coração, era um crente revolucionário romântico. Havia umas poucas coisas — bem poucas — que um marxista não deveria fazer, nem mesmo sob provocação. Os marxistas deviam dar um exemplo de decência civil, e Ordjonikidze havia envergonhado o Partido com sua agressão a Kobachidze. Já em 1920, Lenin repreendera Ordjonikidze por participar de uma bebedeira e andar com um grupo de mulheres da vida.[15] Todos os membros do Politburo conheciam a instabilidade de Ordjonikidze, e Lenin acusou Stalin e Dzerjinski de terem escondido a verdade dele. Tudo que soube sobre o tratamento da liderança comunista georgiana apontava na mesma direção: Stalin estava presidindo um movimento russo em direção a um chauvinismo autoritário dentro do Partido. Não importava que o próprio Stalin fosse georgiano. Ele agira como um imperialista russo, e isso era escandaloso.

Lenin teria retomado a campanha contra Stalin, se não houvesse sofrido ainda mais uma crise médica. Sofreu um colapso entre 24 de novembro e 2 de dezembro.[16] Em 13 de dezembro, dia seguinte a sua conversa com Dzerjinski, sofreu dois colapsos graves e houve o temor de que não sobrevivesse até o dia seguinte.[17] O dr. Kojevnikov e o professor Kramer, que correram para atendê-lo, disseram-lhe que não sobreviveria, a não ser que concordasse com um regime de "descanso completo". Seu paciente rebelde por fim concordou com eles. Lenin chamou sua secretária, Lidia Fotieva, e tomou providências para "liquidar seus assuntos".[18]

Pensava muitas vezes que sua doença era fatal, mas, a partir desse dia, Lenin estava também improvisando como deixar a marca de seu impacto no Partido e na revolução. Recusou-se a ser transferido para Gorki, onde sabia que seria difícil exercer qualquer tipo de papel político. Não deixou dúvidas nos especialistas médicos e em seus atendentes quanto a suas intenções. Continuaria a viver no Kremlin e, já que não conseguia escrever de forma legível, pediria a suas secretárias do Sovnarkom que anotassem seus ditados. Compreendera que poderia morrer subitamente e que, se quisesse deixar um legado, teria de fazer algum tipo de testamento político. Para esse fim, precisaria ponderar sobre quem deveria recomendar como seu sucessor — ou sucessores. O futuro da revolução dominava seu pensamento. De fato, assim vinha acontecendo havia meses. No outono de 1922, sua agitação o fez exclamar a Maria Ilinichna: "Qual canalha entre nós vai viver até os 60 anos de idade?" E então expôs seu desejo de que o poder, quando morresse, de alguma forma passasse da sua própria geração para algum daqueles bolcheviques que estavam com 20 e poucos anos.[19]

Os cuidados de Lenin quanto à revolução haviam germinado. Às suas duas preocupações restantes com programas políticos — sobre o comércio exterior e as repúblicas não soviéticas — havia se acrescentado um impulso político contra Stalin. Nem ele estava convicto de que seus camaradas partilhavam sua prioridade pela manutenção de repressão interna. Estava começando a parecer a Lenin, em seu estado debilitado e febril, que os programas políticos convencionados pelo Politburo estavam sendo corroídos. Ao encarar a probabilidade de sua morte iminente, perturbava-o o problema geral de garantir que a revolução prosperasse quando ele não estivesse mais presente. O tempo não estava do seu lado.

Convocou Fotieva a seu apartamento do Kremlin depois que Kojevnikov e Kramer saíram, ao meio-dia de 13 de dezembro. Estava menos preocupado quanto a voltar a ter um colapso do que quanto aos programas políticos da liderança do partido central. Uma carta [que ditou] era sobre o idoso historiador N. A. Rojkov, ex-menchevique, a quem Lenin tentara durante meses fazer com que fosse deportado ou, pelo menos, exilado em Pskov (onde Lenin fora confinado em 1900, após sua liberação da Sibéria). Lenin tratou o adiamento dessa decisão pelo Politburo como sinal de uma crescente relutância em sancionar sua estratégia de repressão adequada e exigiu que Rojkov fosse finalmente deportado.[20] Uma segunda carta foi enviada a Trotski e outros, falando sobre o monopólio do comércio exterior.[21] Uma terceira, que era sobre a delegação de suas funções no Sovnarkom, foi enviada a Kamenev, Rykov e Tsyurupa. Também conversou durante duas horas com Stalin,[22] que não ficou com qualquer dúvida sobre a obstinação de Lenin. Se, por um lado, se reconciliara com a ideia de passar a outrem suas responsabilidades executivas do dia a dia, por outro, Lenin não abandonara a esperança de fazer o discurso principal no Congresso dos Sovietes.[23] Ficou claro que não seria tolerado qualquer desvio de seus programas políticos preferidos. Stalin concordou em retirar sua oposição ao monopólio estatal do comércio exterior,[24] mas Lenin ainda não se sentia confiante sobre esse programa político e esperava ansiosamente que o Comitê Central resolvesse a questão em seu favor. Circunstâncias extremas pediam medidas desesperadas. Não vendo mais um aliado em Stalin, Lenin voltou-se exatamente para a pessoa contra quem ele fizera aliança com Stalin. Essa pessoa era Trotski. Como Lenin, Trotski apoiava o monopólio estatal de comércio exterior, e Lenin pediu-lhe que falasse em seu favor na vindoura sessão plenária do Comitê Central.[25]

Essa foi uma manobra sem precedentes. Lenin já havia tentado manter um amplo grupo de aliados a seu lado e evitara demonstrar uma preferência definida por qualquer um deles. Mesmo sua escolha calculada de Stalin como aliado, em 1922, não implicara um deliberado distanciar-se de Zinoviev, Kamenev e Bukharin. Ao realizar esse *rapprochement* com Trotski, estava efetivamente dando sinal de que esse relacionamento em questões internas do Partido teria precedência sobre todos os outros. Tal manobra era um indício do desespero de Lenin. A vaidade e a arrogância de Trotski o haviam aborrecido antes da Revolução de Fevereiro de 1917. As negociações de Brest-Litovsk, aos olhos de Lenin, haviam exposto Trotski como um *poseur* revolucionário, e a "discussão dos sindicatos", dentro do Partido, em 1920-21, havia demonstrado como ele era inconsequente e pouco prático. Lenin não conseguia se forçar a gostar dele. Às vezes, ficava "branco feito giz" de raiva pelo estilo polêmico de Trotski na liderança do partido central. Tal arrogância parecia desnecessária a Lenin (que não era capaz de reconhecer a própria arrogância). Mas isso tinha de ser posto de lado. A *Realpolitik* exigia que Lenin superasse seu desagrado e trabalhasse em harmonia com Trotski.

Essa necessidade aumentou em 16 de dezembro, quando o estado de saúde de Lenin piorou e, por algum tempo, ele perdeu completamente o movimento do braço e da perna direitos.[26] Sem Trotski na reunião plenária do Comitê Central, em 18 de dezembro, não havia qualquer garantia de que seus companheiros manteriam o monopólio do comércio exterior. Apesar de sua dor física, a mente de Lenin estava concentrada na política. Talvez já estivesse pensando que, se contasse com Trotski naquela reunião plenária, possivelmente pudesse usá-lo em outras discussões sobre programas políticos. Mesmo assim, ainda não confiava completamente nele e pediu a outro membro do Comitê Central, Yemelyan Yaroslavski, que o mantivesse informado sobre o andamento dos trabalhos.[27] O Comitê Central acabou fazendo com facilidade o que Lenin queria.[28] Depois que o monopólio estatal do comércio exterior foi reconfirmado, Lenin escreveu em êxtase a seu novo aliado, Trotski: "É como se tivéssemos conseguido tomar uma posição por intermédio de um simples movimento de manobra, sem ter de disparar um único tiro."[29] Na sessão vespertina, foram aprovadas as linhas mais amplas do projeto de Lenin para uma União das Repúblicas Socialistas Soviéticas (URSS).[30] A essa altura, teve também o prazer de saber que o Politburo concordara com sua exigência de que Rojkov fosse exilado para Pskov.[31] Um por um, os objetivos políticos de Lenin estavam sendo cumpridos.

Mas ele ainda tinha diversos objetivos a ser alcançados e reconheceu que não poderia presumir que ainda viveria por muito tempo. Tinha razão em ser cético, especialmente quanto a Stalin. Em 21 de dezembro, o Orgburo, do qual Stalin era o membro mais importante, ratificou o relatório de Dzerjinski sobre a Geórgia. Ordjonikidze escapou sem censura; e, inquietando-o em igual medida, foi tomada a decisão de afastar Mdivani e outros oponentes de Stalin de seus cargos em Tbilisi.[32] Stalin queria vingança e estava inclinado a cortar o acordo que fizera com Lenin sobre as formalidades da constituição da URSS. Era inevitável que acabasse havendo uma nova rusga entre Stalin e Lenin. A tensão crescia.

Na noite de 22-23 de dezembro, a saúde de Lenin voltou a piorar: sofreu outro colapso e novamente teve o lado direito do corpo todo paralisado. Seus parentes e médicos o atenderam da melhor maneira possível, mas Lenin, como sempre, assim que recobrou a consciência, já estava pensando em política. Teve de empregar pouca astúcia, uma vez que o Comitê Central, em 18 de dezembro, lhe ordenara formalmente que se retirasse da vida pública até ter se recuperado, e Stalin fora encarregado de cuidar desse tratamento médico. Lenin, no entanto, disse a seus médicos que temia não conseguir voltar a dormir enquanto não lhe fosse permitido ditar algo a uma secretária sobre "uma questão que o inquietava". Os médicos cederam, e a secretária de plantão, Maria Volodicheva, foi convocada ao apartamento. Ele ainda estava muito enfraquecido quando ela chegou. Mas insistiu em continuar: "Quero lhe ditar *uma carta ao congresso*."[33] Embora só conseguisse fazer 4 minutos de ditado, havia estabelecido um padrão: nos dias subsequentes, esperava, poria no papel os planos e preocupações gerais que tinha em mente e os deixaria disponíveis para o próximo Congresso do Partido. Tudo deveria ser "absolutamente secreto". A carta foi datilografada em cinco cópias fechadas em envelopes com lacre de cera; Lenin determinou que somente ele ou, no caso de sua morte, Nadejda Konstantinovna teria o direito de abri-los.[34]

Tinha total confiança em suas secretárias, Lidia Fotieva e Maria Volodicheva. Anteriormente, andara usando Nadejda Alliluieva, a jovem segunda esposa de Stalin, como sua secretária; mas, por um acidente favorável, ela havia parado de prestar-lhe esse serviço desde o começo do mês. Lenin alegrou-se, além do mais, com a decisão de Stalin, Kamenev e Bukharin, em 24 de dezembro, de permitir-lhe ficar ditando de 5 a 10 minutos por dia. Stalin reconhecera que, se essa permissão fosse negada, Lenin sempre poderia prejudicá-lo, queixando-se de que estava sendo exorbitantemente cerceado.

Stalin, no entanto, estava errado ao achar que não corria algum risco sério, permitindo o ditado. Lenin, aleijado e confuso, estava também zangado. Era um homem com pressa. Durante uns dois anos, meditara a questão da sucessão política soviética e, ocasionalmente, falara sobre isso. Ele e Alexander Shlikhter haviam conversado sobre as mortes de diversos de seus conhecidos bolcheviques no final do verão de 1921. Shlikhter dissera que o Partido não precisava se preocupar com a perda de veteranos, uma vez que a geração mais jovem estava pronta para assumir. Lenin fez objeção: "Durante um tempo bem longo, Lenin ficou olhando em silêncio, sem tirar os olhos de mim. 'Não, você está errado', foi a sua resposta, 'ainda é muito cedo para sair. São necessários mais cinco anos de treinamento'."[35] Essas não foram palavras ditas distraidamente; refletiam sua preocupação com o tipo de liderança disponível no Partido, uma vez que ele tivesse saído de cena. Subsequentemente, Lenin evitara esse tópico. Mas, temendo morrer logo, apressou-se a pôr no papel as suas conclusões. O esforço que isso exigiu foi enorme. Tentou preparar sua argumentação cuidadosamente para não ter de refazer tudo. Estava escrevendo um testamento político para seu Partido, e suas intenções tinham de ser expressas com clareza.

Como autor, estava acostumado a ver o texto emergir à sua frente, conforme ia escrevendo à mão, e, é claro, o fato de estar tão doente nada ajudava. Às vezes, ele se perdia na gramática, e Volodicheva tinha de corrigir seus rascunhos. Ela sabia que ele achava isso humilhante: "Sei que sou o seu mal necessário, mas é por pouco tempo."[36] O problema, no entanto, é que ele devia organizar o conteúdo em sua própria mente, e as estenógrafas precisavam esperar infinitamente sua frase seguinte. Em certo ponto, fizeram a experiência de deixar a secretária no aposento adjacente ao de Lenin, para que ele a chamasse com uma campainha assim que tivesse arrumado seus pensamentos.[37]

De um modo ou de outro, ele estava determinado a concluir seu testamento. Se, por um lado, Fotieva e Volodicheva lhe forneciam ajuda técnica, por outro, também tentavam levantar-lhe o moral. De importância emocional ainda maior para ele eram Nadejda Konstantinovna e Maria Ilinichna. A esposa e a irmã procuravam estar disponíveis para ficar com ele todos os dias. Nadejda Konstantinovna foi mais além e tornou-se sua assistente política extraoficial. Isso ia contra os termos do tratamento médico determinado pelo Comitê Central e supervisionado pelo secretário-geral Stalin, mas Nadejda Konstantinovna estava feliz por poder voltar a preencher o papel de sua assistente política — papel de que havia desistido em abril de 1917. Talvez ela curtisse o sigilo; parecia como nos velhos tempos em que os dois conspiravam para enganar a Okhrana. Acima de tudo, Nadejda Konstantinovna reconhecia que, se o Comitê Central isolasse Lenin da política, conforme se exigia, ele não duraria muito tempo. Ele não podia viver sem a política. Ela, portanto, não parou de contar-lhe tudo que ficava sabendo sobre os acontecimentos no Kremlin, nem de mantê-lo, confidencialmente, em contato com outros líderes do Partido. Pouco a pouco, sua sensação de bem-estar foi voltando.

Infelizmente, Stalin descobriu tudo em 22 de dezembro. Telefonou para Nadejda Konstantinovna e ofendeu-a com linguagem obscena. Nadejda Konstantinovna, perturbada com o estado de saúde de Lenin, sentiu-se esmagada por Stalin. No dia seguinte, ela escreveu numa carta veemente a

Kamenev: "Nos últimos trinta anos, não ouvi nem uma única palavra obscena de algum camarada; os interesses do Partido e de Ilich não são menos caros para mim do que para Lenin." Assim, ela defendia o direito do marido de continuar politicamente ativo e dava a entender que se, Stalin repetisse a agressão, seria por sua própria conta e risco. E Lenin, enquanto houvesse alento em seu corpo, podia dar início a seu plano de deixar um legado de ideias, de estratégia e de pessoal para o Partido Comunista e o Estado soviético.

## 28. Morte na Casa Grande

### 1923-1924

Lenin começou a ditar seu testamento político em 23 de dezembro de 1922. Queria apresentar suas ideias pessoalmente no próximo Congresso do Partido, mas deixaria um testamento para o caso de isso vir a ser impossível. Suas palavras iniciais diziam o seguinte: "Eu aconselharia veementemente que este Congresso se comprometesse a fazer uma série de transformações em nossa estrutura política." Lenin apresentou duas propostas. A primeira era que a Comissão de Planejamento do Estado, que, atualmente, aconselhava sobre política econômica, deveria receber certo grau de autoridade legislativa. A segunda era que o Comitê do Partido Central deveria ser aumentado de 27 para cinquenta a cem membros.[1]

Havia um cálculo político por trás disso. A reforma da Comissão de Planejamento do Estado deveria fortalecer a direção da economia pelo governo: Lenin estava tentando fazer um uso adicional de sua recente aliança com Trotski e tinha de pagar um preço. Trotski vinha exigindo um aumento do papel do Estado no planejamento econômico. Ao mesmo tempo, Lenin queria restringir um pouco Trotski e o restante de seus camaradas. Para tanto, recomendou a expansão do Comitê Central, introduzindo operários da indústria entre os membros. Lenin acreditava que era necessário evitar conflitos na liderança do partido central que pudessem ameaçar a existência do Partido e a sobrevivência da revolução.[2] Em seu período seguinte de ditado com a secretária Maria Volodicheva, esboçou a perspectiva de uma fissura no Partido. Tinha pouca fé na eficácia da proibição de atividade faccionária, pelo Décimo Congresso do Partido. A Revolução de Outubro, disse, firmava-se sobre o apoio de duas classes sociais, os operários e os camponeses, e insistia que os diferentes interesses dessas classes poderiam tornar-se a base para que um setor da liderança do Partido se engajasse em um ruinoso conflito com outro setor.[3]

Lenin voltou-se para os camaradas que poderiam liderar tais setores: Trotski e Stalin. Estava longe de receber Trotski de bom grado como seu único sucessor, embora ele fosse presentemente seu principal aliado. O testamento prosseguia com idiossincrasias. Lenin estava sugerindo, o que ninguém mais na época sugeriu, que Stalin poderia ser um sério concorrente à sucessão. Trotski, Zinoviev, Kamenev e Bukharin tinham um perfil público mais nítido do que Stalin, que era ridicularizado pelo grande historiador de 1917, Nikolai Sukhanov, como uma "mancha cinzenta".

Após experiências recentes, Lenin era capaz de avaliar Stalin mais precisamente, e havia muito conhecia as deficiências de Trotski:[4]

> O camarada Stalin, tendo se tornado secretário-geral, concentrou um poder ilimitado em suas mãos, e não estou convencido de que ele sempre conseguirá usar esse poder com cuidado suficiente. Por outro lado, o camarada Trotski, como demonstra sua luta contra o Comitê Central com relação à questão do Comissariado do Povo para os Meios de Comunicação, caracteriza-se não só por seus notáveis talentos. É claro que ele é, pessoalmente, o indivíduo mais capaz no atual Comitê Central, mas ele também transborda autoconfiança e uma preocupação excessiva com o lado puramente administrativo das coisas.

Continuando com essas caracterizações sumárias, Lenin afirmou que o comportamento de Grigori Zinoviev e Lev Kamenev antes da tomada do poder, em outubro de 1917, não fora acidental (embora tenha acrescentado, bastante paradoxalmente, que isso não deveria ser alegado contra eles). Criticou as ideias de Nikolai Bukharin como escolásticas e não inteiramente marxistas. Acusou Georgi Pyatakov de ter uma abordagem administrativa por demais política.[5] Habilmente, Lenin pusera à prova seus companheiros e achou todos insatisfatórios. Sua conclusão implícita, mas inequívoca, foi que não havia um único líder no Partido digno de sucedê-lo.

A hipocrisia disso era espantosa. Lenin também havia governado com cuidado insuficiente (Stalin) e favorecera métodos administrativos (Trotski e Pyatakov), fora contra o excesso de otimismo revolucionário (Zinoviev e Kamenev) e exibia uma dúbia apreensão da ortodoxia marxista (Bukharin). Lenin, no entanto, agora sustentava — e obviamente acreditava — que somente seus camaradas eram culpados dessas insuficiências.

No passado, evitara a crítica geral a um camarada, a não ser que estivesse envolvida uma ruptura de laços políticos e, entre seus camaradas, era tal a afeição por ele que crítica geral a Lenin por parte de um deles era coisa quase desconhecida. Quase, mas não totalmente. Em 1921, houve uma desavença com Pyatakov sobre a conveniência de convidar concessionários norte-americanos para assumir as minas de carvão de Donbass.* Pyatakov, de acordo com Lenin, exibiu "jactância e apego ao péssimo velho hábito russo daqueles que buscam usar espadas para derrubar" um inimigo forte e poderoso. Pyatakov deu-lhe o troco com uma carta em que não usou de rodeios:[6]

> Você, Vladimir Ilich, acostumou-se a ver tudo numa escala grande demais, decidindo todas as grandes questões de estratégia a uma distância de 100 quilômetros, enquanto a nossa necessidade é resolver as pequenas questões táticas a uma distâncias de 3 quilômetros ou, no máximo, 10 quilômetros. E, em minha opinião, esse é o motivo pelo qual você, nesta questão, está recaindo em esquematismo e — se me permite pagar-lhe na mesma moeda — autêntica jactância.

Provavelmente essa contra-acusação estava no fundo da mente de Lenin quando compôs seu testamento. Pyatakov pusera o dedo na ferida, a mesma ferida cutucada por Nadejda Konstantinovna quando ela o

---

\* Grande bacia carbonífera da Rússia, atravessada pelo Donets, afluente do Don. (N. do T.)

censurou por ignorar vandalismo banal entre operários e concentrar-se demais nas grandes questões políticas.

Mas Lenin não estava se sentindo atraído por autocrítica, mesmo que indiretamente. Não há nada no registro de seus últimos dias que dê indício do mais leve arrependimento quanto ao rumo de sua carreira em geral. E, no entanto, como todos os líderes bolcheviques, percebia as propensões negativas do bolchevismo: crueza administrativa, otimismo e jactância, esquematismo e escolasticismo. A questão é que todos os líderes achavam-se isentos da influência dessas propensões. Assim, Lenin simplesmente presumiu que somente os seus companheiros líderes precisavam ser advertidos sobre elas.

Suas ideias não eram muito mais plausíveis como teoria política geral. Em 1902, ridicularizara a ideia de que os operários poderiam exercer um impacto positivo sobre o processo revolucionário simplesmente porque eram operários. E por que, pode-se perguntar, agora supunha que uma mudança na composição social do Comitê Central iria, por si própria, salvar a revolução? O que o levou a crer que a próxima geração de bolcheviques da classe operária estaria pronta para assumir a partir de onde seus próprios colegas imediatos pararam? O que o induziu a achar que Trotski, Stalin e os outros não seriam capazes de evitar quaisquer obstáculos colocados em seu caminho por operários de fábrica comuns, sem experiência na alta política? Era também, com certeza, uma ilusão achar que a força do Partido repousava sobre o apoio dos operários e dos camponeses. Os operários haviam sido privados da maior parte de seus direitos políticos; nem ao menos podiam entrar em greve sem sofrer nas mãos da Cheka. Os camponeses nas regiões rebeladas ainda estavam sendo reprimidos com ferocidade pelo Exército Vermelho. Lenin só foi genuinamente astuto a respeito de uma coisa, e uma coisa importante. Percebeu que, se o Partido viesse a ser dividido por disputas faccionais, Trotski e Stalin provavelmente seriam os líderes das duas facções. Praticamente ninguém mais teria feito tal previsão sobre Stalin; mas Lenin o havia observado de perto e reconheceu sua ambição.

Lenin, portanto, fez com que suas secretárias jurassem guardar segredo e ordenou que as cópias fossem trancafiadas num cofre. Até aí foram as suas precauções. Continuava a presumir que todo mundo o encarava como o líder incontestável; nem sequer impediu Nadejda Alliluieva, esposa de Stalin, de trabalhar como uma de suas secretárias. Isso foi o extremo da ingenuidade. A "Carta ao Congresso" ameaçava tumultuar a liderança do Partido. Maria Volodicheva ficou tão chocada com o conteúdo que, em 23 de dezembro, perguntou a Lidia Fotieva como deveria proceder. Fotieva aconselhou-a a mostrá-la a Stalin. Quando Volodicheva fez isso, no dia seguinte, Stalin tomou-lhe a folha da mão e saiu para discuti-la com Bukharin, Ordjonikidze e um funcionário da Secretaria, Amayak Nazaretyan. Voltou após alguns minutos e gritou para ela: "Queime isto!"[7] Foi o que Volodicheva de fato fez. Mas, logo em seguida, entrou em pânico: havia contrariado diretamente as ordens de Lenin e poderia vir a enfrentar grandes consequências. Lidia Fotieva e Maria Glyasser ficaram igualmente apavoradas. Nem Fotieva nem Glyasser foram contra a revelação da carta a Stalin; mas o ato da destruição as deixou preocupadas.[8] Havia um único meio de contornar o problema: Volodicheva teria de redatilografar uma quinta cópia e guardá-la no cofre, como Lenin ordenava.[9]

Stalin, na verdade, pouco benefício tirou da informação. Como deve ter lamentado não ter passado o veneno a Lenin quando ele lhe pediu. Agora a situação estava invertida. Stalin queria Lenin fora do caminho, enquanto Lenin se esforçava para tirar Stalin do cargo. Dia após dia, Lenin continuou ditando notas sobre as instituições do Estado soviético e, a cada seção extra, encontrava motivo para criticar Stalin.

O âmbito da crítica de Lenin, no entanto, foi sempre limitado. Várias narrativas importantes, no Ocidente a partir dos anos 1960 e na URSS no final dos anos 1980, sugeriam que estivesse propugnando uma reforma maciça do sistema político soviético.[10] Exageraram o desejo de Lenin mudar as coisas. Não contestou sua própria criação política: o Estado unipartidário, o Estado uni-ideológico, o Estado terrorista, o Estado que busca dominar toda a vida social, a economia e a cultura. As bases de seu pensamento também continuavam no lugar. A tomada do poder, em outubro de 1917, o amoralismo revolucionário, a "revolução socialista europeia", a correção científica, a intolerância ideológica e uma impaciência temperamental e política — tudo isso permaneceu intocado. Nada em seu testamento desafiava o dogma de *O Estado e a revolução* de que uma sociedade sem classes, igualitária e próspera só poderia ser estabelecida por meio de uma ditadura socialista. Lenin havia feito muitas mudanças em ideologia, organização e prática, desde 1917; era bem conhecido pelas guinadas ao longo de sua carreira. Mas, quanto à inevitabilidade da formação de uma sociedade comunista e quanto à estratégia geral para atingir esse objetivo, não tinha a mínima dúvida. Lenin acreditou no comunismo até o fim; não achava que tivesse vivido em vão ou sobre premissas políticas falsas. Do seu leito de enfermo, estava aproveitando a última chance de propor linhas de orientação para a consecução cientificamente garantida do triunfo global do marxismo.

Retomando o ditado em 26 de dezembro, pediu que a Inspetoria dos Operários e Camponeses fosse renovada com o recrutamento de pessoal novo entre a classe operária. Stalin, como o presidente anterior da Inspetoria, acabaria se aborrecendo com as críticas de Lenin a suas práticas burocráticas. Lenin acrescentou que a Comissão de Planejamento do Estado e o Sovnarkom deveriam trabalhar juntos para aumentar o grau de planejamento e regulamentação na economia. Nisso, Lenin esperava poder contentar Trotski, pois precisava do seu apoio na luta contra Stalin. Acima de tudo, considerou uma mudança de programa político sobre a constituição e até começou a imaginar se, nas circunstâncias existentes, não teria sido temerário aprovar a formação de uma União das Repúblicas Socialistas Soviéticas (URSS). Ele observou que muitos funcionários do Estado faziam parte do "grande eixo chauvinista russo", e sugeriu: "Não há dúvida de que seria adequado adiar essa medida até uma época em que possamos jurar que este aparato [do Estado] é autenticamente nosso." Ainda uma vez, destacou Stalin sua "pressa e preocupação administrativa". Para Lenin, não tinha importância que Stalin, Ordjonikidze e Dzerjinski não fossem russos. De fato, eles haviam se tornado, todos, russos demais, compensando suas origens étnicas não russas, recusando-se a proteger as nações menores, como a dos georgianos.

A essa altura, era tarde demais para deter a criação da URSS e, em 30 de dezembro, o Congresso dos Sovietes, em Moscou, ratificou o projeto de constituição previamente aprovado por Lenin e pelo Comitê Central do Partido. Mas Lenin estava disposto para a ação: em 30-31 de dezembro, ditou um artigo, "Sobre a questão das nacionalidades ou sobre autonomização"[11]

Só o que preciso é evocar minhas lembranças do Volga sobre como os não russos são tratados entre nós, como cada polonês tende a ser chamado de "polaquinho", como qualquer tártaro é sempre chamado de "príncipe", qualquer ucraniano, de "khokhol", e qualquer georgiano ou outro habitante do Cáucaso, de "uma pessoa caucasiana".

Portanto, internacionalismo por parte da nação opressora ou da chamada "grande" nação (embora grande apenas em seus atos de violência, grande apenas na medida em que um rufião chauvinista pode ser chamado de grande) deve consistir não só na observância da igualdade formal das nações, mas também de uma desigualdade que compensasse, por parte da nação opressora — a grande nação —, o tipo de desigualdade estabelecido na vida real.

Isso não era só uma afirmação rotineira de fé marxista. Expressava também sentimentos profundos em Lenin que remontavam a sua infância, ao empenho de seu pai em criar escolas primárias de língua chuvache para as crianças chuvache da província de Simbirsk, à condenação da opressão racial em *A cabana do Pai Tomás*, de Harriet Beecher Stowe, e à criação doméstica que lhe ensinou que um russo cultivado devia evitar o estreito orgulho nacional.

Nesse mesmo artigo, Lenin fez uma surpreendente apresentação de justificativa:[12]

> Sou, parece, imensamente culpado frente aos operários da Rússia por não intervir de forma suficientemente enérgica e rápida na notória questão da autonomização, oficialmente conhecida, ao que parece, como a questão da União das Repúblicas Socialistas Soviéticas.

Deixemos de lado o fato de que Lenin estava dizendo apenas que ele parecia ser culpado. Vamos também passar por cima de sua referência à "Rússia", como se a Geórgia e outros países não russos fizessem parte dela. O que é autenticamente notável é o tom emocional. Lenin estava desnudando sua alma.

Em 4 de janeiro de 1923, Lidia Fotieva anotou um adendo ao testamento político:[13]

> Stalin é grosso demais, e esse defeito, inteiramente aceitável em nosso meio e nas relações entre nós como comunistas, torna-se inaceitável na posição de secretário-geral. Eu, portanto, proponho aos camaradas que eles devem conceber um meio de retirá-lo dessa função e indicar para o lugar uma outra pessoa, que seja diferente do camarada Stalin em todos os outros aspectos somente pelo único aspecto superior de que deveria ser mais tolerante, mais educado e mais atencioso para com os camaradas, menos caprichoso etc.

Isso era guerra política: Lenin queria tirar Stalin da Secretaria-Geral. Um segundo aspecto merece ênfase. É de que esse adendo de Lenin contrariava sua própria insistência anterior de que esforços deveriam ser feitos para diminuir a rivalidade entre Stalin e Trotski. Atacando Stalin, Lenin estava desequilibrando a balança do poder entre seus companheiros mais próximos e, deliberadamente ou não, conferindo mais peso a Trotski.

Tendo começado com o propósito de resolver questões partidárias depois de sua morte, estava voltando sua atenção para as dificuldades atuais. Em particular, buscava fazer uma modificação de última hora no plano constitucional combinado para a URSS. Recomendou que os únicos organismos governamentais a ser unificados em Moscou deviam ser os comissariados do Povo para as Relações Exteriores e para as Questões Militares. Todos os outros organismos, segundo Lenin, deviam permanecer sob o controle das várias repúblicas soviéticas da URSS. Uma centralização de poder rápida e maior em Moscou era algo que deveria ser evitado.

Lenin, então, reverteu para questões políticas gerais. O artigo "Sobre o trabalho conjunto" levantava o problema do baixo nível cultural da sociedade. Lenin queria reforçar a ênfase do Estado em aumentar a alfabetização, a aritmética, a pontualidade e a conscienciosidade. Queria especialmente que os camponeses entrassem para cooperativas: "Ainda temos muito a fazer, do ponto de vista do europeu 'civilizado' (acima de tudo, alfabetizado), de forma a que todos, homens e mulheres, participem — e participem não passivamente, mas ativamente, em operações cooperativas."[14] Naquele momento, Lenin acreditava, o campesinato comercializava "de uma forma asiática".[15] Ele sempre pensou assim, mas era incomum que usasse tal vocabulário abertamente. Suas palavras implicavam a ideia de que à Ásia faltava civilização e de que a Rússia era mais asiática do que europeia. Lenin sempre fora impaciente com o primitivismo das condições econômicas e sociais russas. Caracteristicamente, escolheu os camponeses para fazer um comentário adverso. Em tudo que escreveu permanecia uma perspectiva com base de classe, ainda que a maioria dos operários russos pouco diferisse do camponês russo médio em atitudes e competência técnica. Mas, evidentemente, se fosse mais realista sobre os operários russos, todo o seu conjunto de recomendações sobre o Comitê Central do Partido e a Inspetoria dos Operários e Camponeses teria sido minado.

Se havia um grupo nacional na URSS em relação ao qual tivesse sentimentos positivos, não eram os russos, e sim os judeus. De acordo com Maria Ilinichna, ele tinha orgulho do elemento judeu em sua linhagem, uma vez que os judeus foram o responsáveis por realizações políticas, científicas e artísticas além de qualquer proporção com o seu número. No entanto, não era um "judeófilo" como tal. O que admirava nos judeus era o papel ativo e positivo que tiveram na construção de uma cultura moderna, ocidental e europeia na Rússia. Lenin queria que os russos — e pensava em si mesmo como um russo europeu — fizessem o mesmo. Assim, restava muito a fazer, antes que os deveres da Revolução de Outubro pudessem ser considerados plenamente cumpridos.

No entanto, quanto a sua tomada do poder em "um país culturalmente inadequado", Lenin não tinha qualquer arrependimento. Em sua resenha de *Notas sobre a revolução*, de Nikolai Sukhanov, ele citou uma máxima de Napoleão: *"On s'engage et puis.... on voit."*\* Grosseiramente traduzido significa que um comandante precisa primeiro travar a batalha, para depois ver que disposições militares devem ser feitas. Lenin estava recomendando que o poder devia ser tomado antes que uma estratégia coerente pudesse ser elaborada. Também rejeitava a convenção do marxis-

---

\* "Primeiro a gente se engaja, e depois... a gente vê", em francês, no original. (*N. do T.*)

mo contemporâneo de que os pré-requisitos sociais e econômicos para o socialismo — um alto nível de indústria, tecnologia e educação — já deviam existir em um país antes de qualquer tentativa de se fundar um Estado socialista. Na verdade, Karl Marx havia considerado a possibilidade de que o socialismo poderia começar a ser construído até mesmo numa sociedade camponesa; mas essa não era a compreensão geral do marxismo abraçada pelos marxistas russos nos anos 1890. Bem o contrário. Os marxistas russos insistiam tradicionalmente em que uma economia industrial e uma sociedade alfabetizada eram pré-requisitos para qualquer tentativa de se construir uma sociedade socialista. O desenvolvimento histórico, sustentavam, seguia uma sequência imutável de estágios. Lenin posicionava-se fora da corrente predominante do marxismo russo: sua impaciência implícita com estágios históricos fixos era observável desde 1905, e deixou isso explícito no Segundo Congresso do Comintern, em 1920. Deitado, à beira da morte, queria que o Partido entendesse que isso não se tratava de uma aberração. Era básico ao seu marxismo.

Portanto, não houve mudança substancial nos últimos textos de Lenin, só uma alteração na apresentação e na ênfase. Em 25 de janeiro de 1925, o *Pravda* publicou seu artigo "Como deveríamos reorganizar Rabkrin", embora, após algumas críticas tácitas de Stalin, tenha sido abrandado. Lenin então dedicou uma peça alentada "Menos é melhor", na qual voltava a pedir que mais operários fossem promovidos a cargos públicos. Em determinado ponto, tocou na questão de os operários — em seu jargão condescendente — serem "inadequadamente ilustrados"; sugeriu que seria preciso "trabalhá-los por um longo período". Mas, em geral, confiava nos resultados rápidos alcançáveis quando se usava a seleção com base na classe.

Em política externa, pouco acrescentou a sua *oeuvre*. Continuava a acreditar no inevitável colapso do capitalismo. Enquanto, por um lado, reconhecia os sinais de recuperação econômica no Ocidente, por outro, voltava a declarar que o Tratado de Versalhes havia resultado na escravização da Alemanha e deixado a Europa numa situação de alta instabilidade. Lenin, no entanto, ainda tinha as cicatrizes da Guerra Polaco-Soviética de 1920 e afirmava que a URSS devia ficar longe de conflitos entre as grandes potências no futuro imediato. Em uma nota otimista, continuava a declarar que esses conflitos, na medida em que a URSS não fosse levada a participar deles, beneficiariam a Revolução de Outubro distraindo os Estados estrangeiros da ideia de formar uma cruzada anticomunista. Acrescentou que a onda de choque global que subsistira da Primeira Guerra ainda não tinha passado. O Oriente, afirmava, com o abalo, estava "saindo dos trilhos". Colônias na Ásia e na África, mesmo sem a intervenção da Internacional Comunista, causariam problemas ao imperialismo europeu. Essa não era uma ideia original: Luxemburgo, Trotski, Bukharin e outros já tinham dito algo semelhante. Mas Lenin não estava pretendendo primazia intelectual; mais que isso, estava declarando que a maré das perspectivas revolucionárias não era permanente. E acrescentou: "Essas são as importantes tarefas com que ando sonhando."

Seu artigo "Menos é melhor" foi publicado em 4 de março de 1923, e crescia a impressão de que a saúde de Lenin dava sinais de melhora. Essa era uma notícia particularmente desagradável para Stalin. Ao longo de fevereiro, e com permissão da liderança do partido central, Lenin presidiu a coleta de dados sobre o caso georgiano feita por seus assistentes, Nikolai Gorbunov, Lidia Fotieva e Maria Glyasser. Fisicamente, mal conseguia se mover. Porém, intelectualmente, continuava muito atento, e sua combatividade causava agitação no Comitê Central, uma vez que seus artigos no *Pravda* faziam referência a tensões entre os líderes do Kremlin. Um dos secretários do Comitê Central, Valeryan Kuibyshev, sugeriu que o *Pravda* devia parar de publicar material de Lenin e, em vez disso, produzir um número falso do jornal do Partido, contendo seus trabalhos, e somente Lenin o receberia. Assim o Partido poderia ser poupado de desestabilizar-se por suas acusações contra Stalin. A liderança do partido central rejeitou a ideia de Kuibyshev e enviou uma circular aos comitês partidários das províncias, afirmando, sem a menor cerimônia, que, em Moscou, prevalecia a unidade.

A atmosfera estava altamente carregada. Em 3 de março de 1923, Lenin havia recebido de seus assessores um relatório completo do caso georgiano. A munição estava em suas mãos, e ele só precisava dispará-la contra Stalin. Isso parecia uma tarefa simples. Por volta dessa ocasião — ainda não sabemos precisamente quando —, Lenin ficou sabendo, por uma observação distraída de Nadejda Konstantinovna, das ofensas verbais que Stalin fizera a ela. Lenin ficou lívido. Ao meio-dia de 5 de março, convocou Maria Volodicheva e ditou duas cartas. Uma delas endereçada a Trotski, a quem pedia que assumisse, em seu nome, o caso do Comitê Central georgiano. A segunda carta era para Stalin:[16]

> Você teve a grosseria de chamar minha esposa ao telefone e xingá--la. Embora ela tenha até lhe dado sua concordância em esquecer o que foi dito, esse fato, não obstante, tornou-se conhecido, através dela, de Zinoviev e Kamenev. Não tenho a intenção de esquecer tão facilmente o que foi feito contra mim, e é desnecessário dizer que considero contra mim algo feito contra minha mulher. Portanto, peço-lhe que considere se concorda em retirar o que disse e apresentar desculpas, ou se prefere romper relações conosco.

A discussão com Stalin expôs aspectos de Lenin que ele costumava manter em particular. Embora Lenin, o revolucionário, quisesse que os homens e as mulheres fossem tratados igualmente, Lenin era também um marido russo de classe média, e homens assim esperavam que suas mulheres fossem tratadas com gentileza por outros homens.

É realmente compreensível a exasperação de Stalin com Nadejda Konstantinovna por ela açoitar o desejo de Lenin de permanecer politicamente ativo; e Stalin também esperava que outros homens respeitassem sua esposa. Contudo, também esperava que as mulheres soubessem qual era o seu lugar, e tentou fazer com que sua própria esposa, Nadejda Alliluieva, deixasse de ser membro do Partido. Lenin teve de intervir pessoalmente para conseguir que o cartão do Partido fosse restituído a ela![17] Mesmo assim, Stalin passara dos limites, ofendendo a esposa de Lenin. Lenin, o profeta do amoralismo marxista, estava disposto a pegá-lo não só por sua política, mas também por sua infração das boas maneiras.

No dia seguinte, após receber uma resposta positiva de Trotski quanto ao caso georgiano, pediu a Volodicheva que entregasse a carta a Stalin. E então ditou mais uma carta, esta enviada para Mdivani e o grupo comunista georgiano:[18]

Respeitados camaradas,

Venho acompanhando seu caso de todo o coração. Estou indignado com a grosseria de Ordjonikidze e a indulgência de Stalin e Dzerjinski com ele. Preparei algumas notas e um discurso para vocês.
Com respeito,

Lenin

Mal sabia ele que seu círculo, incluindo sua esposa, decidira que a carta a Stalin não deveria ser entregue ao destinatário. Já em 5 de março, o estado físico de Lenin havia piorado, e é possível presumir que Nadejda Konstantinovna se preocupasse que o conflito com Stalin pudesse liquidar completamente seu marido. De 6 para 7 de março, Lenin passou uma noite péssima e novamente perdeu o uso das extremidades do lado direito do corpo. Pela manhã, no entanto, Maria Volodicheva decidiu que não poderia desobedecer às ordens de Lenin para sempre e atravessou todo o Kremlin, levando a carta para Stalin. Foram entregues cópias, como Lenin ordenara, a Kamenev e Zinoviev.

Stalin ficou estupefato: "Isso não é Lenin falando, é a sua doença." Com alguma pose e bastante altivez georgiana, ele escreveu em resposta: "Se minha mulher viesse a proceder erradamente e você tivesse de corrigi-la, eu não consideraria ser meu direito intervir. Mas, já que insiste, estou disposto a me desculpar com Nadejda Konstantinovna."[19] Kamenev, no entanto, convenceu-o de que Lenin ficaria mais ofendido com essa concessão do que com a ofensa original. Stalin reescreveu sua carta, mas só depois de ter uma discussão terrível por telefone com Maria Ilinichna. No entanto, ficara preocupado o suficiente para moderar as palavras de sua resposta a Lenin.

Stalin não precisava ter se incomodado. Naquela ocasião, Lenin não estava em condição de ler nada. Não conseguia sequer falar. Nem podia se mover sem ser carregado. Nadejda Konstantinovna e Maria Ilinichna se alternavam à sua cabeceira; os médicos observavam com igual ansiedade. No dia 10 de março, Lenin sofreu um severo espasmo. Seu lado direito ficou completamente paralisado, e ele só conseguia mexer a mão esquerda, com a maior dificuldade. Não conseguia dormir e sentia dores de cabeça horríveis. Qualquer esperança de recuperação que tivesse havia virtualmente desaparecido. Nadejda Konstantinovna e Maria Ilinichna serviam-lhe de enfermeiras, e Nadejda Konstantinovna aprendeu a técnica de ensinar pessoas a voltarem a falar após um derrame. Sua vontade de viver, com exceção dos dias em que ele teria engolido alegremente uma pílula de cianeto, estava intacta. Contudo, aceitava a necessidade de levar as coisas mais relaxadamente e de mudar-se para a Casa Grande, em Gorki. Passaram-se dois meses até que os médicos o considerassem forte o bastante para ser transportado. Ainda assim, foi preparado um veículo com suspensão especial e, em 15 de maio de 1923, ele foi levado, com uma escolta, do Kremlin para a região campestre ao sul de Moscou.

Stalin conseguira escapar. O Décimo Segundo Congresso do Partido, em que Lenin tivera a esperança de apresentar seu testamento político, transcorreu com Stalin podendo compartilhar ao Comitê Central relatório sobre "a questão nacional". Mdivani e os comunistas georgianos foram derrotados. As observações de Lenin sobre Stalin no testamento foram lidas em voz alta para os chefes das delegações, mas nenhuma discutida no plenário do Congresso. Trotski não se mostrou à altura da situação, e Kamenev e Zinoviev, mais preocupados com a possibilidade de que Trotski tentasse tomar o poder do que com a de que Stalin pudesse depois voltar-se contra eles, apoiaram o secretário-geral. Stalin sobreviveu, sem dano irreparável a sua autoridade e seu status. Ficou com a Secretaria-Geral. Agora, precisava esperar que Lenin jamais voltasse a sua carreira política. Para Stalin, os sinais eram propícios.

Enquanto isso, Lenin estava quase totalmente incapacitado; e o professor Strumpel, chamado da Alemanha, reafirmou que ele provavelmente sofria de uma forma avançada de sífilis, e que a aplicação cuidadosa de preparados de arsênico e iodo devia continuar.[20] Concílios médicos feitos em março, abril e maio, no entanto, não conseguiram chegar a um consenso no diagnóstico. Nenhum especialista foi capaz de provar seu ponto de vista, e vários deles, de qualquer forma, ainda estavam confusos. O estado lamentável do paciente era patente. Comunistas britânicos haviam comprado e mandado para Lenin uma cadeira de rodas elétrica de J. A. Carter & Co., do centro de Londres. Sua alavanca operacional ficava do lado direito, onde Lenin não tinha qualquer movimento; de qualquer modo, ele se recusou a usar o veículo e insistiu para que fosse passado adiante, para ser usado por um veterano da guerra civil. Lenin vestia--se de forma simples, com uma túnica cáqui e sapatos de passeio, com cadarços até a canela. Mas o máximo que podia fazer era ficar sentado em companhia de Nadejda Konstantinovna e esperar que ela percebesse o que ele estava pensando; só conseguia emitir uns poucos grunhidos e gemidos. Mas o habitual era ele dizer: "Aqui, aqui, aqui."[21] Ela nem sempre entendia com certeza o que ele queria dizer; precisava de um palpite inspirado para seguir com a conversa assim mesmo.

Quando tudo isso se tornava demais, Nadejda Konstantinovna caía em prantos. (Certa vez, Lenin teve de passar-lhe um lenço.) Maria Ilinichna, uma autêntica Ulyanov, não demonstrava sua dor. Para espanto de Piotr Pakaln, o guarda-costas de Lenin, ela nunca deu um único soluço que fosse.[22] No entanto, ambas passavam por uma tensão enorme. Depois de março de 1923, Lenin pediu veneno, primeiro a Maria depois a Nadya. Maria sentiu-se tão coagida por ele que precisou enganá-lo, oferecendo--lhe um frasco de quinino. Nadya rejeitou por completo esses pedidos, tal como Lidia Fotieva.[23] Nenhuma dessas mulheres podia prever como a situação iria evoluir, e pararam de se dar o trabalho de perguntar aos médicos. Estava óbvio, tanto para Nadya quanto para Maria, que o estado de Lenin desconcertava a ciência médica contemporânea. Maria sentia-se amargurada com isso. Se eles tinham certeza de tão pouco, ela concluiu com muita razão, não deveriam ter feito a experiência de permitir-lhe voltar ao trabalho, em outubro de 1922.[24] Nadya, por sua vez, havia aceitado a necessidade emocional de ele permanecer, de alguma forma, envolvido na atividade política, mas ela também fez pouco dos médicos, como sendo quase inúteis, e escreveu a amigos em Moscou dizendo duvidar que ainda restasse alguma esperança para seu marido.[25]

E, no entanto, havia certos dias em que ele se sentia muito melhor. Por exemplo, descobriu que um dos camaradas convalescendo em Gorki, na construção adjacente, era ninguém menos que o homem com quem ele havia debatido os méritos do marxismo, em 1889–90, Alexander Preobrajenski. Aquele tempo em Alakaevka, em Tamara, parecia uma época diferente. Lenin ficou exultante por encontrar e abraçar seu velho camarada, que estava sofrendo de um problema cardíaco. Na verdade, ele se recusou a deixar os aposentos de Preobrajenski naquela noite e na seguinte.²⁶ Mergulhando na cama, exclamou: "Estou liquidado!" Uma Maria Ilinichna desolada seguia-o pressurosa, com medo de que ele viesse a desmaiar.²⁷

Isso foi em julho de 1923. Outra proeza só ocorreu em outubro, quando Lenin, de repente, decidiu fazer uma viagem até o Kremlin. Maria Ilinichna reclamou com ele: "Ouça, Volodya, não vão deixá-lo entrar no Kremlin: você nem tem o cartão de entrada." Mas ele limitou-se a rir e murmurou algo incompreensível.²⁸ Seu motorista, Gil, tirou o Rolls-Royce da garagem na parte de trás da Casa Grande e, acompanhado por Nadya e Maria, levou Lenin até a capital. Como Maria previra, não os deixaram imediatamente cruzar o portão do Kremlin. Mais uma vez, porém, Lenin limitou-se a rir. Ei-lo que estava de volta a seus aposentos familiares, ao apartamento onde morara com Nadejda Konstantinovna e Maria Ilinichna; ao salão de reuniões do Comitê Central; e, por último, à câmara do Sovnarkom. No caminho, pediu que certos livros fossem pegos nas prateleiras e verificou se tudo ficara como devia na sua ausência. Apenas uma vez, quando percorreu com o olhar a câmara do Sovnarkom, com sua longa mesa de baeta verde, ele se mostrou desconsolado.²⁹ Foi daquela mesa que dirigiu o governo durante os anos da guerra civil e do começo da Nova Política Econômica. As lembranças liberaram suas emoções; por um momento, deu a impressão de que não poderia continuar com a visita. Mas ele se recuperou. Na hora em que sua breve expedição acabou, já era muito tarde para voltar a Gorki, e Lenin, Nadya e Maria passaram a noite em seu antigo apartamento.

Essa foi a última excursão desse tipo que Lenin fez. Não saiu mais da propriedade em Gorki. O inverno havia se instalado. O campo estava coberto de neve e, ao sol baixo e brilhante do início da tarde, não havia na Rússia vista mais maravilhosa. Quilômetros de bétulas desfolhadas estendiam-se em direção ao horizonte. Os poucos quilômetros de estrada de terra da estação do trem até a aldeia de Gerasimovka foram limpos e alisados para que os médicos pudessem ir e vir. Mas, de um modo geral, camponeses, criados, pacientes e seus parentes ficavam isolados do restante do mundo. Eles podiam muito bem estar morando em Shushenskoe, no exílio siberiano. Nenhum trabalho agrícola podia ser feito na fazenda coletiva, tampouco era possível fazer manutenção no exterior da Casa Grande. O tempo havia parado.

Até meados do outono, Nadya pudera empurrar o marido, de cadeira, pela propriedade, enquanto colhiam cogumelos. Lenin adorava superá-la, localizando-os primeiro. Competitivo como sempre, ficava satisfeito de poder fazer coisas que os outros não podiam.[30] Mas, nas últimas semanas do ano, saíram só para aproveitar a paisagem, atravessando os campos lisos. Seguindo num trenó puxado a cavalo, eram acompanhados por Piotr Pakaln, o médico assistente Vladimir Rukavishnikov ou um dos enfermeiros.[31] Em certos dias, Lenin mostrava-se muito exuberante, e Nadya escrevia um postal para os filhos de Armand, rejubilando-se por ele poder "andar independente por aí [com uma bengala]".[32] Os médicos também estavam satisfeitos com ele. De fato, Piotr Pakaln relatou à Cheka — e indiretamente a Stalin, na Secretaria do Partido — que Lenin "sentia-se magnificamente bem".[33] Como havia feito no inverno anterior, "Vovô Lenin" deu ordens para que um pinheiro fosse trazido à Casa Grande, a fim de se fazer uma festa para as crianças. O filho adotivo de Anna Ilinichna, Gora Lozgachev, agora um robusto rapaz de 16 anos, teve a permissão de Maria Ilinichna para participar das brincadeiras com outras crianças convidadas.[34] Lenin também recebia com prazer as visitas de companheiros políticos. Entre os que o visitaram para bater um papo com ele estavam os líderes partidários Zinoviev, Kamenev, Bukharin e Ievgeni Preobrajenski.[35]

Havia, no entanto, muitas contraindicações quanto ao seu estado de saúde: somente em novembro e dezembro de 1923 ele sofreu sete colapsos.[36] Exatamente o que achava disso nunca se soube. Isso se deve em parte a um problema técnico de incapacidade oral, mas ele sempre fora muito reservado. Nadya, que havia sido levada de volta até ele, pela necessidade de cuidados que inspirava, ficou sentida com essa reticência e disse a Bukharin que era com se existisse um muro entre eles.[37] Mas Nadya continuava tentando abrir uma passagem até Lenin.

Em desafio ao Politburo, ela conversava com ele sobre política; mas nem mesmo Nadya ousou agitá-lo contando-lhe sobre uma desavença que estourara na liderança do partido central. No outono de 1923, Trotski publicou uma série de artigos, *O novo rumo*, em que criticava a condição burocrática do Partido e o controle fraco e deficiente do Estado sobre a economia. Uma Oposição Esquerdista formou-se em torno de Trotski. Os demais membros do Politburo contra-atacaram; Stalin, Kamenev, Zinoviev e Bukharin puseram-se ombro a ombro e organizaram seus seguidores em Moscou e nas províncias para se contrapor à campanha de Trotski. A ascendente liderança do Partido apelou por unidade e lealdade, e usou todos os artifícios organizacionais oficiais para desmerecer a Oposição Esquerdista. Tudo isso convinha muito bem a Stalin. Trotski pusera-se no papel de divisor do Partido e não podia apelar a Lenin para socorrê-lo. O restante do Politburo alegou que Trotski ansiava por poder pessoal e queria levar a NEP ao desastre. Na Décima Terceira Conferência do Partido, realizada em Moscou, em janeiro de 1924, a Oposição Esquerdista sofreu uma derrota esmagadora. A essa altura, Trotski já estava fora do campo de combate; a exaustão física o forçara a seguir para um longo período de repouso em Sukhumi, na costa abcaziana do mar Negro.

Nadya sabia que esse era exatamente o cisma que Lenin havia previsto em sua "Carta ao Congresso". A fim de mantê-lo calmo, ela lhe contava mentiras. Enquanto lia para ele seus trechos selecionados do *Pravda*, disse-lhe que o Partido saíra unido da Décima Terceira Conferência. O engano parecia estar dando certo. Em 18 de janeiro de 1924, ele "sentia-se maravilhoso" e, no dia seguinte, saiu para dar uma volta no trenó puxado a cavalo.[38] Bukharin fora passar alguns dias de repouso em Gorki, para escrever um pouco; ficou na casa em frente à Casa Grande. Maria Ilinichna ficou em sua azáfama doméstica, como normalmente, e Nadejda Konstantinovna continuou lendo para Lenin. Em 20 de janeiro, havia motivo para celebrar: fazia um mês inteiro que Lenin não sofria um colapso.

Em 21 de janeiro, tampouco parecia haver motivo para preocupação. Lenin acordou às 10h30 da manhã e foi ao banheiro, mas, então, informou que não estava se sentindo bem. Após tomar uma xícara de café, voltou para a cama, às 11h da manhã. E dormiu. Às 15h da tarde, sentia-se um pouco mais bem disposto, bebericou mais meia xícara e tomou uma tigela de caldo quente. O professor Osipov foi até o quarto para fazer seu exame diário do paciente e não achou algo especialmente preocupante. O pulso de

Lenin estava um pouco acelerado, mas sua temperatura era normal. Sua fala nada piorara em relação aos últimos meses. Mas então, às 17h40, uma crise inadvertida teve início. Lenin, sentado na cama recostado, sentiu o tremor de um ataque incipiente. Uma náusea invadiu seu corpo inteiro. Os médicos de plantão — Osipov, Förster e Yelistratov — reuniram-se às pressas, ajudados por seu assistente, Vladimir Rukavishnikov. Também estavam presentes Nadejda Konstantinovna e Maria Ilinichna.[39] Lenin entrou em coma. Assim ficou bem mais tempo do que em dezembro de 1923, quando esteve diversas vezes inconsciente por mais de 20 minutos. Seu batimento cardíaco diminuiu e Maria Ilinichna mandou buscar um pouco de cânfora para restaurá-lo. Tratava-se de uma emergência.

Bukharin entendeu que alguma coisa estava acontecendo e atravessou correndo até a Casa Grande para verificar. Os guardas estavam em suas posições habituais em torno da casa. Mas, no interior, nada parecia tão normal. As luzes estavam acesas no andar de cima, e Pakaln, que costumava patrulhar o andar térreo, não podia ser visto em lugar algum.[40] Bukharin subiu correndo. Lá em cima, descobriu Pakaln, que queria estar com Nadejda Konstantinovna e Maria Ilinichna, enquanto Lenin lutava pela vida. A temperatura de Lenin havia subido rapidamente. Ele se agitou e virou-se na cama estreita, coberto de suor. Urrou de dor. Bukharin esteve presente no final, às 18h50:[41]

> Quando irrompi no quarto de Lenin, cercado de médicos e de pilhas de remédios, Ilich deu o último suspiro. Seu rosto descaiu e empalideceu terrivelmente. Ele soltou um chiado e suas mãos tombaram. Ilich, Ilich já não existia mais.

Os médicos ergueram suas pálpebras, para testar se ainda havia algum sinal de vida. Mas só podia haver um diagnóstico. Vladimir Ilich Ulyanov-Lenin, homem de luta, dera o último suspiro.

Imediatamente, foi dado um telefonema ao Kremlin. O Politburo tomara providências para essa eventualidade e todos os seus membros, exceto Trotski, reuniram-se no apartamento de Zinoviev no Kremlin para conferenciar. Kamenev telefonou a Vladimir Bonch-Bruevich para instruí-lo que fosse até Gorki supervisionar a remoção do corpo. Em 22 de janeiro, Bonch-Bruevich tomou o trem para Gerasimovka com os irmãos de Lenin, Anna e Dmitri. No dia seguinte, o caixão foi carregado, diante de uma fileira de aldeães enlutados, até a estação ferroviária e transportado para Moscou. O corpo foi posto na Casa dos Sindicatos. No frio cortante, as pessoas chegavam a Moscou para prateá-lo, vindas de todos os lugares da URSS. Os obituários enchiam os jornais. Todo mundo estava tomado pela incerteza quanto ao que viria a acontecer. A Cheka foi posta em alerta para o caso de grupos políticos antibolcheviques tentarem alguma investida contra o regime. Em 26 de janeiro, houve uma sessão solene do Congresso dos Sovietes, em que se fizeram discursos em homenagem ao líder falecido. Líderes do Comitê Central se alternaram em juramentos solenes a suas ideias e exemplo. "Nós juramos, camarada Lenin", declarou Stalin, "que não pouparemos nossas vidas para fortalecer a união do povo operário do mundo inteiro — a Internacional Comunista."

O funeral ocorreu em 27 de janeiro de 1924, seis dias após a morte de Lenin. Foi o dia mais frio do ano. Os trompetistas tiveram de esfregar vodca nos bocais de seus instrumentos para impedir a saliva de lhes congelar os lábios. A multidão, na Praça Vermelha, cantou a *International* enquanto o corpo de Lenin era transportado da Casa dos Sindicatos. Zinoviev, Kamenev, Stalin, Bukharin, Molotov, Tomski, Rudzutak e Dzerjinski carregaram o caixão; Trotski ainda estava em Sukhuni, tendo sido "tranquilizado" por Stalin de que não precisava voltar. Todas as atividades foram suspensas em Moscou. Apitos e sirenes das fábricas foram tocados. A mesma cena repetiu-se em outras cidades, metrópoles, nos municípios e nas aldeias da URSS. Os trens pararam nos trilhos. Os barcos foram atracados. Uma câmara mortuária havia sido preparada em frente ao Muro do Kremlin, na Praça Vermelha. Lenin foi descido à terra às 16h. Já estava escuro, e ficava ainda mais escuro.

## Lenin: A vida póstera

O falecido não descansou em paz. Por ordens do Politburo, o corpo de Lenin foi deixado no gelo, no Necrotério Central de Moscou, até que os cientistas concluíssem as experiências que permitiriam embalsamá-lo a fim de exibi-lo permanentemente. Embora Nadejda Konstantinovna fosse contra, já estava ficando acostumada a ter sua autoridade reduzida, uma vez que sabia que a decisão do Politburo não admitia apelação. Era uma decisão definitiva: o cadáver de seu marido seria guardado em um mausoléu na Praça Vermelha, no lado nordeste do Kremlin. A estrutura seria de madeira. (A atual, de mármore, foi construída em 1930.) As condições invernais eram tão severas que foi preciso usar dinamite para abrir um buraco no solo congelado. A liderança bolchevique notificou que operários das fábricas haviam escrito às autoridades oficiais pedindo a conservação e exibição do corpo de Lenin. Essa foi uma flagrante invenção política: a ideia não veio de operários das fábricas, mas do Politburo. Dentro do Politburo, o principal defensor da ideia era ninguém menos que Josef Stalin, o qual acreditava que o corpo no mausoléu serviria como um objeto de importância unificadora para os cidadãos da URSS e para os seguidores do comunismo em todo o mundo.

O Mausoléu de Lenin é hoje um tal clichê da arquitetura mundial que pode ser difícil entender como o projeto parecia bizarro já em 1924. Embora os antigos egípcios embalsamassem seus faraós, eles os fechavam em caixões de madeira e os trancavam nas câmaras subterrâneas de pirâmides de pedra nos arredores do Cairo. O corpo de Lenin, usando um terno escuro, viria a ficar visível para os visitantes da Praça Vermelha. É verdade que os ossos de homens e mulheres considerados santos pela Igreja Ortodoxa russa foram objeto de reverência para os fiéis; mas santo algum foi transformado num boneco para visitação pública diária. A ideia da necessidade de "mausolenização" era uma medida da insegurança do Politburo. Lenin fora seu membro mais popular; seu Decreto da Terra, de 1917, e sua Nova Política Econômica, de 1921, eram amplamente admirados por seus conterrâneos. Os membros do Politburo queriam que parte dessa aura de estima se refletisse sobre eles próprios.

Simultaneamente, os textos de Lenin iam adquirindo o status de sagradas escrituras; suas obras reunidas, cuja publicação aparece em trabalhos desde 1920, ganharam um significado cultural e político maior do que qualquer outra obra no prelo. Em sua honra, foi criado um Instituto do Cérebro; e foram coletadas 30 mil lâminas de seu tecido cerebral, para que pudesse ter início uma pesquisa dos segredos de seu grande gênio. Toda uma ideologia foi descoberta: o marxismo-leninismo. Afirmou-se que Lenin não fora um mero soldado raso do batalhão de infantaria marxista, mas um pensador global do mesmo nível que seus heróis, Marx e Engels. A Revolução de Outubro, o partido bolchevique e a URSS foram suas realizações de maior importância. Uma página nova e brilhante na história da humanidade havia sido escrita por Lenin. Os governos do mundo — fossem conservadores, liberais ou socialistas — tremiam diante das consequências de 1917; e o fascismo surgiu em diversos países da Europa em grande medida como reação ao comunismo soviético e ao seu potencial de se propagar em outros pontos do continente. O século XX estava sendo fraguado na forja da tomada e da consolidação do poder por Lenin em Petrogrado. Quando Petrogrado foi rebatizada como Leningrado, em 1924, isso pareceu um tributo adequado ao seu significado histórico.

Nadejda Konstantinovna passou um dia sentada junto ao caixão dele, exposto em câmara ardente. Sentia-se completamente sozinha. Seus pais já haviam morrido, não tinha nem irmão, nem irmã, e nunca se sentira inteiramente à vontade com os parentes de Lenin. A pessoa mais cara para ela era Inna, a filha de Inessa, de 25 anos, que era como a filha que nunca tivera. Após o funeral, Nadya escreveu-lhe uma carta:[1]

Caríssima Inochka,

Ontem enterramos Vladimir Ilich... A morte foi o melhor para Lenin. Ele já havia sofrido tantas vezes no ano anterior... Neste momento, acima de tudo, quero pensar em Vladimir Ilich, em seu trabalho, e ler o que ele escreveu.

Nadya nunca mais confiaria em especialistas médicos. Tinha certeza de que Lenin havia sofrido até o fim: "Dizem que ele estava inconsciente, mas agora sei com certeza que os médicos não sabem nada."[2] O Politburo a aborrecia ainda muito mais. A decisão de preservar o corpo de seu marido a desagradara profundamente. Logo voltaria a escrever a Inna:[3]

Quando surgiu entre nosso povo o projeto de enterrar V.I. no Kremlin, enchi-me de uma terrível indignação — o que eles deveriam ter feito era enterrá-lo com seus camaradas, de forma que pudessem jazer juntos sob a Muralha Vermelha.

As autoridades comunistas mantiveram permanentemente essa pasta marcada como "completamente secreto". O que não é de surpreender. Nadejda Konstantinovna não estava meramente contestando a decisão de embalsamamento e mausolenização. Ao dizer que Lenin teria tido um enterro adequado precisamente naquele lugar, estava também recomendando que a morada de seu último repouso deveria ser ao lado de Inessa Armand, a mãe de Inna. Nadya tinha um espírito generoso. Algo a levava a querer manter as duas famílias unidas até na morte; estava disposta a que seu marido jazesse ao lado de sua antiga amante, Inessa Armand, no solo gélido de Moscou.[4]

Mas isso não viria a acontecer. A construção do Mausoléu de Lenin prosseguiu, apesar dos angustiados protestos dela quanto a Stalin e ao Politburo. Mas os historiadores ainda não podiam perceber o quanto ela, não obstante, ajudou a desenvolver, de outros modos, o culto a Lenin. Embora odiasse o mausoléu, ela propagou ativamente uma imagem de Lenin como o revolucionário, o pensador e o marido perfeito. Na verdade, começou a escrever um panfleto sobre ele, imediatamente após o funeral.[5] Isso, aliás, demonstra que ela vivia para a política quase tanto quanto seu falecido marido vivera. Ela o pranteava, mas sua dor não chegava ao ponto de impedi-la de escrever sobre ele de uma forma razoavelmente distanciada. Além do mais, partiu para realizar esse trabalho com plena cooperação do próprio Stalin. A imagem que se costuma transmitir é a de um gelo permanente entre Stalin e Krupskaya. Nos arquivos do partido central existe material que conta outra história. Em maio de 1924, após concluir um primeiro esboço, Nadya teve a iniciativa de enviar uma cópia a Stalin e pedir sua opinião a respeito. Ele respondeu sugerindo umas poucas correções factuais e estimulando-a a ir em frente até a publicação.[6]

Essa cooperação continuou durante anos. Embora Nadejda Konstantinovna não tenha se aposentado de suas funções no Comissariado do Povo para o Esclarecimento, passava o tempo livre fazendo palestras e escrevendo sobre Lenin. A santificação de sua memória era sua preocupação permanente, e ela, virtualmente, tornou-se a grã-sacerdotisa do culto a Lenin. Esse era um ponto tão pessoal quanto político. Reunindo suas fotografias dele, encheu um álbum e decorou a capa com a palavra Ilich, que recortou em forma de letras, a partir de outras fotos dele. Tinha grande carinho, também, pela pasta de couro que ele lhe dera e que lhe fora presenteada por um grupo de operários. Nadejda Konstantinovna nunca superou a perda do marido.[7]

Suas rivais como grã-sacerdotisa do culto eram Anna e Maria Ilinichna. Mas era uma rivalidade amigável. Agora que o objeto de suas afeições havia morrido, o relacionamento entre as três tinha melhorado. Com Nadejda, Anna e Maria como grã-sacerdotisas, não havia dúvidas sobre a identidade do sumo sacerdote: o próprio Stalin. Enquanto isso, o conluio da maior parte das figuras de proa do Partido, para a ocultação do testamento político de Lenin, permitiu a Stalin sobreviver como secretário-geral do Partido, e ele não tardou a participar do esforço coletivo para desenvolver um conjunto de doutrinas explicando o cerne do leninismo. Sua série de palestras na Universidade Sverdlov, publicada como *Questões do leninismo*, era um sumário bem sucinto. Trotski, Zinoviev, Kamenev e Bukharin também fizeram oferendas votivas à memória do fundador do Partido e tentaram deixar claro o que ele significava para o comunismo mundial. Pouco a pouco, suas ideias estavam sendo codificadas. O processo não podia ser concluído porque Lenin havia deixado em seu rastro — e publicamente registradas — muitas ideias contraditórias.

Se a codificação era difícil, no entanto, havia pouco problema em censurar o que saía sobre ele. Era confidencialmente enfatizada a necessidade de descrever Lenin em termos hagiográficos. As agências de propaganda do Partido e do governo foram postas a serviço desse objetivo. Suas obras foram produzidas em tiragens de centenas de milhares de exemplares. Os arquivos de Lenin foram examinados, e Kamenev chefiou uma equipe editorial que publicou muitos de seus textos inéditos. O propósito era sempre o mesmo. Lenin não devia ser descrito meramente como uma figura heroica na história do bolchevismo e da revolução mundial. Tinha de desfrutar do status mítico de um santo revolucionário onisciente. Nenhuma mácula em sua ficha como teórico, propagandista ou organizador partidário seria tolerável. Tinha de ser santificado como o único grande sucessor de Marx e Engels no primeiro quartel do século XX. Sua presciência e sua determinação de formar o partido bolchevique e levá-lo em frente, atravessando a Revolução de Outubro e a guerra civil, deviam ser cumuladas de louvores incondicionais. Seu gênio como chefe de partido, *premier* do governo, planejador de guerra e estadista global tinha de ser louvado. Sua humanidade como camarada, marido e marxista precisava ser exaltada.

Outro critério tornou-se mais enfático, com o passar dos anos. Era o de que qualquer coisa dita sobre Lenin tinha de servir aos interesses imediatos da liderança política comunista. Conforme a luta pela sucessão foi ganhando contendores, o grupo ascendente — Kamenev, Zinoviev, Stalin e Bukharin — foi retirando dos livros de História qualquer coisa que refletisse mal sobre eles, mesmo que remotamente. Trotski foi quem mais sofreu com essa rivalidade; seus oponentes não só o tiraram e a seus partidários de cargos importantes, como também o impediram de publicar qualquer material demonstrando sua estreita relação de trabalho com Lenin. O resultado era a descrição de um Lenin amplamente imaginário, um Lenin que só tivera uma ligação calorosa com os que atualmente detinham o poder.

As maiores devotas do culto — Nadejda Konstantinovna, e Maria e Anna Ilinichna — criaram em conluio um mito quase religioso. Compreenderam que cada publicação devia pautar-se pelos critérios do cálculo político e hagiográfico. Os parentes de Lenin, no entanto, não podiam sempre prever o que iria dar conta do recado, e muito do que eles escreveram seria retirado antes da publicação. Em última análise, tinham de aceitar o julgamento de Stalin. Quando outros deram início a suas memórias, as regras tácitas do culto tinham ficado claras, e os autores sabiam que precisavam escrever de acordo com isso. Por fim, a Secretaria do Comitê Central, sob o comando de Stalin, manteve sob rigoroso segredo as minutas da maioria das reuniões da suprema liderança política do Partido e do governo. Só uma fração minuciosamente examinada de documentos tinha permissão para sair à luz do dia. Os motivos para tanta cautela são fáceis de compreender. A URSS, a Revolução de Outubro e o marxismo-leninismo não teriam justificativa a não ser que a reverência por Lenin se tornasse uma emoção popular. Assim, o culto ao fundador do Partido não se tratava, para seus sucessores, de uma questão opcional. Era uma necessidade política. E assim foi até o fim da URSS.

Os mais importantes sacerdotes do culto mudavam ao longo dos anos. O grupo anti-Trotski de Kamenev, Zinoviev, Stalin e Bukharin desfez-se assim que Trotski foi derrotado, em 1924. Kamenev e Zinoviev opuseram-se a Stalin e Bukharin, e perderam. Bukharin, então, opôs-se a Stalin, e perdeu. Stalin, por volta de 1928-29, estava iniciando seu primeiro Plano Quinquenal. Arrebanhou camponeses para fazendas coletivas, reprimiu sua resistência, deteve e aprisionou nacionalistas, líderes religiosos, intelectuais críticos e oponentes internos do Partido. Em 1937-38, por sua instigação, grassava um Grande Terror. Ao longo desse período, ele fabricou um "Lenin" que satisfazia, nos menores detalhes, suas atuais exigências. O Lenin de Stalin sempre foi o amigo de Stalin. Pretensamente, contara com Stalin para receber conselhos e reconhecera Stalin como seu mais digno sucessor. O conteúdo do testamento político de Lenin foi banido da mídia de comunicação pública, e os oponentes da nova versão oficial do passado foram executados ou atirados no sistema Gulag de campos de trabalho forçados.

Stalin propagou ser "o Lenin atual". Sua ênfase em vivência, hierarquia, ordem e disciplina encontrou reflexos nos manuais de História. As complexidades do marxismo de Lenin foram varridas para baixo do tapete. A organização de massa da juventude soviética foi batizada em homenagem a ele: União da Juventude Comunista Leninista.* Foram

---

\* Para sermos exatos, União da Juventude Comunista, que se tornou mundialmente conhecida por seu nome russo de *Komsomol*, ou seja, um acrônimo de *Kommumsticheskii* (comunista) + *soyuz* (união) + *molodeji* (juventude). (*N. do T.*)

publicadas mais edições de obras reunidas de Lenin. Foram pintados retratos dele para figurar em galerias de arte, mas sua imagem também aparecia em todos os outros lugares: em selos postais, louça de cerâmica, em cartazes espalhados pelas principais avenidas das grandes cidades da URSS. Toda primeira página dos jornais centrais, *Pravda* e *Izvestzia*, era adornada com sua imagem. Foi fundada uma Ordem de Lenin. Excertos de seus textos eram usados para doutrinar os escolares, a fim de que pudessem crescer como comunistas convictos e discursar nos congressos do Partido, citando-o em apoio a suas propostas. Se Marx, Engels e Lenin formassem uma Trindade secular do marxismo-leninismo, então o maior dos três, no tratamento dispensado pelos propagandistas soviéticos, não seria Marx nem Engels, mas Lenin, que era visto como o Ente Supremo do marxismo-leninismo.

Cada vez mais, o que se propagava não era marxismo-leninismo, mas uma ideologia modificada, marxismo-leninismo-stalinismo, e Stalin, para quase todos os propósitos, fazia-se pintar como o representante de Lenin sobre a terra. No aniversário da Revolução de Outubro, Stalin ficava acima do Mausoléu de Lenin, embaixo do Muro do Kremlin, olhando do alto a parada militar, as organizações de juventude e os esportistas. Fez isso até em 1941, quando havia o perigo de que a Luftwaffe pudesse bombardear o centro de Moscou. O poeta Vladimir Mayakovski certa vez encerrou um poema com estas palavras: "Lenin viveu, Lenin vive, Lenin viverá!" Só faltando erguer Lenin dos mortos, como um moderno Lázaro, o regime soviético fez tudo mais para impregnar as mentes de seus cidadãos com a ideia de que a herança leninista tinha uma vida própria inextinguível.

Grande parte desse "Lenin" era uma versão deturpada do Lenin histórico. Não se permitia referência alguma aos ingredientes não russos de sua linhagem; ninguém, exceto veteranos bolcheviques excepcionalmente bem informados, sabia que ele tivera avós que não eram russos. Jamais se fazia menção ao seu status de nobreza; mesmo o fato de que os Ulyanov haviam levado uma existência confortável era raramente observado. Sua educação clássica, suas simpatias pelo terrorismo socialista agrário e seu estilo de vida privilegiado até mesmo no exílio siberiano foram banidos da discussão pública. Tornara-se heresia insistir no fato de que Lenin aproveitou ideias de outros pensadores e políticos. Até mesmo a influência de Marx e Engels era atenuada. Relatos de tensões dentro do partido bolchevique insistiam em uma luta entre Lenin, Stalin e os autênticos leninistas, de um lado, e um bando de vigaristas — de Martov em 1903 até os demais membros do Politburo no início dos anos 1920 —, do outro. Os aspectos mais íntimos da vida de Lenin eram não só distorcidos, mas mantidos rigorosamente ocultos. Seu caso com Inessa Armand era um tópico proibido. Assim, seu relacionamento conjugal era tratado como uma parceria política — e pouco mais do que isso. O encanto de Lenin para seus amigos e camaradas foi obliterado dos registros históricos. Sua astúcia como líder partidário foi deixada de lado. Sua alternância entre insistente teimosia e lorotas e concessões cuidadosamente calculadas foi cortada.

Fora da URSS, houve tentativas de descrever Lenin de forma mais plausível. Havia em disponibilidade memórias de mencheviques que o conheceram; e, após sua deportação em 1928, Trotski publicou diversos textos que contestavam as falsificações grosseiras das biografias soviéticas contemporâneas. Mas nem mesmo Trotski trouxe a público toda a informação de arquivo guardada em Moscou e, de qualquer modo, tinha seu próprio programa político. Afirmava que ele, e não Stalin, era o sucessor político preferido por Lenin. Trotski opunha-se à "escola stalinista de falsificação histórica" com um relato que não era imune a considerações de interesse pessoal. Obviamente, as narrativas mencheviques também tinham suas idiossincrasias; nenhum memorialista menchevique iria escrever generosamente sobre Lenin, o homem que havia prendido ou deportado a liderança menchevique. Não obstante, tanto Trotski como os mencheviques descreveram e analisaram Lenin em termos que o reduziam de semideus a ser humano.

Os comunistas ocidentais, obedientemente, seguiram as linhas mestras da imagem fornecida por Moscou. Obtiveram seu Lenin de Stalin, e foi um choque para eles, após a morte de Stalin, em 1953, que seus sucessores revelassem que Lenin e Stalin não se davam bem. Em 1956, Nikita Krushev leu trechos do testamento político de Lenin e acrescentou que Stalin, nos anos 1930, passou a cometer assassinato em massa. Krushev causou sensação no mundo comunista, especialmente na URSS. Ao derrubar Stalin de seu pedestal, sentiu-se obrigado a elevar o status de Lenin mais alto do que nunca. Uma enorme quinta edição das "obras reunidas completas" foi encomendada. E também uma nova biografia oficial de Lenin. O propósito de Krushev não era livrar os estudiosos dos grilhões. Os historiadores eram cuidadosamente examinados antes de lhes ser concedido acesso ao Arquivo do Partido Central, na rua Pushkin, e era-lhes pedido que se ativessem, em grande medida, à interpretação da vida de Lenin que havia prevalecido sob Stalin, exceto por uma importante diferença — a de que estavam livres para revelar qualquer discórdia entre Lenin e Stalin. Mas havia outros ganhos para a plausibilidade histórica. Nem toda instância de luta faccionária no Partido era tratada como uma conspiração capitalista, e também se demonstrou que Lenin não foi um déspota para seus companheiros comunistas.

No exterior, no entanto, foram dados outros usos às informações mais recentes. Alguns autores sugeriram que as últimas batalhas de Lenin com Stalin demonstravam que o comunismo da Nova Política Econômica era de um tipo muito diferente do comunismo da guerra civil. Historiadores soviéticos dissidentes, como Roy Medvedev, apresentaram a mesma abordagem. O argumento deles era que, enquanto agonizava, Lenin imaginou uma ordem comunista permanente que envolvia pluralismo cultural, diversidade étnica e talvez até uma economia mista. Entre os partidos comunistas ocidentais, essas ideias tiveram uma calorosa recepção. Diversos chamados eurocomunistas na Itália, França e Espanha propuseram que, se a saúde de Lenin houvesse resistido, então poderia ter sido construído um comunismo com um rosto humano.

Outros eurocomunistas, no entanto, conjecturaram se o leninismo não terá sido sempre prejudicado por sua propensão à ditadura, ao terror, à rigidez ideológica e ao amoralismo. Para anticomunistas, isso não era uma grande descoberta: sempre acharam que o impacto de Lenin sobre sua época tinha sido maligno. Mas qual foi o âmbito desse impacto? Quando alguns autores enfrentaram essa questão, nos anos 1970 e 1980, estavam interessados principalmente em sua política. Fizeram-se perquirições do *milieu* intelectual dos revolucionários russos do final do século XIX, das divisões internas entre marxistas do império russo, do marxismo russo e dos limites do poder dos líderes do Partido Comunista, antes e depois de terem tomado o poder na Rússia, com a Revolução de Outubro. Mas estiveram o tempo todo de acordo com a noção convencional, tanto ocidental como soviética, de que o curso da história da URSS foi, em grande parte, produto das energias de um homem: Lenin. Assim, Lenin não teve fundamentalmente modificado seu papel como ator no palco do mundo. Foram mudados detalhes, mas não a análise básica. Lenin foi colocado ao lado de Hitler, Stalin, Churchill, Roosevelt, Krushev, Gorbachev e uns poucos outros como os principais atores na história do século XX.

Apesar de muitas discordâncias, ganhou terreno a opinião de que Lenin não era bem o demiurgo pretendido tanto pelos comunistas como por seus inimigos desde que chamou atenção do mundo, em 1917. Novas pesquisas do meio social, político e econômico tenderam a indicar que trabalhou em grande medida seguindo as tradições russas. Sem essa intenção, muitos autores fizeram uma análise sugestiva de que a contribuição de Lenin à história de seu país foi mais como um auxiliar do que como um realizador.

Mas isso é ignorar muita coisa. Houve reviravoltas na história da Rússia e do mundo que não teriam ocorrido sem Lenin. Ele influenciou, de forma decisiva, acontecimentos, instituições, práticas e atitudes básicas. Na época, achava-se que era esse o caso, e a maioria dos comentaristas pensava assim também, ainda muitos anos depois. Lenin fundara a facção bolchevique. Tinha escrito *O que se há de fazer?*, as *Teses de abril* e *O Estado e a revolução*. Havia elaborado uma estratégia para a tomada do poder e tratou de tomá-lo. Não só a Revolução de Outubro, como também o Tratado de Brest-Litovsk e a Nova Política Econômica poderiam não ter ocorrido sem sua influência — e o regime soviético poderia rapidamente ter desaparecido na lixeira da história. Ele não tinha um plano para o Estado de partido único, criado em 1917–19, mas diversas instituições desse Estado foram fundadas por ele, como, a Cheka, e insistiu para que o terror continuasse a ser um instrumento de domínio à disposição dos comunistas. Acima de tudo, Lenin foi o principal criador do próprio Partido Comunista russo, um partido que se distinguia por seu compromisso com centralismo, hierarquia e ativismo. Seria estranho afirmar que não teria havido um partido de extrema esquerda na Rússia se Lenin não tivesse vivido. Mas seria igualmente absurdo supor que o Estado soviético de partido único e ideologia única teria nascido sem Lenin.

Embora nem Lenin nem seus companheiros líderes do Partido tenham prefigurado exatamente que tipo de Estado iam construir, além disso, havia mais do que uma chance aleatória para a atividade deles nos primeiros anos da Revolução de Outubro. Os leninistas levaram consigo para o poder um conjunto de pressupostos operacionais. Sua concepção de política dava prioridade à ditadura, à luta de classes, à liderança e ao amoralismo revolucionário. A "vanguarda", acreditavam, sabia o que era melhor para a classe operária e devia usar seu irrefutável conhecimento do mundo — passado, presente e futuro — para acelerar o advento da sociedade perfeita na terra. Não foi Lenin que deu origem a esses pressupostos. Ao contrário, eram amplamente difundidos e podiam ser encontrados, de alguma forma, no marxismo, no terrorismo revolucionário russo de meados do século XIX e nas outras doutrinas revolucionárias autoritárias da Europa. Havia vestígios deles em tradições de ainda maior longevidade. Não foi à toa que o leninismo foi comparado ao milenarismo da cristandade ortodoxa pré-petrina, bem como ao calvinismo do século XVI. Mas a questão é que não havia uma inevitabilidade da recrudescência dessas tradições após 1900. Foi preciso um partido marxista russo. Mais particularmente, foi preciso um Lenin.

E o Estado criado por Lenin sobreviveu intacto por mais de sete décadas. O edifício foi levantado com extraordinária rapidez, embora o planejamento arquitetônico tenha sido mínimo. Em 1917-19, sob a orientação de Lenin, o trabalho principal já estava feito. As fundações haviam sido escavadas, as vigas foram erguidas, e o telhado, coberto. A política foi monopolizada e centralizada. As agências de coerção estavam sob firme controle do Partido. A economia foi penetrada pela propriedade e pela regulamentação do Estado. A religião, sistematicamente perseguida. Aspirações nacionais eram vistas com graves suspeitas. A cultura artística e intelectual elevada era rigorosamente patrulhada. A escolarização foi uniformemente comunizada. Leis eram aprovadas e suspensas conforme o capricho da liderança comunista, e as funções executiva, legislativa e judiciária do Estado foram sendo deliberadamente mescladas. Os governantes trabalhavam a sociedade como uma fonte de reservas a ser doutrinada e mobilizada. Iniciou-se um ataque a todas as organizações intermediárias que tivessem alguma independência do Kremlin.

Lenin, no entanto, foi complexo como líder e teórico. Inevitavelmente, seções do edifício tiveram de ser acrescentadas com o longo trabalho de construção já iniciado; houve muita improvisação e, é claro, Lenin não era o único arquiteto: outros em seu Partido exerceram impacto sobre o progresso da construção. Os supremos líderes bolcheviques mudavam seus projetos o tempo todo. Foi só em 1921 que forçaram os últimos partidos sobreviventes à clandestinidade e continuaram a existir facções no Partido Comunista até o despotismo de Stalin após a morte de Lenin. A panóplia formal de organismos de censura só passou a existir em meados de 1922. E os programas políticos sobre nacionalidade que Lenin achava que acabariam por permitir ao Estado fundir as várias nações da URSS em uma consciência supranacional soviética eram inicialmente bastante favoráveis à autoexpressão nacional e étnica dos não russos. Além do mais, o período da guerra civil e da nova Política Econômica foi caracterizado por enorme caos. Comunicações, administração, vigilância e coerção foram exercidas de forma mais descuidada do que em anos subsequentes. Doutrina e programa político eram uma coisa; implementação, muitas vezes, era outra bem diferente.

Não obstante, o edifício básico estava *in situ* anos antes da morte de Lenin. Foi drasticamente alterado por Stalin, que o transformou num despotismo pessoal e reduziu a autoridade do Partido dentro do Estado soviético. Stalin também foi autor de chacinas não só contra inimigos militares e a classe militar, inimigos políticos e religiosos do comunismo, mas também até contra os funcionários de seu próprio governo e Partido. E no entanto, na verdade, o âmago do edifício ficou intacto — e Stalin, apesar de ser um reconstrutor maníaco, empreendeu alterações que lhe deram mais estabilidade até a sua morte, em 1953. Contudo, Nikita Krushev mudou as alterações quando iniciou a desestalinização e houve um novo esboço de reconstrução. A experimentação estava se acelerando quando da saída de Krushev do cargo, em 1964. Seu sucessor, Leonid Brejnev, tinha um fraco pela memória de Stalin, mas contentou-se em desfazer as alterações mais extravagantes de Krushev.

No entanto, apesar dessas vicissitudes, os líderes soviéticos se mostravam certos ao afirmar que estavam governando dentro da tradição leninista e sobre um Estado leninista. De 1917-19 até o final dos anos 1980, o edifício era indiscutivelmente criação de Lenin. A Revolução de Outubro, o marxismo-leninismo e a URSS deviam sua existência mais a ele do que a qualquer outra pessoa. O que Lenin havia construído nas circunstâncias peculiares do período de guerra, a Rússia revolucionária, era uma invenção que podia ser reproduzida. Lenin queria exportar suas plantas de construção e estabelecer que os partidos-membros da Internacional Comunista deviam se conformar a princípios de ideologia e organização desenvolvidos em Moscou. Dada a oportunidade, ele teria aplicado seu modelo a Estados revolucionários comunistas. Essa tarefa, no entanto, ficou para seu sucessor, Stalin. Além do mais, o modelo leninista mostrou-se útil para revolucionários marxistas na China, no Vietnã do Norte e em Cuba. Não tinha muita importância que tipo de país estava sendo comunizado. Tanto a Tchecoslováquia industrial, alfabetizada e católica quanto o Vietnã do Norte budista, agrário e analfabeto sucumbiram. Os métodos de introdução variavam, desde invasão até agitação política comunista local. Mas, em essência, o resultado era o mesmo. Lenin, segundo o mesmo princípio, tinha muito pelo que responder.

Nos anos 1920, já havia, fora da Rússia soviética, uma forte reação contra o edifício de Lenin. A invenção do fascismo não se sucede ao comunismo; pois Mussolini já estava se dirigindo para suas doutrinas políticas de extrema direita ao assumir o poder na Itália, em 1922. Indubitavelmente, o nazismo de Hitler nutriu uma hostilidade visceral à Internacional Comunista, ao marxismo-leninismo e à URSS. Em considerável medida, a história da Europa do entreguerras foi uma luta por causa das consequências do 25 de outubro de 1917. Essa situação não desapareceu após a Segunda Guerra Mundial. A rivalidade entre as superpotências, os EUA e a URSS, era uma luta de dois sistemas contrastantes de política, economia, ideologia e capacidade militar — e o sistema soviético era, em grande parte, o deixado por Lenin a Stalin e por Stalin a seus sucessores.

É consequentemente um enorme paradoxo que o homem que mais fez para botar abaixo o edifício leninista fosse ele próprio um sincero discípulo de Lenin. Mikhail Gorbachev chegou ao cargo de secretário-geral do Partido com a intenção de levar a URSS de volta para mais perto das doutrinas e práticas de seu ídolo. Não menos que Lenin, ele improvisou sem referir-se a uma planta detalhada. Expandiu sua perspectiva sobre reforma à medida que prosseguia. O que ele e seus companheiros reformadores comunistas não conseguiram entender foi que o edifício do comunismo era uma peça arquitetônica firmemente interligada. Administração, política, economia, direito, ideologia, bem-estar social e até o tratamento do meio ambiente natural eram fortemente condicionados pela concepção leninista original. A remoção de qualquer parede, teto ou portal do edifício acarretava o perigo de colapso estrutural. Gorbachev descuidou dos riscos — na verdade, ele os ignorava. Aboliu o monopólio político do Partido Comunista. Descentralizou a administração. Relaxou a censura e liberou a autoexpressão nacional e religiosa. Enfraqueceu o domínio do Estado sobre a economia. Denunciou a arbitrariedade do poder do Partido Comunista e fez tudo isso na crença de que estava restituindo à URSS o espírito de Lenin. Qualquer uma dessas reformas, isoladamente, teria ameaçado a estabilidade do Estado. O fato de que ele introduziu todas essas reformas em poucos anos condenou a Revolução de Outubro, o marxismo-leninismo e a URSS à extinção.

Desde o final de 1991, quando a União Soviética deu seu último suspiro, e Gorbachev renunciou à presidência, houve poucas tentativas de prestar a Lenin sua antiga reverência. Os Estados comunistas já haviam sido extintos em 1989, e embora na República Popular da China se continuasse a exteriorizar lealdade ao leninismo, ao mesmo tempo as reformas econômicas chinesas reformaram o Estado e a sociedade na direção de uma economia capitalista. Até mesmo na Rússia, onde um partido comunista se fez valer sob o comando de Gennadi Zyuganov, não houve um esforço especial para se continuar defendendo e louvando a memória histórica de Vladimir Lenin.

Mas Lenin está realmente acabado? Pesquisas sobre a opinião pública russa apontam que ele continua entre os governantes mais populares da história. Sua persistente popularidade é tal que o presidente da Rússia, Boris Yeltsin, nos anos 1990, não ousou retirá-lo do Mausoléu da Praça Vermelha e enterrá-lo de modo convencional. O respeito por Lenin persiste amplamente. Enquanto Lenin vivia, havia muita admiração por ele, mesmo entre pessoas que sofreram por causa de seus programas políticos. E, assim, camponeses com petições confiavam nele, apesar da sua ambição de se livrar do campesinato. Após sua morte, era muitas vezes mencionado em conversas e canções populares como um sábio tsar que não teria tolerado os abusos de poder costumeiros sob seus sucessores. Não há dúvida de que os contínuos panegíricos oficiais a sua grandeza reforçaram essas inclinações populares. Nem se pode achar que a imagem de Lenin não conservará alguma força considerável na mente russa durante muitas décadas futuras. Não é impossível sequer que sua memória possa voltar a ser invocada, não necessariamente por comunistas de carteirinha, naquelas muitas partes do mundo onde o capitalismo causa graves dificuldades sociais. Lenin não está completamente morto; pelo menos ainda não.

Na tentativa de liquidá-lo, Yeltsin, o político, e de fato muitos historiadores leninistas na Rússia optaram pelas armas tradicionais entre muitos autores ocidentais. Quase sempre se tenta isso representando-o de um modo monodimensional. Lenin, o terrorista de Estado. Lenin, o ideólogo. Lenin, o chefe de partido ou o autor, ou até o amante. Nem todas as dimensões recebem igual tratamento — e isso nem sempre é culpa dos escritores. Até os últimos poucos anos, não podíamos saber muita coisa sobre a família de Lenin, suas tensões internas e apoio mútuo. Sua educação e as circunstâncias materiais — para não mencionar sua saúde física, seus casos, seu estilo de trabalho e seus pressupostos operacionais quotidianos — estavam amplamente fora de alcance.

Alguns desses aspectos eram mantidos em segredo porque podiam refletir mal sobre ele, em termos de moralidade convencional. Ele enganou a esposa, explorou a mãe e as irmãs, era choroso quanto à própria saúde, não tinha uma ótima opinião sobre os russos e nem mesmo da maioria dos bolcheviques. Apreciava o terror e não tinha uma ideia plausível sobre como garantir que a União Soviética pudesse vir a abrir mão dele. Em cartas e telegramas, era ainda mais brutal que em seus livros. Grande parte de sua correspondência era tão cínica que Stalin proibiu sua publicação até mesmo durante o Grande Terror de 1937-38. E, além do mais, Lenin era muito esquisito. Meticuloso em seu regime diário, era totalmente obsessivo quanto a silêncio em seu gabinete, lápis bem apontados e evitar distrações, a ponto de negar-se o prazer do xadrez, de Beethoven e da linda Inessa. Era um invasor da privacidade de seus camaradas. Nenhum outro estadista do mundo sentiu-se tão livre para prescrever o tratamento médico de seus companheiros de governo. E, no entanto, Lenin tinha um controle sobre si mesmo muito menor do que o restante do mundo jamais soube. Sem o seu círculo de mulheres, não teria alcançado sua eminência histórica. Havia em Lenin, e houve bem até o fim, um pouco de criança mimada. Foi também uma criança mimada que raramente teve dificuldade em conseguir a atenção de que precisava.

Sua ascensão ao poder e à fama foi possível porque teve a sorte de contar com sua família, sua educação, sua ideologia, as circunstâncias de seu país e — não menos importante — a personalidade com que nasceu. Mas teve de fazer a sorte funcionar a seu favor. Entendeu isso; se, por um lado, insistia em que as circunstâncias políticas e econômicas gerais tinham de ser propícias, por outro, nunca deixou de declarar que as revoluções não aconteciam simplesmente: tinham de ser feitas. E isso exigia liderança. Lenin podia não ter conseguido, e muitas vezes — como em Londres, 1902, ou Genebra, 1915, ou mesmo em Helsinque, 1917 — seus reveses estiveram perto de ser definitivos. E, se ele tivesse sido derrotado na questão de Brest-Litovsk, em 1918, ou da Nova Política Econômica, em 1921, poderia não ser lembrado hoje como uma das figuras mais influentes do século passado. E, no entanto, esse político baixinho, intolerante, livresco, enfermiço, inteligente e confiante não ficou sendo um escriba no Museu Britânico ou na Biblioteca Pública de Genebra. Seus gestos abruptos e sua retórica balbuciante não o impediram. Seus lapsos de prognósticos não o solaparam. O aluno brilhante que se tornou um desajeitado ativista marxista e líder faccionário aproveitou ao máximo o que a História lhe lançou no caminho.

Liderou a Revolução de Outubro, fundou a URSS e lançou os rudimentos do marxismo-leninismo. Ajudou a virar o mundo de cabeça para baixo. Talvez, daqui a alguns anos, ele seja visto como o homem que lançou seu país e, sob a liderança de Stalin, um terço do mundo no fundo de um poço. O futuro não está no comunismo leninista. Mas, se o futuro está em algum outro lugar, não sabemos exatamente onde. Lenin foi inesperado. No mínimo, sua vida e carreira extraordinárias provam a necessidade de todos estarem vigilantes. Não são muitos os personagens históricos que alcançaram esse resultado. Demos graças.

# Notas

**Introdução**

1. P. N. Pospelov, *Vladimir Il'ich Lenin*, I; Deutscher, *The Prophet Aimed: Trotsky, 1879–1921*.
2. N. Harding, *Lenin's Pohtical Thought*, vols. 1–2.
3. R. H. W. Theen, *Lenin: Genesis and Development of a Revolutionary*.
4. M. Liebman, *Leninism Under Lenin*; A. Rabinowitcli, *The Bolsheviks Come to Power*.
5. M. Lewin, *Lenin's Last Struggle*; S. F. Cohen, *Bukharian and the Bolshevik Revolution*.
6. E. H. Carr, *The Bolshevik Revolution*, vols. 1–3. Sobre Lenin como coordenador governamental, ver também T. H. Rigby, *Lenin's Government*, e M. P. Iroshnikov, *Predsedatel' Soveta Narodnykh Komissarov*.
7. A. Ulam, *Expansion and Coexistence*; O. Figes, *A People's Tragedy*.
8. R. Pipes, *Russia Under the Bolshevik Regime*; mas ver também seu *Social-Democracy and the St Petersburg Labor Movement*, o qual inclui um exame da importância da ideologia. Meu tópico, no entanto, relaciona-se ao período de Lenin no governo.
9. A. Soljenitsyn, *Lenin in Zurich*; D. A. Volkogonov, *Lenin: politicheskii portret*.
10. V. Soloukhin, *Pri svete dnya*.
11. R. C. Elwood, *Russian Social-Democracy in the Underground*; D. Geyer, *Lenin in der Russischen Sozialdemokratie*; L. Haimson, *The Russian Marxists and the Origins of Bolshevism*; J. H. L. Keep, *The Rise of Social Democracy in Russia*; L. Schapiro, *The Communist Party of the Soviet Union*.
12. S. Fitzpatrick, *The Russian Revolution*; R. G. Suny. *The Revenge of the Past*.

13. R. Service, *The Bolshevik Party in Revolution*; ver também *Lenin: A political Life*, vols. 1-3.
14. A. Meyer, *Leninism*; M. Malia, *The Soviet Tragedy*.

## 1. Os Ulyanov e os Blank

1. A. Ivanskii (org.), *Il'ya Nikolaevich Ul'yanov*, p. 178.
2. J. Trofimov, *Ul'yanovy*, p. 66.
3. D. I. Ul'yanov, "Detskie gody Vladimira Il'icha", *VóVIL*, vol. 1, p. 121.
4. M. Shtein, *Ul'yanovi Leniny*, p. 13-14 e 42.
5. V. V. Tsaplin, "O jizni sem'i Blank v gorodakh Starokonstantinove i Jitomire", p. 39-44.
6. Carta de Moshko (Dmitri) Blank como citada em M. Shtein, *Ul'yanov i Lemny*, p. 44.
7. M. Shtein, "Rodvojdya. Biletpo istorii", p. 19.
8. V. Soloukhin, *Pri svete dnya*.
9. Sou grato a John Klier por suas reflexões sobre os judeus convertidos do império russo em meados do século XIX.
10. O. Abramova, G. Borodulina e T. Koloskova, *Mejdu piaváoi i istnoi*, p. 53, 55.
11. D. I. Ul'yanov, *VoVIL*, vol. 1, p. 322-3, M. I. Ul'yanova, *OVILiSU*, p. 230.
12. M. Shtein, *Ul'yanovi Leniny*, p. 110-11.
13. A. I. Ul'yanova-Yelizarova, *OVLiSU*, p. 34. Sou grato a Faith Wigzell por suas reflexões sobre o significado cambiante da cultura alemã para as famílias russas.
14. Abramova, G. Borudulina e T. Koloskova, *Mejdu pravdoi i istínoi*, p. 64-6.
15. Ibid., p. 106.
16. M. Shtein, *Ul'yanovi Leniny*, p. 78.
17. D. I. Ul'yanov, *VoVIL*, vol. 1, p. 322-3, M. I. Ul'yanova, *OVILiSU*, p. 230.
18. A. I. Ul'yanova-Yelizarova, *OVIULiSU*, p. 111.
19. Ibid.
20. M. I. Ul'yanova, *OVILiSU*, p. 231.
21. Abramova, G. Borudulina e T. Koloskova, *Mejdu pravdoi i istinoi*, p. 67.
22. A. Ivanskii (org.), *Il'ya Nikolaevich Ul'yanov*, p. 10-12.
23. M. Shtein, *Ul'yanovi Leniny*, p. 147-8.
24. A hipótese russa é examinada com certo grau de apoio *em* O. Abramova, G. Borudulina e T. Koloskova, *Mejdu pravdoi i istinoi*, p. 80-5.
25. A. Ivanskii (org.), *Il'ya Nikolaevich Ul'yanov*, p. 8.

26. M. I. Ul'yanova, *OVILiSU*, p. 232.
27. Memórias de uma professora chamada Kabanova *em* V. Alekseiev e A. Shver, *Sem'ya Ulyanovykh*, p. 16.
28. A. I. Ul'yanova-Yelizarova, *OVILiSU*, p.130.
29. V, Alekseiev e A. Shver, *Sem'ya Ulyanovykh*, p. 59.
30. Ibid.
31. Essa foi a rememoriação de Lyubov Veretennikova: J. Trofimov, *Ul'yanovy*, p. 75.
32. V. Alekseiev e A. Shver, *Sem'ya Ulyanovykh*, p. 23.
33. Ibid., p. 17.
34. A. I. Ul'yanova-Yelizarova, "Vospominaniya ob Aleksandre Il'iche Ul'yanove", em *OVILiSU*, p. 29.
35. V. Alekseiev e A. Shver, *Sem'ya Ulyanovykh*, p. 58.
36. A. I. Ul'yanova-Yelizarova, "Stranichki iz jijni Vladimira 11'icha" [rascunho], RTsKhIDNI, fundo 13, op. 1, d. 81, p. 20.
37. J. Trofimov, *Ulyanovy*, p. 98-9.
38. Ver sua carta de outubro de 1901: RTsKhIDNI, fundo 13, op. 1, d. 349, p. 4.
39. A. I. Ul'yanova-Yelizarova, carta a Stalin, dezembro de 1932: RTsKhIDNI, fundo 13, op. 1, d. 471.
40. M. Gor'kii, "Vladimir Lenin", *Russkii sovremennik*, n° 1, 1924, p. 241.
41. A. I. Ul'yanova-Yelizarova, "Vospominaniya ob Aleksandre Il'iche Ul'yanove", em *OVIUSU*, p. 34.
42. Ye. K. Makarova, rascunho de memórias RTsKhIDNI, fundo 14, op. 1, d. 350, p. 2.
43. Visita ao sanatório de Gorki, dezembro de 1998, onde são conservados mementos da família Ulyanov.

## 2. Infância em Simbirsk

1. A. I. Ul'yanova-Yelizarova, "Vospominaniya ob Il'iche", *VoVIL*, vol. 1, p. 19.
2. A. I. Ul'yanova-Yelizarova, "Stranichki iz jijni Vladimira Il'icha" [rascunho], RTsKhIDNI, fundo 13, op. 1, d. 81, p. 21.
3. Ibid.
4. Ibid.
5. Rascunho acrescentado A. I. Ul'yanova-Yelizarova, "Detskie i shkol'nye gody Vladimira Il'icha", RTsKhIDNI, fundo 13, op. 1, d. 77, p. 1.
6. Ibid.

7. A. I. Ul'yanova-Yelizarova, "Stranichki iz jijni Vladimira Il'icha" [rascunho], RTsKhIDNI, fundo 13, op. 1, d. 81, p. 28.
8. Esse defeito físico foi segredo de Estado no período soviético. Vislumbrei-o nas anotações de consulta do prof. L. I. Darkevich Lenin, 4 de março de 1922: RTsKhIDNI, fundo 16, op. 3c, d. 6.
9. M. I. Averbakh, "Vospominaniya o V. I. Lenine", *VoVIL,* vol. 8, p. 273.
10. A. I. Ul'yanova-Yelizarova, *OVILiSU,* p. 27.
11. D. I. Ul'yanov, "Detskie gody Vladimira Il'icha", *VoVIL,* vol. 1, p. 126.
12. A. I. Ul'yanova-Yelizarova, "Stranichki iz jizni Vladimira Il'icha" [rascunho], RTsKhIDNI, fundo 13, op. 1, d. 81, p. 23.
13. Ibid.
14. V. Alekseiev e A. Shver, *Sem'ya Ul'yanovykh,* p. 34.
15. A. I. Ul'yanova-Yelizarova, "Stranichki iz jijni Vladimira Il'icha" [rascunho], RTsKhIDNI, fundo 13, op. 1, d. 81, p. 23 e 26.
16. V. L. Persiyaninov, contemporâneo de escola de Lenin, conforme registrado em V. Alekseiev e A. Shver, *Sem'ya Ulyanovykh,* p. 41.
17. Ibid.
18. Ibid., p. 35 e 37.
19. G. Ya. Lozgachév-Yelizarov, *Nezabyvaemoe,* p. 132.
20. A. I. Ul'yanova-Yelizarova, "Vospominaniya ob Aleksandre Il'iche Ul'yanove", em *OVILiSU,* p. 29.
21. V. Kalashnikov, "Iz vospominanii domashnego uchitelya detei Il'i Nikolaevicha Ul'yanova", em A. I. Ul'yanova (org.), *Aleksandr Il'ich Ul'yanov i delo 1 maita 1887 g.,* p. 276.
22. A. I. Ul'yanova-Yelizarova, "Vospominaniya ob Aleksandre Il'iche Ul'yanove", in *OVILiSU,* p. 39.
23. Ibid.
24. Ibid., p. 27. Deveria ser acrescentado que ela uma vez referiu-se ao pai como "papai bestial!". Mas nem mesmo então achou errado seu irmão Alexander ralhar com ela por essa observação: ibid., p. 33.
25. A. I. Ul'yanova-Yelizarova, *OVILiSU,* p. 40-1.
26. A. Ivanskii (org.), *Molodoi Lenin.*
27. N. Hans, *History of Russian Educational Policy,* p. 118.
28. A. Ivanskii (org.), *Molodoi Lenin,* p. 196, nº 1.
29. V. Alekseiev e A. Shver, *Sem'ya Ul'yanovykh,* p. 25.
30. Ibid.
31. A. I. Ul'yanova-Yelizarova, *OVILiSU,* p. 117.

32. D. I. Ul'yanov, "V gimnazii", RTsKhIDNI, fundo 14, op. 1, d. 78, p. 2; A. I. Ul'yanova-Yelizarova, notas rascunhadas em RTsKhIDNI, fundo 13, op. 1, d. 83, p. 6.
33. A. I. Ul'yanova-Yelizarova, *Detskie i sbkol'nye gody Il'icha*, p. 22-3.
34. A. Ivanskii (org.), *Molodoi Lenin*, p. 33.
35. A. I. Ul'yanova-Yelizarova, rascunho escrito depois de 1922, RTsKhIDNI, fundo 13, op. 1, d. 52, p. 1.
36. A. I. Ul'yanova-Yelizarova, "Vospominaniya ob Il'iche", *VoVIL*, vol. 1, p. 22.
37. A. Ivanskii (org.), *Molodoi Lenin*, p. 211.
38. Ibid., p. 182.
39. Ibid., p. 187.
40. D. I. Ul'yanov, VoVIL, vol. 1, p. 127.
41. D. I. Ul'yanov, *Ocheiki laznykh god* (1974), p. 153-4.
42. Partituras de Wagner de Anna Ilinichna são conservadas no Museu Lenin, em Gorki.
43. A. Ivanskii (org.), *Molodoi Lenin*, p. 146.
44. Sou grato ao diretor do RTsKhIDNI, prof. K. M. Anderson, por mostrar--me esse cartão-postal, em junho de 1993.
45. A. I. Ul'yanova-Yelizarova, *VoVIL*, vol. 1, p. 72.
46. V. Alekseiev e A. Shver, *Sem'ya Ul'yanovykh*, p. 38.
47. N. G. Nefedev, ibid.

## 3. Mortes na família

1. A. I. Ul'yanova, carta a Shidlovskii sobre seu pai, escrita provavelmene em março de 1921, RTsKhIDNI, fundo 13, op. 1, d. 51.
2. J. Trofimov, *Ulyanovy*, p. 37, 40, 42.
3. A. I. Ul'yanova-Yelizarova, "Vospominaniya ob Aleksandre Il'iche Ul'yanove", em *OVILiSU*, p. 37.
4. A. Ivanskii (org.), *Il'ya Nikolaievich Ul'yanov*, p. 246.
5. A. I. Ul'yanova-Yelizarova (org.), *Aleksandr Il'ich Ul'yanovi delo 1 marta 1887g.*
6. *PSU*, p. 28.
7. A. I. Ul'yanova-Yelizarova, *OVILiSU*, p. 54.
8. Embora estivesse congelado, o Volga ainda podia ser usado por trenós; mas, ainda assim, era uma viagem bastante difícil.
9. M. I. Ul'yanova, *Otets Vladimira Il'icha Lenina Il'ya Nikolaevich Ul'yanov*, p. 68.

10. A. I. Ul'yanova (org.), *Aleksandr Il'ich Ul'yanov*, p. 84-5.
11. V. Alekseiev e A. Shver, *Sem'ya Ul'yanovykh*, p. 24.
12. A. Ivanskii (org.), *Molodoi Lenin*, p. 231-3.
13. A. I. Ul'yanova (org.), *Aleksandr Il'ich Ul'yanov*, p. 85-6.
14. D. I. Ul'yanov, *Ocheiki raznykh god*, p. 54.
15. A. I. Ul'yanova (org.), *Aleksandr Il'ich Ul'yanov*, p. 94-6.
16. Ibid.
17. E. Acton, cap. 7 em R. Bartlett (org.), *Russian Thought and Society, 1800-1917*. R. Service, *Lenin: A Political life*, vol. 1, cap. 2.
18. R. Service, *Lenin: A Political Life*, vol. 1, p. 40-2.
19. *PSU*, p. 36.
20. A. Ivanskii (org.), *Molodoi Lenin*, p. 301.
21. V. Alekseiev e A. Shver, *Sem'ya Ul'yanovykh*, p. 54.

## 4. O cultivo da mente

1. V. V. Kashkadamova em *Bakinskii rabochii*, 21 de janeiro de 1926.
2. *Lenin i Simbirsk. Dokumenty, materialy, vospominaniya*, p. 65-7.
3. M. I. UPyanov, *OVILiSU*, p. 261.
4. A. I. Ul'yanov-Yelizarova, *OVILiSU*, p. 294.
5. A. I. Ul'yanov-Yelizarova, *VoVIL*, vol. 1, p. 69.
6. M. I. Ul'yanov, *VoVIL*, vol. 1, p. 193.
7. M. I. Ul'yanov, "Kak? Beluyu tetradku chemymi nitkami", *OVILiSU*, p. 46.
8. A. I. Ul'yanov-Yelizarova, *VoVIL*, vol. 1, p. 29.
9. Ibid., p. 27.
10. N. K. Krupskaya, *VoVIL*, vol. 2, p. 28.
11. A. Ivanskii (org.), *Molodoi Lenin*, p. 242.
12. A. I. Ul'yanov-Yelizarova, "O jizni Vladimira Il'icha Ul'yanova-Lenina v Kazani (1887-89 gg.)", *VoVIL*, vol. 1, p. 285.
13. A. I. Ul'yanov-Yelizarova, *OVLiSU*, p. 294.
14. A. I. Ul'yanov-Yelizarova, rascunho sem data, RTsKhIDNI, fundo 13, op. 1, d. 52, p. 7.
15. D. I. Ul'yanov in *Uchitel'skaya gazeta*, 14 de fevereiro de 1963: ver A. Ivanskii (org.), *Molodoi Lenin*, p. 328.
16. A. Ivanskii (org.), *Molodoi Lenin*, p. 367.
17. Ibid., p. 373-4.
18. P. D. Shestakov, "Studencheskie volneniya v Kazani v 1887 g", *Russkaya starina*, n. 6, 1892, p. 522.

19. A. I. Ul'yanova-Yelizarova, "Stranichki iz jizni Vladimira Il'icha" [rascunho], RTsKhIDNI, fundo 13, op. 1, d. 81, p. 31.
20. A. Arosev, "Pervyi shag", IS, vol. 2, p. 439-40; A. Ivanskii (org.), *Molodoi Lenin*, p. 397-8.
21. Anna Ilinichna Ul'yanova a Lenin, 8 de dezembro de 1922; carta: RTsKhIDNI, fundo 13, op. 1, d. 43, p. 2.
22. A. I. Ul'yanova-Yelizarova, *OVLiSU*, p. 304.
23. *PSS*, vol. l, p. 552.
24. *Ibid.*, p. 553.
25. KAn. *1, 1934*, p. 67.
26. *BKh*, vol. 1, p. 39.
27. *PSS*, vol. 45, p. 324.
28. N. Ye. Fedoseiev, *Stat'i i pis'ma*, p. 97-8.
29. *VoVIL*, vol. 1 (1968), p. 106-7.
30. I. B. Sternik, Lenin-Yurist, p. 81.
31. I.I. Titov, Vo gllubine Rossii, p. 66-7.
32. RTsKhIDNI, fundo 14, op. 77, d. 1, p. 46.
33. RTsKhIDNI, fundo 14, op. 1, d. 74, p. 46, 53.
34. RTsKhIDNI, fundo 14, op. 1, d. 75, p. 9.

## 5. Caminhos para a revolução

1. RTsKhIDNI, fundo 14, op. 1, d. 77, p. 47.
2. N. L. Meshcheryakov (org.), *Gleb Uspenskii vjizni*, p. 259.
3. R. Wortman, *The Crisis of Russian Populism*, p. 73-4.
4. A. I. Ul'yanova-Yelizarova, *OVLiSU*, p. 294, 304.
5. RTsKhIDNI, fundo 14, op. 77, d. 1, p. 51.
6. Ibid., p. 53.
7. Ibid.
8. I. I. Titov, *Vo glubine Rossii*, p. 108-9.
9. RTsKhIDNI, fundo 14, op. 1, d. 77, p. 47.
10. Ibid. p. 54.
11. A. I. Ul'yanova-Yelizarova, *VoVIL*, vol. 1, p. 34.
12. V. Vodovozov, "Moe znakomstvo s Leninym", p. 175.
13. M. 1. Ul'yanova, *VoVIL*, vol. 1, p. 203.
14. RTsKhIDNI, fundo 14, op. 77, d. 1, p. 53.
15. Ibid., p. 54.

16. Ibid.
17. M. I. Semenov (M. Blan), "Pamyati druga", p. 11.
18. Ibid.
19. A. Belyakov, *Yunost' vojdya*, p. 31–6.
20. M. I. Semenov (M. Blan), "Pamyati draga", p. 11.
21. M. P. Golubeva, "Moya pervaya vstrecha s Vladimirom U'ichem", p. 64–5.
22. *PSS*, vol. 55, p. 8.
23. A. I. Ul'yanova-Yelizarova, *OVUSU*, p. 129.
24. RTsKhIDNI, fundo 14, op. 1, d. 77, p. 53.
25. M. I. Semenov (M. Blan), "Pamyati draga", p. 12.
26. D. I. Ul'yanov, "Iz moikh vospominanii o Vladimire Il'iche Lenine", p. 54–5.
27. Ibid., p. 56.
28. *PSS*, vol. 55, p. 554.
29. Ibid., p. 555.
30. *PSU*, p. 50, 61.
31. A. I. Ul'yanova-Yelizarova, "Vospominaniya ob Il'iche", *VoVIL*, vol. 1, p. 36.
32. *PSU*, p. 38.
33. A. I. Ul'yanov-Yelizarova, "Nachlo revolyutsionnoi raboty Vladimira Il'icha Lenina", RTsKhIDNI, fundo 13, op. 1, d. 54, p. 24.
34. V. Amol'd, *Sem'ya Ul'yanovykh v Samare*, p. 29–30.
35. *PSU*, p. 66–7.
36. A. I. Ul'yanova-Yelizarova, *OVUSU*, p. 253.
37. M. I. Ul'yanova, "Jizn' nashei sem'i v Samare I Alakaievke, 1889–1893", RTsKhIDNI, fundo 14, op. 1, d. 77, p. 51.
38. Fotografia do diploma em I. B. Stemik, *Lenin — Yurist*, em frente à p. 16.
39. *PSU*, p. 64.
40. I. B. Stemik, *Lenin — Yuzist*, p. 79–80.
41. V. Vodovozov, "Moe znakomstvo s Leninym", p. 178.
42. M. I. Ul'yanova, *VoVIL*, vol. 1, p. 208.
43. Ibid., p. 192.
44. V. V. Vodovozov, "Moë znakomstvo s Leninym", p. 177–8.
45. *PSS*, vol. 55, p. 2.
46. M. I. Ul'yanova, *VoVIL*, vol. 1, p. 211.
47. I. B. Stemik, *Lenin — Yurist*, p. 97–8.
48. Ibid., p. 104.

## 6. São Petersburgo

1. PR, n. 4, 1924, p. 102; n. 7, 1924, p. 67; A. I. Ul'yanova-Yelizarova, "Vospominaniya ob Il'iche", *VoVIL*, vol. 1, p. 41.
2. Carta de A. A. Sanín a A. I. Ul'yanova, 31 de outubro de 1923: RTsKhIDNI, fundo 13, op. 1, d. 49.
3. S. Mitskevich, "Stranichka vospominanii", p. 111.
4. *PSS*, vol. 55, p. 2.
5. Ibid., p. 85.
6. Ibid., p. 1-2.
7. *KA*, n.l, 1934, p. 114-15.
8. *PSS*, vol. 55, p. 4.
9. Ibid., vol. 46, p. 1-2.
10. Ibid., p. 3.
11. Ibid., vol. 1, p. 1-66.
12. V. V. [pseudônimo de V. P. Vorontsov], *Nashi napravleniya*, p. 1-215.
13. M. A. Sil'vin, *Lenin vpeiod zarojdeniya partii*, p. 46-50.
14. RTsKhIDNI, fundo 12, op. 2, d. 12, p. 1.
15. *KA*, n. 2, 1925, p. 144-5.
16. D. I. Ul'yanov, *Ocherkiraznykhlet*, p. 71.
17. Carta de A. I. Ul'yanova a P. B. Struve, 13 de julho de 1899, RTsKhIDNI, fundo 13, op. 1, d. 45, p. 1-2.
18. G. M. Krjijanovskii, *O Vladimire Il'iche*, p. 13-4.
19. V.D. Bonch-Bruevich, *Tridtsat' dnei, 1934. Ianvar'*, p. 18.
20. RTsKhIDNI, fundo 14, op. 1, d. 87, p. 7, 8.
21. D. I. Ul'yanov, *VoVIL*, vol. 1, p. 155.
22. O. D. Ul'yanova, "Mariya Il'inichna Ul'yanova", em M. I. Ul'yanova, *OVILiSU*, p. 18.
23. A. I. Ul'yanov-Yelizarova, "Vospominaniya ob Aleksandre Il'iche Ul'yanove", in *OVILiSU*, p. 27 e 57; *PSU*, p. 94.
24. M; I. Ul'yanova, *VoVIL*, vol. 1, p. 211-12.
25. *PSS*, vol. 1, p. 401.
26. "Chto takoe 'Druz'ya naroda' i kak oni voyuyut protiv sotcial-demokratov?", em *PSS*, vol. 1, p. 325-31, 460.
27. *KA*, n. 1, 1934, p. 78, 81.
28. Ibid., p. 78.
29. *PSS*, vol. 55, p. 7.
30. Ibid., p. 8.

31. M. I. Ul'yanova, *VoVIL*, vol. 1, p. 212.
32. *PSS*, vol. 55, p. 9-12.
33. Ibid., p. 13.
34. *KA*, n. 1, 1934, p. 81 e 98.
35. A. I. Ul'yanova-Yelizarova, *Vospominaniya ob Il'iche*, p. 47-8.
36. I. Getzler, *Martov*, p. 21-9.
37. A. N. Potresov, *Posmeitnyi sboinik proizvedenii*, p. 294.
38. *PSS*, vol. 2, p. 70-4.

## 7. Rumo à Itália siberiana

1. *PSS*, vol. 55, p. 5, 14.
2. Ibid., vol. 46, p. 443.
3. A. I. Ul'yanova-Yelizarova, *OVLiSU*, p. 148.
4. M. A. Sil'vin, carta a A. I. Ul'yanov-Yelizarova, 18 de dezembro de 1923, RTsKhIDNI, fundo 13, op. 1, d. 47, p. 3.
5. *PSS*, vol. 55, p. 17.
6. Ibid., p. 18.
7. A. I. Ul'yanova-Yelizarova, *OVLiSU*, p. 145.
8. D. I. Ul'yanov, *VoVIL*, vol. 1, p. 165.
9. A. I. Ul'yanova-Yelizarova, *OVILiSU*, p. 147.
10. A. I. Ul'yanova-Yelizarova, *VoVIL*, vol. 1, p. 51.
11. A. I. Ul'yanova-Yelizarova, *OVILiSU*, p. 145.
12. V. Levitskii, *Za chetvert'veka*, vol. 1, parte 1, p. 51
13. L. Martov, *Zapiski sotsial-demokiata*, p. 342.
14. R. Service, *Lenin: A Political Ufe*, vol. 1, p. 62-3.
15. A. Yelizarova, "Vladimir Il'ich v tyur'me', em N. L. Mescheryakov (org.), *O Lenine*, p. 71.
16. *PSS*, vol. 46, p. 449-50.
17. A. I. Ul'yanova-Yelizarova, *OVILiSU*, p. 381; *Perepiska sem'i Ul'yanoykh*, p. 94.
18. *PSS*, vol. 55, p. 24.
19. Ibid., p. 154-5.
20. G. A. Solomon, *Lenin i ego sem'ya (Ul'yanovy)*, p. 26.
21. *KA*, nº 1, 1934, p. 122; *PR*, nº 2-3, 1929, p. 193.
22. A. I. Ul'yanova-Yelizarova, "Vladimir Il'ich v ssylke (ego ot'ezd i prebyvanie tam)" [rascunho, escrito em 1929], RTsKhIDNI, fundo 13, op. 1, d. 69, p. 4.

23. *ZIL*, vol. 3, p. 84.
24. *PSS*, vol. 55, p. 24-5.
25. Ibid., vol. 46, p. 451.
26. RTsKhIDNI, fundo 14, op. 1, d. 74, p. 36.
27. *PSS*, vol. 55, p. 30.
28. Ibid., p. 34-5.
29. *PR*, nº 11-12, 1928, p. 242.
30. *PSS*, vol. 55, p. 32.
31. Ibid., p. 54.
32. I. Getzler, *Martov*, p. 38.
33. *PSS*, vol. 46, p. 453.
34. A. I. Ul'yanova, *PR*, nº 3, 1924, p. 109-10,
35. Ibid., p. 119.
36. RTsKhIDNI, fundo 13, op, 1, d. 62, p. 2; rascunho de introdução às cartas de Lenin.
37. *PSS*, vol. 55, p. 59.
38. RTsKhIDNI, fundo 14, op. 1, d. 74, p. 33.
39. RTsKhIDNI, fundo 12, op. 2, d. 135, p. 9.
40. S. U. Manbekova e S. A. Rubanov, *Naslednitsa*, p. 52-4.
41. Ibid., p. 62.
42. N. K. Krupskaya, *O Lenine*, p. 80.
43. *Pravda*, 18 de fevereiro de 1968.
44. A. I. Ul'yanova-Yelizarova, *VoVIL*, vol. 1, p. 62-3.
45. S. L. Shatkina (org.), *Lenin i Ul'yanovy vPodol'ske*, p. 31.
46. R. MacNeal, *Bride of the Revolution*, p. 48.
47. RTsKhIDNI, fundo 12, op. 2, d. 1, p. 17: carta de 26 de agosto de 1898 à mãe de Lenin.
48. D. I. Ul'yanov, *VoVIL*, vol. 1, p. 163.
49. R. MacNeal, *Bride of the Revolution*, p. 68-9.
50. N. K. Krupskaya, RTsKhIDNI, fundo 12, op. 2, d. 34, p. 13: fragmento 1936.
51. *PSS*, vol. 55, p. 53.
52. D. I. Ul'yanov, *VoVIL*, vol. 1, p. 183.
53. *PSS*, vol. 55, p. 73.
54. M. I. Ul'yanova, *OVILiSU*, p. 70.
55. *PSS*, vol. 55, p. 73.
56. Ibid., p. 89.

57. Ibid., p. 91.
58. Ver a certidão de casamento *em* S. U. Manbekova e S. A. Rubanov, *Naslednitsa*, p. 187.
59. *PSS*, vol. 45, p. 409-10.
60. Ibid., vol. 55, p. 105.
61. Ibid., p. 111.
62. Ibid., vol. 46, p. 31: carta a Potresov.
63. Ibid., p. 25-6.
64. Carta a I. P. Tovstukha, 15 de outubro de 1923, RTsKhIDNI, fundo 13, op, 1, d. 53, p. 3-4.
65. A. I. Ul'yanova-Yelizarova, fragmento de um rascunho, RTsKhIDNI, fundo 13, op. 1, d. 84, p. 1.
66. *PSS*, vol. 55, p. 180.
67. *KA*, n° 1, 1934, p. 129-30.
68. A. I. Ul'yanova-Yelizarova, fragmento de um rascunho, RTsKhIDNI, fundo 13, op. 1, d. 84, p. 1.

## 8. Uma organização de revolucionários

1. *KA*, n° 1, 1934, p. 134.
2. A. I. Ul'yanova, carta a Stalin, dezembro de 1932, RTsKhIDNI, fundo 13, op. 1, d. 471.
3. A. I. Ul'yanova-Yelizarova, "Tre'ii arest Il'icha" [rascunho], RTsKhIDNI, fundo 13, op. 1, d. 67, p. 6.
4. A. I. Ul'yanova, carta a Stalin, dezembro de 1932, RTsKhIDNI, fundo 13, op. 1, d. 471.
5. S. U. Manbekova e S. A. Rubanov, *Naslednitsa*, p. 129.
6. *KA*, n° 1, 1934, p. 137.
7. N. K. Krupskaya, O *Lenine*, p. 80.
8. *PSS*, vol. 4, p. 341.
9. Ibid., p. 334-52.
10. Ibid., p. 342.
11. Ibid., p. 343.
12. Ibid., p. 345.
13. Ibid., vol. 55, p. 190, 193.
14. Ibid., p. 192.

15. Ibid., p. 193.
16. Ibid., p. 196.
17. Ver D. I. Ul'yanov, *Ocherki raznykh let*, p. 21.
18. *PSS*, vol. 55, p. 198.
19. Ibid., p. 197.
20. Ibid., vol. 46, p. 74.
21. N. K. Krupskaya, *VoVIL*, vol. 2, p, 199.
22. N. Valentinov, *Vstrechi s Leninym*, p, 86, 141.
23. N. K. Krupskaya, "Iz otvetov na anketu Instituta mozga v 1935 godu", em N. K. Krupskaya, *O Lenine*, p. 86.
24. *PSS*, vol. 55, p. 178.
25. "Tovamyi fetishizm", *Nauchnoe obozreine* (São Petersburgo), nº 12, 1899, p. 2277-95.
26. *PSS*, vol. 3, p. 613-36.
27. Ibid., vol. 6, p. 173.
28. Ver N. Harding, *Lenin's Political Thought*, vols. 1-2.
29. N. Valentinov, *Vstrechi s Leninym*, p. 31.
30. Ibid., p. 34.
31. Ibid., p. 35.
32. Ibid., p. 89.
33. *LS*, vol. 2, p. 24, 27.
34. Ibid., p. 65.
35. *PSS*, vol. 6, p. 448.
36. Ibid., p 64, 84.
37. M. I. Ul'yanova, *OVILiSU*, p. 22.

## 9. "Fogo sagrado"

1. *PSS*, vol. 55, p. 85.
2. N. Meshcheryakov, "Iz vospominanii o Lenine", em N. L. Meshcheryakov (org.), *O Lenine*, p. 45.
3. N. A. Alekseiev, *Vospominaniya o Vladimiie Jl'iche Lenine*, vol. 2, p. 85.
4. *PSU*, p. 146.
5. N. K. Krupskaya, *VL*, p. 56-7.
6. Ibid., p. 59.
7. A. Rothstein, *Lenin in Britain*, p. 14-15.

8. N. K. Krupskaya, *VL*, p. 59.
9. RTsKhIDNI, fundo 12, op. 2, d. 14, p. 12-13.
10. Ibid., p. 13, 18.
11. I. Gletzler, *Martov*, p. 66.
12. RTsKhIDNI, fundo 12, op. 2, d, 14, p. 18.
13. N. K. Krupskaya, *VoVIL*, vol. 2, p. 57.
14. Uma narrativa alternativa é fornecida por V. D. Bonch-Bruevich, que escreveu um esboço de memória, dizendo que sua esposa diagnosticara Lenin como sofrendo de um "fenômeno esclerótico cerebral": "Bolezn' Vladimira Ilil'icha v Jenevev 1903 g.", RTsKhIDNI, fundo 4, op. 2, d. 294, p. 2-3. Bonch-Bruevich costumava exagerar ou inventar coisas especialmente quando realçavam seu próprio significado e o de sua família na história. Se a narrativa de Bonch-Bruevich é correta nessa instância, então devemos concluir que Krupskaya estava mentindo. Tudo bem pesado, a última hipótese é menos plausível do que a primeira. Ou quase.
15. *PSS*, vol. 46, p. 232-4.
16. *Istoricheskii arkhiv*, nº 2, 1958, p. 10.
17. *PSS*, vol. 46, p. 190.
18. A. Rothstein, *Lenin in Britain*, p. 23.
19. *Vtoroi s" e zol RSDRP*, p. 443-4.
20. Ibid., p. 262, 425, 717.
21. A. V. Shotman, "Na vtorom s"ezde partii", *PR*, nº 77-8, 1928, p. 62-3.
22. *Vtoroi s"ezd RSDRP*, p. 367, 372, 380.
23. *PSS*, vol. 8, p. 88, 177-8.
24. *LS*, vol. 10, p. 117.
25. RTsKhIDNI, fundo 14, op. 1, d. 74, p. 45.
26. Ibid.
27. "C'est le cerveau": RTsKhIDNI, fundo 14, op. 1, d. 74, p. 45.
28. N. K. Krupskaya, "Iz otvetov na anketu Instituta mozga v 1935 godu", em N. K. Krupskaya, O *Lenine*, p. 82.
29. N. K. Krupskaya, "Sestra Vladimira 1l'icha", *Pravda*, 13 de junho de 1937.
30. V. D. Bonch-Bruevich, *Izbrannye Sochineviva*, vol. 2, p. 314.
31. G. M. Krjijanovskii, O *Vladinüre Il'iche*, p. 32.
32. *LS*, vol. 10, p. 352-3.
33. Ibid., p. 117.
34. *PSS*, vol. 46, p. 355.
35. Ibid., p. 378.

## 10. A Rússia, de longe e de perto

1. *PSS*, vol. 49, p. 35.
2. Ibid., p. 246.
3. M. N. Lyadov, *O Vladimire Biche*.
4. *Tretii s"ezd RSDRP. Protokoly. Aprel-mai 1905 goda*, p. 188-9, 193-4.
5. Ibid., p. 247.
6. N. K. Krupskaya, RTsKhIDNI, fundo 12, op. 2, d. 15, p. 5.
7. Ibid.
8. *BKh*, vol. 2, p. 22; *PSS*, vol. 9, p. 274-82.
9. *BKh*, vol. 2, p. 194-5.
10. *PSS*, vol. 11, p. 336-8.
11. Ibid., p. 340.

## 11. A segunda emigração

1. *BKh*, vol. 2, p. 349.
2. N. K. Krupskaya, *VL*, p. 127-8.
3. Ibid., p. 128.
4. Ibid., p. 129.
5. Ibid.
6. *PSS*, vol. 47, p. 119-20.
7. RTsKhIDNI, fundo 12, op. 2, d. 18, p. 6.
8. M. Gor'kii, "V. I. Lenin", em *V. I. Lenin i A. M. Gor'kii*, p. 262.
9. Ie. V. Krupskaya, carta a seu sobrinho A. A. Krupskii, RTsKhIDNI, fundo 12, op. 1, d. 1057, p. 2.
10. L. A. Fotieva, *Iz jizni Lenina*, p. 10.
11. N. K. Krupskaya, *VoVIL*, vol. 2, p. 199.
12. G. Ya. Lozgachëv-Yelizarov, *Nezabyvaemoe*, p. 102, 107.
13. RTsKhIDNI, fundo 12, op. 2, d. 20, p. 9-10, 16.
14. V. Mel'nichenko, *Fenomen i fantom Lenina*, p. 97-8.
15. Ibid., p. 109.
16. RTsKhIDNI, fundo 14, op. 1, d. 74, p. 47.
17. RTsKhIDNI, fundo 12, op. 2, d. 20, p. 11.
18. *PSS*, vol. 55, p. 303, 305.
19. Ibid., p. 306.
20. *Ogonëk*, nº 10, 1989, p. 29.
21. M. Gor'kii, "V. I. Lenin", em *V. 1. Lenin i A. M. Gor'kii*, p. 253.

22. M. Gorky, *Days with Lenin*, p. 28.
23. M. Gor'kii, *Neizdannaya perepiska*, p. 48.
24. Coleção Nicolaevsky, pasta 1, p. 46.
25. A casa que, em 1908, era o 21 da Tavistock Place, depois renumerada como Tavistock Place, 36: *Survey of London — L.C.C., vol. 24, King's Cross Neighbourhood* (Londres, 1952), p. 81.
26. *PSU*, p. 184-5.
27. M. I. Ul'yanova, *OVLiSU*, p. 313.
28. *PSU*, p. 210.
29. N. K. Krupskaya, *VL*, p. 160.
30. M. I. Ul'yanova, *OVILiSU*, p. 121.
31. M. Gor'kii, *Neizdazmaya perepiska*, p. 56.
32. Fotografias de Inessa são mantidas em RTsKhlDNI, fundo 127, op. 1, d. 54.
33. RTsKhlDNI, fundo 127, op. 1, d. 61.
34. Ibid.
35. R. C. Elwood, *Inessa Armand*, p. 173-89.
36. RTsKhlDNI, fundo 2, op. 1, d. 24299.
37. Narrativa de recordação de C. Rappoport em N. Valentinov, *Vstrechi s Leninym*, p. 98.
38. L. Fotieva, *Iz jizni Lenina*, p. 10.
39. M. Body, "Alexandra Kollontai", *Pzeuves*, n° 14, abril de 1952, p. 17.
40. Carta de Lenin a Kautsky: D. Geyer (org.), *Kautskys Russiches Dossier*, p. 344.

**12. Quase na Rússia!**

1. "Vospominaniya", *ITsKKPSS*, n° 7, 1989, p. 171.
2. *Biblioteka V. I. Lenina v Kremle. Katalog*.
3. Hoje em dia, guarda-se no Museu Lenin, em Gorki.
4. M. S. Volin, "Dorevolyutsionnye biograficheskie publikatsii o V. I. Lenine", *VIKPSS*, n° 7, 1970, p. 116.
5. M. S. Kedrov, *Book Publishing under Tsarism*, p. 16-21.
6. *PSS*, 55, p. 323.
7. Ibid.
8. Ver o cartão-postal de Inessa em RTsKhIDNI, fundo 127, op. 1, d. 37.
9. *VoVIL*, vol. 3, p. 319: memória de S. Bagotski.
10. *PSS*, vol. 55, p. 328.
11. N. K. Krupskaya, *VoVIL*, vol. 2, p. 256.

12. Yu. V. Bemove A. Ya. Manusevich, *V krakovskoi emigratsii*, p. 29.
13. M. I. Ul'yanova, *OVILiSU*, p. 296; G. Ya. Lozgachëv-Yelizarov, *Nezabyvaemoe*, p. 8.
14. M. I. Ul'yanova *OVILiSU*, p. 317.
15. *BKh*, vol. 3, p. 52-172.
16. Stalin a Kamanev (dezembro de 1912), *Bol'shevistskoe rukovodstvo*, p. 16. Ver os comentários de Lenin sobre a crítica de Stalin in V. *I. Lenin. Neizvestnye dokumenty*, p. 109.
17. R. C. Elwood, "Lenin and 'Pravda'", *Slavic Review*, nº 2, 1972, p. 212-14.
18. Carta de Ducos de la Haille a K. Kautsky, D. Geyer (orgs.), *Kautskys Russisches Dossier*, p. 644.
19. R. C. Elwood, *Inessa Armand*, p. 96.
20. *PSS*, vol. 55, p. 339.
21. *Sovobodnaya mysl'*, nº 3, 1992, p. 81.

## 13. Lutando para perder

1. RTsKhIDNI, fundo 12, op. 2, d. 23, p. 5.
2. *LS*, vol. 2, p. 173-4.
3. RTsKhIDNI, f. 12, op. 2, d. 29, p. 3.
4. Ibid., p. 3-4, 5.
5. Ibid., d. 31, p. 7-8.
6. *PSS*, vol. 26, p. 6.
7. Ibid., vol. 48, p. 155.
8. *PSU*, p. 363.
9. Ibid., p. 428.
10. *PSS*, vol. 49, p. 492.
11. N. K. Krupskaya, *VoVIL*, vol. 2, p. 33.
12. *PSS*, vol. 49, p. 340.
13. *PSU*, p. 232.
14. *VoVIL*, vol. 2, p. 191.
15. *PSS*, vol. 49, p. 52.
16. Ibid., p. 55.
17. Ibid., p. 56.
18. F. Il'in, "Otryvok vospominanii", *ZIL*, vol. 1, p. 126-7.
19. *Istoricheskii arkhiv*, nº 3, 1959, p. 38-42.
20. M. A. Moskalëv, *Byuro*, p. 270.

## 14. Aguentando firme

1. *PSS*, vol. 30, p. 328.
2. Ibid., vol. 49, p. 361.
3. *PSDU*, p. 419.
4. W. Gautschi, *Lenin ais Emigrant in der Schweiz*, p. 178.
5. Ibid., p. 328.
6. RTsKhIDNI, fundo 12, op. 2, d. 55, p. 1 (Notas da Krupskaya entre 1917 e 1937).
7. N. K. Krupskaya, *VoVIL*, vol. 2, p. 208-9.
8. *PSS*, vol. 49, p. 14.
9. Ibid., vol. 27, p. 27.
10. Ibid., vol. 30, p. 16.
11. Ibid., vol. 29, p. 162.
12. Ibid., p. 163-4.
13. Ibid., vol. 28, p. 594.
14. L. D. Trotskii, *Moya jizn'*, vol. 1, p. 285.
15. *DZB*, vol. 1, p. 128.
16. Ibid., p. 169.
17. R. Pipes (org.), *The Unknown Lenin*, p. 31.

## 15. Numa terra estranha

1. N. K. Krupskaya, *VoVIL*, vol. 2, p. 220.
2. Ibid., p. 221.
3. *PSS*, vol. 49, p. 401-2.
4. F. Plattern, *Lenin iz emigratsii v Rossiyu*, p. 34-7.
5. RTsKhIDNI, fundo 12, op. 1, d. 1, p. 12: a narrativa de E. A. Tsivilaya da apelação feita por V. S. Dridzo (assistente pessoal da Krupskaya) e M. F. Fofanova (que escondeu Lenin em outubro de 1917) ao Comitê Central para garantir o retorno das cinzas de E. V. Krupskaya em atenção ao desejo de Nadejda Konstantinovna.
6. K. Radek, "V plombirovannom vagone", *Pravda*, 20 de abril de 1924.
7. F. Platten, *Lenin iz emigratsii V Rossiyu*, p. 57.
8. K. Radek, "V plombirovannom vagone".
9. Ibid.
10. D. S. Suliashvili, "Iz Shveitsarii v Petrograd vmeste s Leninym", *VoVIL*, vol. 4, p. 142.

11. K. Radek, "V plombirovannom vagone".
12. D. S. Suliashvili, "Iz Shveitsarii v Petrograd vmeste s Leninym", *VoVIL*, vol. 4, p. 143.
13. G. E. Zinoviev, "Vospominaniya: Malinovskii", *ITsKKPSS*, nº 6, 1989, p. 201.
14. V. D. Bonch-Bruevich, "Priezd V. I. Lenina iz-za granitsy v 1917 g." [rascunho], RTsKhIDNI, fundo 4, op. 2, d. 3003, p. 105.
15. R. MacNeal, *Bride of the Revolution*, p. 171.
16. N. K. Krupskaya, excerto de um manuscrito em *VoVIL*, vol. 2, p. 229.
17. N. K. Krupskaya, "Vospominaniya o Lenine", *VoVIL*, vol. 2, p. 229.
18. Memória de A. A. Pushkova, RTsKhIDNI, fundo 13, op. 1, d. 457, p. 1; A. I. Ul'yanova-Yelizarova, *OVILiSU*, p. 348; carta ao marido, 7 de junho de 1913.
19. G. Ya. Lozgachëv-Yelizarov [rascunho], RTsKhIDNI, fundo 11, op. 2, d. 31, p. 162-3.
20. G. Ya. Lozgachëv-Yelizarov, *Nezabyvaemoe*, p. 145.
21. N. A. Uglanov, "O Vladimire Il'iche Lenine", *ITsKKPSS*, nº 4, 1989.
22. *PR*, nº 4, 1927, p. 162-3.
23. Ibid.
24. R. Service, *Lenin: A Political Life*, vol. 2, p. 170-7.

**16. O *cockpit* russo**

1. *Pravda*, 14 de maio de 1917.
2. V. P. Buldakov, "Istoriya posnaëtsya v sravnenii", *Argumenty i fakty*, nº 45, novembro de 1998, p. 12.
3. N. K. Krupskaya, "Vospominaniya o Lenine", *VoVIL*, vol. 2, p. 229.
4. Extratos em I. M. Dajina, "Leninske istoki jijni I bord'by", *VIKPSS*, nº 3, 1987, pp. 71-2.
5. A. M. Kollontai, registro de 1950 em diário, RTsKhIDNI, fundo 134, op. 3, d. 75, p. 19-21.
6. M. Gor'kii, "V. I. Lenin" em V. *I. Lenin i A M. Gor'kii*, p. 271-2.
7. *Pravda*, 23 de abril de 1917.
8. N. K. Krupskaya, "Vospominaniya o Lenine", *VoVIL*, vol. 2, p. 235.
9. Ibid., p. 232.
10. *Shestoi s"ezd RSDRP (b)*, p. 41.
11. G. K. Orsjonikidze, "Il'ich v iuyl'skie dni", *Pravda*, 28 de março de 1924.
12. N. I. Podvoiskii, "V. I, Lenin v 1917 godu", *VoVIL*, vol. 4, p. 186.

13. M. S. Kedrov, "Iz vospominanii o vserossiiskoi konferenstii voennykh organizatsii RSDRP (bol'shevikov), 16-23 iyunya 1917 goda", *VoVIL*, vol. 4, p. 223.
14. N. I. Muralov, "I Vserossiiskii S"ezd Sovetov, *VoVIL*, vol. 4, p. 220.
15. N. K. Krupskaya, "Vospominaniya o Lenine", *VoVIL*, vol. 2, p. 238.
16. R. Pipes, *The Russian Revolution*, p. 419-22.
17. M. S. Kedrov, "Iz krasnoi tetradi ob Il'ich", p. 485.
18. A. Rabinowitch, *The Volsheviks Come to Power*, p. 15-17.
19. M. I. Ul'yanova, "Poiski Il'icha v pervye dni iyulya 1917 goda", *VoVIL*, p. 241.
20. G. K. Ordjonikidze, "Il'ich viyul'skie dni", *Pravda*, 28 de março de 1924.
21. A. G. Shlyapnikov, "Kerenshchina", *PR*, nº 7 (54), 1927, p. 35.
22. M. N. Poletaev, "V iyul'skie dni", *Petrogradskaya pravda*, 27 de janeiro de 1924.
23. Fragmento de memória de A. A Allilueva, RTsKhIDNI, fundo 4, op. 2, d. 45, p. 2.

## 17. Poder pronto para ser tomado

1. A. S. Allilueva, *Vospominaniya*, p. 183, 185.
2. Ver rascunhos de A. S. Alliluev, fundo 4, op. 2, d. 45, p. 6.
3. S. Ya. Alliluev, fragmento de rascunho, ibid., p. 8.
4. *PSS*, vol. 34, p. 2-5.
5. G. Sokol'nikov, "Kak pokhodit k istorii Oktyabrya", em *Za leninizma*, p. 165.
6. N. A. Yemel'yanov, "Tainstvennyi shalash", *VoVIL*, vol. 4, p. 238.
7. Ibid., p. 237.
8. Ibid., p. 239.
9. Ibid.
10. D. I. Leshchenko, "Kakya snimal Lenina v podpol'e", *VoVIL*, p. 245.
11. A. V. Shotman, "Lenin v podpol'e (Iyul'-oktyabr' 1917 goda)", *VoVIL*, vol. 4, p. 251.
12. K. Kuusela, "Kak artist maskiroval Lenin", em *Lenin v vospominaniyakh finnov*, p. 79-80.
13. J. Piilonen, "Yhteinenvihollineny hdistää, 1908-1917", em J. Numminen (org.), *Lenin ja Suomi*, p. 308.
14. A. V. Shotman, "Lenin v podpol'e. (Iyul'-oktyabr' 1917 goda)", *VoVIL*, vol. 4, p. 253.
15. N. K. Krupskaya, *VoVIL*, vol. 2, p. 244-5.

16. *PSS*, vol. 49, p. 444.
17. *Pravda*, 7 de junho de 1917.
18. Para um exemplo, ver M. Liebman, *Leninism under Lenin*.
19. *PSS*, vol. 34, p. 135.
20. Ibid.
21. Ibid., p. 138-9.
22. A. Rabinowitch, *The Bolsheviks Come to Power*, p. 170.
23. *PSS*, vol. 49, p. 241.
24. Ibid., p. 243-4.
25. N. I. Bukharin, "Iz rechi tov. Bukharina na vechere vospominanii v 1921 g.", *PR*, nº 10, 1922, p. 319.
26. E. D. Stasova, "Pis'mo Lenina vTsKpartii", *VoVIL*, vol. 4, p. 288.
27. A. V. Shotman, "Lenin nakanune Okyabrya", *O Lenine: Sbornik vospominanii*, p. 115-16, de *VoVil*, vol. 4, p. 254-5.
28. Ibid., p. 255.
29. Ibid., p. 256.
30. A. Kollontai, rascunhos de diário de 1929-30, RTsKhIDNI, fundo 134, op. 3, d. 48, p. 33.
31. G. Rovio, "Kak Lenin skryvalsya u gel'singforskogo 'politseimeisteera'", em N. L Meshcheryakov (org.), *O Lenine*, p. 115
32. Yu. Latukkab, "Lenin vpodpol'e v Finlyandii", *VoVIL*, vol. 4, p. 284.
33. Ibid., p. 287. A data exata ainda é discutida: ver a nota de rodapé editorial 1, ibid., p. 187.
34. Ibid., p. 287.
35. M. V. Fofanova, "V. I. Lenin na Vyborgskoi Storone v 1917, godu", *VoVIL*, vol. 4, p. 299.
36. *PTsK*, p. 84-5.
37. Ibid., p. 85.
38. Ibid.
39. L. Trotskii, *O Lenine*, p. 70.
40. *PTsK*, p. 87-92.
41. Ibid., p. 94.
42. A. A. Ioffe, "Kanun Oktyabrya. Zasedanie v 'Lesnom'", *ITsKKPSS*, nº 4, 1989, p. 203.
43. *PTsK*, p. 104.
44. M. V. Fofanova, "V. I. Lenin na Vyborgskoi Storone v 1917 godu", *VoVIL*, vol. 4, p. 302.

45. Ibid., p. 304.
46. *PSS*, vol. 34, p. 435.
47. E. A. Rakh'ya, "Moi vospominaniya o Vladimire Il'iche", *Pravda*, 21 de janeiro de 1927.
48. M. V. Fofanova, "V. I. Lenin na Vyborgskoi Storone v 1917, godu", *VoVIL*, vol. 4, p. 304.

## 18. A Revolução de Outubro

1. Rakh'ya, "Moi vospominaniya o Vladimire Il'iche", *Pravda*, 21 de janeiro de 1927.
2. Ibid.
3. Ibid.
4. *PSS*, vol. 35, p. 2.
5. N. Sukhanov, *Zapiski o revolyutsii*, vol. 7, p. 174.
6. *PSS*, vol. 35, p. 1.
7. V. D. Bonch-Bruevich, "Iz vospominanii o Vladimire Il'iche", *VoVIL*, vol. 4, p. 325-6.
8. Ibid., p. 329.
9. Ibid.
10. *PSS*, vol. 35, p. 23.
11. *PTsK*, p. 124-5.
12. V. Mel'nichenko, *Penomenon i fantom Lenina*, p. 67.
13. G. A. Solomon, *Lenin i ego sem'ya*, vol. 1, p. 88.

## 19. Ditadura sitiada

1. N. K. Krupskaya, "Ranenie Lenina v 1918 godu", RTsKhIDNI, fundo 12, op. 2, d. 59, p. 1.
2. N. K. Krupskaya, *VoVIL*, vol. 2, p. 269.
3. Ibid.
4. Ibid., p. 270.
5. Ibid.
6. RTsKhIDNI, fundo 12, op. 2, d. 29, p. 26.
7. N. K. Krupskaya, *VoVIL*, vol. 2, p. 249.
8. A história é republicada em Ye. Zamyatin, *Bol'shim detyam skazki*, p. 37-8. Sou grato a Philip Cavendish por chamar minha atenção para essa obra.
9. Ibid., p. 270-1.

10. *PSS*, vol. 35, p. 57.
11. T. H. Rigby, *Lenin's Government*, p. 71.
12. Ibid., p. 179-80.
13. D. Volkogonov, *Lenin*, vol. 2, p. 200 ss.
14. *Bol'shevistskoe rukovodstvo*, p. 33.
15. *PSS*, vol. 35, p. 189.

## 20. Brest-Litovsk

1. *PTsK*, p. 168.
2. Ibid., p. 194-5.
3. Ibid., p. 213.
4. K. Radek, *Portretyi pamflety*, p. 26.
5. *Sed'moi s"ezd RKP (b)*, p. 13.
6. Carta da Krupskaya a Shirokov, 3 de dezembro de 1938, RTsKhIDNI, fundo 12, op. 2, d. 135, p. 30.
7. Ibid.
8. Ibid.
9. *PSS*, vol. 55, p. 85.
10. *BKh*, vol. 5, p. 340.
11. *PSS*, vol. 50, p. 78-9.
12. S. Ya. Allliluev, esboço de fragmento de memória, RTsKhIDNI, fundo 4, op. 2, d. 46, p. 1.
13. M. I. Ul'yanova, "Otryvki", RTsKhIDNI, fundo 14, op. 1, d. 87, p. 8.
14. *PSS*, vol. 35, p. 314.
15. Ibid., vol. 36, p. 196.
16. Ibid., p. 197.

## 21. Sob a mira das armas

1. *Sed'moi ekstrennii s"ezd RKP (b)*, p. 8.
2. *PSS*, vol. 36, p. 172.
3. (Suposto) registro de diário de 18 de julho de 1918, republicado em *VoVIL*, vol. 6, p. 23, a partir de *Projektoi*, n° 4, 1924.
4. Sovnarkom, 8 e 9 de maio de 1918: GARF, fundo 130, op. 2, d. 1 (3/4).
5. *PSS*, vol. 36, p. 250.
6. N. K. Krupskaya, *VoVIL*, vol. 2, p. 312.
7. Ibid.

8. Ibid., p. 312-13.
9. B. Pearce, *How Haig Saved Lenin*, p. 65; D. Volkogonov, "Leninskaya krepost' v moei dushe pala poslednei", *Moskovkie novosti*, n° 29, 19 de julho de 1992, p. 20.
10. *The Last Diary of Tsaritsa Alexandra* (org. V. A. Kozlov e V. M. Khrustalëv), p. 156.
11. N. K. Krupskaya, *VoVIL*, vol. 2, p. 309.
12. *Komsomol'skaya pravda*, 12 de fevereiro de 1992.
13. A. Latyshev, *Rassekrechënnyi Lenin*, p. 20.
14. N. K. Krupskaya, rascunho de memória sobre "1918", RTsKhIDNI, fundo 12, op. 2, d. 30, p. 32.
15. Estenograma do discurso de M. I. Ulyanova na reunião comemorativa de Lenin em 16 de agosto de 1928: RTsKhIDNI, fundo 14, op. 1, d. 70, p. 1; e N. K. Krupskaya, rascunho de memória sobre "1918", RTsKhIDNI, fundo 12, op. 2, d. 30, p. 32.
16. *PSS*, vol. 37, p. 82.
17. Estenograma do discurso de M. I. Ulyanova na reunião comemorativa de Lenin em 16 de agosto de 1928: RTsKhIDNI, fundo 14, op. 1, d. 70, p. 1.
18. Ibid., p. 2.
19. N. K. Krupskaya, "Ranenie Lenina v 1918 godu" [rascunho], RTsKhIDNI, fundo 12, op. 2, d. 59, p. 6.
20. Estenograma do discurso de M. I. Ulyanova na reunião comemorativa de Lenin em 16 de agosto de 1928, RTsKhIDNI, fundo 14, op. 1, d. 70, p. 7-8.
21. V. N. Rozanov, "Izvospominaniyao Vladimire Il'iche", em N. L. Meshcheryakov (org.), *O Lenine*, vol. 3, p. 121-2.
22. V. N. Rozanov, *VoVIL*, vol. 5, p. 311.
23. B. S. Veisbrod, "Bol'noi Lenin", *VoVIL*, vol. 8, p. 251.
24. Yu. M. Lopukhin, *Bolezn', smert' i bal'zamiiovanie V. 1. Lenina*, p. 58.
25. V. N. Rozanov, *VoVIL*, vol. 5, p. 312.
26. Anteriormente, pertencera a Gennadi e Zinaida Reinbot e foi nacionalizada a pedido de Zinaida. Zinaida era a viúva de Savva Morozov, o dono de fábrica que dera ajuda financeira às organizações marxistas russas antes da Primeira Guerra Mundial.

## 22. Líder da guerra

1. *ITsKKPSS*, 1989, n° 11, p. 168.
2. M. Gor'kii, "V. I. Lenin", em *V. I. Lenin i A M. Gor'kii*, p. 266.

3. A. M. Kollontai, "Epizod vesnoi 1918 goda v Moskve" [rascunho], RTsKhIDNI, fundo 134, op. 4, d. 18, p. 2-3.
4. *PSS*, vol. 37, p. 243.
5. Ibid., p. 245.
6. *ITsKKPSS*, nº 4, 1990. Sou grato a Arfon Rees por partilhar suas ideias sobre a influência de Maquiavel no pensamento revolucionário russo.
7. *PSS*, vol. 45, p. 174.
8. Líderes políticos soviéticos de fato fizeram a sugestão antes de historiadores, tanto favoráveis quanto hostis, a terem adotado.
9. RTsKhIDNI, fundo 12, op. 2, d. 34, p. 49: correções de 1936 de memórias.
10. Deram-lhe, no entanto, um quarto separado só seu em Gorki: D. I. Ul'yanov, *VoVIL*, vol. 1, p. 178.
11. V. Armand, "Jivaya nit", *Novyi mir*, nº 4, 1967, p. 198.
12. N. K. Krupskaya, rascunho de memória sobre "1918": RTsKhIDNI, fundo 12, op. 2, d. 30, p. 12-13.
13. "Vospominaniya M. I. Ul'yanovoi": RTsKhIDNI, fundo 16, op. 3c, d. 20, p. 1.
14. N. K. Krupskaya, rascunho de memória sobre "1918": RTsKhIDNI, fundo 12, op. 2, d. 30, p. 12-13.
15. M. I. Ul'yanova, *OVILiSU*, p. 116-7.
16. *TP*, vol. 1, p. 228.
17. Citado a partir de arquivos por D. A. Volkogonov, *Sem' vojdei*, vol. 1, p. 84.

## 23. Expandindo a revolução

1. *PSS*, vol. 50, p. 328.
2. Ibid., p. 327.
3. Gorki citado em V. Mel'nichenko, *Fenomen in fantom Lenina*, p. 70.
4. Citado em D. A. Volkogonov, *Sem' vojdei*, vol. 1, p. 135.
5. *PSS*, vol. 51, p. 52.
6. A. Latyshev, *Rassekrechënnyi Lenin*, p. 44-45.
7. Ver M. Liebman, *Leninism under Lenin*; N. Harding, *Lenin's Political Though*, vol. 2.
8. *Desyatri s"ezd RKP (b)*, p. 349-50.
9. B. M. Volin, *VoVIL*, vol. 6, p. 61.
10. N. K. Krupskaya, *VoVIL*, vol. 2, p. 284.
11. Ibid., p. 270.
12. Ibid., p. 301.

13. N. K. Krupskaya, RTsKhIDNI, fundo 12, op. 2, d. 30, p. 15.
14. M. I. Ul'yanova, *VoVIL*, vol. 1, p. 260.
15. *PSS*, vol. 43, p. 150.
16. Diário de Kollontai: RTsKhIDNI, fundo 134, op. 3, d. 48, p. 33.
17. V. Mel'nichenko, *Fenomenon i fantom Lenina*, p. 53.
18. D. I. Ul'yanov, *Ocheiki raznykh let*, p. 93.
19. Ibid., p. 98.
20. N. Meshcheryakov, "Iz vospominanii o Lenine", p. 45.
21. A. M. Kollontai, "deus de 1918" [esboço de memória], RTsKhIDNI, fundo 134, op. 4, d. 23, p. 2.
22. N. K. Krupskaya, *VoVIL*, vol. 2, p. 333.
23. *PSS*, vol. 55, p. 373-4.
24. S. U. Manbekova e S. A. Rubanov, *Naslednitsa*, p. 166: telegrama de V. M. Molotov a Lenin, de Nijni Novgorod.

## 24. Derrota no Ocidente

1. Ver a Introdução.
2. A. Latyshev, *Ressekiechënnyi Lenin*, p. 40.
3. Ibid.
4. Relatório à IX Conferência do Partido, setembro de 1920, RTsKhIDNI, fundo 44, op. 1, d. 5, p. 11-18, 20-1, 27-8; e memorandos de Lenin republicados em *Izvestiya*, 27 de abril de 1992.
5. *TP*, vol. 2, p. 278.
6. *ITsKKPSS*, n° 4, 1991, p. 171.
7. Citado em "Vlyublênnaya Lenina", *Uteratumaya gazeta — Dos'e*, n° 8, 1992, p. 11.
8. A. M. Kollontai, diário para 1920, RTsKhIDNI, fundo 134, op. 3, d. 36, p. 12.
9. Último diário de Inessa Armand, RTsKhIDNI, fundo 127, op. 1, d. 61, p, 7-8.
10. Ibid., p. 8.
11. Ibid., p. 14.
12. Citado em D. A. Volkogonov, *Sem' vojdei*, vol. 1, p, 113.
13. Ye. Drabkina, *Zimnii pereval*, p. 29.
14. A. Balabanoff, *Impressions of Lenin*, p. 14.
15. RTsKhIDNI, fundo 44, op. 1, d. 5, p. 13.
16. Ibid.

## 25. A Nova Política Econômica

1. Ver R. Service, *Lenin: A Political Life*, vol. 3, caps. 6-7.
2. RTsKhIDNI, fundo 17, op. 3, d. 128, item 1a.
3. A narrativa de Chernov encontra-se em RTsKhIDNI, fundo 5, op. 1, d. 1454, p. 2; sua memória apareceu em *Bednota*, nº 1729, 2 de fevereiro de 1924.
4. P. Sorokin e M. Rogov, "Razvërstka ili nalog?", *Pravda*, 17 de fevereiro de 1921.
5. RTsKhIDNI, fundo 17, op. 2, d. 58, p. 2.
6. RTsKhIDNI, fundo 17, op. 3, d. 154.
7. RTsKhIDNI, fundo 46, op. 1, d. 3, p. 16.
8. Ibid., p. 16, 18.
9. Ibid., p. 22.
10. Ibid., p. 125.
11. *PSS*, vol. 53, p. 14.

## 26. Uma questão de sobrevivência

1. D. I. Ul'yanov, *Ocherki raznykh let*, p. 93.
2. RTsKhIDNI, fundo 17, op. 17, d. 174, p. 24.
3. *PSS*, vol. 53, p. 17.
4. Ibid., p. 110.
5. "Vospominaniya M. I. Ul'yanovoi", RTsKhIDNI, fundo 16, op. 3, d. 20, p. 3.
6. Estimativa aproximada, baseada na visita do autor em junho de 1993.
7. N. K. Krupskaya, *VoVIL*, vol. 2, p. 317.
8. V. P. Osipov, "Bolezn' i smert Vladimira Il'icha Ul'yanova-Lenina", *VoVIL*, vol. 8, p. 298.
9. *Lenin iVChK*, p. 465-6.
10. D. I. Ul'yanov, *VoVIL*, vol. 1, p. 181.
11. N. K. Krupskaya, *VoVIL*, vol. 2, p. 148.
12. "Vospominaniya M. I. Ul'yanovoi", RTsKhIDNI, fundo 16, op. 3, d. 20 p. 11-12.
13. Narrativa manuscrita por Darkevich do exame para diagnóstico, RTsKhIDNI, fundo 16, op. 3s, d. 6, p. 4-5.
14. Ibid., p. 6.
15. Ibid., p. 4.
16. *RTsKhIDNI*, fundo 16, op. 3s, d. 6, p. 7-9.
17. *ITsKKPSS*, nº 4, 1990, p. 189.

18. *PSS*, vol. 54, p. 198.
19. V. Klemperer, *Leben sammeln, nicht fiagen wozu und warum*, vol. 1: *Tagebücher 1918-1924*, p. 577. Sou grato a Kay Schiller por me alertar para esta fonte.
20. RTsKhIDNI, fundo 4, op. 1, d. 99, p. l-2j V. N. Rozanov, "Iz vospominaniya o Vladimire Il'iche", em N. L. Meshcheryakov (org.), *O Lenine*, p. 127-31.
21. RTsKhIDNI, fundo 4, op. 1, d. 99, p. 3.
22. Yu. M. Lopukhin, *Bolezn', smart'i bal'zatmrovanie V. I. Lenina*, p. 19.
23. Ibid., p. 36.
24. Ibid., p. 40.
25. V. Rozanov, *Krasnaya nov'*, n° 6, 1924, p. 155-6.
26. N. Petrenko, "Lenin v Gorkakh — bolezn' I smert", *Minuvshee*, vol. 2, p. 195; G. Ya Lozgachêv-Yelizarov, *Nezabyvaemoe*, p. 237.
27. "Vospominaniya M. I. Ul'yanovoi", RTsKhIDNI, fundo 16, op. 3, d. 20, p. 10.
28. Ibid., p. 12; Kojevnikov: fundo 16, op. 2, d. 11, p. 6.
29. Ver V. Soloukhin, *Pro svete dnya*; D. Volkogonov, *Lenin*.
30. RTsKhIDNI, fundo 5, op. 1, d. 454.
31. N. K. Krupskaya, *VoVIL*, vol. 2, p. 334, 2.
32. "Vospominaniya M. I. Ul'yanovoi", RTsKhIDNI, fundo 16, op. 3, d. 20, p. 32-3.
33. Discurso sem data de M. I. Ul'yanova, RTsKhIDNI, fundo 14, op. 1, d. 65, p. 21.
34. M. I. Ul'yanova, *VoVIL*, vol. 1, p. 283.
35. RTsKhIDNI, fundo 12, op. 2, d. 206. Carta da Krupskaya a Inna Armand, 30 de setembro de 1922.
36. RTsKhIDNI, fundo 16, op. 2s, d. 39, p. 17: relatório de P. Pakaln, 3 de julho de 1922.
37. Ibid.
38. RTsKhIDNI, fundo 12, op. 2, d. 206; Carta da Krupskaya a Inna Armand, 30 de setembro de 1922.
39. RTsKhIDNI, fundo 16, op. 2s, d. 39, p. 17: relatório de P. Pakaln, 3 de julho de 1922.
40. Esboço de memória, RTsKhIDNI, fundo 14, op. 1, d. 87.
41. "Vospominaniya M. I. Ul'yanovoi", RTsKhIDNI, fundo 16, op. 3, d. 20, p. 17-18.
42. RTsKhIDNI, fundo 16, op. 3s, d. 20, p. 61; excerto datilografado do diário de M. L Ulyanova.

43. RTsKhIDNI, fundo 16, op. 2s, d. 39, p. 16: relatório de P. Pakaln.
44. *ITsKKPSS*, n° 4, 1991, p. 188.

## 27. Brigando até o fim

1. Ver acima.
2. RTsKhIDNI, fundo 17, op. 2, d. 25993.
3. *PSS*, vol. 48, p. 162.
4. N. A. Uglanov, *VoVIL*, vol. 7, p. 72.
5. M. I. Ul'yanova, *ITsKKPSS*, n° 12, 1989.
6. RTsKhIDNI, fundo 16, op. 2s, d. 39, p. 7, 36, 50, 59: relatórios de P. Pakaln, chefe da guarda pessoal do escritório central da Cheka, em Moscou.
7. Carta de N. K. Krupskaya a L. A. Fotieva, 25 de agosto de 1922, RTsKhIDNI, fundo 5, op. 1, d. 454, p. 4.
8. Carta de M. Volodicheva a A. I. Ul'yanova, 6 de dezembro de 1922, RTsKhIDNI, fundo 13, op. 1, d. 43, p. 1.
9. *ITsKKPSS*, n° 5, 1991, p. 189.
10. RTsKhIDNI, fundo 17, op. 2, d. 84, itens 1-3.
11. Suas palavras, em 25 de outubro de 1922, foram *"on mojet snova svalit'sya"*.
12. "Dvernik dejurnogo vracha V. I. Lenina v 1922-1923 gg.", *VIKPSS*, n° 9, 1991, p. 41-2.
13. Bilhete de N. S: Allilueva a Kamenov com base na mensagem da Krupskaya em favor de Lenin, 18 de outubro de 1922, RTsKhIDNI, fundo 5, op. 1, d. 456.
14. N. I. Bukharin, "Pamyati Lenina", *Pravda*, 21 de janeiro de 1925.
15. Ver o texto da carta em A. Latyshev, *Rassekrechënnyi Lenin*, p. 253.
16. RTsKhIDNI, fundo 16, op. 2s, d. 39, p. 92: relatório de P. Pakaln.
17. RTsKhIDNI, fundo 16, op. 2, d. 13: anotações de A. M. Kojevnikov, conforme transmitidas em D. Volkogonov, *Lenin*, vol. 2, p. 333.
18. *PSS*, vol. 45, p. 471.
19. Excerto do diário de M. I. Ul'yanov, 2 de setembro de 1922, RTsKhIDNI, fundo 16, op. 3s, d. 20, p. 65.
20. Texto da carta tirado de RTsKhIDNI, fundo 2, op. 2, d. 134, dado em *Rodina*, n° 3, 1992, p. 49.
21. *PSS*, vol. 54, p. 324.
22. L. A. Fotieva, "Iz vospominanii o V. I. Lenine", *VoVIL*, vol. 8, p. 178.
23. Carta ao Comitê Central, 15 de dezembro de 1922, *PSS*, vol. 45, p. 338.
24. L. A. Fotieva, "Iz vospominanii o V. I. Lenine", *VoVIL*, vol. 8, p. 179.

25. *PSS*, vol. 45, p. 324.
26. RTsKhIDNI, fundo 16, op. 2, d. 13: anotações de A. M. Kojevnikov, conforme transmitidas em D. Volkogonov, *Lenin*, vol. 2, p. 333.
27. *ITsKKPSS*, nº 12, 1989, p. 189.
28. RTsKhIDNI, fundo 17, op. 2, d. 86, p. 1.
29. *PSS*, vol. 54, p. 327.
30. RTsKhIDNI, fundo 17, op. 2, d. 87, p. 1.
31. Reunião do Politburo, 14 de dezembro de 1922, RTsKhIDNI, fundo 17, op. 3; RTsKhIDNI, fundo 5, op. 2, d. 55, p. 202-3; L. A. Fotieva, "Iz vospominanii o V. I. Lenine", *VoVIL*, vol. 8, p. 173.
32. *ITsKKPSS*, nº 9, 1989, p. 148.
33. L. A. Fotieva, "Iz vospominanii o V. I. Lenine", *VoVIL*, vol. 8, p. 187.
34. Ibid., p. 189-90.
35. A. G. Shlikhter, "Gotova li smena?", *VoVIL*, vol. 8, p. 59.
36. M. I. Ul'yanova, "O Vladimire Il'iche", *ITsKKPSS*, nº 3, 1991, p. 194.
37. L. A. Fotieva, "Iz vospominanii o V. I. Lenine", *VoVIL*, vol. 8, p. 189.

## 28. Morte na Casa Grande

1. *PSS*, vol. 45 p. 343-4.
2. Ibid.
3. Ibid., p. 344-5.
4. Ibid., p. 345.
5. Ibid.
6. *Bol'shevistskoe rukovodstvo*, p. 198.
7. Citado na narrativa de G. Volkov de uma entrevista com Volodovicheva, "Stenografistka U'icha", *Sovetskaya kul'tura*, 21 de janeiro de 1989.
8. Entrevista de A. Bek's com Volodovicheva e Fotieva, em 1967, "K istorii poslednikh leninskikh dokumentov", *Moslovskie Novoste*, nº 17, 23 de abril de 1989, p. 8.
9. Entrevista de G. Volkov com Volodovicheva, "Stenografistka Il'icha"; entrevista de A. Bek com Volodivicheva e Fotieva, em 1967, "K istorii poslednikh leninskikh dokumentov".
10. Ver M. Lewin, *Lenin's Last Struggle* e S. Cohen, *Bukharian and the Russian Revolution*.
11. *PSS*, vol. 45, p. 359.
12. Ibid., p. 356.

13. Ibid., p. 346.
14. Ibid., p. 372.
15. Ibid., p. 373.
16. Ibid., vol. 54, p. 330.
17. Ibid., p. 82-3.
18. Ibid., p. 330.
19. Citado na entrevista de G. Volkov com Volodicheva, "Stenografistka Il'icha".
20. Yu. M. Lopukhin, *Bolezn', smert'i bal'zamirovanie V. I. Lenina*, p. 40.
21. Memória de V. A. Rukavishnikov, RTsKhIDNI, fundo 16, op. 2s, d. 91, p. 32; op. 3s, d. 27, p. 12.
22. Ibid., p. 16.
23. "Vospominaniya M. I. Ul'yanovoi", RTsKhIDNI, fundo 16, op. 3s, d. 20, p. 14.
24. Diário da enfermeira Z. I. Zorko-Rimsha, RTsKhIDNI, fundo 16, op. 2s, d. 104, p. 223.
25. Carta a A.V. Lunacharski, em algum momento de 1923, RTsKhIDNI, fundo 12, op. 2, d. 205, p. 5.
26. V. G. Sorin, "Bol'shoi dom", *Pravda*, 21 de janeiro de 1927.
27. "Pogib ya": "Vospominaniya M. I. Ul'yanovoi", RTsKhIDNI, fundo 16, op. 3s, d. 20, p. 14.
28. V. A. Rukavishnikov, "Poslednaya progulka V. I. Lenina v Moskvu", RTsKhIDNI, fundo 16, op. 3s, d. 27, p. 24.
29. Ibid., p. 30.
30. Ibid., p. 12.
31. Ibid.
32. Cartão-postal, 1º de dezembro de 1923: RTsKhIDNI, fundo 12, op. 2, d. 206, p. 13. A foto no cartão-postal é de Bukharin com uma gravata de pioneiro. Segundo a prática stalinista de arquivo, o rosto de Bukharin foi obliterado por motivos de ortodoxia política.
33. RTsKhIDNI, fundo 16, op. 2s, d. 39, p. 93, 121-122.
34. G. Ya Lozgachëv-Yelizarov, *Nezabyvaemoe*, p. 241, 250. Para o argumento contra a alegação de que as crianças eram principalmente da aldeia, ver N. Petrenko, "Lenin v Gorkakh", *Minuvshee*, nº 2, 1990, p. 250.
35. RTsKhIDNI, fundo 16, op. 2s, d. 39, p. 92.
36. Ibid., p. 92, 96.
37. Diário de serviço das enfermeiras, notação de N. S. Popov, 17 de setembro de 1923, RTsKhIDNI, fundo 16, op. 2s, d. 91, p. 68.

38. RTsKhIDNI, fundo 16, op. 2s, d. 39, p. 123.
39. Memórias de V. A. Rukavishnikov, RTsKhIDNI, fundo 16, op. 3s, d. 27, p. 32-3.
40. V. G. Sorin, "Bol'shoi dom", *Pravda*, 21 de janeiro de 1927.
41. N. I. Bukharin, *Pravda*, 21 de janeiro de 1924.

**Lenin: A vida póstera**

1. RTsKhIDNI, fundo 12, op. 2, d. 254, p. 1, 5-6.
2. Ibid., p. 1.
3. Ibid., p. 7: carta sem data, escrita antes de 25 de março de 1924.
4. Isso, aliás, contraria a lenda, originada com Yuri Karyakin no Congresso de Deputados do Povo, dizendo que Lenin queria ser enterrado ao lado da mãe no cemitério de Volkovos, em Petrogrado.
5. Carta a I. A. Armand, 28 de janeiro de 1924, RTsKhIDNI, fundo 12, op. 2, d. 254, p. 6, onde ela dizia que tinha começado o panfleto, mas não dava uma data precisa.
6. RTsKhIDNI, fundo 12, op. 2, d. 41, p. 3 (Krupskaya) e 4 (Stalin).
7. Nos anos 1990, esses artigos estavam guardados no Museu Lenin, em Gorki, fora de Moscou.

# Bibliografia seleta

Esta bibliografia não é uma relação exaustiva de material sobre Lenin. Para uma lista mais completa de obras em geral sobre sua carreira, o leitor pode consultar minha trilogia *Lenin: A Political Life*. Entre as obras que se seguem, incluem-se apenas aquelas citadas nas notas a este livro.

## Abreviaturas

*BKh* — *Vladimir Il'ich Lenin. Biograficheskaya khronika*, vols. 1-12 (Moscou, 1970-82)

*DZB* — *Die Zimmerwalder Bewegung. Protokole und Korrespondenz*, vols. 1-2 (Haia, 1967)

GARF — Gosudarstvennyi arkhiv Rossiiskoi Federatsii

*ITsKKPSS* — *Isvestiya Tsentral'nogo Komiteta Kommunisticheskoi Paitii SovetskogoSoyuza* (1989-1991)

*KA* — *Krasnyi arkhiv* (Moscou)

*LS* — *Leniniskii sbornik*, vols. 1-50 (Moscou, 1924-85)

*OVILiSU* — A. I. Yellizarova-Ul'yanova, *O V. I. Lenine i sem'e Ulyanovykh* (Moscou, 1988)

M. I. Ul'yanova, *O V. I. Lenine i sem'e Ulyanovykh* (Moscou, 1988)

*PR* — *Proletarskaya revolyutsiva* (Moscou, 1921-40)

*PSS* — *Polnoe sobranie sochinenii V. I. Lenina*, vols. 1-55 (Moscou, 1958-65)

*PSU* — *Pis'ma sem'i Ul'yanovykh, 1883-1917* (org. Yu. Ya. Makhina et al.: Moscou, 1969)

*PTsK* — *Protokoly Tsentral'nogo Komiteta RSDRP (b): avgust 1917 g.-fevral' 1918 g.* (Moscou, 1958)

RTsKhIDNI — Rossiiskii tsentr dlya khraneniya i issledovaniya dokumentov noveishei istorii
TP — *The Trotsky Papers, 1917-1922*, vols. 1-2 (org. J. M. Meijer: Haia, 1964-71
VIKPSS — *Voprosy Istorii Kommunisticheskoi Partii Sovetskogo Soyuza* (Moscou, 1962-91)
VL — N. K. Krupskaya, *Vospommaniya o Lenine* (Moscou, 1968)
VoVIL — *Vospommaniya o Vladinme Il'iche Lenine*, vols. 1-8 (Moscou, 1989-91)
ZIL — *Zapiski Institute Lenin*, vols. 1-2 (Moscou, 1927)

**Arquivos**

Arquivo Estatal da Federação Russa (GARF)
Sovnarkom, fundo R-130
Comissariado do Povo para a Questão das Nacionalidades, fundo 1318
Comissão para o Esboço da Constituição (1918), fundo 6890
Central Russa para a Conservação e Estudo de Documentos da História Contemporânea (RTsKhIDNI)
Lenin, fundo 2
Documentos sobre a Atividade de V. I. Lenin, fundo 4
Secretaria de V. I. Lenin, fundo 5
Família Ulyanov, fundo 11
N. K. Krupskaya, fundo 12
A. I. Ul'yanova-Yelizaiova, fundo 13
M. I. Ul'ianova, fundo 14
Arquivos Médicos de Lenin, fundo 16
Comitê Central (incluindo Politburo e Orgburo), fundo 17
Nona Conferência do Partido, fundo 44
Décima Conferência do Partido, fundo 46
F. E. Dzerjinskii, fundo 76
Inessa Armand, fundo 127
A. M. Kollontai, fundo 134
Biblioteca de Stalin, fundo 558
Comissão de Controle Central, fundo 613
Coleção Boris I. Nicolaevsky (Arquivos da Hoover Institution; exemplar conservado no St Antony's College, Oxford)
Parte 1: Com Vistas a uma História do Centro Bolchevique
Parte 2: Sobre o "plenário Unido" do Comitê Central, 1909-10

Parte 3: A Luta pela Convocação de uma Conferência Geral do partido em 1910-11

Parte 4: O Rompimento do Bloco Polaco-bolchevique, agosto a novembro de 1911

Parte 5: O Racha nos Centros Gerais do partido, fim de maio e começo de junho de 1911

Parte 6: Sobre a Conferência de Praga, novembro de 1911 a janeiro de 1912

**Coletâneas Documentárias Publicadas**

A. Arosev, "Pervyi shag", *LS*, vol. 2
*Biblioteka V. I. Lenina v Kremle. Katalog* (Moscou, 1961)
*Bol'shevistskoe rukovodstvo. Perepiska.* 1912-1927 (Moscou, 1906)
V. D. Bonch-Bruevich, *Izbrannye Sochineniya*, vol. 2 (Moscou, 1961)
*Chetvërtyi (Ob" edinitel'nyi) s"ezd RSDRP. Protokoly. Aprel (aprel-mai) 1906 goda* (Moscou, 1959)
*Devyatyi s"ezd RKP (b). Mart 1921 g. Stenograficheskii otchët* (Moscou, 1963)
*Devyataya konferentsiya RKP (b). Sentyabr' 1920 g. Protokoly* (Moscou, 1972)
*Devyatyi s"ezd RKP. (b). Mart-aprel' 1920 g. Stenograficheskii otchët* (Moscou, 1960)
*Die Zimmerwalder Bewegung. Protokole und Korrespondenz*, vols. 1-2 (Haia, 1967)
Fedoseev, Nikolai Yevgrafovich. *Sbomikvospominanii* (Moscou-Petrogrado, 1923)
N. Ye. Fedoseev, *Stat'i ipis'ma* (Moscou, 1958)
G. Geyer (org.). *Kautskys Russisches Dossier. Deutsche Sozialdemokraten ais Treuhänder des Russischen Parteivermögens, 1910-1915* (Frankfurt, 1981)
M. Gor'kii, *Neizdanmya perepiska s Bogdanovym, Leninym, Stalinym, Zinov'evym, Kamenevym, Korolenko* (Moscou, 1998)
M. Gor'kii, "V. I. Lenin", em *Lenin i A. M. Gork'ii. Pis'ma, vospominaniya, dokumenty* (2ª ed. ampliada: Moscou, 1961)
L. Haas, *Lenins Unbekannte, 1912-1914* (Zurique-Colônia, 1967)
W. Hahlweg (org.), *Lenins Rückkehr nach Russland 1917* (Leiden, 1957)
A. Ivanskii (org.), *Il'ya Nikolaevich Ul'yanovpo vospominaniyam sovremennikov i dokumentam* (Moscou, 1963)
A. Ivanskii (org.), *Molodoi Lenin. Povest'v dokumentakh i memuarakh* (Moscou, 1964)
N. K. Krupskaya, *O Lenine. Sbornik statei i vystuplenii* (Moscou, 1983)
*The Last Diary of Tsaritsa Alexandra* (org. V. A. Kozlov e V. M. Khrustalëv: New Haven, 1997)

*Lenin i Simbirsk. Dokumenty, materialy, vospominaniya* (Ulyanovsk, 1968)
*Lenin i VChK* (org. S. K. Tsvigun: Moscou, 1975)
*V. I. Lenin. Neizvestnye dokumenty. 1891-1922* (org. Yu. N. Amiantov et al.: Moscou, 1999)
V. I. Lenin, *Polnoe sobranie sochineenii V. I. Lenina* vols. 1-55 (Moscou, 1958-65)
    *Odixmadtsatyi s"ezd RKP (b). Mart-aprel' 1922 g. Stenograficheskii otchët* (Moscou, 1961)
R. Pipes (org.), *The Unknown Lenin, From the Secret Archive* (New Haven, 1996)
*Pis'ma sem'i Ul'yanovykh, 1883-1917* (org. Yu, Ya, Makhina et al. Moscou, 1969)
A. N. Potresov, *Posmertnyi sbornik proizvedenii* (org. B. I. Nikolaevskii: Paris, 1937)
*Protokoly Desyatoi Vserossiiskoi Konferentsii RKP (b). Mai 1921 god* (Moscou, 1933)
*Protokoly Tsentral'nogo Komiteta RSDRP (b): avgust 1917 g.-fevral' 1918 g.* (Moscou, 1958)
*Pyatyi (londonskii) s"ezd RSDRP. Aprel'-mail 1907 goda* (Moscou, 1963)
*Sed'moi ekstrennii s"ezd RKP (b). Mart 1918 g. Stenograficheskii otchët* (Moscou, 1962)
*Shestoi s"ezd RSDRP (bol'shevikov). Avgust 1917 goda. Protokoly* (Moscou, 1958)
*Tretii s"ezd RSDRP. Protokoly. Aprel'-mai 1905 goda* (Moscou, 1959)
*The Trotsky Papers, 1917-1922*, vols. 1-2 (org. J. M. Meijer Haia, 1967-71)
A. I. Ulyanova (org. *Aleksandr Il'ich Ul'yanov i delo 1 marta 1887 g. Sbornik*) (Moscou-Leningrado, 1927)
*Vladimir Il'ich Lenin. Biograficheskaya khronika*, vols. 1-12 (Moscou, 1970-82)
*Vos'moi s"ezd RKP (b). Mart 1919 goda. Protokoly* (Moscou, 1959)
*Vospominaniya o Vladimire Il'iche Lenine*, vols. 1-8 (Moscou, 1989-91)
*Vtoroi s"ezd RSDRP. Protokoly. Iyul'-avgust 1903 goda* (Moscou, 1959)
*Zapiski Instituta Lenina*, vols. 1-3 (Moscou, 1927)
Z. A. B. Zeman (org.), *Germany and the revolution in Russia, 1915-1918* (Oxford, 1953)

## Memórias e Obras Contemporâneas

V. Alekseiev e A. Shver, *Sem'ya Ulyanovykh v Simbirske (1869-1887)* (org. com comentários de A. I. Ulyanova-Yelizarova: Moscou-Leningrado, 1925)
A. S. Allilueva, *Vospominaniya* (Moscou, 1946)
V. Armand, "Jivaya", *Novyi mir*, nº 4, 1967

A. Arosev, "Pervyi shag", *LS*, vol. 2

A. Balabanoff, *Impressions of Lenin* (Ann Arbor, 1964)

Entrevistas de A. Beck com Volodicheva e Fotieva em 1967, "K. istotii poslednikh lenininskikh dokumentov", *Moskovskie novosti*, nº 17, 23 de abril de 1989

M. Body, "Alexandra Kollontai", *Preuves*, nº 14, abril de 1952

V. D. Bonch-Bruevich, *Izbrannye Sochineniya*, vol. 2 (Moscou, 1961)

V. D. Bonch-Bruevich, "Iz vospominanii o Vladimire Il'iche", *VoVIL*, vol. 4, p. 329 em *Znamya*, 1955, nº 4

V. D. Bonch-Bruevich, *Tridsat' dnei. 1934. Yanvar'* (Moscou, 1934)

N. I. Bukharin, "Iz rechi tov. Bukhaarina na vechere vospominanii v 1921 g", *PR*, nº 10, 1922

N. I. Bukharin, "Pamyati Lenina", *Pravda*, 21 de janeiro de 1925

O. Chernov, *Bednota*, nº 1729, 2 de fevereiro de 1924

Ye. Drabkina, *Zimnii pereval* (2ª ed. ampliada: Moscou, 1990)

M. V. Fofanova, "V. I. Lenin na Vyborgskoi Storonev 1917 godu", *VoVIL*, vol. 4

L. Fotieva, *Iz jizni lenina* (Londres, 1967)

L. A. Fotieva, "Iz vospominanii o V. I. Lenine" (Dekabr' 1922 g-mart 1923 g.), *VoVIL*, vol. 8

M. P. Golubeva, "Moya pervaya vstrecha s Vladimirom Il'ichem", em *V. I. Lenin v*

*Samara, 1889-1893. Sbornik vospominaniya* (Moscou, 1933)

M. Gor'kii, "V. I. Lenin", em *V. I. Lenin i A. M. Gor'kii. Pis'mavospominaniya, dokumenty* (2ª ed. ampliada: Moscou, 1961)

M. Gor'kii, "Vladimir Lenin", *Russkii sovremennik*, nº 1, 1924

F. Il'in, "Otryvok vospominanii", *ZIL*, vol. 1

A. A. Ioffe, "Kanun Oktyabrya. Zasedanie v 'Lesnom'", *ITsKKPSS*, nº 4, 1989 V. V. Kashkadamova, *Bakinskii rabochii*, 21 de janeiro de 1926 M. S. Kedrov, *Book Publishing under Tsarism* (Londres, 1932)

M. S. Kedrov, "Iz krasnoi tetradi ob Il'iche", *Vospominaniya o Vladimire Il'iche Lenine*, vol. 1 (Moscou, 1956)

M. S. Kedrov, "Iz vospominanii o vserossiiskoi konferenstii voennykh organizatsii RSDRP (bol'shevikov), 16-23 iyunya 1917 goda", *VoVIL*, vol. 4

V. Klemperer, *Leben sammeln, nicht fragen wozu und warum*, vol. 1: *Tagebücher 1918-1924* (Berlim, 1996)

N. K. Krupskaya, *O Lenine. Sbornik statei i vystuplenii* (Moscou, 1983)

N. K. Krupskaya, "Sestra Vladimira Il'icha", *Pravda*, 13 de junho de 1937

N. K. Krupskaya, *Vospominaniya o Lenine* (Londres, 1968)
N. K. Krupskaya, "Vospominaniya o Lenine", *VoVIL*, vol. 2
G. M. Krjijanovskii, *O Vladimire Il'iche* (Moscou, 1924)
Yu. Latukka, "Lenin v podpol'e v Finlyandii", *VoVIL*, vol. 4
D. I. Leshchenko, "Kakya snimal Lenina v podpol'e', *VoVIL*, vol. 4
V. Levitskii, *Za chetvert' veka: revolutyutsionnye vospominaniya, 1892-1917* gg, vol. 1, parte 1 (Moscou-Leningrado, 1926)
G. Ya. Logachëv-Yelirazov, *Nezabyvaemoe* (Leningrado, 1971)
M. Lyadov, *Iz jijni partii. Nakanune i v godypervoi revolyustii (Vospominaniya)* (Moscou, 1926)
L. Nartov, Zapiski Sotsial-demokrata (Berlim-Petersburgo-Moscou 1922).
N. L. Meshcheryakov (org.); *Gleb Uspenskii v jizni. Po vospominaniyam, perepiske i dokumentam* (Moscou, 1935)
N. L. Meshcheryakov, "Iz vospominanii o Lenine" em N. L. Meshcheryakov (org.), *O Lenine. Sbornik vospominanii* (Moscou, s/d)
S. Mitskevich, "Stranichka vospominanii", em *Fedosev, Nikolai Yevgiafovich (Sbornik vospominanii)* (Moscou-Petrogrado, 1923)
M. Ol'minskii (org.), *Staryi Aleksei Pavlovich Sklyrenko (1870-1916 gg). Sbornik statei (Moscou, 1922)*
G. K. Ordjonikidze, *"Il'ich viyul'skie dni"*, Pravda, 28 de março de 1924
V. P. Osipov, "Bolezn' i smert' Vladimira Il'icha Ul'yanova-Lenina", *VoVIL*, vol. 8
F. Platten, *Lenin iz emigratsii v Rossiyu (Moscou, 1925)*
N. I. Podvoiskii, "V. I. Leninv 1917 godu", *Istoricheskii arkhiv*, nº 6, 1956
N. I. Podvoiskii, "V. I. Leninv 1917 godu", *VoVIL*, vol. 4
M. N. Poletaev, "V iyul'skie dni", *Petrogradskaya pravda*, 27 de janeiro de 1924
A. N. Potresov, *Posmerttnyi sbornik proizvedenii* (org. B. I. Nikolaevskii: Paris, 1937)
K. Radek, *Portretyi pamflety* (Moscou, 1927)
K. Radek, "V plombirovannomvagone", *Pravda*, 20 de abril de 1924
Rakh'ya [sic], "Moi vospominaniya o Vladimire Il'iche", *Pravda*, 21 de janeiro de 1927
G. Rovio, "Kak Lenin skryvalsya u gel'siingforskogo 'politseimeistera'", em N. L. Meschcheryakov (org.), *O Lenine. Sbornik vospominanii* (Moscou, 1924)
V. Rozanov, "Iz vospominanii o Vladimire Il'iche", *Krasnaya nov*, nº 6, 1924
V. N. Rozanov, "Iz vospominaniya o Vladimire Il'iche", em N. L. Meschcheryakov (org.), *O Lenine Vospominaniya* (Moscou-Leningrado, 1925), p. 127-31

M. I. Semëkov (M. Blan), "Pamyati druga", em M. Ol'minskii (org.), *Staryi Aleksei Pavlovich Sklyrenko (1870-1916 gg). Sbornik statei* (Moscou, 1922)

P. D. Shestakov, "Studencheskie volneniya vKazaniv 1887 g", *Russkaya starina*, n° 6, 1892

A. G. Shlikhter, "Gotova li smena?", *VoVIL*, vol. 8

A. G. Shlyapnikov, "Kerenshchina", *PR*, n° 7 (54), 1927

A. V. Shotman, "Lenin nakanune Oktyabrya", *O Lenine Sbornik vospominanii* (Leningrado, 1925)

A. V. Shotman, "Lenin v podpol'e. (Iyul-oktyabr'1917 goda)", VoVIL, vol. 4

A. V. Shotman, "Na vtorom s"ezde partii", *PR*, n° 77-8, 1928

M. A. Silvin, *Lenin vperiod zarojdeniya partii* (Moscou, 1958)

G. Sokol'nikov kak pokhodit' K istorii Oktyabrya', in *Za leninizm. Sbornik statei* (Moscou-Leningrado, 1925)

G. A, Solomon, *Lenin i ego sem'ya (Ul'yanov)*, vols. 1-2 (Paris, 1931)

V. G. Sorin, "Bol'shoi dom", *Pravda*, 21 de janeiro de 1927

*Staryi tovarishch Aleksei Pavlovich Sklyarenko (1870-1916 gg) (Sbornik statei)* (Moscou, 1922)

E. D. Stasova, "Pis'mo Lenina v TsK partii", *VoVIL*, vol. 4

N. Sukhanov, *Zapiski o revolyutsii*, vols. 1-7 (Berlim-Petersburgo-Moscou, 1922)

D. S. Suliashvili, "Iz Shveitsarii v Petrograd vmeste s Leninym", *VoVIL*, vol. 4

"Tovarnyi fetishism", *Nauchnoe obozrenie* (São Petersburgo), n° 12 (1899)

L. Trotskii, *O Lenine (Materialy dlya biograda)* (Moscou, 1924)

L. D. Trotskii, *Moya jizn'. Opyt avtobiografii*, vols. 1-2 (Berlim, 1930)

N. A. Uglanov, "O Vladimire Il'iche Lenine", *ITsKKPSS*, n° 4

D. I. Ul'yanov, "Iz moikh vospominanii o Vladimire Il'iche Lenine", em N. L. Meschcheryakov (org.), *O Lenine. Sbornik vospominanii* (Moscou, s.d.)

D. I. Ul'yanov, *Ocherki raznykh let. Vospominaniya perepiska, stat'i* (Moscou, 1974)

D. I. Ul'yanov, *Ocherki raznykh let. Vospominaniya perepiska, stat'i* (2ª. ed.: Moscou, 1984)

D. I. Ul'yanov, *Uchitel'skaya gazeta*, 14 de fevereiro de 1963

A. I. Ul'yanova, *PR*, n° 3, 1924

M. I. Ul'yanova, *O Lenine i sem'e Ul'yanovykh Vospominaniya, ocherki, pis'ma, stat'i* (Moscou, 1988)

M. I. Ul'yanova, *Otets Vladimira Il'icha Lenina Il'ya Nikolaevich Ul'yanov (1831-1886)* (Moscou, 1931)

M. I. Ul'yanova, *O V. I. Lenin i sem'ye Ul'yanovykh: Vospominaniya, ocherRi, pis'ma* (2ª. ed. aumentada: Moscou, 1989)

M. I. Ul'yanova, "O Vladimire Il'iche", *ITsKKPSS*, nº 3, 1991

M. I. Ul'yanova, "Poiski Il'ichavpervye dni iyulya 1917 goda", *VoVIL*, vol. 1

A. I. Ul'yanova-Yelizarova (org.), *Aleksandr Il'ich Ul'yanov i delo 1 marta 1887 g.* (Moscou-Leningrado, 1927)

A. I. Ul'yanova-Yelizarova, *O Lenine isem'e Ulyanovykh. Vospominaniya, ocherki, pis'ma* Stat'i (Moscou, 1988)

A. I. Ul'yanova-Yelizarova, *Vospominaniya ob Il'iche* (Moscou, 1934)

N. Valentinov, *Maloznakomyi Lenin* (Paris, 1972)

N. Valentinov, *Vstrechi s Leninym* (Nova York, 1953)

B. S. Veisbrod, "Bol'noi Lenin", *VoVIL*, vol. 8

V. Vodovozov, "Moë znakomstvo s Leninym", *Na chujoi storone*, vol. 12 (Praga, 1925)

V. V. Vodovozov, *Lenin v Samare* (Moscou, 1933)

Entrevista de G. Volkov com M. Volodicheva: "Stenografistka Il'icha", *Sovetskaya* kult'ura, 21 de janeiro de 1989

V. V. [pseudônimo de V. P. Vorontsov], *Nashi napravleniya* (São Petersburgo, 1893)

N. A. Yemel'yanov, "Tainstvennyi shalash", *VoVIL*, vol. 4

Ye. Zamyatin, *Bol'shim detyam skazki* (Berlim, 1922)

G. E. Zinoviev, "Vospominaniya: Malinovskii", *ITsKKPSS*, 1989, nº 4

**Narrativas secundárias**

O Abramova, G. Borodullina e T. Koskova, *Mejdu pravdoi iístinoi (Ob istorii spekulyatsii vokrug lodosloviya V. I. Lenina* (São Petersburgo, 1998)

E. Acton, capítulo 7 em R. Bardett (org.), *Russian Thought and Society, 1800-1917* (Keele, 1984)

V. Arnol'd, *Sem'ya Ul'yanovykh v Samare. Poiski i nakhodki* (2ª ed. aumentada: Kuibyshev, 1983)

A. Belyakov, *Yunost' vojdya* (Moscou, 1960)

Yu. V. Bernov e A. Ya. Manusevich, *Vkrakovskoi emigratsii. Jizn'i deyatel'nost' V. I. Lenina* (Moscou, 1988)

V. P. Buldakov, "Istoriya poznaetsya v sravnenii", *Argumenty i fakti*, nº 45, novembro de 1998

E. H. Carr, *The Bolshevik Revolution, 1917-1923*, vols. 1-3 (Londres, 1950-3)

S. Cohen, *Bukharian and the Russian Revolution. A Political Biography, 1888-1938* (Nova York, 1973)

I. N. R. Davies, *White Eagle, Red Star. The Polish-Soviet War, 1919-1920* (Londres, 1972)

I. M. Dajina, "Leninskie istoki jijni i bor'by", *VIKPSS*, nº 3, 1987

I. Deutscher, *The Prophet Armed: Trotsky, 1879-1921* (Oxford, 1954)

R. C. Elwood, *Inessa Armand: Revolutionary and Feminist* (Cambridge, 1992)

R. C. Elwood, "Lenin and 'Pravda'", *Slavic Review*, nº 2, 1972

O. Figes, *A People's Tragedy* (Londres, 1996)

L. Fischer, *The Life of Lenin* (Londres, 1965)

S. Fitzpatrick, *The Russian Revolution* (Oxford, 1982)

W. Gautschi, *Lenin als Emigrant in der Schweiz* (Zurique, 1973)

I Getzler, Martov. *A Political Biography of a Russian Social Democrat* (Cambridge, 1967)

D. Geyer, *Lenin in der Russischen Sozialdemokratic* (Colônia, 1962)

L. Haimson, *The Russian Marxists and the Origins of Bolshevism* (Cambridge, Mass. 1955)

N. Harding, *Lenin's Political Thought*, vol. 1-2 (Londres, 1977-81)

N. Hans, *History of Russian educational Policy* (Londres, 1931)

B. Henderson, "Lenin and the British Museum Library", *Solanus*, 1990, vol. 4

B. Hendersen, *Lenin at the British Museum* (Londres, s/d)

M. P. Iroshnikov, *Presedatel' Soveta Narodnykh Komissarov i STO, V. I. Ulyanov-Lenin: ocherki gosudarstvermoideyatelnostiv 1917-1918 gg* (Moscou, 1974)

A. Ivanskii (org.), *Ilya Nikolaevich Ulyanov po vospominaniyam sovremennikov i dokumentam* (Moscou, 1963)

J. H. L. Keep, *The Rise of Social Democracy in Russia* (Oxford, 1963)

J. Klier, *Imperial Russia's Jewish Question, 1855-1881* (Cambridge, 1985)

K. Kuusela, "Kal artist maskiroval Lenin", em *Lenin v vospommaniyakh finnov* (Moscou, 1979)

A. Latyshev, *Rassekrechënnyi Lenin* (Moscou, 1996)

M. Lewin, *Lenin's Last Struggle* (London, 1969)

M. Liebman, *Leninism under Lenin* (Londres, 1975)

A. S. Lindemabb, *The "Red Years"* (Berkeley, 1974)

Yu. M. Lopukhin, *Bolezn', smerf i balzamirovanie V. I. Lenina, Pravda i mify* (Moscou, 1997)

R. MacNeal, *Bride of the Revolution. Krupskaya and Lenin* (Ann Arbor, 1992)

M. Malia, *The Soviet Tragedy* (Londres, 1922)

S. U. Manbekova e S. A. Rubanov, *Naslednitsa. Stranitsy jizni N. K. Krupskoi* (Moscou, 1990)

V. Mel'nichenko, *Penomenon i fantom Lenina* (Moscou, 1993)

A. Meyer, Leninism (Nova York, 1957)

M. A. Moskalëv, *Byuro TsK RSDRP v Rossii: avgust 1903 g-mart 1917 g* (Moscou, 1964)

B. Pearce, *How Haig Saved Lenin* (Londres, 1987)

N. Petrenko, "Lenin v Gorkakh — bolezn'i smert", *Minuvshee*, vol. 2 (Moscou, 1990)

J. Philonen, "Yhteinen vihollinen yhdistää, 1908-1917", em J. Numminen (org.), *Lenin já Suomi* (Helsinque, 1987)

R. Pipes, *Russia Under the Bolshevik Regime, 1919-1924* (Londres, 1994)

R. Pipes, *The Formation of the Soviet Union. Communism and Nationalism 1917-1923* (Cambridge, Mass. 1964)

R. Pipes, *Social-Democracy and the St Petersburg Labour Movement, 1885-1897* (Cambridge, Mass. 1963)

A. J. Polan, *Lenin and the End of Politics* (Londres, 1984)

P. N. Pospelovetal. *Vladimir Il'ich Lenin* (Moscou, 1963)

A. Rabinowitch, *The Bolsheviks Come to Power* (Nova York, 1976)

T. H. Rigby, *Lenin's Government. Sovnarkom, 1917-1922* (Cambridge, 1979)

A. Rothstein, *Lenin in Britain* (Londres, 1970)

L. B. Schapiro, *The Communist Party of the Soviet Union* (2ª ed. Londres, 1970)

A. Senn, *The Russian Revolution in Switzerland, 1914-1917* (Madison, 1971)

R. Service, *The Bolshevik Party in Revolution. A Study in Organizational Change* (Londres, 1979)

R. Service, *Lenin: A Political Life*, Vols. 1-3 (Londres: 1985, 1991, 1995)

S. L. Shathina (org.), *Lenin i Ul'yanovy v Podol'ske* (2ª ed. Moscou, 1979)

M. Shtein, "Rod vojdya. Bilet po istorii", em G. Sidorovnin (org.), *Void'. Lenin kotorogo my ne znali* (Saratov, 1992)

M. Shtein, *Ul'yanov i Leniny. Tainy rodoslovnoi i psevdonima* (São Petersburgo, 1997)

C. Shub, *Lenin* (2ª ed. Londres, 1966)

G. Sidorovnin (org.), *Void'. Lenin kotarogo my ne znali* (Saratov, 1992)

V. Soloukhin, *Pri svete dnya* (Londres, 1992)

A. Soljenitsyn, *Lenin in Zurich* (Londres, 1975)

I. B. Sternik, *V. I. Lenin—Yurist (Yuridicheskaya deyatel'nost V. I. Ulyanova (Lenina)* (Tashkent, 1969)

R. G. Suny, *The Revenge of the Past: nationalism, Revolution and the Collapse of the Soviet Union* (Stanford, 1993)

R. H. W. Theen, *Lenin: Genesis and Development of a Revolutionary* (Londres, 1974)

I. I. Titov, *Vo glubine Rossii. Ocherki istorii sela Alakaevki* (2ª ed. ampliada. Kuiby shev, 1990)

J. Trofimov, *Ul'yanov. Poiski, makhodki, issledovaniya* (2ª ed. aumentada. Saratov, 1988)

V. V. Tsaplin, "O jizni sem'i Blankov v gorodakh Starokonstantinove i Jitomire", *Otechestvennye arkhivy*, nº 2, 1992

N. Tumarkin, *Lenin Lives! The Lenin Cult in Soviet Union* (Londres, 1983)

A. Ulam, *Expansion and Coexistence. The History of the Soviet Foreign Pohcy, 1917-1967* (Londres, 1968)

*Vladimir Il'ich Lenin* (org. P. N. Pospelov: Moscou, 1963)

"Vlyubënnaya Lenina", *Literaturnaya gazeta — Dos'e* nº 8, 1992

M. S. Volin, "Dorevolyutsionnye biograficheskie publikatsii o V. I. Lenine", *VIKPSS*, nº 7. 1970

D. Volkogonov, "Leninskaya krepost' v moei dushe pala poslednei", *Moskovskie novos ti*, nº 29, 19 de julho de 1992

D. A. Volkogonov, *Lenin. Politicheskii portret*, vols. 1-2 (Moscou, 1994)

D. A. Volkogonov, *Sem' vojdei*, vols. 1-2 (Moscou, 1995)

A. Walicki, *The Controversy over Capitalism* (Oxford, 1969)

R. Wortman, *The Crisis of Russian Populism* (Cambridge, 1967)

# Índice

Acordo Comercial Anglo-Soviético, 545–546, 561
Adamyuk, Professor Yemelyan V., 65
Adler, Viktor, 302–303
Administração Política Principal (GPU): fundada, 565, 573
Agrário, socialismo, 139, 143–144, 186, 196–197, 222, 234, 274; *ver também narodniks*
Alakaevka, província de Sâmara, 112–113, 115–120, 122, 125, 134, 579, 615
*Alarme* (jornal), 222
Alemanha: L. admira, 175, 303–304, 506; declarou guerra à Rússia (1914), 299; vista como agressora imperialista, 304; economia de guerra, 329; permite que L. retorne à Rússia após a revolução, 341; subsidia o Partido Bolchevique, 377, 389, 435; faz campanha por uma paz em separado com a Rússia (Brest-Litovsk), 437, 445–446, 450, 471; avanço militar na Frente Oriental, 447–448, 452; L. recomenda ligações comerciais com, 471; e assassinato do embaixador Von Mirbach, 473; L. apela à na guerra civil, 475; L. promove o socialismo na, 501–502; nos planos de L. para a união socialista europeia, 536; L. busca concessão de acordos com, 545–546, 554, 586; tratado comercial e diplomático soviético com (1922), 572
Alexandra, imperatriz de Nicolau II: assassinada, 476
Alexandre II, tsar: reformas, 27, 42–43, 58; assassinato de, 77, 94
Alexandre III, tsar, 77, 89–91, 94, 115, 144, 475, 530
Alexandrovich, V. A., 474, 476
Alexei Nikolaevich, tsarevitch: tentativas de Nicolau de abdicar em favor de, 338; assassinado, 476
Alexei Romanov, tsar, 43
Alexeiev, general Mikhail, 469, 498
Alexeiev, Nikolai, 205–206
Alexeiev, Pêtr, 195
Alliluiev, Sergei, 378–379, 381
Alliluieva, Nadejda (segunda esposa de Stalin), 598, 605, 612
Alliluieva, Olga, 378, 381
Andreyushkin, Pakhomi I., 94
Andrikanis, A. M., 260, 296
Antonov, A. S., 550
Antonov-Ovseenko, Vladimir, 550, 563

Arcadon (França), 283-284
Ardashev, Alexander (primo de L.), 105, 112, 116
Ardashev, Dmitri (primo de L.), 155
Ardashev, Vladimir (primo de L.), 105, 116, 126; baleado por bolcheviques, 480
Ardasheva, Lyubov (nascida Blank, tia de L.), 101, 105
Arefev (comerciante de Syzran), 125, 257
Aristóteles, 275, 324-325, 333
Arkangel, 475
Armand, Alexander (filho de Inessa), 268, 580
Armand, Andrei (filho de Inessa), 540
Armand, Inessa: afeto de L. por, 33, 146, 267-270; aparência, 268; a Krupskaya e, 268-269, 282, 293-294; como secretária do Comitê da Organização Estrangeira, 278, 283; escreve a L. em Cracóvia, 282; L. termina o relacionamento com, 283, 294-295, 310; em Arcachon, 282; presa pela Okhrana, 290; representa os bolcheviques na disputa pelo legado Shmidt, 290; férias e atividades de lazer com L. e a Krupskaya, 293, 310; discute questões de lazer com L., 310-311; estabelece-se na Suíça na guerra, 310; L. faz-lhe confidências sobre política faccional, 315-316; volta da Suíça para a Rússia após a revolução, 343; visita L. após a tentativa de assassinato contra este, 495; trabalha em Moscou, 495; doença, morte e funeral de, 539-543, 540-541, 623; confessa devoção a L., 540-541; relação de com L. é ocultada, 628
Armand, Inna (filha de Inessa), 580, 622
Armand, Vladimir, 268
Armênia, 563, 586, 590
Asimov, Vladimir, 212
Assembleia Constituinte: eleições de novembro de 1917, 418, 428, 436, 440; dissolvida, 437, 443, 445, 460
Astracã: L. escreve aos comunistas em, 489
Aunovskaya, Natalya, 41
*Aurora* (belonave), 410
Áustria-Hungria: e a deflagração da guerra (1914), 299; negocia paz em separado com a Rússia, 448
Averbach, Mikhail, 576
Axelrod, Pavel, 91, 150, 187-188, 213, 215
Axonov (guarda-caça de Razliv), 383
Azerbaijão, 546, 563, 586, 590

Bagotski, Sergei, 284, 301-302
Baku, 479
Bakunin, Mikhail, 137, 353
Balabanova, Angélica, 542
Báltico, províncias do, 450
Baranov, Dmitri, 47
Baratynski, A. I. (arcipreste), 81
Básica, Lei (Rússia), 281
Bedny, Demyan, 375
Belokrysenko, Arseni, 41, 55
Bentham, Jeremy, 273
Berdyaiev, Nikolai 574
Berlim: L. visita, 148-149; Ação de março de 1921 em, 561; *ver também* Alemanha
Berna (Suíça), 303
Bernstein, Eduard, 175
Berzins, Jan, 439
Bialy Dunajek (Polônia), 291, 301-303
Bielorússia, 438, 502, 586
Blank, Alexander (Srul: avô materno de L.), 47-51, 56-57, 59, 101, 105
Blank, Anna (nascida Gosschopf: avó ma-

terna de L.), 47-50

Blank, Dmitri (Abel: tio avô de L.), 45, 47-50

Blank, família: judaísmo, 45-47, 59-60, 183

Blank, Moshko (tio-bisavô materno de L.), 45-47, 213

Blanqui, Louise-Auguste, 392, 465

Blyumkin, Yakov, 473

Bogaevski, Afrikan, 468-469

Bogdanov, Alexander: L. trata mal, 226; ajudado com financiamento, 226; como pensador e expositor, 234, 250; pede a L. para voltar à Rússia, 240; na Finlândia como líder bolchevique, 248, 251; aborrece-se com a participação na Duma, 248, 257-258; na Suíça, 252; disputas e ruptura com L., 258-264, 266, 271, 326; leituras, 274; planos de um governo socialista, 321-322; seu romance *O engenheiro Menni*, 264

Bogdanova, Natalya, 248, 251

Bogoraz, Lazar, 110

Bolcheviques: L. funda como partido, 25, 216, 222-223; organização, 29, 246, 369, 545; L. os mantém separados dos mencheviques, 232-233; realizam o 2º e o 3º Congressos do Partido, 234-235, 241; L. busca reconciliação com os mencheviques, 245; 4º Congresso do Partido, 245-246; ignora as primeiras eleições para a Duma do Estado, 249; nas eleições posteriores da Duma, 257, 260, 281; e faccionalismo partidário, 260, 264, 288-290, 315; na Conferência do Partido em Praga, 276; membros emigrantes, 277-280; luta pela liderança, 279; status legal, 281; na Quarta Duma, 286, 287-288, 295; L. busca o controle na guerra, 312; membros presos e julgados na guerra, 312-313; e a Revolução de Fevereiro de 1917, 338-339; L. o redefine nas *Teses de abril*, 348-349; L. fala-lhes em Petrogrado (1917), 352-353; aceitam o programa de L., 359; entram para os sovietes, 363-364, 383; L. defende a flexibilidade dos, 364; Secretaria, 366; como partido separado, 365; atrai novos partidários, 368; propaganda, 368-369; prontos para assumir o poder, 373-374; manifestação armada (1917), 374, 377; ganha o apoio popular, 374; recebe subsídio do governo alemão, 378, 389, 435, 438; membros presos pelo governo provisório, 382; e os pedidos de L. por insurreição, 397-398; forma maiorias nos sovietes, 397; e o plano de L. para a Revolução de Outubro, 401-402; L. tenta tornar popular, 415-416; e a revolução socialista internacional, 428; fracassam nas eleições de 1917 para a Assembleia Constituinte, 436; resistem a uma paz em separado com as Potências Centrais, 445-446; repressões e perseguições, 458-461; hostilidade popular a, 460; políticas anticapitalistas, 461-462; rebatizado como Partido Comunista Russo, 465; capacitações e métodos administrativos, 488-489; supremacia, 509; resiste às propostas de L. pela NEP, 548; atividade factional proibida por L., 557; excesso de trabalho e problemas de saúde dos líderes, 557; reprime a oposição, 585; dividido pela Oposição de Esquerda na 13ª Conferência, 618; divisões e facções, 632; Gorbachev abole o monopólio político, 634; Conferências: 7ª (1917) ("Conferência de abril"), 356; 9ª, 543, 544-545, 549; 10ª, 548, 559; 13ª (1923-4), 618; Congressos: 3º (1905), 224, 226-227, 232-236, 242; 4º (1906), 241, 245-246; 5º (1907), 249, 275; 6º (1917), 394-395; 7º (1918), 451-452, 465; 8º (1919), 505, 506; 10º (1921), 552-554; 12º (1923), 614; ver *também* Partido Trabalhista Social-Democrata russo

Bolcheviques; *ver* Partido Bolchevique

Bombon; Seine-et-Mame (França), 265

Bonch-Bruevich, Vladimir: carrega o caixão da mãe de L., 310; L. fica com na Finlândia, 375-376; publica a proclamação de L. sobre a Revolução de Outubro, 410-411; L. fica com em Petrogrado, 413-414; no Congresso de Sovietes de 1917, 414; L. o nomeia seu assistente pessoal, 432; em Moscou com L., 454-456; e os ferimentos de L. após a tentativa de assassinato, 482; convence L. a aparecer em filme, 511; na morte de L., 619-620

Borchardt, Julius, 575

Borotbistas: incorporados ao Partido Comunista, 524

Brejnev, Leonid, 634

Bright, John, 519

British Museum: L. estuda no, 206, 262

Bronski, Mieczyslav, G., 338

Brusilov, general Alexei, 531

Bruxelas: Segundo Congresso do partido em, 211

Büchner, Georg: *Woyzeck,* 317

Buckle, Henry, 112

Bukharin, Nikolai: leituras, 274; cofundador de jornal marxista, 313; sobre a economia mundial, 327-328; L. o derrota sobre a paz em separado em 1918, 448-449; no 7º Congresso do Partido, 451-452; critica a cautela econômica de L., 461-462; previne L. de perigos pessoais, 480; edita o *Pravda,* 488; no Primeiro Congresso do Comintern, 504; critica L. por radicalismo insuficiente, 506; queixa-se da conduta da Cheka, 518; joga boliche doméstico com L., 525; na discussão dos sindicatos, 549; apoia o Partido Comunista alemão, 556; problemas de saúde, 556; promete tratamento tolerante a revolucionários socialistas e mencheviques, 574; e a ameaça de suicídio de L., 578; L. propõe excluir do Comitê Central, 583; apoia o comércio exterior privado, 585; L. ofende, 587; apoia L. na questão da constituição, 592; preocupação com a deterioração física de L., 592; relações de L. com, 596; permite a L. ditar para secretárias, 598; L. o considera sucessor, 602; e o testamento político de L., 605; prevê problemas coloniais, 610-611; rejeita a oposição de esquerda de Trotski, 617-618; visita L. doente em Gorki, 617-618; presente à morte e ao funeral de L., 619-620; fala *in memoriam* de L., 624; perde em oposição a Stalin, 625-626; *O ABC do Comunismo,* 591

Bulgakov, Sergei, 137

Bund (judaica): e o Segundo Congresso do Partido, 210, 213-217; e a supressão da Assembleia Constituinte, 440

Bureau de Comitês da Maioria, 226

Bureau de Contraespionagem, 377, 389

Bureau do Exterior (do Comitê Central),

287
Bureau Internacional Socialista, 290, 295, 331
Bureau Russo (do Comitê Central), 287, 313, 316
Burguesia: e formação do Estado socialista, 321-322, 360, 464; hostilidade de L. a, 424, 440, 477 Brest-Litovsk, Tratado de (1918): negociado e assinado, 34-35, 428, 445, 447, 450, 460, 470-473, 467-477, 495, 505, 548, 554, 596, 630, 636; L. renega, 500
Buronin, Nikolai, 241
"Capitalismo de Estado", 462

Camponeses: emancipados (1861), 27, 42, 50, 56, 58, 117; estilo de vida e condições, 42-43, 51, 57, 116-117; resistem a ideias revolucionárias, 92; atitude de L. para com, 117-119, 122, 131, 134, 202, 245, 364, 417-418, 464, 514, 522, 550; atitude para com propriedade agrária e reforma, 117; divisões de classe, 122; no pensamento revolucionário, 122; sofrem com o surto da fome, 130-131; e capitalismo, 134; L. escreve sobre os tributados, 138-139; nas teorias econômicas de L., 173-174; transferência de terras para, 202, 236, 237-238, 417, 424, 458-459; lei contra os senhorios, 237-238; métodos fazendários, 246; resistem à nacionalização da terra, 364; e a política agrária de Chernov, 371; tomam terras, 401-402; nas eleições para a Assembleia Constituinte, 436; desertam do Exército, 452; e o monopólio estatal do comércio de grãos, 461, 470, 519, 546; aborrecem-se com os comitês dos pobres das aldeias, 500; na Ucrânia, 523-524; L. considera a possibilidade de prêmios para os aumentos de produção, 546; e a tributação em espécie dos grãos, 547, 550; levantes, 550, 552, 554, 563, 573; L. advoga apertos de cintos sob a NEP, 553; têm permissão para o comércio privado de grãos, 558, 565; reprimidos pelo Exército Vermelho, 604; L. deseja unir cooperativas, 608-609; *ver também* kulaks

Capitalismo: na Rússia, 122, 134, 139-140, 147-148, 173-174, 193-194, 201; hostilidade de L. a, 131, 360, 530, 559; L. acredita na queda do, 306, 322, 332-333, 390-391; e imperialismo, 328; restrições do Sovnarkom, 422; L. advoga um atalho, 534; e a NEP, 559

Capri, 259, 271
Carlyle, Thomas, 273, 274
Carr, Edward Hallett, 30
Catarina II (a Grande), imperatriz da Rússia, 46, 454
Cáucaso: levantes de camponeses no, 555; *ver também* Federação Transcaucasiana Soviética
*Causa Operária* (jornal), 210 Censura: L. decreta, 419, 431; Centos Negros (grupo), 305; Centralistas-Democratas, 518, 543, 545, 549, 553
Centro Bolchevique: muda de endereço, 247-248, 251-253; Bogdanov permanece com, 260; tratativas com Trotski, 264; rejeita Bogdanov, 264; abordagem de Martov, 266; Comitê Central do Partido ordena o fechamento do, 266
Chaikovsky ver Tchaikovski
Chaliapin, Fiodor *ver* Shalyapin, Fiodor
Chebanov, I. V., 496

Cheka (Comissão Extraordinária): L. cria, 36, 443, 463; fundada, 423; repressões, 459, 563, 565, 574, 604; na crise Mirbach, 473; na guerra civil, 487-488, 509-510; conduta, 518, 522; redesignada Principal Administração Política (GPU), 565, 573; em alerta logo após a morte de L., 620

Chekhov, Anton, 87; "Pavilhão nº 6", 122

Chernomazov, Miron, 289

Chernov, Osip, 551

Chernov, Viktor: funda Partido Revolucionário Socialista, 186, 202; em Paris, 257; autogestionamento, 263; L. critica, 371; como ministro da Agricultura do governo provisório, 371; demite-se do governo, 395; leva uma descompostura dos bolchevikes, 442; e o fechamento da Assembleia Constituinte, 442-443

Chernyshevski, Nikolai: influência sobre L., 78, 102-103, 113; exílio, 103; L. escreve a, 111; em São Petersburgo, 137; devoção de L. a, 169, 179; ética de trabalho, 569; *O que se há de fazer?*, 104, 165, 192, 194

Chetvergova, Maria P., 113

Chicherin, Georgi, 572, 587

Chigorin, Mikhail I., 112

China, República Popular da, 634

Churchill, Sir Winston S., 630

Clausewitz, Karl von, 275; *Sobre a guerra*, 487

Cobden, Richard, 519

Código Civil, 573

Cohen, Stephen, 30

Comércio exterior: monopólio estatal do, 585-586, 589, 595-597

Comintern (Terceira Internacional): formado, 25, 36, 501-502; constrói partidos comunistas na Europa, 525; L. previne contra a provocação de cruzada anticomunista, 561-562; domínio russo no, 633; Congresso: Primeiro (1919), 503-504, 506; Segundo (1920), 531-535, 539-540, 610; Terceiro (1921), 561-562, 566; Quarto (1922), 592

Comissão de Planejamento do Estado, 601

Comissão Extraordinária, *ver* Cheka

Comissão Organizacional Estrangeira, 271

Comissão Socialista Internacional, 331

Comitê Central bolchevique: L. ataca, 349; L. comparece ao, 354; sobre a socialização da terra, 364; organização, 366, 493; apoia a transferência de poder para os sovietes, 365; autoridade, 369; e a manifestação política armada em Petrogrado, 374, 376-377, 382; rejeita a revisão de L. dos programas políticos, 383, 387, 394, 397-398; cautela com o plano de L. de revolução em outubro, 401-405, 407-408; assume o poder após a revolução L. prepara decretos para, 410-411, 414; resiste à exigência de uma coalizão socialista, 419-420; Kamenev demite-se do, 420; no Instituto Smolny, 432; papel e funções, 433-434; resiste a uma paz em separado na Primeira Guerra, 447; administração, 493; faccionalismo, 518; L. preside, 524, 566, 591; e a guerra com a Polônia, 543-544; disputa sobre a "discussão do sindicato", 551-552; e introdução da nova política econômica, 551-552; L. propõe reduzi-lo a três membros, 582-583; ordena a L. doente que se retire da vida pública, 597; L. propõe ampliar o número de membros, 601,

604; minutas mantidas em segredo, 626; *ver também* Politburo
Comitê de Organização no Exterior, 272
Comitê Revolucionário Militar (do Soviete de Petrogrado), 404-405, 407, 410-411, 413, 419, 432
Comitês dos Pobres das Aldeias, *ver kombedy*
Comte, Auguste, 273
Comuna de Paris (1871), 243, 468
"Comunismo de guerra", 558
Comunismo: apelo mundial, 25; Marx sobre, 390-391; partidos inexistentes fora da Rússia, 502
Comunistas de esquerda, 452, 461, 464, 531
Conferência Democrática (setembro de 1917), 397
Conferência do Partido para a Província de Moscou (1820), 523
Congresso dos Sovietes de Deputados dos Soldados e Operários de Todas as Rússias, 364
Congresso dos Sovietes de Todas as Rússias. Comitê Central Executivo:, 433; e fechamento da Assembleia Constituinte, 442-443; Congressos: Primeiro (junho de 1917), 362, 370, 373, 378, 402, 404; Segundo (outubro de 1917), 407, 409-418; Terceiro (janeiro de 1918), 446; Quarto (março de 1918), 471; Quinto (julho de 1918), 472; Oitavo (1920): 550; Décimo (1922), 591-592, 595, 601
Congresso dos Sovietes do Norte (1917), 402
Conselho Central dos Sindicatos de Todas as Rússias, 557
Conselho do Trabalho e da Defesa, 493
Cossacos: opõem-se ao governo bolchevique, 418-419
Cracóvia (Polônia), 281-288, 290
Crimeia, Guerra da (1854-56), 26

Cuba, 633

Dal, Vladimir: Dicionário Russo, 456
Dan, Fiodor, 257, 265, 370-371, 408, 411
Danielson, Nikolai, 92
Danilin (camponês de Alakaevka), 118
Darkevich, professor Liveri, 569, 571, 573, 576, 582
Darwin, Charles, 34, 112, 275
Declaração dos Direitos dos Povos da Rússia, 422-423
Decreto do Dia de Oito Horas, 422
Decreto sobre a Educação Popular, 422
Decreto sobre a Paz, 414, 416, 438, 445
Decreto sobre a Terra, 414, 417, 438, 458, 622
Decreto sobre o Controle dos Operários, 415, 423
Deich, Lev, 91
*Delo Naroda* (jornal), 430
Denikin, General Anton, 510, 515, 523, 544
Diamand, Herman, 302
Dicionário Enciclopédico (Brockhaus--Efron), 178
Dietz, J. H. W. (editor de Stuttgart), 193, 199
Ditadura dos Alimentos, 469
Ditadura do proletariado: L. incorpora no programa do Partido, 201, 349; L. expõe, 238-239, 320, 391
Ditadura: e o socialismo de L., 490-491
Dobrolyubov, Nikolai, 93
Dolgov, Nikolai, 121
"Domingo Sangrento" (São Petersburgo, 9 de janeiro de 1905), 231-232, 237
Dobrovolski, General V. M., 156
Donbass, minas de carvão de, 603
Dostoievski, Fiodor, 28, 71, 137, 273; *Os demônios (Os possessos)*, 144
Drabkine, Yelizaveta, 542
Ducos de la Haille, Georges, 290
Duma: convocada, 240; eleições para e

composição, 244-248, 251, 278; bolcheviques na, 257, 260, 287-288, 295; membros visitam L. em Cracóvia, 337; prorrogada (1917), 286
Dunaiev, E. A., 313
Dybenko, Pavel, 489-490
Dzerjinski, Felix: entra para o partido bolchevique, 368; chefia a Comissão Extraordinária, 423; o hábito do fumo, 434; busca os quase assassinos de L., 441; prende o Comitê Central Revolucionário Socialista de Esquerda, 473-474; caça os ladrões de L., 496-497; Bukharin estabelece ligação com, 519; e as ordens repressivas de L., 535; propõe remoção do Comitê Central, 583; investiga a saturação na Geórgia, 593, 597, 612-613; e o testamento político de L., 606; no funeral de L., 620

Eberlein, Hugo, 503
"Economistas" (facção marxista), 195, 213-214
Elwood, Ralph Carter, 31
Emancipação, Lei de (1861), 27, 42-43, 50, 56, 58, 117, 202
Engberg, Oskari, 171
Engels, Friedrich: interpretação de L. para, 25, 122-123, 323, 388, 390, 627; L. lê, 112, 177, 178, 221, 274, 318, 491; seu atrativo para os revolucionários russos, 92; atitude para com os camponeses, 116; leitura de Plekhanov, 132-133; morte, 150, 175; Kautsky defende, 175; L. cita, 195, 196-197; influenciado pela Filosofia das Luzes, 273; L. promovido como sucessor de, 625; *Anti-Dühring*, 123, 143; *A condição da classe operária na Inglaterra*, 123

Esclarecimento (Filosofia das Luzes, século XVIII), 273, 324
Essen, Maria, 225
Essen, Yekaterina von (nascida Grosschopf), 49-50
Estado, o: desaparecimento sob o comunismo, 392; e terror, 392-393, 423, 463; monopólios, 458; partido único, 509, 517, 548, 565, 574, 586, 604, 630
Estados Unidos da América: cessa o bloqueio econômico à URSS, 516
Estocolmo: 4º Congresso do Partido em, 241, 245-246; encontra a mãe em, 271, 309-310; L. passa por em 1917, no seu retorno à Rússia, 344-345
Estônia: estabelecida como república soviética, 502
Eurocomunistas, 629
Europa: compromisso de L. de difundir o socialismo na, 329, 332, 416, 428, 435, 471, 501, 507, 516, 529-530, 533-534, 561, 572; L. lança "guerra revolucionária" de 1920 na 531-538
Executiva do Sindicato dos Ferroviários de Todas as Rússias (Vikjel), 419
Exército Vermelho: formado, 452, 470; repressões, 459; na guerra civil, 475, 487-488, 497, 510, 515, 523-524; sob o regime de Trotski, 499-500, 507; ocupa territórios perdidos com o Tratado de Brest-Litovsk, 502; independência, 509; Trotski propõe transferir soldados recrutados para "Exércitos de trabalho", 523; e o controle das fronteiras, 530; na guerra de 1920 contra a Polônia, 530, 535, 543; nos planos de L. para a "guerra revolucionária", 431; Trotski estabelece comissariados políticos, 548-549; e a repressão de

levantes camponeses, 550, 573, 604; reprime o motim naval de Kronstadt, 555, 563

Fascismo, 633
Fazendas coletivas, 558
Federação Soviética Transcaucasiana, 590, 593
Fedoseiev, Nikolai, 111, 113, 120, 133-134, 136, 163, 591
Ferrovia Transiberiana: completada, 26
Feuerbach, Ludwig Andréas, 326
Figes, Orlando, 31
Finlândia: como possessão russa, 27, 247-248; L. foge para, 36, 384-387; L. fica na, no retorno de 1917 à Rússia, 345; nacionalismo na, 428; L. passa férias na (dezembro de 1917), 438
Fitzpatrick, Sheila, 31
Flaxerman, Galina, 401
Fofanova, Margarita Vasilevna, 400, 404-406, 414, 432
Fome (surto de): navegação do Volga (1891-2), 130-132, 307; (1921), 555
Förster, professor O., 576, 577, 587, 619
Fotieva, Lídia A., 269, 581, 591, 594, 598, 605, 608, 611, 615
França: na Primeira Guerra, 299; socialistas revolucionários na, 503; cessa o bloqueio econômico da URSS, 516; *ver também* Longjumeau; Paris
Franz Ferdinand, arquiduque da Áustria, 299
Franz Joseph, imperador austro-húngaro, 3062
Freud, Sigmund, 274

Galperin, L., 223
Gapon, padre Georgi, 34, 230, 237-238, 296, 432, 551

Genebra: L. mora em, 209, 225, 231, 237, 254
Generalov, V. D., 94
Gênova: conferência internacional (1922), 572, 585, 587
Geórgia, 563, 573, 586, 590, 593, 597, 611-614
Gete, professor Fedor, 495, 571
Geyer, Dietrich, 31
Gil, Stepan, 432, 456, 474-475, 481-482, 496, 556, 567, 571, 616
Glyasser, Maria, 605, 611
Goethe, Johann Wolfgang von, 433
Gogol, Nikolai, 71, 76, 80, 86
Goldenberg, I. P., 353
Golubeva, Maria, 121
Goncharov, Ivan, 44, 75; *Oblomov*, 156
Gorbachev, Mikhail, 30, 630, 633
Gorbunov, Nikolai, 432, 611
Gorki (aldeia), perto de Moscou, 457, 483, 566-568, 571, 585, 590-591, 614, 616, 618
Górki, Maksim: e a admiração de L. pelos judeus, 60; L. escreve a, 253, 306, 363; convida Bogdanov e L., 259; sobre L. na guerra civil, 487-488
Gots, Abram, 408
governo provisório (Rússia): L. se opõe a, 339, 345-348, 350, 354, 363-364, 370, 395, 399-400; programação e políticas, 355, 372; L. alega ser imperialista, 360; contestado por bolcheviques, 373-374; e a manifestação armada bolchevique de 1917, 374, 376; e a revolução bolchevique de outubro, 402-412, 443
Govorukhin, Orest, 89
GPU; *ver* Principal Administração Política
Grã-Bretanha: na Primeira Guerra Mundial, 299; intervém na guerra civil, 475; encerra o bloqueio econômico

da URSS, 516; Partido Trabalhista e socialismo na, 535; Kamenev negocia acordo comercial com, 545-546
Grande Guerra (1814-18); *ver* Primeira Guerra Mundial
Grande Terror, 626, 635
Grãos, comércio de: requisição dos pelo Estado, 458-459, 461, 470, 519, 524, 550; imposto em espécie sobre, 547; comércio privado de, sob a NEP, 558-559, 565
Greulich, Herman, 302-303
Grimm, Robert, 327, 329, 330, 340
Grosschopf, Anna (nascida Estedt), 48
Grosschopf, Johann, 48
Grupo de Emancipação do Trabalho, 91, 111, 133, 148-151, 176
Guchkov, Alexander, 249-250, 320, 339
guerra civil: visão de L. da, 467-468, 517; é deflagrada, 469, 475-476; papel de L. na, 487, 492; conduta de, 498, 510, 515, 632; vitória do Exército Vermelho na, 522-523, 530, 545
Guerra Russo-Japonesa (1904-5), 230, 239, 307, 530
Guerra Russo-Turca (1877-78), 58, 76
Gusev, Sergei, 232

Haase, Hugo, 329-330
Haimson, Leopold, 31
Halila sanatorium, Uusikirkko (Finlândia), 438-440
Hanecki, Jakub, 284, 301, 332, 345, 389
Harding, Neil, 30
Hegel, Georg Wilhelm Friedrich, 275, 324, 326, 333; *História da Filosofia*, 324
Helphand-Parvus, Alexander, 239, 332, 389
Hensink (Helsingford), 387, 390; *ver também* Finlândia
Heráclito, 324

Herzen, Alexander, 137
Hilferding, Rudolf, 328
Hitler, Adolf, 630, 633
Hobson, John Atkinson, 177
Hungria; e o lançamento de L. da "guerra revolucionária", 531; *ver também* Kun, Béla

Igreja ortodoxa; predominância, 45; reprimida, 574, 585
Imperialismo; L. escreve sobre, 327-328; e a Primeira Guerra Mundial, 330; e os problemas coloniais, 611
Imprensa: liberdade restrita sob L., 419, 430
Inspetoria dos Operários e Camponeses, 606
Instituto do Cérebro, 622
*Intelligentsia*: papel orientador para os operários, 258, 459; repressão da, 547
Internacional Comunista; *ver* Comintern
Internacional, Segunda (Socialista); apoio dos narodniks, 90; 1907, Congresso (Stuttgart), 248, 303
Internacional, Terceira; *ver* Comintern
*Iskra* (jornal): L funda e produz, 185-191, 199-200, 362; e *O que se há de fazer?*, de L., 194-198; publica esboço do Programa do partido, 201; muda-se para Londres, 205; muda-se para Genebra, 209; Trotski proposto para o quadro editorial, 208-209; e o Segundo Congresso do Partido, 210, 214-216; L. propõe reduzir-se o quadro editorial, 215; aprova o terrorismo, 222; L. ataca o quadro editorial reformado, 323-233
Itália, 516, 533
Ivan IV (o Terrível), tsar, 106
Ivanov-Vosnesensk, 239
*Izvestia* (jornal), 627

Jalava, Hugo, 386, 400
Janson, Wilhelm, 342
Japão: guerra com a Rússia (1904-5), 230, 239-240; L. exige apoio para, 233, 530; Pilsudski apoia, 530
Jogiches, Leo, 248, 272
Judeus: no império russo, 46, 59; atitude de L. para com os, 59-60; participação no socialismo, 151-152; *pogroms* russos contra os, 305; e as repúblicas soviéticas independentes, 502-503; na Ucrânia, 524; ver também Bund

*kadets ver* Partido dos Democratas Constitucionais
Kadyan, dr. Alexander, 58
Kaganovich, Lazar, 499
Kahn, Alfred, 290
Kalashnikov, Vasili, 69
Kalmikova, Alexandra, 159, 173, 186, 189
Kalske, Emil, 385, 386
Kamenev, Lev: paixão por cinema, 293; preso na guerra, 312-313; recebe L. no retorno à Rússia em 1917, 346-347; apoia o governo provisório, 346; incredulidade diante das propostas extremistas de L., 352-353, 355; trabalha no Soviete de Petrogrado, 368; detido e aprisionado pelo governo provisório, 377, 382; L. escreve a sobre a publicação de O *Estado e a revolução*, 388; libertado, 398; opõe-se ao plano de L. para revolução em outubro, 402-403; retorna ao Comitê Central, 412; e a exigência de uma coalizão socialista, 419; demite-se do Comitê Central, 420; previne contra catástrofe política, 435; descrê da revolução socialista europeia, 446; e o Tratado de Brest-Litovsk, 449; em Moscou, 456-457; queixa-se da conduta da Cheka, 487-488; e o estabelecimento da República Soviética Ucraniana, 519; negocia acordo comercial em Londres, 545; aprova introdução da NEP, 551-552; problema de coração, 557; pede por justiça formal, 573; propõe redução no Comitê Central, 583; apoia L. na questão da constituição, 592; preocupação com a deterioração da condição de L., 591; L. escreve a sobre a delegação de funções no Sovnarbom, 595; relações de L. com, 596; permite que L. dite a secretárias, 598; fica sabendo dos insultos de Stalin a Krupskaya, 599-600, 612; L. o considera sucessor, 602; apoia Stalin no 12º Congresso do Partido, 614; rejeita a Oposição de Esquerda, de Trotski, 618; visita L. doente, em Gorki, 617; no funeral de L., 620; fala *in memoriam* de Lenin, 624; perde em oposição a Stalin, 626
Kammerer, Luisa & Titus, 317-318
Kamo (pseud., i.e., Semyon A. Ter-Petrosian), 295
Kappoport, Charles, 269
Karamzin, Nikolai, 44
Karpinski, Vladimir, 303, 305
Kashkadamova, Vera, 95, 96-97
Kautsky, Karl: influência sobre L., 78, 175-177, 274, 304, 323; L. cita, 195; responsabilidades financeiras, 266, 289-290, 296-297; e disputas faccionais partidárias, 290; apoia o voto do partido alemão sobre créditos de guerra, 304; descrê da revolução dos operários, 318-319; e planos para um governo socialista, 320-323, 504; L. refuta, 325-326, 339, 490-491; convi-

dado a conferências socialistas internacionalistas suíças, 329; L. insulta, 331; in *O Estado e a revolução*, de L., 388; critica a interpretação de L. para Marx, 392; L. denuncia por não contestar o capitalismo alemão, 471; *A questão agrária*, 176

Kazan, 100, 104-106, 109-112, 115; *ver também* Universidade Imperial de Kazan

Kazan, Universidade Imperial de, 102, 105-109

Kedrov, Mikhail, 279

Keep, John, 31

Kerenski, Alexander: sobre técnicas políticas, 35; pai ensina L., 72; L. sugere possível aliança com Milyukov, 320; e a Revolução de Fevereiro de 1917, 339; autoconfiança, 350; reputação e publicidade, 368-369; mantém compromisso com a condução da guerra, 372, 395-396; e fracasso da ofensiva militar russa, 373; indicado primeiro--ministro, 377, 382; L. acusa de despotismo, 395; diferenças com Kornilov, 396; forma Diretório, 397; e propostas de L. para insurreição, 397; monta patrulhas do exército, 405; Trotski anuncia a derrubada de possível abandono pelos mencheviques, 408; foge, 411; oposição armada a bolcheviques, 419; aparições em filme, 512

Kerenski, Fiodor, 72-73, 75, 100

Keskuela, Alexander, 332

Keynes, John Maynard, 491

Khalturin, Stepan, 113, 195, 456

Khardin, Andrei, 112, 129

Khrushev, Nikita, 628-629, 632

Kiental: conferência socialista internacionalista (1916), 329, 331

Kierkegaard, Soren, 274

Klasson, Robert, 140-141, 143, 152

Klemperer, Georg, 575, 577, 582, 587

Kobachidze (funcionário georgiano), 593

Kocher, Theodor, 292-293

Kojevnikov, dr. A. M., 576, 594

Kokushkino (propriedade rural), 49-51, 56-57, 102, 106, 109, 116, 169

Kolchak, almirante Alexander, 498, 510-511, 544, 551

Kollontai, Alexandra: em Oslo na Primeira Guerra Mundial, 314; e a Revolução de Fevereiro de 1917, 339; e a chegada de L. a Petrogrado, 347, 352-353; dá força a um L. nervoso na hora de fazer um discurso, 361; detida e aprisionada, 382; e a detenção de Dybenko, 489-490; lidera a Oposição Operária, 518; L. cede exigências de, 522; faz viagem Volga abaixo, 525; sobre L. e Inessa Armand, 539; *O amor das abelhas operárias*, 539

Kombedy (Comitês dos Pobres das Aldeias), 470, 480, 500

Komuch (Comitê de Membros da Assembleia Constituinte), 469, 472, 475, 479, 497-498

Kornilov, general Lavr, 369, 399, 469, 498

Korobko (marxista de São Petersburgo), 140-141

Koshelnikov, Yakov, 497

Kramer, professor Vasili, 576, 594

Krasin, Leonid, 140-141, 247, 567

Krasnov, general Pëtr N., 420

Krasnoyarsk, 160

Kremer, Alexander, 152

Kremlin, Moscou: L. muda e separa, 452-455; L. revisita durante doença final, 616

Kremlov, Reitor N. A., 108

Krestinskaya, Vera, 482

Krestinski, Nikolai, 482, 493, 551
Krjijanovski, Gleb, 162, 170, 203, 217, 220, 223-224
Kronstadt: hostilidade dos marinheiros ao governo provisório, 374; motim naval em, 552-556, 563
Krumbyugel, L. (editores de São Petersburgo), 265
Krupskaya, Nadejda Konstantinovna (Nadya): casamento e relações com L., 33, 157-158, 164, 168, 171-172, 211, 220-221, 267, 283, 310, 367, 375, 429-430, 494, 525-526, 542, 571; relações com a família de L., 33, 164, 168, 211; em grupo de discussão com L., 140; L. escreve da prisão, em código, 156; vai ao encontro de L. em Shushenskoe (Sibéria), 163, 167-168, 170-171, 579; formação e carreira, 166; atividades e interesses revolucionários, 166; aparência e saúde, 167, 267, 290, 367, 432; falta de filhos, 172, 267, 287, 580; período de exílio, 177, 183-184; sobre o amor na vida de L., 187; vai ao encontro de L. em Munique, 191; protege L. de seguidores, 199; em Londres com L., 205-206; falta de habilidades culinárias, 207, 255, 366; recebe Trotski, 208; e a saúde deficiente de L., 209-210, 218-219, 478; ajuda seguidores de L., 222; férias na Suíça com L., 225-226; e a arenga de L. contra colegas bolcheviques, 232; comparece ao Segundo Congresso do Partido, 232; volta a São Petersburgo com L. (1905), 241; na Finlândia, 248; organiza ligação com bolcheviques russos, 252; encontra L. em Estocolmo, 252-253; em Paris, 254, 266; andanças de bicicleta com L., 256; e as relações de L. com Inessa Armand, 270, 283, 293-294, 310, 495-496; muda-se com L. para a Cracóvia, 282-286; como secretária do Bureau Estrangeiro do Comitê Central, 287; muda-se para Poronin, 291; operação da tireoide, 292-293; melhoria de relações com Inessa Armand, 293; sob suspeita na deflagração da Primeira Guerra Mundial, 300-301; foge para a neutra Suíça, 302-303; e a morte da mãe, 308; toma o lado de L. na guerra, 312; mantém registro dos contatos políticos, 313; dificuldades financeiras, 316; planeja a *Enciclopédia Pedagógica*, 316; fica sabendo da revolução de fevereiro de 1917, 338; e a volta de L., em 1917, à Rússia, 340-343, 344-348, 350; e o novo estilo de L. em Petrogrado, 361; abre mão do cargo de secretária, 366; trabalha no distrito industrial de Vyborg, 367, 375; interrogada sobre o paradeiro de L., 377; distante de L. durante o refúgio na Finlândia, 387; visita L. em Petrogrado, 401; vida com L. em Petrogrado, 429-432; nomeada vice-comissária do Esclarecimento Popular, 429; e o excesso de trabalho de L., 431; férias finlandesas com L., 438-439; muda-se com o governo para Moscou, 452-453, 456-457; convalesce, 457; e a tentativa de assassinato de L., 471; acompanha L. em caminhadas particulares, 494; tratamento médico em Sokolniki, 496; sobre a intransigência dos operários, 521, 603-604; cartas de L., 526; visita à região do Volga, 545-526; e a morte de Inessa Armand, 542; vai ficar com L. em Gorki, 567;

cuida de L. depois do derrame, 575, 582; discute com Maria Ilinichna, 580-581; recebe o direito de abrir a carta selada de L. ao Congresso do Partido, 598; faz companhia e dá assistência a L. durante a doença, 599, 613-614, 617; é ofendida por Stalin, 599, 611-613; presente ao coma e à morte de L., 618-619; e o rompimento de Trotski com o Partido, 618; e o funeral e embalsamento de L., 622-623; fala *in memoriam* de L., 623-624; relações com Stalin após a morte de L., 624 Krupskaya, Yelizaveta Vasilevna (mãe de Nadejda): acompanha a filha no exílio, 167-168, 171, 177; cozinha para L., 170-171, 207; saúde sofre na Sibéria, 177; conhece as irmãs de L., 184; viaja ao exterior com a filha, 192, 207, 254, 282; recusa-se a emigrar novamente para a Suíça, 252; relações com L., 254; morte, 308

Krushvit, 124, 132, 134, 137

Kseshinskaya, mansão (sítio da Conferência do Partido de abril de 1917), 356

Kseshinskaya, Matilda, 349

Kuibyshev, Valeryan, 583, 611

Kulaks: L. define, 174; L. recomenda a supressão de, 478, 517; Osip Chernov defende, 551; atacados na 10ª Conferência do Partido, 559; *ver também* camponeses

Kun, Béla, 516, 556, 562

Kuokkala (Finlândia), 247-248, 251

Kuskova, Yekaterina, 176

Lafargue, Paul, 150, 570

Lalayants, Isaak, 123, 148

Lapshin (caçador de pássaros), 79

Larin, Yuri, 417, 428

Lashevich, Mikhail M., 499

Lavrov, Piotr, 137

Le Bon, Gustave, 273, 274

Lebedour, Georg, 330

Legeher, dr., 83

Lengmik, Fridrikh V., 216

Lenin, Vladimir Ilich (nascido Ulyanov): realizações, 25, 30, 33, 483-484, 563, 629-632, 636; desculpa Malinovski, 296; exige e prediz revolução, 29, 220, 221-237, 315, 318-321, 328, 331, 332, 365; documentação sobre, 30-32; personalidade, 31, 33-34, 635-636; hostilidade contra Stalin, 32, 587, 588, 589, 593-594, 597, 605, 608, 611, 628-629; ligação com Inessa Armand, 33, 146, 267-271, 310-311, 496, 526, 539; atitude para com e interesse pelas mulheres, 33, 146, 157-158, 164, 267; impulsos destrutivos, 33-34; educação, 33, 53, 69-76, 77, 99-100; formação familiar e ancestralidade, 32-33, 45, 51-54, 58-60, 183-184, 627; reação à execução do irmão Alexander, 33, 96, 112, 144-145, 424, 475; relações com a Krupskaya, 33, 158, 164-165, 167-168, 211, 267, 429-430, 494-495, 525, 542, 571; introduz a NEP, 33-35, 551-561, 563, 622, 630, 636; feituras, 35, 77, 87, 102-104, 111, 112, 117, 119, 123, 176, 275, 323-324, 327-328, 491; obscuridade inicial, 35; saúde fraca, 36, 177, 218-220, 225, 367, 376, 430, 442, 478, 494, 525, 565-568, 590-600, 613-617; nascimento, 41; sangue judeu, 45-47, 59-60, 183, 293, 502, 513, 606-607; o avô, Blank, o examina, 57; infância, 63-70, 77-80; aparência e modo de vestir, 63-64, 145, 152, 178, 308-309, 345, 361, 413, 512; visão, 65;

relações com os irmãos, 64-70, 96-97; casamento, 68, 164, 171, 220, 283, 311; conhecimento dos clássicos, 74, 145, 324; atitude com interesses artísticos, 78; acidente enquanto pescava, 79; e a morte do pai, 82-84; mau comportamento, 85-86; após a morte do pai, 100, 119; modos antissociais, 100, 119; desiste de fumar, 102; estuda direito na Universidade Imperial de Kazan, 102, 104, 107; ateísmo, 103, 128, 207; vida em Kokushkino, 102-103; primeiras ideias e atividades revolucionárias, 104, 107-110, 112-114, 119-124; recursos financeiros, 105, 131-132, 137, 149, 255, 261; expulso da Universidade de Kazan, 109; o jogo de xadrez, 112, atitude para com os camponeses, 116-120, 122, 130-132, 134, 202, 245, 364, 418, 464, 513-514, 521, 550, 608-609; vida em Alakaevka, 116-119; traduções, 119, 167; repudia o sentimentalismo na política, 123, 131, 179, 261, 275, 307, 363, 542-543; move uma ação contra Arefev, 124-125; matricula-se na Universidade de São Petersburgo, 126; ajudado e apoiado pelos irmãos e pela mãe, 126-127, 146, 156, 221; genioso, 129, 265, 307, 478, 573, 552, 588; forma-se e pratica como advogado, 129, 133, 137-138; sobre o surto de fome no Volga (1891-2), 131; atividades revolucionárias em São Petersburgo, 137-138, 140-144, 151-153; escreve, 138, 145, 147-148, 172-173, 176, 192-193, 198-199, 262, 288, 316, 362, 388, 423, 439-440, 477-478, 610, 611, 623, 625, 627, 630; beligerância nas discussões, 139-140; distância dos operários, 140-141; talentos linguísticos, 142, 324; russianismo, 142-143; ódio pela ordem estabelecida, 144; ciclismo, 146, 225, 256; problemas gástricos, 147-149, 156, 170; amor pela ordem e arrumação, 146-147, 206-207, 221, 587, 635; usa pseudônimos e apelidos, 147, 173, 194, 206, 242; dificuldade com a língua alemã, 148-149, 190; viaja à Suíça (1895), 149-150; detido e encarcerado, 155-158; exílio na Sibéria, 158, 163, 167-177; afeição pela mãe, 160, 211, 309-310; tensão nervosa, 159-160, 170, 177, 209, 211, 218, 221, 307, 577; necessidade de heróis, 169; caça e pesca, 170, 487, 494; mencionado no *Dicionário Enciclopédico,* 178; deixa a Rússia (1900), 183-184; relações com Plekhanov, 186-188, 199-200, 209-210, 216-217, 220, 349; desilude-se com Plekhanov, 189; vida em Munique, 189-192; paixão por Wagner, 192; adota o nome Lenin, 194; propõe partido clandestino, 198; estilo literário, 197-198; atrai seguidores, 199; liderança e autoridade, 203, 223-224, 235; em Londres, 205-208; aprende inglês, 208; sofre de erisipela, 209-210, 218, 225; comparece ao Segundo Congresso do Partido, 212-216, 222-223; e a cisão bolchevique-menchevique, 216, 223; demite-se do *Iskra* e do Conselho do Partido, 217; crença em si próprio, 220, 308, 318, 349; em Paris, 220, 254-257, 266-271; férias na Suíça, 225; fica sabendo do massacre do "Domingo Sangrento" de 1905, 231; comparece ao Terceiro Congresso do Partido, 232-236; assume posição sobre a Guerra Europeia, 233, 300, 303-307, 312, 319-320, 327-328; declina voltar à Rússia, 236-237, 240; volta a São Petersburgo (1905-6), 240-241; oratória e discursos, 242, 360; advoga métodos violentos e terror, 243-244, 392-393, 423-424, 463, 468, 477-481, 491, 514, 536, 554, 573; comparece ao Quarto Congresso do Partido, 245-246; na Finlândia (1906-7), 247-252; comparece ao Quinto Congresso do Partido, 248; vai da Finlândia para Genebra, 252-253; hábitos alimentares, 255; relações com a sogra, 254, 308; discute e rompe com Bogdanov, 257-264, 271; visita Górki em Capri, 259; excesso de trabalho e tensão, 264-265, 367-368, 431, 438, 558; demite-se do quadro do Social-Democrata, 266; continua sem filhos, 270, 287, 580; viaja pela Europa, 271; toma decisão sobre Conferência do Partido (1911), 271; influências intelectuais sobre, 273-275, 323-324; senso de missão, 274, 308; serve no Comitê Central do Partido, 277-278, 287; reputação crescente entre os partidos socialistas, 279; em Cracóvia, 281-288, 290; termina a relação com Inessa Armand, 283, 293-295, 310, 635; recreações ao ar livre, 284, 291, 525, 579; e faccionalismo entre os bolcheviques, 289, 315-316; passa algum tempo na Galícia, 290-293; distanciamento das questões cotidianas, 296-297; preso e solto na Polônia, 302; refugia-se na neutra Suíça, 303-317; discute questões de amor com Inessa, 310-311; e a morte da mãe, 309-310; separação de atividades russas na guerra, 312-313, 333; planeja governo socialista, 319-320, 463-464; livros de anotações, 320, 325, 327; desenvolve filosofia política, 325-326; acredita na revolução socialista internacional, 329-333, 416, 428, 435-436, 446-447, 471, 501, 503, 516; qualidades e status pré-Revolução, 333; sabe sobre a Revolução de Fevereiro de 1917, 338-339; volta à Rússia (1917), 340-350; idolatrado pela irmã Anna, 351; paixões políticas, 352; apresenta programa revolucionário em Petrogrado (1917), 352-357; mistura-se com operários, 360-361, 374; estilo e modos políticos, 360-362; ataques cardíacos, 367; imagem e propaganda, 368-369, 413, 511-512; oposição da imprensa a, 369-370; deixa e volta a Petrogrado (junho-julho de 1917), 374-476; pacifica manifestantes armados (1917), 376; denunciado como espião alemão, 377; o governo provisório emite mandado de prisão contra, 377; foge, se esconde e se refugia na Finlândia, 381-387, 390; raspa a barba e o bigode, 381; revisão de programas políticos rejeitada pelo Comitê Central, 383, 387, 393, 398; evasões e mentiras, 388; liberalismo e preconceitos políticos, 393-394, 464-466; clama por insurreição imediata, 397; planeja e propõe a Revolução de Outubro, 399, 405, 563; fala ao Soviete de Petrogrado sobre a Revolução de Outubro, 403-405, 408-409; assume o poder, 409, 413, 422-425; esboça e apresenta decretos, 414-419, 423, 438; nomeado presidente do Sovnarkom, 415, 493, 524; fins e objetivos governamentais, 415-416, 422, 427-428, 435, 439-440; durabilidade do governo questionada, 421; monta a Comissão Extraordinária, 423; atitudes de classe, 514; vida com a Krupskaya em Petrogrado, 429-432; é satirizado, 430-431; práticas e assistentes de trabalho, 432-434, 437-438, 556-557, 588; propôs paz em separado na Primeira Guerra Mundial (Tratado de Brest-Litovsk), 437, 445-451, 548, 630, 636; férias na Finlândia (dezembro de 1917), 438-439; autoritarismo, 439-440, 457-460, 463-465, 491; exige disciplina dos operários, 439-440; tentativas de assassinato contra, 441, 481-482, 513; força o encerramento da Assembleia Constituinte, 442; muda-se com o governo para Moscou, 452-457; confundido com outrem, é alvo de tiros e termina preso, 474; e o assassinato dos Romanov, 476; papel na guerra civil, 487, 491, 510-551, 515-517; organização e administração, 488-489, 492-493, 499-500, 517; no Primeiro Congresso do Comintern, 503; sobre a questão nacional, 503, 523, 606; justificativas no Oitavo Congresso do Partido, 505-506; e a suprema do Partido, 509, 517, 549, 566, 574, 586, 604-605, 630; aparece em filme, 512; tolerância com a intransigência dos operários, 514, 521-522; políticas pró-revolucionárias, 518-520; discute com Trotski sobre a requisição dos grãos, 519-520; perde seu revólver para o guarda-costas, 520; comemorações pelos seus 50 anos, 527; lança guerra contra a Polônia, 531-536, 543, 546; no Segundo Congresso do Comintern, 532-535, 610; pede a paz após a derrota frente à Polônia, 536; Partido Comunista alemão se põe, 538; e a morte de Inessa Armand, 538-543, 546; justifica a guerra com a Polônia, 543-544; na "discussão dos sindicatos", 548-549, 558; no do Partido, 552; Décimo Congresso do Partido, 552-553; sobre o controle das fábricas pelos operários, 553; atacado na 10ª Conferência do partido, 559; declara-se a favor da "coexistência pacífica", 561; convalesce em Gorki, 566-567, 571, 575-583, 585, 590, 613-617; carga de trabalho reduzida por motivos de saúde, 566, 569, 578-580; perde a vontade de trabalhar, 568-569; estado mental e "obsessões", 569-570; considera a hipótese de suicídio, 570, 577-578, 615; operação para remoção de bala, 575, 578; exames e diagnósticos por médicos especialistas, 576-577, 514; sofre derrames, 498, 577-578, 585, 590; o Testamento Político, 583, 597-598, 601-602, 624, 628; em disputas partidárias sobre comércio exterior e constituição, 585-591; modos sociais, 587; fala no Quarto Congresso do Comintern, 592; considera possíveis sucessores, 594-595, 598, 602, 608; dita a secretárias durante a doença, 594, 597-598, 601, 604; coma final, morte e funeral, 618-620; embalsamado e exposto em mausoléu, 621-622; fala e culto póstumos, 621-623, 634-635; OBRAS: *Teses de abril*, 36, 348, 349, 352, 356, 364, 382, 425, 436, 445, 554, 630; "Menos é Melhor", 610; *As atuais tarefas do poder soviético,*

460; *O desenvolvimento do capitalismo na Rússia*, 156, 172, 173, 193; *Estudos e artigos econômicos*, 167; "Como Deveríamos Reorganizar Rabkrin", 610; *O imperialismo, o estágio mais avançado do capitalismo*, 328; "Carta a um camarada sobre nossos deveres organizacionais", 198, 490; "Carta ao Congresso", 605, 618; "Marxismo e insurreição" (carta), 397; *Materialismo e empiriocriticismo*, 262-264, 325; "Novas tendências econômicas da vida camponesa", 138; "Sobre Concessões", 396-397; "Sobre o trabalho conjunto"; "Do imposto sobre os mantimentos, 556, 558-559; "Sobre a questão das nacionalidades ou sobre "autonomização", 606; *Sobre slogans*, 383; "Um passo para a frente, dois passos para trás", 217-218, 224; "Retrato do governo provisório revolucionário", 239; *revolução proletária e o renegado Kautsky*, 490; *O Estado e a revolução*, 383, 388-394, 415-416, 425, 466, 477, 489, 501, 605-606, 630; "Os deveres da social-democracia revolucionária na guerra europeia", 305; "A teoria da realização", 176; "Teses sobre a questão de uma paz em separado e anexionista", 446; *Duas táticas da social-democracia russa na revolução democrática*, 236, 238; *O que se há de fazer?*, 192-199, 203, 213-214, 227, 236, 240, 274, 459, 490, 492, 506, 630

Leningrado; *ver* São Petersburgo
Lepeshinski, Panteleimon & Olga, 231
Lermontov, Mikhail, 71, 75, 137
Leshchenko, Dmitri, 384
Lewin, Moshe, 30

Liber, Mark, 370, 408
Liberação (organização); *ver* Sindicato da Liberação
Liberação do Trabalho, Grupo da, 185
Liberdade do Povo (movimento), 113, 121-122, 142, 153, 159, 186
Liebknecht, Karl, 471, 501
Liebknecht, Wilhelm, 150
Liebman, Marcei, 30
Lindhagen, Karl, 345
List, Friedrich, 177
Lituânia, 502, 531
Londres: L. muda-se para, 205-208, 220; Terceiro Congresso do Partido em, 234
Longjumeau (França), 270
Lozgachev, Georgi ("Gora"), 286-287, 350, 351, 525, 617
*Luch* (jornal menchevique), 289
Ludendorff, general Erich, 475
Lunacharski, Anatoli, 226, 231, 274, 414
Luxemburgo, Rosa, 248, 328, 368, 501, 611
Lvov, príncipe Georgi, 356, 377, 394
Lyubimov, A.I., 264, 271

Malia, Martin, 31
Malinovski, Roman, 278, 285, 288, 296, 307, 331-332, 346, 388-289
*manifesto comunista, O*: L. começa a traduzir, 119
Maquiavel, Nicolau, 34, 275, 491
Martov, Yuli: atividades em São Petersburgo, 151; amizade com L., 151, 163, 184, 199; formação judia, 151, 184, 213; detido, 155; exilado para a Sibéria, 158-159, 163; no quadro editorial do *Iskra*, 186, 203, 216; e a redação, por L., de *O que se há de fazer?*, 199; qualidades de liderança, 203; em Londres, 207; muda o *Iskra* para Genebra, 209;

disputa com L. no Segundo Congresso do Partido, 214-217, 224-225; forma partido menchevique, 216, 223; ataca L., 217; L. repudia, 232, 277, 371; declina comparecer ao Terceiro Congresso do Partido, 234; e bolcheviques em eleições para a Duma, 257-258; autoquestionamento, 263; abordado pelo centro bolchevique, 266; e a Primeira Guerra Mundial, 304, 307; descrê da revolução dos operários, 318-319; e o socialismo internacional, 327; e a volta de L. à Rússia após a Revolução, 340; critica a interpretação de L. para Marx, 391-392; pede uma administração socialista, 395; diferenças com L., 628

Marx, Karl: a interpretação de L. para, 25, 122-123, 138, 196-197, 238-239, 322, 388, 390-391; influência sobre L., 29, 78, 112, 141-142, 150, 177, 221, 312, 318, 288-290, 491, 627; seu atrativo para os revolucionários russos, 92; Chernyshevski lê, 104; atitude para com os camponeses, 116, 132-133; sobre a Rússia agrária, 132-133; interpretação de Plekhanov para, 132; e tendências econômicas russas, 141; revisionismo de Bernstein, 175-176; Kautsky defende, 175; L. cita, 195; e a revolução, 238-239; influenciado pelo Esclarecimento, 273; em O Estado e a revolução, de L., 388, 390; pontos de vista sobre desenvolvimento histórico, 391; L. põe à vista retrato de, 456; advoga o controle das fábricas pelos operários, 553; ética do trabalho, 569; sobre o socialismo na sociedade camponesa, 610, O capital, 92, 112, 123, 132, 138, 142, 323; A pobreza da filo-

sofia, 123; Teses sobre Feuerbach, 323

Marxismo: como ideologia destacada no império russo, 28, 35; revolucionários russos abraçam o, 91; o interesse e a compreensão de L. do, 119; e luta de classe, 148; círculos de estudos, 152-153; os camponeses no, 159, 186; L. escreve sobre, 172-174; na Rússia, 185-186; e a proposta de L. para um partido, 194-195; e a cisão bolchevique-menchevique, 223; líderes russos reprimidos, 266; prevê estágio de revolução, 318-319; e desenvolvimento histórico, 322; sobre níveis industriais como pré-requisito para o Estado socialista, 609-610

Marxismo-leninismo, 25, 622, 629, 633

Marxismo-leninismo-stalinismo, 627

Maslov, Piotr, 134, 137, 138, 139-140

Mayakovski, Vladimir, 627

Mdivani, P. G., 593, 597, 612

Medvedev, Roy, 629

Mehring, Franz, 266, 289

Mencheviques: formados, 216, 223; L. ataca, 224-225, 227, 233, 244-245, 248, 257-258, 345, 352, 356, 399-400, 409; comparecem ao Terceiro Congresso do Partido, 236; sobre a ditadura do proletariado, 238; L. deseja reunificação com, 245; no Quarto Congresso do Partido, 245-246; doutrinas, 245; derrotados no Quinto Congresso do Partido, 248; criticam L. por megalomania, 266; representação mínima na Conferência de Praga, 277; status legal, 281; na Quarta Duma, 288-289; formam o Soviete de Petrogrado, 337; e a revolução de fevereiro de 1917, 339; apoiam o governo provisório, 346, 347, 356, 362, 395; recebeu L. na volta à Rússia, em 1917, 346; é-lhes negado o desejo de um partido unificado, 353; como partido separado, 365; Trotski deixa, 368; apreensão por causa de manifestações bolcheviques, 370; declínio, 371; e planos bolcheviques de uma manifestação armada, 373-374; força nos Sovietes, 398; política agrária, 418; pedem coalizão socialista mais ampla, 419; L. recusa concessões a, 420; e supressão da Assembleia Constituinte, 440; reprimidos, 459, 516, 574, 585; apoiam o monopólio do comércio de grãos, 461; e o socialismo de L., 465; advogam a NEP, 547; narrativas póstumas de L., 628; *ver também* Partido Trabalhista Social-Democrata Russo

Mendeleiev, Dmitri Ivanovich, 28, 72

Meshcherski, Vladimir P., 463, 471

Meshcheryakov, Nikolai, 581

Meyer, Alfred, 31

Michels, Robert, 273

Mickiewicz, Sergei, 136

Mikden, batalha de (1905), 239

Mikhail Alexandrovich, grão-duque, 338

Mikhailovich, Nikolai, 137, 197

Mill, John Stuart, 273

Milyukov, Pavel, 320, 339, 349-350, 355-356, 370

Milyutin, Vladimir, 586

Minsk, 185

Mints, V. M., 483

Minusinsk, distrito de (Sibéria), 161-162, 170

Mirbach, Wilhelm, conde von: assassinado, 473, 480

Mitchell, Isaac, 206

Modenovo, 550

Modrácêk, Franz, 190, 191

Molotov, Vyacheslav M., 491, 493, 583, 620

Morgari, Odino, 327, 329

Morozov, Savva, 260

Mosca, Gaetano, 273

Moscou: os Ulyanov mudam-se para, 134; L. em, 136; levante de dezembro de 1905, 244; Soviete, 397; L. muda o governo para, 452-457; caráter de, 453-454; greves em, 552

Munique, 186-191, 220

Mussolini, Benito, 633

Myshkin, Ippolit, 113, 195

Nacionalismo, 364, 461-462

Nadejdin, L., 195

Napoleão I (Bonaparte), imperador da França, 609

Narodnikn (socialistas agrários), 28, 90; *ver também* socialismo agrário

Nazaretyan, Amayak, 605

Nazareva, Gertruda, 66

Nechaiev, Sergei, 144, 222

Nefedev, Nikolai, 68, 79

Neivola (Finlândia), 375, 377

NEP; *ver* Nova Política Econômica

Nevzorova, Zinaida, 126

Nicolau II, imperador da Rússia: atacado por partidos revolucionários, 229; impopularidade, 229; e matança de peticionários (1905), 230-231; Manifesto de Outubro sobre reformas (1905), 240-241, 244; dispersa a Duma e convoca novas eleições, 249; e a Lei Básica, 281; na Primeira Guerra Mundial, 319, 372; e a revolução de fevereiro de 1917, 337-339; prorroga a Quarta Duma do Estado, 337; e o governo provisório, 356; tratados secretos com Aliados, 427; assassinado, 476

Nietzsche, Friedrich, 273, 274

Nijni Novgorod, 135, 166
Nikolaiev, Ivan, 69
Nobel, Companhia de Petróleo, 546
Noske, Gustav, 501
Noskov, Vladimir A., 216, 224-227, 232, 261, 376
Notícias da Província de Simbirsk, 81, 99
Nova Política Econômica (NEEP): L. apresenta e justifica (1921), 33-34, 36, 547-548, 551-560, 563, 622, 630, 636; denunciada na 10ª Conferência do Partido, 559; em operação, 565, 632; e continuação do terror, 573; e o comércio exterior privado, 586
Nowy Targ (Polônia), 301-302

Obukh, professor Vladimir A, 577
Okhrana (política secreta): apreende Alexander Ulyanov, 93; em uma história de Chekhov, 122; segue L. a São Petersburgo (1895), 150; detém L., 155; prende a Ulyanov e a Krupskaya, 158; vigilância de L. no exterior, 184, 194; e o pseudônimo literário de L., 193-194; L. livre da, em Londres, 206; previne a polícia belga, 212; atividades no império russo, 229, 247, 267; L. acredita-se livre da, 240-241; e L. na Finlândia, 251-252; usa agentes bolcheviques, 278-279, 285, 289, 295, 346, 388-389; e emigrantes, 280; prende Inessa Armand, 290; prende bolcheviques na guerra, 312-313; reprime greves, 337; e Pilsudski, 530
Operários, Oposição, 518, 543, 545, 549, 552-557, 547
Operários: posição em grupos marxistas russos, 159, 203; participação na revolução, 197, 306, 319, 604; e o papel orientador dos intelectuais, 258,
459; e formação de governo socialista, 321-322; controlam fábricas em Petrogrado, 364-365; delinquência, 457-458; atitude de L. para com, 514, 521, 609; direitos reduzidos, 604; L. pode maior participação no governo, 606
Oposição de esquerda, 618
Oposição Militar, 500
Ordem de Lenin, 627
Ordjonikidze, Serge: na Comissão Organizacional Russa, 271-272; admira L., 276; organiza a Conferência de Praga, 275-278; propõe reforma da liderança bolchevique, 279; sobre manifestação armada (1917), 374; ataca líderes georgianos, 593, 597, 612-613; e o Testamento Político de L., 605, 606
Orest, padre, 171
Organização Militar Bolchevique, 374, 376, 403
Orgburo (Bureau Organizacional do Comitê Central), 493
Oripov, G. I., 313
Osinski, Nikolai, 428, 461, 499, 504, 506
Osipanov, Vasili, 95
Osipov, professor Viktor, 568, 578, 619
Otomano, império; ver Turquia
Otzovistas ("convocadores"), 258
Outubristas, 249

Pakaln, Piotr, 581, 615, 617
Palkovo, colinas, batalha de (1917), 420
Pankhurst, Sylvia, 535
Pannekoek, Antoine, 388
Paris: L. visita, 149; L. mora em, 220, 254-257, 266-270, 280; Comitê Central do partido se reúne em (1911), 271
partido bolchevique; ver Bolcheviques

Partido Comunista alemão, 538, 536, 562
Partido Comunista russo: L. cria, 630; *ver também* bolcheviques
Partido dos Democratas Constitucionais (*kadets*): e Segundo Congresso do Partido Trabalhista Social-Democrata, 185-186; formado, 240; no Quinto Congresso do Partido, 248-249; status no governo provisório, 356, 372, 396-397, 399; e os planos de L. para revolução, 373-374; L. ignora, 421; reprimido pelos bolcheviques, 459; apoia o monopólio do comércio de grãos, 461
Partido Revolucionário Socialista: formado (1901), 186; política agrária e camponesa, 202, 417; trabalha para minar o regime estabelecido, 299; e a volta de L. à Rússia, 346-347; apoia o governo provisório, 354-357, 396; os bolcheviques se opõem, 363; L. repudia, 371, 383, 399, 410, 420; apreensão por causa de manifestação bolchevique, 370, 374; declínio, 373; força nos Sovietes, 380; e a Revolução de Outubro, 410; forma partido separado, 411-412; pede coalizão socialista mais ampla, 419; e eleições para a Assembleia Constituinte, 436-437; reprimidos por bolcheviques, 459, 524, 574, 585; apoiam o monopólio do comércio de grãos, 461; e o socialismo de L., 465; formam administração alternativa, 469; na guerra civil, 498, 517; tratados como contrarrevolucionários, 516; advogam a NEP, 547; acusados de investigar o motim de Kronstadt, 556
Partido Social-Democrata alemão, 189, 196, 249, 303, 304, 322, 501
Partido Trabalhista Social-Democrata russo: propostas de L. por um, 196-197; esboço de programa, 199-201; a cisão bolchevique-menchevique, 216-217, 223, 227; organização, 216-217, 236, 247, 271-272; domínio de L. sobre, 223-224; favorece a revolução, 236; recruta ativistas para, 243; e as eleições da Duma de 1906, 245-246, 249; cumplicidade em assaltos a bancos, 246; disputas faccionais, 257, 288-290; L. decide sobre a Conferência do partido (1911), 272; a Conferência de Praga (1912), 276-277; a reputação de L. em, 278; Bureau, 316; Comitê Central: censura L., 223-224; sessão plenária (1910), 266; reúne-se em Paris (1911), 271; eleições e composição, 277-278; concentra-se no império russo, 279-282; organização, 287; apoia o governo provisório, 346; *ver também* bolcheviques
Partido único, Estado do, 509, 517, 548, 565, 574
Parviainen, Pekka, 386
Pedro I (o Grande), tsar, 26-27, 89, 454
Peel, Sir Robert, 519
*Pensamento Russo, O* (jornal), 138-139
Perm: na guerra civil, 498, 511
Persiyanov, Vyacheslav, 68
Petrogrado; *ver* São Petersburgo
Penza, 478
Pilsudski, Josef, 286, 530-531, 536
Pipes, Richard, 31
Pisarev, Dmitri, 165, 424
Platten, Fritz, 340-341, 342, 441
Plekhanov, Georgi Valentinovich: influência sobre L., 78, 173, 178, 274, 491; ideias revolucionárias, 91, 111, 122, 132, 176-177, 185; atitude para com

os camponeses, 131-132; Marx e Engels desprezam, 132; L. conhece na Suíça, 148-150, 183; ideias econômicas, 173-174; e o Grupo Libertação do Trabalho, 185; L. melindra-se com o domínio de, 186-187; no quadro editorial de *Iskra*, 186-188; relações com L., 187-189, 199-200, 209-213, 216-217, 220, 224; cartas de L., 193; advoga o marxismo, 195; e O q*ue se há de Fazer?*, de L., 197; esboça programa para o Segundo Congresso do Partido Trabalhista Social-Democrata russo, 199-200, 203; no Segundo Congresso do Partido, 211-217; declina comparecer ao Terceiro Congresso do Partido, 234; critica a estratégia revolucionária de L., 246; apoia o esforço de guerra russo, 304; L. ataca em Lausanne, 312; sobre o patriotismo dos socialistas, 319; *Nossas discordâncias,* 123

Pleve, Vyacheslav K.: assassinado, 229

Podolsk, 166, 178, 184

Podvoiski, Nikolai, 428, 441

Poletaev, Nikolai G., 378

Politburo (Bureau Político do Comitê Central): formado, 492-493; autoridade, 509; e a guerra civil, 510, 544; L. preside, 524, 556, 566; atacado por facções, 543; aprova a introdução da NEP, 551-552; L. admite estar mal de saúde ao, 566; e acordos internacionais, 572; e a morte de L., 619; ordena que o corpo de L. seja embalsamado, 621-622

*Politiken* (jornal sueco), 345

Polônia: revoltas contra o império russo, 27-28; ameaça ao tsarismo, 286; e deflagração da I Guerra Mundial, 300; em alemão, exigências de paz, 438, 450; guerra com e derrota da URSS (1920), 530-532, 535-536, 543-544, 545, 552, 561, 610; tratado soviético de paz com (1921), 561

Por, Adolf, 73

Poronin (Polônia), 291, 301

Postnikov, Vladimir E., 138

Potapov, N. G., 108

Potresov, Alexander, 152, 186, 188, 189, 215

Praga: conferência de 1912 do partido em, 276-279

*Pravda* (jornal): o Centro Bolchevique oferece fundos para o, 264; primeiro número (1912), 281; L. conferência com o quadro editorial, 287-288; L. escreve para, 288, 354, 362, 439, 611; Stalin edita, 288; Okhrana estimula a violência, 288-289; fechado pelo governo imperial, 316; L. estuda na Finlândia, 345-346; política revolucionária, 365; Maria Ilinichna trabalha para, 366; não publica nenhuma caricatura de L. em 1917, 525; circulação, 369; escritórios sofrem ataque surpresa, 377; e a política de terror de L, 392-393; Bukharin edita, 488; dá divulgação a L, 512; artigo apoiando a reforma econômica, 552; publica os artigos de L. sobre o motim de Kronstadt, sobre Lenin e a NEP, 555; publica retrato de L, 627

Preobrajenski, Alexander, 113, 117,122, 493, 615

Preobrajenski, Ievgeni, 545, 617

Primeira Guerra Mundial (1914-18): a Rússia recua da, 25; e a crise Romanov, 29; atitude de L. para com, 233, 304-308, 312, 319-320, 330; deflagração, 299; atitudes socialistas para com, 304-305,

328, 330; governo provisório continua engajamento na, 372; L. exige e acerta paz em separado, 437, 445-446; Armistício (1918), 500; L. sobre os abalos consequentes da, 610-611
Prokopovich, Sergei N., 176
*Proletari* (jornal), 252, 260, 261, 264, 266
Prushakevich, Vera, 69
Pskov, 177, 184, 595, 597
Pugachev, Yemelyan, 44
Pushkin, Alexander, 71, 137
Pytakov, Georgi, 313, 603

"Questão nacional", 503, 523-524, 590, 606

Rabinowitch, Alexander, 30
*Rabotnik* (jornal), 150
Radchenko, Stepan, 140, 143, 152,159
Radek, Karl: escreve sobre imperialismo, 328; discussões de L. com, 329-330; no "trem selado" com L., 342-345; fica em Estocolmo, 345, 354; melhora o vestuário de L., 361; opõe-se ao plano de L. para uma paz em separado, 449; no 3º Congresso do Comintern, 562; L. critica severamente por prometer leniência, 574; L. ofende, 587
Rahja, Eino, 385, 386, 400, 405
Rapallo, Tratado de (1922), 572
Ravich, Olga (esposa de Safarov), 343
Rayment, Henry: ensina inglês a L., 208
Razin, Stenka, 44
Razliv, 382, 384, 385
*Rech* (jornal *Kadet*), 369
Reinbot, general e sra., 483, 567
Religião: no império russo, 43, 46, 49-50, 106
República Federal Soviética Socialista Russa (RSFSR): relações com outras repúblicas, 502, 537, 586-587, 589-590
Resolução sobre a Formação de um Governo dos Operários e dos Camponeses (1917), 415
Revolução de Outubro (1917): e ideologia leninista, 30-31; disputas sobre, 35; planos de L., 318-319, 320-321, 402-405, 562, 632-633; sucesso, 455-456; L. proclama realizações da, 467; e política econômica, 549-550
Revolucionários socialistas de esquerda: recusam-se a fazer coalizão com bolcheviques, 415; Shteinberg lidera, confiança na revolução socialista europeia, 424; cooperam com os bolcheviques no governo, 434, 442, 461; e eleições para a Assembleia Constituinte, 436, 440; recusam-se a aceitar o Tratado de Brest-Litovsk, 445-446, 451-452; retiram-se do governo, 452; separam-se dos bolcheviques, 460; no 5º Congresso dos Sovietes, 472 L. reprime, 472-473
Ricardo, David, 112
Rimski-Korsakov, Nikolai Andreevich, 28
Rojkov, N. A., 595, 597
Romanov, dinastia: status, 26; L. trabalha pela derrubada da, 29, 113, 121, 123-124, 144, 175, 185, 201, 233, 305, 319, 352; ódio popular pela, 299, 476; família assassinada, 475-476; *ver também* Nicolau II
Romberg, barão Gisbert von, 332, 341
Romênia, 531
Roosevelt, Franklin D., 630
Rossolino, professor Grigori, 576
Rovio, Gustav, 387, 390, 400
Rozanov, professor Vladimir, 483, 575
Rudzutak, Jan, 620

Ruff, Hen (açougueiro de Zurique), 317
Rukavishnikov, Vladimir, 617, 619
Russell, Bertrand, 571
Rússia (pós-revolução): fundada a URSS, 25, 36, 589-590, 597, 606, 632; negocia paz em separado (1917-18), 427-428, 437, 445-450; terror na, 476; repúblicas independentes na, 502; como Estado unipartidário, 509, 516-521, 548, 565, 574, 586, 605, 630; isolamento, 529; estrutura constitucional inter-republicana, 585, 589-590, 595, 608-609; desmorona (1991), 633-634
Rússia (pré-revolução império russo): desenvolvimento e mudança em, 25-29, 59, 61, 87, 145; educação em, 69-73, 75; ideias e movimentos revolucionários em, 88-92, 110, 113, 119-123, 229; clima de opressão, 113; capitalismo em, 122, 132, 138-141, 148, 173-174, 193-194, 201; surtos de fome, 130; economia agrária, 132; inquietação popular em, 229; Manifesto de reformas (1905), 240; atividades bolcheviques em, 281; legaliza jornais de partidos políticos, 281; na deflagração da guerra (1914), 299; prisão de bolcheviques em tempo de guerra, 312-313; L. prevê revolução na, 312; e o resultado da Primeira Guerra Mundial, 319; objetivos revolucionários bolcheviques na, 364-365; ofensiva de 1917 na Primeira Guerra Mundial, 373

Sabunaiev, M. V., 120
Safarov, Grigori, 343
Samara, 121, 124, 125, 469, 472
Samara, província, 112, 115
Samoilov, Fedor, 305
São Petersburgo (Petrogrado; Leningrado): Universidade, 82, 88, 126; fundada e construída, 89; L. em, 136-137, 141, 151-152; greve têxtil em (1895), 153; "Domingo Sangrento" de 1905, 239-240; L. volta a (1905), 241; Soviete, 242, 338, 339, 364, 370-371, 397, 403, 407-408; a Krupskaya visita (1907), 252; ligações com Cracóvia, 282; greves de 1914, 296; bolcheviques presos em, 313; Revolução de Fevereiro de 1917, 337-338; L. fica em na volta à Rússia em 1917, 346, 349-356, 369; vitalidade cultural, 363; controle das fábricas pelos operários, 364-365; manifestações armadas bolcheviques (1917, "Dias de Julho"), 374, 376-377, 383; L volta a após refúgio na Finlândia, 400-401; a Revolução de Outubro, 407, 408; L. e Krupskaya se reúnem em, 429; L. muda a sede do governo de, 452; L. revisita, 458; Yudenich marcha sobre, 515; última visita de L. a (para o 2º Congresso do Comintern, 1920), 532; greves de 1921 em, 552; rebatizada como Leningrado, 622
Sapronov, Timofei D., 499
Saravejo: assassinatos de 1914, 299
Sarbatova, Varvara, 41, 58, 64, 108
Sasha (empregada doméstica), 567, 581
Savelev, Maximiliam, 376
Schapiro, Leonard, 31
*Scientific Review, The,* 176
Segunda Internacional Socialista; *ver* Internacional, Segunda (Socialista)
Semashko, Nikolai, 568, 576
Serebryakov, L. P., 493
Shalyapin, Fiodor, 363
Shevyrov, Piotr, 89, 95
Shlikhter, Alexander, 598
Shlovski, G. L., 556

Shlyapnikok, Alexander, 308, 313, 353, 518, 554, 557, 574
Shmidt, Nikolai, P.: legado, 260, 266, 271, 289, 297
Shotman, Alexander, 215, 385-386, 398, 400, 593
Shteinberg, Isaak, 424
Shukht, Apollon, 121
Shukht, Asya, 121
Shushenskoe (Sibéria), 161-163, 168, 171, 176-177, 579
Sibéria: L. exilado para a, 158-177; levantes camponeses (1921), 552, 555
Sibiryakov, Konstantin, 112, 116
Sigmundi, Jean Charles Léonard de, 177
Simbirsk (depois Ulyanovsk), 41-45, 54-58, 61-62, 67, 69-70, 79, 81-84, 95, 99, 115
Sklyanski, E. M., 535
Sklyarenko, Alexei, 120-122,130
Skobelev, Mikhail, 371
Skvortsov, Pavel, 136, 193
Skvortsov-Stepanov, Ivan, 328
Slogans, 382, 388, 395
Snliàchvili, David, 345
*Social-Democrata, O* (jornal), 266, 313
Socialismo: prática do por L.; 463-466, 470-471; e a revolução internacional, 500-503, 509, 533
Socialista, Internacional, Segunda; *ver* Internacional, Segunda (Socialista)
Socialistas Revolucionários; *ver* Partido dos socialistas revolucionários Sokolniki
Sokolnikov, Grigori, 586
Sokolov, V. N., 550
Soljenítsin, Alexander, 31
Soloukhin, Valentin, 31
Sorin, Vladimir, 165
Sovietes: estabelecidos, 239; bolcheviques desprezam, 242; L. deseja formar base de poder, 322, 339, 363-366, 467, 488; bolcheviques entram para, 363, 382; força menchevique e socialista revolucionária em, 398; apoiam o Sonarkom, 424; o uso internacional, 506
Soviética, União; *ver* Rússia (pós-revolução)
Sovnarkom (Conselho de Comissários do Povo): L. estabelece, 36; L. preside, 415, 493, 524, 566, 591; exerce o poder, 420, 422; sovietes apoiam, 424; composição, 442; no instituto Smolny, 432; modo de operar, 432-433; dissolve a Assembleia Constituinte, 436, 443; afirma sua autoridade, 443; muda-se para Moscou, 452-457; reprime mencheviques, 459; e as políticas socialistas de L., 464-465; sob autoridade do Politburo e do Orgnuro, 493; administração, 497; dirige Estado unipartidário, 518
Spartacus, Liga (Alemanha), 501
Spencer, Herbert, 237
Spengler, Osvald: *A decadência do Ocidente*, 491
St. Germain, Teatro de (1920), 572
Stalin, Josef Vissarionovich: L. denuncia e tenta remover (1923), 32; preso pela Okhrana, 288; insiste com L. para que tente persuadir deputados bolcheviques, 288; apoia o Governo Provisório, 346; opõe-se à nacionalização da terra, 364; eficiência, 368; hospeda-se com os Allilluiev, 378-379; raspa a barba e o bigode de L., 381; nomeado comissário para as questões das nacionalidades, 416, 488; recusa fazer concessões a partidos socialistas, 420; descrê da revolução socialista europeia, 435, 446-447; reconvoca L. as férias para pedir con-

selhos, 439; duvida de uma paz em separado em 1918, 449; em Moscou, 456-457; discute com Trotski, 489, 500, 544-545; L. critica por perdas na Guerra Civil, 507; na guerra contra a Polônia, 531, 532, 536; discute com L. sobre a união socialista europeia, 536-537; na "discussão do sindicato", 549; aprova introdução da NEP, 551-552; apendictomia, 557; e o estado de potencial suicida de L., 570, 577-578; como secretário-geral do Partido, 579; L. propõe excluí-lo do Comitê Central, 583; opõe-se a L. no comércio exterior e na constituição, 586-587, 589-590, 597; a crescente hostilidade de L. contra, 587-588, 593-595, 597, 604, 611-612, 628; e a deterioração do estado de L, 591; e o status da Georgia, 597, 612; permite que L. dite a secretários durante a doença, 597; ofende a Krupskaya, 599, 612; supervisiona o regime médico de L., 599; no testamento político de L., 601-605; ordena que se queime a "Carta ao Congresso", de L., 605; insatisfeito com a melhora de saúde de L., 613; L. repreende-o por carta, pela ofensa à Krupskaya, 612-613; tenta convencer a esposa a deixar de ser membro do Partido, 612; no 12º Congresso do Partido, 614; rejeita a Oposição de Esquerda, de Trotski, 617-618; na morte e no funeral de L., 620; advoga a exposição do corpo de L., 621; relações com a Krupskaya após a morte de L., 623-624; fala *in memoriam* de L., 624; predomínio e regime após a morte de L., 624, 631-632; e o Grande Terror, 626; inicia o Primeiro Plano Quinquenal, 626; revelações de Krushchev sobre, 628-629, 632; proíbe a publicação da correspondência de L., 635; *Questões do Leninismo,* 624

Starkov, Vasili V., 162

Starokonsantinov, 45

Stasova, Yelena, 366, 447

Stolypin, Piotr: reformas, 250; golpe constitucional de 1907, 251; Stowe, Harriet Beecher, *A cabana do Pai Tomás,* 34, 77, 607

Strumpel, professor A., 576, 614

Struve, Piotr: em São Petersburgo, 137, 141, 145, 147-148; sobre os textos de L., 172; manifesto por um Partido Trabalhista Democrata Russo, 185; funda a União da Libertação, 186, 229; Plekhanov refuta, 200; *Observações críticas sobre a questão do desenvolvimento econômico da Rússia,* 141, 147

Suíça: primeira visita de L. à (1895), 148-150; L. revisita (1900), 183, 189; férias de L. e da Krupskaya na, 225-226, 256; L. fica na (1907), 253, L. e Krupskaya se refugiam na, durante a Primeira Guerra Mundial, 303, 304-314; L. parte para a Rússia após a Revolução, 340-341

Sulimova, Maria L., 378

Suny, Ronald, 31

Sverdlov, Yakov: preso, 289; dirige a Secretaria de L., 366, 368; faz relatório a L. no retorno a Petrogrado, 401; e eleições para a Assembleia Constitucional, 418, 442; apoia L. na consolidação política revolucionária, 420; preside Congresso do Presidium dos Sovietes, 433; promove o Partido em provín-

cias, 447; informa sobre o ultimato alemão, 449; em Moscou, 456-457; deveres administrativos, 488, 493; morte, 493; criticado, 499
Sviyajk, batalha de (1918), 475
Swann, Rev. F. R, 212
Syzran, 125

Taktharov, K. M., 159, 209
Tambov, província, 550, 563, 573
Tampere (Finlândia), 244
Taratuta, Viktor, 261, 295
Taylor, Frederick Winslow, 460
Tchaikovski, Pëtr Ilich, 28
Tcheca, Legião, 472, 475, 497
Tchecoslováquia, 531, 633
Terra e Liberdade (partido), 92,195
Terra: restituída a camponeses, 202, 235, 237-238, 411-412; L. abandonou apelos pela nacionalização da, 364; política de Chernov sobre, 371; decreto (1917) de L. sobre, 414, 417-418, 424, 436; propriedade privada abolida, 418; lei básica de socialização da, 458
Terror: L. sobre o Estado e, 243-244, 392-393, 423-424, 463, 468, 477, 491, 514, 536, 559, 572; Trotski advoga o, 399, 499; ver *também* Grande Terror
Theen, Rolf, 30
Thiers, Adolphe, 468
Tikhomirnov, Viktor A., 302
Tkachev, Piotr, 143, 195, 222, 236, 392, 465
Tomski, Mikhail, 557, 560, 589
Tosltoi, conde Lev: 28, 71, 80, 113, 130, 137, 166; *Guerra e paz,* 293
Trepov, Feodor, 76, 187
Trianon, Tratado de (1920), 572
Trotski, Leon: sobre técnicas políticas, 35; visita L. em Londres, 208; judaísmo de, 213; advoga governo operário, 239; na São Petersburgo revolucionária (1905), 239; faz discurso, 242; edita o *Pravda,* 264; organiza conferência partidária rival (Viena), 277; sobre o pequeno número de socialistas internacionais, 329; influenciado por Helphand-Parvus, 332; junta-se aos bolcheviques, 368; detido e aprisionado, 382; libertado, 398; ameaça os oponentes do bolchevismo com a guilhotina, 399; e os planos para a Revolução de Outubro, 402; na Revolução de Outubro, 408-409; anuncia a derrubada de Kerenski, 408; L. o consulta sobre esboço de decretos, 415; nomeado comissário para as Relações Exteriores, 416, 427; recusa fazer concessões a outros partidos socialistas, 419; preocupação com a política geral, 427; negocia em Brest-Litovsk a paz em separado de 1918, 428, 445, 447-448, 532, 596; ocupa apartamento em Petrogrado, 429; hostilidade contra a Assembleia Constituinte, 440; no Sétimo Congresso do Partido, 451; em Moscou, 455; como comissário de Assuntos Militares, 470; tenta desarmar a Legião Tcheca, 472; lidera o Exército Vermelho na Guerra Civil, 475, 488, 499-500, 515; discute com Stalin, 489, 500, 544-543; e a liderança de L., 492-493; atos terroristas, 499; no Primeiro Congresso do Comintern, 504; criticado por causa da organização do Exército Vermelho, 506-507; imagem e consagração, 512; discute com L. sobre política econômica, 519-520, 524, 546, 554; propõe militarização do trabalho, 523, 549; na guerra con-

tra a Polônia, 531, 532, 536; opõe-se a invadir a Polônia, 532; advoga a NEP, 547-548; propõe a proibição de greves e o controle dos sindicatos, 548, 596; incorre no rancor do Partido, 554; reprime o motim naval de Kronstadt, 555; excesso de trabalho e tensão, 557, 618; L. proíbe de viajar à conferência de Gênova, 572; L. propõe excluir do Comitê Central, 583; caráter e modos, 587; apoia o monopólio do comércio exterior, 595-596; aliança de L. com, 596-597, 602, 606; no tratamento político de L., 601-603, 608; L. pede que represente o caso georgiano, 612; prevê problemas coloniais, 611; no 12º Congresso do Partido, 614; critica a fraqueza do Partido, 618; descansa em Sukhumi, 618; e a morte de L., 619; fala *in memoriam* de L., 624; é denegrido após a morte de L., 625; escreve sobre L., 628; *O Novo Rumo*, 617-618

Trotsquistas: e a introdução da NEP, 554

Tsereteli, Irakli, 353, 370-373

Tsushima, batalha de (1905), 239

Tsyurupa, A. D., 552, 595

Tugan-Baranovski, Mikhail: em São Petersburgo, 137, 145, 147; *A Fábrica russa*, 141

Tukhachevski, general Mikhail, 550, 536

Tula, 166

Turgueniev, Ivan, 28, 71, 76, 80, 87, 137

Turquia (império otomano): guerra com a Rússia (1877-78), 58, 76; na Primeira Guerra Mundial, 299-300; acordo soviético com (1921), 561

Turukhansk (Sibéria), 163

Ucrânia: no império russo, 27; campanha por autonomia regional, 378; nacionalismo na, 424, 428; nos termos de paz da Alemanha, 448-449, 450; estabelecida como república soviética, 502, 523-524; Pilsudski invade, 530; Stalin deseja incorporá-la à RSFSR, 537, 586; levantes camponeses, 552, 555; surto de fome, 555

Udelnaya, 385

Ufa, 177-178, 184, 510

Ukhta, campo de trabalhos forçados, 563

Ulam, Adam, 31

Ultimatumistas, 258, 267

Ulyanov, Alexander Ilich (irmão mais velho de L. Sasha): enforcado, 33, 93-95, 107, 113, 128, 144; nascimento, 55; infância, 56-57, 64-65, 70; escolaridade, 73-74; modela soldados e batalhas, 77; L. admira, 79; estudos na Universidade de São Petersburgo, 82, 87-89; e a morte do pai, 84, 87; critica mau comportamento de L., 85; atividades revolucionárias, 87-94, 110, 115, 142, 178, 530; preso e julgado, 89-90, 477; valores morais, 144; problemas de saúde, 147; diligência nos estudos, 569

Ulyanov, Dmitri Ilich (irmão caçula de L., Mitya): nascimento, 55; infância, 64, 68, 79, 82, 102; casamento, 68; e os soldadinhos de brinquedo de L., 77; e a morte do pai, 83; estudos de medicina, 101, 287, 351; posição financeira, 105; educação, 106, 109, 134; em Kazan, 112; ajuda L., 138; simpatias terroristas, 142; ensina L. a andar de bicicleta, 146; L. compra livro de medicina para, 149; sobre a prisão de L., 156-157; e o exílio de L. na Sibéria, 160; expulso da universidade e banido, 166; dá a L. um revólver para a prática de tiro esportivo, 170; comparece ao Segundo Congresso do Partido, 203; ativismo político, 221; rompimento do casamento, 287; separação de L., 351; reconcilia-se com L. (1919), 525; sobre a condição médica de L., 565-566, 568; morte de estenocardia, 577; e a morte e funeral de L., 620

Ulyanov, família, 45, 51-54, 61, 95-96, 101, 115, 128, 172, 178, 184

Ulyanov, Ilya Nikolaevich (pai de L.): e o nascimento de L., 41; formação e carreira, 45, 51-58, 60, 67, 81; personalidade, ideias e interesse, 54-55, 58, 61, 75, 80; e a criação e educação dos filhos, 58, 67, 69, 73; princípios educacionais, 61-62, 74-75; vida doméstica, 68; e o assassinato de Alezander II, 76; doença e morte, 82-83, 577; status social, 95-96; testamento, 105; ética de trabalho, 569

Ulyanov, Nikolai (avô de L.), 51-52

Ulyanov, Nikolai Ilich (irmão caçula de L.): nascimento e morte, 55

Ulyanov, Vasili Nikolaevich (tio de L.), 53

Ulyanov, Viktor (filho de Dmitri), 580

Ulyanov, Vladimir (Volodya) ver Lenin, Vladimir Ilich

Ulyanova, Alexandra ou Anna (avó de L.), 53, 56

Ulyanova, Anna Ilinichna (irmã mais velha de L., Anyuta): sobre ancestralidade não russa, 52, 59; nascimento, 55; visita a avó, 56; memórias e textos sobre L., 63, 591; relações com os irmãos, 65; casamento, 68; educação e criação, 69, 73; e a escolaridade de L., 73; estudo de piano, 78; faz curso para professora, 82, 84, 116, 146; viaja com os pais, 82; e a doença e morte do pai, 82-85; e a prisão e execução do irmão Alexander, 93-94, 101; posição financeira, 105; e a expulsão de L. da Universidade, 110; casamento com Yelizarov, 126; ajuda L., 127; mau gênio, 182; ajuda vítimas da fome, 131; mora em Moscou, 136; deferência a Struve, 143; simpatias terroristas, 143; problemas de saúde, 147; e a prisão de L., 156; e o exílio de L. na Sibéria, 159-160; tensão nervosa, 160; sobre a rejeição de L, à Krupskaya, 164; sobre as relações de L. com as mulheres, 164-165; aborrece-se com e critica Krupskaya, 168, 255; e o matrimônio de L., 171; negocia a publicação das obras de L., 172-173; envia livros a L. no exílio, 176; sobre a ancestralidade judaica da família, 183-184; férias com L. na Bretanha, 211; atividades políticas, 221; L. visita em Sablino (1905), 241; critica Materialismo e Empirismo Criticismo, de L., 263-264; L. escreve a sobre facções do Partido, 280-281; adota e cria Georgi Lozgadrov, 286-287, 350; detida e aprisionada, 287; sobre a intemperança de L., 308; trabalha para o Bureau Russo do Comitê Central, 313, 316; providencia a publicação de Imperialismo, de L., 328; questiona o julgamento político de L., 333; L. fica com no seu retorno a Petrogrado em 1917, 350; devoção a L., 350; como secretária editorial do *Pravda*, 366; apartamento revistado, 377; visita L. no apartamento de Petrogrado, 431; dor pela morte do marido, 525; morte, 577; e a morte e

funeral de L., 620; melhora suas relações com Krupskaya, 624; e o culto póstumo a L., 524
Ulyanova, Antonina (esposa de Dmitri), 221, 287
Ulyanova, Maria Alexandrovna (nascida Blank, mãe de L.): e o nascimento de L., 41, 49; formação, 45-46, 51, 60; noivado e casamento, 53; família e vida social, 53-54, 57, 69-70, 82; caráter, 55-56, 58; e a criação e educação de L., 58-59, 63, 70, 68, 69, 73, 78, 108, 127; crenças e interesses, 59-60, 75-76, 126-127; e o assassinato de Alexander II, 76; e a morte do marido, 83-84; pensão de viúva e herança, 84, 105-106; prisão e execução do filho Alexander, 94-96, 101; muda-se para Kazan, 100-101, 102, 105-106; e a expulsão de L. da universidade, 108-109; não consegue supervisionar e controlar L., 108-111, 118, 134; compra propriedade rural em Alakaevka, 113, 115-116; muda-se para Samara, 120; e a educação superior dos filhos, 126; e a morte de Olga, 128; e a recusa de L. a oferecer auxílio para o surto de fome, 131; muda-se para Moscou, 134; L. lhe escreve do exterior, 148-149, 190, 280, 284-285; e o banimento de L. para a Sibéria, 159; a afeição de L. por, 160, 211, 309-310; casa em Podolsk, 166; visita os filhos no exílio, 166; problemas de saúde, 167, 190; vende Kokushkino, 168; visita a Krupskaya em Ufa, 183-184; férias com L., 211, 271, 309; hostilidade contra a Krupskaya, 211; acompanha a família no exílio, 221; L. visita perto de São Petersburgo (1905), 241, 248; L. encontra em Estocolmo (1910), 271; saúde debilitada, 286, 309; morte, 309-310, 316; L. visita o túmulo, 352

Ulyanova, Maria Ilinichna (irmã mais nova de L., Manyasha): nascimento, 55; escreve sobre L., 63, 96; relações com os irmãos, 66, 79-80, 102; permanece solteira, 68; educação, 70, 82, 102, 106, 109-110, 116, 134; sobre a desistência de L. do piano, 78; e a execução do irmão Alexander, 96; posição financeira, 105; em Kazan, 112; L. ensina, 119; ajuda L., 126, 138; e a calvície de L., 145; estudos, 146; L. compra presente para, 149; e o exílio de L. na Sibéria, 160; tensão nervosa, 160, 167; sobre a Krupskaya juntando-se a L. no exílio na Sibéria, 164; banida, 166; devoção a L., 168; comparece ao Segundo Congresso do Partido, 203; e a saúde debilitada de L, 219; atividades políticas, 221; junta-se a L. em Paris, 254; andanças de bicicleta com L., 256; lê romance de Bogdanov, 264; adoentada, 264; forma-se como professora de francês, 287; carta de L. na Polônia, 291; em Petrogrado com L. (1917), 350; interrogada sobre o paradeiro de L., 377; leva as propostas insurreicionistas de L. ao Soviete de Petrogrado (1917), 398; férias na Finlândia com L., 438-439; acompanha L. ao Mikhailovski Manège, 441; muda-se para Moscou com L. e Krupskaya, 452-453, 455; previne L. do risco de assassinato, 480; e o ataque contra L., 482; assiste L. após os tiros, 482; acompanha L. em Moscou, 494-496; trabalha no *Pravda*, 525; junta-se a L. em Gorki, 567; ouve as admissões de depressão de L., 571; assiste L. durante a doença, 575, 581-582, 614-617; morre de ataque cardíaco, 577; e as visitas de Stalin a L. em Gorki, 579; discussões com Krupskaya, 581-582; fotografa L. em Gorki, 582; e o declínio de L.; 594; e o orgulho de L. pela ancestralidade judaica, 609; Stalin discute com, 613; presente ao coma e morte de L., 619; melhora relações com Krupskaya, 624; fala *in memoriam* de L., 624

Ulyanova, Olga Ilinichna (irmã mais nova de L., Olya): nascimento, 55; infância, 63, 66, 69, 77, 82; e a execução do irmão Alexander, 95; educação, 99-100, 116; posição financeira, 105; estudos universitários, 116, 126; lê Uspenski, 119; sobre L. em São Petersburgo, 126-127; ajuda L., 126-127; doença, morte e enterro, 128; L. visita o túmulo, 137, 352

Ulyanovsk; *ver* Simbirsk

União das Repúblicas Socialistas Soviéticas (URSS); *ver* Rússia (pós-Revolução)

União de Assistência a Prisioneiros Políticos, 282

União de Liberação, 185, 229 União de Luta pela Emancipação da Classe Operária, 152-153, 155, 157, 158, 162, 170, 176, 183

Uspenski, Gleb, 34, 116, 119


Vaasa, Kuokkala (Finlândia), 247, 249

Vacietis, general I.I., 473-474

Valentinov, Nikolai, 221-222

Velhos Crentes, 27, 43

Velichkina, Vera, 482

Veretennikov, Nikolai, 77

Veretennikova, Anna (nascida Blank, tia de L.J., 65, 95, 101, 137

Verkholensk (Sibéria), 163

Versalhes, Tratado de (1919), 538, 610

Vietnã do Norte, 633

Vladimir (cidade), 136

Vladimirov, Miron K., 235

Vodovozova, M. I. (editora), 172

Volga, região do: surtos de fome (1891-2), 130-132, 307; (1921), 556; levantes camponeses (1921), 551

Volkenshtein, Mikhail, 138

Volkogonov, Dmitri, 31

Volodarski, V., 477

Volodicheva, Maria, 490, 597-598, 601, 605, 612-613

Voluntário, Exército, 469, 498

Vontade do Povo (organização), 76

Vorontsov, Vasili P., 138

Vorovski, Vatslav V., 345

Vperod ("Avante", jornal), 226, 238

Vrangel, general Pëtr N., 523

Vyborg, 367, 375, 400


Wagner, Richard, 62, 78, 192

Webb, Sidney e Beatrice: L. traduz, 167

Weber, Max, 273, 274

Weitling, Wilhelm, 392

Wells, H. G., 571

Witte, conde Sergei, 239


Yakubova, Apollonaria Alexandrovna, 126, 146, 157-158, 164

Yaropolets, 550

Yaroslavski, Yeleyan, 596

Yelistratov, dr., 619

Yelizarov, Mark (marido de Anna): dá conselhos aos Ulyanov sobre negócios com propriedades, 112-113, 115, 169; e a disputa de L. com Arefev, 125; casamento com Anna, 126; mora em Moscou, 136; e o exército de L., 160;

em Podolsk, 166-167; visita L. em Paris, 255; adota Georgi Lozgadiov, 286; carrega o caixão da mãe de L., 310; e a volta de Lenin a São Petersburgo em 1917, 350; apartamento revistado, 377; morte e funeral, 505, 525
Yeltsin, Boris, 30, 634
Yemelvanov, Nikolai, 381-387
Yeo, sra. (senhoria em Londres), 207, 568
Yudenich, general Nikolai, 498, 510, 515, 544
Yudin, Gennadi, 161
Yusupov, família, 27

Zabatov, Sergei, 230
Zaichnevski, Pêtr G., 144
Zakopane (Polônia), 290-291 Zalejski, dr. Alexander (primo de L.), 155
Zamyatin, Yevgeni, 430 Zasulich, Vera, 76, 91, 132, 188, 207, 215
*Zemlyachestva* (organizações), 107-108
*Zemstva* (organismos administrativos de província), 44, 76
Zetkin, Clara, 266, 289
Zimmerwald: conferência socialista internacional, 329-332
Zinoviev, Grigori: sobre o senso de missão de L., 274; tira o apoio a L., 266; serve no Comitê Central do Partido na Cracóvia, 278, 287, 296; foge do confinamento, 286; paixão por cinema, 293; Malinovsky inocentado por, 296; ser leal a L. na guerra, 312; conferências socialistas durante a guerra, 329-330; e o retorno de L. à Rússia após a revolução, 341, 344; sobre L. descobrir que Malinovsky era um traidor, 346; discurso, 368; questões acerca do Governo Provisório, 378-379; disfarce, 381-382; se opôs à Revolução, 402-403, 412; adverte sobre uma catástrofe política, 435; não crê na revolução socialista europeia, 446-447; Sétimo Congresso do Partido, 451-452; administrando Petrogrado, 488; a liderança de L., 493; no Primeiro Congresso (Comintern), 504; biografia de L., 512; L. criticado pelos operários, 514-515, 521; e Yudenich avança sobre Petrogrado, 515; a favor de uma reforma interna do Partido, 545; discussão acerca dos sindicatos, 551; motinados de Kronstadt (1921), 552; ódio ao Partido, 554-555; apoiou o Partido Comunista alemão, 556; sofre ataques cardíacos, 557; L. proíbe viagem a conferência de Genova, 572; L. sugere degredo, 583; preocupado com a saúde de L., 591; as relações de L. com, 588; L. conjectura sobre seu sucessor, 602; fica sabendo sobre os abusos de Stalin em Krupskaya, 613; apoio a Stalin no 12º Congresso do Partido, 614; Oposição Esquerdista forma-se em torno de Trotski, 614; doente, L. recebe sua visita em Gorki, 617; e a morte de L. e o funeral, 619-620; lembranças de L., 624; derrotas em oposição a Stalin, 625
Zinoviev, Stepan (filho de GZ), 282, 287
Zinoviev, Zinaida Lilina, 282, 378
Zola, Émile, 113
Zraggen, Karl, 290
Zurique: L. em, 183, 189, 315-316
Zyuganov, Gennadi, 634

Este livro foi composto na tipografia
Minion Pro Regular, em corpo 11,5/15,5, e impresso
em papel off-white no Sistema Digital Instant Duplex
da Divisão Gráfica da Distribuidora Record.